김건호
헌법

1,600개
OX로 끝내는
파이널

합격의 法을
세우다

PREFACE

들어가며

안녕하세요, 대한민국 공무원 **헌법·행정법 대표강사 김건호**입니다.

많은 사랑을 받은 『비교불가 헌법 기출지문 OX』에 이어, 시험 직전 마무리 교재로 『**헌법 1,600개 OX로 끝내는 파이널**』을 출간하게 되었습니다.

『1,600개 OX로 끝내는 파이널』은 시간이 없고, 당장 시험이 코앞에 있어 어떻게 학습을 마무리해야할지 막막한 분들을 위한 교재입니다. 『1,600개 OX로 끝내는 파이널』 교재에 있는 모든 지문은 최근 10년 객관식 헌법 시험 기출에서 <3~4번 이상 출제된 지문>으로 구성되어 있습니다.

'**공무원 시험에서 3번 이상 출제된 지문**'이란 무엇을 뜻하는 것일까요? 또 **반복 출제될 가능성이 높은 지문**, 그리고 남들은 맞히기 때문에 **절대로 틀려서는 안 되는 지문**이라는 뜻입니다. 여러분이 공무원 시험에 합격하기 위해서는 남들이 틀리지 않는 문제에서 절대로 점수가 깎여서는 안 됩니다.

이 교재에 있는 1,600개의 지문은 객관식 시험 합격을 위해 **절대 틀려서는 안 될 지문으로만 구성**되어 있으니, 반드시 학습하고 꼭 숙지 후 시험장에 입실하시기 바랍니다.

PREFACE

2 『1,600개 OX로 끝내는 파이널』의 특징

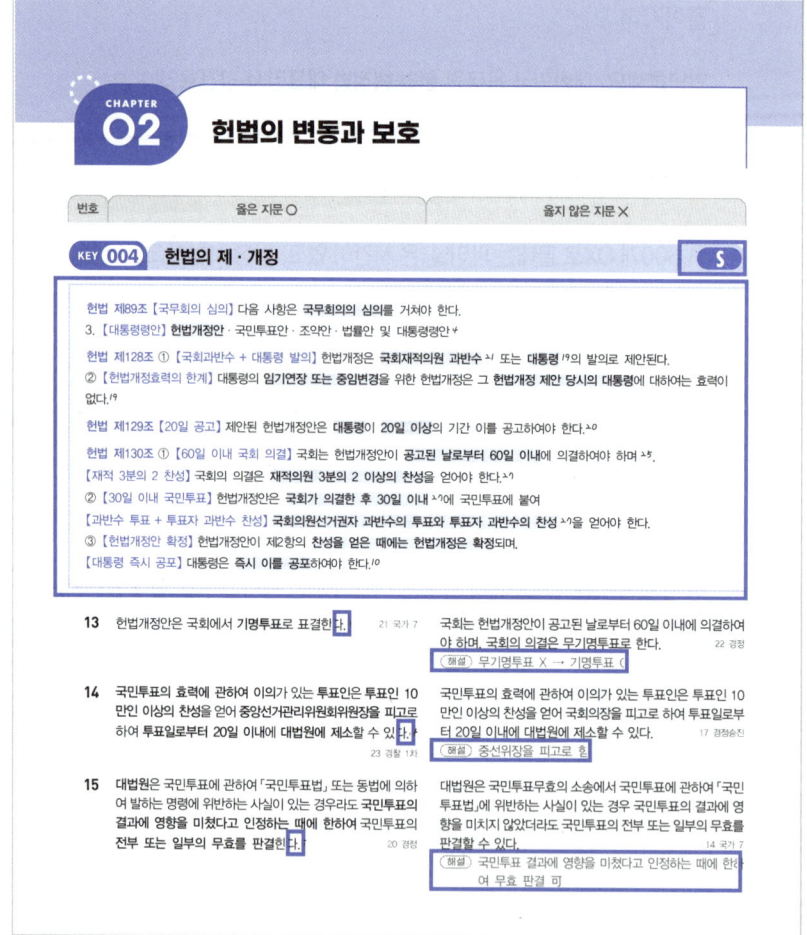

첫째, 헌법의 핵심 POINT 중 합격에 필수적인 주제만 KEY로 뽑아 목차를 구성했습니다.
이 교재는 최소 3번 출제된 지문이 포함된 **핵심 중의 핵심 주제만을** KEY로 뽑아 목차를 구성했습니다. KEY별로 기출문제 빈출도에 따라 **S/A/B/C의 등급**을 표시하여 우선순위에 따라 학습에 강약 조절을 할 수 있도록 하였습니다. 주제는 빈출도에 따라 등급을 나눴지만, 개별 지문은 **필수적으로 숙지가 필요한 지문들로만 구성**했으니 어느 한 지문도 소홀히 하지 않으시기를 바랍니다.

『1,600개 OX로 끝내는 파이널』만 보아도 **시험장에서 70% 정도의 문제**를 충분히 커버할 수 있을 겁니다.

둘째, 같은 출제 의도의 지문을 '옳지 않은 지문 출제 버전'과 '옳은 지문 출제 버전'으로 나란히 배치했습니다.

약 1,600개의 지문을 **'옳은 지문 버전/옳지 않은 지문 버전'**으로 배치하여, 수험생 여러분이 **오답포인트를 빠르게 숙지**할 수 있도록 구성하였습니다.

헌법은 객관식 시험인 만큼 **오답포인트가 어디인지 빠르게 찾아낼 수 있는 능력**이 가장 중요합니다. 이 교재는 **오답포인트를 가장 빠르고 직관적으로 확인**하며 회독할 수 있습니다.

또한 **간단해설**을 수록하여 옳은 지문과 오답지문의 차이를 한 눈에 알아볼 수 있도록 하였습니다. 간단해설 = 오답포인트입니다. 오답포인트에 중점을 두고 학습해주세요!

셋째, 옳은 지문에서 지문별 키워드를 볼드체로 표시하여 막판정리가 쉽습니다.

왼쪽에 수록된 **옳은 지문에 볼드처리를** 하여 **핵심 키워드**가 눈에 들어올 수 있도록 하였습니다. 오른쪽의 틀린 지문과 비교했을 때, 옳은 지문이 훨씬 눈에 잘 읽히는 것을 느끼실 수 있습니다.

시험 전 공부하기 바쁜 수험생들에게 **핵심 키워드만 연결해서 정리**해도 막판정리가 될 수 있도록, **지문별 핵심 키워드를 볼드체**로 표시하였습니다. 판례나 법령 지문 전체를 통으로 이해하거나 암기할 필요는 없습니다. 머릿속에 **각인될 수 있는 키워드**면 충분합니다. 지문별 **핵심 키워드**를 익히는 것은 실전 감각을 최대화하는데 큰 도움을 줄 것입니다.

마치며

저도 수험생활을 해보았기에 지금 여러분이 겪는 이 시기가 얼마나 어려운 시기인지 잘 알고 있습니다. 수험생분들 모두 짧고 굵게 수험생활을 마치길 바라고, 저도 여러분들의 합격을 위해 제가 가진 모든 역량과 재능을 쏟아 붓겠습니다.

수험생 여러분께서는 본서를 통해 효율적이고 전략적인 마무리 학습을 완성하시길 바랍니다.

늘 성실한 자세로 최선을 다해 준 문지연 연구실장, 7급 합격생 최혜지, 이예사, 강경훈에게 감사드립니다. 그리고 계속되는 요구에도 묵묵히 지원을 아끼지 않으신 넥스트공무원 출판사업부 관계자 여러분, 편집자님 등 모두에게 감사드립니다.

2025년 8월
노량진 연구실에서
김건호 드림

CONTENTS

PART I 헌법 일반이론

CHAPTER 01 헌법과 헌법학

KEY 001	성문헌법과 관습헌법	⋯ A	14
KEY 002	헌법의 특성과 해석	⋯ C	15
KEY 003	합헌적 법률해석	⋯ B	15

CHAPTER 02 헌법의 변동과 보호

KEY 004	헌법의 제·개정	⋯ S	16
KEY 005	헌법의 개정의 한계	⋯ B	17
KEY 006	헌법개정절차의 헌정사	⋯ A	17
KEY 007	헌정사	⋯ A	17
KEY 008	국가긴급권	⋯ C	20
KEY 009	긴급명령권·긴급재정경제명령권	⋯ S	21
KEY 010	계엄선포권	⋯ S	22
KEY 011	저항권	⋯ A	22

CHAPTER 03 대한민국

KEY 012	국민	⋯ C	23
KEY 013	우리 국적의 취득	⋯ A	23
KEY 014	우리 국적의 상실	⋯ B	26
KEY 015	재외국민 보호의무	⋯ A	27
KEY 016	영토	⋯ B	27
KEY 017	북한지역과 북한주민	⋯ B	28

CHAPTER 04 헌법의 기본원리

| KEY 018 | 헌법전문 | ⋯ S | 29 |
| KEY 019 | 헌법기본원리 | ⋯ C | 31 |

CHAPTER 05 국민주권주의와 자유민주주의

| KEY 020 | 국민주권주의 | ⋯ C | 32 |
| KEY 021 | 민주주의 | ⋯ C | 32 |

CHAPTER 06 법치주의

KEY 022	행정입법	⋯ C	33
KEY 023	법률유보원칙(의회유보)	⋯ B	33
KEY 024	포괄위임입법금지	⋯ S	34
KEY 025	법률우위원칙과 재위임	⋯ B	36
KEY 026	행정입법에 대한 통제	⋯ C	37
KEY 027	신뢰보호원칙	⋯ S	37
KEY 028	소급입법금지	⋯ S	40
KEY 029	부진정소급입법	⋯ A	41
KEY 030	시혜적 소급입법	⋯ B	42
KEY 031	체계정당성원리	⋯ B	42

CHAPTER 07 사회·경제·문화적 기본원리

KEY 032	사회국가원리	⋯ C	43
KEY 033	사회적 시장경제질서	⋯ S	43
KEY 034	사회적 시장경제질서 구체화	⋯ A	45

CHAPTER 08 국제질서의 기본원리

| KEY 035 | 조약·국제법규 | ⋯ B | 48 |
| KEY 036 | 평화통일주의 | ⋯ B | 49 |

CHAPTER 09 정당제도와 정당설립의 자유

| KEY 037 | 제도적 보장 | ⋯ C | 51 |
| KEY 038 | 정당설립의 자유 | ⋯ S | 51 |

KEY 039	정당등록·취소	⋯ A	53
KEY 040	정당의 당원	⋯ A	53
KEY 041	정당의 특권과 정치자금	⋯ C	54
KEY 042	국고보조금	⋯ C	55
KEY 043	위헌정당강제해산제도	⋯ S	55

CHAPTER 10 선거제도와 선거권

KEY 044	선거와 선거권	⋯ A	58
KEY 045	보통선거의 원칙	⋯ A	59
KEY 046	재외선거제도	⋯ B	60
KEY 047	피선거권	⋯ B	61
KEY 048	후보자	⋯ C	61
KEY 049	예비후보자	⋯ C	62
KEY 050	평등선거의 원칙	⋯ B	63
KEY 051	선거구획정	⋯ B	63
KEY 052	직접선거의 원칙	⋯ C	64
KEY 053	비밀선거의 원칙	⋯ C	64
KEY 054	자유선거의 원칙과 선거운동	⋯ C	64
KEY 055	공무원의 선거중립의무	⋯ C	65
KEY 056	선거운동의 기간제한	⋯ C	65
KEY 057	선거운동의 인적제한	⋯ C	67
KEY 058	선거운동의 방법제한	⋯ C	67
KEY 059	대통령선거	⋯ S	68
KEY 060	국회의원선거 및 지방선거	⋯ A	68
KEY 061	투표	⋯ C	69
KEY 062	선거공영제와 선거범죄	⋯ C	70
KEY 063	선거쟁송	⋯ B	70

CHAPTER 11 직업공무원제와 공무담임권

| KEY 064 | 직업공무원제도 | ⋯ A | 71 |
| KEY 065 | 공무담임권 | ⋯ S | 72 |

CHAPTER 12 지방자치제도

KEY 066	지방자치제도	⋯ B	76
KEY 067	지방자치단체	⋯ A	76
KEY 068	지방자치단체의 사무와 지방자치권	⋯ B	77
KEY 069	조례제정권	⋯ A	77
KEY 070	지방의회	⋯ B	79
KEY 071	지방자치단체의 장	⋯ B	79
KEY 072	주민자치	⋯ C	80
KEY 073	주민투표제	⋯ C	80
KEY 074	주민소환제	⋯ B	80
KEY 075	국가의 지도·감독	⋯ B	81

CONTENTS

PART Ⅱ 국민의 권리와 의무

CHAPTER 01 기본권 총론

KEY 076	기본권주체 (자연인)	… S	86
KEY 077	기본권주체 (사법인)	… S	87
KEY 078	기본권주체 (공법인)	… S	88
KEY 079	기본권제한의 일반적 법률유보	… C	90
KEY 080	기본권제한의 명확성원칙	… A	90
KEY 081	기본권제한의 과잉금지원칙과 본질적 내용 침해금지	… B	91
KEY 082	기본권경합	… B	92
KEY 083	기본권충돌	… S	93
KEY 084	기본권보호의무	… S	94

CHAPTER 02 포괄적 기본권

KEY 085	법에 열거되지 않은 기본권	… C	98
KEY 086	인간의 존엄과 가치	… C	98
KEY 087	일반적 인격권	… S	98
KEY 088	행복추구권	… B	101
KEY 089	일반적 행동자유권	… S	102
KEY 090	인격의 자유로운 발현권	… C	106
KEY 091	자기결정권	… A	106
KEY 092	계약의 자유	C	107

CHAPTER 03 평등원칙과 평등권

KEY 093	평등원칙 및 평등권	… A	108
KEY 094	평등여부위반 심사	… B	109
KEY 095	자의금지원칙	… A	109
KEY 096	비례원칙	… A	111
KEY 097	평등권 관련판례	… S	112

CHAPTER 04 인신의 보호

KEY 098	생명권	… A	117
KEY 099	신체의 자유·죄형법정주의	… C	117
KEY 100	형벌불소급원칙	… B	118
KEY 101	죄형법정주의의 명확성원칙	… C	119
KEY 102	명확성원칙 관련판례	… S	120
KEY 103	책임과 형벌의 비례원칙	… A	123
KEY 104	이중처벌금지	… B	124
KEY 105	연좌제금지	… B	125
KEY 106	신체의 자유 관련판례	… A	126
KEY 107	적법절차원칙	… A	127
KEY 108	적법절차원칙 관련판례	… A	128
KEY 109	영장주의	… S	129
KEY 110	진술거부권	… C	131
KEY 111	변호인의 조력을 받을 권리	… A	132
KEY 112	변호인 조력을 받을 권리의 내용	… S	133
KEY 113	기타 형사절차상 적법절차	… C	134
KEY 114	무죄추정원칙	… A	134

CHAPTER 05 사생활영역의 보호

KEY 115	주거의 자유	… C	136
KEY 116	사생활의 비밀과 자유	… S	136
KEY 117	개인정보자기결정권	… S	140
KEY 118	통신의 비밀	… S	144

CHAPTER 06 정신적 자유권

KEY 119	양심의 자유	… S	148
KEY 120	종교의 자유	… A	151
KEY 121	국교부인과 정교분리원칙	… C	152
KEY 122	학문과 예술의 자유	… C	152
KEY 123	언론·출판의 자유	… B	153

KEY	제목	등급	쪽
KEY 124	사전검열금지	S	154
KEY 125	표현의 자유의 제한	C	156
KEY 126	표현의 자유 관련판례	A	156
KEY 127	언론기관의 자유	B	158
KEY 128	알 권리	A	159
KEY 129	집회의 자유	S	160
KEY 130	집회의 제한과 집회허가금지	B	161
KEY 131	「집시법」상 제한	A	162
KEY 132	결사의 자유	B	164

CHAPTER 07 경제적 기본권

KEY	제목	등급	쪽
KEY 133	거주·이전의 자유	B	165
KEY 134	직업선택의 자유	S	166
KEY 135	직업의 자유의 제한	S	168
KEY 136	직업선택의 자유 관련판례	A	169
KEY 137	직업수행의 자유 관련판례	S	171
KEY 138	재산권	S	174
KEY 139	재산권의 내용 형성과 제한	C	176
KEY 140	토지재산권	C	177
KEY 141	재산권 관련판례	A	179
KEY 142	공용침해와 손실보상	B	180

CHAPTER 08 참정권 (정치권)

KEY	제목	등급	쪽
KEY 143	국민투표제도와 국민투표권	A	184

CHAPTER 09 사회적 기본권

KEY	제목	등급	쪽
KEY 144	인간다운 생활을 할 권리	A	186
KEY 145	국가의 사회보장·사회복지 의무	C	188
KEY 146	사회보장수급권	A	188
KEY 147	교육을 받을 권리	A	189
KEY 148	부모의 자녀교육권	B	190
KEY 149	의무교육	B	191
KEY 150	교육의 자주성·전문성·정치적 중립성 및 대학의 자율성	B	192
KEY 151	교육제도·교원지위 법정주의	C	193
KEY 152	근로의 권리	S	193
KEY 153	근로3권	C	195
KEY 154	단결권·단체교섭권 및 단체행동권	A	195
KEY 155	공무원 등의 근로3권	B	196
KEY 156	근로3권의 제한	C	196
KEY 157	환경권	B	197
KEY 158	혼인과 가족에 관한 권리	S	198
KEY 159	모성보호 및 보건에 관한 권리	C	200

CHAPTER 10 청구권

KEY	제목	등급	쪽
KEY 160	청원권	S	201
KEY 161	재판청구권	S	203
KEY 162	신속·공개 재판을 받을 권리	C	205
KEY 163	재판청구권 관련판례	A	205
KEY 164	공정한 재판을 받을 권리	B	206
KEY 165	재판절차진술권	C	206
KEY 166	군사재판	B	207
KEY 167	국민참여재판	C	207
KEY 168	행정심판	C	208
KEY 169	형사보상청구권	A	208
KEY 170	국가배상청구권	B	209
KEY 171	범죄피해자구조청구권	B	210

CHAPTER 11 국민의 기본의무

KEY	제목	등급	쪽
KEY 172	국민의 기본의무	C	212

CONTENTS

PART III 정치제도

CHAPTER 01 정치제도 일반이론

| KEY 173 | 권력분립원칙 | … B | 216 |
| KEY 174 | 권력분립원칙 관련판례 | … B | 216 |

CHAPTER 02 국회

KEY 175	국회의장·부의장	… A	217
KEY 176	상임위원회	… A	218
KEY 177	특별위원회	… A	219
KEY 178	국회위원회 운영	… A	219
KEY 179	국회의 운영	… A	220
KEY 180	의사공개원칙	… S	220
KEY 181	회기계속원칙	B	222
KEY 182	다수결원칙	S	222
KEY 183	일사부재의	B	223
KEY 184	법률안 제출	B	224
KEY 185	위원회 심사	A	224
KEY 186	본회의 심사·의결	A	225
KEY 187	정부이송	S	226
KEY 188	조세법률주의	B	227
KEY 189	부담금	B	228
KEY 190	예산심의·확정권	A	228
KEY 191	계속비와 예비비	B	229
KEY 192	예산의 불성립·변경 등	B	229
KEY 193	기채 & 국고부담계약 사전동의권	C	229
KEY 194	국정감사·조사권	S	230
KEY 195	국정감사·조사권의 행사	A	231
KEY 196	헌법기관 구성권 (인사권)	B	231
KEY 197	탄핵소추 (국회)	S	232
KEY 198	탄핵심판 (헌법재판소)	S	233
KEY 199	해임건의	B	235
KEY 200	출석요구권 및 기타 국정통제권	C	236
KEY 201	국회의원의 지위	A	236
KEY 202	국회의원의 권한 (심의·표결권)	A	237
KEY 203	국회의원의 면책특권	S	240
KEY 204	국회의원의 불체포특권	S	241
KEY 205	국회의원의 의무	C	242
KEY 206	국회자율권	C	242
KEY 207	국회의원 자격심사·징계	B	242

CHAPTER 03 정부

KEY 208	대통령의 지위	… B	243
KEY 209	대통령 권한대행	… B	243
KEY 210	불소추특권	… A	244
KEY 211	대통령의 의무	… A	244
KEY 212	사면권	… S	244
KEY 213	기타 대통령의 권한	C	246
KEY 214	대통령권한 통제	C	246
KEY 215	자문회의	B	246
KEY 216	국무총리	A	247
KEY 217	국무위원	B	248
KEY 218	국무회의	B	248
KEY 219	국무회의 심의사항	B	249
KEY 220	행정각부	C	250
KEY 221	감사원	S	250
KEY 222	선거관리위원회	A	252

CHAPTER 04 법원

KEY 223	통치행위	… S	253
KEY 224	대법원	… A	254
KEY 225	대법원장·대법관과 일반법관	… S	254
KEY 226	임기제와 정년제	… S	254
KEY 227	대법원의 권한	… B	255

KEY 228	법원의 독립	… C	256
KEY 229	법관의 재판상 독립 (물적독립)	… B	256
KEY 230	법관의 신분보장 (인적독립)	… S	257
KEY 231	각급법원	… B	258
KEY 232	군사법원	… B	258
KEY 233	법원의 권한	… C	259
KEY 234	재판 관련 제도	… C	259

PART IV 헌법재판소

CHAPTER 01 헌법재판소 일반이론

| KEY 235 | 헌법재판소의 구성과 운영 | … A | 262 |

CHAPTER 02 헌법재판소의 일반심판절차

KEY 236	일반심판절차	… A	263
KEY 237	가처분	… B	264
KEY 238	종국결정 및 결정의 효력		

CHAPTER 03 위헌법률심판

KEY 239	위헌법률심판제청	… S	266
KEY 240	위헌제청의 대상	… S	267
KEY 241	재판의 전제성	… A	268
KEY 242	위헌법률심판의 종국결정	… B	269
KEY 243	위헌결정의 효력 발생시기	… S	270
KEY 244	변형결정	… B	270

CHAPTER 04 헌법소원심판

KEY 245	위헌심사형 헌법소원	… S	271
KEY 246	권리구제형 헌법소원	… A	272
KEY 247	헌법소원심판의 대상	… B	272
KEY 248	헌법소원심판의 대상 (국회)	… A	272
KEY 249	헌법소원심판의 대상 (행정부)	… A	273
KEY 250	헌법소원심판의 대상 (행정기관의 행위)	… A	274
KEY 251	헌법소원심판의 대상(사법작용)과 원행정처분	… B	275
KEY 252	자기관련성	… A	275
KEY 253	헌법소원의 현재성과 청구기간	… A	276
KEY 254	직접성	… B	277
KEY 255	헌법소원심판의 보충성	S	277
KEY 256	보충성의 예외	A	278
KEY 257	헌법소원심판의 대상 (검사의 처분)	B	278
KEY 258	헌법소원심판의 권리보호이익	C	279
KEY 259	종국결정	C	279

CHAPTER 05 권한쟁의심판

KEY 260	권한쟁의심판	… B	280
KEY 261	종국결정	… C	280
KEY 262	처분 또는 부작위	… B	282
KEY 263	헌법 또는 법률상 권한의 침해 또는 침해할 현저한 위험	… S	282
KEY 264	권한쟁의심판의 심리 등	… B	283
KEY 265	권한쟁의심판의 결정	… B	284

PART I

헌법 일반이론

- CH 01 헌법과 헌법학
- CH 02 헌법의 변동과 보호
- CH 03 대한민국
- CH 04 헌법의 기본원리
- CH 05 국민주권주의와 자유민주주의
- CH 06 법치주의
- CH 07 사회·경제·문화적 기본원리
- CH 08 국제질서의 기본원리
- CH 09 정당제도와 정당설립의 자유
- CH 10 선거제도와 선거권
- CH 11 직업공무원제와 공무담임권
- CH 12 지방자치제도

헌법과 헌법학

| 번호 | 옳은 지문 ○ | 옳지 않은 지문 ✕ |

KEY 001 성문헌법과 관습헌법   A

1. **성문헌법**이라고 하여도 그 속에 **모든 헌법사항을 빠짐없이 완전히 규율하는 것은 불가능**하고 또한 헌법은 국가의 기본법으로서 간결성과 함축성을 추구하기 때문에 형식적 헌법전에는 **기재되지 아니한 사항**이라도 이를 **불문헌법 내지 관습헌법으로 인정**할 소지가 있다.○ 23 해간, 23 경찰 1차

2. 헌법 제1조 제2항에 따라 국민이 대한민국의 주권자이며, **국민은 최고의 헌법제정권력이기 때문에 성문헌법의 제·개정에 참여**할 뿐만 아니라 헌법전에 포함되지 아니한 헌법사항을 필요에 따라 **관습의 형태로 직접 형성할 수 있다.**○ 24 해간

   | 국민은 성문헌법의 제·개정에는 직접 참여하지만, 헌법전에 포함되지 아니한 헌법사항을 필요에 따라 관습의 형태로 직접 형성할 수 없다. 23 경간
   (해설) 직접 형성 可

3. 관습헌법이 성립하기 위하여서는 **관습이 성립하는 사항**이 단지 법률로 정할 사항이 아니라 반드시 헌법에 의하여 규율되어 법률에 대하여 효력상 우위를 가져야 할 만큼 **헌법적으로 중요한 기본적 사항**이 되어야 한다.○ 24 해간

4. **관습헌법도** 성문헌법과 마찬가지로 주권자인 국민의 헌법적 결단의 의사표현이며 **성문헌법과 동일한 효력**을 가진다고 보아야 한다.○ 23 해간

   | 관습헌법이란 실질적 의미의 헌법사항이 관습으로 규율되고 있다는 것을 뜻할 뿐이며, 관습헌법이라고 해서 성문헌법과 똑같은 효력이 인정된다고 볼 근거가 없다. 22 경채
   (해설) 성문헌법과 동등한 효력을 가짐

5. **관습헌법도** 헌법의 일부로서 성문헌법의 경우와 동일한 효력을 가지기 때문에 그 법규범은 최소한 **헌법 제130조에 의거한 헌법개정의 방법에 의하여 개정**될 수 있다.○ 18 서울 7(추), 16 경정

6. **관습헌법**은 주권자인 국민에 의하여 **유효한 헌법규범으로 인정되는 동안에만 존속**한다.○ 23 경간

   | 관습헌법은 주권자인 국민에 의하여 유효한 헌법규범으로 인정되는 동안에만 존속하는 것이고, 관습법의 존속요건의 하나인 국민적 합의성이 소멸하면 관습헌법으로서의 법적효력도 상실하게 되므로, 관습헌법의 요건들은 성립의 요건이 아니라 효력 유지의 요건이다. 18 경정
   (해설) 성립의 요건이자 효력 유지의 요건

KEY 002 헌법의 특성과 해석 　C

7 국민의 기본권의 강화·확대라는 헌법의 역사성, 헌법재판소의 헌법해석은 헌법이 내포하고 있는 특정한 가치를 탐색·확인하고 이를 규범적으로 관철하는 작업인 점 등에 비추어, **헌법재판소가 행하는 구체적 규범통제의 심사기준은 원칙적으로 헌법재판을 할 당시에 규범적 효력을 가지는 헌법**이다. 5
18 변호사

헌법재판소의 헌법해석은 헌법이 내포하고 있는 특정한 가치를 탐색·확인하고 이를 규범적으로 관철하는 작업인 점에 비추어, 헌법재판소가 행하는 구체적 규범통제의 심사기준은 원칙적으로 법률제정 당시에 규범적 효력을 가지는 헌법이다. 23 경간

(해설) 헌법재판 당시에 규범적 효력을 가지는 헌법임

8 **헌법의 해석**은 헌법이 담고 추구하는 이상과 이념에 따른 역사적, 사회적 요구를 올바르게 수용하여 헌법적 방향을 제시하는 **헌법의 창조적 기능**을 수행하여 국민적 욕구와 의식에 알맞는 **실질적 국민주권의 실현을 보장**하는 것이어야 한다. 4
24 경찰 1차

KEY 003 합헌적 법률해석 　B

9 어떤 **법률의 개념이 다의적**이고 그 어의의 테두리 안에서 **여러 가지 해석이 가능할 때**, 헌법을 최고법규로 하는 통일적인 법질서의 형성을 위하여 헌법에 합치되는 해석, 즉 **합헌적인 해석을 택하여야** 하며, 이에 의하여 **위헌적인 결과가 될 해석은 배제하면서 합헌적이고 긍정적인 면은 살려야 한다**는 것이 **헌법의 일반법리**이다. 9
19 법무사, 18 경정

10 **법률의 합헌적 해석**은 헌법의 최고규범성에서 나오는 **법질서의 통일성**에 바탕을 두고, **법률이 헌법에 조화되어 해석될 수 있는 경우에는 위헌으로 판단하여서는 아니된다는 것을 뜻**하는 것으로서 **권력분립과 입법권을 존중**하는 정신에 그 뿌리를 두고 있다. 4
21 입시

합헌적 법률해석은 헌법재판소가 헌법과 법률을 해석 적용함에 있어서 입법자의 입법취지대로 해석하여야 한다는 것으로 민주주의와 권력분립원칙의 관점에서 입법자의 입법권에 대한 존중과 규범유지의 원칙에 의하여 정당화된다. 20 경정

(해설) 헌법을 해석 적용 X, 입법취지대로 해석 X

11 헌법정신에 맞도록 법률의 내용을 해석·보충하거나 정정하는 '**헌법합치적 법률해석**' 역시 '**유효한**' 법률조항의 의미나 문구를 대상으로 하는 것이지, 이를 넘어 이미 **실효된 법률조항을 대상으로 하여 헌법합치적인 법률해석을 할 수는 없는 것**이어서, **유효하지 않은 법률조항을 유효한 것으로 해석하는 결과에 이르는 것은** '**헌법합치적 법률해석**'**을 이유로도 정당화될 수 없다**. 5
23 경정, 18 경정

조세법률주의가 지배하는 조세법의 영역에서 경과규정의 미비라는 명백한 입법의 공백을 방지하고 형평성의 왜곡을 시정하기 위해 실효된 법률조항을 유효한 것으로 해석하는 것은 헌법정신에 맞도록 법률의 내용을 해석·보충하거나 정정하는 '헌법합치적 법률해석'에 따른 해석이다. 24 경찰 1차

(해설) 실효된 법률조항 : 헌법합치적 법률해석 불가

12 법률 또는 법률의 조항은 원칙적으로 가능한 범위안에서 합헌적으로 해석함이 마땅하나 그 해석은 **법의 문구와 목적에 따른 한계**가 있다. 즉, 법률의 조항의 문구가 간직하고 있는 **말의 뜻을 넘어 말의 뜻이 완전히 다른 의미로 변질되지 아니하는 범위내이어야 한다는 문의적 한계**와 입법권자가 그 법률의 제정으로써 추구하고자 하는 **입법자의 명백한 의지와 입법의 목적을 헛되게 하는 내용으로 해석할 수 없다고 하는 법 목적에 따른 한계**가 바로 그것이다. 8
23 국회 8

입법권자가 그 법률의 제정으로써 추구하고자 하는 입법자의 명백한 의지와 입법의 목적을 헛되게 하는 내용으로 법률조항을 해석할 수 없다는 '법 목적에 따른 한계'는 사법적 헌법해석기관에 의한 최종적 헌법해석권을 형해화할 수 있으므로 인정될 수 없다. 20 경정

(해설) '법 목적에 따른 한계' 인정 O

CHAPTER 02 헌법의 변동과 보호

번호	옳은 지문 O	옳지 않은 지문 X

KEY 004 헌법의 제·개정   S

헌법 제89조 【국무회의 심의】 다음 사항은 **국무회의의 심의**를 거쳐야 한다.
3. 【대통령령안】 **헌법개정안**·국민투표안·조약안·법률안 및 대통령령안⁴

헌법 제128조 ① 【국회과반수 + 대통령 발의】 헌법개정은 **국회재적의원 과반수**²¹ 또는 **대통령**¹⁹의 발의로 제안된다.
② 【헌법개정효력의 한계】 대통령의 **임기연장 또는 중임변경**을 위한 헌법개정은 그 **헌법개정 제안 당시의 대통령**에 대하여는 효력이 없다.¹⁹

헌법 제129조 【20일 공고】 제안된 헌법개정안은 **대통령이 20일 이상의 기간 이를 공고하여야 한다.**²⁰

헌법 제130조 ① 【60일 이내 국회 의결】 국회는 헌법개정안이 **공고된 날로부터 60일 이내에 의결하여야 하며**²⁵,
【재적 3분의 2 찬성】 국회의 의결은 재적의원 **3분의 2 이상의 찬성**을 얻어야 한다.²²
② 【30일 이내 국민투표】 헌법개정안은 **국회가 의결한 후 30일 이내**²⁷에 국민투표에 붙여
【과반수 투표 + 투표자 과반수 찬성】 **국회의원선거권자 과반수의 투표와 투표자 과반수의 찬성**²⁷을 얻어야 한다.
③ 【헌법개정안 확정】 헌법개정안이 제2항의 찬성을 얻은 때에는 헌법개정은 확정되며,
【대통령 즉시 공포】 대통령은 즉시 이를 공포하여야 한다.¹⁰

13 헌법개정안은 국회에서 **기명투표**로 표결한다.⁷   21 국가 7

국회는 헌법개정안이 공고된 날로부터 60일 이내에 의결하여야 하며, 국회의 의결은 무기명투표로 한다.   22 경정
(해설) 무기명투표 X → 기명투표 O

14 국민투표의 효력에 관하여 이의가 있는 **투표인은 투표인 10만인 이상의 찬성**을 얻어 **중앙선거관리위원회위원장을 피고**로 하여 **투표일로부터 20일 이내에 대법원에 제소할 수 있다.**¹⁴   23 경찰 1차

국민투표의 효력에 관하여 이의가 있는 투표인은 투표인 10만인 이상의 찬성을 얻어 국회의장을 피고로 하여 투표일로부터 20일 이내에 대법원에 제소할 수 있다.   17 경정승진
(해설) 중선위장을 피고로 함

15 대법원은 국민투표에 관하여 「국민투표법」 또는 동법에 의하여 발하는 명령에 위반하는 사실이 있는 경우라도 **국민투표의 결과에 영향을 미쳤다고 인정하는 때에 한하여** 국민투표의 **전부 또는 일부의 무효를 판결한다.**⁵   20 경정

대법원은 국민투표무효의 소송에서 국민투표에 관하여 「국민투표법」에 위반하는 사실이 있는 경우 국민투표의 결과에 영향을 미치지 않았더라도 국민투표의 전부 또는 일부의 무효를 판결할 수 있다.   14 국가 7
(해설) 국민투표 결과에 영향을 미쳤다고 인정하는 때에 한하여 무효 판결 可

KEY 005 헌법 개정의 한계 [B]

> 헌법 제72조 【중요정책 국민투표권】 대통령은 필요하다고 인정할 때에는 외교·국방·통일 기타 국가안위에 관한 **중요정책**을 국민투표에 붙일 **수 있다.**⁴
>
> 헌법 제128조 ② 【헌법개정효력의 한계】 대통령의 **임기연장 또는 중임변경**을 위한 헌법개정은 그 **헌법개정 제안 당시의 대통령**에 대하여는 그 **효력이 없다.**¹⁹

16 국회의 의결절차를 거치지 아니한 채, 헌법 제72조의 중요정책에 관한 국민투표만으로 헌법을 개정하는 것은 위헌이다.⁴
13 서울 7

17 1954년 제2차 개정헌법은 민주공화국, 국민주권, 주권의 제약 또는 영토의 변경을 가져올 국가안위에 관한 중대사항에 대한 **국민투표 규정은 개폐할 수 없다고 명시**하였다.⁵
18 입시

18 현행 헌법상 **대통령의 임기연장 또는 중임변경을 위한 헌법개정**은 허용되지만, 제안 당시의 대통령에게는 그 **효력이 미치지 아니한다.**⁷
14 국회 9

19 헌법은 전문과 각 개별조항이 서로 밀접한 관련을 맺으면서 하나의 통일된 가치 체계를 이루고 있는 것으로서, **이념적·논리적으로 규범 상호간의 우열을 인정할 수 있다 하더라도**, 그것이 헌법의 어느 특정규정이 다른 규정의 효력을 전면적으로 부인할 수 있을 정도의 **개별적 헌법규정 상호간에 효력상의 차등을 의미하는 것이라고는 볼 수 없다.**⁴
23 법원 9

대통령은 헌법 제72조의 국민투표부의권을 행사하여 국회의 의결을 거치지 않고 헌법을 개정할 수 있다. 11 법원 9
(해설) 헌법 제72조의 국민투표로 헌법개정 不可

현행 헌법과 마찬가지로 역대 헌법은 헌법개정의 실정법적 한계를 인정하지 않았다. 11 국회 9, 09 국가 7
(해설) 제2차 개정헌법은 헌법개정 한계에 관한 명문규정을 둠

헌법은 대통령의 임기연장이나 중임변경을 위한 헌법개정을 금지하고 있다. 19 소간
(해설) 대통령 임기연장 or 중임변경 위한 헌법개정 허용

헌법의 제규정 가운데는 헌법의 근본가치를 보다 추상적으로 선언한 것도 있고 이를 보다 구체적으로 표현한 것도 있으므로, 헌법의 어느 특정규정이 다른 규정의 효력을 전면 부인할 수 있는 정도로 개별적 헌법규정 상호간의 효력상의 차등을 인정할 수 있다. 18 변호사
(해설) 효력상의 차등 인정 不可

KEY 006 헌법개정절차의 헌정사 [A]

20 1962년 개정헌법은 국회 재적의원 3분의 1 이상 또는 국회의원선거권자 50만인 이상의 찬성으로 헌법개정의 제안을 하도록 규정함으로써, 1948년 헌법부터 유지되고 있던 **대통령의 헌법개정제안권을 삭제**했다.⁵
20 국가 7

21 1972년 헌법은 **대통령이 제안**한 헌법개정안은 **국민투표**로 확정되며, **국회의원이 제안**한 헌법개정안은 **국회의 의결을 거쳐 통일주체국민회의의 의결**로 확정된다고 규정함으로써 **헌법개정절차를 이원화**하였다.⁶
19 변호사, 18 국가 7

1962년 헌법 및 1969년 헌법은 대통령뿐만 아니라 국회의원선거권자 50만인 이상의 국민에게도 헌법개정의 제안을 인정하였다. 19 지방 7
(해설) 제5·6차 : 대통령의 헌법개정 제안권 부정

유신헌법 하에서의 헌법개정안은 대통령 또는 국회재적의원 과반수의 발의로 제안되어 국민투표로 확정되었다. 14 국회 9
(해설) 대통령 제안 : 국민투표로 확정 / 국회의원 제안 : 국회의 의결을 거쳐 통일주체국민의회 의결로 확정

KEY 007 헌정사 [A]

22 건국헌법은 임기 4년의 **대통령과 부통령을 1차에 한하여 중임**할 수 있도록 하였고, 대통령과 부통령을 **국회에서 무기명투표**로써 각각 선거하도록 규정하였다.⁷
21 국회 8

23 1948년 건국헌법에서는 **대통령, 부통령, 국무총리**를 모두 두고 있었다. ⁵
15 경정

1948년 제헌헌법은 대통령, 부통령, 국무총리를 모두 두었으며 대통령 궐위시 부통령이 지위를 승계한다고 규정하였다.
23 경간

(해설) 즉시 후임자 선거

24 제헌헌법에서는 **의결기관인 국무원**을 두었으며, **대통령이 국무원의 의장**이었다. ⁶
18 입시

제헌헌법에서는 심의기관인 국무원을 두었으며, 대통령이 국무원의 의장이었다.
17 경정

(해설) 국무원은 의결기관

25 1948년 제헌헌법에서는 **대통령 국회간선제, 국회단원제, 국무총리제, 국정감사 제도**를 규정하였다. ⁵
21 입시

1948년 헌법은 대통령제를 채택하였으며, 국회는 양원제를 실시하였다.
17 입시

(해설) 제헌헌법 : 국회 단원제

26 **제1차 개정헌법**은 **국회양원제, 국무원불신임제, 대통령 직선제** 등을 규정하였다. ⁴
14 서울 7

제2차 개헌으로 대통령과 부통령 직선제 및 양원제 도입, 국회의 국무원에 대한 불신임제도를 신설하였다.
14 지방 7

(해설) 제2차 X → 제1차 O

27 **제1차 개정헌법(1952년 개헌)**에서는 국무위원과 행정각부 장관은 **국무총리의 제청**으로 대통령이 임면하도록 하고 **국무원 불신임결의권**을 국회(민의원)에 부여하였다. ⁴
24 변호사

1952년 제1차 개정헌법은 국회의 양원제를 규정하여 민의원과 참의원이 운영되었으며 국무위원에 대한 개별적 불신임제를 채택하였다.
23 경간

(해설) 실제로는 단원제로 운영, 국무위원 개별적 불신임제 X(제2차)

28 **국무총리제도**는 1954년 **제2차 개정헌법**에서 폐지된 바 있고, 이때 **국무위원**에 대한 **개별적 불신임제**를 채택하였다. ⁵
18 변호사

1954년 헌법은 대통령이 사고로 인하여 직무를 수행할 수 없을 때에는 부통령이 그 권한을 대행하고, 대통령·부통령 모두 사고로 인하여 그 직무를 수행할 수 없을 때에는 국무총리가 그 권한을 대행하도록 규정하였다.
23 변호사

(해설) 1954년 개정헌법 : 국무총리제 폐지 / 대통령·부통령 모두 사고 시 법률이 정하는 순위에 따라 국무위원이 권한을 대행

29 **제3차 개정헌법**은 **의원내각제, 대통령 국회간선제, 헌법재판소의 설치** 등을 규정하였다. ⁴
14 서울 7

제6차 개헌(1969년)에서 정부형태를 대통령제에서 의원내각제로 바꾸었다.
15 국회 9

(해설) 제3차 개헌 (1960년)

30 **1960. 6. 15. 개정 헌법(제2공화국헌법)**은 국회를 민의원과 참의원으로 구성하도록 함으로써 **양원제**를 채택하였다. ⁴
25 소간

제3차 개정헌법(1960년)은 대법원장과 대법관 선거제를 두었으며, 위헌법률심판을 담당하는 헌법재판소를 두었고, 정당 조항을 신설하였으며, 국회 단원제 조항을 두었다.
13 지방 7

(해설) 국회 단원제 X → 양원제 O

31 **1960년 제3차 개정 헌법**은 **헌법재판소**를 상설기구로 하였는데, **법률의 위헌여부 심사, 헌법에 관한 최종적 해석, 국가기관간의 권한쟁의, 정당의 해산, 탄핵재판, 대통령·대법원장과 대법관의 선거에 관한 소송** 등을 그 관할로 하였다. ⁷
19 변호사

1960년 제3차 개정헌법에서는 구체적 규범통제, 권한쟁의심판, 탄핵심판, 정당해산심판, 헌법소원심판에 대한 관할권을 가진 헌법재판소가 도입되었으나 실제로 설치되지는 못하였다.
17 국가 7(추)

(해설) 헌법소원 X

32 **1960년 제3차 개정헌법**은 **대법원장과 대법관의 선거제**를 채택하였으며, **중앙선거관리위원회의 헌법기관화** 등을 규정하였다. ⁸
24 국회 8

제3차 개정헌법(1960년 헌법)에서는 3·15 부정선거에 대한 반성으로 중앙선거관리위원회와 각급선거관리위원회를 처음 규정하였다.
18 국회 9

(해설) 각급선관위 : 제5차 개헌 (1962년) 도입

33 **제4차 개정헌법(1960년 개헌)**에서는 부칙에 대통령, 부통령 선거에 관련하여 **부정행위를 한 자를 처벌**하기 위한 특별법 또는 특정지위에 있음을 이용하여 현저한 반민주행위를 한 자의 공민권을 제한하기 위한 특별법을 제정할 수 있는 **소급입법의 근거**를 두었다. ⁵
24 변호사

헌법부칙에 반민주행위자처벌을 위한 소급입법의 근거를 마련한 것은 1962년의 제5차 개정 헌법의 내용이다.
23 국회 9

(해설) 1960년 제4차 개정헌법

34 1962년 제5차 개정 헌법은 헌법재판에 속하는 사항 중 **위헌법률심사와 정당해산심판, 선거소송에 대해서는 대법원이, 탄핵심판에 대해서는 탄핵심판위원회**가 이를 담당하게 하고, **권한쟁의심판제도는 두지 아니하였다.** ⊘
24 국회 9

1962년 제5차 개정헌법에서는 헌법재판소가 위헌법률심사를 담당하였다.
22 국회 9
(해설) 헌법재판소 → 대법원

35 1962년 제5차 개정헌법에서는 **국회의원 후보**가 되려 하는 자는 소속 **정당의 추천을 받아야** 하며, 국회의원이 임기 중 **당적을 이탈하거나 변경한 때 또는 소속 정당이 해산된 때에는 그 자격이 상실되지만 합당 또는 제명으로 소속이 달라지는 경우에는 예외**로 한다고 규정하였다. ⊘
23 경찰 2차

1980년 제8차 개정헌법은 대통령선거 및 국회의원선거에서 후보자가 필수적으로 정당의 추천을 받도록 하는 조항을 추가하였다.
19 국회 8
(해설) 1980년 제8차 개정헌법 → 1962년 제5차 개정헌법

36 1972년 제7차 개정헌법에서는 **대통령은 통일주체국민회의에서 토론없이 무기명투표로 선거**하고, **국회의원 정수의 3분의 1에 해당하는 수의 국회의원도 통일주체국민회의에서 선거**하도록 규정하였다. ⑤
23 경찰 2차

1972년 헌법은 국민의 주권적 수임기관으로 통일주체국민회의를 설치하고, 통일주체국민회의에서 대통령과 국회의원 정수의 2분의 1에 해당하는 수의 국회의원을 선출하도록 규정하였다.
23 변호사
(해설) 국회의원 정수의 2분의 1 → 국회의원 정수의 3분의 1

37 1962년 제5차 개정헌법에서는 헌법재판소를 폐지하고 대법원에 최종적인 위헌법률심사권을 부여하였고, 1972년 제7차 개정헌법에 규정된 헌법위원회는 위헌법률심판권, 탄핵심판권, 정당해산심판권을 가졌다. ⑥
17 국가 7(추)

1972년 제7차 개정헌법에서는 대법원이 위헌법률심사와 정당해산심판을 담당하였다.
22 국회 9
(해설) 대법원 → 헌법위원회

38 제8차 개정헌법(1980년)에서 **대통령은 대통령선거인단에서 무기명투표로 선거**하였으며, 대통령의 **임기는 7년**이었다. ⊘
15 국회 8

1980년 개정헌법(제8차 개헌)은 임기 7년의 대통령을 국회에서 무기명투표로 선거하도록 하고 1차에 한하여 중임을 허용하였으며, 위헌법률심판과 탄핵심판을 담당하는 헌법위원회를 규정하였다.
19 변호사
(해설) 대통령선거인단에서 간선, 중임 불가

39 국정감사는 1948년 제헌헌법에 규정된 후 1972년 개정헌법에서 폐지되었다가 현행헌법에서 부활하였으며, 국정조사는 1980년 개정헌법에 신설되었다. ⑥
18 서울 7(추)

우리 헌법사에서 국정조사제도는 1948년 헌법부터 존재하였으며, 1972년 헌법과 1980년 헌법에서는 폐지되었다가 1987년 헌법에서 다시 부활하였다.
14 국회 8
(해설) 국정조사 X → 국정감사 O

40 1948년 제헌헌법은 근로자의 단결, 단체교섭과 단체행동의 자유를 법률의 범위 내에서 보장하도록 하였으며, 노령, 질병 기타 근로능력의 상실로 인하여 **생활유지의 능력이 없는 자**는 법률의 정하는 바에 의하여 **국가의 보호**를 받도록 하였다. ⑥
20 변호사

1948년 헌법은 평등권, 신체의 자유 및 직업의 자유를 비롯한 고전적 기본권을 보장하였을 뿐만 아니라, 근로3권과 사기업에 있어서 근로자의 이익분배균점권, 생활무능력자의 보호, 혼인의 순결과 가족의 건강의 특별한 보호 등 일련의 사회적 기본권까지 규정하여 사회주의적 요소를 가미하였다.
16 국가 7
(해설) 직업의 자유 : 제5차 개헌(1962년) 신설

41 1948년 헌법은 **지방자치**에 관한 장과 재정에 관한 장을 별도로 두었다. ⊘
19 입시

1954년 제2차 개정헌법은 처음으로 지방자치를 규정하였다.
25 경찰 1차
(해설) 제헌헌법에서부터 규정

42 1954년 헌법은 대한민국의 주권의 제약 또는 영토의 변경을 가져올 **국가안위에 관한 중대사항은 국회의 가결을 거친 후에 국민투표에 부하여 민의원의원선거권자 3분의 2 이상의 투표와 유효투표 3분의 2 이상의 찬성**을 얻어야 한다고 규정하였다. ⑤
18 국가 7

제3차 헌법개정(1960년 6월 헌법)에서는 대한민국의 주권의 제약 또는 영토의 변경을 가져올 국가안위에 관한 중대사항은 국회의 가결을 거친 후에 국민투표에 부하여 민의원의원 선거권자 3분지 2 이상의 투표와 유효투표 3분지 2 이상의 찬성을 얻어야 한다고 처음으로 규정하였다.
24 경간
(해설) 제3차 개정헌법 X → 제2차 개정헌법 O

43	1960년 제3차 개정헌법은 **기본권의 본질적 내용 침해금지**에 관한 규정, **공무원의 정치적 중립성** 조항과 헌법재판소 조항을 처음으로 규정하였다.	1960년 제3차 개정헌법은 공무원의 정치적 중립성 조항과 헌법재판소 조항을 처음으로 규정하였고, 1962년 제5차 개정헌법은 인간의 존엄과 가치에 대한 규정과 기본권의 본질적 내용 침해금지에 관한 규정을 처음으로 두었다. 19 서울 7

(해설) 기본권의 본질적 내용 침해금지 : 제3차 개헌(1960년) 신설

44	1962년 제5차 개정헌법은 인간으로서의 존엄과 가치 조항을 신설하고, 위헌법률심사권을 법원의 권한으로 규정하였다. 18 경정	1962년 헌법은 인간의 존엄과 가치를 명시하고, 행복추구권을 기본권으로 신설하였다. 18 국가 7

(해설) 행복추구권 : 제8차 개헌(1980년)

45	헌법에서 정당조항이 처음 채택된 것은 1960년 제2공화국 헌법(제3차 개헌)이며, 제5공화국 헌법(제8차 개헌)에서 정당에 대한 국고보조금 조항을 신설하였다. 24 경간	1972년 제7차 개헌에서는 정당운영자금의 국고보조조항을 신설하였다. 23 지방 7

(해설) 제8차 개정헌법(1980년)에서 신설

46	우리나라의 경우 **제8차 개정 헌법(제5공화국 헌법)에서 행복추구권을 처음으로 이를 규정**하였다. 22 해간	제8차 헌법개정(1980년 헌법)에서는 행복추구권과 무죄추정의 원리 그리고 적법절차 조항이 도입되었다. 23 국회 8

(해설) 적법절차 조항은 현행헌법에서 도입됨

47	1980년 제8차 헌법개정에서 모든 국민은 깨끗한 환경에서 생활할 권리를 가지며, 국가와 국민은 환경보전을 위하여 노력하여야 한다고 규정하였다. 23 국가 7	제7차 개정헌법은 환경권과 행복추구권을 신설하였다. 13 국가 7

(해설) 제7차 → 제8차

48	**제8차 개정헌법(1980년)은 적정임금의 보장규정과 국회의 국정조사권을 신설**하였다. 13 국회 8	제9차 헌법개정에서는 국가의 적정임금보장 규정을 신설하였다. 23 해간

(해설) 적정임금 : 제8차 개헌(1980년)

49	군대의 정치적 중립성을 규정한 헌법 제5조 제2항은 **제6공화국 헌법에서 최초로 도입된 조항**이다. 10 법원 9	국군의 정치적 중립성에 관한 사항은 1960년 제3차 헌법개정을 통해 처음으로 헌법에 규정되었다. 24 5급

(해설) 제3차 X → 제9차 O

50	1987년 제9차 개정헌법에서 **범죄피해자구조청구권이 처음으로 규정**되었다. 19 5급, 18 입시	1972년 제7차 개정헌법은 범죄피해자구조청구권에 관한 조항을 신설하였다. 25 경정

(해설) 현행헌법에서 최초로 규정

KEY 008 국가긴급권

> **헌법 제89조 【국무회의 심의】** 다음 사항은 국무회의의 심의를 거쳐야 한다.
> 5. **【국가긴급권】** 대통령의 **긴급명령 · 긴급재정경제처분 및 명령** 또는 **계엄과 그 해제**

51	국가긴급권은 법치주의의 예외로서, 위기 극복이라는 **소극적 목적**을 위해 발동되어야 하며, 기간, 범위에 있어 목적달성에 불가결한 **최소한도 내로 한정**되어야 한다. 24 법무사	국가긴급권의 행사는 헌법질서에 대한 중대한 위기상황의 극복을 위한 것이기 때문에, 본질적으로 위기상황의 직접적인 원인을 제거하는데 필수불가결한 최소한도 내에서만 행사되어야 한다는 목적상 한계가 있지만, 그 본질상 일시적 · 잠정적으로만 행사되어야 한다는 시간적 한계는 인정되지 않는다. 20 경정, 15 법무사

(해설) 시간적 한계 인정됨

KEY 009 긴급명령권 · 긴급재정경제명령권

헌법 제76조 ② 【국가교전사태 + 국회 집회 불가능】 대통령은 **국가의 안위에 관계되는 중대한 교전상태**에 있어서 **국가를 보위**하기 위하여 **긴급한 조치가 필요**하고 **국회의 집회가 불가능한 때**에 한하여 **법률의 효력을 가지는 명령**을 발할 수 있다.¹¹
③ 【지체없이 국회보고 · 승인】 대통령은 제1항과 제2항의 처분 또는 명령을 한 때에는 **지체없이 국회에 보고**하여 **그 승인**을 얻어야 한다.⁶
④ 【국회보고 · 승인 → 불승인 시부터 효력 상실】 제3항의 **승인을 얻지 못한 때**에는 그 처분 또는 명령은 **그때부터 효력을 상실**한다.⁹ 【개정 · 폐지법률 불승인 시부터 당연 효력 회복】 이 경우 그 명령에 의하여 개정 또는 폐지되었던 법률은 그 명령이 **승인을 얻지 못한 때부터 당연히 효력을 회복**한다.³

52 긴급재정경제명령은 중대한 재정 · 경제상의 위기가 현실적으로 발생한 경우에 한하여 발할 수 있으므로, 이러한 위기가 발생할 우려가 있다는 이유로 사전적 · 예방적으로 발할 수는 없다.⁷ 21 입시

긴급재정경제명령은 내우 · 외환 · 천재지변 또는 중대한 재정 · 경제상의 위기가 현실적으로 발생한 경우뿐만 아니라 그러한 위기가 발생할 우려가 있는 경우 사전적 · 예방적으로 발할 수 있다. 22 변호사
(해설) 사전적 · 예방적 발동 불가

53 긴급재정 · 경제명령은 중대한 재정 · 경제상의 위기가 발생한 경우에 이를 사후적으로 수습함으로써 기존질서를 유지 · 회복하기 위한 것이므로 **공공복리의 증진과 같은 적극적인 목적을 위하여는 발동할 수 없다.**⁴ 11 지방 7

긴급재정경제명령은 국가의 안전보장이나 공공의 안녕질서라는 소극적 목적뿐만 아니라 공공복지의 증진과 같은 적극적 목적을 위해서도 발할 수 있다. 22 변호사
(해설) 적극적 목적 위해 발동 불가

54 대통령의 긴급재정경제명령은 국가긴급권의 일종으로서 고도의 정치적 결단에 의하여 발동되는 행위이고, 그 결단을 존중하여야 할 필요성이 있는 행위라는 의미에서 **통치행위에 속하지만, 그것이 국민의 기본권 침해와 직접 관련되는 경우에는 헌법재판소의 심판대상**이 된다.¹⁰ 15 법무사

대통령이 긴급재정경제명령으로 금융실명제를 도입하는 것은 경제제도에 관한 긴급한 조치에 불과하여 기본권에 직접 영향을 주지 않으므로 헌법소원의 대상이 될 수 없다. 13 변호사
(해설) 기본권에 영향 有 → 헌소대상이 됨

55 긴급재정경제명령이 헌법상 소정의 요건과 한계에 부합하는 것이라면 그 자체로 목적의 정당성, 수단의 적정성, 피해의 최소성, 법익의 균형성이라는 기본권제한의 한계로서의 **과잉금지원칙을 준수**하는 것이 된다.⁴ 22 변호사

긴급재정경제명령은 평상시의 헌법 질서에 따른 권력행사방법으로서는 대처할 수 없는 재정 · 경제상의 국가위기 상황에 처하여 이를 극복하기 위하여 발동되는 비상입법조치라는 속성상 기본권제한의 한계로서의 과잉금지원칙의 준수가 요구되지 않는다. 23 경찰 2차
(해설) 긴급재정경제명령도 과잉금지원칙을 준수해야 함

KEY 010 계엄선포권　　　S

헌법 제77조 ① 【국가비상사태】 대통령은 **전시 · 사변 또는 이에 준하는 국가비상사태**에 있어서 **병력**으로써 **군사상의 필요**에 응하거나 **공공의 안녕질서를 유지할 필요**가 있을 때에는 **법률이 정하는 바**에 의하여 계엄을 선포할 수 있다.
② 【비상 + 경비계엄】 계엄은 **비상계엄**과 **경비계엄**으로 한다.
③ 【영장 · 표현 + 정부 · 법원】 비상계엄이 선포된 때에는 법률이 정하는 바에 의하여 **영장제도, 언론 · 출판 · 집회 · 결사의 자유, 정부나 법원의 권한**에 관하여 **특별한 조치**를 할 수 있다.
④ 【지체없이 국회에 통고】 계엄을 선포한 때에는 대통령은 **지체없이 국회에 통고**하여야 한다.
⑤ 【재적과반수 해제요구 → 해제의무】 국회가 **재적의원 과반수의 찬성으로 계엄의 해제**를 요구한 때에는 대통령은 이를 **해제하여야** 한다.

헌법 제89조 【국무회의 심의】 다음 사항은 국무회의의 심의를 거쳐야 한다.
5. 【국가긴급권】 대통령의 **긴급명령 · 긴급재정경제처분 및 명령** 또는 **계엄과 그 해제**

---

56 경비계엄이 선포된 경우 구속영장의 발부절차를 간소화하는 **특별한 조치**를 법률로 정할 경우 헌법에 **위반**된다.
〈11 국가 7〉

경비계엄이 선포된 때에는 법률이 정하는 바에 의하여 영장제도, 언론 · 출판 · 집회 · 결사의 자유, 정부나 법원의 권한에 관하여 특별한 조치를 할 수 있다.
〈19 경정〉
(해설) 경비계엄은 특별한 조치 不可

KEY 011 저항권　　　A

57 헌법재판소는 **저항권**이란 국가권력에 의하여 **헌법의 기본원리에 대한 중대한 침해**가 행하여지고 그 침해가 헌법의 존재 자체를 부인하는 경우 다른 합법적인 구제수단으로는 목적을 달성할 수 없을 때에 국민이 자기의 권리 또는 자유를 지키기 위하여 **실력으로 저항**하는 권리라고 개념정의하고 있다.
〈18 경정, 14 국회 8〉

국가권력 행사의 불법이 객관적으로 명백하고 민주적 기본질서를 중대하게 침해하고 헌법의 존재 자체를 부인하는 경우에만 국민은 시민불복종운동을 행사할 수 있다.
〈14 서울 7〉
(해설) 시민불복종 X → 저항권 O

58 **대법원**은 저항권이 실정법에 근거를 두지 못하고 오직 자연법에만 근거하고 있는 한, 법관은 이를 **재판규범으로 원용할 수 없다**고 판시하였다.
〈15 경정〉

대법원은 저항권이 일종의 자연법상의 권리로서 이를 인정하는 것이 타당하다 할 것이고 저항권이 인정된다면 재판규범으로서의 기능을 배제할 근거가 없다는 입장을 가지고 있다.
〈14 서울 7〉
(해설) 재판규범으로 원용할 수 없다는 입장

59 저항권은 공권력의 행사에 대한 **실력적 저항**이어서 그 본질상 질서교란의 위험이 수반되므로, 저항권의 행사에는 개별 헌법조항에 대한 **단순한 위반이 아닌 민주적 기본질서**라는 전체적 질서에 대한 **중대한 침해**가 있거나 이를 파괴하려는 **시도**가 있어야 하고, 이미 유효한 구제수단이 남아 있지 않아야 한다는 **보충성의 요건**이 적용된다.
〈17 법무사〉

60 국회법 소정의 협의 없는 개의시간의 변경과 회의일시를 통지하지 아니한 **입법과정의 하자**는 **저항권 행사의 대상이 되지 아니한다**.
〈18 경정, 16 경정〉

CHAPTER 03 대한민국

| 번호 | 옳은 지문 O | 옳지 않은 지문 X |

KEY 012 국민

헌법 제2조 ① 【국민요건 법률주의】 대한민국의 **국민**이 되는 요건은 **법률로 정한다.**⁶

61 현행 헌법은 대한민국의 **국민이** 되는 요건을 직접 정하지 않고 **법률에 위임**하고 있다.⁶　　25 5급

헌법 제2조 제1항은 '대한민국의 국민이 되는 요건은 법률로 정한다'고 하여 대한민국 국적의 취득에 관하여 위임하고 있으나, 국적의 유지나 상실을 둘러싼 전반적인 법률관계를 법률에 규정하도록 위임하고 있는 것으로 풀이할 수는 없다.　　18 지방 7

(해설) 풀이할 수 있음

62 국적은 성문의 **법령을** 통해서가 **아니라** 국가의 생성과 더불어 존재하는 것이므로, 헌법의 위임에 따라 **국적법이** 제정되나 그 내용은 **국가의 구성요소인 국민의 범위를 구체화, 현실화하는 헌법사항을 규율**하고 있는 것이다.✗　　17 법무사

국적은 국가의 생성과 더불어 당연히 존재하는 것이 아니라 성문의 법령을 통하여 비로소 존재하게 된다.　　12 국회 9

(해설) 국가의 생성과 더불어 존재함

63 1948년 세계인권선언 제15조 제2항이 '누구를 막론하고 불법하게 그 국적을 박탈당하지 아니하여야 하며 그 국적변경의 권리가 거부되어서는 아니 된다.'는 규정을 두고 있으나, '이중국적자의 국적선택권'이라는 개념은 별론으로 하더라도, 일반적으로 **외국인인** 개인이 **특정한** 국가의 국적을 선택할 권리가 **자연권으로서** 또는 우리 헌법상 당연히 인정된다고는 할 수 없다.✓　　18 5급

국적선택권은 내외국민을 불문하고 자연권으로서 또는 우리 헌법상 당연히 인정되는 권리이다.　　12 법원 9

(해설) 외국인 국적 선택권은 자연권 아님 / 당연히 인정 X

KEY 013 우리 국적의 취득

64 헌법의 인적 적용범위와 관련하여 우리나라는 **부모양계혈통주의**에 기초한 **속인주의**를 원칙으로 하면서 속지주의를 보충적으로 채택하고 있다.³　　14 국회 8

65 출생 당시에 부 또는 모가 대한민국의 국민인 자는 출생과 동시에 대한민국 국적을 취득한다.✓　　22 해경

출생 당시에 부(父)가 대한민국의 국민인 자만 출생과 동시에 대한민국 국적을 취득한다.　　20 지방 7
(해설) 부 또는 모가 대한민국의 국민인 자

66 「국적법」상 부모가 모두 국적이 없는 경우라도 대한민국에서 출생한 사람은 대한민국 국적을 취득한다.✓　　24 경정

부모 중 어느 한쪽이 국적이 없는 경우에 대한민국에서 출생한 자는 대한민국 국적을 취득한다.　　22 해경
(해설) 부모 모두 국적이 없는 경우이어야 함

67 대한민국에서 **발견된 기아(棄兒)**는 대한민국에서 출생한 것으로 **추정**한다.⁵　　22 해경, 20 소간

대한민국에서 발견된 기아는 대한민국에서 출생한 것으로 간주한다.　　21 경정
(해설) 간주 X, 추정 O

| 68 | **부계혈통주의 원칙**은 출생한 당시 자녀의 국적을 부의 국적에만 맞추고 모의 국적은 단지 보충적인 의미만을 부여하는 **차별을 의미하므로 위헌**이다.³ | 22 국회 9, 18 입시 |

| 69 | 1978. 6. 14.부터 1998. 6. 13. 사이에 태어난 **모계출생자**(모가 대한민국 국민이거나 모가 사망할 당시에 모가 대한민국 국민이었던 자)가 **대한민국 국적을 취득**할 수 있는 **특례를 두면서 2004. 12. 31.**까지 국적취득신고를 한 경우에만 **대한민국 국적을 취득**하도록 한 「국적법」 조항은, 모계출생자가 권리를 남용할 가능성을 억제하기 위하여 특례기간을 2004. 12. 31.까지로 한정하고 있는바, 이를 불합리하다고 볼 수 없고 **평등원칙에 위배되지 않는다**.⁴ | 23 국가 7 |

1978. 6. 14.부터 1998. 6. 13. 사이에 태어난 모계출생자가 대한민국 국적을 취득할 수 있도록 특례를 두면서 2004. 12. 31.까지 국적취득신고를 한 경우에만 대한민국 국적을 취득하도록 한 국적법 조항은 평등원칙에 위배된다. 18 경정
(해설) 위배 X

| 70 | 대한민국의 **국민이 아닌** 자로서 대한민국의 **국민인 부 또는 모**에 의하여 **인지된** 자가 대한민국의 「민법」상 **미성년자**이면서 출생 당시에 부 또는 모가 대한민국의 국민이었을 경우에는 **법무부장관에게 신고함으로써** 대한민국 **국적을 취득할 수 있다**.⁷ | 23 경찰 2차 |

만 18세의 외국인은 출생 당시 대한민국 국민인 부 또는 모가 인지하는 경우에 법무부장관의 허가를 받아 대한민국 국적을 취득할 수 있다. 19 입시
(해설) 허가 X, 신고 O

| 71 | 「국적법」 조항에서의 '**품행이 단정할 것**'은 귀화신청자를 대한민국의 새로운 구성원으로서 받아들이는 데 지장이 없을 만한 품성과 행실을 갖춘 것을 의미하므로 **명확성원칙에 위배되지 아니한다**.⁹ | 24 변호사 |

외국인이 귀화허가를 받기 위해서는 '품행이 단정할 것'의 요건을 갖추도록 한 구 「국적법」 조항은 그 해석이 불명확하여 수범자의 예측가능성을 해하고, 법 집행기관의 자의적인 집행을 초래할 정도로 불명확하다고 할 수 있으므로, 명확성원칙에 위배된다. 22 지방 7
(해설) 명확성원칙에 위배 X

| 72 | 배우자가 대한민국 국민인 외국인으로서 그 배우자와 혼인한 후 **3년이 지나고 혼인한 상태로 대한민국에 1년 이상** 계속하여 주소가 있는 자는 귀화허가를 받을 수 있다.⁵ | 18 국회 8 |

배우자가 대한민국의 국민인 외국인으로서 그 배우자와 혼인한 후 2년이 지나고 혼인한 상태로 대한민국에 1년 이상 계속하여 주소가 있는 자는 귀화허가를 받을 수 있다. 13 법원 9
(해설) 혼인한 후 2년 → 혼인한 후 3년

| 73 | 외국인 여자가 한국인 남자와의 **혼인으로 인하여 한국의 국적을 취득**하고 동시에 해당국가의 국적을 상실한 뒤 한국인 남자와 **이혼하였다고** 하여 한국 국적을 상실하고 본래국적을 당연히 다시 취득하는 것은 **아니다**.³ | 11 국회 8 |

| 74 | 대한민국에 **특별한 공로**가 있는 외국인은 대한민국에 **주소가 있는 경우 특별귀화허가**를 받을 수 있다.³ | 19 경정 |

'대한민국에 특별한 공로가 있는 자'나 '과학·경제·문화·체육 등 특정 분야에서 매우 우수한 능력을 보유한 자로서 대한민국의 국익에 기여할 것으로 인정되는 자'는 대한민국에 주소가 없어도 귀화허가를 받을 수 있다. 16 법무사
(해설) 주소 필요

| 75 | **귀화허가**는 외국인에게 대한민국 국적을 부여함으로써 국민으로서의 **법적 지위를 포괄적으로 설정하는 행위**이고, 국적법 등 관계 법령 어디에도 외국인에게 대한민국의 국적을 취득할 권리를 부여하였다고 볼 만한 규정이 없기 때문에 **법무부장관**은 귀화신청인이 귀화 요건을 갖추었다하더라도 **귀화를 허가할 것인지 여부에 관한 재량권을 가진다**.⁶ | 14 법무사 |

| 76 | **외국인의 자(子)**로서 대한민국의 「민법」상 **미성년인** 사람은 부 또는 모가 귀화허가를 신청할 때 함께 국적 취득을 신청할 수 있고, 이에 따라 국적 취득을 신청한 사람은 **부 또는 모가 대한민국 국적을 취득한 때에 함께 대한민국 국적을 취득**한다.⁶ | 18 지방 7 |

외국인의 자(子)로서 대한민국의 「민법」상 성년인 사람은 부 또는 모가 귀화허가를 신청할 때 함께 국적 수반취득을 신청할 수 있다. 20 지방 7
(해설) 미성년만 가능

77 대한민국 국적을 취득한 외국인으로서 외국 국적을 가지고 있는 자는 대한민국 국적을 취득한 날부터 1년 내에 그 외국 국적을 포기하여야 한다. 22 국회 9, 21 경정

대한민국 국적을 취득한 외국인으로서 외국 국적을 가지고 있는 자는 대한민국 국적을 취득한 날부터 2년 내에 그 외국 적을 포기하여야 하며 이를 이행하지 아니한 자는 그 기간이 지난 때에 대한민국 국적을 상실한다. 14 지방 7

(해설) 1년 내에 포기해야 함

78 대한민국의 「민법」상 성년이 되기 전에 외국인에게 입양된 후 외국 국적을 취득하고 외국에서 계속 거주하다가 「국적법」 제9조에 따라 국적회복허가를 받은 자는 대한민국 국적을 취득한 날부터 1년 내에 외국 국적을 포기하거나 법무부장관이 정하는 바에 따라 대한민국에서 외국 국적을 행사하지 아니하겠다는 뜻을 법무부장관에게 서약하여야 한다. 23 소간

79 대한민국의 국적을 취득한 외국인으로서 외국 국적을 가지고 있는 자는 대한민국의 국적을 취득한 날부터 1년 내에 그 외국 국적을 포기하여야 하며, 이를 이행하지 아니하여 대한민국의 국적을 상실한 자가 그 후 1년 내에 그 외국 국적을 포기하면 법무부장관에게 신고함으로써 대한민국의 국적을 재취득할 수 있다. 24 해간, 18 경정

외국 국적 포기의무를 이행하지 아니하여 대한민국 국적을 상실한 자가 그 후 1년 내에 그 외국 국적을 포기하면 법무부장관의 허가를 받아 대한민국 국적을 재취득할 수 있다. 20 국회 8

(해설) 허가 X, 신고 O

80 출생이나 그 밖에 「국적법」에 따라 대한민국 국적과 외국 국적을 함께 가지게 된 사람으로서 대통령령으로 정하는 사람은 대한민국의 법령 적용에서 대한민국 국민으로만 처우한다. 23 경찰 2차

「국적법」은 출생이나 그 밖에 「국적법」에 따라 대한민국 국적과 외국국적을 함께 가지게 된 자, 즉 복수국적자는 대한민국의 법령 적용에 있어서 대한민국 국민과 외국 국민으로 처우한다. 14 국회 8

(해설) 대한민국 국민으로만 처우

81 중앙행정기관의 장이 복수국적자를 외국인과 동일하게 처우하는 내용으로 법령을 제정 또는 개정하려는 경우에는 미리 법무부장관과 협의하여야 한다. 23 소간

중앙행정기관의 장이 복수국적자를 외국인과 동일하게 처우하는 내용으로 법령을 제정 또는 개정하려는 경우에는 미리 법무부장관에게 통보하여야 한다. 19 국회 8

(해설) 법무부장관에 통보 X → 협의 O

82 만 20세가 되기 전에 복수국적자가 된 자는 만 22세가 되기 전까지, 만 20세가 된 후에 복수국적자가 된 자는 그 때부터 2년 내에 「국적법」이 정한 절차에 따라 하나의 국적을 선택하여야 한다. 다만, 동법에 따라 법무부장관에게 대한민국에서 외국 국적을 행사하지 아니하겠다는 뜻을 서약한 복수국적자는 제외한다. 24 변호사

출생에 의하여 이중국적자가 된 자는 대한민국의 「민법」에 의하여 성년이 되기 전까지 하나의 국적을 선택하여야 한다. 10 법원 9

(해설) 성년(19세) X → 만 22세 O

83 출생 당시에 모가 자녀에게 외국 국적을 취득하게 할 목적으로 외국에서 체류 중이었던 사실이 인정되는 자는 외국 국적을 포기한 경우에만 대한민국 국적을 선택한다는 뜻을 신고할 수 있다. 23 경간, 22 국회 9

출생 당시 모가 자녀에게 외국 국적을 취득하게 할 목적으로 외국에서 체류 중이었던 사실이 인정되는 자는 대한민국에서 외국 국적을 행사하지 않겠다는 서약을 한 후 대한민국 국적을 선택한다는 뜻을 신고할 수 있다. 20 경정

(해설) 서약 불가, 외국 국적 포기해야 함

84 복수국적자로서 외국 국적을 선택하려는 자는 외국에 주소가 있는 경우에만 주소지 관할 재외공관의 장을 거쳐 법무부장관에게 대한민국 국적을 이탈한다는 뜻을 신고할 수 있다. 23 경간

복수국적자로서 외국 국적을 선택하려는 자는 외국에 주소가 없어도 법무부장관에게 대한민국 국적을 이탈한다는 뜻을 신고할 수 있다. 13 국회 8

(해설) 외국에 주소가 있어야 함

85 「국적법」 조항 중 "외국에 주소가 있는 경우"는 입법취지 및 사전적 의미 등을 고려할 때 다른 나라에 생활근거가 있는 경우를 뜻함이 명확하므로 명확성원칙에 위배되지 아니한다. 23 국가 7
(최신판례)

복수국적자가 외국에 주소가 있는 경우에만 국적이탈을 신고할 수 있도록 정한 「국적법」 조항은 복수국적자에게 과도한 불이익을 발생시켜 과잉금지원칙에 위배되어 국적이탈의 자유를 침해한다. 23 국가 7

(해설) 국적이탈의 자유 침해 X

86 직계존속이 외국에서 영주할 목적 없이 체류한 상태에서 출생한 자는 병역의무를 해소한 경우에만 국적이탈을 신고할 수 있도록 하는 구「국적법」제12조 제3항은 혈통주의에 따라 출생과 동시에 대한민국 국적을 취득하게 되므로 병역의무를 해소해야만 국적이탈을 허용하게 되는 결과를 가져오지만, 과잉금지원칙에 위배되지 아니하므로 국적이탈의 자유를 침해하지 않는다. ㅅ (최신판례)   23 경찰 2차

직계존속이 외국에서 영주할 목적 없이 체류한 상태에서 출생한 자는 병역의무를 해소한 경우에만 국적이탈 신고할 수 있도록 하는 구「국적법」제12조 제3항은 출입국 등 거주·이전 그 자체에 제한을 가하고 있으므로, 출입국에 관련하여 그 출생자의 거주·이전의 자유가 침해되는지 여부가 문제된다.   24 국회 8

(해설) 출입국 등 거주·이전 제한 X → 국적이탈 자유 제한 O

87 복수국적자가 제1국민역에 편입된 날부터 3개월 이내에 하나의 국적을 선택하여야 하고 그때까지 대한민국 국적을 이탈하지 않으면 병역의무가 해소된 후에야 이탈할 수 있도록 한 「국적법」 조항은 '병역의무의 공평성 확보'라는 입법목적을 훼손하지 않으면서도 기본권을 덜 침해하는 방법이 있는데도 그러한 예외를 전혀 두지 않고 일률적으로 병역의무 해소 전에는 국적이탈을 할 수 없도록 하는바, 이는 피해의 최소성 원칙에 위배된다. //   24 국회 8

복수국적자에 대하여 병역준비역에 편입된 날부터 3개월 이내에 대한민국 국적을 이탈하지 않으면 병역의무를 해소한 후에야 이를 가능하도록 한 「국적법」 조항은 국적선택제도를 통하여 병역의무를 면탈하지 못하게 하려는 것으로 복수국적자의 국적이탈의 자유를 침해한다고 볼 수 없다.   22 변호사

(해설) 국적이탈의 자유를 침해함

KEY 014 우리 국적의 상실 B

88 대한민국의 국민으로서 자진하여 외국 국적을 취득한 자는 그 외국 국적을 취득한 때에 대한민국의 국적을 상실한다. ㄱ   24 경정, 20 소간

대한민국 국민으로서 자진하여 외국 국적을 취득한 자는 그 외국 국적을 취득한 때부터 6개월이 지난 때에 대한민국 국적을 상실한다.   23 해간, 20 지방 7

(해설) 외국 국적을 취득한 때에 상실

89 대한민국 국민이 자진하여 외국 국적을 취득한 경우 대한민국 국적을 상실하도록 한 국적법 조항은 청구인의 거주·이전의 자유 및 행복추구권을 침해하지 않는다. ㄴ   18 경정, 18 5급

90 대한민국의 국민으로서 외국인과의 혼인으로 그 배우자의 국적을 취득하게 된 자는 그 외국국적을 취득한 때부터 6개월 내에 법무부장관에게 대한민국의 국적을 보유할 의사가 있다는 뜻을 신고하지 아니하면 그 외국 국적을 취득한 때로부터 소급하여 대한민국 국적을 상실한 것으로 본다. ㅋ   24 해간

외국인과의 혼인으로 그 배우자의 국적을 취득하게 된 대한민국의 국민은 그 외국 국적을 취득한 때부터 6개월 내에 대한민국 국적을 보유할 의사가 없다는 뜻을 법무부장관에게 신고하고 이를 법무부장관이 인정하면 신고시부터 대한민국 국적을 상실한다.   24 변호사

(해설) 보유 의사 없다는 신고로 상실 X → 외국 국적 취득 6개월 내 우리 국적 보유 의사 미신고 시 외국국적 취득 시로 소급 상실 O

91 대한민국 국적을 상실한 자는 국적을 상실한 때부터 대한민국의 국민만이 누릴 수 있는 권리를 향유할 수 없으며, 이들 권리 중 대한민국의 국민이었을 때 취득한 것으로서 양도할 수 있는 것은 그 권리와 관련된 법령에서 따로 정한 바가 없으면 3년 내에 대한민국의 국민에게 양도하여야 한다. ㅋ   20 지방 7, 17 경정

대한민국의 국민만이 누릴 수 있는 권리 중 대한민국의 국민이었을 때 취득한 것으로서 양도할 수 있는 것은 그 권리와 관련된 법령에서 따로 정한 바가 없으면 2년 내에 대한민국의 국민에게 양도하여야 한다.   21 경정

(해설) 2년 내 X → 3년 내 O

92 「국적법」조항 중 거짓이나 그 밖의 부정한 방법으로 국적회복허가를 받은 사람에 대하여 그 허가를 취소할 수 있도록 규정한 부분은 과잉금지원칙에 위배하여 거주·이전의 자유 및 행복추구권을 침해하지 아니한다. ㅋ   23 국가 7

93 법무부장관으로 하여금 거짓이나 그 밖의 부정한 방법으로 **귀화허가**를 받은 자에 대하여 그 허가를 **취소**할 수 있도록 규정하면서도 그 **취소권의 행사기간**을 따로 정하고 있지 아니한 「국적법」 조항은 귀화허가가 취소되는 당사자의 **거주·이전의 자유**를 침해하지 아니한다.³   24 경정

법무부장관으로 하여금 거짓이나 그 밖의 부정한 방법으로 귀화허가를 받은 자에 대하여 그 허가를 취소할 수 있도록 규정하면서도 그 취소권의 행사기간을 따로 정하고 있지 아니한 「국적법」 조항은 귀화허가취소의 기준·절차와 그 밖의 필요한 사항을 모두 하위법령에 위임하고 있어 시행령의 내용을 종합적으로 살펴보더라도 취소권의 행사기간을 전혀 예측할 수 없으므로 포괄위임입법금지원칙에 위반된다.   19 국회 8
(해설) 위반 X

KEY 015 재외국민 보호의무   A

헌법 제2조 ② 【**재외국민 보호의무**】 국가는 **법률이 정하는 바**에 의하여 **재외국민을 보호할 의무**를 진다.

94 **주민투표권** 행사를 위한 요건으로 그 지방자치단체의 관할구역에 **주민등록**이 되어 있을 것을 요구함으로써 **국내거소 신고**만 할 수 있고 주민등록을 할 수 없는 국내거주 재외국민에 대하여 주민투표권을 인정하지 않은 「**주민투표법**」 조항은 위와 같은 국내거주 **재외국민의 평등권**을 침해한다.?   15 변호사

지방자치법상의 주민투표권은 헌법상 기본권이 아닌 법률상의 권리에 해당하므로, '당해 지방자치단체의 관할구역에 주민등록이 되어 있는 자'와 '주민등록을 할 수 없는 재외국민'을 차별하는 것은 헌법상 기본권인 평등권을 침해하는 것은 아니다.   10 지방 7
(해설) 침해함

95 대한민국 국적을 가지고 있는 영유아 중에서 **재외국민인 영유아**를 **보육료·양육수당의 지원대상**에서 제외함으로써, 청구인들과 같이 **국내**에 거주하면서 **재외국민인 영유아**를 양육하는 **부모를 차별**하는 보건복지부지침은 청구인들의 **평등권**을 침해한다.?   23 지방 7

「주민등록법」상 재외국민으로 등록·관리되고 있는 영유아를 보육료·양육수당의 지원대상에서 제외한 규정은 국가의 재정능력에 비추어 보았을 때 국내에 거주하면서 재외국민인 영유아를 양육하는 부모를 차별하고 있더라도 평등권을 침해하지는 않는다.   18 국가 7
(해설) 평등권 침해함

96 정부수립 이전에 **국외**로 이주한 구 소련 거주동포와 중국 거주동포를 「**재외동포의 출입국과 법적 지위에 관한 법률**」의 수혜 대상에서 배제한 것은 **평등의 원칙**에 위배된다.?   23 해경

정부수립이전이주동포를 「재외동포의 출입국과 법적 지위에 관한 법률」의 적용대상에서 제외함으로써 정부수립이후이주동포와 차별하는 것은 평등원칙에 위배되지 않는다.   24 경간
(해설) 평등원칙에 위배

KEY 016 영토   B

헌법 제3조 【**한반도**】 대한민국의 영토는 **한반도와 그 부속도서**로 한다.³

97 **독도** 등을 **중간수역**으로 정한 「**대한민국과 일본국 간의 어업에 관한 협정**」은 **배타적 경제수역**을 직접 규정한 것이 아니고, 독도의 영유권 문제나 영해 문제와는 직접적인 관련을 가지지 아니하기 때문에 **헌법상 영토조항**에 위반되지 않는다.⁴   16 국가 7, 14 국회 8

독도 등을 중간수역으로 정한 '대한민국과 일본국 간의 어업에 관한 협정'의 해당 조항은 배타적 경제수역을 직접 규정한 것이고, 영해문제와 직접적인 관련을 가지므로 헌법상 영토조항을 위반한 것이다.   24 경간
(해설) 영토조항 위반 아님

98	영토조항만을 근거로 독자적으로 헌법소원을 청구할 수 없다.	국민의 개별적 기본권이 아니라 할지라도 기본권보장의 실질화를 위하여는, 영토조항만을 근거로 하여 독자적으로 헌법소원을 청구할 수 있다. 14 국회 9 (해설) 영토조항만으로는 불가능
99	국민의 기본권 침해에 대한 권리구제를 위하여 그 전제조건으로서 영토에 관한 권리를 **영토권**이라 구성하여, 이를 **헌법소원의 대상인 기본권으로 간주하는 것은 가능**하다. 22 해간, 22 경정	국민의 기본권 침해에 대한 권리구제를 위한 전제조건으로서 영토에 관한 권리를 영토권이라 구성하여 기본권의 하나로 간주하는 것은 불가능하다. 24 경간 (해설) 영토권을 기본권의 하나로 간주하는 것은 가능

KEY 017 북한지역과 북한주민 **B**

100	우리 헌법이 "대한민국의 영토는 한반도와 그 부속도서로 한다"는 영토조항(제3조)을 두고 있는 이상 대한민국의 헌법은 북한지역을 포함한 **한반도 전체에 그 효력**이 미치고 따라서 **북한지역은 당연히 대한민국의 영토**가 된다. 22 경정	「저작권법」의 효력은 헌법 제3조에도 불구하고 대한민국의 주권 범위 밖에 있는 북한지역에 미치지 않는다. 24 경간 (해설) 주권 범위 내에 있는 북한지역에도 미침
101	헌법상 영토조항에 따라 북한지역도 대한민국의 영토에 속하는 한반도의 일부를 이루는 것이어서 대한민국의 주권이 미치고, **북한주민도 대한민국 국적을 취득·유지**하는 데 아무런 영향이 없다. 22 경정	
102	「북한이탈주민의 보호 및 정착지원에 관한 법률」상 '**북한이탈주민**'이란 군사분계선 이북지역에 주소, 직계가족, 배우자, 직장 등을 두고 있는 사람으로서 **북한을 벗어난 후 외국 국적을 취득하지 아니한 사람**을 말한다. 25 경간	「북한이탈주민의 보호 및 정착지원에 관한 법률」상 북한이탈주민이란 군사분계선 이북지역에 주소, 직계가족, 배우자, 직장 등을 두고 있는 사람으로서 북한을 벗어난 후 외국 국적을 취득한 사람과 외국 국적을 취득하지 않은 사람을 모두 포함한다. 14 지방 7 (해설) 북한을 벗어난 후 외국 국적을 취득한 사람은 북한이탈주민 아님
103	탈북의료인에게 국내 의료면허를 부여할 것인지 여부는 북한의 의학교육 실태와 탈북의료인의 의료수준, 탈북의료인의 자격증명방법 등을 고려하여 입법자가 그의 입법형성권의 범위 내에서 규율할 사항이지, 헌법조문이나 헌법해석에 의하여 바로 입법자에게 국내 의료면허를 부여할 입법 의무가 발생한다고 볼 수는 없다. 25 경간, 23 해간	북한주민은 대한민국 국민이므로 헌법 해석상 탈북의료인에게도 국내 의료면허를 부여할 입법의무가 발생한다. 20 국회 9 (해설) 입법의무 無
104	마약거래범죄자인 북한이탈주민을 보호대상자로 결정하지 않을 수 있도록 규정한 「북한이탈주민의 보호 및 정착지원에 관한 법률」 제9조 제1항 제1호 중 '마약거래'에 관한 부분은 북한이탈주민의 **인간다운 생활을 할 권리를 침해한다고 볼 수 없다**. 25 경간	마약거래범죄자인 북한이탈주민을 보호대상자로 결정하지 않을 수 있도록 규정한 「북한이탈주민의 보호 및 정책지원에 관한 법률」 제9조 제1항은 마약거래범죄자인 북한이탈주민의 인간다운 생활을 할 권리를 침해한다. 19 입시 (해설) 인간다운 생활을 할 권리 침해 X

CHAPTER 04 헌법의 기본원리

| 번호 | 옳은 지문 O | 옳지 않은 지문 X |

KEY 018 헌법전문

헌법 전문 【대한국민】 유구한 역사와 전통에 빛나는 **우리 대한국민**(대한민국 ×)¹은
【3·1 운동 + 대한민국임시정부의 법통 + 4·19 민주이념】
3·1운동으로 건립된 **대한민국임시정부의 법통**⁶과 불의에 항거한 **4·19민주이념**³(5.18민주화 운동의 이념 ×)¹을 계승하고,
【조국의 민주개혁 + 평화적 통일의 사명 + 민족의 단결 + 모든 사회적 폐습과 불의를 타파】
조국의 민주개혁⁶과 **평화적 통일의 사명**²에 입각하여 정의·인도와 동포애로써 **민족의 단결**¹을 공고히 하고, **모든 사회적 폐습과 불의를 타파**¹하며,
【자유민주적 기본질서 + 각인의 기회균등】
자율과 조화를 바탕으로 **자유민주적 기본질서**³를 더욱 확고히(민주주의제도를 수립 ×)¹하여 정치·경제·사회·문화의 모든 영역에 있어서 **각인의 기회를 균등**히¹ 하고, 능력을 최고도로 발휘하게 하며,
【자유와 권리에 따르는 책임 + 국민생활의 균등한 향상 + 세계평화와 인류공영】
자유와 권리에 따르는 책임과 의무(국가에 대한 의무 ×)³를 완수하게 하여, 안으로는 **국민생활의 균등한 향상**³을 기하고
밖으로는 **항구적인 세계평화와 인류공영에 이바지함**⁴으로써
우리들과 우리들의 자손의 안전과 자유와 행복을 영원히 확보할 것을 다짐하면서
【1948년 7월 12일에 제정 + 8차 개정 + 국회의결·국민투표】
1948년 7월 12일에 제정되고 8차에 걸쳐 개정(9차에 걸쳐 개정 ×)⁶된 헌법을 이제 **국회의 의결**⁵을 거쳐 **국민투표에 의하여 개정**⁵한다.

105 헌법전문은 헌법의 제정과 개정과정에 관한 **역사적 서술** 외에도 대한민국의 **국가적** 이념과 국가질서를 지배하는 **지도이념**과 지도원리 등이 **구체적으로 규정되어 있다.**³　　18 국회 8

106 헌법 전문(前文)에 기재된 3·1정신은 우리나라 헌법의 연혁적·이념적 기초로서 **헌법이나 법률해석에서의 해석기준**으로 작용한다고 할 수 있지만 그에 기하여 **곧바로 국민의 개별적 기본권성을 도출해낼 수는 없다**고 할 것이므로, 헌법소원의 대상인 "**헌법상 보장된 기본권**"에 해당하지 아니한다.¹⁶　　24 5급

헌법 전문에 기재된 3·1정신은 우리 헌법의 연혁적·이념적 기초로서 헌법이나 법률해석의 기준으로 작용하므로 이에 기하여 국민의 개별적 기본권을 도출해 낼 수 있다.　18 입시
(해설) 기본권 도출 불가

107 헌법 전문에서 "**3·1운동으로 건립된 대한민국임시정부의 법통을 계승**"한다고 선언하고 있는데 이는 대한민국이 일제에 항거한 독립운동가의 공헌과 희생을 바탕으로 이룩된 것임을 선언한 것이고, 그렇다면 **국가**는 일제로부터 조국의 자주독립을 위하여 공헌한 **독립유공자**와 그 유족에 대하여는 응분의 예우를 하여야 할 **헌법적 의무를 지닌다.**¹ˢ　23 경찰 1차

국가는 일제로부터 조국의 자주독립을 위하여 공헌한 독립유공자와 그 유족에 대하여 응분의 예우를 하여야 할 법률상의 의무를 지닐 뿐 헌법적 의무를 지닌다고 보기는 어렵다.　21 5급
(해설) 헌법적 의무 지님

108 독립유공자와 그 유가족에 대한 예우의무는 독립유공자 인정절차를 마련하고 독립유공자에 대한 **기본적 예우**를 해야 한다는 것을 뜻할 뿐, **특정인을 반드시 독립유공자로 인정해야 하는 것은 아니다.**³ 18 입시

헌법 전문에서 '3·1운동으로 건립된 대한민국임시정부의 법통'을 계승'한다고 선언하고 있는바, 국가는 일제로부터 조국의 자주독립을 위하여 공헌한 독립유공자와 그 유족에 대하여는 응분의 예우를 하여야 할 헌법적 의무를 지니며, 이러한 헌법적 의무는 당사자가 주장하는 특정인을 독립유공자로 인정해야 한다는 것을 뜻한다. 21 지방 7

(해설) 특정인을 독립유공자로 인정 X

109 우리 헌법이 제정되기 전의 일이라 할지라도 국가가 국민의 안전과 생명을 보호하여야 할 가장 기본적인 의무를 수행하지 못한 **일제강점기에 일본군위안부로 강제 동원**되어 인간의 존엄과 가치가 말살된 상태에서 장기간 비극적인 삶을 영위하였던 **피해자들의 훼손된 인간의 존엄과 가치를 회복시켜야 할 의무**는 대한민국임시정부의 법통을 계승한 **지금의 정부**가 국민에 대하여 부담하는 **가장 근본적인 보호의무에 속한다.** 23 경찰 1차

우리 헌법은 전문에서 "3·1운동으로 건립된 대한민국 임시정부의 법통"의 계승을 천명하고 있지만, 우리 헌법의 제정 전의 일인 일제강점기에 일본군위안부로 강제동원된 피해자들의 인간의 존엄과 가치를 회복시켜야 할 의무는 입법자에 의해 구체적으로 형성될 내용이고 헌법에서 유래하는 작위의무라고 할 수 없다. 18 변호사

(해설) 헌법 유래 작위의무 있음

110 **제5차 헌법개정**(1962년 헌법)에서는 **헌법전문(前文)을 최초로 개정**하여 4·19 이념을 명문화하였다.⁶ 22 국가 7

제헌헌법부터 존재하던 헌법전문은 1972년 제7차 헌법개정에서 최초로 개정이 이루어졌다. 17 5급

(해설) 헌법전문 최초 개정 : 제5차 개헌(1962년)

111 '**3·1운동으로 건립된 대한민국임시정부의 법통**'은 대한민국헌법 전문(前文)에 규정된 내용이다.⁷ 22 소간

1948년 헌법 전문에는 3·1운동으로 건립된 대한민국임시정부의 법통과 독립정신을 규정하고 있으며, 안으로는 국민생활의 균등한 향상을 기하고 밖으로는 국제평화의 유지에 노력할 것을 언급하고 있다. 17 국가 7

(해설) 3·1운동으로 건립된 대한민국임시정부의 법통 : 현행헌법 최초 규정

112 현행 헌법 전문에는 '**조국의 민주개혁**', '**국민생활의 균등한 향상**', '**세계평화와 인류공영에 이바지함**' 등이 규정되어 있다.¹⁷ 21 경정

'우리 대한민국', '조국의 민주개혁', '세계평화와 인류공영'은 모두 현행 헌법 전문(前文)에 규정된 내용이다. 23 경간

(해설) '우리 대한민국' X → '우리 대한국민' O

113 현행 헌법 전문은 자유와 권리에 따르는 **책임과 의무의 완수**를 명시적으로 규정하고 있다.³ 21 국회 9

114 **제7차** 개정헌법 전문(前文)은 **평화통일**에 관하여 규정하고 있으며, 이것은 **현행헌법**까지 이어지고 있다.⁴ 14 국가 7

'5·18 민주화운동의 이념', '자유민주적 기본질서', '평화적 통일의 사명'은 모두 현행 헌법 전문(前文)에 규정된 내용이다. 23 경간

(해설) '5·18 민주화운동의 이념' 규정 X

115 현행 대한민국헌법 전문(前文)은 국회의 의결을 거쳐 국민투표에 의하여 개정함을 명백히 밝히고 있다.⁷ 22 법무사

현행 헌법 전문은 "1948년 7월 12일에 제정되고 9차에 걸쳐 개정된 헌법을 이제 국회의 의결을 거쳐 국민투표에 의하여 개정한다"라고 규정하고 있다. 21 경정

(해설) 9차에 걸쳐 → 8차에 걸쳐

116 '**1948년 7월 12일에 제정되고 8차에 걸쳐 개정된 헌법**'은 헌법 전문에서 명시적으로 규정하고 있다.⁷ 22 해경

현행 헌법 전문은 "1948년 7월 12일에 제정되고 9차에 걸쳐 개정된 헌법을 이제 국회의 의결을 거쳐 국민투표에 의하여 개정한다"라고 규정하고 있다. 21 경정

(해설) 9차 X → 8차에 걸쳐 O

117 민족문화의 창달은 헌법 제9조에서 규정하고 있다.⁴

'민족문화의 창달'은 헌법 전문에서 명시적으로 규정하고 있다. 22 해경

(해설) 전문 X, 본문 제9조 규정 사항

KEY 019 헌법기본원리

118 **헌법의 기본원리**는 헌법의 이념적 기초인 동시에 헌법을 지배하는 지도원리로서 입법이나 정책결정의 방향을 제시하며 공무원을 비롯한 모든 국민·국가기관이 헌법을 존중하고 수호하도록 하는 지침이고 **법률조항의 위헌 여부를 심사할 때 해석기준으로 삼을 수도 있다.**16
24 경찰 1차

헌법의 기본원리는 헌법의 이념적 기초인 동시에 헌법을 지배하는 지도원리로서 입법이나 정책결정의 방향을 제시하며 공무원을 비롯한 모든 국민·국가기관이 헌법을 존중하고 수호하도록 하는 지침이 되며, 구체적 기본권을 도출하는 근거가 될 수 있으나 기본권의 해석 및 기본권제한입법의 합헌성 심사에 있어 해석 기준의 하나로서 작용하지는 못한다.
23 경정

(해설) 헌법의 기본원리에서 구체적 기본권 도출 불가 / 합헌성 심사의 해석기준으로 작용함

119 **통일정신, 국민주권원리** 등은 우리나라 헌법의 연혁적·이념적 기초로서 **헌법이나 법률해석에서의 해석기준으로 작용**한다고 할 수 있으나, 그에 기하여 **곧바로** 국민의 **개별적 기본권성을 도출해내기는 어렵다.**3
24 해경, 23 경간

통일정신, 국민주권원리 등은 우리나라 헌법의 연혁적·이념적 기초로서 헌법이나 법률해석에서의 해석기준으로 작용하므로 그에 기하여 곧바로 국민의 개별적 기본권성을 도출해낼 수 있다.
21 입시

(해설) 개별적 기본권성 도출 어려움

CHAPTER 05 국민주권주의와 자유민주주의

| 번호 | 옳은 지문 O | 옳지 않은 지문 X |

KEY 020 국민주권주의

120 국민주권주의는 국가권력의 민주적 정당성을 의미하는 것이기는 하나, 그렇다고 하여 **국민전체가 직접 국가기관으로서 통치권을 행사**하여야 한다는 것은 **아니므로, 주권의 소재와 통치권의 담당자가 언제나 같을 것을 요구하는 것이 아니다.**[3]
25 경간

국민주권주의는 국가권력의 민주적 정당성을 의미하므로 주권의 소재와 통치권의 담당자가 언제나 같을 것을 요구한다.
24 해경

(해설) 주권의 소재와 통치권의 담당자가 같을 것을 요구하지 않음

121 **국민주권주의를 구현**하기 위하여 헌법은 국가의 의사결정방식으로 **대의제**를 채택하고, 이를 가능하게 하는 선거 제도를 규정함과 아울러 **선거권, 피선거권**을 기본권으로 보장하며, 대의제를 보완하기 위한 방법으로 직접민주제 방식의 하나인 **국민투표제도**를 두고 있다.[3]
24 경정

122 우리 헌법상 **자유위임**은 국민대표가 자신을 선출한 국민의 의사에 종속되지 않고, **국민전체의 이익**을 위하여 **직무상 양심에 기속됨**을 근거로 한다.[3]
16 경간

대의민주주의에서 국민과 대표자의 관계는 본질적으로 기속위임으로 이해된다.
10 국회 9

(해설) 기속위임 X → 자유위임 O

123 국민의 **국회의원 선거권**은 국회의원을 보통·평등·직접·비밀선거에 의하여 **국민의 대표자로 선출하는 권리에 그치는 것**이기 때문에 유권자가 설정한 국회의석분포에 국회의원들을 기속시키는 것은 대의제도의 본질에 반하는 것이다.[6]
21 5급

헌법 제41조 제1항의 "국회는 국민의 보통·평등·직접·비밀선거에 의하여 선출된 국회의원으로 구성한다."라는 규정은 단순히 국회의원을 국민의 직접선거에 의하여 선출한다는 의미를 넘어 국민의 직접선거에 의하여 무소속을 포함한 국회의 정당 간의 의석분포를 결정하는 권리까지 포함한다.
15 국가 7

(해설) 의석분포 결정 권리 포함 X

124 당론과 다른 견해를 가진 소속 **국회의원**을 당해 교섭단체대표의원의 요청에 따라 다른 **상임위원회로의 전임(사·보임)**하는 **국회의장의 조치**는 특별한 사정이 없는 한 **헌법상 용인될 수 있는** "정당내부의 사실상 강제"의 범위 내에 해당한다.[4]
24 경간

당론과 다른 견해를 가진 소속 국회의원을 당해 교섭단체의 필요에 따라 다른 상임위원회로 전임(사·보임)하는 조치는 특별한 사정이 없는 한 헌법상 용인될 수 없다.
21 국회 9

(해설) 용인됨

KEY 021 민주주의

125 **자유민주적 기본질서**란 모든 폭력적 지배와 자의적 지배, 즉 반국가단체의 일인독재 내지 일당독재를 배제하고 **다수의 의사에 의한 국민의 자치, 자유·평등의 기본원칙**에 의한 법치주의적 통치질서를 말한다. 구체적으로는 **기본적 인권의 존중, 권력분립, 의회제도, 복수정당제도, 선거제도, 사유재산과 시장경제를 골간으로 한 경제질서 및 사법권의 독립** 등을 의미한다.[6]
21 법무사

CHAPTER 06 법치주의

| 번호 | 옳은 지문 O | 옳지 않은 지문 X |

KEY 022 행정입법

> **헌법 제75조【위임명령 + 집행명령】** 대통령은 **법률에서 구체적으로 범위를 정하여 위임받은 사항**과 **법률을 집행하기 위하여 필요한 사항**에 관하여 **대통령령**을 발할 수 있다.⁵
>
> **헌법 제95조【총리령 + 부령】** 국무총리 또는 행정각부의 장은 소관사무에 관하여 **법률이나 대통령령의 위임** 또는 **직권**으로 **총리령 또는 부령**을 발할 수 있다.¹⁵

126 헌법이 인정하고 있는 **위임입법**의 **형식**은 **예시적**인 것으로 보아야 할 것이고, **법률이 입법사항을 고시와 같은 행정규칙의 형식으로 위임**하더라도 그 행정규칙은 위임된 사항만을 규율할 수 있으므로, **국회입법원칙과 상치되지 않는다.**¹²
23 입시, 20 변호사

헌법이 인정하고 있는 위임입법의 형식은 한정적 열거적인 것으로 보아야 하므로, 법률이 입법사항을 고시와 같은 행정규칙의 형식으로 위임하는 것은 법률유보원칙에 위배된다.
18 서울 7

(해설) 위임입법의 형식은 예시적 / 행정규칙에 위임 可

127 기본권을 제한하는 내용의 입법을 위임할 때에는 **법규명령**에 위임하는 것이 원칙이고, 고시와 같은 형식으로 입법위임을 할 때에는 법령이 **전문적·기술적 사항**이나 **경미한 사항**으로서 업무의 성질상 위임이 불가피한 사항에 한정된다.⁵
23 입시, 21 국가 7

KEY 023 법률유보원칙(의회유보)

128 오늘날 **법률유보원칙**은 단순히 행정작용이 법률에 근거를 두기만 하면 충분한 것이 아니라, 국가공동체와 그 구성원에게 기본적이고도 중요한 의미를 갖는 영역, 특히 **국민의 기본권 실현에 관련된 영역**에 있어서는 행정에 맡길 것이 아니라 국민의 대표자인 **입법자 스스로 그 본질적 사항에 대하여 결정하여야 한다**는 요구까지 내포하는 것으로 이해하여야 한다.⁹
24 지방 7

법률유보원칙과 의회유보원칙은 서로 다른 별개의 원리로서 법률유보원칙이 의회유보원칙을 포함하는 것은 아니다.
21 법무사

(해설) 의회유보원칙 ⊂ 법률유보원칙

129 **텔레비전방송수신료**는 대다수 국민의 재산권 보장의 측면이나 한국방송공사에게 보장된 방송자유 측면에서 **국민의 기본권 실현에 관련된 영역**에 속한다.⁵
19 서울 7(추)

텔레비전방송 수신료는 강제적으로 부과·징수되어 사인의 재산권을 침해한다는 점에서 법률의 근거를 요하기는 하나, 그 실질이 조세와는 구별된다고 할 것이므로 조세법률주의와 같은 정도의 엄격한 법률유보를 요하는 것은 아니고 헌법 제37조 제2항에 근거한 법률유보로서 족하다고 할 것이므로, 반드시 국회가 스스로 수신료금액에 관한 사항을 결정하도록 할 필요는 없다.
24 법원 9

(해설) 국회가 스스로 결정해야 할 사항임

130 수신료 징수업무를 지정받은 자가 **수신료를 징수**하는 때, 그 고유업무와 관련된 고지행위와 결합하여 이를 행해서는 안 된다고 규정한 「방송법 시행령」 조항은 수신료의 **구체적인 고지방법**에 관한 규정인바, 이를 법률에서 직접 정하지 않았다고 하여 의회유보원칙에 위반된다고 볼 수 없다. (최신판례)

24 지방 7

KEY 024 포괄위임입법금지   S

131 헌법 제75조는 위임입법의 근거조문임과 동시에 그 범위와 한계를 제시하고 있는바, 여기서 "**법률에서 구체적인 범위를 정하여 위임받은 사항**"이란 법률에 이미 대통령령으로 규정될 내용 및 범위의 기본사항이 구체적으로 규정되어 있어서 **누구라도** 당해 법률로부터 대통령령에 규정될 내용의 **대강을 예측**할 수 있어야 함을 의미한다.

12 법원 9

132 위임입법의 구체성·명확성의 유무는 당해 특정조항 하나만이 아니라 관련 법조항 전체를 유기적·체계적으로 종합하여 판단하여야 하고, 그것도 위임된 사항의 성질에 따라 구체적·개별적으로 검토하여야 한다.

19 경정

133 헌법 제75조는 일반적이고 포괄적인 위임입법이 허용되지 않음을 명백히 밝히고 있으나, 위임조항 자체에서 위임의 구체적 범위를 명확히 규정하고 있지 않더라도 당해 법률의 전반적 체계와 관련규정에 비추어 위임조항의 내재적인 위임의 범위나 한계를 객관적으로 분명히 확정할 수 있다면 이를 일반적이고 포괄적인 백지위임에 해당하는 것으로 볼 수 없다.

20 국가 7

134 행정기관에 입법권을 위임하는 **수권법률 자체도 명확성의 원칙**을 준수해야 하며 **침해적 행정입법**에 대한 수권의 경우에는 급부적 행정입법에 대한 경우보다 명확성의 원칙이 엄격하게 요구된다.

13 국회 9

135 처벌법규나 조세법규 등 국민의 기본권을 직접적으로 제한하거나 침해할 소지가 있는 법규에서는 일반적인 급부 행정법규에서와는 달리, 그 위임의 요건과 범위가 보다 엄격하고 제한적으로 규정되어야 한다.

20 법원 9

136 헌법 제75조는 위임입법의 근거를 마련하는 한편, 대통령령으로 입법할 수 있는 사항을 법률에서 구체적으로 범위를 정하여 위임받은 사항으로 한정함으로써 위임입법의 범위와 한계를 제시하고 있는 것으로, 이는 법률에서 일정한 사항을 하위법령에 위임하는 경우의 **일반원칙으로서 대통령령뿐만 아니라** 헌법 제95조에 의하여 **총리령 또는 부령에 위임**하는 경우에도 **동일하게 적용**된다.

24 법원 9

법률이 대통령령으로 위임하는 경우 규정될 내용 및 범위의 기본사항이 구체적이고 명확하게 규정되어 있지 않더라도 관련 분야의 평균인이 볼 때 당해 법률로부터 대통령령에 규정될 내용의 대강을 예측할 수 있으면 위임입법의 한계를 넘은 것이 아니다.

17 지방 7

(해설) 관련 분야의 평균인 X → 누구라도 O

포괄위임입법금지원칙에 대한 판단기준인 예측가능성 유무는 당해 특정조항을 기준으로 판단하여야 하고, 당해 조항이 아닌 다른 조항까지 함께 고려하여 판단하게 되면 예측가능성의 인정범위가 지나치게 넓어지므로 허용될 수 없다.

17 경정

(해설) 관련 법조항 전체를 종합하여 판단해야 함

예측가능성을 위해 위임조항 자체에서 위임의 구체적 범위를 명백히 규정하여야 함에도 위임의 구체적 범위를 명백히 규정하고 있지 않다면 이는 포괄적인 백지위임에 해당한다.

24 법원 9

(해설) 포괄적인 백지위임 아님

위임의 구체성의 요구 정도는 규제대상의 종류와 성격에 따라 다른 것으로 급부행정영역이 침해행정영역보다 구체성의 요구가 강화된다.

23 해간, 21 국회 9

(해설) 침해행정영역에서 더 강화

처벌법규나 조세법규, 일반적인 급부행정에 관한 법규의 경우 요구되는 위임의 구체성, 명확성의 정도는 동일하다.

15 경정, 12 법원 9

(해설) 처벌법규나 조세법규가 급부행정보다 더 엄격

헌법 제95조는 부령에의 위임근거를 마련하면서 헌법 제75조와 같이 '구체적으로 범위를 정하여'라는 문구를 사용하고 있지 않기 때문에, 포괄위임금지원칙은 부령에 위임하는 경우에는 적용되지 않는다.

18 국회 9

(해설) 부령의 경우에도 적용

| 137 | 대법원규칙에 위임하는 경우에도 수권법률은 헌법 제75조에 근거한 **포괄위임금지원칙을 준수**해야 한다.¹⁰ 24 입시 | 헌법 제75조에 근거한 포괄위임금지원칙은 누구라도 당해 법률로부터 하위법규에 규정될 내용의 대강을 예측할 수 있어야 함을 의미하지만, 위임입법이 대법원규칙인 경우에는 수권법률에서 이 원칙을 준수하여야 하는 것은 아니다. 22 국가 7 |

(해설) 포괄위임금지원칙 준수해야 함

| 138 | 조례의 제정권자인 지방의회는 지역적인 민주적 정당성을 지니고 있으며, 헌법이 지방자치단체에 대해 포괄적인 자치권을 보장하고 있는 취지에 비추어, **조례에 대한 법률의 위임은 반드시 구체적으로 범위를 정하여 할 필요가 없으며 포괄적인 것으로 족하다**.¹³ 23 지방 7 | 지방의회가 선거를 통해서 그 지역적인 민주적 정당성을 지니고 있는 주민의 대표기관이라 하더라도 조례를 통하여 주민의 권리의무에 관한 사항을 규율하는 경우에는 법률의 위임이 있어야 하고 조례에 대한 법률의 위임은 법규명령에 대한 법률의 위임과 같이 반드시 구체적으로 범위를 정하여야 한다. 17 변호사 |

(해설) 조례 : 포괄위임 가능

| 139 | 포괄적인 위임입법의 금지는 법규적 효력을 가지는 행정입법에는 적용되나, 법률이 행정부가 아니거나 행정부에 속하지 않는 **공법적 기관의 정관에 자치적인 사항을 위임한 경우에는 원칙적으로 적용되지 않는다**.¹¹ 21 경정 | 포괄위임금지는 법규적 효력을 가지는 행정입법의 자의적인 제정으로 국민들의 자유와 권리를 침해할 수 있는 가능성을 방지하고자 엄격한 헌법적 기속을 받게 하는 것을 요구하므로 법률이 정관에 자치법적 사항을 위임한 경우에도 포괄위임입법금지의 원칙이 적용되어야 한다. 23 국회 8 |

(해설) 정관에 자치법적 사항 위임 시 포괄위임입법금지원칙 적용 X

| 140 | '식품접객영업자 등 **대통령령으로 정하는 영업자**'는 '영업의 위생관리와 질서유지, 국민의 보건위생 증진을 위하여 **총리령으로 정하는 사항**'을 지켜야 한다고 규정한 구「식품위생법」조항은, **수범자와 준수사항을 모두 하위법령에 위임하면서도 위임될 내용에 대해 구체화하고 있지 아니하여 그 내용들을 전혀 예측할 수 없게 하고 있으므로 포괄위임금지원칙에 위반**된다.³ 22 경정, 20 변호사 | 구「식품위생법」제44조 제1항 '식품접객영업자 등 대통령령으로 정하는 영업자와 그 종업원은 영업의 위생관리와 질서유지, 국민의 보건위생 증진을 위하여 총리령으로 정하는 사항을 지켜야 한다'는 부분은 수범자와 준수사항을 하위법령에 위임하면서 위임될 내용에 대해 구체화하고 있고, 그 내용도 예측이 가능하므로 포괄위임금지원칙에 위반되지 않는다. 17 경정 |

(해설) 포괄위임금지원칙에 위반됨

| 141 | 의료보험요양기관의 지정취소사유 등을 법률에서 직접 규정하지 아니하고 보건복지부령에 위임하고 있는 (구)「공무원 및 사립학교 교직원 의료보험법」제34조 제1항은 **위임입법의 한계를 일탈한 것이다.**³ 20 경정, 19 서울 7(추) | |

| 142 | 종합문화재수리업을 하려는 자에게 요구되는 **기술능력의 등록 요건을 대통령령에 위임**하고 있는 「문화재수리 등에 관한 법률」제14조 제1항 문화재수리업 중 '종합문화재수리업'을 하려는 자의 '기술능력'에 관한 부분은 **죄형법정주의에 위배되지 않는다.**¹ (최신판례) 24 국회 8 | |

| 143 | 의료기기 판매업자의「의료기기법」위반행위 등에 대하여 보건복지가족부령이 정하는 기간 이내의 범위에서 업무정지를 명할 수 있도록 규정한「의료기기법」에서 업무정지기간은 업무정지처분의 핵심적·본질적 요소라 할 것이므로 **포괄위임금지원칙에 위배된다.**³ | 의료기기 판매업자의「의료기기법」위반행위 등에 대하여 보건복지가족부령이 정하는 기간 이내의 범위에서 업무정지를 명할 수 있도록 규정한「의료기기법」조항은 그 위임사항이 업무정지기간의 범위에 불과하고 형벌에 해당하지 않으므로 위임의 정도가 완화되어 포괄위임금지원칙에 위배되지 아니한다. 19 경정, 14 국가 7 |

(해설) 포괄위임금지원칙에 위반됨

| 144 | 등록세 중과세의 대상이 되는 부동산등기의 지역적 범위에 관하여 '**대통령령으로 정하는 대도시**'라고 규정한 (구)「지방세법」은 조세법률주의나 **포괄위임입법금지원칙에 위배되지 아니한다.**³ | 등록세 중과세의 대상이 되는 부동산등기의 지역적 범위에 관하여 대통령령으로 정하는 대도시라고 규정한 (구)「지방세법」제138조 제1항은 위임입법의 한계를 일탈한 것이다. 20 경정, 19 서울 7(추) |

(해설) 위임입법의 한계 일탈 X

145 사업시행자에 의하여 개발된 토지 등의 처분계획의 내용·처분방법·절차·가격기준 등에 관하여 필요한 사항을 대통령령으로 정할 수 있도록 위임한 「산업입지 및 개발에 관한 법률」 제38조 제2항은 위임입법의 한계 내에 있다.

사업시행자에 의하여 개발된 토지 등의 처분계획의 내용·처분방법·절차·가격기준 등에 관하여 필요한 사항을 대통령령으로 정할 수 있도록 위임한 「산업입지 및 개발에 관한 법률」 제38조 제2항은 위임입법의 한계를 일탈한 것이다. 20 경정, 19 서울 7(추)

(해설) 위임입법의 한계 일탈 X

146 가해학생에 대한 조치별 적용 기준의 기본적인 내용을 법률에서 직접 규정하고 있으며, 사건 조치별 적용기준 위임규정에 따라 대통령령에 규정될 내용은 세부적인 기준에 관한 내용이 될 것임을 충분히 예측할 수 있으므로, 사건 조치별 적용기준 위임규정은 포괄위임금지원칙에 위배되지 않는다. (최신판례) 23 경채

147 구 「사립학교법」 제29조 제2항 중 '교비회계의 세입·세출에 관한 사항은 대통령령으로 정하되' 부분은 포괄위임금지원칙에 위반되지 아니한다. (최신판례) 25 국회 8

148 대한적십자사가 국가 등에 요청할 수 있는 자료의 범위를 대통령령에 위임한 「대한적십자사 조직법」 조항은 포괄위임금지원칙에 위반되지 아니한다. (최신판례) 25 국회 8

149 신문판매업자가 독자에게 1년 동안 제공하는 무가지와 경품류를 합한 가액이 같은 기간 동안에 당해 독자로부터 받은 유료신문대금의 20퍼센트를 초과하는 경우, 동 무가지와 경품류의 제공행위가 「공정거래법」 소정의 불공정거래행위에 해당하는 것으로 규정한 「공정거래위원회 신문고시」 제3조 제1항 제2호는 위임입법의 한계를 일탈한 것으로 볼 수 없다.

신문판매업자가 독자에게 1년 동안 제공하는 무가지와 경품류를 합한 가액이 같은 기간 동안에 당해 독자로부터 받은 유료신문대금의 20퍼센트를 초과하는 경우, 동 무가지와 경품류의 제공행위가 「공정거래법」 소정의 불공정거래행위에 해당하는 것으로 규정한 「공정거래위원회 신문고시」 제3조 제1항 제2호는 위임입법의 한계를 일탈하였다. 20 경정, 16 국회 8

(해설) 위임입법의 한계 일탈 X

KEY 025 법률우위원칙과 재위임 B

150 위임입법의 한계의 법리는 헌법의 근본원리인 권력분립주의와 의회주의 내지 법치주의에 바탕을 두는 것이기 때문에 행정부에서 제정된 대통령령에서 규정한 내용이 정당한지 여부와는 직접적으로 관계가 없다. 15 지방 7

행정부에서 제정된 대통령령에서 규정한 내용이 정당한 것인지 여부와 위임의 적법성은 직접적인 관계가 있다. 22 국가 7

(해설) 직접적으로 관계 없음

151 대통령령에서 규정한 내용이 정당한 것인지 여부와 위임의 적법성 사이에는 직접적인 관계가 없으므로, 대통령령으로 규정한 내용이 헌법에 위반될 경우라도 그 대통령령의 규정이 위헌으로 되는 것은 별론으로 하고, 그로 인하여 정당하고 적법하게 입법권을 위임한 수권법률 조항까지 위헌으로 되는 것은 아니다. 18 경정

법률의 위임을 받아 행정입법이 제정되었으나 그 내용이 헌법에 위반되어 헌법재판소가 위헌선언을 하는 경우에는 입법권을 위임한 수권법률의 조항도 동시에 위헌으로 선언된다. 13 국회 9

(해설) 수권법률 조항까지 위헌 되는 것 아님

152 법률에서 위임받은 사항을 전혀 규정하지 아니하고 그대로 하위의 법규명령에 재위임하는 것은 허용되지 않으며 위임받은 사항에 관하여 대강(大綱)을 정하고 그 중의 특정사항을 범위를 정하여 하위의 법규명령에 다시 위임하는 경우에만 재위임이 허용된다. 21 지방 7

긴급한 필요가 있거나 미리 법률로써 자세히 정할 수 없는 부득이한 사정이 있는 경우에는 법률에서 위임받은 사항을 전혀 규정하지 않고 그대로 재위임하는 것도 허용된다. 08 국가 7

(해설) 그대로 재위임 : 불허

KEY 026 행정입법에 대한 통제

> 헌법 제89조【국무회의 심의】다음 사항은 **국무회의 심의**를 거쳐야 한다.
> 3.【**대통령령안**】헌법개정안·국민투표안·조약안·법률안 및 **대통령령안**

153 중앙행정기관의 장은 법률에서 위임한 사항이나 법률을 집행하기 위하여 필요한 사항을 규정한 **대통령령·총리령·부령·훈령·예규·고시** 등이 제정·개정 또는 폐지된 때에는 10일 이내에 이를 **국회 소관상임위원회에 제출**하여야 한다.

21 변호사

154 대통령령을 입법예고를 하는 때(입법예고를 생략하는 경우에는 법제처장에게 심사를 요청하는 때를 말함)에는 그 입법예고안을 10일 이내에 국회 소관상임위원회에 제출하여야 한다.

16 지방 7, 12 국가 7

중앙행정기관의 장은 법률에서 위임한 사항이나 법률을 집행하기 위하여 필요한 사항을 규정한 대통령령·총리령·부령·훈령·예규·고시 등이 입법예고·제정·개정 또는 폐지된 때에는 10일 이내에 이를 국회 소관 상임위원회에 제출하여야 한다.

15 국가 7
(해설) 대통령령만 입법예고 제출

KEY 027 신뢰보호원칙

155 신뢰보호원칙은 법치국가원리에 근거를 두고 있는 **헌법상 원칙**으로서, 특정한 법률에 의하여 발생한 법률관계는 그 법에 따라 파악되고 판단되어야 하고 **과거의 사실관계가 그 뒤에 생긴 새로운 법률의 기준에 따라 판단되지 않는다는** 국민의 **신뢰**를 보호하기 위한 것이다.

22 경찰 2차, 22 소간

156 법적 안정성은 객관적 요소로서 **법질서의 신뢰성·항구성·법적 투명성과 법적 평화**를 의미하고, 이와 내적인 상호연관 관계에 있는 **법적 안정성의 주관적 측면**은 한번 제정된 법규범은 원칙적으로 존속력을 갖고 자신의 행위기준으로 작용하리라는 개인의 **신뢰보호원칙**이다.

신뢰보호원칙은 객관적 요소로서 법질서의 신뢰성·항구성·법적 투명성과 법적 평화를 의미하고, 이와 내적인 상호연관 관계에 있는 법적 안정성은 한번 제정된 법규범은 원칙적으로 존속력을 갖고 자신의 행위기준으로 작용하리라는 개인의 주관적 기대이다.

22 경찰 1차
(해설) 신뢰보호원칙, 법적 안정성 설명 바뀜

157 법률의 제정이나 개정 시 **구법질서에 대한 당사자의 신뢰가 합리적이고도 정당**하며 법률의 제정이나 개정으로 야기되는 당사자의 손해가 극심하여 새로운 입법으로 달성하고자 하는 공익적 목적이 그러한 당사자의 신뢰의 파괴를 정당화할 수 없다면, 그러한 새로운 입법은 허용될 수 없다.

21 국가 7

158 신뢰보호의 원칙은 **법률이나 그 하위법규**뿐만 아니라 국가관리의 입시제도와 같이 국·공립대학의 입시전형을 구속하여 국민의 권리에 직접 영향을 미치는 **제도운영지침의 개폐**에도 적용된다.

20 국회 9

헌법상 법치국가원리의 파생원칙인 신뢰보호의 원칙은 국민이 법률적 규율이 장래에도 지속할 것이라는 합리적인 신뢰를 바탕으로 이에 적응하여 개인의 법적 지위를 형성해 왔을 때에는 국가로 하여금 그와 같은 국민의 신뢰를 되도록 보호할 것을 요구하는 것으로, 법률이나 그 하위법규에 적용되는 것이지 국가관리의 입시제도와 같은 제도운영지침의 개폐에 적용되는 것은 아니다.

24 경찰 1차
(해설) 제도운영지침의 개폐에도 적용

159 조세법의 영역에 있어서는 국가가 조세·재정정책을 **탄력적·합리적으로 운용할 필요성이 매우 큰 만큼**, 조세에 관한 법규·제도는 신축적으로 변할 수밖에 없다는 점에서 납세의무자로서는 구법질서에 의거한 신뢰를 바탕으로 적극적으로 새로운 법률관계를 형성하였다든지 하는 특별한 사정이 없는 한 원칙적으로 현재의 세법이 변함없이 유지되리라고 기대하거나 신뢰할 수는 없다.³ 24 국가 7

160 국민들의 국가의 공권력행사에 관하여 가지는 모든 **기대 내지 신뢰가 절대적인 권리로서 보호되는 것은 아니다.**⁴ 20 소간

사회환경이나 경제여건의 변화에 따른 정책적인 필요에 의하여 공권력행사의 내용은 신축적으로 바뀔 수밖에 없고, 그 바뀐 공권력행사에 의하여 발생된 새로운 법질서와 기존의 법질서와의 사이에는 어느 정도 이해관계의 상충이 불가피하다고 하더라도, 국민들의 국가의 공권력행사에 관하여 가지는 모든 기대 내지 신뢰는 절대적인 권리로서 어떠한 경우에도 보호되어야 한다. 22 경채

(해설) 모든 기대 내지 신뢰가 보호되는 것은 아님

161 조세에 관한 법규·제도는 **신축적으로 변할 수밖에 없다**는 점에서 납세의무자로서는 구법질서에 의거한 신뢰를 바탕으로 적극적으로 새로운 법률관계를 형성하였다든지 하는 특별한 사정이 없는 한 **원칙적으로** 세율 등 현재의 세법이 변함없이 유지되리라고 기대하거나 신뢰할 수는 없다.³ 23 해경

162 신뢰보호원칙의 위반 여부는 한편으로는 **침해받은 신뢰이익의 보호가치, 침해의 중한 정도, 신뢰침해의 방법** 등과 다른 한편으로는 새 입법을 통해 실현하고자 하는 **공익목적을 종합적으로 비교·형량하여 판단하여야** 한다.⁶ 19 경정, 18 국가 7

163 법률에 따른 개인의 행위가 단지 **법률이 반사적으로 부여하는 기회의 활용을 넘어서 국가에 의하여 일정 방향으로 유인**된 것이라면 특별히 보호가치가 있는 신뢰이익이 인정될 수 있고, 원칙적으로 **개인의 신뢰보호가 국가의 법률개정이익에 우선된다고 볼 여지가 있다.**⁸ 23 해경, 23 경정

법률에 따른 개인의 행위가 단지 법률이 반사적으로 부여하는 기회의 활용을 넘어서 국가에 의하여 일정 방향으로 유인된 것이라면, 원칙적으로 국가의 법률개정이익이 개인의 신뢰보호에 우선된다고 볼 여지가 있다. 24 경찰 1차

(해설) 개인의 신뢰보호가 우선됨

164 국세관련 경력공무원에 대한 **세무사자격 부여제도를 폐지**와 관련, **경력공무원의 세무사자격 부여에 대한 신뢰는 보호할 필요성이 있는 합리적이고도 정당한 신뢰**라 할 것이고, 개정법 제3조 등의 개정으로 말미암아 경력공무원이 입게 된 **불이익의 정도, 즉 신뢰이익의 침해 정도는 중대**하다고 아니할 수 없는 반면, 경력공무원의 신뢰이익을 침해함으로써 일반응시자와의 형평을 제고한다는 공익은 위와 같은 **신뢰이익 제한을 헌법적으로 정당화할만한 사유라고 보기 어렵다.**³ 14 변호사

구법상의 자격부여요건을 갖춘 세무공무원 경력자는 국세업무전반에 걸친 폭넓은 이해와 세무법률관계에 관한 실무적·이론적 지식을 갖추고 있으며, 이들이 갖추고 있는 능력과 지식은 행정실무적 능력 뿐 아니라 법률제도에 대한 기본적인 소양이나 세법에 대한 이론적인 지식이 필요한 세무사업무의 수행에 적합하다는 점에서 세무사자격을 부여하는 데에 합리적인 이유가 있으므로 이를 고려하지 않고 국세관련 경력공무원에 대하여 세무사자격을 부여하지 않도록 개정된 세무사법 제3조는 과잉금지원칙에 위배되어 직업선택의 자유를 침해한다. 14 변호사

(해설) 직업선택의 자유 침해 X, 신뢰보호원칙·평등원칙 위배

165 사법연수원의 소정 과정을 마치더라도 바로 판사임용자격을 취득할 수 없고 일정 기간 이상의 법조경력을 갖추어야 판사로 임용될 수 있도록 한 「법원조직법」 개정조항의 시행일 및 그 경과조치에 관한 부칙은, 동법 개정 시점에 **이미 사법연수원에 입소하여 사법연수생의 신분을 가지고 있었던 자가 사법연수원을 수료하는 해의 판사 임용에 지원하는 경우에 적용되는 한 신뢰보호의 원칙에 위반된다.**⁴ 22 경정

166 「택지소유상한에 관한 법률」이 택지를 소유하게 된 경위나 그 목적 여하에 관계없이 **법 시행 이전부터 택지를 소유하고 있는 개인에 대하여 일률적으로** 소유상한을 적용하도록 한 것은, 입법목적을 달성하기 위하여 필요한 정도를 넘어 **과도하게 침해**하는 것이자 **신뢰보호의 원칙 및 평등원칙에 위반**되는 것이다.³ 18 국회 8

167 무기징역의 집행 중에 있는 자의 **가석방** 요건을 종전의 '10년 이상'에서 '20년 이상' 형 집행 경과로 강화한 개정 「형법」 제72조 제1항을 「형법」 개정 당시에 **이미 수용 중인 사람에게도 적용**하는 「형법」 부칙 조항이 **신뢰보호원칙에 위배되어 신체의 자유를 침해한다고 볼 수 없다.**⁸ 24 국회 8

무기징역의 집행 중에 있는 자의 가석방 요건을 종전의 '10년 이상'에서 '20년 이상' 형 집행 경과로 강화한 개정 「형법」 조항을 「형법」 개정 시에 이미 수용 중인 사람에게도 적용하는 것은 가석방을 기대하고 있던 수형자가 국가 공권력에 대해 가지고 있던 적법한 신뢰를 보호하지 않는 것으로서 신뢰보호의 원칙에 위반된다. 22 경정
(해설) 신뢰보호의 원칙에 위배되지 않음

168 헌법재판소가 성인대상 성범죄자에 대하여 10년 동안 일률적으로 **의료기관에의 취업제한** 등을 하는 규정에 대하여 위헌결정을 한 뒤, 개정법 시행일 전까지 성인대상 성범죄로 형을 선고받아 그 형이 확정된 사람에 대해서 형의 종류 또는 형량에 따라 기간에 차등을 두어 **의료기관에의 취업 등을 제한**하는 「아동·청소년의 성보호에 관한 법률」 부칙 제5조 제1호는 **신뢰보호원칙에 위배되지 아니한다.**¹ (최신판례) 24 국회 8

169 세무당국에 사업자등록을 하고 운전교습업을 영위해오던 **운전교습업자라도** 「도로교통법」상의 **운전학원으로 등록**하지 아니하면 운전교육행위를 할 수 없도록 한 것은 **신뢰보호의 원칙에 위배되지 않는다.**³ 20 국회 9

세무당국에 사업자등록을 하고 운전교습에 종사해 왔음에도 불구하고, 자동차운전학원으로 등록한 경우에만 자동차운전교습업을 영위할 수 있도록 법률을 개정하는 것은 신뢰보호의 원칙에 반하여 헌법에 위배된다. 15 경정
(해설) 신뢰보호원칙 위배 X

170 위법건축물에 대하여 이행강제금을 부과하도록 하면서 **이행강제금제도 도입 전의 위법건축물에 대하여도** 이행강제금제도 적용의 예외를 두지 아니한 것은 **신뢰보호원칙에 위반되지 않는다.**⁴ 23 경간

위법건축물에 대하여 이행강제금을 부과하도록 하면서 이행강제금제도 도입 전의 위법건축물에 대하여도 적용의 예외를 두지 아니한 「건축법」 부칙 규정은 신뢰보호의 원칙에 위반된다. 22 지방 7
(해설) 신뢰보호원칙 위배 X

171 **공익법인이 유예기한이 지난 후에도 보유기준을 초과하여 주식을 보유**하는 경우 10년을 초과하지 않는 범위에서 매년 **가산세를 부과**하도록 정한 구 「상속세 및 증여세법」 제78조 제4항 중 제49조 제1항 제2호에 관한 부분은 **신뢰보호원칙에 반하지 아니한다.**¹ (최신판례) 24 국회 8

172 '개성공단의 정상화를 위한 합의서'에는 국내법과 동일한 법적 구속력을 인정하기 어렵고, 과거 사례 등에 비추어 **개성공단의 중단 가능성은 충분히 예상**할 수 있었으므로, **개성공단 전면 중단 조치**는 **신뢰보호원칙을 위반하여 개성공단 투자기업인 청구인들의 영업의 자유와 재산권을 침해하지 아니한다.²** (최신판례) 22 경찰 2차

개성공단 전면중단 조치는 공익 목적을 위하여 개별적·구체적으로 형성된 구체적인 재산권의 이용을 제한하는 공용 제한이므로, 이에 대한 정당한 보상이 지급되지 않았다면, 그 조치는 헌법 제23조 제3항을 위반하여 개성공단 투자기업인들의 재산권을 침해한 것이다. 24 입시
(해설) 공용 제한 아님, 재산권 침해 아님

173 수급권자 자신이 종전에 지급받던 평균임금을 기초로 산정된 장해보상연금을 수령하고 있던 수급권자에게, 실제의 평균임금이 노동부장관이 고시한 한도금액 이상일 경우 그 한도금액을 실제임금으로 의제하는 내용으로 신설된 **최고보상제도를, 2년 6개월의 유예기간 후 적용**하는 「산업재해보상보험법」 부칙 조항이 **신뢰보호원칙에 위배된다.**³ 15 변호사

「산업재해보상보험법」 개정을 통하여 최고보상제도를 신설하고, 개정법 시행 전에 장해사유가 발생하여 이미 장해보상연금을 수령하고 있던 수급권자에게도 감액된 보상연금을 지급하도록 하더라도, 2년 6개월의 경과기간 동안 구법을 적용한 후 일률적이고 전면적으로 최고보상제도를 적용하도록 하였다면 신뢰보호원칙에 위배되지 않는다. 24 경찰 1차
(해설) 신뢰보호원칙 위배

174 이 사건 부칙조항이 정한 3년의 유예기간은 법령의 개정으로 인한 상황변화에 적절히 대처하기에 상당한 기간으로 **지나치게 짧은 것이라 할 수 없으므로**, 이 사건 부칙조항은 신뢰보호원칙에 위배되어 청구인의 직업의 자유를 침해하지 아니한다. (최신판례)

구 법령에 따라 폐자동차재활용업 등록을 한 자에게도 3년 이내에 등록기준을 갖추도록 한 「전기·전자제품 및 자동차의 자원순환에 관한 법률 시행령」 부칙조항에서 정한 3년의 유예기간은 법령의 개정으로 인한 상황변화에 적절히 대처하기에는 지나치게 짧다고 할 수 있으므로 신뢰보호원칙에 위배된다.   25 변호사

(해설) 신뢰보호원칙 위배 아님

KEY 028 소급입법금지 S

헌법 제13조 ② 【소급입법금지】 모든 국민은 **소급입법**에 의하여 **참정권**의 **제한**을 받거나 **재산권**을 **박탈**당하지 아니한다.

175 소급입법은 신법이 이미 **종료된 사실관계에 작용**하는지 아니면 현재 진행중에 있는 사실관계에 작용하는지에 따라 '진정소급입법'과 '부진정소급입법'으로 구분되며, 헌법 제13조 제2항이 금지하고 있는 소급입법은 진정소급효를 가지는 법률만을 의미한다.   23 입시

헌법 제13조 제2항이 금하고 있는 소급입법은, 이미 과거에 완성된 사실·법률관계를 규율의 대상으로 하는 이른바 진정소급효의 입법과 이미 과거에 시작하였으나 아직 완성되지 아니하고 진행과정에 있는 사실·법률관계를 규율의 대상으로 하는 이른바 부진정소급효의 입법을 모두 의미한다.   20 법원 9

(해설) 소급입법금지 : 진정소급효 입법만 금지

176 헌법 제13조 제2항은 "모든 국민은 소급입법에 의하여 … 재산권을 박탈당하지 아니한다."라고 규정하고 있는 바, 새로운 입법으로 **이미 종료된 사실관계 또는 법률관계에 작용**하도록 하는 **진정소급입법**은 개인의 신뢰보호와 법적 안정성을 내용으로 하는 **법치국가원리에 의하여 특단의 사정이 없는 한 헌법상 허용되지 않는 것이 원칙**이다.   15 변호사

부당환급받은 세액을 징수하는 근거규정인 개정조항을 개정된 법 시행 후 최초로 환급세액을 징수하는 분부터 적용하도록 규정한 「법인세법」 부칙 조항은 이미 완성된 사실·법률관계를 규율하는 진정소급입법에 해당하나, 이를 허용하지 아니하면 위 개정조항과 같이 법인세 부과처분을 통하여 효율적으로 환수하지 못하고 부당이득 반환 등 복잡한 절차를 거칠 수밖에 없어 중대한 공익상 필요에 의하여 예외적으로 허용된다.   20 경정, 19 5급

(해설) 공익상 이유 없음, 허용 X

177 부당환급 받은 세액을 징수하는 근거 규정인 개정조항을 개정된 법 시행 후 최초로 환급세액을 징수하는 분부터 적용하도록 규정한 「법인세법」 부칙조항은 헌법 제13조 제2항에 따라 원칙적으로 금지되는 **이미 완성된 사실·법률관계를 규율**하는 **진정소급입법**에 해당한다.   23 경간

부당 환급받은 세액을 징수하는 근거규정인 개정조항을 개정된 법 시행 후 최초로 환급세액을 징수하는 분부터 적용하도록 규정한 「법인세법」 부칙 제9조는, 개정 후 「법인세법」의 시행 이전에 결손금 소급공제 대상 중소기업이 아닌 법인이 결손금 소급공제로 법인세를 환급받은 경우에도 개정조항을 적용할 수 있도록 규정하고 있다고 하더라도 이미 종결한 과세요건사실에 소급하여 적용할 수 있도록 하는 것은 아니므로, 진정소급입법에 해당하지 않는다.   24 국가 7

(해설) 진정소급입법에 해당

178 진정소급입법은 국민이 **소급입법을 예상할 수 있었거나**, 법적 상태가 불확실하고 혼란스러웠거나 하여 **보호할 만한 신뢰의 이익이 적은 경우**와 소급입법에 의한 당사자의 손실이 없거나 아주 경미한 경우, 신뢰보호의 요청에 우선하는 심히 중대한 공익상의 사유가 소급입법을 정당화하는 경우에는 예외적으로 허용될 수 있다.   20 법원 9

기존의 법에 의하여 형성되어 이미 굳어진 개인의 법적 지위를 사후입법을 통하여 박탈하는 것 등을 내용으로 하는 진정소급입법은 개인의 신뢰보호와 법적 안정성을 내용으로 하는 법치국가원리에 의하여 헌법적으로 허용되지 않기 때문에 어떠한 경우라도 허용될 수 없다.   22 입시

(해설) 일정 요건 충족 시 예외적 허용 可

179 친일재산의 취득 경위에 내포된 **민족배반적 성격**, 대한민국 임시정부의 법통 계승을 선언한 헌법 전문 등에 비추어 친일반민족행위자측으로서는 **친일재산의 소급적 박탈을 충분히 예상**할 수 있었고, 친일재산 환수 문제는 그 시대적 배경에 비추어 **역사적으로 매우 이례적인 공동체적 과업**이므로 이러한 **소급입법의 합헌성을 인정**한다고 하더라도 이를 계기로 **진정소급입법이 빈번하게 발생**할 것이라는 우려는 **충분히 불식**될 수 있다.10 _{23 국회 9}

친일재산을 그 취득·증여 등 원인행위시에 국가의 소유로 하도록 규정한 「친일반민족행위자 재산의 국가귀속에 관한 특별법」 조항은 진정소급입법에 해당하며, 친일반민족행위자의 재산권을 일률적·소급적으로 박탈하는 것을 정당화할 수 있는 특단의 사정이 존재한다고 볼 수 없으므로 소급입법금지원칙에 위배된다. _{18 변호사}

(해설) 소급입법금지원칙 위배 X

KEY 029 부진정소급입법   A

180 **부진정소급입법은 원칙적으로 허용**되지만 소급효를 요구하는 **공익상의 사유**와 **신뢰보호의 요청** 사이의 교량과정에서 **신뢰보호의 관점이 입법자의 형성권에 제한**을 가하게 된다.15 _{23 해간, 22 지방 7}

부진정소급입법에 있어서는 소급효를 요구하는 공익상의 사유와 신뢰보호의 요청 사이의 교량과정에서 신뢰보호의 관점이 입법자의 형성권에 제한을 가하게 되므로 원칙적으로 허용되지 않는다. _{23 경정}

(해설) 원칙적으로 허용

181 법률 시행 당시 개발이 진행 중인 사업에 대하여 장차 개발이 완료되면 개발부담금을 부과하려는 것은 이른바 **부진정소급입법에 해당**하는 것이어서 **원칙적으로 헌법상 허용**되는 것이다.3 _{18 서울 7(추), 12 국가 7}

182 종래 **보수연동제**에 의하여 연금액의 조정을 받아오던 **기존의 연금수급자**에게 법률개정을 통해 **물가연동제**에 의한 연금액 조정방식을 적용하도록 하는 것은 **헌법에 위배되지 않는다**.5 _{16 경정, 13 국회 8}

공무원 퇴직연금의 연금액 조정기준을 '보수월액의 변동'에서 향후 특정시점부터 '전전년도와 대비한 전년도 전국소비자물가변동률'으로 변경하면서, 이를 기존의 퇴직연금수급권자에게도 적용하도록 규정하는 것은 진정소급입법에 해당한다. _{23 입시}

(해설) 진정소급입법 X

183 이미 발생하여 이행기에 도달한 퇴직연금 수급권의 내용을 변경하지 않고 부칙조항 시행이후에 **장래 이행기가 도래하는 퇴직연금 수급권의 내용을 변경**하는 것은 진정소급입법이 아닌 **부진정소급입법에 해당**한다.4 _{13 지방 7}

법 시행일 이후에 이행기가 도래하는 퇴직연금에 대하여 소득과 연계하여 그 일부의 지급을 정지할 수 있도록 한 「공무원연금법」 조항을 이미 확정적으로 연금수급권을 취득한 자에게도 적용하도록 한 것은, 이미 종료된 과거의 사실관계 또는 법률관계에 새로운 법률이 소급적으로 적용되어 과거를 법적으로 새로이 평가하는 진정소급입법에 해당한다. _{18 변호사}

(해설) 부진정소급입법에 해당

184 임차인의 **계약갱신요구권 행사 기간을 10년으로 규정**한 「상가건물 임대차보호법」의 개정법 조항을 개정법 시행 후 갱신되는 임대차에 대하여도 적용하도록 규정한 동법 부칙의 규정은 **신뢰보호원칙에 위배되어 임대인의 재산권을 침해한다고 볼 수 없다**.4 (최신판례) _{22 경찰 1차}

상가건물 임차인의 계약갱신요구권 행사 기간을 5년에서 10년으로 연장한 「상가건물 임대차보호법」 조항을 개정법 시행 이전에 체결되었더라도 개정법 시행 이후 갱신되는 임대차에 적용하도록 한 동법 부칙조항은 진정소급입법에 해당하여 소급입법금지원칙에 위배된다. _{24 변호사}

(해설) 진정소급입법 X

KEY 030　시혜적 소급입법　B

185 신법이 피적용자에게 유리한 경우에는 이른바 **시혜적인 소급입법**이 가능하지만 이를 **입법자의 의무라고는 할 수 없고**, 그러한 소급입법을 할 것인지의 여부는 **입법재량의 문제**로서 그 판단은 일차적으로 입법기관에 맡겨져 있으며, 이와 같은 시혜적 조치를 할 것인가 하는 문제는 국민의 권리를 제한하거나 새로운 의무를 부과하는 경우와는 달리 **입법자에게 보다 광범위한 입법형성의 자유**가 인정된다.〇　23 경정

신법이 피적용자에게 유리하게 개정된 경우 이른바 시혜적인 소급입법이 가능하므로 이를 피적용자에게 유리하게 적용하는 것은 입법자의 의무이다.　18 국회 9
(해설) 입법자의 의무 X

186 소방공무원이 재난·재해현장에서 화재진압이나 인명구조작업 중 입은 위해뿐만 아니라 그 업무수행을 위한 긴급한 출동·복귀 및 부수활동 중 위해에 의하여 **사망한 경우**까지 그 유족에게 순직공무원보상을 하여 주는 제도를 도입하면서 부칙조항이 **신법을 소급하는 경과규정을 두지 않았다고 하더라도** 이를 입법재량을 벗어난 **불합리한 차별이라고 할 수 없다.**〇　24 해간

신법이 피적용자에게 유리한 경우에는 시혜적인 소급입법을 하여야 하므로, 순직공무원의 적용범위를 확대한 개정「공무원연금법」을 소급하여 적용하지 아니하도록 한 개정 법률 부칙은 평등의 원칙에 위배된다.　20 경정
(해설) 시혜적 소급입법 의무 X, 평등원칙 위배 X

KEY 031　체계정당성원리　B

187 규범 상호 간의 **체계정당성**을 요구하는 이유는 **입법자의 자의를 금지**하여 **규범의 명확성, 예측가능성 및 규범에 대한 신뢰와 법적 안정성을 확보**하기 위한 것이고 이는 국가공권력에 대한 통제와 이를 통한 국민의 자유와 권리의 보장을 이념으로 하는 **법치주의원리로부터 도출**되는 것이다.6　21 국가 7

체계정당성의 원리는 규범 상호간의 구조와 내용 등이 모순됨이 없이 체계와 균형을 유지하여야 한다는 헌법적 원리이지만 곧바로 입법자를 기속하는 것이라고는 볼 수 없다.　21 국가 7
(해설) 입법자를 기속함

188 일반적으로 일정한 공권력작용이 **체계정당성에 위반한다고 해서 곧 위헌**이 되는 것은 아니고, 그것이 위헌이 되기 위해서는 결과적으로 **비례의 원칙이나 평등의 원칙 등 일정한 헌법의 규정이나 원칙을 위반하여야 한다.**〇　21 국가 7

체계정당성의 원리는 규범 상호간의 구조와 내용 등이 모순됨이 없이 체계와 균형을 유지하도록 입법자를 기속하는 헌법적 원리라고 볼 수 있다. 따라서 일반적으로 일정한 공권력작용이 체계정당성을 위반하였다면 곧바로 그 자체가 위헌이 된다.　22 해경
(해설) 체계정당성에 위반하여도 곧바로 위헌 X

CHAPTER 07 사회·경제·문화적 기본원리

| 번호 | 옳은 지문 O | 옳지 않은 지문 X |

KEY 032 사회국가원리

189 사회국가란 사회정의의 이념을 헌법에 수용한 국가, 사회현상에 대하여 **방관적인 국가가 아니라** 경제·사회·문화의 모든 영역에서 정의로운 사회질서의 형성을 위하여 **사회현상에 관여하고 간섭하고 분배하고 조정하는 국가**이며, 궁극적으로는 국민 각자가 실제로 자유를 행사할 수 있는 실질적 조건을 마련해 줄 의무가 있는 국가이다. 21 국회 8, 21 법무사

사회국가란 사회정의의 이념을 헌법에 수용한 국가로 경제·사회·문화의 모든 영역에서 사회현상에 관여하고 간섭하고 분배하고 조정하는 국가를 말하지만 국가에게 국민 각자가 실제로 자유를 행사할 수 있는 그 실질적 조건을 마련해 줄 의무까지 부여하는 것은 아니다. 22 국가 7
(해설) 실질적 조건 마련할 의무 부여됨

190 우리 헌법은 **사회국가원리를 명문으로 규정하고 있지는 않지만**, 헌법의 전문, 사회적 기본권의 보장, 경제 영역에서 적극적으로 계획하고 유도하고 재분배하여야 할 국가의 의무를 규정하는 **경제에 관한 조항** 등과 같이 사회국가원리의 구체화된 **여러 표현**을 통하여 사회국가원리를 수용하고 있다. 24 소간, 23 해간

우리 헌법은 사회국가원리를 명문으로 규정하면서 이를 구체화하고 있는데, 이 중 헌법 제119조 제2항에 규정된 '경제주체간의 조화를 통한 경제민주화'의 이념은 경제영역에서 정의로운 사회질서를 형성하기 위하여 추구할 수 있는 국가목표일 뿐, 개인의 기본권을 제한하는 국가행위를 정당화하는 헌법규범은 아니다. 24 경정
(해설) 사회국가원리 명문규정 無, 기본권 제한 정당화 헌법규범임

KEY 033 사회적 시장경제질서

헌법 제119조 ① **[자유시장경제 원칙]** 대한민국의 경제질서는 **개인과 기업의 경제상의 자유와 창의를 존중**함을 기본으로 한다.
② **[사회국가원리 보충]** 국가는 **균형있는 국민경제의 성장 및 안정**(지속가능한 국민경제의 성장 ×)과 **적정한 소득의 분배**를 유지하고, **시장의 지배와 경제력의 남용을 방지**(독과점의 규제와 조정 및 공정거래의 보장에 관하여 노력할 의무 ×)하며, **경제주체간의 조화**를 통한 **경제의 민주화**를 위하여 **경제에 관한 규제와 조정**을 할 수 있다.

191 우리 헌법의 경제질서는 사유재산제를 바탕으로 하고 **자유경쟁을 존중하는 자유시장경제질서를 기본**으로 하면서도 이에 수반되는 갖가지 모순을 제거하고 사회복지·사회정의를 실현하기 위하여 **국가적 규제와 조정을 용인**하는 **사회적 시장경제질서로서의 성격**을 띠고 있다. 24 5급, 21 국회 8

우리나라 헌법상의 경제질서는 사유재산제를 바탕으로 하고 자유경쟁을 존중하는 자유시장경제질서를 근간으로 하는 것이므로, 사회정의를 실현하기 위하여 국가적 규제와 조정을 용인하는 사회적 시장경제질서와는 양립할 수 없다. 22 국회 8
(해설) 사회적 시장경제질서와 양립함

192 헌법 제119조는 헌법상 경제질서에 관한 일반조항으로서 **국가의 경제정책에 대한 하나의 헌법적 지침**일 뿐, 그 자체가 기본권의 성질을 가진다거나 독자적인 위헌심사의 기준이 된다고 할 수 없다. 23 국가 7

헌법 제119조는 헌법상 경제질서에 관한 일반조항으로서 국가의 경제정책에 대한 하나의 헌법적 지침이 됨과 동시에 경제에 관한 기본권의 성질도 포함하고 있으므로 독자적인 위헌심사의 기준이 될 수 있다. 22 국회 9, 21 입시
(해설) 기본권의 성질 X / 독자적 위헌심사의 기준 X

193 헌법 제119조 제1항은 헌법상 경제질서에 관한 일반조항으로서 국가의 경제정책에 대한 하나의 헌법적 지침이고, 동 조항이 언급하는 경제적 자유와 창의는 직업의 자유, 재산권의 보장, 근로3권과 같은 경제에 관한 기본권 및 비례의 원칙과 같은 법치국가원리에 의하여 비로소 헌법적으로 구체화된다.5
20 국가 7

194 특수한 불법행위책임에 관하여 위험책임의 원리를 수용하는 것은 입법정책에 관한 사항으로서 입법자의 재량에 속한다고 할 것이므로 자동차손해배상보장법 조항이 운행자의 재산권을 본질적으로 제한하거나 평등의 원칙에 위반되지 아니하는 이상 위험책임의 원리에 기하여 무과실책임을 지운 것만으로 헌법 제119조 제1항의 자유시장 경제질서에 위반된다고 할 수 없다.4
22 국가 7

자유시장 경제질서를 기본으로 하면서도 사회국가원리를 수용하고 있는 우리 헌법의 이념에 비추어 볼 때, 일반불법행위책임에 관하여 과실책임의 원리를 기본원칙으로 하면서도 일정한 영역의 특수한 불법행위책임에 관하여 위험책임의 원리를 수용하는 것은 헌법에 의해 직접적으로 부과되는 명령이므로, 입법자의 재량에 속한다고 볼 수 없다.
10 지방 7

(해설) 입법자의 재량에 속함

195 헌법 제119조 제2항에 규정된 '경제주체 간의 조화를 통한 경제민주화'의 이념은 경제영역에서 정의로운 사회질서를 형성하기 위하여 추구할 수 있는 국가목표로서 개인의 기본권을 제한하는 국가행위를 정당화하는 헌법규범이다.18
23 해간, 23 입시

헌법 제119조 제2항에 규정된 경제주체간의 조화를 통한 경제민주화의 이념은 경제영역에서 정의로운 사회질서를 형성하기 위하여 추구할 수 있는 국가목표에 그치므로 개인의 기본권을 제한하는 국가행위를 정당화하는 헌법규범이라고 볼 수 없다.
22 지방 7

(해설) 개인의 기본권을 제한하는 국가행위를 정당화하는 헌법규범 ○

196 헌법 제119조 제2항은 국가가 경제영역에서 실현하여야 할 목표의 하나로서 '적정한 소득의 분배'를 들고 있지만, 이로부터 반드시 소득에 대하여 누진세율에 따른 종합과세를 시행하여야 할 구체적인 헌법적 의무가 조세입법자에게 부과되는 것이라고 할 수 없다.9
22 지방 7, 20 법원 9

헌법 제119조 제2항은 국가가 경제영역에서 실현하여야 할 목표의 하나로서 '적정한 소득의 분배'를 들고 있으므로, 이로부터 소득에 대하여 누진세율에 따른 종합과세를 시행하여야 할 구체적인 헌법적 의무가 입법자에게 부과된다.
24 법원 9, 20 변호사

(해설) 누진세 입법 의무 부과 아님

197 헌법 제119조 제2항은 독과점규제라는 경제정책적 목표를 개인의 경제적 자유를 제한할 수 있는 정당한 공익의 하나로 명문화하고 있는데, 독과점규제의 목적이 경쟁의 회복에 있다면 이 목적을 실현하는 수단 또한 자유롭고 공정한 경쟁을 가능하게 하는 방법이어야 한다.4
23 국가 7

198 헌법 제119조 이하의 경제에 관한 장은 경제영역에서의 국가목표를 명시적으로 언급함으로써 국가가 경제정책을 통하여 달성하여야 할 '공익'을 구체화하고, 동시에 헌법 제37조 제2항의 기본권 제한을 위한 법률유보에서의 '공공복리'를 구체화하고 있다.5
12 국가 7

199 경제적 기본권의 제한을 정당화하는 공익이 헌법에 명시적으로 규정된 목표에만 제한되는 것은 아니고, 헌법은 단지 국가가 실현하려고 의도하는 전형적인 경제목표를 예시적으로 구체화하고 있을 뿐이므로 기본권의 침해를 정당화할 수 있는 모든 공익을 아울러 고려하여 법률의 합헌성 여부를 심사하여야 한다.4
20 법원 9

경제적 기본권을 제한하는 법률의 합헌성 여부를 심사하는 경우, 그 법률을 정당화하는 공익은 헌법에 명시적으로 규정된 목표에만 제한된다.
22 지방 7

(해설) 헌법에 명시적으로 규정된 목표에만 제한 X, 모든 공익을 아울러 고려 ○

200 특정의료기관이나 특정의료인의 기능·진료방법에 관한 광고를 금지하는 것은 새로운 의료인들에게 자신의 기능이나 기술 혹은 진단 및 치료방법에 관한 광고와 선전을 할 기회를 배제함으로써 기존의 의료인과의 경쟁에서 불리한 결과를 초래하므로, 자유롭고 공정한 경쟁을 추구하는 헌법상의 시장경제질서에 부합되지 않는다.5
23 해간, 22 국회 8

201 정부가 1976년부터 **자도소주구입제도**를 시행한 것을 고려할 때, 주류판매업자로 하여금 매월 소주류 총구입액의 100분의 50 이상을 당해 주류판매업자의 판매장이 소재하는 지역과 같은 지역에 소재하는 제조장으로부터 구입하도록 명하는 자도소주구입명령제도에 대한 **소주제조업자의 강한 신뢰보호 이익이 인정되지만, 이러한 신뢰보호도 "능력경쟁의 실현"이라는 보다 우월한 공익에 직면하여 종래의 법적 상태의 존속을 요구할 수는 없다.**⁵   19 변호사

소주판매업자에게 자도소주구입을 강제하는 자도소주구입명령제도는 독과점을 방지하고, 중소기업을 보호한다는 공익적 목적달성을 위한 적합한 수단이므로 소주판매업자의 직업의 자유를 침해하지 않는다.   22 해경, 19 5급

(해설) 적합한 수단 X, 직업의 자유 침해

202 법령에 의한 인·허가없이 장래의 경제적 손실을 금전 또는 유가증권으로 보전해 줄 것을 약정하고 회비 등의 명목으로 금전을 수입하는 행위**(유사수신행위)를 금지**하고 이에 **위반 시 형사처벌**하는 법률조항은 우리 **헌법의 경제질서에 위배되는 것이라 할 수 없다.**⁴   13 국회 8

법령에 의한 인·허가 없이 장래의 경제적 손실을 금전 또는 유가증권으로 보전해 줄 것을 약정하고 회비 등의 명목으로 금전을 수입하는 행위를 금지하는 것은 사인 간의 사적 자치, 경제상의 자유와 창의를 존중함을 기본으로 하는 헌법 제119조 제1항의 경제질서에 어긋난다.   23 변호사

(해설) 경제질서에 어긋나지 않음

203 우리 헌법의 경제질서 원칙에 비추어 보면, 사회보험방식에 의하여 재원을 조성하여 반대급부로 노후생활을 보장하는 **강제저축프로그램으로서의 국민연금제도는 상호부조의 원리에 입각한 사회연대성에 기초**하여 고소득계층에서 저소득계층으로, 근로세대에서 노년세대로, 현재세대에서 미래세대로 국민간의 소득재분배 기능을 함으로써 오히려 **사회적 시장경제질서에 부합하는 제도**이다.⁵   21 국회 8

KEY 034 사회적 시장경제질서 구체화   A

헌법 제120조 ① 【**자원의 사회화**】 광물 기타 중요한 지하자원·수산자원·**수력**⁶과 경제상 이용할 수 있는 자연력은 **법률이 정하는 바**에 의하여 일정한 기간 그 채취·개발 또는 이용을 **특허**할 수 있다.⁶
② 【**국토**】 **국토와 자원**은 국가의 보호를 받으며, 국가는 그 균형있는 개발과 이용을 위하여 **필요한 계획**을 수립한다.¹

헌법 제121조 ① 【**소작제 절대금지**】 국가는 농지에 관하여 **경자유전의 원칙**⁷이 달성될 수 있도록 노력하여야 하며, **농지의 소작제도는 금지**된다.⁴
② 【**임대차·위탁경영 허용**】 농업생산성의 제고와 농지의 합리적인 이용을 위하거나 불가피한 사정으로 발생하는 농지의 임대차와 위탁경영은 **법률**(조례 ×)**이 정하는 바에 의하여 인정**된다.¹¹

헌법 제122조 【**국토의 이용·개발·보전**】 국가는 국민 모두의 생산 및 생활의 기반이 되는 **국토의 효율적이고 균형있는 이용·개발과 보전을 위하여** 법률이 정하는 바에 의하여 그에 관한 **필요한 제한과 의무**를 과할 수 있다.⁵

헌법 제123조 ① 【**농·어업 보호·육성**】 국가는 **농업 및 어업을 보호·육성**하기 위하여 농·어촌종합개발과 그 지원등 필요한 계획을 수립·시행하여야 한다.
② 【**지역경제 육성**】 국가는 지역간의 균형있는 발전을 위하여 **지역경제를 육성할 의무**를 진다.²
③ 【**중소기업 보호·육성**】 국가는 **중소기업을 보호·육성**하여야 한다.²
④ 【**농·어민 이익 보호**】 국가는 **농수산물의 수급균형**과 유통구조의 개선에 노력하여 **가격안정**을 도모함으로써 **농·어민의 이익을 보호**(소비자의 이익을 보호 ×)한다.³
⑤ 【**자조조직 육성**】 국가는 농·어민과 중소기업의 **자조조직을 육성**하여야 하며, 그 **자율적 활동과 발전을 보장**한다.³

헌법 제124조 【**소비자보호운동**】 국가는 건전한 소비행위를 계도하고 생산품의 품질향상을 촉구하기 위한 **소비자보호운동을 법률**(조례 ×)**이 정하는 바**에 의하여 보장한다.⁵

헌법 제126조 【**국·공유화 + 경영 통제·관리**】 국방상 또는 국민경제상 긴절한 필요로 인하여 **법률이 정하는 경우**를 제외하고는, 사영기업을 **국유 또는 공유**로 이전하거나 그 경영을 **통제 또는 관리할 수 없다.**¹⁵

204 자경농지의 양도소득세 면제대상자를 '농지소재지에 거주하는 거주자'로 제한하는 것은 외지인의 농지투기를 방지하고 조세부담을 덜어주어 농업과 농촌을 활성화하기 위한 것이므로 **경자유전의 원칙에 위배되지 않는다.** 5   18 법무사, 15 국가 7

205 불매운동의 목표로서의 '소비자의 권익'이란 원칙적으로 사업자가 제공하는 물품이나 용역의 소비생활과 관련된 것으로서 상품의 질이나 가격, 유통구조, 안전성 등 **시장적 이익에 국한**된다. 3   24 해경

206 **소비자불매운동**은 모든 경우에 있어서 그 정당성이 인정될 수는 없고, 헌법이나 법률의 규정에 비추어 **정당하다고 평가**되는 범위에 해당하는 경우에만 **형사책임이나 민사책임이 면제**된다. 4   16 경정

소비자불매운동은 헌법이나 법률의 규정에 비추어 정당하게 평가되는 경우에만 법적 책임이 면제되므로, 물품 등의 공급자나 사업자 이외의 제3자를 상대로 하는 불매운동은 제3자의 권리를 부당하게 침해하지 않더라도 형사책임이나 민사책임이 면제되지 않는다.   23 변호사

(해설) 제3자의 권리를 부당하게 침해하지 않는다면 형사책임이나 민사책임이 면제됨

207 우리 헌법상 **문화국가원리**는 견해와 사상의 **다양성을 그 본질**로 하며, 이를 실현하는 국가의 문화정책은 **불편부당의 원칙**에 따라야 하는바, 모든 국민은 정치적 견해 등에 관계없이 **문화 표현과 활동에서 차별을 받지 않아야 한다.** 4   22 5급

우리 헌법상 문화국가원리는 견해와 사상의 다양성을 그 본질로 하지만, 이를 실현하는 국가의 문화정책이 국가가 어떤 문화현상에 대하여도 이를 선호하거나 우대하는 경향을 보이지 않는 불편부당의 원칙을 따라야 하는 것은 아니다.   21 국가 7

(해설) 불편부당의 원칙을 따라야 함

208 오늘날 문화국가에서의 **문화정책**은 그 초점이 **문화 그 자체**에 있는 것이 **아니라 문화가 생겨날 수 있는 문화풍토를 조성**하는 데 두어야 한다. 5   23 경채

문화국가원리는 국가의 문화정책과 밀접 불가분의 관계를 맺고 있는바, 오늘날 문화국가에서의 문화정책은 문화풍토의 조성이 아니라 문화 그 자체에 초점을 두어야 한다.   23 지방 7

(해설) 문화 그 자체 X → 문화풍토 조성에 초점 O

209 문화국가의 원리는 문화의 개방성 내지 다원성의 표지와 연결되는데, 국가의 문화 육성의 대상에는 **원칙적으로 모든 사람에게 문화창조의 기회를 부여**한다는 의미에서 **모든 문화가 포함되므로 엘리트문화**뿐만 아니라 **서민문화, 대중문화도 그 가치를 인정하고 정책적인 배려의 대상으로 한다.** 13   23 경간

국가의 문화육성은 국민에게 문화창조의 기회를 부여한다는 의미에서 서민문화, 대중문화는 그 가치를 인정하고 정책적인 배려의 대상으로 하여야 하지만, 엘리트문화는 이에 포함되지 않는다.   23 지방 7

(해설) 엘리트문화도 포함

210 헌법 제9조에서 말하는 전통이란 역사성과 시대성을 띤 개념으로서 **가족제도에 관한 전통·전통문화**란 적어도 그것이 가족제도에 관한 **헌법이념인 개인의 존엄과 양성의 평등에 반하는 것이어서는 안 된다는 한계**가 있으므로, 전래의 어떤 가족제도가 헌법 제36조 제1항이 요구하는 개인의 존엄과 양성 평등에 반한다면 헌법 제9조에서의 **전통을 근거로 헌법적 정당성을 주장할 수 없다.** 6   11 법원 9

전래의 어떤 가족제도가 헌법 제36조 제1항이 요구하는 양성 평등에 반한다고 할지라도, 헌법 제9조의 전통문화와 규범조화적으로 해석하여 그 헌법적 정당성이 인정될 수도 있다.   18 국가 7

(해설) 헌법적 정당성 인정 X

211 헌법 제9조의 규정취지와 민족문화유산의 본질에 비추어 볼 때, 국가가 **민족문화유산을 보호**하고자 하는 경우 이에 관한 헌법적 보호법익은 '**민족문화유산의 존속**' 그 자체를 보장하는 것이고, 원칙적으로 **민족문화유산의 훼손 등에 관한 가치보상이 있는지 여부**는 이러한 **헌법적 보호법익과 직접적인 관련이 없다.** 5   23 국가 7

국가가 민족문화유산을 보호하고자 하는 경우 이에 관한 헌법적 보호법익은 민족문화유산의 훼손 등에 관한 가치보상에 있는 것이지 '민족문화유산의 존속' 그 자체를 보장하는 것은 아니다.   23 지방 7

(해설) 가치보상이 아닌 존속보장임

212 개인의 정치적 견해를 기준으로 청구인들을 문화예술계 정부지원사업에서 배제되도록 차별취급한 것은 헌법상 문화국가원리에 반하는 자의적인 것으로 정당화될 수 없다.³

21 국가 7

213 일부 지나친 고액과외교습을 방지하기 위하여 모든 학생으로 하여금 오로지 학원에서만 사적으로 배울 수 있도록 규율한다는 것은 어디에도 그 예를 찾아볼 수 없는 것일 뿐만 아니라 **자기결정과 자기책임을 생활의 기본원칙으로 하는 헌법의 인간상**이나 개성과 창의성, 다양성을 지향하는 문화국가원리에도 위반된다.⁴

18 법무사

야당 후보 지지나 정부 비판적 정치 표현행위에 동참한 전력이 있는 문화예술인이나 단체를 정부의 문화예술 지원사업에서 배제하도록 지시한 행위는 목적의 정당성이 부인되지 않는다.

23 경정

(해설) 목적의 정당성 부인

CHAPTER 08 국제질서의 기본원리

번호	옳은 지문 ○	옳지 않은 지문 ×

KEY 035 조약·국제법규   B

> **헌법 제6조** ① 【**국제법존중주의**】 헌법에 의하여 체결·공포된 조약과 일반적으로 승인된 국제법규는 국내법과 같은 효력을 가진다.
>
> **헌법 제60조** ① 【**주요조약 국회 동의권 : 상안조우주강재입**】 국회는 **상**호원조 또는 **안**전보장에 관한 조약, 중요한 국제**조**직에 관한 조약, **우**호통상항해조약, (어업조약 ×) **주**권의 제약에 관한 조약, **강**화조약, 국가나 국민에게 중대한 **재**정적 부담을 지우는 조약 또는 **입**법사항에 관한 조약의 체결·비준에 대한 동의권을 가진다.
>
> **헌법 제73조** 【**대통령 체결·비준권**】 대통령은 조약을 체결·비준하고, 외교사절을 신임·접수 또는 파견하며, 선전포고와 강화를 한다.
>
> **헌법 제89조** 【**국무회의 심의**】 다음 사항은 국무회의의 심의를 거쳐야 한다.
> 3. 【**조약안**】 헌법개정안·국민투표안·**조약안**·법률안 및 대통령령안

214 국제법적으로, 조약은 국제법 주체들이 일정한 법률효과를 발생시키기 위하여 체결한 국제법의 규율을 받는 국제적 합의를 말하며 서면에 의한 경우가 대부분이지만 예외적으로 구두합의도 조약의 성격을 가질 수 있다.   23 해간, 21 지방 7

215 헌법 제6조 제1항의 국제법존중주의는 우리나라가 가입한 조약과 일반적으로 승인된 국제법규가 국내법과 같은 효력을 가진다는 것으로서 조약이나 국제법규가 **국내법에 우선한다는 것은 아니다.**   23 해경, 22 입시

215 헌법 제6조 제1항의 국제법 존중주의에 따라 조약과 일반적으로 승인된 국제법규는 **국내법에 우선한다.**   16 국가 7
  (해설) 국내법과 같은 효력

216 마라케쉬협정은 적법하게 체결되어 공포된 조약이므로 국내법과 같은 효력을 갖는 것이어서, 마라케쉬협정에 의하여 관세법위반자의 처벌이 가중된다고 하더라도 이를 들어 법률에 의하지 아니한 형사처벌이라고 할 수 없다.   15 변호사

216 헌법에 따라 적법하게 체결되어 공포된 조약은 국내법과 동일한 효력을 갖지만, 죄형법정주의원칙상 조약으로 **새로운 범죄를 구성하거나 범죄자에 대한 처벌을 가중할 수 없다.**   23 변호사
  (해설) 새로운 범죄 구성 or 가중처벌 허용됨

217 '한미주둔군지위협정(SOFA)'은 그 명칭이 협정으로 되어 있어 국회의 관여 없이 체결되는 행정협정처럼 보이기도 하나 우리나라의 입장에서 볼 때에는 외국 군대의 지위에 관한 것이고, 국가에 재정적 부담을 지우는 내용과 입법사항을 포함하고 있으므로 국회의 동의를 요하는 조약으로 취급되어야 한다.   17 국회 9

217 이른바 한미주둔군지위협정(SOFA)은 비록 그 내용이 외국군대의 지위에 관한 것이고 국민에게 재정적 부담을 지우는 입법사항을 포함하고 있다 하더라도, 그 명칭이 협정으로 되어 있어 **국회의 동의 없이 체결될 수 있는 행정협정에 해당한다.**   23 변호사
  (해설) 행정협정 ×, 국회의 동의를 요하는 조약 ○

218 「대한민국과일본국간의어업에관한협정」은 우리나라 정부가 일본 정부와의 사이에서 어업에 관해 체결·공포한 조약으로서 헌법 제6조 제1항에 의하여 국내법과 같은 효력을 가진다.   17 경정, 08 국가 7

218 '대한민국과 일본국간의 어업에 관한 협정'은 한일간 **행정협정에 불과하여 국내법과 같은 효력을 가지는 조약에 해당되지 않는다.**   17 법무사
  (해설) 행정협정 ×, 국내법과 같은 효력을 가지는 조약 ○

219 한미동맹 동반자관계를 위한 전략대화 출범에 관한 공동성명은 구체적인 법적 권리·의무를 창설하는 내용을 포함하고 있지 아니하므로, 조약에 해당된다고 볼 수 없다. 15 서울 7

대통령이 외교통상부장관에게 위임하여 미합중국 국무장관과 발표한 '동맹 동반자 관계를 위한 전략대화 출범에 관한 공동성명'은 구체적인 법적 권리·의무를 창설하는 내용이 포함되어 있으므로 조약에 해당한다. 23 해간
(해설) 구체적인 법적 권리·의무를 창설하는 내용 불포함 → 조약 아님

220 강제노동의 폐지에 관한 국제노동기구(ILO)의 제105호 조약은 우리나라가 비준한 바가 없고, 헌법 제6조 제1항에서 말하는 **일반적으로 승인된 국제법규로서 헌법적 효력을 갖는다고 볼 수도 없기** 때문에 위헌성 심사의 척도가 될 수 없다. 16 국가 7

강제노동의 폐지에 관한 국제노동기구(ILO)의 제105호 조약은 일반적으로 승인된 국제법규성이 인정된다. 15 변호사
(해설) 인정 X

221 개인통보에 대한 '시민적 및 정치적 권리에 관한 국제규약'의 조약상 기구인 **자유권규약위원회의 견해(Views)는** 사법적인 판결이나 결정과 같은 **법적 구속력이 인정된다고 단정하기 어렵다.**

'시민적 및 정치적 권리에 관한 국제규약'(이하 '자유권규약')은 국내법체계상에서 법률적 효력을 가지므로, 헌법에서 명시적으로 입법위임을 하고 있거나 우리 헌법의 해석상 입법의무가 발생하는 경우가 아니라도, 자유권규약이 명시적으로 입법을 요구하고 있거나 그 해석상 국가의 기본권보장의무가 인정되는 경우에는 곧바로 국가의 입법의무가 도출된다. 24 경찰 2차
(해설) 입법의무 도출 안 됨

222 '유엔 시민적·정치적 권리 규약 위원회'가 「국가보안법」의 폐지나 개정을 권고하였다는 이유만으로 이적행위조항과 이적표현물 소지조항이 국제법존중주의에 위배되는 것은 아니다. 최신판례 25 경찰 1차

국제법존중주의는 국제법과 국내법의 동등한 효력을 인정한다는 취지이므로, '유엔 시민적·정치적 권리 규약 위원회'가 「국가보안법」의 폐지나 개정을 권고하였다는 이유만으로도 이적행위 조항과 이적표현물 소지조항은 국제법존중주의에 위배된다. 24 경찰 2차
(해설) 국제법존중주의 위배 아님

223 국제연합(UN)의 "인권에 관한 세계선언" 각 조항이 바로 보편적인 법적 구속력을 가지거나 국제법적 효력을 갖는 것으로 볼 것은 아니다. 23 5급

국제연합(UN)의 '인권에 관한 세계선언' 및 국제연합교육과학문화기구와 국제노동기구가 채택한 '교원의 지위에 관한 권고'는 일반적으로 승인된 국제법규성이 인정되므로 국내법적 효력이 인정된다. 15 변호사
(해설) 일반적으로 승인된 국제법규 X, 국내법적 효력 부정

KEY 036 평화통일주의 B

헌법 제4조 【평화적 통일 정책】 대한민국은 통일을 지향하며, **자유민주적 기본질서에 입각한 평화적 통일 정책**을 수립하고 이를 추진한다.

224 헌법상의 여러 통일 관련 조항들은 국가의 통일의무를 선언한 것이기는 하지만, 그로부터 **국민 개개인의 통일에 대한 기본권,** 특히 국가 기관에 대하여 통일과 관련된 구체적인 행동을 요구하거나 일정한 행동을 할 수 있는 **권리가 도출된다고 볼 수 없다.** 23 해간

헌법상의 여러 통일관련 조항들은 국가의 통일의무를 선언한 것이므로, 그로부터 국민 개개인의 통일에 대한 기본권, 특히 국가기관에 대하여 통일과 관련된 구체적인 행위를 요구하거나 일정한 행동을 할 수 있는 권리도 도출된다. 21 국가 7
(해설) 통일조항에서 권리 도출 X

225 북한은 조국의 평화적 통일을 위한 대화와 협력의 동반자임과 동시에, 대남적화노선을 고수하며 우리의 자유민주체제 전복을 획책하는 반국가단체라는 이중적 성격을 함께 가진다. 23 해간, 14 지방 7

현 단계에 있어서의 북한은 대남적화노선을 고수하면서 대한민국 자유민주주의체제의 전복을 획책하고 있는 반국가단체라는 성격만을 가지므로, 한반도의 이북지역을 불법적으로 점유하고 있는 불법단체에 불과하다. 10 국회 8
(해설) 대화와 협력의 동반자인 동시에 반국가단체

226 남북합의서는 남북관계를 '나라와 나라 사이의 관계가 아닌 통일을 지향하는 과정에서 잠정적으로 형성되는 특수관계'임을 전제로 하여 이루어진 **합의문서**인바, 이는 한민족공동체 내부의 특수관계를 바탕으로 한 당국 간의 합의로서 남북당국의 성의 있는 이행을 상호 약속하는 일종의 **공동성명 또는 신사협정에 준하는 성격**을 가진다.[10] 21 국가 7

227 북한을 법 소정의 "외국"으로, 북한의 주민 또는 법인 등을 "비거주자"로 바로 인정하기는 어렵지만, **개별 법률의 적용 내지 준용**에 있어서는 남북한의 특수관계적 성격을 고려하여 **북한지역을 외국에 준하는 지역으로, 북한주민 등을 외국인에 준하는 지위에 있는 자로 규정할 수 있다.**[7] 22 국회 8

228 「남북교류협력법률」과 「국가보안법」은 상호 그 **입법취지와 규제대상**을 달리하고 있을 뿐 아니라 **구성요건을 달리**하므로 **전혀 다른 법체계**이다.[3]

1992년 발효된 「남북사이의화해와불가침및교류협력에관한합의서」는 남북한 당국이 각기 정치적인 책임을 지고 상호간에 그 성의 있는 이행을 약속한 것이므로, 국내법과 동일한 효력이 있는 조약이나 이에 준하는 것으로 보아야 한다. 22 국회 8

(해설) 조약이나 이에 준하는 것으로 볼 수 없음

우리 헌법이 '대한민국의 영토는 한반도와 그 부속도서로 한다'는 영토조항을 두고 있는 이상 북한지역은 당연히 대한민국의 영토가 되며, 개별 법률의 적용에서 북한지역을 외국에 준하는 지역으로, 북한의 주민 또는 법인 등을 외국인에 준하는 지위에 있는 자로 규정하는 것은 헌법상 영토조항에 위반되어 허용될 수 없다. 17 법무사

(해설) 영토조항 위반 X → 허용됨

남북교류협력에 관한 법률과 국가보안법의 상호관계에 대해서, 헌법재판소는 양 법률의 규제대상이 동일한 점을 들어 일반법과 특별법의 관계로 파악하고 있다. 16 경정, 14 법무사

(해설) 전혀 다른 법체계로 간주

CHAPTER 09 정당제도와 정당설립의 자유

| 번호 | 옳은 지문 O | 옳지 않은 지문 X |

KEY 037 제도적 보장

229 제도적 보장은 주관적 권리가 아닌 객관적 법규범이라는 점에서 **기본권과 구별**되기는 하지만 헌법에 의하여 일정한 제도가 보장되면 **입법자는 그 제도를 설정하고 유지할 입법의무를** 지게 될 뿐만 아니라 헌법에 규정되어 있기 때문에 **법률로써 이를 폐지할 수 없고,** 비록 내용을 제한하더라도 그 본질적 내용을 침해할 수 없다.³
22 경찰 2차

제도적 보장은 주관적 권리가 아닌 객관적 법규범이라는 점에서 기본권과 구별되며, 헌법에 의하여 일정한 제도가 보장되더라도 입법자는 그 제도를 설정하고 유지할 입법의무를 지는 것은 아니다.
18 국가 7

(해설) 입법의무를 지게 됨

KEY 038 정당설립의 자유

> 헌법 제8조 ① 【정당설립의 자유 + 복수정당제】 정당의 설립은 자유이며, 복수정당제는 보장된다.³
> ② 【정당설립 자유의 제한】 정당은 그 목적·조직과 활동(강령 ×)이 민주적이어야 하며 ⁹, 국민의 정치적 의사형성에 참여하는데 필요한 조직을 가져야 한다.¹⁰

230 정당의 법적 지위는 적어도 그 소유재산의 귀속관계에 있어서는 **법인격 없는 사단(社團)**으로 보아야 하고, 중앙당과 지구당과의 복합적 구조에 비추어 **정당의 지구당**은 단순한 중앙당의 하부조직이 아니라 어느 정도의 독자성을 가진 단체로서 역시 **법인격 없는 사단**에 해당한다.⁶
23 국가 7

정당의 법적 지위는 적어도 그 소유재산의 귀속재산의 귀속관계에 있어서는 법인격 없는 사단으로 보아야 하지만, 중앙당과 지구당과의 구조에 비추어 볼 때 정당의 지구당은 단순한 중앙당의 하부조직에 불과하므로 법인격 없는 사단에 해당하지 않는다.
15 법무사

(해설) 지구당 역시 법인격 없는 사단 O

231 헌법이 특별히 정당설립의 자유와 복수정당제를 보장하고, 정당의 해산을 엄격한 요건 아래 인정하면서 정당을 특별히 보호한다고 하여도, **정당은 국민의 자발적 조직으로서, 그 법적 성격은 일반적으로 사적·정치적 결사 내지는 법인격 없는 사단이므로, 정당이 공권력의 행사 주체로서 국가기관의 지위가 있는 것은 아니다.³**
24 경찰 2차

정당은 직접 헌법규정에 따라 결성된 조직체이며, 집권정당의 의사는 곧 국가의사를 의미하므로 정당은 헌법기관이다.
12 국회 8

(해설) 직접 헌법규정 X → 자발적 조직 O / 헌법기관 X

232 정당의 법적 성격은 일반적으로 **사적·정치적 결사 내지는 법인격 없는 사단**으로 파악되고, 정당의 법률관계에는 「정당법」의 관계 조문 이외에 **일반 사법(私法) 규정**이 적용된다.⁴
24 경간

정당은 국민의 이익을 위하여 책임 있는 정치적 주장이나 정책을 추진하고 공직선거의 후보자를 추천 또는 지지함으로써 국민의 정치적 의사형성에 참여함을 목적으로 하는 헌법상 기관이므로, 공권력행사의 주체가 된다.
24 법무사

(해설) 헌법상 기관 X → 국민의 자발적 조직 O / 공권령행사의 주체 아님

233 오늘날 대의민주주의에서 차지하는 정당의 기능을 고려하여, **헌법 제8조 제1항은 국민 누구나가** 원칙적으로 국가의 간섭을 받지 아니하고 **정당을 설립할 권리를 기본권으로 보장함과** 아울러 **복수정당제를 제도적으로 보장**하고 있다.⁵
16 국회 9

정당의 설립은 자유이나 복수정당제는 헌법상 바로 보장되는 것은 아니고, 구체적인 법률의 규정이 존재하여야 비로소 보장된다.
23 해경, 22 경정

(해설) 헌법으로 보장됨

234 헌법 제8조 제1항은 정당설립의 자유, 정당조직의 자유, 정당활동의 자유 등을 포괄하는 정당의 자유를 보장하고 있다. 이러한 **정당의 자유는 국민이 개인적으로 갖는 기본권일 뿐만** 아니라, **단체로서의 정당이 가지는 기본권이기도 하다.** 10
19 국회 8

헌법 제8조 제1항은 정당설립의 자유, 정당조직의 자유, 정당활동의 자유 등을 포괄하는 정당의 자유를 보장하는 규정이므로, 국민이 개인적으로 가지는 기본권이 아니라 정당이 단체로서 가지는 기본권이다.
24 경정

(해설) 국민이 개인적으로 가지는 기본권이기도 함

235 정당이 등록이 취소된 이후에도 '등록정당'에 준하는 '**권리능력 없는 사단**'으로서의 실질을 유지하고 있다고 볼 수 있으면 **헌법소원의 청구인능력을 인정할 수 있다.** 14
24 입시, 22 국가 7

「정당법」상 정당등록은 정당의 성립요건이자 존속요건이므로, 정당등록이 취소된 정당이 정당등록 요건을 다투기 위하여 청구한 헌법소원심판은 청구인능력이 없어 부적법하다.
23 변호사

(해설) 등록 취소된 정당에게도 헌법소원심판의 청구인능력이 인정됨

236 헌법 제8조 제1항 전단은 단지 정당설립의 자유만을 명시적으로 규정하고 있지만, **정당설립의 자유는 당연히 정당존속의 자유와 정당활동의 자유를 포함**하는 것이다. 5
16 국회 9

헌법 제8조 제1항 정당설립의 자유는 헌법 제8조 전체의 규정 속에서 유기적으로 해석되어야 한다. 헌법 제8조 제4항에서 정당해산제도를 규정하고 있으므로 정당설립의 자유에 정당존속의 자유와 정당활동의 자유가 당연히 포함된다고 할 수 없다.
22 국회 9

(해설) 정당존속 및 활동의 자유 당연히 포함됨

237 정당의 명칭은 그 정당의 정책과 정치적 신념을 나타내는 대표적인 표지에 해당하므로, **정당설립의 자유는 자신들이 원하는 명칭을 사용하여 정당을 설립하거나 정당활동을 할 자유도 포함**한다. 9
23 경찰 2차, 22 경채

정당의 명칭은 그 정당의 정책과 정치적 신념을 나타내는 대표적인 표지에 해당하지만, 헌법상 정당설립의 자유에 자신들이 원하는 명칭을 사용하여 정당을 설립하거나 활동할 자유까지 포함하는 것은 아니다.
25 5급

(해설) 원하는 명칭 사용 자유 포함

238 **정당의 자유는 개개인의 자유로운 정당설립 및 정당가입의 자유, 조직형식 내지 법형식 선택의 자유, 정당해산의 자유, 합당의 자유, 분당의 자유뿐만 아니라, 개인이 정당 일반 또는 특정 정당에 가입하지 아니할 자유, 가입했던 정당으로부터 탈퇴할 자유 등 소극적 자유도 포함**한다. 6
19 입시

239 "정당은 그 목적·조직과 활동이 민주적이어야 하며, 국민의 정치적 의사형성에 참여하는데 필요한 조직을 가져야 한다"는 **헌법 제8조 제2항**은 정당에 대하여 **정당의 자유의 한계를 부과**함과 동시에 **입법자에 대하여 그에 필요한 입법을 해야 할 의무를 부과**하고 있으나, **정당의 자유의 헌법적 근거를 제공하는 근거규범으로서 기능하는 것은 아니다.** 5
18 경정, 13 국가 7

헌법 제8조 제2항에서 "정당은 그 목적·조직과 활동이 민주적이어야 하며, 국민의 정치적 의사형성에 참여하는데 필요한 조직을 가져야 한다."는 것은 정당조직의 자유를 직접적으로 규정한 것으로서, 정당의 자유의 헌법적 근거를 제공하는 근거규범으로서 기능한다.
19 경정

(해설) 헌법 제8조 제2항 : 정당의 자유의 근거 X, 정당의 자유에 한계 부과 O

240 **입법자는 정당설립의 자유를 최대한 보장하는 방향으로 입법하여야 하고, 헌법재판소는 정당설립의 자유를 제한하는 법률의 합헌성을 심사할 때에 헌법 제37조 제2항에 따라 엄격한 비례심사를 하여야 한다.** 8
18 경정, 13 국가 7

헌법재판소가 정당설립의 자유를 제한하는 법률의 합헌성을 심사하는 경우 제도보장의 법리에 따라 합리성 기준에 따른 심사를 하여야 한다.
14 국회 8

(해설) 엄격한 비례심사 해야 함

241 정당설립은 자유이므로, 법률로써 **정당설립을 허가제로 하는 것은 절대 허용되지 아니한다.** 3
10 지방 7

정당설립에 대한 국가의 간섭은 원칙적으로 허용되지 아니하며, 입법자가 정당설립에 대해 형식적 요건을 설정하는 것은 금지된다.
13 법원 9

(해설) 정당설립에 대한 절차적·형식적 요건 규정은 허용

KEY 039 정당등록 · 취소

242 정당을 창당하고자 하는 창당준비위원회가 「정당법」상의 요건을 갖추어 등록을 신청하면 중앙선거관리위원회는 「정당법」상 외의 요건으로 이를 거부할 수 없고 반드시 수리하여야 한다. (최신판례)   24 국회 8

243 정당의 등록요건으로 '5 이상의 시·도당과 각 시·도당 1천인 이상의 당원'을 요구하는 것은 국민의 **정당설립의 자유**에 어느 정도 제한을 가하지만, 이러한 제한은 '**상당한 기간 또는 계속해서**', '**상당한 지역에서**' 국민의 정치적 의사형성과정에 참여해야 한다는 **정당의 개념표지를 구현하기 위한 합리적인 제한**이다.⁹   18 변호사

정당의 등록요건으로서 5개 이상의 시·도당 및 각 시·도당마다 1,000명 이상의 당원을 갖출 것을 요구하는 것은 정당설립의 자유를 침해하기 때문에 위헌이다.   15 법원 9
(해설) 정당설립의 자유 침해 X

244 정당이 최근 4년간 임기만료에 의한 **국회의원선거** 또는 임기만료에 의한 **지방자치단체의 장 선거나 시·도의회의원 선거에 참여하지 아니한 때**에는 당해 선거관리위원회는 그 **등록을 취소**한다.⁴   22 5급

공직선거 참여 여부는 정당의 등록취소와는 상관없으나, 공직선거에 참여하지 않은 정당은 국고보조금을 배분받지 못한다.   17 경정
(해설) 최근 4년간 선거불참 시 정당 등록 취소

245 국회의원선거에 참여하여 의석을 얻지 못하고 유효투표총수의 100분의 2 이상을 득표하지 못한 정당에 대해 그 등록을 취소하도록 한 구 「정당법」의 정당등록취소 조항은 **정당설립의 자유를 침해한다**.¹³   20 지방 7

임기만료에 의한 국회의원선거에 참여하여 의석을 얻지 못하고 유효투표총수의 100분의 2 이상을 득표하지 못한 정당의 등록을 취소하도록 하는 것은 정당설립의 자유를 침해하지 않는다.   19 지방 7
(해설) 정당설립의 자유를 침해 O

246 헌법재판소의 해산결정에 의해 해산된 정당의 잔여재산은 국고에 귀속되나, 정당이 **자진해산한 경우 잔여재산은 당헌이 정하는 바에 따라 처분**하고, **처분되지 않은 재산은 국고에 귀속**된다.⁶   24 지방 7

등록이 취소되거나 자진해산한 정당의 잔여재산 및 헌법재판소의 해산결정에 의하여 해산된 정당의 잔여재산은 국고에 귀속한다.   23 국회 8
(해설) 등록 취소 or 자진해산 시 우선 당헌에 따라 처분함

KEY 040 정당의 당원

247 대한민국 국민이 아닌 자는 당원이 될 수 없다.⁵   13 국가 7

대한민국 국적이 없는 외국인도 18세 이상이면 정당원이 될 수 있다.   25 경찰 1차
(해설) 외국인은 당원·발기인이 될 수 없음

248 직업공무원의 정치적 중립성을 확보하기 위해 **국·공립학교의 초·중등교원의 정당가입은 금지**된다.³   23 국회 9

공무원은 정당의 발기인 및 당원이 될 수 없으나, 예외적으로 대통령, 국무총리, 국무위원, 국회의원, 지방의회의원, 선거에 의하여 취임하는 지방자치단체의 장이나 교육감에게는 이를 허용하고 있다.   23 법무사
(해설) 교육감 제외

249 "누구든지 2 이상의 정당의 당원이 되지 못한다."라고 규정하고 있는 「정당법」 조항은 정당의 정체성을 보존하고 정당 간의 위법·부당한 간섭을 방지함으로써 정당정치를 보호·육성하기 위한 것으로서, **정당 당원의 정당 가입·활동의 자유를 침해한다고 할 수 없다.**³ (최신판례)   23 국가 7

복수당적 보유를 금지하는 「정당법」 조항은 과잉금지원칙에 위배되어 정당 가입 및 활동의 자유를 침해한다.   23 국회 8
(해설) 정당 가입 및 활동의 자유 침해 X

250 경찰청장이 퇴직일부터 2년 이내에 정당의 발기인 또는 당원이 될 수 없도록 한 구 「경찰법」 제11조 제4항은 경찰청장의 정당설립 및 가입의 자유를 침해하는 조항이다.⁶
25 경정

경찰청장으로 하여금 퇴직 후 2년간 정당의 설립과 가입을 금지하는 것은 경찰청장의 정당설립의 자유와 피선거권 및 직업의 자유를 침해하는 것이다.
19 국가 7
(해설) 피선거권, 직업의 자유 제한 X → 정당의 자유를 침해 O

251 정당이 그 소속 국회의원을 제명하기 위해서는 당헌이 정하는 절차를 거치는 외에 그 소속 국회의원 전원의 2분의 1 이상의 찬성이 있어야 한다.¹⁰
24 해경, 24 법무사

정당이 그 소속 국회의원을 제명하기 위해서는 당헌이 정하는 절차를 거치는 외에 그 소속 국회의원 전원의 3분의 1 이상의 찬성이 있어야 한다.
24 국회 9, 22 국가 7
(해설) 3분의 1 X → 2분의 1 O

252 공무원의 정당가입이 허용된다면, 공무원의 정치적 행위가 직무 내의 것인지 직무 외의 것인지 구분하기 어려운 경우가 많고, 설사 공무원이 근무시간 외에 혹은 직무와 관련 없이 정당과 관련한 정치적 표현행위를 한다 하더라도 공무원의 정치적 중립성에 대한 국민의 기대와 신뢰는 유지되기 어렵다.⁴
23 법원 9, 16 지방 7

초·중등 교원인 교육공무원에 대하여 정당의 결성에 관여하거나 이에 가입하는 것을 전면적으로 금지함으로써 얻어지는 공무원의 정치적 중립성 또는 교육의 정치적 중립성은 명백하거나 구체적이지 못한 반면, 그로 인하여 초·중등 교원인 교육공무원이 받게 되는 정당설립의 자유, 정당가입의 자유에 대한 제약과 민주적 의사형성과정의 개방성 및 이를 통한 민주주의의 발전이라는 공익에 발생하는 피해는 매우 크므로, 법익의 균형성을 인정할 수 없다.
21 변호사
(해설) 법익의 균형성 인정됨

253 교원의 정치활동은 교육수혜자인 학생의 입장에서는 수업권의 침해로 받아들여질 수 있다는 점에서 초·중등학교 교육공무원의 정당가입 및 선거운동을 제한하는 것은 헌법적으로 정당화될 수 있다.⁶
17 국가 7

초·중등학교의 교원인 공무원에 대하여 정당가입을 전면적으로 금지하는 법률조항은 근무시간 내외를 불문하고 정당관련 활동을 금지함으로써 해당 교원의 정당가입의 자유를 침해한다.
21 국회 8
(해설) 정당가입의 자유 침해 X

254 초·중등학교 교원에 대해서는 정당가입의 자유를 금지하면서 대학의 교원에게 이를 허용한다 하더라도, 이는 양자 간 직무의 본질이나 내용 그리고 근무 태양이 다른 점을 고려한 합리적인 차별이라고 할 것이므로 평등원칙에 위배된다고 할 수 없다.⁹
21 소간

초·중등학교의 교원의 정당가입을 금지한 것은 위헌이다.
15 국가 7
(해설) 초중등교원 정당가입 금지 합헌

KEY 041 정당의 특권과 정치자금 C

255 정당에 대한 재정적 후원을 금지하고 위반 시 형사처벌하는 구 「정치자금법」 조항은 정당이 스스로 재정을 충당하고자 하는 정당활동의 자유와 국민의 정치적 표현의 자유를 침해한다.⁵
19 국회 8

정당제 민주주의 하에서 정당에 대한 재정적 후원이 전면적으로 금지되더라도 정당이 스스로 재정을 충당하고자 하는 정당활동의 자유와 국민의 정치적 표현의 자유에 대한 제한이 크지 아니하므로, 이를 규정한 법률조항은 정당의 정당활동의 자유와 국민의 정치적 표현의 자유를 침해하지 않는다.
19 지방 7
(해설) 정당활동의 자유 및 정치적 표현의 자유 침해 O

256 선거와 무관하게 후원회를 설치 및 운영할 수 있는 자를 중앙당과 국회의원으로 한정하여 국회의원과 지방의회의원을 달리 취급하는 것은, 불합리한 차별에 해당한다.⁴ (최신판례)

국회의원을 후원회지정권자로 정하면서 「지방자치법」의 '도'의회의원, '시'의회의원을 후원회지정권자에서 제외하고 있는 「정치자금법」 제6조 제2호는 국회의원과 지방의회의원의 업무의 특성을 고려한 합리적 차별로 평등권을 침해하지 않는다.
23 경찰 2차
(해설) 평등권을 침해

257 특별시장·광역시장·특별자치시장·도지사·특별자치도지사 선거의 예비후보자를 후원회지정권자에서 제외하고 있는 「정치자금법」 조항은 예비후보자 및 후원회를 통해 이들을 후원하고자 하는 자의 **평등권을 침해한다.** 24 국회 9

광역자치단체장선거의 예비후보자를 후원회지정권자에서 제외하여, 국회의원선거의 예비후보자에게 후원금을 기부하고자 하는 자와 광역자치단체장선거의 예비후보자에게 후원금을 기부하고자 하는 자를 달리 취급하는 것은 합리적 차별에 해당하고 입법재량의 한계를 일탈한 것은 아니다. 22 변호사

(해설) 입법재량의 한계를 일탈하여 평등권 침해

KEY 042 국고보조금

헌법 제8조 ③ 【정당의 특권】 정당은 법률이 정하는 바에 의하여 **국가의 보호**를 받으며, 국가는 법률이 정하는 바에 의하여 **정당운영에 필요한 자금**을 보조할 수 있다.

258 정당보조금을 지급함에 있어 정당의 의석수비율과 득표수비율을 함께 고려하는 이상, **교섭단체의 구성 여부를 기준으로 차등지급하는 것은 헌법상 평등원칙에 위반되지 않는다.** 19 경정

정당에 국고보조금을 배분함에 있어 교섭단체의 구성 여부에 따라 차등을 두는 것은 평등원칙에 위배된다. 19 지방 7

(해설) 평등원칙 위배 X

KEY 043 위헌정당강제해산제도

헌법 제8조 ④ 【위헌정당강제해산제도】 정당의 **목적이나 활동**(조직 ×)이 민주적 기본질서에 위배될 때에는 **정부**는 헌법재판소에 그 해산을 제소할 수 있고, 정당은 **헌법재판소의 심판에 의하여 해산된다.**

헌법 제89조 【국무회의 심의】 다음 사항은 **국무회의의 심의**를 거쳐야 한다.
14. 정당해산의 제소

헌법 제113조 ① 【헌법상 중요 사건 6인】 헌법재판소에서 **법률의 위헌결정, 탄핵의 결정, 정당해산의 결정** 또는 헌법소원에 관한 **인용결정**을 할 때에는 **재판관 6인 이상의 찬성**이 있어야 한다.

259 방어적 민주주의를 위한 장치로 위헌정당해산제도와 기본권 실효제도를 들 수 있는데 이 중 우리는 독일과 달리 **위헌정당해산제도만을 도입**하고 있다. 14 서울 7

260 헌법 제8조 제4항의 정당해산심판제도는 정치적 반대세력을 제거하고자 하는 정부의 일방적인 행정처분에 의해서 유력한 진보적 야당이 등록취소되어 사라지고 말았던 우리 현대사에 대한 반성의 산물로서 1960년 제3차 헌법 개정을 통해 헌법에 도입된 것이다. 21 변호사

정당해산심판제도는 정부의 일방적인 행정처분에 의해 진보적 야당이 등록취소되어 사라지고 말았던 우리 현대사에 대한 반성의 산물로서, 제5차 헌법 개정을 통해 헌법에 도입된 것이다. 18 경정

(해설) 정당해산제도 : 제3차 개헌으로 도입

261 정당은 단순히 행정부의 통상적인 처분에 의해서는 해산될 수 없고, 오직 헌법재판소가 그 정당의 위헌성을 확인하고 해산의 필요성을 인정한 경우에만 정당정치의 영역에서 배제된다. 24 5급

모든 정당의 존립과 활동이 최대한 보장되어야 하는 것은 아니므로, 어떤 정당이 민주적 기본질서를 부정하고 이를 적극적으로 공격하는 경우에는 행정부의 통상적인 처분에 의해서도 해산될 수 있다. 21 지방 7

(해설) 행정부 X, 오직 헌재의 결정으로만 해산 가능

262 정당의 활동이란 정당 기관의 행위나 주요 정당관계자, 당원 등의 행위로서 그 정당에게 귀속시킬 수 있는 활동 일반을 의미하는데, 정당 소속의 국회의원 등은 비록 정당과 밀접한 관련성을 가지지만 헌법상으로는 정당의 대표자가 아닌 국민 전체의 대표자이므로 그들의 행위를 곧바로 정당의 활동으로 귀속시킬 수는 없다.[3]   22 국가 7

263 정당해산심판의 사유로서 정당의 활동은 정당 기관의 행위나 주요 정당관계자, 당원 등의 행위로서 그 정당에 귀속시킬 수 있는 활동 일반을 의미하므로, 정당대표나 주요 관계자의 행위라 하더라도 개인적 차원의 행위에 불과한 것은 이에 포함된다고 보기는 어렵다.[?]   19 서울 7

정당의 활동은 정당 기관의 행위나 주요 정당관계자의 행위로서 그 정당에게 귀속시킬 수 있는 활동 일반을 의미하며 일반 당원의 활동은 제외한다.   20 경정
(해설) 일반 당원의 활동 포함 可

264 헌법 제8조 제4항이 의미하는 '민주적 기본질서'는 그 외연이 확장될수록 정당해산결정의 가능성은 확대되고 이와 동시에 정당 활동의 자유는 축소될 것이므로, 헌법 제8조 제4항의 민주적 기본질서는 최대한 엄격하고 협소한 의미로 이해해야 한다.[6]   22 경정

헌법 제8조 제4항의 민주적 기본질서 개념은 정당해산결정의 가능성과 긴밀히 결부되어 있다. 이 민주적 기본질서의 외연이 확장될수록 정당해산결정의 가능성은 축소되고, 이와 동시에 정당 활동의 자유는 확대될 것이다. 따라서 민주적 기본질서를 현행 헌법이 채택한 민주주의의 구체적 모습과 동일하게 보아서는 안 된다.   21 변호사
(해설) 민주적 기본질서의 외연 확장 → 정당해산 가능성 확대, 정당활동의 자유 축소

265 헌법 제8조 제4항에서 말하는 민주적 기본질서의 '위배'란, 민주적 기본질서에 대한 단순한 위반이나 저촉을 의미하는 것이 아니라, 민주사회의 불가결한 요소인 정당의 존립을 제약해야 할 만큼 그 정당의 목적이나 활동이 우리 사회의 민주적 기본질서에 대하여 실질적인 해악을 끼칠 수 있는 구체적 위험성을 초래하는 경우를 가리킨다.[ㅿ]   19 국가 7

정당해산 사유로서의 '민주적 기본질서의 위배'란 민주적 기본질서에 대한 단순한 위반이나 저촉만으로도 족하며, 반드시 민주사회의 불가결한 요소인 정당의 존립을 제약해야 할 만큼 그 정당의 목적이나 활동이 우리 사회의 민주적 기본질서에 대하여 실질적인 해악을 끼칠 수 있는 구체적인 위험성을 초래하는 경우까지 포함하는 것은 아니다.   23 해간
(해설) 단순한 위반이나 저촉 X, 실질적 해악 구체적 위험성 초래 O

266 강제적 정당해산은 헌법상 핵심적인 정치적 기본권인 정당활동의 자유에 대한 근본적 제한이므로, 헌법재판소는 이에 관한 결정을 할 때 비례원칙을 준수해야만 한다.[5]   19 서울 7(추)

헌법 제8조 제4항에 의하면 정당의 목적이나 활동이 민주적 기본질서에 위배되기만 하면 정당해산의 사유가 된다고 해석되므로, 헌법재판소가 정당해산결정을 내리기 위해서는 그 해산이 비례원칙에 부합하는지를 별도로 검토할 필요는 없다.   15 법무사
(해설) 비례원칙에 부합하는지 검토해야 함

267 헌법 제8조 제4항의 명문규정상 요건이 구비된 경우에도 해당 정당의 위헌적 문제성을 해결할 수 있는 다른 대안적 수단이 없고, 정당해산결정을 통하여 얻을 수 있는 사회적 이익이 정당해산결정으로 인해 초래되는 정당활동자유 제한으로 인한 불이익과 민주주의 사회에 대한 중대한 제약이라는 사회적 불이익을 초과할 수 있을 정도로 큰 경우에 한하여 정당해산결정이 헌법적으로 정당화될 수 있다.[4]   18 법무사

"정당의 목적이나 활동이 민주적 기본질서에 위배될 때"라는 헌법 제8조 제4항의 정당해산 요건이 충족되면, 헌법재판소는 해당 정당의 위헌적 문제성을 해결할 수 있는 다른 대안적 수단이 있는 경우라 하더라도 강제적 정당해산결정을 할 수 있다.   20 소간
(해설) 다른 대안적 수단이 없어야 함

268 대통령은 국무회의의 의장으로서 회의를 소집하고 이를 주재하지만 대통령이 사고로 직무를 수행할 수 없을 경우에는 국무총리가 그 직무를 대행할 수 있고, 대통령이 해외 순방 중인 경우는 '사고'에 해당되므로, 대통령의 직무상 해외 순방 중 국무총리가 주재한 국무회의에서 이루어진 정당해산심판 청구서 제출안에 대한 의결은 위법하지 아니한다.[?]   21 변호사

269 헌법재판소는 정당해산심판의 청구를 받은 때에는 직권 또는 청구인의 신청에 의하여 종국결정의 선고 시까지 피청구인의 활동을 정지하는 결정을 할 수 있다. 11   23 국회 9

헌법재판소는 정당해산심판의 청구를 받은 때에는 청구인의 신청에 의해서만 종국결정의 선고 시까지 피청구인의 활동을 정지하는 결정을 할 수 있다.   20 국가 7
(해설) 직권으로도 가능

270 「헌법재판소법」에 특별한 규정이 없는 경우에는 준용조항에 따라 정당해산심판의 성질에 반하지 아니하는 한도에서 민사소송에 관한 법령이 준용된다. 8   17 지방 7

정당해산심판절차에는 「헌법재판소법」과 「헌법재판소 심판 규칙」, 그리고 헌법재판의 성질에 반하지 않는 한도 내에서 형사소송에 관한 법령이 적용된다.   23 소간
(해설) 민사소송에 관한 법령 적용

271 정당의 목적이나 활동이 민주적 기본질서에 위배될 때에는 정부는 국무회의의 심의를 거쳐 헌법재판소에 정당해산심판을 청구할 수 있다. 14   21 국가 7, 20 법무사

정당의 목적이나 활동이 민주적 기본질서에 위배될 때에는 국회는 헌법재판소에 그 해산을 제소할 수 있고, 정당은 헌법재판소의 심판에 의하여 해산된다.   24 해경, 24 국회 9
(해설) 국회 X → 정부가 제소

272 정당의 목적이나 활동이 민주적 기본질서에 위배될 때에는 정부는 국무회의의 심의를 거쳐 헌법재판소에 그 해산을 제소할 수 있고 당해 정당의 해산은 헌법재판소 재판관 6인 이상의 찬성으로 결정된다. 12   23 국회 8

정당해산의 결정을 하기 위해서는 평의에 참가한 재판관 3분의 2 이상의 찬성이 필요하다.   17 5급
(해설) 평의 X, 심리 O / 재판관 6인 이상의 찬성

273 정당의 해산을 명하는 헌법재판소의 결정은 중앙선거관리위원회가 「정당법」에 따라 집행한다. 8   24 경

정당의 해산을 명하는 헌법재판소의 결정은 정부가 「정당법」에 따라 집행한다.   23 국회 8
(해설) 정부 X, 중앙선거관리위원회 O

274 위헌정당으로 헌법재판소 결정에 의해 해산된 정당의 대체정당은 창당할 수 없으며, 해산된 정당의 명칭은 다시 사용할 수 없다. 8   10 국회 9

정당이 헌법재판소의 결정으로 해산된 때에는 해산된 정당의 강령과 동일하거나 유사한 것으로 정당을 창당하지 못할 뿐만 아니라, 해산된 정당과 동일하거나 유사한 명칭은 사용할 수 없다.   15 법무사
(해설) 같은 명칭만 불가

275 헌법재판소의 결정에 의하여 해산된 정당의 명칭과 같은 명칭은 정당의 명칭으로 다시 사용하지 못하며, 헌법재판소의 해산결정에 의하여 해산된 정당의 잔여재산은 국고에 귀속된다. 5   13 국가 7

헌법재판소의 해산결정에 의하여 해산된 정당의 잔여재산은 당헌이 정하는 바에 따라 처분하고, 처분되지 아니한 정당의 잔여재산은 국고에 귀속한다.   24 법무사
(해설) 당헌·국고귀속 X → 국고귀속 O

276 헌법재판소의 해산결정으로 위헌정당이 해산되는 경우에 그 정당 소속 국회의원이 그 의원직을 유지하는지 상실하는지에 대하여 헌법이나 법률에 명문의 규정이 없으나, 정당해산제도의 취지 등에 비추어 볼 때 헌법재판소의 정당해산결정이 있는 경우 그 정당 소속 국회의원의 의원직은 당선 방식을 불문하고 모두 상실되어야 한다. 12   20 국가 7

헌법재판소의 해산결정으로 정당이 해산되는 경우에 그 정당 소속 국회의원이 의원직을 상실하는지에 대하여 명문의 규정은 없으나 정당해산제도의 취지 등에 비추어 볼 때 헌법재판소의 정당해산결정이 있는 경우 그 정당 소속 국회의원의 의원직은 당선 방식을 불문하고 모두 상실되지 않는다.   23 소간
(해설) 당선 방식 불문 국회의원직 모두 상실

277 「공직선거법」 제192조 제4항은 소속 정당이 헌법재판소의 정당해산결정에 따라 해산된 경우 비례대표 지방의회의원의 퇴직을 규정하는 조항이라고 할 수 없어 헌법재판소의 위헌정당 해산결정에 따라 해산된 정당 소속 비례대표 지방의회의원은 비례대표 지방의회의원의 지위를 상실하지 않는다. 4   23 소간

위헌정당해산제도의 실효성을 확보하기 위하여 헌법재판소의 위헌정당 해산결정에 따라 해산된 정당 소속 비례대표 지방의회의원은 해산결정 시 의원의 지위를 상실한다.   23 국가 7
(해설) 비례대표 지방의원 의원 지위 상실하지 않음

278 정당해산심판절차에서는 재심을 허용하지 않음으로써 얻을 수 있는 법적 안정성의 이익보다 재심을 허용함으로써 얻을 수 있는 구체적 타당성의 이익이 보다 크므로 재심을 허용하여야 한다. 10   24 경

정당해산심판절차에서는 재심을 허용하지 아니함으로써 얻을 수 있는 법적 안정성의 이익이 재심을 허용함으로써 얻을 수 있는 구체적 타당성의 이익보다 더 크므로 재심을 허용하여서는 아니 된다.   23 국가 7
(해설) 재심을 허용해야 함

10 선거제도와 선거권

| 번호 | 옳은 지문 O | 옳지 않은 지문 X |

KEY 044 선거와 선거권   A

> 헌법 제24조【선거권】 모든 국민은 법률이 정하는 바에 의하여 선거권을 가진다.
> 헌법 제41조 ①【보·평·직·비】 국회는 국민의 보통·평등·직접·비밀선거에 의하여 선출된 국회의원으로 구성한다.
> 헌법 제67조 ①【보·평·직·비】 대통령은 국민의 보통·평등·직접·비밀선거에 의하여 선출한다.

279 헌법 제24조는 모든 국민은 '법률이 정하는 바에 의하여' 선거권을 가진다고 규정함으로써 법률유보의 형식을 취하고 있지만, 이것은 국민의 선거권이 '법률이 정하는 바에 따라서만 인정될 수 있다'는 포괄적인 입법권의 유보하에 있음을 의미하는 것이 아니라 국민의 기본권을 법률에 의하여 구체화하라는 뜻이며 선거권을 법률을 통해 구체적으로 실현하라는 의미이다.[6]
25 경간

헌법 제24조는 모든 국민은 '법률이 정하는 바에 의하여' 선거권을 가진다고 규정함으로써 법률유보의 형식을 취하고 있으므로 국민의 선거권은 '법률이 정하는 바에 따라서만 인정될 수 있다'는 포괄적인 입법권의 유보하에 있다. 21 국회 8
해설 포괄적 입법권 유보 X

280 주민자치제를 본질로 하는 민주적 지방자치제도가 안정적으로 뿌리내린 현 시점에서 지방자치단체의 장 선거권을 지방의회의원 선거권, 나아가 국회의원 선거권 및 대통령 선거권과 구별하여 하나는 법률상의 권리로, 나머지는 헌법상의 권리로 이원화하는 것은 허용될 수 없으므로 지방자치단체의 장 선거권 역시 다른 선거권과 마찬가지로 헌법 제24조에 의해 보호되는 기본권으로 인정하여야 한다.[18] 23 경간, 17 변호사

헌법 제118조 제2항에서는 지방의회의원의 '선거'와 지방자치단체의 장의 '선임방법' 등에 관한 사항을 법률로 정한다고 규정하여 지방의회의원과 지방자치단체의 장을 문언상 다르게 정하고 있으므로, 지방자치단체의 장의 선거권은 「헌법재판소법」 제68조 제1항의 '헌법상 보장된 기본권'으로 보기 어렵다. 20 변호사
해설 지자체장 선거권 : 헌법상 보장된 기본권임

281 사법적인 성격을 지니는 농업협동조합의 조합장선거에서 조합장을 선출하거나 조합장으로 선출될 권리, 조합장선거에서 선거운동을 하는 것은 헌법에 의하여 보호되는 선거권의 범위에 포함되지 않는다.[10] 21 변호사

지역농협은 사법인에서 볼 수 없는 공법인적 특성을 많이 갖고 있으므로 지역농협의 조합장선거에서 조합장을 선출하거나 조합장으로 선출될 권리, 조합장선거에서 선거운동을 하는 것도 헌법에 의해 보호되는 선거권의 범위이다. 23 경간
해설 헌법에 의해 보호되는 선거권의 범위 X

282 현행 헌법은 대통령선거에 관하여 국민의 보통·평등·직접·비밀선거의 원칙을 규정하고 있고, 국회의원선거에 관하여도 위 원칙들에 관한 규정이 존재한다.[6]

현행 헌법은 대통령선거에 관하여 국민의 보통·평등·직접·비밀선거의 원칙을 규정하고 있고, 국회의원선거에 관하여는 위 원칙들에 관한 규정이 없으나, 헌법해석상 당연히 적용되는 것으로 보아야 한다. 20 법원 9
해설 국회의원선거도 헌법상 규정 有

283 우리 헌법에 명시적으로 규정되어 있지 않지만, 자유선거의 원칙은 민주국가의 선거제도에 내재하는 당연한 원리이다.[5] 16 국회 8

헌법 제41조 제1항 및 제67조 제1항은 국회의원 및 대통령 선거에 관한 헌법상 일반원칙으로 보통·평등·직접·비밀·자유선거원칙을 직접 규정하고 있다. 23 국회 8
해설 자유선거원칙은 규정하지 않음

KEY 045 보통선거의 원칙   A

> 헌법 제24조【선거권】모든 **국민**은 **법률이 정하는 바**에 의하여 **선거권**을 가진다.

284 보통선거라 함은 개인의 납세액이나 소유하는 재산을 선거권의 요건으로 하는 **제한선거**에 대응하는 것으로, 이러한 요건뿐만 아니라 그밖에 사회적 신분·인종·성별·종교·교육 등을 요건으로 하지 않고 **일정한 연령에 달한 모든 국민에게 선거권을 인정하는 제도**를 말한다. O   24 5급

평등선거는 사회적 신분, 재산, 교양 등에 의한 차별 없이 일정 연령에 달한 모든 자에게 원칙적으로 선거권을 인정하여야 한다는 원칙이다.   11 국회 9
(해설) 평등선거 X → 보통선거 O

285 「출입국관리법」 제10조에 따른 **영주의 체류자격 취득일 후 3년이 경과한 18세 이상의 외국인**으로서 선거인명부작성기준일 현재 「출입국관리법」 제34조에 따라 해당 지방자치단체의 외국인등록대장에 올라 있는 사람은 그 **구역에서 선거하는 지방자치단체의 의회의원 및 장의 선거권**이 있다. O   22 지방 7

국내에 3년 이상 체류하고 있는 18세 이상의 외국인은 모두 지방자치단체장의 선거에서 선거권을 행사할 수 있다.   12 국회 8
(해설) 모두 X, 영주의 체류자격 취득일 후 3년 경과 + 외국인등록대장에 올라 있는 외국인만 O

286 선거일 현재 1년 이상의 징역 또는 금고의 형의 선고를 받고 그 집행이 종료되지 아니하거나 그 집행을 받지 아니하기로 확정되지 아니한 사람은 **선거권이 없지만**, 그 형의 **집행유예를 선고받고 유예기간 중에 있는 사람은 선거권이 있다.** O   24 국회 8

「공직선거법」상 선거일 현재 1년 이상의 징역 또는 금고의 형의 선고를 받고 그 집행이 종료되지 아니하거나 그 집행을 받지 아니하기로 확정되지 아니한 사람 및 그 형의 집행유예를 선고받고 유예기간 중에 있는 사람은 선거권이 없다.   24 입시
(해설) 집행유예 선고 후 유예기간 중 선거권 인정

287 집행유예자와 수형자 모두를 구체적인 범죄의 종류나 내용 및 불법성의 정도 등과 관계없이 **일률적으로 선거권을 제한하는 것은 헌법에 위배된다.** O   17 5급

집행유예자와 수형자에 대하여 선거권을 제한하는 것은 과잉금지원칙에 위배하여 선거권을 침해한다고 할 수 없다.   23 국회 8
(해설) 집행유예자 선거권 제한 : 위헌, 수형자 일률적 선거권 제한 : 헌법불합치

288 집행유예기간 중인 사람의 선거권을 제한하는 것은 그의 선거권을 침해하고, **보통선거원칙에 위반하여 평등원칙에 어긋난다.** X   18 법원 9

평등선거의 원칙과 선거권 보장의 중요성을 감안할 때, 범죄자의 선거권을 제한할 필요가 있다 하더라도 그가 저지른 범죄의 경중을 전혀 고려하지 않고 수형자와 집행유예자 모두의 선거권을 제한하는 것은 침해의 최소성원칙에 어긋난다.   17 국회 8
(해설) 평등선거의 원칙 X → 보통선거의 원칙 O

289 1년 이상의 징역형을 선고받고 그 집행이 종료되지 아니한 사람의 선거권을 제한하는 「공직선거법」 규정은 형사적·사회적 제재를 부과하고 준법의식을 강화한다는 공익이 형 집행기간 동안 선거를 행사하지 못하는 수형자 개인의 불이익보다 작다고 할 수 없어 **수형자의 선거권을 침해하지 아니한다.** O   18 국가 7

1년 이상의 징역형을 선고받고 그 집행이 종료되지 아니한 사람의 선거권을 제한하는 「공직선거법」 조항은 과실범, 고의범 등 범죄의 종류를 불문하고 침해된 법익의 내용을 불문하며 형 집행 중에 이루어지는 재량적 행정처분인 가석방 여부를 고려하지 않으므로 선거권을 침해한다.   25 변호사
(해설) 선거권 침해 아님

290 선거일 현재 선거범으로서 100만원 이상의 벌금형의 선고를 받고 그 형이 확정된 후 5년 또는 형의 집행유예의 선고를 받고 그 형이 확정된 후 10년을 경과하지 아니한 사람은 **선거권이 없다.** X   20 경정

「정치자금법」 제45조(정치자금부정수수죄) 위반 범죄로 2년 징역에 5년의 집행유예를 선고받고 형이 확정된 뒤 9년이 지난 자는 선거권이 인정된다.   17 서울 7
(해설) 집행유예 : 10년 경과 후 선거권 인정

KEY 046 재외선거제도   B

291 단지 **주민등록**이 되어 있는지 여부에 따라 선거인명부에 오를 자격을 결정하여 그에 따라 대통령선거에 대한 **선거권 행사 여부가 결정**되도록 함으로써 엄연히 대한민국의 국민임에도 불구하고 「주민등록법」상 **주민등록을 할 수 없는 재외국민의 대통령선거에 대한 선거권 행사를 전면적으로 부정**하는 것은 재외국민의 **선거권과 평등권을 침해**하고 **보통선거원칙에도 위반**된다.⁵

24 국회 8

「주민등록법」상 주민등록을 할 수 없는 재외국민의 대통령 선거권 행사를 전면 부정하는 것은 헌법에 위배되지 않는다.

22 경정

(해설) 헌법에 위배됨

292 선거인명부에 오를 자격이 있는 **국내거주자에 대해서만 부재자신고**를 허용함으로써 **재외국민과 단기해외체류자 등 국외거주자 전부의 국정선거권을 부인**하고 있는 구 「공직선거법」 조항은 정당한 **입법목적을 갖추지 못한** 것으로 헌법 제37조 제2항에 위반하여 **국외거주자의 선거권과 평등권을 침해**하고 **보통선거원칙에도 위반**된다.³

23 국회 8

부재자투표는 선거인명부에 오를 자격이 있는 국내거주자에게만 인정되고, 재외국민이나 단기해외체류자 등 국외거주자에게는 선거기술상의 이유로 인정되기가 어렵다.

11 국회 9

(해설) 국외거주자에게도 인정됨

293 주민등록과 국내거소신고를 기준으로 **지역구 국회의원 선거권을 인정**하는 것은 해당 국민의 **지역적 관련성을 확인하는 합리적인 방법**으로, 주민등록이 되어 있지 않고 국내거소신고도 하지 않은 **재외국민의 임기만료 지역구 국회의원 선거권을 인정하지 않은 것은 선거권을 침해한다고 볼 수 없다**.⁵

20 경정

특정한 지역구의 국회의원선거에 투표하기 위해서는 국민이라는 자격만으로 충분하므로, 주민등록이 되어 있지 않고 국내거소신고도 하지 않은 재외국민에게 임기만료지역구국회의원선거권을 인정하지 않은 것은 그 재외국민의 선거권을 침해하고 보통선거원칙에도 위배된다.

17 변호사

(해설) 선거권 침해 및 보통선거 위반 아님

294 **재외선거인에게 국회의원의 재·보궐선거권을 부여하지 않은 선거제도의 형성이 현저히 불합리하거나 불공정하다고 볼 수 없다**.³

주민등록이 되어 있지 않고 국내거소신고도 하지 않은 재외국민에게 국회의원 재·보궐선거의 선거권을 인정하지 않은 「공직선거법」상 재외선거인 등록신청조항은, 선거제도를 현저히 불합리하거나 불공정하게 형성한 것이므로 그 재외국민의 선거권을 침해하고 보통선거원칙에도 위배된다.

17 변호사

(해설) 선거권 침해 및 보통선거 위반 아님

295 **재외투표기간 개시일에 임박하여 또는 재외투표기간 중에 재외선거사무 중지결정**이 있었고 그에 대한 **재개결정이 없었던 예외적인 상황**에서 **재외투표기간 개시일 이후에 귀국한 재외선거인 및 국외부재자신고인에 대하여 국내에서 선거일에 투표할 수 있도록 하는 절차를 마련하지 않았다면 과잉금지원칙에 위배되어 선거권을 침해**한다.² (최신판례)

재외투표기간 개시일에 임박하여 또는 재외투표기간 중에 재외선거 사무 중지결정이 있었고 그에 대한 재개결정이 없었던 예외적인 상황에서 재외투표기간 개시일 이후에 귀국한 재외선거인 및 국외부재자신고인이 국내에서 선거일에 투표할 수 있도록 하는 절차를 마련하지 않은 것이, 재외투표기간 개시일 이후에 귀국한 재외선거인 등의 선거권을 침해하는 것은 아니다.

25 경간

(해설) 선거권 침해

296 **재외선거인 등록신청조항이 재외선거권자로 하여금 선거를 실시할 때마다 재외선거인 등록신청을 하도록 규정한 것이 재외선거인의 선거권을 침해한다고 볼 수 없다**.³

재외선거인으로 하여금 선거를 실시할 때마다 재외선거인 등록신청을 하도록 한 「공직선거법」상 재외선거인 등록신청조항은 재외선거인의 선거권을 침해한다.

21 경정

(해설) 선거권 침해 X

KEY 047 피선거권 B

> 헌법 제67조 ④【대통령 40세】대통령으로 선거될 수 있는 자는 **국회의원의 피선거권**이 있고 **선거일**(선거기간 개시일 ×) **현재 40세**(45세 ×)에 달하여야 한다.⁸

297 대통령 피선거권자의 연령은 헌법상 제한되어 있다.⁴
09 국가 7

298 선거일 현재 5년 이상 국내에 거주하고 있는 40세 이상의 국민은 대통령의 피선거권이 있으며, 이 경우 공무로 외국에 파견된 기간과 국내에 주소를 두고 일정기간 외국에 체류한 기간은 국내거주기간으로 본다.³
21 국가 7

299 「공직선거법」상 선거일 현재 40세 이상의 국민은 대통령의 피선거권이 있고, 18세 이상의 국민은 국회의원의 피선거권이 있다.⁷
19 서울 7(추)(변형)

300 '외국의 영주권을 취득한 재외국민'과 같이 법령의 규정상 주민등록이 불가능한 재외국민인 주민의 지방선거 피선거권을 부인하도록 한 규정은 국내거주 재외국민의 공무담임권을 침해한다.³
17 변호사

대통령의 피선거연령을 만 35세로 낮추는 것은 헌법을 개정하지 않고서도 채택할 수 있다.
20 경정
(해설) 헌법개정사항임

선거일 현재 5년 이상 국내에 거주하고 있는 40세 이상의 국민은 대통령의 피선거권이 있다. 그러나 국내에 주소를 두고 일정기간 외국에 체류한 기간은 국내거주기간으로 보지 아니한다.
11 법원 9
(해설) 국내거주기간으로 봄

「공직선거법」상 25세 이상의 국민은 대통령선거와 국회의원선거에서 피선거권이 있다.
18 5급
(해설) 피선거권 : 대통령 40세, 국회의원 18세

'외국의 영주권을 취득한 재외국민'과 같이 주민등록을 하는 것이 법령의 규정상 아예 불가능한 자들은 지방자치단체의 주민으로서 오랜 기간 생활해 오면서 그 지방자치단체의 사무와 밀접한 이해관계를 형성하여 왔다고 하더라도, 주민등록만을 기준으로 하여 주민등록이 불가능한 재외국민인 주민의 지방선거 피선거권을 부인하는 것은 국내거주 재외국민의 공무담임권을 침해하지 않는다.
24 국회 8
(해설) 공무담임권 침해

KEY 048 후보자 C

301 정당이 비례대표국회의원선거에 후보자를 추천하는 때에는 그 후보자 중 100분의 50 이상을 여성으로 추천하되, 그 후보자명부의 순위의 매 홀수에는 여성을 추천하여야 한다.⁶
24 5급

302 서울교통공사의 상근직원은 서울교통공사의 경영에 관여하거나 실질적인 영향력을 미칠 수 있는 권한이 있다고 인정하기 어려우므로, 당원이 아닌 자에게도 투표권을 부여하여 실시하는 당내경선에서 서울교통공사의 상근직원이 경선운동을 할 수 없도록 일률적으로 금지·처벌하는 것은 정치적 표현의 자유를 과도하게 제한하는 것이다.¹
23 법원 9

303 당원이 아닌 자에게도 투표권을 부여하는 당내경선에서 지방공기업법에 규정된 시설관리공단의 상근직원이 경선 운동을 할 수 없도록 금지하는 조항은 정치적 표현의 자유를 침해한다.¹
22 법무사

정당이 비례대표국회의원선거 및 비례대표지방의회의원선거에 후보자를 추천하는 때에는 그 후보자 중 100분의 30 이상을 여성으로 추천하되, 그 후보자명부의 순위의 매 홀수에는 여성을 추천하여야 한다.
21 경정
(해설) 100분의 50 이상 여성 추천

304 지방자치단체의 장으로 하여금 당해 지방자치단체의 관할구역과 겹치는 선거구역에서 실시되는 지역구 국회의원선거에 입후보하고자 하는 경우 당해 선거의 선거일 전 120일까지 그 직을 사퇴하도록 한 공직선거법 조항은 해당 **지방자치단체장의 평등권을 침해하지 않는다.** 18 경정

지방자치단체의 장으로 하여금 당해 지방자치단체의 관할구역과 같거나 겹치는 선거구역에서 실시되는 지역구 국회의원선거에 입후보하고자 하는 경우 당해 선거의 선거일 전 180일까지 그 직을 사퇴하도록 하는 것은 해당 지방자치단체장의 공무담임권을 침해하지 않는다. 17 서울 7
(해설) 공무담임권 침해

305 **당내경선은 공직선거 자체와는 구별되는 정당 내부의 자발적인 의사결정에 해당하고**, 경선운동은 원칙적으로 공직선거에서의 당선 또는 낙선을 위한 행위인 선거운동에 해당하지 않는다. (최신판례) 25 국회 8

306 당내경선에서 이루어지는 경선운동은 원칙적으로 공직선거에서의 당선 또는 낙선을 위한 행위인 선거운동에 해당하지 않으나, **경선운동을 금지하는 조항이 과잉금지원칙에 반하는지 여부를 판단할 때에는 엄격한 심사기준이 적용되어야 한다.** (최신판례) 22 법무사

307 서울교통공사의 상근직원은 서울교통공사의 경영에 관여하거나 실질적인 영향력을 미칠 수 있는 권한이 있다고 인정하기 어려우므로, **당원이 아닌 자에게도 투표권을 부여하여 실시하는 당내경선에서 서울교통공사의 상근직원이 경선운동을 할 수 없도록 일률적으로 금지·처벌하는 것은 정치적 표현의 자유를 과도하게 제한하는 것이다.** (최신판례) 23 법원 9

308 안성시 시설관리공단(이하 '공단')의 상근직원이, 당원이 아닌 자에게도 투표권을 부여하는 당내경선에서 경선운동을 할 수 없도록 금지·처벌하는 「공직선거법」 조항의 해당 부분은 공단 상근직원의 정치적 표현의 자유를 침해한다. (최신판례)

안성시 시설관리공단(이하 '공단')의 상근직원이, 당원이 아닌 자에게도 투표권을 부여하는 당내경선에서 경선운동을 할 수 없도록 금지·처벌하는 「공직선거법」 조항의 해당 부분은 당내경선의 공정성과 형평성 확보에 기여하여 공단 상근직원의 정치적 표현의 자유를 침해하지 않는다. 24 경찰 2차
(해설) 정치적 표현의 자유 침해

309 공직선거 및 교육감선거 입후보 시 선거일 전 90일까지 교원직을 그만두도록 하는 「공직선거법」 및 「지방교육자치에 관한 법률」 조항은 교원이 그 신분을 지니는 한 계속적으로 직무에 전념할 수 있도록 하기 위한 것으로 **교원의 공무담임권을 침해하지 않는다.** 24 경정

초·중등학교 교원이 공직선거 등에 입후보하고자 하는 경우 선거일 전 90일까지 그 직을 그만두도록 하는 「공직선거법」 조항은 평등권을 침해한다. 25 변호사
(해설) 평등권 침해 아님

KEY 049 예비후보자 C

310 헌법은 기본적으로 선거공영제를 채택하고 있지만 **기탁금제도 자체가 헌법에 위반되는 것은 아니다.** 13 서울 7

공직선거에 입후보하려는 자에 대하여 기탁금을 부과하는 것 자체가 선거에 입후보 하려고 하는 후보자의 공무담임권을 침해한다. 14 서울 7
(해설) 공무담임권 침해 X

311 지역구국회의원 선거에서 **예비후보자의 기탁금 액수를 해당 선거의 후보자등록시 납부해야 하는 기탁금의 100분의 20으로 설정한 것은 입법재량의 범위를 벗어난 것으로 볼 수 없다.** 20 경정, 18 서울 7

지역구국회의원 예비후보자에게 지역구국회의원이 납부할 기탁금의 100분의 20에 해당하는 금액을 기탁금으로 납부하도록 하는 것은 예비후보자의 공무담임권을 침해하고, 비례대표 기탁금 조항은 비례대표국회의원후보자가 되어 국회의원에 취임하고자 하는 자의 공무담임권을 침해한다. 18 지방 7
(해설) 공무담임권 침해 X

312 지역구국회의원선거 예비후보자가 정당의 공천심사에서 탈락한 후 후보자등록을 하지 않은 경우를 기탁금 반환 사유로 규정하지 않은 「공직선거법」 조항은 과잉금지원칙에 반하여 예비후보자의 재산권을 침해한다.⁵ 　　23 지방 7

313 예비후보자 선거비용을 후보자가 부담한다고 하더라도 그것이 지나치게 다액이라서 선거공영제의 취지에 반하는 정도에 이른다고 할 수는 없고, 예비후보자의 선거비용을 보전해 줄 경우 선거가 조기에 과열되어 악용될 소지가 있으므로 지역구 국회의원선거에서 예비후보자의 선거비용을 보전대상에서 제외하고 있는 「공직선거법」 조항은 청구인들의 선거운동의 자유를 침해하지 않는다.⁴ 　　23 지방 7

예비후보자의 선거비용을 보전하지 않도록 규정한 공직선거법 해당 조항은 선거운동의 자유를 침해한다. 　　24 법원 9

(해설) 선거운동의 자유 침해 아님

KEY 050 평등선거의 원칙 　　B

314 평등선거원칙은 투표의 수적 평등뿐만 아니라, 투표의 성과가치의 평등, 즉 1표의 투표가치가 대표자선정이라는 선거의 결과에 대하여 기여한 정도에 있어서도 평등해야 함을 의미한다.⁵ 　　16 경정

평등선거의 원칙은 평등의 원칙이 선거제도에 적용된 것으로서 투표의 수적(數的) 평등, 즉 복수투표제 등을 부인하고 모든 선거인에게 1인 1표(one man, one vote)를 인정함을 의미할 뿐, 투표의 성과가치의 평등까지 의미하는 것은 아니다. 　　20 법원 9

(해설) 투표 성과가치의 평등까지 의미함

315 국회의원선거구 획정에 있어서 인구편차 상하 33⅓%, 인구비례 2 : 1의 기준을 넘어 인구편차를 완화하는 것은 지나친 투표가치의 불평등을 야기하는 것으로, 이는 대의민주주의의 관점에서 바람직하지 아니하고, 국회를 구성함에 있어 국회의원의 지역대표성이 고려되어야 한다고 할지라도 이것이 국민주권주의의 출발점인 투표가치의 평등보다 우선시 될 수는 없다.⁴ 　　22 입시

국회의원 선거구 획정과 관련하여 헌법이 허용하는 인구편차의 기준을 인구편차 상하 33⅓%, 인구비례 2:1을 넘어 인구편차를 완화하는 것은 지나친 투표가치의 불평등을 야기한다고 볼 수 없다. 　　25 경정

(해설) 투표가치의 불평등임

316 국회의원 지역선거구 구역표 중 인구편차 상하 33⅓%의 기준을 넘어서는 선거구에 관한 부분은 지나친 투표가치의 불평등을 야기하여 위 선거구가 속한 지역에 주민등록을 마친 청구인들의 선거권과 평등권을 침해한다.⁴ 　　15 국가 7

국회의원 지역선거구에 있어, 전국 선거구의 최대인구수와 최소인구수의 비율이 3 : 1 이하로 유지되면 평등선거의 원칙에 위배되지 않는다. 　　16 경정, 15 법원 9

(해설) 평등선거원칙 위배

317 헌법재판소는 시·도의회의원 지역선거구 획정과 관련하여 헌법이 허용하는 인구편차의 기준을 인구편차 상하 50%(인구비례 3 : 1)로 변경하였다.³ 　　21 경정

자치구·시·군의원 선거구를 획정할 때, 인구편차 상하 60 % (인구비례 4 : 1)의 기준을 헌법상 허용되는 인구편차 기준으로 삼는 것이 가장 적절하다. 　　24 5급

(해설) 인구편차 상하 50 % (인구비례 3 : 1)

KEY 051 선거구획정 　　B

318 선거구 획정에 있어서 인구비례의 원칙에 의한 투표가치의 평등은 기본적이고 일차적인 기준이어야 하지만 자치구·시·군의원 선거구 획정에 있어서는 행정구역 내지 지역대표성 등 2차적 요소도 인구비례의 원칙에 못지않게 함께 고려해야 한다.³ 　　21 입시

헌법상 용인되는 각 자치구·시·군의원 선거구 간 인구편차의 한계를 고려함에 있어서 인구비례의 원칙 이외에 2차적 요소들을 반영하는 것은 선거구 간 인구비례에 의한 투표가치 평등의 원칙에 위배된다. 　　21 국회 9

(해설) 2차적 요소 고려 필요

319 선거구구역표는 전체가 불가분의 일체를 이루는 것으로서 어느 한 부분에 위헌적 요소가 있다면 선거구구역표전체가 위헌적 하자가 있는 것으로 보아야 한다. 23 경간

320 국회의원선거구획정위원회는 중앙선거관리위원회에 두되, 직무에 관하여 독립의 지위를 가진다. 18 5급

국회의원지역선거구의 공정한 획정을 위하여 국회에 선거구획정위원회를 둔다. 12 국회 8
해설 중앙선관위에 둠

KEY 052 직접선거의 원칙

321 비례대표제를 채택하는 경우 **직접선거의 원칙**은 의원의 선출뿐만 아니라 정당의 비례적인 의석확보도 선거권자의 투표에 의하여 직접 결정될 것을 요구하는바, 비례대표의원의 선거는 지역구의원의 선거와는 별도의 선거이므로 이에 관한 유권자의 별도의 의사표시, 즉 정당명부에 대한 별도의 투표가 있어야 한다. 20 법원 9

직접선거원칙은 선거권자의 투표에 의하여 의원 선출이 직접 결정될 것을 요구하지만 비례대표제를 채택하는 경우 정당의 비례적인 의석확보까지 직접 결정될 것을 요구하는 것은 아니다. 22 입시
해설 비례적인 의석확보까지 직접 결정될 것을 요구

322 1인 1표제하에서의 비례대표의석 배분방식은 직접선거의 원칙과 평등선거의 원칙에 위반된다. 21 국회 8

1인 1표제 하의 비례대표의석 배분방식은 민주주의원리, 직접선거의 원리, 평등선거원리에 위배되지 않는다. 24 해간(변형)
해설 민주주의원리, 직접선거의 원칙, 평등선거의 원칙에 위배

KEY 053 비밀선거의 원칙 C

323 신체의 장애로 인하여 자신이 기표할 수 없는 선거인에 대해 투표보조인이 가족이 아닌 경우 반드시 **투표보조인 2인을 동반하여서만 투표를 보조**하게 할 수 있도록 정한 「공직선거법」 조항은 비밀선거의 원칙에 대한 예외를 정하고 있지만, 형사처벌을 통해 투표보조인이 선거인의 투표의 비밀을 침해하는 것을 방지하여 **투표의 비밀이 유지되도록 하고 있으므로 선거권을 침해하지 않는다.** 24 변호사

신체의 장애로 인하여 자신이 기표할 수 없는 선거인에 대해 투표보조인이 가족이 아닌 경우 반드시 2인을 동반하여서만 투표를 보조하게 할 수 있도록 정하고 있는 「공직선거법」 조항은 선거의 공정성을 확보하는 데 치우친 나머지 비밀선거의 중요성을 간과하고 있으므로 과잉금지원칙에 반하여 청구인의 선거권을 침해한다. 23 지방 7
해설 선거권을 침해 X

KEY 054 자유선거의 원칙과 선거운동

헌법 제116조 ① 【균등한 기회보장】 선거운동은 각급 선거관리위원회의 관리하에 법률이 정하는 범위안에서 하되, **균등한 기회가 보장되어야 한다.**
② 【선거공영제】 선거에 관한 경비는 **법률이 정하는 경우를 제외하고는 정당 또는 후보자에게 부담시킬 수 없다.**

324 자유선거의 원칙은 선거의 전 과정에 요구되는 선거권자의 의사형성의 자유와 의사실현의 자유를 말하고, 구체적으로는 투표의 자유, 입후보의 자유 나아가 선거운동의 자유를 의미한다. 21 입시, 14 법원 9

자유선거원칙은 선거의 전 과정에 요구되는 선거권자의 의사형성의 자유와 의사실현의 자유를 말하는바, 구체적으로는 투표의 자유, 입후보의 자유만을 의미할 뿐이지 선거운동의 자유까지 의미하는 것은 아니다. 14 국가 7
해설 선거운동의 자유까지 의미함

325 선거운동에 있어서 후보자의 배우자가 그와 함께 다니는 사람 중에서 지정한 1명도 명함교부를 할 수 있도록 한 「공직선거법」규정은, 배우자의 유무라는 우연한 사정에 근거하여 합리적 이유 없이 배우자 없는 후보자와 배우자 있는 후보자를 차별 취급하므로 평등권을 침해한다.⁴   17 국가 7(추)

공직선거 후보자의 배우자가 그와 함께 다니는 사람 중에서 지정한 1명도 명함을 교부할 수 있도록 한 「공직선거법」 제93조 제1항 제1호 중 제60조의3 제2항 제3호 관련 부분이 배우자 없는 후보자에게 결과적으로 다소 불리한 상황이 발생하더라도, 이는 입법자가 선거운동의 자유를 확대하는 입법을 함으로써 해결되어야 할 문제이므로 배우자 없는 청구인의 평등권을 침해하지 않는다.   23 지방 7

(해설) 평등권을 침해함

326 비례대표국회의원후보자에게 공개장소에서의 연설이나 대담을 금지하고 있더라도 이것이 선거운동의 자유를 침해하는 것이라고 볼 수 없다.³

선거운동기간 중 공개장소에서 비례대표국회의원후보자의 연설·대담을 금지하는 것은 지역구국회의원후보자와 차별하는 것이며, 정당의 재정적 능력에 따른 선거운동기회를 부당하게 제한하여 선거운동의 자유 및 정당활동의 자유를 침해한다.   17 국회 8

(해설) 침해 X

KEY 055 공무원의 선거중립의무   C

327 선거에서 중립성이 요구되는 공무원은 원칙적으로 좁은 의미의 직업공무원은 물론이고, 적극적인 정치활동을 통하여 국가에 봉사하는 정치적 공무원을 포함하지만, 국회의원과 지방의회의원은 위 공무원의 범위에 포함되지 않는다.⁸   15 경정

선거에서의 중립의무가 부과되어야 하는 모든 공무원은 구체적으로 '자유선거원칙'과 '선거에서의 정당의 기회균등'을 위협할 수 있는 모든 공무원을 의미하므로, 여기에는 대통령, 국무총리, 국무위원, 도지사, 시장, 군수, 구청장 등 지방자치단체의 장은 물론 국회의원과 지방의회의원도 포함된다.   22 5급

(해설) 국회의원·지방의회의원 포함 X

328 '공무원이 선거운동의 기획에 참여하거나 그 기획의 실시에 관여하는 행위'를 금지하는 「공직선거법」 조항은 '공무원의 지위를 이용하지 아니한 행위'에까지 적용하는 한 헌법에 위반한다.⁵   22 5급

공무원은 헌법 제7조에 따른 정치적 중립이 요구되므로, 공무원이 선거운동의 기획에 참여하거나 그 기획의 실시에 관여하는 행위는 공무원의 지위를 이용하는지 여부와 관계없이 금지된다.   25 소간

(해설) 지위 이용 기획만 금지

KEY 056 선거운동의 기간제한   C

329 선거운동은 원칙적으로 선거기간 개시일부터 선거일 전일까지에 한하여 할 수 있지만 문자메시지를 전송하는 방법으로 선거운동을 하는 경우에는 그러지 아니하다.³   15 경정

선거운동기간 전에는 문자메시지를 전송하는 방법이나 인터넷 홈페이지 또는 그 게시판·대화방 등에 글이나 동영상 등을 게시하거나 전자우편을 전송하는 방법으로 선거운동을 하는 것이 허용되지 않는다.   21 법무사

(해설) 허용됨

330 선거운동기간 전에 개별적으로 대면하여 말로 하는 선거운동을 형사처벌하도록 한 구 「공직선거법」 조항은 정치적 표현의 자유를 침해한다.¹   24 변호사

331 선거의 공정성은 정치적 표현의 자유에 대한 전면적·포괄적 제한을 정당화할 수 있는 공익이라고 볼 수 없고, 선거의 공정성이 정치적 표현의 자유를 보장하는 전제 조건이 되는 것도 아니므로 이를 이유로 선거에서 표현의 자유가 과도하게 제한되어서는 안 된다.¹ (최신판례)

선거의 공정성은 정치적 표현의 자유를 보장하는 전제 조건이 되므로 정치적 표현의 자유에 대한 전면적·포괄적 제한을 정당화할 수 있는 공익이라고 볼 수 있다.   25 국회 8

(해설) 정치적 표현의 자유 보장의 전제조건 또는 자유에 대한 전면적·포괄적 제한 정당화 공익 아님

332 선거운동 등에 대한 제한이 정치적 표현의 자유를 침해하는지 여부를 판단함에 있어서는 표현의 자유의 규제에 관한 판단기준으로서 엄격한 심사기준을 적용하여야 한다. (최신판례)

입법자가 선거의 공정성을 보장하기 위해서 부득이하게 선거국면에서의 정치적 표현의 자유를 제한하는 경우에는 선거운동 등에 대한 제한이 정치적 표현의 자유를 침해하는지 여부를 판단함에 있어서 완화된 심사기준을 적용하여야 한다. 25 소간

(해설) 엄격한 심사기준 적용

333 선거일 전 180일부터 선거일까지 선거에 영향을 미치게 하기 위한 광고물의 설치·진열·게시나 표시물의 착용을 금지하는 공직선거법 조항은 과잉금지원칙에 반하여 **정치적 표현의 자유를 침해한다.** (최신판례) 24 법무사

「공직선거법」상 대통령선거·국회의원선거·지방선거가 순차적으로 맞물려 돌아가는 현실에서 선거일 전 180일부터 선거일까지 장기간 광고물을 설치·게시하는 행위를 금지·처벌하는 것은 후보자와 일반 유권자의 정치적 표현의 자유를 과도하게 제한하는 것은 아니다. 23 국회 8

(해설) 정치적 표현의 자유를 침해함

334 선거일 180일 전부터 선거일까지 인터넷상 선거와 관련한 정치적 표현 및 선거운동을 금지하고 처벌하는 것은 후보자 간 경제력 차이에 따른 불균형 및 흑색선전을 통한 부당한 경쟁을 막고, 선거의 평온과 공정을 해하는 결과를 방지한다는 **입법목적 달성을 위하여 적합한 수단이라고 할 수 없다.** 22 소간, 14 국회 8

335 선거일 전 180일부터 선거일까지 선거에 영향을 미치게 하기 위한 벽보의 게시, 인쇄물의 배부·게시행위를 금지한 공직선거법 조항은 과잉금지원칙에 반하여 **정치적 표현의 자유를 침해한다.** (최신판례) 24 법무사

336 인터넷언론사에 대하여 선거일 전 90일부터 선거일까지 후보자 명의의 칼럼이나 저술을 게재하는 보도를 제한하는 구 「인터넷선거보도 심의기준 등에 관한 규정」 제8조 제2항 본문과 「인터넷선거보도 심의기준 등에 관한 규정」 제8조 제2항은 인터넷언론사 홈페이지에 청구인 명의의 칼럼을 게재한 자의 **표현의 자유를 침해한다.** 20 국회 8

인터넷언론사에 대하여 선거일 전 90일부터 선거일까지 후보자 명의의 칼럼이나 저술을 게재하는 보도를 제한하는 구 「인터넷 선거보도 심의기준 등에 관한 규정」은 인터넷 선거보도의 공정성과 선거의 공정성을 확보하려는 것이므로 후보자인 청구인의 표현의 자유를 침해하지 않는다. 22 경찰 1차

(해설) 표현의 자유 침해

337 누구든지 선거기간 중 선거에 영향을 미치게 하기 위하여 '그 밖의 집회나 모임'을 개최할 수 없고, 이를 위반하는 자를 처벌하는 「공직선거법」 조항은 선거의 공정이나 평온에 대한 구체적인 위험이 없는 경우에도 해당 목적을 위한 일반유권자의 집회나 모임을 전면적으로 금지하고 위반 시 처벌한다는 점에서 과잉금지원칙에 위배되어 해당 일반 유권자의 **집회의 자유를 침해한다.** (최신판례) 24 경찰 1차

누구든지 선거기간 중 선거에 영향을 미치게 하기 위하여 그 밖의 집회나 모임을 개최할 수 없고, 이를 위반한 자를 처벌하도록 규정한 공직선거법 조항은 선거기간 중에도 국민들이 제기하는 건전한 비판과 여론 형성을 금지하는 것은 아니므로 집회의 자유를 침해한다고 할 수 없다. 23 법원 9

(해설) 집회의 자유 침해

338 선거운동기간 전에 개별적으로 대면하여 말로 하는 선거운동을 금지한 공직선거법 조항은 과잉금지원칙에 반하여 **선거운동 등 정치적 표현의 자유를 침해한다.** (최신판례) 24 법무사

선거운동기간 전에 개별적으로 대면하여 말로 하는 선거운동을 금지하고 처벌하는 공직선거법 해당 조항은, 탈법적인 선거운동 규제를 통한 선거의 공정성을 달성하고 부당한 과열경쟁으로 인한 사회·경제적 손실을 방지할 수 있으므로, 정치적 표현의 자유를 침해하지 않는다. 24 법원 9

(해설) 정치적 표현의 자유를 침해

339 선거일에 선거운동을 한 자를 처벌하는 구 「공직선거법」 조항은 **정치적 표현의 자유를 침해하지 않는다.** 23 경간

KEY 057 선거운동의 인적제한

340 「공직선거법」상 **지방공사 상근직원**에 대하여 **일체의 선거운동을 금지**하는 것은 선거운동의 자유를 중대하게 제한하는 정도에 비하여 선거의 공정성 및 형평성의 확보라는 공익에 기여하는 바가 크지 않으므로, **지방공사 상근직원의 선거운동의 자유를 침해한다.** 최신판례   25 변호사

지방공사 상근직원의 선거운동을 금지하고, 이를 위반한 자를 처벌하는 「공직선거법」 조항의 해당 부분은 지방공사 상근직원에 대하여 '그 지위를 이용하여' 또는 '그 직무 범위 내에서' 하는 선거운동을 금지하는 방법만으로는 선거의 공정성이 충분히 담보될 수 없어 지방공사 상근직원의 선거운동의 자유를 침해하지 아니한다.   24 경찰 2차

해설 선거운동의 자유 침해

341 「농업협동조합법」·「수산업협동조합법」에 의하여 설립된 조합(이하 '협동조합')의 상근직원에 대하여 선거운동을 금지하는 구 「공직선거법」 조항의 해당 부분은 **정치적 의사표현 중 당선 또는 낙선을 위한 직접적인 활동만을 금지할 뿐이므로 협동조합 상근직원의 선거운동의 자유를 침해하지 않는다.** 최신판례   24 경찰 2차

KEY 058 선거운동의 방법제한

342 「공직선거법」을 위반하여 기부 물품 등을 받은 사람에 대하여 그 기부행위가 이루어진 경위와 방식, 기부행위자와 위반자와의 관계 등을 고려하지 않고 그 **기부 물품 등 가액의 50배에 상당하는 과태료를 부과**하는 구 「공직선거법」 조항은 구체적 위반행위의 책임 정도에 상응한 제재라고 할 수 없어 **과잉금지원칙에 위반된다.**   16 경정

선거에 관하여 기부의 권유·요구 등의 금지규정에 위반한 자에게 50배에 상당하는 금액의 과태료에 처하는 규정은 선거의 공정성을 위한 것으로 과잉금지원칙에 위배되지 아니한다.   14 국회 8

해설 과잉금지원칙에 위배됨

343 당선되거나 되게 하거나 되지 못하게 할 목적으로 공연히 사실을 적시하여 후보자가 되고자 하는 자를 비방한 자를 처벌하는 「공직선거법」 조항은 죄형법정주의의 **명확성원칙에 위배되지는 않으나, 과잉금지원칙에 위배되어 정치적 표현의 자유를 침해한다.** 최신판례   25 변호사

당선되거나 되게 하거나 되지 못하게 할 목적으로 공연히 사실을 적시하여 후보자가 되고자 하는 자를 비방한 자를 처벌하는 「공직선거법」 제251조 중 '비방' 부분은 죄형법정주의의 명확성원칙에 위배된다.   25 경찰 1차

해설 죄형법정주의 명확성원칙 위배 아님

344 누구든지 선거기간 중 선거에 영향을 미치게 하기 위한 그 밖의 집회나 모임의 개최를 금지한 공직선거법 조항은 과잉금지원칙에 반하여 **집회의 자유, 정치적 표현의 자유를 침해한다.** 최신판례   24 법무사

누구든지 선거기간 중 선거에 영향을 미치게 하기 위하여 '그 밖의 집회나 모임'을 개최할 수 없도록 하고, 이를 위반하는 자를 처벌하는 「공직선거법」 조항은 정치적 표현의 자유를 침해하지 않는다.   25 변호사

해설 정치적 표현의 자유 침해

345 **확성장치사용 금지조항**은 과잉금지원칙에 반하여 **정치적 표현의 자유를 침해하지 않는다.** 최신판례

공개장소에서의 연설·대담장소 또는 대담·토론회장에서 연설·대담·토론용으로 사용하는 경우를 제외하고는 선거운동을 위하여 확성장치를 사용할 수 없도록 한 공직선거법 조항은 과잉금지원칙에 반하여 정치적 표현의 자유를 침해한다.   24 법무사

해설 정치적 표현의 자유 침해 아님 (환경권 침해)

346 누구든지 「공직선거법」에 의한 공개장소에서의 연설·대담 장소에서 '기타 어떠한 방법으로도' 연설·대담장소 등의 질서를 문란하게 하는 행위를 금지하는 「공직선거법」 조항은, 질서문란행위만을 금지하고 질서를 문란하게 하지 않는 범위 내에서는 다소 소음을 유발하거나 후보자나 정당에 대한 부정적인 견해나 비판적인 의사표현도 가능하므로, 정치적 표현의 자유를 침해한다고 보기 어렵다.² (최신판례) 25 경간

누구든지 이 법의 규정에 의한 공개장소에서의 연설·대담 장소에서 기타 어떠한 방법으로도 연설·대담 장소 등의 질서를 문란하게 하는 행위를 금지하고 있는 「공직선거법」 조항 중 '기타 어떠한 방법으로도' 부분은 죄형법정주의 명확성원칙에 위배된다. 25 변호사

(해설) 명확성원칙 위배 아님

KEY 059 대통령선거 S

헌법 제67조 ② 【최고득표자 2인 이상 → 국회간선제】 제1항의 선거에 있어서 **최고득표자가 2인 이상**인 때에는 **국회의 재적의원 과반수**(재적 3분의 2가 출석 ×)가 **출석한 공개회의에서 다수표**(출석과반수 득표 ×)를 얻은 자를 당선자로 한다.¹⁸
헌법 제67조 ③ 【후보자 1인 → 1/3이상 득표】 대통령후보자가 1인일 때에는 그 득표수가 **선거권자 총수**(유효투표 총수 ×)의 3분의 1(과반수 ×, 1/2이상 ×) **이상**이 아니면 대통령으로 당선될 수 없다.¹⁸
헌법 제68조 ① 【임기 만료 : 70일 내지 40일전】 대통령의 **임기가 만료되는 때**에는 **임기만료 70일**(60일 ×) **내지 40일전**에 후임자를 선거한다.¹³
② 【궐위 : 60일 이내】 대통령이 **궐위**된 때 또는 대통령 당선자가 사망하거나 판결 기타의 사유로 그 **자격을 상실**한 때에는 **60일 이내에 후임자를 선거**한다.¹⁵

347 대통령의 임기는 전임대통령의 임기만료일의 다음날 0시부터 개시되나, 전임자의 임기가 만료된 후에 실시하는 선거와 궐위로 인한 선거에 의한 대통령의 임기는 당선이 결정된 때부터 개시된다.⁴ 21 국가 7

전임자의 임기가 만료된 후에 실시하는 선거와 궐위로 인한 선거에 의한 대통령의 임기는 선거일의 다음날 0시부터 개시된다. 23 국가 7

(해설) 당선이 결정된 때부터 개시

KEY 060 국회의원선거 및 지방선거 A

헌법 제41조 ② 【200인 이상】 국회의원의 수는 법률로 정하되, **200인 이상**으로 한다.¹¹
③ 【선거구·비례대표제】 국회의원의 **선거구**와 **비례대표제** 기타 선거에 관한 사항은 **법률로 정한다**.⁵

348 국회의원의 수는 입법형성의 범위에 속하나 **법률로 그 수를 200인 미만으로 정하는 경우** 이유를 불문하고 위헌이다.⁶ 16 경정

국회의원 수를 400인으로 하려면 헌법을 개정하여야만 할 수 있다. 20 5급

(해설) 법률로 정할 수 있음

349 국회의 의원정수는 지역구국회의원과 비례대표국회의원을 합하여 총 300명이고, 지역구국회의원 254명과 비례대표국회의원 46명으로 구성되어 있으며, 하나의 국회의원지역선거구에서 선출할 국회의원의 정수는 1인이다.³ 20 입시(변형)

350 소선거구 다수대표제를 규정하여 다수의 사표가 발생한다 하더라도 그 이유만으로 헌법상 요구된 선거의 대표성의 본질을 침해한다거나 그로 인해 국민주권원리를 침해하고 있다고 할 수 없다.⁶ 18 서울 7

지역구국회의원선거에 있어서 당해 국회의원지역구에서 유효투표의 다수를 얻은 자를 당선인으로 결정하는 소선거구 다수대표제를 규정한 「공직선거법」 조항은 다른 선거제도를 배제하는 것으로서 평등권과 선거권을 침해한다. 24 변호사

(해설) 평등권과 선거권 침해 아님

351 총선거에 의한 의원의 임기는 전임의원의 임기만료일의 다음 날부터 개시되지만, 보궐선거에 의한 의원의 임기는 당선이 결정된 때부터 개시된다.⁶ 13 국회 8

국회의원의 임기가 개시된 후에 실시하는 선거에 의한 국회의원의 임기는 당선이 결정된 때의 다음 날부터 개시되며 전임자의 잔임기간으로 한다. 20 5급

(해설) 보궐선거는 당선이 결정된 때부터 개시

352 임기만료전 180일 이내에 비례대표 국회의원에 궐원이 생긴 때 정당의 비례대표 국회의원 후보자 명부에 의한 의석승계를 허용하지 않는 것은 정당에 비례대표 국회의원 의석을 할당받도록 한 선거권자들의 정치적 의사표현을 무시하고 왜곡하는 결과를 낳을 수 있고 대의제 민주주의 원리에 부합하지 않는다.³ 13 변호사

선거범죄로 인하여 당선이 무효로 된 때를 비례대표지방의회의원의 의석 승계 제한사유로 규정하는 것은 대의제 민주주의 원리에 위배되지만, 임기만료일 전 180일 이내에 비례대표국회의원에 궐원이 생긴 때를 비례대표국회의원 의석승계 제한사유로 규정하는 것은 대의제 민주주의 원리에 위배되지 아니한다. 10 국회 8

(해설) 두가지 경우 모두 대의제 민주주의 원리에 위배됨

KEY 061 투표

353 부재자투표 개시시간을 오전 10시부터로 정한 것은 투표관리 효율성의 도모와 행정부담 축소 외에 투표의 인계·발송절차의 지연위험 등과는 무관한 반면에, **부재자투표자에게는 학업이나 직장업무로 인한 사실상 선거권행사에 중대한 제한이 되므로 선거권과 평등권을 침해하는 것이다.**⁸ 17 국회 8

부재자투표시간을 오전 10시부터 오후 4시까지로 정하고 있는 「공직선거법」 제155조 제2항 본문 중 "오전 10시에 열고" 부분은 투표관리의 효율성을 도모하고 행정부담을 줄이며, 부재자투표의 인계·발송절차의 지연위험 등을 경감하기 위한 것이므로 청구인의 선거권이나 평등권을 침해하지 않는다. 23 지방 7

(해설) 선거권과 평등권을 침해함

354 부재자투표의 투표종료시간을 오후 4시까지로 한정하는 것은 투표관리의 효율성을 제고하기 위한 것으로서 부재자투표자의 평등권을 침해하지 않는다.³ 16 경정

부재자투표 종료시간을 오후 4시까지로 정한 것은 투표시간을 지나치게 짧게 정한 것으로 직장업무 및 학교수업 때문에 사실상 투표가 곤란한 부재자투표자의 선거권을 침해한다. 17 지방 7

(해설) 선거권 침해 X

355 입법자가 **사전투표제도를 형성함에 있어 국민의 선거권의 행사 등이 부당하게 제한되거나, 국민의 주권 행사를 왜곡되게 반영하도록 하지 않는 한** 헌법에 위반된다고 할 수 없다.¹ (최신판례) 25 국회 8

356 사전투표관리관이 투표용지의 일련번호를 떼지 아니하고 선거인에게 교부하도록 정한 「공직선거법」 조항은 **사전투표자들의 선거권을 침해하지 아니한다.**¹ (최신판례) 25 경간

357 사전투표관리관이 투표용지에 자신의 도장을 찍는 경우 도장의 날인을 인쇄날인으로 갈음할 수 있도록 한 「공직선거관리규칙」 조항은 현저히 불합리하거나 불공정하여 **사전투표자의 선거권을 침해한다고 볼 수 없다.**¹ (최신판례) 25 경간

358 선원들이 모사전송 시스템을 활용하여 투표하는 경우, 선원들로서는 자신의 투표결과에 대한 비밀이 노출될 위험성을 스스로 용인하고 투표에 임할 수도 있을 것이므로, **선거권 내지 보통선거원칙과 비밀선거원칙을 조화적으로 해석할 때, 이를 두고 헌법에 위반된다 할 수 없다.**³ 15 국회 8

비밀선거는 선거인이 누구를 선택하였는지 제3자가 알지 못하도록 하는 상태로 투표하는 것을 말하므로, 해상에 장기 기거하는 선원이 모사전송(팩스)시스템을 이용하여 선상에서 투표를 할 수 있는 방안이 마련된다면 전송과정에서 투표의 내용이 직·간접적으로 노출되어 비밀선거원칙에 위배되므로 헌법에 위반된다. 22 입시

(해설) 헌법 위반 X

KEY 062 선거공영제와 선거범죄　C

> 헌법 제116조 ② 【선거공영제】 선거에 관한 경비는 **법률이 정하는 경우를 제외하고는 정당 또는 후보자에게 부담시킬 수 없다.**⁶

359 우리나라는 선거의 공정성과 선거운동의 기회균등을 보장하기 위해 **선거공영제를 채택**하여 선거에 관한 경비를 법률이 정하는 경우를 제외하고는 정당 또는 후보자에게 부담시킬 수 없다.⁶　23 국회 9

선거운동은 각급선거관리위원회의 관리하에 법률이 정하는 범위 안에서 하되, 균등한 기회가 보장되어야 하며, 선거에 관한 경비는 정당에게 부담시킬 수 있으나 후보자에게는 부담시킬 수 없다.　19 국가 7

(해설) 정당·후보자에게 부담시킬 수 없음

360 선거공영제의 내용은 우리의 선거문화와 풍토, 정치문화 및 국가의 재정상황과 국민의 법감정 등 여러 가지 요소를 종합적으로 고려하여 입법자가 정책적으로 결정할 사항으로서 **넓은 입법형성권이 인정되는 영역**이라고 할 것이다.³　22 소간

361 선거에 관한 여론조사의 결과에 영향을 미치게 하기 위하여 둘 이상의 전화번호를 착신전환 등의 조치를 하여 같은 사람이 두 차례 이상 응답하는 등의 행위로 100만 원 이상의 벌금형의 선고를 받고 그 형이 확정된 후 5년을 경과하지 아니한 자는 선거권이 없다고 규정한 「공직선거법」 조항은, 공정한 선거를 보장하고 선거범에 대하여 사회적 제재를 부과하며 일반국민에 대하여 선거의 공정성에 대한 의식을 제고하려는 것으로 선거권을 침해하지 아니한다.² (최신판례)　25 경간

청구인이 당선된 당해선거에 관한 것인지를 묻지 않고, 선거에 관한 여론조사의 결과에 영향을 미치게 하기 위하여 둘 이상의 전화번호를 착신 전환 등의 조치를 하여 같은 사람이 두 차례 이상 응답하여 100만 원 이상의 벌금형을 선고받은 자로 하여금 지방의회의원의 직에서 퇴직되도록 한 조항은 청구인의 공무담임권을 침해한다.　22 법원 9

(해설) 공무담임권 침해 X

362 선거범죄로 당선이 무효로 된 자에게 **이미 반환받은 기탁금과 보전받은 선거비용을 반환**하도록 한 구 「공직선거법」 조항은 당선무효인의 **재산권을 침해하지 않는다.**⁵　25 변호사

선거범죄로 당선이 무효로 된 사람에게 반환받은 기탁금과 보전받은 선거비용을 반환하도록 하는 구 공직선거법 해당 조항은 재산권을 침해한다.　24 법원 9

(해설) 재산권 침해 아님

KEY 063 선거쟁송　B

363 대통령선거 및 국회의원선거에 있어서 선거의 효력에 관하여 이의가 있는 선거인·후보자를 추천한 정당 또는 후보자는 선거일부터 30일 이내에 당해 선거구 선거관리위원회위원장을 피고로 하여 대법원에 소를 제기할 수 있다.⁷　19 국회 9

국회의원선거에 있어서 선거의 효력에 관하여 이의가 있는 선거인·정당(후보자를 추천한 정당에 한한다) 또는 후보자는 선거일로부터 45일 이내에 헌법재판소에 소를 제기할 수 있다.　21 경정

(해설) 30일 이내 대법원 제소

364 대통령선거에서 당선의 효력에 이의가 있는 경우, 후보자를 추천한 정당 또는 후보자는 당선인 결정일부터 30일 이내에 그 사유에 따라 당선인을 피고로 하거나 그 당선인을 결정한 중앙선거관리위원회위원장 또는 국회의장을 피고로 하여 대법원에 소를 제기할 수 있다.⁵　20 국가 7

당선소송은 선거의 일부 무효를 주장하는 것으로서 선거의 효력에 관하여 이의가 있는 자가 중앙선거관리위원장을 피고로 하여 대법원에 소를 제기하는 것이다.　12 국회 8

(해설) 당선소송 : 선거가 유효임을 전제로 함 / 피고 : 당선인/중선위장/국회의장 중 1

CHAPTER 11 직업공무원제와 공무담임권

| 번호 | 옳은 지문 O | 옳지 않은 지문 X |

KEY 064 직업공무원제도

> 헌법 제7조 ① 【봉사자·책임】 공무원은 국민전체에 대한 봉사자이며, 국민에 대하여 책임을 진다.
> ② 【직업공무원제】 공무원의 신분과 정치적 중립성은 법률이 정하는 바에 의하여 보장된다.
>
> 헌법 제5조 ② 【국군 : 정치적 중립】 국군은 국가의 안전보장과 국토방위의 신성한 의무를 수행함을 사명으로 하며, 그 정치적 중립성은 준수된다.

365 헌법 제7조가 정하고 있는 직업공무원제도는 공무원이 집권세력의 논공행상의 제물이 되는 **엽관제도를 지양**하며 정권교체에 따른 **국가작용의 중단과 혼란을 예방**하고 일관성 있는 공무수행의 독자성을 유지하기 위하여 헌법과 법률에 의하여 공무원의 신분이 보장되도록 하는 공직구조에 관한 제도로 공무원의 정치적 중립과 신분보장을 그 중추적 요소로 한다. 23 경정

366 직업공무원제도는 헌법이 보장하는 제도적 보장 중의 하나이므로 입법자는 직업공무원제도에 관하여 '**최소한의 보장**'의 원칙의 한계 안에서 폭넓은 **입법형성의 자유**를 가진다. 23 경정, 19 법원 9

직업공무원제도는 헌법이 보장하는 제도적 보장 중의 하나임이 분명하므로 입법자는 직업공무원제도에 관하여 '최대한 보장'의 원칙에 의하여 입법을 형성할 책무가 있다. 21 법원 9
(해설) '최소한 보장'의 원칙에 의함

367 직업공무원제에서 말하는 공무원은 국가 또는 공공단체와 근로관계를 맺고 이른바 공법상 특별권력관계 내지 특별행정법관계 아래 공무를 담당하는 것을 직업으로 하는 **협의의 공무원**을 의미하고 **정치적 공무원이나 임시적 공무원은 포함되지 않는다**. 16 국가 7

우리나라는 직업공무원제도를 채택하고 있는데, 여기서 말하는 공무원은 국가 또는 공공단체와 근로관계를 맺고 이른바 공법상 특별권력관계 내지 특별행정법관계 아래 공무를 담당하는 것을 직업으로 하는 협의의 공무원을 말하며 임시적 공무원도 포함된다. 25 경정
(해설) 임시적 공무원 불포함

368 「지방공무원법」의 **지방공무원의 전입에 관한 규정**은 해당 지방공무원의 **동의가 있을 것을 당연한 전제**로 하여 그 공무원이 소속된 지방자치단체의 장의 동의를 얻어서만 그 공무원을 전입할 수 있음을 규정하고 있는 것으로 보아야 한다. 17 지방 7

공무원이 특정의 장소에서 근무하는 것 또는 특정의 보직을 받아 근무하는 것은 공무담임권의 보호영역에 포함된다고 보기 어려우므로, 지방공무원의 의사와 관계 없이 지방자치단체의 장 사이의 동의만으로 지방공무원을 소속 지방자치단체에서 다른 지방자치단체로 전출시킬 수 있다 하더라도 공무원의 신분보장이라는 헌법적 요청에 위반되지 않는다. 14 변호사
(해설) 헌법적으로 용인되지 않음

369 지방자치단체의 **직제폐지로 인한 지방공무원의 직권면직규정**은 합리적인 면직기준을 구체적으로 정함과 동시에 그 공정성을 담보할 수 있는 절차를 마련하는 경우 **직업공무원제도를 위반하고 있다고는 볼 수 없다**. 11 국가 7

직제가 폐지된 때에 공무원을 직권면직시킬 수 있도록 규정한 「지방공무원법」의 조항은 공무원의 귀책사유 없이도 그 신분을 박탈할 수 있도록 하여 신분보장을 중추적 요소로 하는 직업공무원 제도에 위반된다. 23 소간
(해설) 직업공무원제도 위반 X

KEY 065　공무담임권

> 헌법 제7조 ② 【직업공무원제】 공무원의 **신분과 정치적 중립성**은 법률이 정하는 바에 의하여 보장된다.¹
> 헌법 제25조 【공무담임권】 모든 국민은 법률이 정하는 바에 의하여 **공무담임권**을 가진다.³

370 공무담임권이란 입법부, 집행부, 사법부는 물론 지방자치단체 등 국가, 공공단체의 구성원으로서 그 직무를 담당할 수 있는 권리를 말한다. 여기서 직무를 담당한다는 것은 모든 국민이 현실적으로 그 직무를 담당할 수 있다고 하는 의미가 아니라, 국민이 **공무담임에 관한 자의적이지 않고 평등한 기회를 보장받음**을 의미한다.⁵　20 법무사

371 공직자 선발에 있어 헌법의 기본원리나 특정조항에 비추어 능력주의원칙에 대한 예외를 인정할 수 있는 경우가 있다.³

원칙적으로 공직자선발에 있어 해당 공직이 요구하는 직무수행능력과 무관한 요소인 성별·종교·사회적 신분·출신지역 등을 이유로 하는 차별은 허용되지 않는다고 할 것이므로, 우리 헌법의 기본원리인 사회국가원리도 능력주의 원칙에 대한 예외로 작용할 수 없다.　16 변호사
(해설) 사회국가원리가 능력주의원칙 예외로 작용 가능

372 공무담임권의 보호영역에는 공직취임 기회의 자의적인 배제뿐 아니라, **공무원 신분의 부당한 박탈**이나 권한(직무)의 부당한 정지도 포함된다.⁸　23 경간, 21 국가 7

공무담임권의 보호영역에는 공직취임의 기회의 자의적인 배제만이 포함될 뿐, 공무원 신분의 부당한 박탈은 포함되지 않는다.　11 법원 9
(해설) 부당한 박탈도 포함됨

373 공무담임권은 공직취임의 기회 균등뿐만 아니라 취임한 뒤 승진할 때에도 균등한 기회 제공을 요구한다.⁴

공무담임권은 공직취임의 기회균등을 요구하지만, 취임한 뒤 승진할 때에도 균등한 기회 제공을 요구하지는 않는다.　22 해경 2차
(해설) 승진 시 균등한 기회 제공을 요구함

374 선출직 공무원의 공무담임권은 선거를 전제로 하는 대의제의 원리에 의하여 발생하는 것이므로 공직의 취임이나 상실에 관련된 어떠한 법률조항이 대의제의 본질에 반한다면 이는 공무담임권도 침해하는 것이라고 볼 수 있다.⁴　24 경정, 22 해경

375 공무담임권의 보호영역에는 일반적으로 공직취임의 기회보장, 신분박탈, 직무의 정지가 포함되는 것일 뿐, 특별한 사정도 없이 여기서 더 나아가 공무원이 **특정의 장소에서 근무**하는 것 또는 **특정의 보직을 받아 근무**하는 것을 포함하는 일종의 '**공무수행의 자유**'까지 그 보호영역에 포함된다고 보기는 어렵다.⁸　24 국가 7

헌법 제25조의 공무담임권의 보호영역에는 일반적으로 공직취임의 기회보장, 신분박탈, 직무의 정지가 포함되는 것일 뿐만 아니라, 여기서 더 나아가 공무원이 특정의 장소에서 근무하는 것 또는 특정의 보직을 받아 근무하는 것을 포함하는 일종의 '공무수행의 자유'까지 포함된다.　21 지방 7
(해설) 공무수행의 자유 포함 X

376 '**승진시험의 응시제한**'은 공직신분의 유지나 업무 수행에는 영향을 주지 않는 단순한 내부 승진인사에 관한 문제에 불과하여 **공무담임권의 보호영역에 포함된다고 보기는 어려우므로**, 시험요구일 현재를 기준으로 승진임용이 제한된 자에 대하여 승진시험응시를 제한하도록 한 공무원임용시험령이 공무담임권을 침해하였다고 볼 수 없다.⁹　22 법원 9

'승진시험의 응시제한'이나 이를 통한 승진기회의 보장 문제는 공직신분의 유지나 업무수행에는 영향을 주지 않는 단순한 내부승진인사에 관한 문제에 불과하다고 볼 수 없으므로 공무담임권의 보호영역에 포함된다.　25 경정
(해설) 단순 내부 승진인사 문제이므로 공무담임권 보호영역 아님

377 헌법 제25조의 공무담임권이 공무원의 재임 기간 동안 충실한 공무 수행을 담보하기 위하여 **공무원의 퇴직급여 및 공무상 재해보상**을 보장할 것까지 그 **보호영역**으로 하고 있다고 보기 어렵다.⁵
20 법무사

공무담임권은 공무원의 재임 기간 동안 충실한 공직 수행을 담보하기 위하여 퇴직급여 및 공무상 재해보상의 보장을 그 보호영역으로 한다.
25 입시

(해설) 퇴직급여 & 재해보상 보장 불포함

378 지방자치단체 공무원이 연구기관이나 교육기관 등에서 연수하기 위한 휴직기간은 2년 이내로 한다고 규정한 「지방공무원법」 조항은 **연수휴직 기간의 상한을 제한**하는 내용으로, **공직 취임의 기회를 배제하거나 공무원 신분을 박탈하는 것과 관련이 없으므로**, 휴직조항으로 인하여 법학전문대학원에 진학하려는 9급 지방공무원의 **공무담임권이 침해될 가능성을 인정하기 어렵다**./ (최신판례)
24 경찰 2차

379 정당의 공직선거 후보자 선출은 자발적 조직 내부의 의사결정에 지나지 아니하므로, 정당의 내부경선에 참여할 권리는 헌법이 보장하는 **공무담임권의 내용에 포함된다고 보기 어렵다**.⁴
22 5급

정당의 공직선거 후보자 추천은 민주적 절차에 따라야 함에도 불구하고 당내경선의 실시 여부를 정당의 재량에 맡기는 「공직선거법」 조항은 정당으로 하여금 당내경선을 거치지 않고 공직후보자를 추천할 수 있는 가능성을 허용한 것으로 당내경선에 참여하고자 하는 청구인의 공무담임권을 침해한다.
25 국회 8

(해설) 공무담임권 제한도 아님

380 간선제의 경우 국립대학교 총장후보자로 지원하려는 사람에게 **1,000만 원의 기탁금 납부를 요구**하고, 납입하지 않을 경우 총장후보자에 지원하는 기회를 주지 않는 것은 **공무담임권을 침해한다**.³
19 국회 8(변형)

간선제의 경우 국립대학 총장후보자에 지원하려는 사람에게 접수시 1,000만 원의 기탁금을 납부하도록 하고, 지원서 접수 시 기탁금 납입 영수증을 제출하도록 하는 것은 총장후보자 지원자들의 무분별한 난립을 방지하려는 것으로 총장후보자에 지원하려는 자의 공무담임권을 침해하지 않는다.
19 서울 7

(해설) 공무담임권 침해

381 5급 공개경쟁채용시험 **응시연령의 상한을 32세까지로 제한**하고 있는 것은 **기본권 제한을 최소한도에 그치도록 요구**하는 헌법 제37조 제2항에 **부합된다고 보기 어렵다**.³
19 5급, 17 국회 8

「공무원임용시험령」 제16조 중 5급 공개경쟁채용시험의 응시연령 상한을 32세까지로 한 부분은 응시자의 공무담임권을 침해하지 않는다.
14 서울 7

(해설) 공무담임권 침해

382 순경 공채시험 응시연령의 상한을 '30세 이하'로 규정하고 있는 것은 합리적이라고 볼 수 없으므로 **침해의 최소성원칙에 위배되어 공무담임권을 침해한다**.⁴
16 경정

순경 공채시험, 소방사 등 채용시험, 그리고 소방간부 선발시험의 응시연령의 상한을 '30세 이하'로 규정하고 있는 것은 합리적이라고 볼 수 있으므로 공무담임권을 침해하지 아니한다.
22 경채

(해설) 공무담임권 침해

383 부사관으로 최초로 임용되는 사람의 **최고연령을 27세로 정한 법률조항**은 부사관이라는 공직 취임의 기회를 제한하고 있으나, 군 조직의 특수성, 군 조직 내에서 부사관의 상대적 지위 및 역할 등을 고려할 때 **공무담임권을 침해한다고 볼 수 없다**.⁴
16 변호사

「군인사법」상 부사관으로 최초로 임용되는 사람의 최고연령을 27세로 정한 부분은, 계급과 연령의 역전 현상이 현재도 존재하고 상위 계급인 장교의 경우 27세의 연령상한에 상당한 예외가 존재하는 점 등을 고려할 때 부사관 지원자의 공무담임권을 침해한다.
24 경정

(해설) 공무담임권 침해 X

384 관련 자격증 소지자에게 관세직 국가공무원 공개경쟁채용시험에서 일정한 가산점을 부여하는 구 「공무원임용시험령」 제31조 제2항에 따른 별표 11 가운데 1.행정직군 및 기술직군의 직급별 가산비율 중 6·7급의 변호사, 공인회계사, 관세사에 대한 가산비율 5% 부분 및 별표 12 가운데 관세직렬에 관한 부분은 **공무담임권을 침해하지 아니한다**./ (최신판례)
25 경찰 1차

385 교육부 및 그 소속기관에서 근무하는 교육연구사 선발에 수석교사가 응시할 수 없도록 응시자격을 제한한 교육부장관의 '2017년도 교육전문직 선발 계획 공고'와 '2017년도 교육부 및 소속기관 근무 교육전문직 선발 계획'은 **공무담임권을 침해하지 않는다.** ¹ (최신판례) 25 경찰 1차

386 아동에 대한 성희롱 등의 성적 학대행위로 형을 선고받아 그 형이 확정된 사람은 아동과 관련이 없는 직무를 포함하여 **일반직공무원 및 부사관에 임용될 수 없도록 한 부분은** 범죄의 종류, 죄질을 고려하지 않고 **포괄적이고 영구적으로 임용을 제한하여 과잉금지원칙에 위배되어 공무담임권을 침해한다.** ⁴ (최신판례)

반인륜적인 범죄인 아동에 대한 성적 학대행위를 저지른 사람이 공무를 수행할 경우 공직 전반에 대한 국민의 신뢰를 유지하기 어려우므로, 아동에게 성적 수치심을 주는 성희롱 등의 성적 학대행위로 형을 선고받아 그 형이 확정된 사람은 일반직공무원으로 임용될 수 없도록 한 국가공무원법 해당 조항이 공무담임권을 침해한다고 보기 어렵다. 24 법원 9
(해설) 공무담임권 침해

387 아동·청소년이용음란물임을 알면서 이를 소지한 죄로 형을 선고받아 그 형이 확정된 사람은 **일반직공무원으로 임용될 수 없도록 규정한 「국가공무원법」 및 「지방공무원법」 조항은** 그 형이 확정된 사람의 **공무담임권을 침해한다.** ² (최신판례)

아동·청소년대상성범죄는 재범위험성이 높고 시간이 지나도 공무수행을 맡기기에 충분할 만큼 국민의 신뢰가 회복되기 어려우므로, 아동·청소년이용음란물임을 알면서 이를 소지한 죄로 형을 선고받아 그 형이 확정된 사람은 일반직공무원으로 임용될 수 없도록 규정한 「국가공무원법」 및 「지방공무원법」 조항은 그 형이 확정된 사람의 공무담임권을 침해하지 않는다. 24 경찰 2차
(해설) 공무담임권 침해

388 과거 3년 이내의 당원 경력을 법관임용 결격사유로 정한 「법원조직법」 해당 조항 중 '**당원의 신분을 상실한 날부터 3년이 경과되지 아니한 사람**'에 관한 부분과 같이 과거 3년 이내의 모든 당원 경력을 법관 임용 결격사유로 정하는 것은 과잉금지원칙에 반하여 **공무담임권을 침해한다.** ³ (최신판례) 24 국가 7

과거 3년 이내의 모든 당원 경력을 법관 임용 결격사유로 정한 것은, 법관의 정치적 중립성을 준수하고 재판의 독립을 지킬 수 있도록 하려는 것이므로 법관이 되려는 자의 공무담임권을 침해하지 않는다. 25 입시
(해설) 공무담임권 침해

389 금고 이상의 형의 선고유예를 받고 그 기간 중에 있는 자를 **임용결격사유로 삼고, 위 사유에 해당하는 자가 임용되더라도 이를 당연무효로 하는 것은** 공직에 대한 국민의 신뢰를 보장하고 공무원의 원활한 직무수행을 도모하기 위한 것으로 청구인의 **공무담임권을 침해하지 않는다.** ⁶ 19 서울 7

금고 이상의 형의 선고유예를 받고 그 기간 중에 있는 자를 임용결격사유로 삼고, 위 사유에 해당하는 자가 임용되더라도 이를 당연무효로 하는 구 「국가공무원법」 조항은 입법자의 재량을 일탈하여 청구인의 공무담임권을 침해한다. 22 경찰 1차
(해설) 공무담임권 침해 X

390 비위공무원에 대한 징계를 통해 불이익을 줌으로써 공직기강을 바로 잡고 공무수행에 대한 국민의 신뢰를 유지하고자 하는 공익은 제한되는 사익 이상으로 중요하므로, **공무원이 감봉 처분을 받은 경우 12월간 승진임용을 제한하는 「국가공무원법」 조항 중 '승진임용'에 관한 부분은 공무담임권을 침해하지 않는다.** ² (최신판례) 24 경간

391 지방자치단체의 장이 금고 이상의 형을 선고받고 그 형이 확정되지 아니한 경우 부단체장이 그 권한을 대행하도록 규정한 「지방자치법」 조항은 **지방자치단체장의 공무담임권을 침해한다.** ⁹ 23 경정, 20 경정

지방자치단체의 장이 금고 이상의 형을 선고받고 그 형이 확정되지 아니한 경우 부단체장이 그 권한을 대행하도록 하였더라도 지방자치단체의 장의 공무담임권을 침해한 것으로 볼 수 없다. 22 법원 9
(해설) 공무담임권 침해

392 지방자치단체의 장이 '**공소 제기된 후 구금상태에 있는 경우**' 부단체장이 그 권한을 대행하도록 규정한 「지방자치법」 조항은 **지방자치단체장의 공무담임권을 침해하지 않는다.** ⁹ 21 경정, 19 경정

지방자치단체의 장이 공소 제기된 후 구금상태에 있는 경우 부단체장이 그 권한을 대행하도록 한 「지방자치법」의 조항은 유죄판결이나 그 확정을 기다리지 아니한 채 바로 지방자치단체의 장의 직무를 정지시키고 있으므로 무죄추정의 원칙에 반한다. 18 서울 7
(해설) 무죄추정원칙 위반 X

393 「국가공무원법」상 당연퇴직제도는 공무원의 직무수행에 대한 국민의 신뢰, 공무원직에 대한 신용 등을 유지하고, 그 직무의 정상적인 운영을 확보하는 데 기여한다. (최신판례)
25 소간

394 피성년후견인 국가공무원은 당연퇴직한다고 규정한 「국가공무원법」 조항은 성년후견이 개시지는 않았으나 동일한 정도의 정신적 장애가 발생한 국가공무원의 경우와 비교할 때 사익의 제한 정도가 과도하여 **과잉금지원칙에 위반되므로 공무담임권을 침해한다.** (최신판례)
23 경찰 1차

법원이 성년후견개시 심판을 선고함으로써 직무수행능력의 지속적 결여가 객관적으로 인정된 경우에까지 공무원의 신분을 계속 유지하는 방식으로 생활보장을 해야 한다고 보기는 어려우므로, 피성년후견인 국가공무원은 당연히 퇴직한다고 정한 국가공무원법 해당 조항이 공무담임권을 침해한다고 보기 어렵다.
24 법원 9

(해설) 공무담임권 침해

395 금고 이상의 형의 선고유예를 받은 경우 공무원직에서 당연히 퇴직하는 것으로 규정한 「국가공무원법」 조항은 금고 이상의 선고유예의 판결을 받은 모든 범죄를 포괄하여 규정하고 있을 뿐 아니라, 심지어 오늘날 누구에게나 위험이 상존하는 교통사고 관련 범죄 등 과실범의 경우마저 당연퇴직의 사유에서 제외하지 않고 있으므로 최소침해성의 원칙에 반하여 헌법 제25조의 공무담임권을 침해한다.
23 국회 8

공무원의 범죄행위가 직무와 직접적 관련이 없고 과실에 의한 경우라도 금고 이상 형의 선고유예 판결을 받은 경우라면 당연퇴직토록 한 소정의 법률조항은 직업공무원제도와 공무원의 신분보장을 규정한 헌법 제7조 제2항에 반한다는 것이 헌법재판소의 입장이다.
18 서울 7(추)

(해설) 헌법 제7조 제2항 X → 헌법 제25조 공무담임권 침해 O

396 경찰공무원이 자격정지 이상의 형의 선고유예를 받은 경우 당연퇴직하도록 규정한 조항은 자격정지 이상의 선고유예 판결을 받은 모든 범죄를 포괄하여 규정하고 있을 뿐만 아니라 과실범의 경우마저 당연퇴직의 사유에서 제외하지 않고 있으므로 공무담임권을 침해한다.
22 법원 9

자격정지 이상의 선고유예를 받고 그 선고유예기간 중에 있는 자에 대하여 당연퇴직을 규정하고 있는 「경찰공무원법」 규정은 재판청구권을 침해하고, 적법절차원칙에 위배되어 위헌이다.
22 경정

(해설) 재판청구권·적법절차원칙 위배 아님 / 공무담임권 침해함

397 수뢰죄를 범하여 금고 이상의 형의 선고유예를 받은 국가공무원을 당연퇴직하도록 하는 「국가공무원법」 조항은 해당 공무원의 공무담임권을 침해하지 않는다.
24 경정

수뢰죄를 범하여 금고 이상의 형의 선고유예를 받은 국가공무원을 당연퇴직하도록 한 「국가공무원법」 조항은 과잉금지원칙에 반하여 공무담임권을 침해한다.
22 경채

(해설) 수뢰죄 선고유예 당연퇴직 : 공무담임권 침해 X

CHAPTER 12 지방자치제도

| 번호 | 옳은 지문 O | 옳지 않은 지문 X |

KEY 066 지방자치제도 — B

398 지방자치제도의 헌법적 보장은 한마디로 국민주권의 기본원리에서 출발하여 주권의 지역적 주체로서의 주민에 의한 자기통치의 실현으로 요약할 수 있고, 이러한 **지방자치의 본질적 내용인 핵심영역**은 어떠한 경우라도 입법 기타 중앙정부의 침해로부터 보호되어야 한다는 것을 의미한다. 5   16 법무사

399 지방자치제도는 제도적 보장의 하나로서, 그 제도의 본질적 내용을 침해하지 않는 범위 안에서 입법자에게 입법형성의 자유가 폭넓게 인정된다. 3   17 5급

제도적 보장은 기본권 보장의 경우와 마찬가지로 그 본질적 내용을 침해하지 않는 범위 안에서 '최대한 보장의 원칙'이 적용된다.   18 경정
(해설) 최소한 보장의 원칙 적용

400 헌법은 제117조와 제118조에서 **'지방자치단체의 자치'**를 제도적으로 보장하고 있는 바, 그 보장의 본질적 내용은 **자치단체의 보장, 자치기능의 보장 및 자치사무의 보장**이다. 3   18 법원 9

KEY 067 지방자치단체 — A

401 지방자치단체의 명칭과 구역을 바꾸거나 지방자치단체를 폐지하거나 설치하거나 나누거나 합칠 때에는 **법률로 정한다.** 4   14 서울 7

지방자치단체의 명칭과 구역은 종전과 같이 하고, 명칭과 구역을 바꾸거나 지방자치단체를 폐지하거나 설치하거나 나누거나 합칠 때에는 대통령령으로 정한다.   16 지방 7
(해설) 법률로 정함

402 지방자치단체의 구역은 주민·자치권과 함께 자치단체의 구성요소이며 자치권이 미치는 관할구역의 범위에는 육지는 물론 바다도 포함되므로 공유수면에 대해서도 지방자치단체의 **자치권한이 존재**한다고 보아야 한다.   22 국가 7

지방자치단체의 자치권이 미치는 관할구역의 범위에는 육지만 포함되므로, 공유수면에 대해서는 지방자치단체의 자치권한이 존재하지 않는다.   21 5급
(해설) 공유수면에 대해 자치권한 존재

403 헌법상 **지방자치제도보장의 핵심영역 내지 본질적 부분**이 특정 지방자치단체의 존속을 보장하는 것이 아니며 지방자치단체에 의한 **자치행정을 일반적으로 보장**하는 것이므로, 현행법에 따른 **지방자치단체의 중층구조** 또는 지방자치단체로서 특별시·광역시 도와 함께 시·군 및 구를 계속하여 존속하도록 할지 여부는 결국 입법자의 입법형성권의 범위에 들어가는 것으로 보아야 한다. 5   23 경정

헌법상 지방자치제도보장의 핵심영역 내지 본질적 부분이 지방자치단체에 의한 자치행정을 보장하는 것이므로, 현행법에 따른 지방자치단체의 중층구조를 계속하여 존속하도록 할지 여부는 입법자의 입법형성권의 범위에 포함되지 않는다.   21 지방 7
(해설) 입법형성권 범위에 포함 O

404 헌법 제117조 제2항은 **지방자치단체의 종류를 법률로 정하도록 규정**하고 있을 뿐 **지방자치단체의 종류 및 구조를 명시**하고 있지 않으므로 이에 관한 사항은 **기본적으로 입법자에게 위임된 것으로 볼 수 있**어서 일정 지역 내의 지방자치단체인 시·군을 모두 폐지하여 **지방자치단체의 중층구조를 단층화하는 것은 헌법상 지방자치제도의 보장에 위배되지 않는다.³**　23 소간

행정혁신을 위해 현행 2단계(특별시, 광역시 등과 시, 군, 구)의 지방자치단체를 1단계로 조정하려면 헌법개정이 필수적이다.　18 법무사

(해설) 헌법개정 불필요, 입법형성권 범위 내

405 **지방자치단체의 폐치·분합에 관한 것은 대상지역 주민들의 인간다운 생활공간에서 살 권리 등을 침해할 수 있으므로 헌법소원의 대상이 될 수 있다.⁶**　13 국회 8

지방자치단체의 폐치·분합은 지방자치단체의 자치행정권 중 지역고권의 보장문제이므로, 주민들의 기본권과는 관련성이 없으므로 헌법소원의 대상이 될 수 없다.　24 입시

(해설) 주민들의 기본권과 관련성 있어 헌법소원 대상 可

KEY 068　지방자치단체의 사무와 지방자치권　B

> 헌법 제117조 ① 【사무·지방자치권】 지방자치단체는 **주민의 복리에 관한 사무**를 처리하고 재산을 관리하며, **법령의 범위안에서 자치에 관한 규정**을 제정할 수 있다.⁶

406 **지방의회의원과 지방자치단체장을 선출하는 지방선거는 지방자치단체의 기관을 구성하고 그 기관의 각종 행위에 정당성을 부여하는 행위라 할 것이므로, 지방선거사무는 지방자치단체의 존립을 위한 자치사무에 해당**한다 할 것이다.³　21 지방 7

지방선거사무는 전국적 통일성을 필요로 하므로 지방자치단체의 자치사무가 아니다.　20 국회 9

(해설) 지방선거사무 = 자치사무

407 헌법상 **지방자치단체의 지방자치권 역시 국가 통치조직의 분배와 작용에 관한 것으로서 국가권력의 일부분을 담당하는 권한인 이상, 지방자치단체의 조직과 자치기능 및 자치사무의 자율성에 관한 기본적이고 본질적인 사항은 법률에서 직접 규정하여야 한다.¹**　25 변호사

408 지방자치제도의 보장은 **지방자치단체에 의한 자치행정을 일반적으로 보장**한다는 것뿐이고, 마치 국가가 **영토고권**을 가지는 것과 마찬가지로 지방자치단체에게 자신의 관할구역 내에 속하는 **영토·영해·영공**을 자유로이 관리하고 관할구역 내의 **사람과 물건을 독점적·배타적으로 지배할 수 있는 권리가 부여되어 있다고 할 수는 없다.⁸**　24 국가 7

마치 국가가 영토고권을 가지는 것과 마찬가지로, 지방자치단체에게 자신의 관할구역 내에 속하는 영토·영해·영공을 자유로이 관리하고 관할구역 내의 사람과 물건을 독점적·배타적으로 지배할 수 있는 권리가 부여되어 있다.　24 입시

(해설) 지자체 영토고권 부정

KEY 069　조례제정권　A

409 **법령에서 조례로 정하도록 위임한 사항은 그 법령의 하위 법령에서 그 위임의 내용과 범위를 제한하거나 직접 규정할 수 없다.⁵**　23 지방 7, 23 법원 9

410 지방자치단체가 **조례를 제정할 수 있는 사항**은 지방자치단체의 고유사무인 **자치사무**와 개별 법령에 의하여 지방자치단체에 위임된 **단체위임사무**에 한하고, 국가사무가 지방자치단체의 장에게 위임되거나 상위 지방자치단체의 사무가 하위 지방자치단체의 장에게 위임된 **기관위임사무에 관한 사항은 원칙적으로 조례의 제정범위에 속하지 않는다**.¹⁰　16 법무사

조례 제정은 지방자치단체의 고유사무인 자치사무와 국가사무로서 지방자치단체의 장에게 위임된 기관위임사무에 관해서 허용되며, 개별 법령에 의하여 지방자치단체에 위임된 단체위임사무에 관해서는 조례를 제정할 수 없다.　23 지방 7
(해설) 자치사무와 단체위임사무 허용 but 기관위임사무 원칙 불허

411 구 지방자치법 제9조 제1항과 제15조 등의 관련 규정에 의하면 지방자치단체는 원칙적으로 그 고유사무인 자치사무와 법령에 의하여 위임된 단체위임사무에 관하여 이른바 자치조례를 제정할 수 있는 외에, 개별 **법령에서 특별히 위임하고 있을 경우**에는 그러한 사무에 속하지 아니하는 **기관위임사무에 관하여도** 그 위임의 범위 내에서 이른바 **위임조례를 제정할 수 있다**.⁴　20 법무사

법령의 위임이 없더라도 지방자치단체의 장에 위임된 기관위임사무에 관한 사항은 조례로 정할 수 있다.　18 법원 9
(해설) 법령의 위임 필요

412 헌법 제117조 제1항은 '지방자치단체는 주민의 복리에 관한 사무를 처리하고 재산을 관리하며, 법령의 범위 안에서 자치에 관한 규정을 제정할 수 있다'라고 하여 **지방자치제도의 보장**과 **지방자치단체의 자치권**을 규정하고 있는데, 헌법 제117조 제1항에서 규정하는 '**법령**'에는 법규명령으로서 기능하는 **행정규칙이 포함된다**.⁶　22 국가 7

헌법 제117조 제1항은 지방자치단체가 법령의 범위 안에서 자치에 관한 규정을 제정할 수 있다고 규정하고 있으므로, 고시 · 훈령 · 예규와 같은 행정규칙은 상위법령의 위임한계를 벗어나지 아니하고 상위법령과 결합하여 대외적인 구속력을 갖는 것이라 하더라도 위의 '법령'에 포함될 수 없다.　19 국회 8
(해설) 법령보충규칙 포함됨

413 조례가 규율하는 **특정사항**에 관하여 그것을 규율하는 **국가의 법령이 이미 존재하는 경우**에도 조례가 법령과 **별도의 목적에 기하여 규율**함을 의도하는 것으로서 그 적용에 의하여 법령의 규정이 의도하는 목적과 효과를 전혀 저해하는 바가 없는 때, 또는 양자가 동일한 목적에서 출발한 것이라고 할지라도 국가의 법령이 반드시 그 규정에 의하여 전국에 걸쳐 일률적으로 동일한 내용을 규율하려는 취지가 아니고 각 **지방자치단체가 그 지방의 실정에 맞게 별도로 규율하는 것을 용인**하는 취지라고 해석되는 때에는 그 조례가 국가의 법령에 위반되는 것은 아니다.³　10 법원 9

414 지방자치단체가 고유사무인 자치사무에 관하여 자치조례를 제정하는 경우에도 **주민의 권리제한 또는 의무부과에 관한 사항**에 해당하는 조례를 제정할 경우에는 **법률의 위임이 있어야 하고 그러한 위임 없이 제정된 조례는 효력이 없다**.⁶　23 법원 9

415 헌법은 지방자치단체의 조례제정권을 보장하고 있고 「지방자치법」은 개별 법률의 위임이 있는 경우에는 조례로써도 주민의 권리를 제한하거나 주민에게 의무를 부과하는 것이 가능함을 밝히고 있으므로, 조례도 **법률의 위임이 있으면 입법사항을 정할 수 있다**.¹　(최신판례)　25 변호사

416 조례안의 **일부 규정이 법령에 위반된 이상 그 나머지 규정이 법령에 위반되지 않는다 하더라도** 조례안에 대한 재의결은 **그 전체의 효력을 부정할 수밖에 없다**.³　16 서울 7

417 조례에 의한 규제가 지역 여건이나 환경 등 그 특성에 따라 다르게 나타나는 것은 헌법이 지방자치단체의 자치입법권을 인정한 이상 당연히 예상되는 결과이다. 자신들이 **거주하는 지역의 학원조례조항**으로 인하여 **다른 지역 주민들에 비하여 더한 규제**를 받게 되었다하여 **평등권이 침해되었다고 볼 수는 없다.**³
24 법원 9

조례에 의한 규제가 지역 여건이나 환경 등 그 특성에 따라 다르게 나타나는 것은 헌법이 지방자치단체의 자치입법권을 인정한 이상 당연히 예상되는 결과이나, 고등학생들이 학원 교습시간과 관련하여 자신들이 거주하는 지역의 학원조례조항으로 인하여 다른 지역 주민들에 비하여 더한 규제를 받게 되었다면 평등권이 침해되었다고 볼 수 있다.
17 국가 7
(해설) 평등권 침해 X

KEY 070 지방의회 B

헌법 제117조 ② 【지방자치단체】 지방자치단체의 종류는 법률로 정한다.¹

헌법 제118조 ① 【지방의회】 지방자치단체에 의회를 둔다.³
② 【지방선거】 지방의회의 조직·권한·의원선거와 지방자치단체의 장의 선임방법 기타 지방자치단체의 조직과 운영에 관한 사항은 법률로 정한다.⁴

418 지방자치단체에는 반드시 지방의회를 두어야 한다.⁴
21 법무사

지방자치단체 의회를 폐지하는 것은 헌법개정을 하지 않고서도 채택할 수 있다.
20 경정
(해설) 헌법개정사항

419 지방의회의 의장이나 부의장이 법령을 위반하거나 정당한 사유 없이 직무를 수행하지 아니하면 **지방의회는 불신임을 의결할 수 있다.**³
19 5급

지방의회의 의장이나 부의장이 법령을 위반하거나 정당한 사유 없이 직무를 수행하지 아니하면 지방의회는 불신임을 의결할 수 있는데, 불신임의결은 재적의원 4분의 1 이상의 발의와 재적의원 과반수의 출석과 출석의원 과반수의 찬성으로 행한다.
17 국가 7
(해설) 재적 1/4 발의, 재적 과반 찬성

420 지방의회의원으로 하여금 **지방공사 직원을 겸직하지 못하도록 한 것**은 지방공사 직원과 지방의회의원으로서의 **지위가 충돌하여 직무의 공정성이 훼손될 가능성**이 존재하며, 지방의회의 활성화라는 취지에 비추어 볼 때 **지방의회의원의 직업선택의 자유를 침해하지 않는다.**³
18 변호사

KEY 071 지방자치단체의 장 B

421 지방자치단체의 장이 「의료법」에 따른 **의료기관에 60일 이상 계속하여 입원한 경우 부단체장이 그 권한을 대행한다.**³
19 지방 7

지방자치단체장이 '궐위된 경우, 공소 제기된 후 구금상태에 있는 경우, 금고 이상의 형을 선고받고 그 형이 확정되지 아니한 경우'에는 부단체장이 그 권한을 대행한다.
16 법무사
(해설) 금고 이상 형 선고 후 형 미확정 시 X

422 지방의회는 **지방의회의원 개인을 중심으로 한 구조**이며 사무직원은 지방의회의원을 보조하는 지위를 가지는데, 이러한 인적 구조 아래서 **지방의회 사무직원의 임용권의 귀속 및 운영 문제를 지방자치제도의 본질적인 내용이라고 볼 수는 없다.**⁵
16 지방 7

지방의회 의장의 추천권이 적극적이고 실질적으로 발휘되더라도 지방의회 사무직원의 임용권이 지방자치단체의 장에게 있다고 하면, 그것은 지방의회와 집행기관 사이의 상호견제와 균형의 원리를 침해하는 것이다.
15 국회 8
(해설) 상호 견제와 균형의 원리 침해 X

KEY 072 주민자치   C

423 주민투표권이나 조례제정·개폐청구권은 **법률에 의하여 보장되는 권리**에 해당하고, **헌법상 보장되는 기본권이라거나 헌법 제37조 제1항의 '헌법에 열거되지 아니한 권리'로 보기 어렵다.** O

23 지방 7, 24 국회 9

조례 제정·개폐청구권은 법률에 의하여 보장되는 권리가 아니라 헌법 제37조 제1항의 '헌법에 열거되지 아니한 권리'에 해당하므로 헌법상 보장된 기본권으로 볼 수 있다.

23 변호사

(해설) 법률에 의하여 보장되는 권리임, 기본권으로 볼 수 없음

KEY 073 주민투표제   C

424 「지방자치법」에서 규정한 **주민투표권**은 그 성질상 선거권, 공무담임권, 국민투표권과 전혀 다른 것이어서 이를 **법률이 보장하는 참정권**이라고 할 수 있을지언정 **헌법이 보장하는 참정권이라고 할 수는 없다.** O

17 국회 9

헌법 제117조 및 제118조를 통해 대의제 또는 대표제 지방자치를 보장하고 있는바, 「지방자치법」에서 규정한 주민투표권은 국민투표권과 같이 헌법이 보장하는 참정권이다.   25 경정

(해설) 법률상 권리이지 헌법상 참정권 아님

425 지방자치단체의 장은 주민에게 과도한 부담을 주거나 **중대한 영향을 미치는 지방자치단체의 주요 결정사항** 등에 대하여 **주민투표에 부칠 수 있다.** O

15 경정, 14 서울 7

지방자치단체의 장은 주민에게 과도한 부담을 주거나 중대한 영향을 미치는 지방자치단체의 주요사항에 대해서는 주민투표에 부쳐야 한다.   13 지방 7

(해설) 재량 (부칠 수 있다)

KEY 074 주민소환제   B

426 주민소환제 자체는 **지방자치의 본질적인 내용이라고 할 수 없으므로 이를 보장하지 않는 것이 위헌이라거나 어떤 특정한 내용의 주민소환제를 반드시 보장해야 한다는 헌법적인 요구가 있다고 볼 수는 없다.** O

12 국가 7

주민소환제 자체는 지방자치의 본질적인 내용이라고 할 수 있으므로 이를 보장하지 않는 것은 위헌이고, 어떤 특정한 내용의 주민소환제를 보장해야 한다는 헌법적인 요구가 있다고 볼 수 있다.   12 국가 7

(해설) 지방자치의 본질 X / 헌법적 요구 X

427 **주민소환제**는 주민의 참여를 적극 보장하고, 이로써 주민자치를 실현하여 지방자치에도 부합하므로, 이 점에서는 **위헌의 문제가 발생할 소지가 없고**, 제도적인 형성에 있어서도 **입법자에게 광범위한 입법재량이 인정된다.** O

12 국가 7

주민소환제의 제도 형성에 관해서는 입법자에게 광범위한 입법재량이 인정되지만, 주민소환제는 주민의 참여를 적극 보장하고 이로써 주민자치를 실현하여 지방자치에도 부합하므로, 주민소환제 자체는 지방자치의 본질적인 내용에 해당한다.

19 법무사

(해설) 지방자치의 본질 X

428 주민은 그 **지방자치단체의 장 및 지방의회의원(비례대표 지방의회의원은 제외한다)을 소환할 권리**를 가진다. O

14 서울 7

주민은 그 지방자치단체의 장, 지역구 지방의회의원 및 비례대표 지방의회의원을 소환할 권리를 가진다.   19 경정승진

(해설) 비례대표 지방의원 제외

KEY 075 국가의 지도·감독

429 지방자치의 본질상 **자치행정에 대한 국가의 관여는 가능한 한 배제하는 것이 바람직**하지만, 지방자치도 국가적 법질서의 테두리 안에서만 인정되는 것이고, 지방행정도 중앙행정과 마찬가지로 **국가행정의 일부**이므로 지방자치단체가 **어느 정도 국가적 감독·통제를 받는 것은 불가피**하다. ○   24 입시

지방자치단체는 국가와는 별개의 법인격을 가지며 자율적으로 지방의 고유사무를 처리하기 때문에 고유사무에 관해서는 국가적 감독과 통제를 받지 않는다.   11 법원 9

(해설) 어느 정도 국가적 감독, 통제 불가피

430 헌법이 감사원을 독립된 외부감사기관으로 정하고 있는 취지, 중앙정부와 지방자치단체는 서로 행정기능과 행정책임을 분담하면서 중앙행정의 효율성과 지방행정의 자주성을 조화시켜 국민과 주민의 복리증진이라는 공동목표를 추구하는 협력관계에 있다는 점을 고려하면 **지방자치단체의 자치사무에 대한 합목적성 감사의 근거가 되는 「감사원법」 조항은 지방자치권의 본질적 내용을 침해하였다고는 볼 수 없다.** ○   23 국가 7

감사원이 지방자치단체를 상대로 감사를 하면서 위임사무뿐만 아니라 자치사무에 대하여도 합법성 감사와 합목적성 감사까지 하는 것은 지방자치권의 본질적 내용을 침해한다.   18 5급

(해설) 본질적 내용 침해 X

431 **행정안전부장관이나 시·도지사는** 지방자치단체의 **자치사무에 관하여 보고를 받거나 서류·장부 또는 회계를 감사할 수 있다. 이 경우 감사는 법령위반사항에 대하여만 실시**한다. ○   13 지방 7

행정안전부장관은 지방자치단체의 자치사무에 관하여 보고를 받거나 서류·장부 또는 회계를 감사할 수 있으며, 이 경우 감사는 자치사무의 합목적성 및 법령위반사항에 대하여 실시한다.   19 5급

(해설) 합목적성 감사 불가

432 국가감독권 행사로서 지방자치단체의 자치사무에 대한 **감사원의 감사는 사전적·포괄적 합목적성 감사이지만, 중앙행정기관의 지방자치단체의 자치사무에 대한 감사권은 그 대상과 범위가 한정적인 제한된 감사권**이다. ○   22 입시

중앙행정기관은 지방자치단체의 자치사무에 대하여 합법성 및 합목적성 감사를 할 수 있으므로 행정안전부장관이 서울시에 대하여 피감사대상을 특정하지 않고 포괄적으로 감사를 하더라도 지방자치권을 침해한 것은 아니다.   13 서울 7

(해설) 중앙행정기관 합목적성 감사 불가 / 지방자치권을 침해함

433 지방자치단체의 자치사무에 관한 한 기초지방자치단체는 **광역지방자치단체와 대등하고 상이한 권리주체**에 해당하고, 광역지방자치단체의 기초지방자치단체에 대한 **감사는 상이한 법인격 주체 사이의 감독권의 행사로서 외부적 효과를 가지는 통제에 해당**한다고 보아야 한다. ○ 최신판례   24 지방 7

434 광역지방자치단체가 기초지방자치단체의 자치사무에 대한 **감사에 착수하기 위해서는 자치사무에 관하여 특정한 법령위반행위가 확인되었거나 위법행위가 있었으리라는 합리적 의심이 가능한 경우이어야 하고 그 감사대상을 특정하여야** 한다. ○ 최신판례   24 지방 7

435 연간 감사계획에 포함되지 아니하고 사전조사가 수행되지 아니한 감사의 경우 「지방자치법」에 따른 감사의 절차와 방법 등에 관한 관련 법령에서 감사대상이나 내용을 통보할 것을 요구하는 명시적인 규정이 없어, **광역지방자치단체가 기초지방자치단체의 자치사무에 대한 감사에 착수하기 위해서는 감사대상을 특정하여야 하나, 특정된 감사대상을 사전에 통보할 것까지 요구된다고 볼 수는 없다.** ○ 최신판례   23 국가 7

중앙행정기관이나 광역지방자치단체가 지방자치단체의 자치사무에 대한 감사에 착수하기 위해서는 감사대상이 사전에 특정되어야 하고, 연간감사계획에 포함되지 아니한 감사라 하더라도 감사대상 지방자치단체에게 특정된 감사대상을 사전에 통보하는 것이 감사의 개시요건이라 할 것이므로, 그러한 절차를 거치지 않았다면 해당 감사착수는 적법하다고 볼 수 없다.   23 법무사

(해설) 사전통보 감사개시요건 아님

436 지방자치단체의 자치사무에 대한 무분별한 감사권의 행사는 헌법상 보장된 지방자치권을 침해할 가능성이 크므로, 원칙적으로 감사 과정에서 사전에 감사대상으로 특정되지 아니한 사항에 관하여 위법사실이 발견되었다고 하더라도 감사대상을 확장하거나 추가하는 것은 허용되지 않는다. / 최신판례

25 변호사

437 기초지방자치단체의 자치사무에 대한 광역지방자치단체의 감사과정에서 사전에 감사대상으로 특정되지 않은 사항에 관하여 위법사실이 발견된 경우, 당초 특정된 감사대상과 관련성이 있어 함께 감사를 진행해도 기초지방자치단체가 절차적인 불이익을 받을 우려가 없고, 해당 감사대상을 적발하기 위한 목적으로 감사가 진행된 것으로 볼 수 없는 사항에 대하여는 감사대상의 확장 내지 추가가 허용된다. 3 최신판례

24 경간

감사 과정에서 사전에 감사대상으로 특정되지 아니한 사항에 관하여 위법사실이 발견된 경우, 당초 특정된 감사대상과 관련성이 인정되는 것으로서 당해 절차에서 함께 감사를 진행하더라도 감사대상 지방자치단체가 절차적인 불이익을 받을 우려가 없고, 해당 감사대상을 적발하기 위한 목적으로 감사가 진행된 것으로 볼 수 없는 사항이라 하더라도, 감사대상을 확장하거나 추가하는 것은 허용되지 않는다.

23 국가 7

해설 감사대상의 확장 내지 추가가 예외적으로 허용됨

MEMO

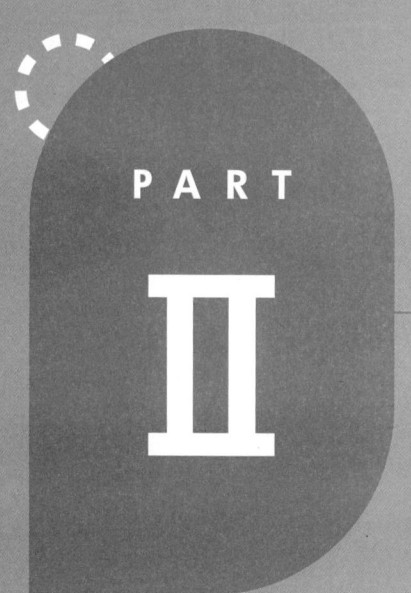

PART II

국민의 권리와 의무

- CH 01 기본권 총론
- CH 02 포괄적 기본권
- CH 03 평등원칙과 평등권
- CH 04 인신의 보호
- CH 05 사생활영역의 보호
- CH 06 정신적 자유권
- CH 07 경제적 기본권
- CH 08 참정권 (정치권)
- CH 09 사회적 기본권
- CH 10 청구권
- CH 11 국민의 기본의무

CHAPTER 01 기본권 총론

| 번호 | 옳은 지문 O | 옳지 않은 지문 X |

KEY 076 기본권 주체 (자연인) S

438 기본권 주체로서의 법적 지위는 헌법소원에 의해 권리를 구제받을 수 있는지를 판단하는 기준의 하나가 된다.³
19 법원 9

439 모든 인간은 헌법상 생명권의 주체가 되며, 형성 중의 생명인 태아에게도 생명에 대한 권리가 인정되어야 한다. 따라서 태아도 헌법상 생명권의 주체가 되며, 국가는 헌법 제10조에 따라 태아의 생명을 보호할 의무가 있다.⁸
17 법무사

국가는 헌법 제10조, 제12조 등에 따라 태아의 생명을 보호할 의무가 있지만, 태아는 헌법상 생명권의 주체로 인정되지 않는다.
22 경정
해설 태아도 헌법상 생명권의 주체로 인정됨

440 아직 모체에 착상되거나 원시선이 나타나지 않은 초기배아는 독립된 인간과 배아 간 개체적 연속성을 확정하기 어렵고, 배아는 모태 속에서 수용될 때 비로소 독립적인 인간으로의 성장가능성을 기대할 수 있어 기본권 주체성을 인정하기 어렵다.¹⁸
23 경찰 1차

초기배아는 수정이 된 배아라는 점에서 아직 모체에 착상되거나 원시선이 나타나지 않았다고 하더라도 기본권의 주체가 될 수 있다.
22 해간
해설 초기배아 기본권 주체성 부정

441 오늘날 생명공학 등의 발전과정에 비추어 인간의 존엄과 가치가 갖는 헌법적 가치질서로서의 성격을 고려할 때 인간으로 발전할 잠재성을 갖고 있는 초기배아라는 원시생명체에 대하여도 위와 같은 헌법적 가치가 소홀히 취급되지 않도록 노력해야 할 국가의 보호의무가 있음을 인정하지 않을 수 없다.³

초기배아는 수정이 된 배아라는 점에서 형성 중인 생명의 첫 걸음을 떼었다고 볼 여지가 있기는 하나 아직 모체에 착상되거나 원시선이 나타나지 않은 이상 기본권 주체성 및 국가의 보호필요성을 인정할 수 없다.
17 법무사
해설 국가의 보호필요성은 인정됨

442 신체의 자유, 주거의 자유, 변호인의 조력을 받을 권리, 재판청구권 등은 성질상 인간의 권리에 해당한다고 볼 수 있으므로, 이 기본권들에 관하여는 외국인들의 기본권 주체성이 인정된다.¹¹
20 지방 7

우리 헌법상 외국인은 국제법과 조약이 정하는 바에 의하여 그 지위가 보장되기 때문에, 국제법과 조약이 정하는 외에 외국인이 우리 헌법상 기본권의 주체가 될 수 있는 경우는 없다.
11 법원 9
해설 외국인: 헌법상 기본권 주체가 될 수 있는 경우 有

443 직장 선택의 자유는 인간의 존엄과 가치 및 행복추구권과도 밀접한 관련을 가지는 만큼 단순히 국민의 권리가 아닌 인간의 권리로 보아야 할 것이므로 외국인도 제한적으로라도 직장선택의 자유를 향유할 수 있다고 보아야 한다.⁷
14 국가 7

외국인이 법률에 따라 고용허가를 받아 적법하게 근로관계를 형성한 경우에도 외국인은 그 근로관계를 유지하거나 포기하는 데 있어서 직장 선택의 자유에 대한 기본권 주체성을 인정할 수 없다.
20 변호사
해설 고용허가로 적법한 근로관계 형성 시 기본권 주체성 인정

444 근로의 권리의 구체적인 내용에 따라, 국가에 대하여 고용증진을 위한 사회적·경제적 정책을 요구할 수 있는 권리는 사회권적 기본권으로서 국민에 대하여만 인정해야 하지만, 자본주의 경제질서하에서 근로자가 기본적 생활수단을 확보하고 인간의 존엄성을 보장받기 위하여 최소한의 근로조건을 요구할 수 있는 권리는 자유권적 기본권의 성격도 아울러 가지므로 이러한 경우 외국인 근로자에게도 그 기본권 주체성을 인정함이 타당하다.⁹
22 경찰 1차

국가에 대하여 고용증진을 위한 사회적·경제적 정책을 요구할 수 있는 권리는 이른바 사회적 기본권으로서 국민에게만 인정되므로, 외국인 근로자는 기본적 생활수단을 확보하고 인간의 존엄성을 보장받기 위한 최소한의 근로조건을 요구할 수 있는 권리의 주체가 되지 못한다.
16 경정
해설 외국인도 최소한의 근로조건을 요구할 수 있는 권리의 주체가 됨

445	헌법상 근로의 권리는 '일할 자리에 관한 권리'만이 아니라 '일할 환경에 관한 권리'도 의미하는데, '일할 환경에 관한 권리'는 인간의 존엄성에 대한 침해를 방어하기 위한 권리로서 외국인에게도 인정되며, 건강한 작업환경, 일에 대한 정당한 보수, 합리적인 근로조건의 보장 등을 요구할 수 있는 권리 등을 포함한다.¹⁷ 17 국가 7(추)	일할 환경에 관한 권리는 외국인 근로자에게는 인정되지 아니한다. 14 법무사 해설 외국인 근로자 인정
446	불법체류 중인 외국인들이라 하더라도, 불법체류라는 것은 관련법령에 의하여 체류자격이 인정되지 않는다는 것일 뿐이므로, '인간의 권리'로서 외국인에게도 주체성이 인정되는 일정한 기본권에 관하여 불법체류 여부에 따라 그 인정 여부가 달라지는 것은 아니다.⁸ 22 경찰 1차	불법체류는 관련 법령에 의하여 체류자격이 인정되지 않는다는 것을 의미하므로, 비록 문제되는 기본권이 인간의 권리라고 하더라도 불법체류 여부에 따라 그 인정 여부가 달라진다. 19 서울 7(추) 해설 인정여부가 달라지지 않음
447	공직선거법상 영주의 체류자격 취득일 후 3년이 경과한 18세 이상의 외국인으로서 해당 지방자치단체의 외국인등록대장에 올라 있는 사람은 지방자치단체의 의회의원 및 장의 선거권이 있으나 **법률상 권리**이다.³	「출입국관리법」에 따른 영주의 체류자격 취득일 후 3년이 경과한 18세 이상의 외국인에게는 지방자치단체 의회의원 및 장의 선거권이 부여되어 헌법상의 정치적 기본권이 인정된다. 16 경정 해설 헌법상 기본권 X, 법률상 권리 O
448	외국인은 입국의 자유의 주체가 될 수 없으며, 외국인이 복수국적을 누릴 자유는 헌법상 보호되는 기본권으로 볼 수 없다.⁴ 19 변호사	거주·이전의 자유는 인간의 권리에 해당하므로 외국인에게 거주·이전의 자유의 내용인 출·입국의 자유에 대한 기본권 주체성이 인정된다. 24 경찰 1차 해설 인간의 권리 X → 국민의 권리 O / 입국의 자유 부정 but 출국의 자유 인정
449	국가정책에 따라 정부의 허가를 받은 외국인은 정부가 허가한 범위 내에서 소득활동을 할 수 있는 것이므로 외국인이 국내에서 누리는 직업의 자유는 법률 이전에 헌법에 의해서 부여된 기본권이라 할 수는 없고, 법률에 따른 정부의 허가에 의해 비로소 발생하는 권리이다.⁷ 22 국가 7, 21 경정	외국국적동포가 국내에서 누리는 직업의 자유는 법률 이전에 헌법에 의해서 부여된 기본권이다. 23 경채 해설 헌법에 의해서 부여된 기본권 X, 법률에 따른 정부의 허가에 의해 비로소 발생하는 권리 O

KEY 077 기본권주체 (사법인) S

450	우리 헌법은 법인 내지 단체의 기본권 향유능력에 대하여 명문의 규정을 두고 있지는 않지만, 본래 자연인에게 적용되는 기본권이라도 그 성질상 법인이 누릴 수 있는 기본권은 법인에게도 적용된다.³ 19 법원 9	
451	법인은 사단법인·재단법인 또는 영리법인·비영리법인을 가리지 아니하고 일정한 한계 내에서는 헌법상 보장된 기본권이 침해되었음을 이유로 헌법소원심판을 청구할 수 있으며, **법인 아닌 사단·재단**이라고 하더라도 **대표자의 정함이 있고 독립된 사회적 조직체로서 활동하는 때**에는 성질상 법인이 누릴 수 있는 기본권을 침해당하게 되면 그의 이름으로 헌법소원심판을 청구할 수 있다.⁴ 25 경정	법인 아닌 사단·재단의 경우 대표자의 정함이 있고 독립된 사회적 조직체로서 활동한다고 하더라도 그의 이름으로 헌법소원심판을 청구할 수는 없다. 23 경정 해설 헌법소원심판 청구 可
452	한국영화인협회 감독위원회는 영화인협회 내부에 설치된 분과위원회의 하나에 지나지 아니하며, 달리 단체로서 실체를 갖춘 법인 아닌 사단으로 볼 수 없어 헌법소원심판에서 청구인능력이 없다.³ 21 국회 9	

453 법인도 법인의 목적과 사회적 기능에 비추어 볼 때 그 성질에 반하지 않는 범위 내에서 **인격권**의 한 내용인 **사회적 신용이나 명예 등의 주체**가 될 수 있고 법인이 이러한 사회적 신용이나 명예 유지 내지 법인격의 자유로운 발현을 위하여 **의사결정이나 행동을 어떻게 할 것인지를 자율적으로 결정하는 것**도 법인의 인격권의 한 내용을 이룬다.19　　　　16 법무사

개인이 자연인으로서 향유하게 되는 기본권은 그 성질상 당연히 법인에게 적용될 수 없다. 따라서 인간의 존엄과 가치에서 유래하는 인격권은 그 성질상 법인에게는 적용될 수 없다.　　　　23 입시

(해설) 법인도 인격권의 주체가 됨

454 우리 헌법은 법인의 기본권향유능력을 인정하는 **명문의 규정을 두고 있지 않지만**, 언론·출판의 자유, 재산권의 보장 등과 같이 성질상 법인이 누릴 수 있는 기본권은 당연히 **법인에게도 적용**된다.4　　　　22 해간, 21 법원 9

455 헌법 제14조의 거주·이전의 자유, 헌법 제21조의 **결사의 자유**는 그 성질상 **법인에게도 인정**된다.5　　　　20 변호사

사법인은 그 조직과 의사형성에 있어서, 그리고 업무수행에 있어서 자기결정권을 가진다고 할 수 없으므로 결사의 자유의 주체가 된다고 볼 수 없다.　　　　24 5급

(해설) 자기결정권 가짐, 결사의 자유의 주체가 됨

456 인간의 존엄과 가치, 행복추구권은 그 성질상 **자연인에게 인정되는 기본권이므로 법인에게는 적용되지 않는다**.4　　　　17 법원 9

공법인도 행복추구권의 주체가 될 수 있다.　　　　16 국회 9

(해설) 법인은 행복추구권의 주체가 되지 않음

457 정당은 국민의 정치적 의사형성에 참여하기 위한 조직으로 성격상 **권리능력 없는 단체에 속하지만**, **구성원과 독립하여 그 자체로서 기본권의 주체가 될 수 있다**.6　　　　25 국회 8

정당은 권리능력 없는 단체에 속하므로 그 자체로서 기본권의 주체가 될 수 없다.　　　　20 소간

(해설) 기본권 주체가 될 수 있음

458 평등권 및 평등선거의 원칙으로부터 나오는 **기회균등의 원칙**은 후보자는 물론 **정당에 대해서도 보장된다**.8　　　　23 해간, 18 경정

정당추천 후보자가 선거에서 차등대우를 받는 경우에는 해당 후보자의 평등권이 문제될 수 있을지는 몰라도 법인격 없는 사단인 정당은 선거에서의 차등대우와 관련하여 기본권의 주체가 될 수 없다.　　　　15 국회 9

(해설) 정당 : 평등권 주체 될 수 있음

459 법률이 교섭단체를 구성한 정당에 정책연구위원을 두도록 하여 그렇지 못한 정당을 차별하는 경우 **교섭단체를 구성하지 못한 정당은 기본권을 침해받을 가능성이 있다**.3　　　　24 경간

교섭단체 소속의원의 입법활동을 보좌하기 위하여 정책연구위원을 두도록 하는 것은 교섭단체를 구성한 정당과 그렇지 못한 정당을 불합리하게 차별하여 평등원칙에 위반된다.　　　　08 국가 7

(해설) 평등원칙 위반 X

460 정당과 같은 권리능력 없는 단체는 **생명·신체의 안전에 관한 기본권의 행사에 있어서는 기본권 주체가 될 수 없다**.5　　　　18 국회 9

정당은 권리능력 없는 사단으로서 기본권 주체성이 인정되므로 미국산 쇠고기 수입위생조건에 관한 고시와 관련하여 생명·신체의 안전에 관한 기본권 침해를 이유로 헌법소원을 청구할 수 있다.　　　　23 경간

(해설) 생명·신체의 안전에 관한 기본권의 주체가 될 수 없음

KEY 078　기본권주체 (공법인)　　S

461 헌법상 기본권의 주체가 될 수 있는 법인은 원칙적으로 **사법인에 한하는 것**이고 **공법인은 헌법의 수범자이지 기본권의 주체가 될 수 없다**.4　　　　24 경간, 23 소간

국가, 지방자치단체나 그 기관 또는 국가조직의 일부나 공법인은 원칙적으로 기본권의 수범자이자 동시에 기본권의 주체가 되는 이중적 지위에 있다.　　　　19 법원 9

(해설) 기본권의 수범자 O, 주체 X

462 국가기관인 국회의 일부 조직인 노동위원회는 기본권의 주체가 될 수 없고, 따라서 헌법소원심판 청구를 제기할 수 있는 적격이 없다. 10 국회 8

국회 환경노동위원회가 출석요구에 불응한 증인을 검찰에 고발하였으나 검찰이 불기소처분을 내리자 재판절차진술권의 침해를 이유로 헌법소원심판을 청구한 경우는 헌법소원을 제기할 수 있는 적격이 있다. 12 국회 8
(해설) 노동위원회 기본권 주체성 부정

463 지방자치단체는 기본권의 주체가 될 수 없다. 10 국회 8

「지방자치법」은 지방자치단체를 법인으로 하도록 하고 있으므로, 지방자치단체도 기본권의 주체가 된다. 24 5급
(해설) 기본권 주체성 부정

464 주택재개발정비사업조합은 노후·불량한 건축물이 밀집한 지역에서 주거환경을 개선하여 도시의 기능을 정비하고 주거생활의 질을 높여야 할 국가의 의무를 대신하여 실현하는 기능을 수행하고 있으므로 구「도시 및 주거환경정비법」상 주택재개발정비사업조합이 공법인의 지위에서 기본권의 수범자로 기능하면서 행정심판의 피청구인이 된 경우에는 기본권의 주체가 될 수 없다. (최신판례) 23 경찰 2차

465 농지개량조합은 조직, 재산의 형성·유지 및 그 목적과 활동 전반에 나타나는 매우 짙은 공적인 성격을 감안할 때 공법인이라고 봄이 상당하므로 헌법소원의 청구인적격을 인정할 수 없다. 25 5급

농업기반공사 및 농지관리기금법에 의하여 해산되어 신설되는 농업기반공사에 합병되는 농지개량조합은 재산권의 주체가 된다. 17 국회 9
(해설) 농지개량조합 (공법인) : 재산권 주체성 부정

466 공법인이나 이에 준하는 지위를 가진 자라 하더라도 공무를 수행하거나 고권적 행위를 하는 경우가 아닌 사경제 주체로서 활동하는 경우나 조직법상 국가로부터 독립한 고유 업무를 수행하는 경우, 그리고 다른 공권력 주체와의 관계에서 지배복종관계가 성립되어 일반 사인처럼 그 지배하에 있는 경우 등에는 기본권 주체가 될 수 있다. 24 경찰 2차

공법인은 기본권의 수범자로서 국민의 기본권을 보호 내지 실현하여야 할 책임과 의무를 지닐 뿐이므로 기본권의 주체가 될 여지가 없다. 24 해간, 17 법원 9
(해설) 예외적으로 기본권 주체 될 수 있음

467 대통령도 국민의 한사람으로서 제한적으로나마 기본권의 주체가 될 수 있는바, 대통령은 소속 정당을 위하여 정당활동을 할 수 있는 사인으로서의 지위와 국민 모두에 대한 봉사자로서 공익 실현의 의무가 있는 헌법기관으로서의 지위를 동시에 갖는데 최소한 전자의 지위와 관련하여는 기본권 주체성을 갖는다고 할 수 있다. 23 해간, 22 경정

대통령은 소속 정당을 위하여 정당활동을 할 수 있는 사인으로서의 지위도 있지만 국민 모두에 대한 봉사자로서 공익실현의 의무가 있는 헌법기관으로서의 지위를 동시에 가지므로, 전자의 지위와 관련하여도 기본권 주체성을 갖는다고 볼 수 없다. 16 지방 7
(해설) 전자의 지위와 관련하여 기본권 주체성 인정

468 공직자가 국가기관의 지위에서 순수한 직무상의 권한행사와 관련하여 기본권 침해를 주장하는 경우에는 기본권의 주체성을 인정하기 어려우나, 그 외의 사적인 영역에 있어서는 기본권의 주체가 될 수 있다. 25 소간

국가 및 그 기관 또는 조직의 일부나 공법인은 원칙적으로 기본권의 '수범자'로서 기본권의 주체가 되지 못하므로, 「주민소환에 관한 법률」에서 주민소환의 청구사유에 제한을 두지 아니하였다는 이유로 지방자치단체장이 자신의 공무담임권 침해를 다툴 수는 없다. 24 경찰 1차
(해설) 공무담임권 침해 다툴 수 있음

469 축협중앙회는 공법인으로서의 성격이 상대적으로 크지만 공법인성과 사법인성을 겸유한 특수한 법인으로서 기본권의 주체가 될 수 있다. 21 국회 8

법인은 원칙적으로 사법인에 한하여 기본권의 주체가 될 수 있고 공법인은 기본권의 주체가 될 수 없으므로, 공법인성과 사법인성을 겸유한 특수한 법인인 축협중앙회는 기본권의 주체가 될 수 없다. 25 소간
(해설) 기본권 주체성 인정

470 헌법 제31조 제4항이 규정하는 교육의 자주성 및 대학의 자율성은 헌법 제22조 제1항이 보장하는 학문의 자유의 확실한 보장을 위해 꼭 필요한 것으로서 대학에 부여된 헌법상 기본권인 대학의 자율권이므로, 국립대학인 청구인도 이러한 대학의 자율권의 주체로서 헌법소원심판의 청구인능력이 인정된다. ○
22 경찰 1차

법인인 서울대학교와 인천대학교를 제외하고 국립대학교는 「정부조직법」 제4조 부속기관의 일종인 교육훈련기관으로서 영조물에 불과하므로 대학의 자율권과 관련하여 기본권 주체가 될 수 없다.
24 경찰 2차
(해설) 기본권 주체가 될 수 있음

471 학교가 보유·관리하는 정보는 국가기관이나 지방자치단체 등이 보유·관리하는 정보와 마찬가지로 국민의 알 권리의 대상이 되는 공적 정보에 해당하므로, 국립대학법인 서울대학교가 정보공개의무를 부담하는 경우에 있어서는 국민의 알 권리를 보호해야 할 의무를 부담하는 기본권 수범자의 지위에 있다. ○ [최신판례]
25 경정

472 공법상 재단법인인 방송문화진흥회가 최다출자자인 방송사업자는 방송법 등 관련 규정에 의하여 공법상의 의무를 부담하고 있지만, 그 설립목적이 언론의 자유의 핵심 영역인 방송사업이므로 이러한 업무 수행과 관련해서는 기본권 주체가 될 수 있고, 그 운영을 광고수익에 전적으로 의존하고 있는 만큼 이를 위해 사경제 주체로서 활동하는 경우에도 기본권 주체가 될 수 있다. ○
22 국가 7

공법상 재단법인인 방송문화진흥회가 최다출자자인 방송사업자는 관련 규정에 의하여 공법상의 의무를 부담하고 있기 때문에 기본권 주체가 될 수 없다.
22 해간
(해설) 기본권 주체 될 수 있음

KEY 079 기본권제한의 일반적 법률유보 C

473 법률유보의 원칙은 '법률에 의한' 규율만을 뜻하는 것이 아니라 '법률에 근거한' 규율을 요청하는 것이므로 기본권 제한의 형식이 반드시 법률의 형식일 필요는 없고 법률에 근거를 두면서 헌법 제75조가 요구하는 위임의 구체성과 명확성을 구비하기만 하면 위임입법에 의하여도 기본권 제한을 할 수 있다. ○
23 해간, 22 경정

헌법 제37조 제2항은 기본권제한에 관한 일반적 법률유보조항이고, 법률유보의 원칙은 '법률에 의한 규율'을 요청하고 있으므로, 기본권 제한에는 법률의 근거가 필요하고 반드시 법률의 형식으로 하여야 한다.
23 경찰 2차
(해설) 법률에 의한 규율 X → 법률에 근거한 규율 O / 법률의 형식일 필요 없음

KEY 080 기본권제한의 명확성원칙 A

474 법치국가원리의 한 표현인 명확성의 원칙은 기본적으로 모든 기본권제한입법에 대하여 요구된다. 규범의 의미내용으로부터 무엇이 금지되는 행위이고 무엇이 허용되는 행위인지를 수범자가 알 수 없다면 법적 안정성과 예측가능성은 확보될 수 없게 될 것이고, 또한 법집행 당국에 의한 자의적 집행을 가능하게 할 것이기 때문이다. ○
13 변호사

명확성의 원칙은 기본적으로 모든 기본권제한입법에 대하여 요구되는 것은 아니다.
19 서울 7(추)
(해설) 모든 기본권제한입법에 요구됨

475 법규범의 문언은 어느 정도 일반적·규범적 개념을 사용하지 않을 수 없기 때문에 기본적으로 최대한이 아닌 최소한의 명확성을 요구하는 것으로서, 법문언이 법관의 보충적인 가치판단을 통해서 그 의미내용을 확인할 수 있고, 그러한 보충적 해석이 해석자의 개인적인 취향에 따라 좌우될 가능성이 없다면 명확성원칙에 반한다고 할 수 없다. ○
13 변호사

명확성원칙의 엄격한 적용이 요구되는 경우에는 그 적용대상자와 금지 행위를 구체적으로 알 수 있도록 구체적이고 서술적인 개념에 의하여 규정하여야 하고, 다소 광범위하여 법관의 보충적인 해석을 필요로 하는 개념을 사용해서는 아니된다.
24 법원 9
(해설) 사용할 수 있음

476 명확성의 원칙은 모든 법률에 있어서 동일한 정도로 요구되는 것은 아니고 개개의 법률이나 법조항의 성격에 따라 요구되는 정도에 차이가 있을 수 있으며 각각의 구성요건의 특수성과 그러한 법률이 제정되게 된 배경이나 상황에 따라 달라질 수 있다.[5]   20 법무사

477 법치국가원리의 한 표현인 명확성의 원칙은 기본적으로 모든 기본권제한 입법에 대하여 요구되지만 **민사법규**는 행위규범의 측면이 강조되는 **형벌법규**와는 달리 기본적으로는 **재판법규의 측면**이 훨씬 강조되므로, 사회현실에 나타나는 여러 가지 현상에 관하여 일반적으로 흠결 없이 적용될 수 있도록 보다 **추상적인 표현을 사용하는 것이 상대적으로 더 가능**하다고 본다.[4]   25 경정

478 명확성의 원칙은 규율대상이 극히 다양하고 수시로 변화하는 것인 경우에는 그 요건이 완화되어야 한다.[3]   19 서울 7(추)

기본권을 제한하는 법률의 명확성에 관하여 법적 안정성과 예측가능성의 보장은 법치국가의 중요한 내용이기 때문에 법률의 규율 영역과 상관없이 동일하게 엄격한 기준이 적용된다.   23 해경

(해설) 규율 영역에 따라 요구되는 명확성에 차이가 있음

처벌법규나 조세법규와 같이 국민의 기본권을 직접적으로 제한하거나 침해할 소지가 있는 법규에 대해서는 명확성의 원칙이 적용되지만, 국민에게 수익적인 급부행정 영역이나 규율대상이 지극히 다양하거나 수시로 변화하는 성질의 것일 때에는 명확성 원칙이 적용되지 않는다.   18 법무사

(해설) 명확성원칙이 적용되나 그 요건이 완화됨

기본권제한입법에 있어서 규율대상이 지극히 다양하거나 수시로 변화하는 성질의 것이어서 입법기술상 일의적으로 규정할 수 없는 경우라도 명확성의 요건이 강화되어야 한다.   22 해경

(해설) 완화되어야 함

KEY 081 기본권제한의 과잉금지원칙과 본질적 내용 침해금지   B

> 헌법 제37조 ② 【법률에 근거한 기본권 제한】국민의 **모든 자유와 권리**는 국가안전보장·질서유지 또는 공공복리를 위하여 **필요한 경우에 한하여 법률로써** 제한할 수 있으며, 제한하는 경우에도 자유와 권리의 **본질적인 내용**을 침해할 수 없다.[2]

479 과잉금지의 원칙은 기본권 제한의 한계로서 헌법 제37조 제2항과 법치주의원리에서 그 근거를 찾을 수 있다.[3]   22 국회 9

480 국민의 기본권을 제한하는 **입법**은 그 목적이 헌법 및 법률의 체제상 정당성이 인정되어야 하고(목적의 정당성), 그 목적의 달성을 위하여 방법이 효과적이고 적절하여야 하며(수단의 적합성), 입법권자가 선택한 방법이 설사 적절하다고 하더라도 보다 완화된 형태나 방법을 모색함으로써 기본권의 제한은 필요한 최소한도에 그치도록 하여야 하며(피해의 최소성), 입법에 의하여 보호하려는 공익과 침해되는 사익을 비교형량할 때 보호되는 공익이 더 커야 한다(법익의 균형성).[6]   22 경정, 22 해경

481 입법목적을 달성하기 위한 수단으로서 반드시 가장 합리적이며 효율적인 수단을 선택하여야 하는 것은 아니라고 할지라도 적어도 현저하게 불합리하고 불공정한 수단의 선택은 피하여야 한다.[3]   22 경정

기본권 제한에서 요구되는 과잉금지원칙의 내용은 '목적의 정당성', '침해의 현재성', '법익의 균형성', '방법의 적정성' 이다.   23 해경

(해설) 침해의 현재성 X → 침해의 최소성 O

입법목적을 달성하기 위하여 가능한 여러 수단들 가운데 구체적으로 어느 것을 선택할 것인가의 문제는 기본적으로 입법재량에 속하지만, 반드시 가장 합리적이며 효율적인 수단을 선택해야 한다.   16 법원 9

(해설) 가장 합리적이며 효율적인 수단 X

482 수단의 적합성은 해당 기본권 제한조치가 **목적의 달성**에 어느 정도 기여하는 것으로 **충분**하며, 목적을 달성하는데 유일한 수단일 필요는 없다. 22 국회 9

국가작용에 있어서 선택하는 수단은 목적을 달성함에 있어서 필요하고 효과적이며 상대방에게 최소한의 피해를 줄 때에 한해서 정당성을 가지게 되고 상대방은 그 침해를 감수하게 되는 것인바, 국가작용에 있어서 취해지는 어떠한 조치나 선택된 수단은 그것이 달성하려는 사안의 목적에 적합하여야 함은 물론이고, 그 조치나 수단이 목적달성을 위하여 유일무이한 것이어야 한다. 16 경정

(해설) 유일무이한 것일 필요 X

483 침해의 최소성의 관점에서, 입법자는 그가 의도하는 공익을 달성하기 위하여 우선 기본권을 보다 적게 제한하는 단계인 기본권 행사의 '**방법**'에 관한 규제로써 공익을 실현할 수 있는가를 시도하고 이러한 방법으로는 공익달성이 어렵다고 판단되는 경우에 비로소 그 다음 단계인 기본권 행사의 '**여부**'에 관한 **규제를 선택**해야 한다. 23 해간, 22 경정

기본권을 제한하는 규정은 기본권행사의 '방법'과 '여부'에 관한 규정으로 구분할 수 있다. 방법의 적절성의 관점에서, 입법자는 우선 기본권행사의 '방법'에 관한 규제로써 공익을 실현할 수 있는가를 시도하고 이러한 방법으로는 공익달성이 어렵다고 판단되는 경우에 기본권행사의 '여부'에 관한 규제를 선택해야 한다. 24 경찰 1차

(해설) 방법의 적절성 X → 침해의 최소성 O

484 임의적 규정으로도 법의 목적을 실현할 수 있는 경우에 구체적 사안의 개별성과 특수성의 고려 가능성을 배제하는 필요적 규정을 둔다면, 이는 최소침해성의 원칙에 위배된다. 22 경정

입법자가 임의적 규정으로도 법의 목적을 실현할 수 있는 경우, 구체적 사안의 개별성과 특수성을 고려할 수 있는 가능성을 일체 배제하는 필요적 규정을 둔다면 이는 비례원칙의 한 요소인 '수단의 적합성(적절성) 원칙'에 위배된다. 22 경정

(해설) 최소침해성의 원칙에 위배됨

KEY 082 기본권경합 B

485 기본권의 경합은 동일한 기본권 주체가 동시에 여러 기본권의 적용을 주장하는 경우에 발생하는 문제이다. 17 입시, 16 경정

기본권 충돌이란 하나의 기본권주체가 국가에 대해 동시에 여러 기본권의 적용을 주장하는 경우를 말한다. 11 지방 7

(해설) 기본권 충돌 X → 기본권 경합 O

486 어떤 법령이 직업의 자유와 행복추구권 양자를 제한하는 외관을 띠는 경우 두 기본권의 경합문제가 발생하는데, **보호영역**으로서 '**직업**'이 문제될 때 직업의 자유는 행복추구권과의 관계에서 **특별기본권의 지위**를 가지므로, **행복추구권의 침해 여부에 대한 심사는 배제**된다. 15 국회 8

행복추구권이 다른 기본권에 대한 보충적 기본권으로서의 성격을 가지고 있고 직업선택의 자유라는 우선적으로 적용되는 기본권의 침해 여부를 판단하는 경우라 할지라도 행복추구권 침해 여부에 대해서도 별도로 판단하여야 한다. 21 소간

(해설) 행복추구권 별도 판단 X

487 공무담임권은 국가 등에게 능력주의를 존중하는 공정한 공직자 선발을 요구할 수 있는 권리라는 점에서 **직업선택의 자유**보다는 그 기본권의 효과가 현실적·구체적이므로, 공직을 직업으로 선택하는 경우에 있어서 직업선택의 자유는 공무담임권을 통해서 그 기본권보호를 받게 된다고 할 수 있으므로 공무담임권을 침해하는지 여부를 심사하는 이상 이와 별도로 직업선택의 자유 침해 여부를 심사할 필요는 없다. 22 경찰 1차

공무담임권과 직업의 자유가 경합하는 경우 특별기본권인 직업의 자유의 침해여부만 심사하면 된다. 17 국회 9

(해설) 특별기본권인 공무담임권만 심사

488 사립대학 교원이 국회의원으로 당선된 경우 임기개시일 전까지 그 직을 사직하도록 규정한 「국회법」 조항은 청구인의 **공무담임권을 침해하지 않는다.** 19 경정

사립대학 교원이 국회의원으로 당선된 경우 임기개시일 전까지 그 직을 사직하도록 하는 것은 사립대학 교원의 직업선택의 자유를 제한하는 것이지 공무담임권을 제한하는 것은 아니다. 17 서울 7

(해설) 두 기본권 모두 제한

489 하나의 규제로 인하여 여러 기본권이 동시에 제약을 받는 기본권 경합의 경우에는 기본권 침해를 주장하는 청구인들의 의도 및 기본권을 제한하는 입법자의 객관적 동기 등을 참작하여 **사안과 가장 밀접한 관계가 있고 또 침해의 정도가 큰 주된 기본권을 중심**으로 해서 그 제한의 한계를 따져 보아야 한다.⁶
23 해경, 23 소간

490 청구인은 **의료인이 아니라도 문신시술업을 합법적인 직업으로 영위할 수 있어야 함**을 주장하고 있고, 「의료법」 조항의 1차적 의도도 보건위생상 위해 가능성이 있는 행위를 규율하고자 하는 경우에는 **직업선택의 자유를 중심으로 위헌 여부를 살피는 이상 예술의 자유 침해 여부는 판단하지 아니한다.**⁴ [최신판례]

의료인이 아닌 자의 문신시술업을 금지하고 처벌하는 「의료법」 조항은 문신시술자에 대하여 의료인 자격까지 요구하지 않고도, 시술자의 자격, 위생적인 문신시술 환경, 문신시술 절차 및 방법 등에 관한 규제를 통하여 안전한 문신시술을 보장할 수 있다는 점에서 과잉금지원칙에 위배되어 문신시술을 업으로 삼고자 하는 청구인의 직업선택의 자유를 침해한다.
24 경찰 1차

24 경간

(해설) 직업선택의 자유 침해 아님

KEY 083 기본권충돌 Ⓢ

491 **기본권의 충돌**이란 **상이한 복수의 기본권주체가 서로의 권익을 실현하기 위해 하나의 동일한 사건에서 국가에 대하여 서로 대립되는 기본권의 적용을 주장하는 경우**를 말하는데, **한 기본권 주체의 기본권행사가 다른 기본권주체의 기본권행사를 제한 또는 희생시킨다**는 데 그 특징이 있다.⁷
23 경채

기본권의 경합이란 상이한 복수의 기본권주체가 서로의 권익을 실현하기 위해 하나의 동일한 사건에서 국가에 대하여 서로 대립되는 기본권의 적용을 주장하는 경우를 말한다.
23 경간

(해설) 기본권 경합 X → 기본권 충돌 O

492 **상하의 위계질서가 있는 기본권끼리 충돌하는 경우에는 상위 기본권 우선의 원칙에 따라 하위 기본권이 제한될 수 있다.**³
22 해간, 22 경간

493 **흡연권은 사생활의 자유를 실질적 핵으로 하는 것이고 혐연권은 사생활의 자유뿐만 아니라 생명권에까지 연결되는 것이므로 혐연권이 흡연권보다 상위의 기본권**이라 할 수 있고, 상하의 위계질서가 있는 기본권끼리 충돌하는 경우에는 상위기본권우선의 원칙에 따라 하위기본권이 제한될 수 있으므로, **흡연권은 혐연권을 침해하지 않는 한에서 인정되어야 한다.**¹⁴
23 경간

혐연권이 흡연권보다 상위의 기본권이라고 할 수는 없으나 혐연권은 사생활의 자유뿐만 아니라 생명권에까지 연결되는 것이므로 사생활의 자유를 실질적 핵으로 하는 흡연권보다 우선시 되어야 한다.
12 국회 8

(해설) 혐연권이 더 상위 기본권

494 **노동조합이 당해 사업장에 종사하는 근로자의 3분의 2 이상을 대표**하고 있을 때에는 근로자가 그 노동조합의 조합원이 될 것을 고용조건으로 하는 단체협약[이른바 유니언 샵(Union Shop)]과 관련하여 **근로자의 단결하지 아니할 자유와 노동조합의 적극적 단결권(조직강제권)이 충돌**하나, **근로자에게 보장되는 적극적 단결권이 단결하지 아니할 자유보다 특별한 의미를 가지고 있으므로 노동조합의 적극적 단결권은 근로자 개인의 단결하지 않을 자유보다 중시된다.**¹⁴
22 법원 9

노동조합의 적극적 단결권은 근로자 개인의 단결하지 않을 자유보다 중시된다고 할 수 없어, 노동조합에 적극적 단결권(조직강제권)을 부여하는 것은 근로자의 단결하지 아니할 자유의 본질적인 내용을 침해한다.
22 해간

(해설) 노조의 적극적 단결권이 더 중시됨 / 근로자의 소극적 단결권 침해 X

495 **학교교육에 있어서 교원의 가르치는 권리를 수업권**이라고 한다면 이것은 교원의 지위에서 생기는 것으로서 학생에 대한 일차적인 교육상의 직무권한이지만 어디까지나 **학생의 학습권 실현을 위하여 인정되는 것이므로, 학생의 학습권은 교원의 수업권에 대하여 우월한 지위에 있다.**¹⁷
22 입시

학교교육에 있어서 교원의 가르치는 권리, 즉 수업권은 교원의 지위에서 인정되는 헌법상의 기본권으로서 교원의 수업권은 학생의 학습권에 대하여 우월한 지위에 있다.
13 지방 7

(해설) 수업권 기본권 X, 학습권이 우월

496 정정보도청구권(반론권)과 보도기관의 언론의 자유가 충돌하는 경우에는 헌법의 통일성을 유지하기 위하여 상충하는 기본권 모두가 최대한으로 그 기능과 효력을 발휘할 수 있도록 하는 조화로운 방법이 모색되어야 한다.⁶ 13 법무사

497 「통신비밀보호법」이 위법하게 취득한 타인간의 대화내용을 공개하는 자를 처벌하는 경우 대화 공개자의 표현의 자유와 대화자의 통신의 비밀 사이의 충돌은 헌법의 통일성을 유지하기 위하여 상충하는 기본권 모두 최대한으로 그 기능과 효력을 발휘할 수 있도록 조화로운 방법이 모색되어야 한다.⁵ 24 경찰 1차

공개되지 아니한 타인간의 대화를 녹음 또는 청취하여 그 내용을 공개하거나 누설한 자를 처벌하는 통신비밀보호법 조항은 불법 감청·녹음 등으로 생성된 정보를 합법적으로 취득한 자가 이를 공개 또는 누설하는 경우에도 그것이 진실한 사실로서 오로지 공공의 이익을 위한 경우에는 이를 처벌하지 아니한다는 특별한 위법성조각사유를 두지 아니한 이상 통신비밀만을 과도하게 보호하고 표현의 자유 보장을 소홀히 한 것이므로 그 범위에서는 헌법에 위반된다. 21 법원 9

(해설) 위법성조각사유 규정 두지 않았다고 바로 위헌 X

498 채권자취소권에 관한 민법 규정으로 인하여 채권자의 재산권과 채무자 및 수익자의 일반적 행동의 자유, 그리고 채권자의 재산권과 수익자의 재산권이 동일한 장에서 충돌한다. 따라서 이러한 경우에는 상충하는 기본권 모두가 최대한으로 그 기능과 효력을 발휘할 수 있도록 이른바 규범조화적 해석방법에 따라 심사하여야 한다.³ 22 법원 9

「민법」상 채권자취소권이 헌법에 부합하는 이유는 채권자의 재산권과 채무자의 일반적 행동자유권 중에서 이익형량의 원칙에 비추어 채권자의 재산권이 상위의 기본권이기 때문이다. 23 경간

(해설) 상위기본권 X

499 「노동조합 및 노동관계조정법」상 유니온 샵(Union Shop) 조항은 특정한 노동조합의 가입을 강제하는 단체협약의 체결을 용인하고 있으므로 근로자의 개인적 단결권과 노동조합의 집단적 단결권이 서로 충돌하는 경우에 해당하며 이를 기본권의 서열이론이나 법익형량의 원리에 입각하여 어느 기본권이 더 상위기본권이라고 단정할 수는 없다.⁶ 23 경간

근로자의 개인적 단결권과 노동조합의 집단적 단결권이 충돌하는 경우, 기본권의 서열이론에 입각하여 근로자의 개인적 단결권을 상위 기본권이라고 판단하고 있다. 10 지방 7

(해설) 상위기본권 단정할 수 없음

KEY 084 기본권보호의무 Ⓢ

> 헌법 제10조 【기본권보호의무】 모든 국민은 인간으로서의 존엄과 가치를 가지며, 행복을 추구할 권리를 가진다. 국가는 개인이 가지는 불가침의 기본적 인권을 확인하고 이를 보장할 의무를 진다.¹

500 기본권 보호의무는 주로 사인인 제3자에 의한 개인의 생명이나 신체의 훼손에서 문제되는데 이는 국가의 보호의무 없이는 타인에 의하여 개인의 신체나 생명 등 법익이 무력화될 정도의 상황에서만 적용될 수 있다.⁵ 25 경간

501 국가의 기본권보호의무의 이행은 입법자의 입법을 통하여 비로소 구체화되는 것이고, 국가가 그 보호의무를 어떻게 어느 정도로 이행할 것인지는 원칙적으로 한 나라의 정치·경제·사회·문화적인 제반 여건과 재정 사정 등을 감안하여 입법정책적으로 판단하여야 하는 입법재량의 범위에 속한다.⁶ 23 해간, 22 경정

502	환경침해는 사인에 의해서 빈번하게 유발되므로 입법자가 그 허용 범위에 관해 정할 필요가 있다는 점, 환경피해는 **생명·신체의 보호와 같은 중요한 기본권적 법익 침해**로 이어질 수 있다는 점 등을 고려할 때, 일정한 경우 국가는 **사인인 제3자에 의한 국민의 환경권 침해**에 대해서도 **적극적으로 기본권 보호조치를 취할 의무를 진다.**⁶　　　　　25 경간	국가는 사인인 제3자에 의한 국민의 환경권 침해에 대해서 기본권보호조치를 취할 의무를 지지 않는다.　　21 국회 8 (해설) 의무를 짐
503	대통령은 행정부의 수반으로서 **국가가 국민의 생명과 신체의 안전 보호의무를 충실하게 이행할 수 있도록 권한을 행사하고 직책을 수행하여야 하는** 의무를 부담하지만, **국민의 생명이 위협받는 재난상황이 발생하였다고 하여 대통령이 직접 구조 활동에 참여하여야 하는 등 구체적이고 특정한 행위의무까지 바로 발생한다고 보기는 어렵다.**⁵　21 지방 7, 19 변호사	대통령은 행정부의 수반으로서 국가가 국민의 생명과 신체의 안전 보호의무를 충실하게 이행할 수 있도록 권한을 행사하고 직책을 수행하여야 하는 의무를 부담하므로, 국민의 생명이 위협받는 재난상황이 발생한 경우 직접 구조 활동에 참여하여야 하는 등 구체적이고 특정한 행위의무까지 발생한다고 볼 수 있다.　　　　　22 경찰 2차 (해설) 구체적이고 특정한 행위의무 X
504	국가의 보호의무를 입법자가 어떻게 실현하여야 할 것인가 하는 문제는 원칙적으로 권력분립과 민주주의 원칙에 따라 국민에 의해 직접 민주적 정당성을 부여받은 **입법자의 책임 범위에 속하므로, 헌법재판소는 단지 제한적으로만 입법자에 의한 보호의무의 이행을 심사할 수 있다.**⁴　20 경정, 15 경정	국가의 보호의무를 입법자가 어떻게 실현하여야 할 것인가 하는 문제는 입법자의 책임범위에 속하나, 헌법재판소는 국가가 국민의 법익보호를 위하여 최대한의 보호조치를 취했는가를 기준으로 심사한다.　　　　　22 경채 (해설) 최대한의 보호조치를 취했는가를 기준 X → 제한적 심사 (과소보호금지원칙)
505	**헌법재판소는 국가의 기본권 보호의무 위반 여부를 심사함에 있어 권력분립의 관점에서 과소보호금지원칙을, 즉 국가가 국민의 기본권 보호를 위하여 적어도 적절하고 효율적인 최소한의 보호조치를 취했는가를 기준으로 심사한다.**⁵　15 변호사	국민의 기본권을 보호하는 것은 국민주권의 원리상 국가의 가장 기본적인 의무이므로 입법자는 기본권보호의무를 최대한 실현하여야 하며, 헌법재판소는 입법자의 기본권보호의무를 엄밀하게 심사하여야 한다.　　　　　09 국가 7 (해설) 과소보호금지원칙을 기준으로 심사
506	국가가 국민의 생명·신체의 안전에 대한 보호의무를 다하지 않았는지 여부를 헌법재판소가 심사할 때에는 '**과소보호금지원칙**'의 위반 여부를 기준으로 삼아, 국민의 생명·신체의 안전을 보호하기 위한 조치가 필요한 상황인데도 국가가 아무런 보호조치를 취하지 않았든지 아니면 취한 조치가 법익을 보호하기에 전적으로 부적합하거나 매우 불충분한 것임이 명백한 경우에 한하여 국가의 보호의무 위반을 확인하여야 한다.⁶　　　　　22 변호사	국가가 국민의 생명·신체의 안전에 대한 보호의무를 다하지 않았는지 여부를 헌법재판소가 심사할 때에는, 국가가 이를 보호하기 위한 최대한의 보호조치를 취하였는가 하는 이른바 '과잉금지원칙'의 위반 여부를 기준으로 삼아야 한다. 23 경정 (해설) 과잉금지원칙 X, 과소보호금지원칙 위반을 기준으로 O
507	국가의 기본권 보호의무란 사인인 제3자에 의한 생명이나 신체에 대한 침해로부터 이를 보호하여야 할 국가의 의무를 말하는 것으로, **국가가 직접 주방용오물분쇄기의 사용을 금지하여 개인의 기본권을 제한하는 경우에는 국가의 기본권 보호의무 위반 여부가 문제되지 않는다.**³　23 입시, 19 국회 8	
508	「교통사고특례법」상 업무상 과실 또는 중대한 과실로 인한 교통사고로 말미암아 피해자로 하여금 상해에 이르게 한 경우 공소를 제기할 수 없도록 한 부분은 **국가의 기본권 보호의무에 위반되지 않는다.**¹¹　　　　　21 국회 8	자동차 운전자가 업무상 과실 또는 중대한 과실로 인한 교통사고로 말미암아 피해자로 하여금 중상해에 이르게 한 경우, 가해차량이 종합보험 등에 가입되어 있음을 이유로 공소를 제기할 수 없도록 한 것은 형벌까지 동원해야 보호법익을 유효적절하게 보호할 수 있다는 의미에서 교통사고 피해자에 대한 국가의 기본권 보호의무를 위반한 것이다.　22 국회 8 (해설) 기본권보호의무 위반 X / 재판절차진술권 침해 O

509 주거지역에서 출근 또는 등교 이전 및 퇴근 또는 하교 이후 시간대에 확성장치의 최고출력 내지 소음을 제한하는 등 **사용시간과 사용지역에 따른 수인한도 내에서 확성장치의 최고출력 내지 소음 규제기준에 관한 구체적인 규정**을 두어야 함에도 이러한 규정을 두지 아니한 것은 적절하고 효율적인 **최소한의 보호조치**를 취하지 아니하여 **국가의 기본권 보호의무**를 과소하게 이행한 것이다. 15 　　22 국회 8

헌법재판소는 대통령선거와 국회의원선거에서 확성장치의 사용과 관련하여 확성장치의 수만 규정하고 있을 뿐 확성장치의 소음규제기준을 마련하고 있지 아니한 「공직선거법」 조항은 과잉금지원칙에 위배되어 건강하고 쾌적한 환경에서 생활할 권리를 침해한다고 하였다. 　　21 변호사

(해설) 과소보호금지원칙에 위배

510 국가와 국민이 '환경보전'을 위하여 노력할 의무에는 **기후변화**로 인하여 생활의 기반이 되는 제반 환경이 훼손되고 생명·신체의 안전 등을 위협할 수 있는 위험에 대하여, 기후변화의 원인을 줄여 이를 완화하거나 그 결과에 적응하는 조치를 하는 **국가의 기후위기에 대한 대응의 의무**도 포함된다. /　　(최신판례)　　25 경정

511 국가가 국민의 건강하고 쾌적한 환경에서 생활할 권리에 관한 **보호의무**를 다하지 않았는지를 헌법재판소가 심사할 때에는 이른바 '**과소보호금지원칙**'의 위반 여부를 기준으로 삼아야 하는바, 개별 사례에서 과소보호금지원칙 위반 여부는 기본권침해가 예상되어 **보호가 필요한 '위험상황'**에 대응하는 '**보호조치**'의 내용이, 문제 되는 위험상황의 성격에 **상응하는 보호조치로서 필요한 최소한의 성격**을 갖고 있는지에 따라 판단한다. /　　(최신판례)　　25 경정

512 개별 사례에서 과소보호금지원칙 위반 여부는 **기본권침해가 예상되어 보호가 필요한 '위험상황'**에 대응하는 '**보호조치**'의 내용이, 문제 되는 위험상황의 성격에 상응하는 보호조치로서 필요한 최소한의 성격을 갖고 있는지에 따라 판단한다. 이에 대한 판단이 **전문적이고 기술적인 영역**에 있거나 **국제적 성격을 갖는 경우**, 그러한 위험상황의 성격 등은 '**과학적 사실**'과 '**국제기준**'에 근거하여 객관적으로 검토되어야 한다. /　　(최신판례)

어떠한 경우에 '과소보호금지원칙'에 미달하게 되는지에 대해서는 일반적·일률적으로 확정할 수 없고 국가마다 처한 환경이 다르므로 헌법재판소는 '과소보호금지원칙'의 위반 여부를 판단함에 있어서 국제기준을 고려하지 않는다. 　　25 입시

(해설) 위험상황의 성격은 과학적 사실 & 국제기준을 근거로 검토

513 탄소중립기본법 제8조 제1항은 **2031년부터 2049년까지의 감축목표에 대한 규율**에 관하여 기후위기라는 위험상황에 상응하는 보호조치로서 **필요한 최소한의 성격을 갖추지 못하였으므로 과소보호금지원칙을 위반하였다**. 2　　(최신판례)

「기후위기 대응을 위한 탄소중립·녹색성장 기본법」 제8조 제1항이 2031년부터 2049년까지의 국가 온실가스 배출량 감축목표에 관하여 어떤 형태의 정량적 기준을 제시하지 않은 것은 미래 예측의 어려움 때문에 불가피한 사정이 인정되므로 '과소보호금지원칙'에 위배되지 않는다. 　　25 입시

(해설) 과소보호금지원칙에 위배됨

514 탄소중립기본법 시행령 제3조 제1항은 같은 법 제8조 제1항의 위임을 받아 **2030년 중장기 감축목표의 구체적인 비율의 수치를 정한 것일 뿐**이므로, 과소보호금지원칙에 반하여 기본권 보호의무를 위반하였다고 볼 수 없어 청구인들의 **환경권 등 기본권을 침해하지 않는다**. /　　(최신판례)

「기후위기 대응을 위한 탄소중립·녹색성장 기본법 시행령」 제3조 제1항은 같은 법 제8조 제1항의 위임을 받아 2030년 중장기 감축목표의 구체적인 비율의 수치를 정한 것으로서, 과소보호금지원칙에 반하여 기본권 보호의무를 위반하였으므로 청구인들의 환경권을 침해하였다. 　　25 경찰 1차

(해설) 2030년까지 감축목표 합헌 / 2031년부터 2049년까지의 감축목표 미규정 위헌

515 구 「동물보호법」 제33조 제3항 제5호가 **동물장묘업 등록**에 관하여 「장사 등에 관한 법률」 제17조 외에 **다른 지역적 제한사유를 규정하지 않았다는 사정만으로** 동물장묘시설에 관한 건축신고가 이루어진 지역에 사는 청구인들의 환경권을 보호하기 위한 **입법자의 의무를 과소하게 이행하였다고 평가할 수는 없다**. 5　　25 경간

구 「동물보호법」 해당 규정이 동물장묘업 등록에 관하여 「장사 등에 관한 법률」 제17조 외에 다른 지역적 제한사유를 규정하지 않은 것은 환경권을 보호해야 하는 입법자의 의무를 과소하게 이행한 것이다. 　　23 소간

(해설) 입법자의 의무를 과소하게 이행한 것 아님

516 구 「전원개발촉진법」 제2조 제1호에서 **원전 건설**을 내용으로 하는 **전원개발사업 실시계획에 대한 승인권한**을 다른 전원개발과 마찬가지로 **산업통상자원부장관에게 부여**하고 있다 하더라도, 국가가 국민의 생명·신체의 안전을 보호하기 위하여 필요한 최소한의 보호조치를 취하지 아니한 것이라고 보기는 어렵다. 22 경찰 2차

517 태평양전쟁 전후 강제동원된 자 중 **국외 강제동원자**에 대해서만 **의료지원금**을 지급하도록 하고 **국내 강제동원자**를 제외하는 것이 국민에 대한 **국가의 기본권 보호의무에 위배된다고 볼 수 없다.** 13 서울 7

태평양전쟁 전후 강제동원된 자 중 국외 강제동원자에 대해서만 의료지원금을 지급하도록 규정하고 있는 구 「태평양전쟁 전후 국외 강제동원희생자 등 지원에 관한 법률」 조항은 국내 강제동원자들에 대한 국가의 지원이 매우 불충분하므로 국민에 대한 국가의 기본권보호의무에 위배된다. 25 경정
(해설) 기본권보호의무 위배 아님

518 기본권 규정은 그 성질상 사법관계에 직접 적용될 수 있는 예외적인 것을 제외하고는 **사법상의 일반원칙을 규정한** 「민법」 제2조(신의성실), 제103조(반사회질서의 법률행위), 제750조(불법행위의 내용), 제751조(재산 이외의 손해의 배상) 등의 내용을 형성하고 그 해석 기준이 되어 **간접적으로 사법관계에 효력**을 미치게 된다. 24 지방 7

519 종립학교의 종교교육의 자유와 학생의 소극적 종교행위의 자유가 충돌하는 경우 **종립학교**는 원칙적으로 학생의 **종교의 자유를 고려한 대책을 마련**하는 등의 조치를 취하는 속에서 종교교육의 자유를 누린다. 24 해간

520 사적 단체는 사적 자치의 원칙 내지 결사의 자유에 따라 그 단체의 형성과 조직, 운영을 자유롭게 할 수 있으므로, **사적 단체가 그 성격이나 목적에 비추어 그 구성원을 성별에 따라 달리 취급하는 것이 일반적으로 금지된다고 할 수는 없다.** 24 지방 7

사적 단체를 포함하여 사회공동체 내에서 개인이 성별에 따른 불합리한 차별을 받지 아니하고 자신의 희망과 소양에 따라 다양한 사회적·경제적 활동을 영위하는 것은 그 인격권 실현의 본질적 부분에 해당하므로 평등권이라는 기본권의 침해도 「민법」 제750조(불법행위의 내용)의 일반규정을 통하여 사법상 보호되는 인격적 법익침해의 형태로 구체화되어 논하여질 수 있지만, 그 위법성 인정을 위하여는 사인간의 평등권 보호에 관한 별개의 입법이 있어야 한다. 24 지방 7
(해설) 평등권 보호에 관한 별개의 입법이 있어야 하는 것 아님

CHAPTER 02 포괄적 기본권

| 번호 | 옳은 지문 ○ | 옳지 않은 지문 ✕ |

KEY 085 법에 열거되지 않은 기본권

> 헌법 제37조 ① 【헌법에 열거되지 않은 기본권】 국민의 자유와 권리는 **헌법에 열거되지 아니한 이유**로 경시되지 아니한다.

521 헌법에 열거되지 아니한 기본권을 새롭게 인정하려면, 그 필요성이 특별히 인정되고, 그 권리내용이 비교적 명확하여 **구체적 기본권으로서의 실체** 즉, 권리내용을 규범 상대방에게 요구할 힘이 있고 그 실현이 방해되는 경우 재판에 의하여 그 실현을 보장받을 수 있는 **구체적 권리로서의 실질에 부합**하여야 한다. [3] 23 해경, 22 소간

522 평화적 생존권은 이를 헌법에 열거되지 아니한 기본권으로서 특별히 새롭게 인정할 필요성이 있다거나 그 권리내용이 비교적 명확하여 구체적 권리로서의 실질에 부합한다고 보기 어려워 헌법상 보장된 기본권이라고 할 수 없다. [4] 22 입시

평화적 생존권은 이를 헌법에 열거되지 아니한 기본권으로서 특별히 새롭게 인정할 필요성이 있고 그 권리내용이 비교적 명확하여 구체적 권리로서의 실질에 부합하므로 헌법상 보장된 기본권이라고 할 수 있다. 24 5급
(해설) 헌법상 보장된 기본권 아님

KEY 086 인간의 존엄과 가치

> 헌법 제10조 【인간의 존엄과 가치】 모든 국민은 **인간으로서의 존엄과 가치**를 가지며, **행복을 추구할 권리**를 가진다. 국가는 개인이 가지는 불가침의 기본적 인권을 확인하고 이를 보장할 의무를 진다.

523 교정시설의 1인당 수용면적이 수형자의 인간으로서의 기본 욕구에 따른 생활조차 어렵게 할 만큼 지나치게 협소하다면, 이는 그 자체로 국가형벌권 행사의 한계를 넘어 수형자의 인간의 존엄과 가치를 침해하는 것이다. [7] 23 국회 9, 22 해간

교정시설의 1인당 수용면적이 수형자의 인간으로서의 기본 욕구에 따른 생활조차 어렵게 할 만큼 지나치게 협소하더라도 교정시설의 형편상 불가피한 것이라면 인간의 존엄과 가치를 침해하는 것이 아니다. 17 지방 7
(해설) 인간의 존엄과 가치를 침해

KEY 087 일반적 인격권

524 헌법 제10조로부터 도출되는 일반적 인격권에는 각 개인이 그 삶을 사적으로 형성할 수 있는 **자율영역에 대한 보장**이 포함되어 있음을 감안할 때, 장래 가족의 구성원이 될 태아의 성별 정보에 대한 접근을 국가로부터 방해받지 않을 부모의 권리는 이와 같은 일반적 인격권에 의하여 보호된다고 보아야 한다. [13] 22 해간

의료인이 태아의 성별 정보에 대하여 임부나 그 가족 기타 다른 사람에게 고지하는 것을 금지하는 것은 부모의 행복추구권을 침해하는 것이다. 23 해경
(해설) 일반적 인격권 침해함

525 임신 32주 이전에 태아의 성별 고지를 금지하는 「의료법」 조항은 낙태로 나아갈 의도가 없는 부모까지 규제하여 기본권을 제한하는 과도한 입법으로 과잉금지원칙을 위반하여 헌법 제10조 일반적 인격권에서 나오는 부모가 태아의 성별 정보에 대한 접근을 방해받지 않을 권리를 침해한다.5 (최신판례)
25 경정

태아의 성별고지 행위는 그 자체로 태아를 포함하여 누구에게도 해가 되는 행위가 아니지만, 보다 풍요롭고 행복한 가족생활을 영위하도록 하기 위해 진료과정에서 알게 된 태아에 대한 성별정보는 낙태방지를 위하여 임신 32주 이전에는 고지하지 못하도록 금지하여야 할 이유가 있다.
24 경찰 2차

(해설) 성별고지금지 이유 없음

526 배아생성자의 배아에 대한 결정권은 헌법상 명문으로 규정되어 있지는 않지만 일반적 인격권의 한 유형으로서의 헌법상 권리이다.3
24 입시, 24 경정

527 성명은 개인의 정체성과 개별성을 나타내는 인격의 상징으로서 개인이 사회 속에서 자신의 생활영역을 형성하고 발현하는 기초가 되는 것이라 할 것이므로 자유로운 성의 사용 역시 헌법상 인격권으로부터 보호된다고 할 수 있다.3
23 해간, 18 법원 9

528 헌법 제10조로부터 도출되는 일반적 인격권에는 개인의 명예에 관한 권리도 포함될 수 있으나, '명예'는 사람이나 그 인격에 대한 '사회적 평가', 즉 객관적·외부적 가치평가를 말하는 것이지 단순히 주관적·내면적인 명예감정은 포함되지 않는다.7
25 경간, 24 5급

헌법 제10조로부터 도출되는 일반적 인격권에는 개인의 명예에 관한 권리도 포함되며, 여기서 말하는 '명예'는 사람이나 그 인격에 대한 '사회적 평가', 즉 객관적·외부적 가치평가뿐만 아니라 단순히 주관적·내면적인 명예감정까지 포함한다.
24 해간, 22 변호사

(해설) 주관적·내면적 명예감정 제외

529 헌법 제10조로부터 도출되는 일반적 인격권에는 개인의 명예에 관한 권리도 포함되며, 사자(死者)에 대한 사회적 명예와 평가의 훼손은 사자와의 관계를 통하여 스스로의 인격상을 형성하고 명예를 지켜온 그 후손의 인격권을 제한한다.8
19 입시, 16 경정

친일반민족행위반민규명위원회의 조사대상자 선정 및 친일반민족행위결정이 이루어지면 조사대상자의 사회적 평가에 영향을 미치므로 헌법 제10조에서 유래하는 일반적 인격권이 제한받는다고 할 수 있겠으나, 조사대상자가 사자(死者)인 경우 이들의 청구인능력은 인정되지 않으며, 이로 인하여 그 후손의 법적 지위에 아무런 영향을 미치지 않는 만큼 후손의 인격권이 제한된다고도 볼 수 없다.
23 법무사

(해설) 후손의 인격권 제한됨

530 아동과 청소년은 인격의 발전을 위하여 어느 정도 부모와 학교의 교사 등 타인에 의한 결정을 필요로 하는 아직 성숙하지 못한 인격체이지만, 부모와 국가에 의한 단순한 보호의 대상이 아닌 독자적인 인격체이며, 그의 인격권은 성인과 마찬가지로 인간의 존엄성 및 행복추구권을 보장하는 헌법 제10조에 의하여 보호된다.7
23 경찰 2차

아동은 인격의 발현을 위하여 어느 정도 부모에 의한 결정을 필요로 하는 미성숙한 인격체이므로, 아동에게 자신의 교육환경에 관하여 스스로 결정할 권리가 부여되지 않는다.
20 변호사

(해설) 권리가 부여됨

531 방송사업자가 「방송법」에 규정된 심의규정 등을 위반한 경우에 방송통신위원회가 방송사업자에게 사과방송을 할 것을 명령하는 제도는 과잉금지원칙에 위배하여 방송사업자의 인격권을 침해하므로 위헌이다.5
12 국회 9

방송사업자가 구 「방송법」상 심의규정을 위반한 경우 방송통신위원회로 하여금 전문성과 독립성을 갖춘 방송통신심의위원회의 심의를 거쳐 '시청자에 대한 사과'를 명할 수 있도록 규정한 것은 침해의 최소성 원칙에 위배되지 않는다.
24 해간, 22 5급

(해설) 침해의 최소성 원칙에 위배됨

532 선거기사심의위원회가 불공정한 선거기사를 보도하였다고 인정한 언론사에 대하여 언론중재위원회를 통하여 사과문을 게재할 것을 명하도록 하는 「공직선거법」 조항과 해당 언론사가 사과문 게재 명령을 지체 없이 이행하지 않을 경우 형사처벌하는 구 「공직선거법」 조항은 언론사의 인격권을 침해한다.4
24 국회 8

법인의 인격을 자유롭게 발현할 권리가 무엇을 뜻하는지 그 헌법적 근거가 무엇인지 분명하지 않으므로, 선거기사심의위원회가 불공정한 선거기사를 게재하였다고 판단한 언론사에 대하여 사과문 게재 명령을 하도록 한 「공직선거법」상의 사과문 게재 조항은 언론인 법인의 인격권을 침해하는 것이 아니라 소극적 표현의 자유나 일반적 행동의 자유를 제한할 뿐이다.
16 국회 8

(해설) 인격권 제한

533 사법경찰관이 보험사기범 검거라는 보도자료 배포 직후 기자들의 취재 요청에 응하여 **피의자가 경찰서 조사실에서 양손에 수갑을 찬 채 조사받는 모습을 촬영할 수 있도록 허용한 행위는 과잉금지원칙에 위반되어 피의자의 인격권을 침해**한다.¹⁴ 23 경찰 1차

피의자에 대한 촬영허용은 초상권을 포함한 일반적 인격권을 제한하지만 범죄사실에 관하여 일반국민에게 알려야 할 공공성이 있으므로, 공인이 아니며 보험사기를 이유로 체포된 피의자가 경찰서에 수갑을 차고 얼굴을 드러낸 상태에서 조사받는 과정을 기자들로 하여금 촬영하도록 허용하는 행위는 기본권 제한의 목적의 정당성이 인정된다. 16 변호사
(해설) 목적의 정당성 부정

534 **수용자를 교정시설에 수용할 때마다 전자영상 검사기를 이용하여 수용자의 항문 부위에 대한 신체검사를 하는 것이 필요한 최소한도를 벗어나 과잉금지원칙에 위배되어 수용자의 인격권 내지 신체의 자유를 침해**한다고 볼 수 없다.⁵ 22 해간, 20 법원 9

교정시설에 수용할 때마다 알몸 상태의 수용자를 전자영상검사기로 수용자의 항문 부위를 관찰하는 신체검사는 과잉금지원칙에 위배되어 인격권을 침해한다. 12 법원 9
(해설) 인격권 침해 X

535 **미결수용자에게 시설 밖에서 재소자용 의류를 입게 하는 것은 무죄추정원칙에 반하고 인격권과 행복추구권, 공정한 재판을 받을 권리를 침해**하는 것이다.³ 12 법원 9

미결수용자가 수감되어 있는 동안 구치소 등 수용시설에서 사복을 입지 못하게 하고 재소자용 의류를 입게 하는 것은 무죄추정의 원칙에 반하고, 인간의 존엄과 가치에서 유래하는 인격권의 침해이다. 23 국회 9
(해설) 무죄추정원칙 위반 및 인격권 침해 아님 / 재량 범위 내의 조치

536 **수형자라 하더라도 확정되지 않은 별도의 형사재판에서만큼은 미결수용자와 같은 지위에 있으므로, 이러한 수용자로 하여금 형사재판 출석 시 아무런 예외 없이 사복착용을 금지하고 재소자용 의류를 입도록 하는 것은 소송관계자들에게 유죄의 선입견을 줄 수 있어 무죄추정의 원칙에 위배될 소지가 클 뿐만 아니라 공정한 재판을 받을 권리, 인격권, 행복추구권을 침해**한다.⁶ 16 국회 8

형사재판에 피고인으로 출석하는 수형자에 대하여 사복착용을 불허하는 「형의 집행 및 수용자의 처우에 관한 법률」 조항은 형사재판을 받는 수형자의 도주를 방지하기 위한 것으로 목적의 정당성은 인정되나, 재판 과정에서 재소자용 의류를 입게 하는 것이 도주의 방지를 위한 필요하고도 유용한 수단이라고 보기는 어렵다. 24 경찰 1차
(해설) 수단의 적합성 인정, 침해의 최소성 원칙 위배

537 **민사재판에 당사자로 출석하는 수형자의 사복착용을 불허하는 것은 수형자의 공정한 재판을 받을 권리, 인격권, 행복추구권을 침해하지 아니한다.**¹⁴ 16 국회 8

민사재판에 당사자로 출석하는 수형자에 대하여 사복 착용을 불허하는 것은 기본권 제한에서의 비례원칙에 위반되는 것으로서, 무죄추정의 원칙에 반하고 인간으로서의 존엄과 가치에서 유래하는 인격권과 행복추구권, 공정한 재판을 받을 권리를 침해한다. 25 국회 8
(해설) 침해 아님

538 **민사법정에 출석하는 수형자에게 운동화 착용을 불허하고 고무신을 신게 하였더라도 신발의 종류를 제한하는 것에 불과하여 인격권을 침해**하였다고 볼 수 없다.⁵ 23 해간

외부 재판에 출정할 때 운동화를 착용하게 해달라는 청구인의 신청에 대하여 이를 불허하고 고무신의 착용을 강제하는 것은, 효과적인 도주 방지 수단이 될 수도 없고, 오히려 수형자의 신분을 일반인에게 노출시켜 모욕감과 수치심을 갖게 할 뿐으로서 기본권 제한의 한계를 벗어나 청구인의 인격권과 행복추구권을 침해하였다. 16 법무사
(해설) 적합한 수단으로 인정 / 인격권 및 행복추구권 침해 X

539 **포승과 수갑을 채우고 별도의 포승으로 다른 수용자와 연승하는 행위는 청구인의 인격권 내지 신체의 자유를 침해하지 않는다.**³ 17 국회 8

상체승의 포승과 수갑을 채우고 별도의 포승으로 다른 수용자와 연승한 행위는 과잉금지원칙에 반하여 청구인의 인격권을 침해한다. 19 경정
(해설) 인격권 침해 X

540 **혼인 종료 후 300일 이내에 출생한 자를 전남편의 친생자로 추정하는 「민법」 제844조 제2항 중 "혼인관계종료의 날로부터 300일 내에 출생한 자"에 관한 부분은 모가 가정생활과 신분관계에서 누려야 할 인격권, 혼인과 가족생활에 관한 기본권을 침해**한다.¹² 25 5급, 23 소간

혼인 종료 후 300일 이내에 출생한 자를 전남편의 친생자로 추정하는 「민법」 제844조 제2항 중 '혼인관계 종료의 날로부터 300일 이내에 출생한 자'에 관한 부분은 모가 가정생활과 신분관계에서 누려야 할 인격권, 혼인과 가족생활에 관한 기본권을 침해하지 아니한다. 17 국가 7
(해설) 침해함

541 「민법」 조항에 중혼을 혼인취소의 사유로 정하면서 그 **취소청구권의 제척기간 또는 소멸사유를 규정하지 않았더라도** 현저히 입법재량의 범위를 일탈하여 후혼배우자의 **인격권 및 행복추구권을 침해하지 아니한다.** ⁷⁾ 23 소간

중혼을 혼인취소의 사유로 정하면서 그 취소청구권의 제척기간 또는 소멸사유를 규정하지 않은 민법 제816조 제1호 중 '제810조의 규정에 위반한 때' 부분은 중혼의 당사자를 언제든지 혼인의 취소를 당할 수 있는 불안정한 지위로 만들고, 그로 인해 후혼배우자의 인격권과 행복추구권을 침해하며, 다른 혼인 취소사유와 달리 취급하여 평등원칙에 반한다. 16 법무사

(해설) 인격권 및 행복추구권 침해 X / 평등원칙 위반 X

542 「국군포로의 송환 및 대우 등에 관한 법률」에 따라 대통령은 등록포로, 등록하기 전에 사망한 귀환포로, 귀환하기 전에 사망한 국군포로에 대한 예우의 신청, 기준, 방법 등에 필요한 사항을 대통령령으로 제·개정할 의무가 있음에도 **상당한 기간 동안 정당한 사유 없이** 그 예우에 관한 사항을 대통령령에 규정하지 않은 행정입법부작위는 등록포로 등의 가족인 청구인의 **명예권을 침해한다.** ³ 24 경찰 1차

543 변호사에 대한 징계결정정보를 인터넷 홈페이지에 공개하도록 한 변호사법 조항은 **전문적인 법률지식, 윤리적 소양, 공정성 및 신뢰성을 갖추어야 할 변호사**가 징계를 받은 경우 국민이 이러한 사정을 쉽게 알 수 있도록 하여 변호사를 선택할 권리를 보장하고, 변호사의 윤리의식을 고취시킴으로써 법률사무에 대한 전문성, 공정성 및 신뢰성을 확보하여 국민의 기본권을 보호하며 사회정의를 실현하기 위한 것으로서 청구인의 **인격권을 침해하지 아니한다.** ³ 22 해간, 20 법원 9

544 이미 출국 수속 과정에서 일반적인 **보안검색을 마친 승객들**을 대상으로, 체약국의 요구가 있는 경우 촉수검색과 같은 추가적인 보안검색을 실시할 수 있도록 정한 국가항공보안계획은 과잉금지원칙에 위반되지 않으므로 해당 승객의 **인격권을 침해하지 않는다.** ⁵ (최신판례) 24 경정

이미 출국 수속 과정에서 일반적인 보안검색을 마친 승객을 상대로 촉수검색(patdown)과 같은 추가적인 보안 검색 실시를 예정하고 있는 국가항공보안계획은 달성하고자 하는 공익에 비해 추가 보안검색으로 인해 대상자가 느낄 모욕감이나 수치심의 정도가 크다고 할 수 있으므로 과잉금지원칙에 위반되어 해당 승객의 인격권을 침해한다. 22 국가 7

(해설) 인격권 침해 아님

545 **지역아동센터** 이용에 있어서 **시설별 신고정원의 80% 이상을 돌봄취약아동으로 구성하도록** 하여 돌봄취약아동이 일반아동과 분리되어 교류할 기회가 다소 제한된다고 하더라도 그것만으로 청구인 아동들의 인격 형성에 중대한 영향을 미친다고 보기는 어려우므로 보건복지부 '2019년 **지역아동센터 지원사업안내**' 관련 부분은 운영자의 직업수행의 자유 및 청구인 아동들의 **인격권을 침해하지 않는다.** ² (최신판례)

지역아동센터의 시설별 신고정원의 80% 이상을 돌봄취약아동으로 구성하도록 한 보건복지부 '2019년 지역아동센터 지원사업안내' 관련 부분은 돌봄취약아동과 일반아동을 분리함으로써 아동들의 인격권을 침해한다. 23 경찰 1차

(해설) 인격권 침해하지 않음

KEY 088 행복추구권 B

546 헌법 제10조의 **행복추구권**은 국민이 행복을 추구하기 위하여 필요한 **급부를 국가에게 적극적으로 요구할 수 있는 것을 내용으로 하는 것이 아니라**, 국민이 행복을 추구하기 위한 활동을 국가권력의 간섭없이 자유롭게 할 수 있다는 포괄적인 의미의 **자유권으로서의 성격을 가진다.** ¹¹ 22 경정, 22 국회 9

행복추구권이란 국민이 행복을 추구하기 위한 활동을 국가권력의 간섭 없이 자유롭게 할 수 있다는 소극적 권리의 성격만을 가지는 것이 아니라 국민이 행복을 추구하기 위해 필요한 급부를 국가에게 요구할 수 있는 적극적 권리의 성격도 가진다. 12 국가 7

(해설) 적극적 권리 X

547 흡연자들이 자유롭게 흡연할 권리를 흡연권이라고 한다면, 이러한 흡연권은 인간의 존엄과 행복추구권을 규정한 헌법 제10조와 사생활의 자유를 규정한 헌법 제17조에 의하여 뒷받침된다.ⁿ
23 해간, 20 국가 7

흡연자들이 자유롭게 흡연할 권리는 행복추구권을 규정한 헌법 제10조와 사생활의 자유를 규정한 헌법 제17조에 의하여 뒷받침되는 기본권이 아니다.
22 해간
(해설) 헌법 제10조·제17조로 뒷받침됨

KEY 089 일반적 행동자유권 [S]

548 헌법 제10조 전문의 행복추구권에는 일반적 행동자유권이 포함되는바, 이는 적극적으로 자유롭게 행동을 하는 것은 물론 소극적으로 행동을 하지 않을 자유도 포함하는 권리로 포괄적인 의미의 자유권이다.○
22 경찰 1차

549 일반적 행동자유권은 가치 있는 행동만 그 보호영역으로 하는 것은 아니고, 개인의 생활방식과 취미에 관한 사항, 위험한 스포츠를 즐길 권리와 같은 위험한 생활방식으로 살아갈 권리도 포함하므로, 술에 취한 상태로 도로 외의 곳에서 운전하는 것을 금지하고 위반 시 처벌하는 것은 일반적 행동의 자유를 제한한다.ⁿ
20 지방 7

음주운전의 경우 운전의 개념에 '도로 외의 곳'을 포함하도록 한 도로교통법 조항은 건전한 일반상식을 가진 사람에 의하여 일의적으로 파악되기 어려우므로 죄형법정주의의 명확성 원칙에 위배된다.
23 5급
(해설) 명확성 원칙 위배 아님

550 경찰공무원이 교통의 안전과 위험방지를 위하여 필요하다고 인정하는 경우 운전자가 술에 취하였는지를 호흡조사로 측정할 수 있도록 하고 운전자는 이러한 경찰공무원의 측정에 응하여야 하도록 규정한 「도로교통법」 조항은 운전자인 청구인의 일반적 행동의 자유를 제한한다.○ (최신판례)
24 경찰 1차

551 국내에 도착한 외국물품을 수입통관절차를 거치지 않고 다시 외국으로 반출하려면, 해당 물품의 품명·규격·수량 및 가격 등을 세관장에게 신고하도록 하는 「관세법」 조항은 환승여행객인 청구인의 일반적 행동자유권을 제한한다.○
(최신판례) 24 경찰 1차

552 기부행위자는 자신의 재산을 사회적 약자나 소외 계층을 위하여 출연함으로써 자기가 속한 사회에 공헌하였다는 행복감과 만족감을 실현할 수 있으므로, 기부행위는 행복추구권과 그로부터 파생되는 일반적 행동자유권에 의해 보호된다.ⁿ
20 국회 8, 19 변호사

553 지역 방언을 자신의 언어로 선택하여 공적 또는 사적인 의사소통과 교육의 수단으로 사용하는 것은 행복추구권에서 파생되는 일반적 행동의 자유 내지 개성의 자유로운 발현의 한 내용이 된다.ⁿ
24 입시, 16 국회 8

행복추구권에서 파생되는 개성의 자유로운 발현권의 내용에는 지역 방언의 선택 및 사용도 포함되므로 공문서 및 교과용 도서에 표준어만을 사용하는 것은 이에 대한 침해이다.
23 국회 9
(해설) 행복추구권 침해 아님

554 언어와 그 언어를 표기하는 방식인 글자는 정신생활의 필수적인 도구이며 타인과의 소통을 위한 가장 기본적인 수단인바, 한자를 의사소통의 수단으로 사용하는 것은 행복추구권에서 파생되는 일반적 행동의 자유 내지 개성의 자유로운 발현의 한 내용이다.ⁿ
24 해경, 24 소간

555 공문서의 한글전용을 규정한 「국어기본법」 및 「국어기본법 시행령」의 해당 조항은 '공공기관 등이 작성하는 공문서'에 대하여만 적용되고, 일반 국민이 공공기관 등에 접수·제출하기 위하여 작성하는 문서나 일상생활에서 사적 의사소통을 위해 작성되는 문서에는 적용되지 않으므로 **청구인들의 행복추구권을 침해하지 않는다.** 22 해간, 21 국가 7

공문서의 한글전용을 규정한 「국어기본법」 조항 및 「국어기본법 시행령」 조항은 한자혼용방식에 비하여 의미 전달력이나 가독성이 낮아지기 때문에, 공무원인 청구인들의 행복추구권을 침해한다. 19 경정

(해설) 행복추구권 침해 X

556 주방용오물분쇄기의 판매와 사용을 금지하는 것은 주방용오물분쇄기를 사용하려는 자의 **일반적 행동자유권을 제한**하나, 현재로서는 음식물 찌꺼기 등이 바로 하수도로 배출되더라도 이를 적절히 처리할 수 있는 사회적 기반시설이 갖추어져 있다고 보기 어렵다는 점 등을 고려하면 이러한 규제가 사용자의 **기본권을 침해한다고 볼 수 없다.** 19 변호사

주방용오물분쇄기의 사용을 금지하는 환경부고시는 공공수역의 수질오염을 방지함으로써 달성되는 공익이 인정되나, 분쇄기를 이용하여 음식물 찌꺼기 등을 처리할 수 없으므로 행복추구권으로부터 도출되는 일반적 행동자유권을 침해한다. 23 경간

(해설) 일반적 행동자유권 침해 X

557 일반 공중에게 개방된 장소인 서울광장을 개별적으로 통행하거나 서울광장에서 여가활동이나 문화 활동을 하는 것은 **일반적 행동자유권의 내용으로 보장**된다. 23 경정

광장에서 여가활동이나 문화활동을 하는 것은 일반적 행동자유권의 보호영역에 포함되지만, 그 광장 주변을 출입하고 통행하는 개인의 행위는 거주이전의 자유로 보장될 뿐 일반적 행동자유권의 내용으로는 보장되지 아니한다. 16 경정

(해설) 일반적 행동자유권 내용으로 보장. 거주·이전의 자유 제한 X

558 집회의 조건부 허용이나 개별적 집회의 금지나 해산으로는 방지할 수 없는 급박하고 명백하며 중대한 위험이 있는 경우가 아님에도 **일반 공중에게 개방된 장소인 서울광장의 통행을 금지한 것은 과잉금지원칙에 위배되어 일반적 행동자유권을 침해한 것이다.** 23 국회 8

559 이륜자동차와 원동기장치자전거에 대해서 고속도로 또는 자동차전용도로의 통행을 금지하는 것은, 이륜차를 이용하여 고속도로 등을 통행할 수 있는 자유를 제한하는 것으로서, 이는 **행복추구권에서 우러나오는 일반적 행동의 자유를 제한하는 것이지 거주·이전의 자유를 제한하는 것은 아니다.** 10 국회 8

이륜차의 고속도로 통행 제한은 거주·이전의 자유를 제한하는 것이고, 행복추구권에서 우러나오는 일반적 행동의 자유를 제한하는 것은 아니다. 24 경정

(해설) 거주·이전의 자유 제한 X → 일반적 행동의 자유 제한 O

560 '2020년도 장교 진급지시' Ⅳ. 제4장 5. 가. 2) 나) 중 '민간법원에서 약식명령을 받아 확정된 사실이 있는 자'에 관한 부분은 **육군 장교가 민간법원에서 약식명령을 받아 확정된 사실만을 자진신고 하도록 하고 있는바**, 위 사실 자체는 형사처벌의 대상이 아니고 약식명령의 내용이 된 범죄사실의 진위 여부를 밝힐 것을 요구하는 것도 아니므로, **범죄의 성립과 양형에서의 불리한 사실 등을 말하게 하는 것이라 볼 수 없다.** 23 지방 7

육군 장교가 민간법원에서 약식명령을 받아 확정되면 자진신고할 의무를 규정한 '2020년도 장교 진급 지시' 중 '민간법원에서 약식명령을 받아 확정된 사실이 있는 자'에 관한 부분은 육군 장교인 청구인의 진술거부권을 침해한다. 24 경간

(해설) 진술거부권을 제한하지 않음

561 「전기통신사업법」 제30조 본문 중 '**누구든지 전기통신사업자 가운데 이동통신사업자가 제공하는 전기통신역무를 타인의 통신용으로 제공하여서는 아니 된다**' 부분이 통신수단을 자유로이 이용하여 타인과 의사소통하려는 이동통신서비스 이용자의 권리나 통신수단에 의하여 이루어지는 이용자와 타인 간의 **의사소통과정의 비밀을 제한한다거나 이용자의 발언내용을 제한한다고 보기 어렵다.** (최신판례) 25 경찰 1차

이동통신사업자가 제공하는 전기통신역무를 타인의 통신용으로 제공하는 것을 원칙적으로 금지하고 위반 시에는 형사처벌하는 「전기통신사업법」 조항은 이동통신서비스 이용자의 일반적 행동자유권을 침해한다. 24 경정

(해설) 일반적 행동자유권 침해 아님

562 「응급의료에 관한 법률」 조항 중 '누구든지 응급의료종사자의 응급환자에 대한 진료를 폭행, 협박, 위계, 위력, 그 밖의 방법으로 방해하여서는 아니된다.'는 부분 가운데 '**그 밖의 방법**' 부분은 **죄형법정주의의 명확성 원칙에 위반되지 않는다.**³
24 입시, 22 입시

응급의료종사자의 응급환자에 대한 진료를 폭행, 협박, 위계, 위력, 그 밖의 방법으로 방해하는 것을 금지하고 이에 위반하는 자를 형사처벌하는 「응급의료에 관한 법률」 조항은 해당 응급환자인 청구인의 일반적 행동의 자유를 제한한다.
24 경찰 1차

(해설) 응급환자의 일반적 행동의 자유의 제한 문제 아님

563 병역의무의 이행으로서의 현역병 복무는 국가가 간섭하지 않으면 자유롭게 할 수 있는 행위에 속하지 않으므로, **현역병으로 복무할 권리가 일반적 행동자유권에 포함된다고 할 수 없다.**³
24 해경

일반적 행동자유권의 보호대상으로서 행동이란 국가가 간섭하지 않으면 자유롭게 할 수 있는 행위를 의미하므로 병역의무 이행으로서 현역병 복무도 국가가 간섭하지 않으면 자유롭게 할 수 있는 행위에 속한다는 점에서, 현역병으로 복무할 권리도 일반적 행동자유권에 포함된다.
20 지방 7

(해설) 포함 안 됨

564 거짓이나 그 밖의 부정한 수단으로 운전면허를 받은 경우 모든 범위의 운전면허를 필요적으로 취소하도록 규정하여 부정 취득하지 않은 운전면허까지 필요적으로 취소하도록 한 것은 운전면허 소유자의 **일반적 행동의 자유를 침해한다.**⁸
23 법무사, 22 변호사

'거짓이나 그 밖의 부정한 수단으로 운전면허를 받은 행위'에 대한 불이익 처분으로 '부정 취득한 해당 운전면허와 함께 해당 운전자가 보유하고 있는 나머지 운전면허'도 필요적으로 취소하도록 규정한 「도로교통법」 조항은 일반적 행동의 자유 또는 직업의 자유를 침해하지 않는다.
22 5급

(해설) 일반적 행동의 자유 및 직업의 자유 침해

565 운전면허를 받은 사람이 **자동차를 이용하여 살인 또는 강간 등 행정안전부령이 정하는 범죄행위를 한 때 필요적으로 운전면허를 취소하도록 규정한 구「도로교통법」 조항은 직업의 자유 및 일반적 행동자유권을 침해한다.**⁸
23 경정

운전면허를 받은 사람이 자동차등을 이용하여 살인 또는 강간 등 행정안전부령이 정하는 범죄행위를 한 때 운전면허를 취소하도록 하는 구「도로교통법」 조항은 필요적 운전면허 취소 대상범죄를 자동차등을 이용하여 살인·강간 및 이에 준하는 범죄로 정하고 있으나, 위 조항에 의하더라도 하위법령에 규정될 자동차등을 이용한 범죄행위의 유형을 충분히 예측할 수 없으므로 포괄위임금지원칙에 위배된다.
20 변호사

(해설) 포괄위임금지 위배 X

566 「수상레저안전법」상 조종면허를 받은 사람이 동력수상레저기구를 이용하여 범죄행위를 하는 경우에 조종면허를 필요적으로 취소하도록 하는 구「수상레저안전법」상 규정은 **직업의 자유 내지 일반적 행동의 자유를 침해한다.**³
22 해간, 21 국가 7

567 비어업인이 잠수용 스쿠버장비를 사용하여 수산자원을 포획·채취하는 것을 금지하는 「수산자원관리법 시행규칙」의 규정 중 '잠수용 스쿠버장비 사용'에 관한 부분은 **일반적 행동의 자유를 침해하지 않는다.**⁴
23 해경, 22 경정

비어업인이 잠수용 스쿠버장비를 사용하여 수산자원을 포획, 채취하는 것을 금지하는 「수산자원관리법 시행규칙」 조항은 비어업인의 일반적 행동의 자유를 침해한다.
18 국회 8

(해설) 일반적 행동의 자유 침해 X

568 청구인인 금치처분을 받은 사람이 최장 30일 이내의 기간 동안 의사가 치료를 위하여 처방한 **의약품을 제외한 자비구매 물품의 사용을 제한받았다 하더라도, 소장이 지급하는 물품을 통하여 건강을 유지하기 위한 필요최소한의 생활을 영위할 수 있도록 하였다면 청구인의 일반적 행동의 자유를 침해하였다고 할 수 없다.**⁴
20 국회 8

569 누구든지 금융회사 등에 종사하는 자에게 타인의 금융거래의 내용에 관한 정보 또는 자료를 요구하는 것을 금지하고, 이를 위반 시 형사처벌하는 금융실명거래 및 비밀보장에 관한 법률 해당 조항은 **공익에 비하여 지나치게 국민의 일반적 행동자유권을 제한한다.**⁴ (최신판례)
24 법원 9

누구든지 금융회사 등에 종사하는 자에게 타인의 금융거래의 내용에 관한 정보 또는 자료를 요구하는 것을 금지하고 이를 위반시 형사처벌하는 구「금융실명거래 및 비밀보장에 관한 법률」상 조항은 과잉금지원칙에 반하여 일반적 행동자유권을 침해하지 않는다.
24 경간

(해설) 일반적 행동자유권을 침해

570 부정청탁금지조항 및 대가성 여부를 불문하고 직무와 관련하여 금품 등을 수수하는 것을 금지할 뿐만 아니라, 직무관련성이나 대가성이 없더라도 동일인으로부터 일정 금액을 초과하는 금품 등의 수수를 금지하는 「부정청탁 및 금품 등 수수의 금지에 관한 법률」 조항 중 사립학교 관계자와 언론인에 관한 부분이 언론인과 사립학교 관계자의 일반적 행동자유권을 침해하지 않는다. 17 경정

571 '카메라나 그 밖에 이와 유사한 기능을 갖춘 기계장치를 이용하여 성적 욕망 또는 수치심을 유발할 수 있는 다른 사람의 신체를 그 의사에 반하여 촬영한 자'를 처벌하는 것은, '자신의 신체를 함부로 촬영당하지 않을 자유' 등 인격권 보호를 목적으로 '몰래카메라'의 폐해를 방지하기 위한 것으로서, 일반적 행동자유권은 침해하지 않는다. 17 경정

572 가해학생에 대한 조치로 피해학생 및 신고·고발한 학생에 대한 접촉, 협박 및 보복행위의 금지를 규정한 조항은 가해학생의 일반적 행동자유권을 침해한다고 보기 어렵다. (최신판례) 23 경채

573 피해학생이 가해학생과 동일한 학급 내에 있으면서 지속적으로 학교폭력의 위험에 노출된다면 심대한 정신적, 신체적 피해를 입을 수 있으므로 가해학생에 대한 조치로 학급교체를 규정한 조항은 가해학생의 일반적 행동자유권을 과도하게 침해한다고 보기 어렵다. (최신판례) 23 경채

574 만약 행위자가 자신의 법위반 여부에 관하여 사실인정 혹은 법률적용의 면에서 공정거래위원회와는 판단을 달리하고 있음에도 불구하고 불합리하게 법률에 의하여 이를 공표할 것을 강제당한다면 이는 행위자가 자신의 행복추구를 위하여 내키지 아니하는 일을 하지 아니할 일반적 행동자유권을 침해하는 것이다. 21 국회 8

575 명의신탁이 증여로 의제되는 경우 명의신탁의 당사자에게 증여세의 과세가액 및 과세표준을 납세지 관할 세무서장에게 신고할 의무를 부과하는 「상속세 및 증여세법」 조항은 해당 명의신탁 당사자의 일반적 행동자유권을 침해하지 않는다. (최신판례) 24 경정

576 어린이보호구역에서 제한속도 준수의무 또는 안전운전 의무를 위반하여 어린이를 상해에 이르게 한 경우 가중처벌하는 「특정범죄 가중처벌 등에 관한 법률」상 조항은 과잉금지원칙에 위반되어 청구인들의 일반적 행동자유권을 침해한다고 볼 수 없다. (최신판례)

577 아동·청소년 대상 성범죄자에게 1년마다 정기적으로 새로 촬영한 사진을 제출하도록 하고 정당한 사유 없이 사진제출의무를 위반한 경우 형사처벌을 하는 「청소년성보호법」은 일반적 행동의 자유권을 침해하지 않는다.

사립학교 관계자와 언론인 못지않게 공공성이 큰 민간분야 종사자에 대하여 「부정청탁 및 금품등 수수의 금지에 관한 법률」이 적용되지 않는 것은 언론인과 사립학교 관계자의 평등권을 침해한다. 21 경정

(해설) 평등권 침해 X

'법위반사실의 공표명령'은 '특정한 내용의 행위를 함으로써 「독점규제및공정거래에관한법률」을 위반한 사실'을 공표하라는 것이지 행위자에게 사죄 내지 사과를 요구하는 것은 아니다. 따라서 이 사건 법률조항의 경우 사죄 내지 사과를 강요함으로써 인격발현 혹은 사회적 신용유지를 위하여 보호되어야 할 명예권에 대한 제한의 문제는 발생하지 않는다. 21 국회 8

(해설) 명예권 과도하게 제한 → 침해

어린이보호구역에서 제한속도 준수의무 또는 안전운전 의무를 위반하여 어린이를 상해에 이르게 한 경우 가중처벌하는 「특정범죄 가중처벌 등에 관한 법률」상 조항은 과잉금지원칙에 위반되어 청구인들의 일반적 행동자유권을 침해한다. 24 경간

(해설) 일반적 행동의 자유 침해 X

아동·청소년 대상 성범죄자에게 1년마다 정기적으로 새로 촬영한 사진을 제출하도록 하고 정당한 사유 없이 사진제출의무를 위반한 경우 형사처벌을 하는 것은 아동·청소년 대상 성범죄자의 일반적 행동의 자유를 침해하는 것이다. 23 해경, 17 서울 7

(해설) 일반적 행동의 자유 침해 X

KEY 090 인격의 자유로운 발현권 　　C

578 대학수학능력시험의 문항 수 기준 70%를 EBS 교재와 연계하여 출제한다는 대학수학능력시험 시행기본계획은 대학수학능력시험을 준비하는 자의 **자유로운 인격발현권을 제한**하는데, 이러한 계획이 헌법 제37조 제2항을 준수하였는지 심사하되, 국가가 학교에서의 학습방법 등 교육제도를 정하는데 **포괄적인 규율권한을 갖는다는 점을 감안**하여야 한다. ○　19 변호사

대학수학능력시험의 문항 수 기준 70%를 한국교육방송공사 교재와 연계하여 출제하는 것은 대학수학능력시험을 준비하는 자들의 교육을 받을 권리를 제한하지만, 사교육비를 줄이고 학교교육을 정상화 하려는 것으로 과잉금지원칙에 위배되지 않아 이들의 교육을 받을 권리를 침해하지 않는다.　19 서울 7(추)
(해설) 교육을 받을 권리 제한 X → 침해 X

579 초등학교 정규교과에서 영어를 배제하거나 영어교육 시수를 제한하는 것은 학생들의 인격의 자유로운 발현권을 제한하나, 이는 균형적인 교육을 통해 초등학생의 **전인적 성장을 도모**하고 영어과목에 대한 **지나친 사교육의 폐단을 막기 위한** 것으로 초등학생들의 인격의 자유로운 발현권을 침해하지 않는다. ○　23 법무사

580 초·중등학교에서 한자교육을 선택적으로 받도록 한 '초·중등학교 교육과정'의 'II 학교 급별 교육과정 편성과 운영' 중 한자교육 및 한문 관련 부분은 학생의 자유로운 인격발현권을 **침해하지 않는다**. ○　17 국회 8

한자는 우리 민족의 역사와 전통, 사상을 담고 있는 우리 문화의 주요 구성요소이며, 우리말 중 한자어가 차지하는 비중은 약 70%에 달하는 점을 감안할 때, 한자 관련 고시가 초·중등학교에서 한자교육을 필수교과가 아니라 선택할 수 있게 규정한다면 학생들로 하여금 공교육을 통해 한자를 배울 기회가 전혀 없을 수 있으므로 이는 학생의 자유로운 인격발현권 및 학부모의 자녀교육권을 침해한다.　22 경채
(해설) 자유로운 인격발현권 및 자녀교육권 침해 X

KEY 091 자기결정권 　　A

581 헌법 제10조는 개인의 **인격권과 행복추구권**을 보장하고 있고, 개인의 인격권과 행복추구권은 개인의 **자기운명결정권을 전제**로 하는데, 이 자기운명결정권에는 성행위 여부 및 그 상대방을 결정할 수 있는 **성적자기결정권이 포함**되어 있다. ○　23 법무사

582 배우자 있는 자의 **간통행위 및 그와의 상간행위**를 2년 이하의 징역에 처하도록 규정한 「형법」 제241조는 **입법목적의 정당성이 인정**되지만, 혼인빙자간음행위를 형사처벌하는 「형법」 제304조 중 "혼인을 빙자하여 음행의 상습없는 부녀를 기망하여 간음한 자" 부분은 입법목적의 정당성이 인정되지 않는다. ✕　25 경간

혼인을 빙자하여 음행의 상습 없는 부녀를 기망하여 간음한 자를 처벌하는 「형법」 조항은 목적의 정당성이 부인되지 않는다.　23 경정
(해설) 목적의 정당성 부인

583 **혼인빙자간음죄**는 과잉금지원칙을 위반하여 남성의 **성적자기결정권 및 사생활의 비밀과 자유를 과잉제한**하는 것으로 **헌법에 위반**된다. ○　23 경채

혼인을 빙자하여 부녀를 간음한 남자를 처벌하는 「형법」 조항은 사생활의 비밀과 자유를 제한하는 것이라고 할 수 있지만, 혼인을 빙자하여 부녀를 간음한 남자의 성적자기결정권을 제한하는 것은 아니다.　19 국가 7
(해설) 남성의 성적자기결정권 제한

584 본인이 해부용 시체로 제공되는 것에 대해 반대하는 의사표시를 명시적으로 표시할 수 있는 절차도 마련하지 않고 **본인의 의사와는 무관하게 인수자가 없는 시체를 해부용으로 제공될 수 있도록 규정**하고 있는 「시체 해부 및 보존에 관한 법률」 조항은 사실상 연고가 없는 청구인의 시체 처분에 대한 **자기결정권을 침해**한다. ○　22 5급

무연고 시신을 생전 본인의 의사와 무관하게 해부용 시체로 제공될 수 있도록 한 법률 규정은 자기결정권을 침해한다고 보기 어렵다.　23 경채
(해설) 자기결정권을 침해함

585 전동킥보드의 최고속도는 25km/h 를 넘지 않도록 규정한 것은 자전거도로에서 통행하는 다른 자전거보다 속도가 더 높아질수록 사고위험이 증가할 수 있는 측면을 고려한 기준 설정으로서, 전동킥보드 소비자의 자기결정권 및 일반적 행동자유권을 침해하지 아니한다.5 23 지방 7

전동킥보드에 대하여 최대속도는 시속 25km 이내로 제한하여야 한다는 안전기준을 둔 것은 헌법 제10조의 행복추구권에서 파생되는 소비자의 자기결정권을 제한할 뿐, 일반적 행동자유권까지 제한하는 것은 아니다. 24 소간
(해설) 일반적 행동자유권도 제한

586 환자가 장차 죽음에 임박한 상태에 이를 경우에 대비하여 미리 의료인 등에게 연명치료 거부 또는 중단에 관한 의사를 밝히는 등의 방법으로 죽음에 임박한 상태에서 인간으로서의 존엄과 가치를 지키기 위하여 연명치료의 거부 또는 중단을 결정할 수 있다 할 것이고, 위 결정은 헌법상 기본권인 자기결정권의 한 내용으로서 보장되지만, 헌법해석상 연명치료 중단 등에 관한 법률을 제정할 국가의 입법의무가 명백하다고 볼 수는 없다.7 18 경정

비록 연명치료 중단에 관한 결정 및 그 실행이 환자의 생명단축을 초래한다 하더라도 이를 생명에 대한 임의적 처분으로서 자살이라고 평가할 수 없고, 오히려 이는 생명권의 한 내용으로서 보장된다. 17 경정
(해설) 생명권 → 자기결정권

587 국가에게 태아의 생명을 보호할 의무가 있다고 하더라도 생명의 연속적 발전과정에 대하여 생명이라는 공통요소만을 이유로 하여 언제나 동일한 법적 효과를 부여하여야 하는 것은 아니므로 국가가 생명을 보호하는 입법적 조치를 취함에 있어 인간생명의 발달단계에 따라 그 보호정도나 보호수단을 달리하는 것은 불가능하지 않다.6 23 경정

모든 인간은 헌법상 생명권의 주체가 되며, 형성 중의 생명인 태아에게도 생명에 대한 권리가 인정되어야 한다. 따라서 국가는 헌법 제10조 제2문에 따라 태아의 생명을 보호할 의무가 있고, 생명을 보호하는 입법적 조치를 취함에 있어 인간생명의 발달단계에 따라 그 보호정도나 보호수단을 달리하여서는 아니 된다. 19 법무사
(해설) 보호정도·수단 차등 가능

588 「형법」상 자기낙태죄 조항은 태아의 생명을 보호하기 위한 것으로서 그 입법목적이 정당하고, 낙태를 방지하기 위하여 임신한 여성의 낙태를 형사처벌하는 것은 이러한 입법목적을 달성하는데 적합한 수단이다.3 24 해간

임신한 여성의 자기낙태를 처벌하는 「형법」 제269조 제1항은 태아의 생명을 보호하기 위한 것으로서 그 입법목적은 정당하지만, 낙태를 방지하기 위하여 임신한 여성의 낙태를 형사처벌하는 것은 이러한 입법목적을 달성하는 데 적합한 수단이라고 할 수 없다. 25 경간
(해설) 수단의 적합성 인정

589 임신한 여성의 자기낙태를 처벌하는 「형법」 조항은 「모자보건법」이 정한 일정한 예외를 제외하고는 임신기간 전체를 통틀어 모든 낙태를 전면적·일률적으로 금지하고, 이를 위반할 경우 형벌을 부과하도록 정함으로써 임신한 여성에게 임신의 유지·출산을 강제하고 있으므로, 과잉금지원칙을 위반하여 임신한 여성의 자기결정권을 침해한다.6 23 지방 7

자기낙태죄는 임신한 여성의 자기결정권에 대한 과도한 제한이라고 보기 어려워 헌법에 위반되지 않는다. 20 국회 9
(해설) 자기결정권 과도하게 제한하여 위헌

KEY 092 계약의 자유 C

590 사적자치의 원칙이란 자신의 일을 자신의 의사로 결정하고 행하는 자유뿐만 아니라 원치 않으면 하지 않을 자유로, 헌법 제10조의 행복추구권에서 파생되는 일반적 행동자유권의 하나이다.3 25 입시

계약의 자유는 헌법 제119조 제1항의 '개인의 경제상의 자유'의 일종이 아니라, 헌법 제10조의 행복추구권에 내포된 일반적 행동자유권으로부터 파생되는 기본권이다. 25 입시
(해설) 일반적 행동자유권 파생 & 경제상 자유의 일종

591 단순변심을 포함하여 학습자가 수강을 계속할 수 없는 사유가 발생한 경우 학원설립·운영자로 하여금 학습자로부터 받은 교습비 등을 반환하도록 하면서, 그 반환 사유 및 반환 금액 등을 대통령령으로 정하도록 한 교습비등반환조항은 과잉금지원칙에 위배되어 학원설립·운영자의 계약의 자유를 침해한다고 볼 수 없다.1 최신판례

단순변심을 포함하여 학습자가 수강을 계속할 수 없는 사유가 발생한 경우 학원설립·운영자로 하여금 학습자로부터 받은 교습비 등을 반환하도록 하면서, 그 반환 사유 및 반환 금액 등을 대통령령으로 정하도록 한 「학원의 설립·운영 및 과외 교습에 관한 법률」 조항은 과잉금지원칙에 위배되어 학원설립·운영자의 계약의 자유를 침해한다. 25 입시
(해설) 계약의 자유 침해 아님

CHAPTER 03 평등원칙과 평등권

| 번호 | 옳은 지문 ○ | 옳지 않은 지문 ✗ |

KEY 093 평등원칙 및 평등권

> 헌법 제11조 ① 【평등권】 모든 국민은 **법 앞에 평등**하다. 【**성별·종교·사회적 신분**】 누구든지 **성별·종교 또는 사회적 신분**(인종 ✗)에 의하여 정치적·경제적·사회적·문화적 생활의 **모든 영역**에 있어서 차별을 받지 아니한다.
> ② 【사회적 특수계급 부정】 사회적 특수계급의 제도는 인정되지 아니하며, 어떠한 형태로도 이를 창설할 수 없다.
> ③ 【영전일대의 원칙】 훈장등의 영전은 이를 받은 **자에게만 효력**이 있고, 어떠한 특권도 이에 따르지 아니한다.

592 평등의 원칙은 국민의 기본권 보장에 관한 우리 헌법의 최고 원리로서 국가가 입법을 하거나 법을 해석 및 집행함에 있어 따라야 할 기준인 동시에, 국가에 대하여 합리적 이유 없이 불평등한 대우를 하지 말 것과 평등한 대우를 요구할 수 있는 국민의 권리이다.
20 법무사

593 헌법 제11조 제1항의 규범적 의미는 '**법 적용의 평등**'에서 끝나지 않고, 더 나아가 **입법자**에 대해서도 그가 입법을 통해서 권리와 의무를 분배함에 있어서 적용할 가치평가의 기준을 정당화할 것을 요구하는 '**법 제정의 평등**'을 포함한다.
22 소간, 21 지방 7

'헌법상 평등원칙의 규범적 의미는 '법 적용의 평등'을 의미하는 것이지, 입법자가 입법을 통해서 권리와 의무를 분배함에 있어서 적용할 가치평가의 기준을 정당화할 것을 요구하는 '법 제정의 평등'을 포함하는 것은 아니다.
23 경정
(해설) '법 제정의 평등'을 포함함

594 헌법 제11조 제1항에서 정한 **법 앞에서의 평등**의 원칙은 본질적으로 **같은 것은 같게**, 본질적으로 다른 것은 다르게 취급할 것을 요구하는 것으로 일체의 차별적 대우를 부정하는 **절대적 평등을 의미하는 것이 아니라** 입법과 법의 적용에 있어서 **합리적인 근거가 없는 차별을 배제**하는 **상대적 평등을 의미**한다.
23 경정

평등원칙은 일체의 차별적 대우를 부정하는 절대적 평등을 의미하는 것으로, 입법과 법의 적용에 있어서 합리적 이유 없는 차별을 하여서는 아니 된다는 상대적 평등을 의미하는 것은 아니다.
24 5급
(해설) 절대적 평등 ✗ → 상대적 평등 의미 ○

595 헌법상 **평등원칙**은 국가가 합리적인 기준에 따라 능력이 허용하는 범위 내에서 **법적 가치의 상향적 구현**을 위한 제도의 단계적인 개선을 추진할 수 있는 길을 선택할 수 있도록 한다.
19 경정

596 누범을 가중하여 처벌하는 것은 합리적 근거 있는 차별이어서 헌법상 평등의 원칙에 위배되지 아니한다.
25 소간

헌법 제11조 제1항에서의 사회적 신분이란 사회에서 장기간 점하는 지위로서 일정한 사회적 평가를 수반하는 것을 의미하므로 전과자도 사회적 신분에 해당되고, 따라서 누범을 가중처벌하는 것은 전과자라는 사회적 신분을 이유로 차별대우를 하는 것이어서 평등원칙에 위배된다.
22 변호사
(해설) 평등원칙 위배 ✗

597 잠정적 우대조치라 함은, 종래 사회로부터 차별을 받아 온 일정집단에 대해 그동안의 불이익을 보상하여 주기 위하여 그 집단의 구성원이라는 이유로 취업이나 입학 등의 영역에서 직·간접적으로 이익을 부여하는 조치를 말한다.
22 경채

적극적 평등실현조치는 결과의 평등보다는 기회의 평등을 추구하기 때문에 합헌적 정책이다.
15 법원 9
(해설) 기회의 평등 ✗, 결과의 평등 추구 ○

598 잠정적 우대조치는 항구적 정책이 아니라 **구제목적이 실현되면 종료하는 임시적 조치이다.** O   22 경채

적극적 평등실현조치는 결과의 평등보다는 기회의 평등을 추구하기 때문에 합헌적 정책이다.   15 법원 9
(해설) 결과의 평등 추구

599 대통령령으로 정하는 공공기관 및 공기업으로 하여금 매년 정원의 100분의 3 이상씩 34세 이하의 청년 미취업자를 채용하도록 한 「청년고용촉진 특별법」 조항은 35세 이상 미취업자들의 평등권과 직업선택의 자유를 침해하지 않는다. O   16 지방 7

「청년고용촉진특별법」 관련 규정에서 2014.1.1.부터 3년간 한시적으로 대통령령으로 정하는 공공기관과 지방공기업은 매년 정원의 100분의 3 이상씩 35세 미만의 청년 미취업자를 고용하도록 의무화하는 '청년할당제'는 공공기관과 지방공기업에 취업하려고 하는 35세 이상된 사람들의 평등권 및 직업선택의 자유를 침해하여 헌법에 위반된다.   16 국회 8
(해설) 평등권 및 직업의 자유 침해 X

KEY 094 | 평등여부위반 심사 B

600 평등위반 여부를 심사함에 있어 엄격한 심사척도에 의할 것인지, 완화된 심사척도에 의할 것인지는 **입법자에게 인정되는 입법형성권의 정도에 따라 달라진다.** O   23 해간, 19 경정

601 일반적으로 차별이 정당한지 여부에 대해서는 자의성 여부를 심사하지만, 헌법에서 특별히 평등을 요구하고 있는 경우나 **차별적 취급으로 인하여 관련 기본권에 대한 중대한 제한을 초래하게 된다면 입법형성권은 축소되어 보다 엄격한 심사척도가 적용된다.** O   24 소간

평등원칙은 행위규범으로서 입법자에게, 객관적으로 같은 것은 같게 다른 것은 다르게, 규범의 대상을 실질적으로 평등하게 규율할 것을 요구하고 있으므로 헌법재판소가 행하는 규범에 대한 심사는 그것이 가장 합리적이고 타당한 수단인가를 원칙적으로 엄격하게 심사하여야 한다.   10 국회 8
(해설) 엄격심사 X, 자의금지심사 O

KEY 095 | 자의금지원칙

602 평등권의 침해 여부에 대한 심사는 그 심사기준에 따라 자의금지원칙에 의한 심사와 비례의 원칙에 의한 심사로 크게 나누어 볼 수 있다. **자의심사의 경우에는 차별을 정당화하는 합리적인 이유가 있는지만을 심사하기 때문에 그에 해당하는 비교대상간의 사실상의 차이나 입법목적(차별목적)의 발견, 확인에 그칠 수 있다.** O   23 국회 8

평등권의 침해 여부에 대한 심사는 그 심사기준에 따라 자의금지원칙에 의한 심사와 비례의 원칙에 의한 심사로 크게 나누어 볼 수 있다. 자의심사의 경우에는 단순히 합리적인 이유의 존부문제가 아니라 차별을 정당화하는 이유와 차별간의 상관관계에 대한 심사, 즉 비교대상간의 사실상의 차이의 성질과 비중 또는 입법목적(차별목적)의 비중과 차별의 정도에 적정한 균형관계가 이루어져 있는가를 심사한다.   13 법원 9
(해설) 비례심사에 대한 설명

603 보건복지부장관이 최저생계비를 고시함에 있어서 **장애인가구와 비장애인가구를 구분하지 않고 일률적으로 동일한 최저생계비를 적용한 것은 자의적인 것으로 볼 수는 없다.** O   21 소간

보건복지부장관이 최저생계비를 고시함에 있어 장애로 인한 추가지출비용을 반영한 별도의 최저생계비를 결정하지 않은 채 가구별 인원수만을 기준으로 최저생계비를 결정한 고시는 엄격한 기준인 비례성원칙에 따른 심사를 함이 타당하다.   24 해간
(해설) 자의금지원칙 적용

604 독립유공자의 사망시기에 따라 그 손자녀의 보상금 지급 요건을 달리하거나 보상금 수급대상을 **독립유공자의 손자녀 1명으로 한정한 「독립유공자예우에 관한 법률」 조항은 헌법에서 특히 평등을 요구하는 영역에서의 차별에 해당하지 않고 관련 기본권에 중대한 제한을 초래하지도 않는다.** O (최신판례)   24 경찰 1차

605 중혼의 취소청구권자로 직계존속과 4촌 이내의 방계혈족을 규정하면서도 직계비속을 제외한 「민법」 조항에 대해, 평등원칙을 위반했는지 여부를 판단함에 있어서 중혼의 취소청구권자를 어느 범위까지 포함할 것인지 여부에 관하여는 **입법자의 입법재량의 폭이 넓은 영역**이라 할 것이므로 **자의금지원칙 위반 여부를 심사**하는 것으로 족하다.⁹
25 경정

직계존속 및 4촌 이내의 방계혈족에게는 중혼의 취소청구권을 부여하고, 직계비속에게는 중혼의 취소청구권을 부여하지 않은 것은 합리적인 이유가 있으므로 평등의 원칙에 위반되지 않는다.
13 국가 7
(해설) 평등원칙 위반

606 국가를 상대로 하는 당사자소송의 경우에는 가집행선고를 할 수 없다고 규정한 행정소송법 조항의 **평등원칙 위반 여부는 자의금지원칙에 따라 판단하기로 한다.**⁶ (최신판례)
22 국회 8(변형)

재산권의 청구는 공법상의 법률관계를 전제로 하는 당사자소송이라는 점에서 민사소송과 본질적으로 달라, 국가를 상대로 한 당사자소송에서 가집행선고를 제한하는 「행정소송법」 조항은 국가만을 차별적으로 우대하는 데 합리적 이유가 있으므로 평등원칙에 위반되지 않는다.
23 경찰 1차
(해설) 합리적 이유 없는 차별이므로 평등원칙 위반

607 자기 또는 배우자의 직계존속을 **고소하지 못하도록 규정**한 형사소송법 조항은 친고죄의 경우든 비친고죄의 경우든 헌법상 보장된 재판절차진술권의 행사에 중대한 제한을 초래한다고 보기는 어려우므로, **완화된 자의심사에 따라 차별에 합리적 이유가 있는지를 따져보는 것으로 족하다.**⁷
20 경정, 17 변호사

자기 또는 배우자의 직계존속을 일절 고소하지 못하도록 규정하고 있는 「형사소송법」 제224조는 평등원칙에 위반된다.
17 국회 8
(해설) 평등원칙 위반 X

608 군인 등에 대하여 항문성교나 그 밖의 추행을 한 사람을 처벌하는 「군형법」조항은 평등원칙에 위반되지 아니한다./ (최신판례)
25 국회 8

609 대한민국 국민인 남성에 한하여 **병역의무를 부과**한 (구)「병역법」 제3조 제1항은 헌법이 특별히 양성평등을 요구하는 경우나 관련 기본권에 중대한 제한을 초래하는 경우의 차별취급을 그 내용으로 하고 있다고 보기 어렵다는 점에서 **평등권 침해 여부에 관하여 합리적 이유의 유무를 심사하는 것에 그치는 자의금지원칙에 따른 심사를 한다.**⁹
16 지방 7

대한민국 국민인 남자에 한하여 병역의무를 부과하는 「병역법」 조항은 우리 헌법이 특별히 명시적으로 차별을 금지하는 사유인 '성별'을 기준으로 병역의무를 부과하므로 이 조항이 평등권을 침해하는지 여부에 대해서는 자의금지원칙이 아닌 비례성원칙에 따른 심사를 하여야 한다.
22 변호사
(해설) 자의금지 심사

610 출입국관리에 관한 사항 중 **외국인의 입국에 관한 사항**은 주권 국가로서의 기능을 수행하는데 필요한 것으로서 **광범위한 정책재량의 영역**이므로, 국적에 따라 사증 발급 신청 시의 첨부서류에 관해 다르게 정하고 있는 조항이 평등권을 침해하는지 여부는 **자의금지원칙 위반 여부에 의하여 판단한다.**³
20 경정, 19 변호사

「출입국관리법 시행규칙」에 의하여 단순 노무행위 등 취업활동 종사자 중 불법체류가 많이 발생하는 중국 등 국가의 국민에 대하여 사증발급 신청 시 일정한 첨부서류를 제출하도록 한 경우 헌법재판소는 평등권 위반에 대한 심사기준으로 비례원칙을 적용하였다.
24 경정
(해설) 자의금지원칙 적용

611 부담금은 국민의 재산권을 제한하여 일반 국민이 아닌 **특별한 의무자집단**에 대하여 부과되는 **특별한 재정책임**으로, 평등원칙의 적용에 있어서 부담금의 문제는 합리성의 문제로서 **자의금지원칙에 의한 심사대상이다.**⁴
23 입시

여러 체육시설 가운데 회원제로 운영되는 골프장의 이용자만을 「국민체육진흥법」상 국민체육진흥계정 조성에 관한 조세 외적 부담을 져야 할 책임이 있는 집단으로 선정한 것은 평등원칙에 위배되지 않는다.
25 변호사
(해설) 평등원칙에 위배

612 친일반민족행위자의 후손이라는 점이 헌법 제11조 제1항 후문의 사회적 신분에 해당한다 할지라도 헌법에서 특별히 평등을 요구하고 있는 경우라고 할 수 없기 때문에 친일반민족행위의 후손에 대한 차별은 **평등권 침해 여부의 심사에 엄격한 기준을 적용해야 하는 경우라고 볼 수 없다.**⁵

헌법 제11조 제1항 후문에서 규정한 "성별·종교 또는 사회적 신분"은 절대적인 차별금지사유로 볼 수 있으므로 입법자는 어떠한 경우에도 이를 사유로 하는 차별적 입법을 할 수 없다.
25 소간
(해설) 절대적 차별금지사유 아니며 차별적 입법 可

613 처분적 법률은 그 자체로 바로 헌법에 위반되는 것이 아니며, 특정 개인 또는 사건만을 대상으로 함으로써 발생하는 **차별적 규율이 합리적인 이유로 정당화되는 경우 허용**된다. 10 국회 8

우리 헌법은 처분적 법률로서의 개인대상법률 또는 개별사건법률의 정의를 따로 두고 있지 않으며 처분적 법률의 제정을 금지하는 명문의 규정도 두고 있지 않지만 특정한 규범이 개인대상 또는 개별사건법률에 해당한다면 이는 바로 법률의 속성 중 일반성과 추상성을 위반하여 위헌이 된다. 12 지방 7
(해설) 곧바로 위헌 아님

614 개별사건법률은 개별사건에만 적용되는 것이므로 원칙적으로 평등원칙에 위배되는 자의적인 규정이라는 강한 의심을 불러일으키지만, 위헌 여부는 그 형식만으로 가려지는 것이 아니라, 나아가 **평등의 원칙이 추구하는 실질적 내용이 정당한지 아닌지를 따져야 비로소 가려진다.** 24 지방 7

개별사건에만 적용되는 개별사건법률은 그 자체로 헌법상 평등원칙에 위배되므로 그 내용을 불문하고 절대적으로 금지된다. 14 법원 9
(해설) 그 자체로 위헌 X, 허용될 수 있음

615 상법상의 주식회사에 불과한 **연합뉴스사를 국가기간뉴스통신사로 지정**하고, 정부가 위탁하는 공익업무와 관련하여 **정부의 예산으로 재정지원**을 할 수 있는 법적 근거를 두고 있는 **뉴스통신 진흥에 관한 법률은 특정인에 대해서만 적용되는 개인대상법률**로서 **처분적 법률에 해당**한다. 18 경정

「뉴스통신 진흥에 관한 법률」에 의하여 연합뉴스사만을 국가기간뉴스통신사로 지정하여 각종 지원을 하는 경우 헌법재판소는 평등권 위반에 대한 심사기준으로 비례원칙을 적용하였다. 24 경정
(해설) 자의금지원칙 적용

KEY 096 비례원칙 A

616 혼인한 등록의무자 모두 배우자가 아닌 본인의 직계존·비속의 재산을 등록하도록 법조항이 개정되었음에도 불구하고, 개정 전 조항에 따라 이미 배우자의 직계존·비속의 재산을 등록한 혼인한 여성 등록의무자는 종전과 동일하게 계속해서 배우자의 직계존·비속의 재산을 등록하도록 규정한 것에 대해서는 **엄격한 심사척도를 적용하여 비례성 원칙에 따른 심사를 행하여야 할 것이다.** 22 국회 8

개정전 「공직자윤리법」 조항에 따라 이미 재산등록을 한 혼인한 여성 등록의무자에게만 배우자의 직계존·비속의 재산을 등록하도록 예외를 규정한 「공직자윤리법」 부칙조항은 평등원칙에 위배되지 않는다. 23 경간
(해설) 평등원칙 위배

617 자율형 사립고등학교를 지원한 학생에게 평준화지역 후기학교에 **중복지원하는 것을 금지**한 「초·중등교육법시행령」 조항은 매우 보편화된 일반교육에 해당하는 **고등학교 진학 기회를 제한**하는 것으로 당사자에게 미치는 **기본권 제한의 효과가 크다**는 점에서 **엄격한 심사척도에 의하여 평등원칙 위배여부를 심사하여야 한다.** 24 경찰 1차

자율형 사립고등학교를 지원한 학생에게 평준화지역 후기학교에 중복지원하는 것을 금지한 「초·중등교육법 시행령」 제81조 제5항 중 '제91조의3에 따른 자율형 사립고등학교는 제외한다' 부분은 고교별 특성을 고려한 것으로 청구인 학생의 평등권을 침해하지 않는다. 23 지방 7
(해설) 학생 및 학부모의 평등권을 침해함

618 학생 선발시기 구분에 있어 「초·중등교육법 시행령」 조항이 **자사고를 후기학교로 규정**함으로써 과학고와 달리 취급하고, 일반고와 같이 취급하는 데에는 합리적인 이유가 있으므로 **자사고 학교법인의 평등권을 침해하지 아니한다.** 23 경찰 1차

자율형 사립고등학교(이하 '자사고'라 함)와 일반고등학교(이하 '일반고'라 함)가 동시선발을 하게 되면 해당 자사고의 교육에 적합한 학생을 선발하는 데 지장이 있고 자사고의 사학운영의 자유를 침해하므로 자사고를 후기학교로 정하여 신입생을 일반고와 동시에 선발하도록 한 「초·중등교육법 시행령」 해당 조항은 국가가 학교 제도를 형성할 수 있는 재량 권한의 범위를 일탈하였다. 24 경간
(해설) 자사고 사학 운영의 자유 침해 아님 / 재량 권한 범위 내에 있음

619 평등원칙과 결합하여 혼인과 가족을 부당한 차별로부터 보호하고자 하는 목적을 지니고 있는 헌법 제36조 제1항에 비추어 볼 때, 종합부동산세의 과세방법을 '인별 합산'이 아니라 '세대별 합산'으로 규정한 「종합부동산세법」 조항은 비례원칙에 의한 심사에 의하여 정당화되지 않으므로 헌법에 위반된다. ✓ 15 국회 8

종합부동산세에 있어서 자산소득에 대한 부부간 합산과세는 자산소득의 특성을 고려하여 소비단위별 담세력에 부합하는 공평한 과세를 실현하기 위한 것으로서 합리적 근거가 있다. 12 국회 8

(해설) 합리적 근거 없는 차별

620 제대군인지원에 관한 법률에 규정된 **가산점제도**(과목별 만점의 5% 또는 3%를 가산)는 제대군인에 비하여 여성 및 제대군인이 아닌 남성을 부당한 방법으로 지나치게 차별하는 것으로서 **헌법 제11조에 위배된다.** ✓ 23 5급

제대군인이 공무원채용시험 등에 응시한 때에 과목별 득점에 과목별 만점의 5퍼센트 또는 3퍼센트를 가산하는 것에 대하여 완화된 심사기준인 자의금지원칙을 적용하고 있다. 20 경정

(해설) 비례심사

621 국가유공자와 그 가족에 대한 **가산점제도**에 있어서 **국가유공자 가족의 경우는** 헌법 제32조 제6항이 **가산점제도의 근거라고 볼 수 없으므로 평등권 침해 여부에 관하여 보다 완화된 기준을 적용한 비례심사는 부적절한 것이다.** // 13 변호사

국가유공자 본인이 국가기관이 실시하는 채용시험에 응시하는 경우에 10%의 가점을 주도록 한 「국가유공자 등 예우 및 지원에 관한 법률」 조항은 헌법 제32조 제6항에서 특별히 평등을 요구하고 있는 경우에 해당하므로, 이에 대해서는 엄격한 비례성 심사에 따라 평등권 침해 여부를 심사하여야 한다. 18 경정

(해설) 국가유공자 본인 : 완화된 비례심사

KEY 097 평등권 관련판례

622 심판대상조항이 단일 지역단위 선거구의 지역구국회의원인지 다수 지역단위 선거구의 지역구국회의원인지 여부에 차이를 두지 않고 정치자금법에서 정하지 아니한 방법으로 정치자금을 기부받은 경우 **정치자금부정수수죄로 처벌하는 것**이 불합리하다고 보기는 어려우므로, **평등원칙에 위반되지 아니한다.** / (최신판례)

「정치자금법」 규정이 단일 지역단위 선거구의 지역구국회의원인지 다수 지역단위 선거구의 지역구국회의원인지 여부에 차이를 두지 않고 「정치자금법」에서 정하지 아니한 방법으로 정치자금을 기부받은 경우 정치자금부정수수죄로 처벌하는 것이 불합리하므로 평등원칙에 반한다. 23 소간

(해설) 평등원칙 위반 X

623 구 「소년법」 규정이 **소년으로 범한 죄**에 의하여 형의 선고를 받은 자가 그 집행을 종료하거나 면제받은 때와 달리 **집행유예를 선고받은 소년범에 대한 자격완화 특례규정을 두지 아니하며 자격제한을 함에 있어 「군인사법」 등 해당 법률의 적용을 받도록 한 것은 불합리한 차별이라 할 것이므로 평등원칙에 위반된다.**³ 18 국가 7

형의 집행이 종료 또는 면제된 자와 달리 집행유예를 선고받은 소년범에 대하여는 자격완화 특례규정을 두지 아니하여 자격제한을 함에 있어 「군인사법」 등 해당 법률의 적용을 받도록 한 「소년법」 규정은 평등원칙에 위반되지 않는다. 22 입시

(해설) 평등원칙 위반

624 행정재산을 정당한 권원 없이 사용·수익하는 경우 사유재산과 달리 **형사적 제재를 가하는 것은 합리적인 이유가 있으므로 평등원칙에 위배되지 않는다.** / (최신판례)

「공유재산 및 물품 관리법」 제6조 제1항을 위반하여 행정재산을 사용하거나 수익한 자를 형사처벌하는 「공유재산 및 물품 관리법」 제99조는 사유재산을 점유한 자의 경우와 달리 형사적 제재를 가하는 것으로서 합리적 이유가 없으므로 평등원칙에 위배된다. 25 경찰 1차

(해설) 평등원칙 위배 X

625 일반직 공무원은 기술·연구 또는 행정 일반에 대한 업무를 담당하는 공무원으로서 경찰공무원과는 담당 직무가 다르고, 공무원 재산등록제도의 취지에 비추어 본 재산등록의 필요성 정도도 서로 다르므로, 일반직 공무원과 달리 **경찰업무의 특수성**을 고려하여 경사 계급까지 공직자 재산등록의무를 부과한 것은 합리적인 이유가 있으므로 경사의 **평등권을 침해한다고 볼 수 없다.** / (최신판례) 24 해간

626 성폭력범죄를 저질러 벌금형이 확정된 체육지도자의 자격을 필요적으로 취소하도록 개정된 「국민체육진흥법」 조항을 개정법 시행 후 발생하는 자격취소사유부터 적용하도록 한 같은 법 부칙 제4조 중 해당 부분은 평등원칙에 위반되지 않는다. / 최신판례

성폭력범죄를 저질러 벌금형이 확정된 체육지도자의 자격을 필요적으로 취소하도록 개정된 「국민체육진흥법」 조항을 개정법 시행 후 발생하는 자격취소사유부터 적용하도록 한 같은 법 부칙 제4조 중 해당 부분은 개정법 시행일을 기준으로 하여 성폭력범죄로 이미 벌금형이 확정된 체육지도자와 그렇지 않은 체육지도자를 합리적인 이유 없이 달리 취급하는 것이므로 평등원칙에 위반된다. 25 경찰 1차

해설 평등원칙 위반 X

627 전기판매사업자에게 약관의 명시·교부의무를 면제한 「약관의 규제에 관한 법률」 해당 조항 중 '전기사업'에 관한 부분은 일반 사업자와 달리 전기판매사업자에 대하여 약관의 명시·교부의무를 면제하고 있더라도 평등원칙에 위반되지 아니한다. / 최신판례 25 경간

628 국군포로로서 억류기간 동안의 보수를 지급받을 권리를 국내로 귀환하여 등록절차를 거친 자에게만 인정하는 「국군포로의 송환 및 대우 등에 관한 법률」 제9조 제1항은 귀환하지 않은 국군포로를 합리적 이유없이 차별한 것이라 볼 수 없어 평등원칙에 위배되지 않는다. / 최신판례 23 경찰 2차

629 먹는샘물 수입판매업자에게 수질개선부담금을 부과하는 것은 수돗물의 질을 개선하고 이를 국민에게 저렴하게 공급하려는 정당한 국가정책이 원활하게 실현될 수 있게 하기 위한 것으로서 부과에 합리적인 이유가 있어 평등원칙과 조화된다.5 23 국회 9

630 '국가, 지방자치단체, 공공기관의 운영에 관한 법률에 따른 공공기관'이 시행하는 개발사업과 달리, 학교법인이 시행하는 개발사업은 그 일체를 개발부담금의 제외 또는 경감 대상으로 규정하지 않은 「개발이익 환수에 관한 법률」 해당 조항 중 '공공기관의 운영에 관한 법률에 따른 공공기관'에 관한 부분은 국가 등과 학교법인을 합리적인 이유 없이 차별취급한다고 볼 수 없으므로 평등원칙에 위반되지 않는다. / 최신판례

'국가, 지방자치단체, 공공기관의 운영에 관한 법률에 따른 공공기관'이 시행하는 개발사업과 달리, 학교법인이 시행하는 개발사업은 그 일체를 개발부담금의 제외 또는 경감 대상으로 규정하지 않은 「개발이익 환수에 관한 법률」 해당 조항 중 '공공기관의 운영에 관한 법률에 따른 공공기관'에 관한 부분은 평등원칙에 위반된다. 25 경간

해설 평등원칙 위반 X

631 2000. 7. 1. 이전과 이후에 고시된 도시계획시설결정들 사이에 다른 실효기간이 적용되는 것이나 2000. 7. 1. 이전에 결정·고시된 도시계획시설결정들 사이에 이미 경과된 기간의 장단에 따라 차등을 두지 않고 일률적으로 실효기산일을 적용하는 것에는 모두 합리적인 이유가 있으므로, 이 사건 부칙 조항은 평등원칙에 위반되지 아니한다. / 최신판례

2000년 7월 1일 이전에 결정·고시된 도시계획시설결정의 실효에 관한 기산일을 2000년 7월 1일로 정한 「국토의 계획 및 이용에 관한 법률」 부칙 해당 부분은 2000년 7월 1일 이후에 고시된 도시계획시설결정의 실효기간은 고시일로부터 20년인 데 비하여, 그 전에 고시된 도시계획시설결정의 실효기간은 고시일로부터 20년이 초과되는 결과를 가져오는데 이러한 차별에는 합리적인 이유가 없으므로 평등원칙에 반한다. 25 경찰 1차

해설 평등원칙 위반 X

632 독립유공자의 손자녀 중 1명에게만 보상금을 지급하도록 하면서 독립유공자의 선순위 자녀의 자녀에 해당하는 손자녀가 2명 이상인 경우에 나이가 많은 손자녀를 우선하도록 규정한 「독립유공자예우에 관한 법률」 조항은 평등권을 침해한다.6 21 국회 8

생활수준 등을 고려하여 독립유공자의 손자녀 1명에게 보상금을 지급하도록 하면서 같은 순위의 손자녀가 2명 이상이면 나이가 많은 손자녀를 우선하도록 한 것은, 결국 나이를 기준으로 하여 연장자에게 우선하여 보상금을 지급하는 것이어서 보상금수급권이 갖는 사회보장적 성격에 부합하지 아니하므로, 보상금을 받지 못한 손자녀의 평등권을 침해한다. 21 변호사

해설 생활수준 고려 1명 지급 : 평등권 침해 X

633 보훈보상대상자의 부모에 대한 유족보상금 지급 시 수급권자를 부모 중 1인에 한정하고 나이가 많은 자를 우선하도록 한 「보훈보상대상자 지원에 관한 법률」은 합리적인 이유 없이 보상금 수급권자의 수를 일률적으로 제한하고, 부모 중 나이가 많은 자와 그렇지 않은 자를 합리적인 이유 없이 차별하고 있으므로 나이가 적은 부모 일방의 **평등권을** 침해한다.6
24 경정

보훈보상대상자의 부모에 대한 유족보상금 지급 시 수급권자를 부모 중 1인에 한정하고 나이가 많은 자를 우선하도록 한 것은, 구체적인 보상 내용 등의 사항이 국가의 재정부담능력, 전체적인 사회보장 수준, 보훈보상대상자에 대한 평가 기준 등에 따라 정해질 수밖에 없으므로, 나이가 적은 부모 일방의 평등권을 침해하지 않는다.
21 변호사
(해설) 평등권 침해

634 외국인 지역가입자가 납부할 월별 보험료의 하한을 내국인 및 영주(F-5)·결혼이민(F-6)의 체류자격을 가진 외국인보다 높게 정한 것은 보험료 납부의 상관관계를 고려하고, 외국인의 보험료 납부의무 회피를 위한 출국 등의 제도적 남용 행태를 막기 위한 합리적 이유가 있으므로 **평등권을** 침해하지 **않는다.**1 (최신판례)

내국인 및 영주(F-5)·결혼이민(F-6)의 체류자격을 가진 외국인과 달리 외국인 지역가입자에 대하여 납부할 월별 보험료의 하한을 전년도 전체 가입자의 평균을 고려하여 정하는 구 「장기체류 재외국민 및 **외국인에** 대한 건강보험 적용기준」 제6조 제1항에 의한 별표2 제1호 단서는 합리적인 이유 없이 외국인을 내국인 등과 달리 취급한 것으로서 평등권을 침해한다.
24 국회 8
(해설) 평등권 침해 아님

635 코로나19 확산으로 경제적 타격을 입은 국민들을 지원하기 위한 「긴급재난지원금 가구구성 및 이의신청 처리기준(2차)」이 긴급재난지원금 지급 대상인 '**외국인만으로 구성된 가구**'에 '**영주권자 및 결혼이민자**'는 포함시키면서 '**난민인정자**'를 제외한 것은 합리적 이유 없는 차별이므로 **난민인정자의 평등권을** 침해한다.4 (최신판례)
25 변호사

외국인만으로 구성된 가구 중 영주권자 및 결혼이민자만을 긴급재난지원금 지급대상에 포함시키고 난민인정자를 제외한 것은, 영주권자 및 결혼이민자는 한국에서 영주하거나 장기 거주할 목적으로 합법적으로 체류한다는 점에서 합리적인 차이가 있으므로 난민인정자의 평등권을 침해하지 않는다.
25 입시
(해설) 평등권 침해

636 내국인등 지역가입자와 달리 **외국인 지역가입자가** 보험료를 체납한 경우에는 다음 달부터 곧바로 보험급여를 제한하는 「국민건강보험법」 조항은, 외국인 지역가입자에 대하여 체납횟수와 경제적 사정 등을 전혀 고려하지 않고 **예외 없이** 1회의 보험료 체납사실만으로도 보험급여를 제한하고 있어 외국인 지역가입자의 평등권을 합리적 이유 없이 침해한다.4 (최신판례)
24 지방 7

637 사업주가 제공하거나 그에 준하는 교통수단을 이용하여 출퇴근하던 중에 산업재해보상보험 가입 근로자가 입은 재해를 업무상 재해로 인정하는 것과 달리, **도보나 자기 소유 교통수단 또는 대중교통수단** 등을 이용하여 출퇴근하는 산업재해보상보험 가입 근로자가 통상적 경로와 방법으로 출퇴근하던 중에 입은 재해를 업무상 재해로 인정하지 않는 것은 자의적 차별로 **평등원칙에 위배**된다.9
20 변호사

「산업재해보상보험법」에서 업무상 재해에 통상의 출퇴근 재해를 포함시키는 개정 법률조항을 개정법 시행 후 최초로 발생하는 재해부터 적용하도록 한 것은, 산재보험의 재정상황 등 실무적 여건이나 경제상황 등을 고려한 것으로 헌법상 평등원칙에 위반되지 않는다.
24 경정
(해설) 시혜적 소급입법 미적용 : 평등원칙 위배

638 구 「건설근로자의 고용개선 등에 관한 법률」 제14조 제2항 중 구 「**산업재해보상보험법**」 제63조 제1항 가운데 '그 근로자가 사망할 당시 대한민국 국민이 아닌 자로서 외국에서 거주하고 있던 유족은 제외한다'를 준용하는 부분은 합리적 이유없이 외국거주 외국인 유족을 대한민국 국민인 유족 및 국내거주 외국인 유족과 **차별**하는 것으로 평등원칙에 위반된다.1 (최신판례)
23 경찰 2차

639 국립묘지 안장 대상자의 사망 당시의 배우자가 재혼한 경우에는 국립묘지에 안장된 **안장대상자와 합장할 수 없도록 규정**한 「국립묘지의 설치 및 운영에 관한 법률」상 조항은 합리적인 이유가 있으므로 **평등원칙에 위배되지 않는다.**5 (최신판례)

국립묘지 안장 대상자의 사망 당시의 배우자가 재혼한 경우에는 국립묘지에 안장된 안장대상자와 합장할 수 없도록 규정한 「국립묘지의 설치 및 운영에 관한 법률」상 조항은 재혼한 배우자를 불합리하게 차별한 것으로 평등원칙에 위배된다.
24 경간
(해설) 평등원칙 위배 X

640 특별교통수단에 있어 표준휠체어만을 기준으로 휠체어 고정설비의 안전기준을 정한 것은 표준휠체어를 이용할 수 없는 장애인에 대한 고려 없이 고정설비의 안전기준을 정하여 불합리하고, 표준휠체어를 이용할 수 있는 장애인과 표준휠체어를 이용할 수 없는 장애인을 합리적 이유 없이 달리 취급하여 **평등권을 침해**한다. 25 입시

641 주택재개발사업의 경우 **학교용지부담금** 부과 대상에서 '기존 거주자와 토지 및 건축물의 소유자에게 분양하는 경우'에 해당하는 개발사업분만 제외하고, 현금청산의 대상이 되어 제3자에게 분양됨으로써 **기존에 비하여 가구 수가 증가하지 아니하는 개발사업분을 제외하지 아니한** 「학교용지 확보 등에 관한 특례법」 규정은 **평등원칙에 위반**된다. 22 입시

주택재개발사업의 경우 학교용지부담금 부과 대상에서 '기존 거주자와 토지 및 건축물의 소유자에게 분양하는 경우'에 해당하는 개발사업분만 제외하고, 현금청산의 대상이 되어 제3자에게 분양됨으로써 기존에 비하여 가구 수가 증가하지 아니하는 개발사업분을 제외하지 아니한 것은 평등원칙에 위배되지 않는다. 24 경간

(해설) 평등원칙 위배

642 국공립어린이집, 사회복지법인어린이집, 법인·단체등어린이집 등과 달리 **민간어린이집에는 보육교직원 인건비를 지원하지 않는** '2020년도 보육사업안내(2020.1.10. 보건복지부지침)'상 조항은 합리적 근거 없이 민간어린이집을 운영하는 청구인을 차별하여 **청구인의 평등권을 침해**하였다고 볼 수 없다. [최신판례]

국공립어린이집, 사회복지법인어린이집, 법인·단체등어린이집 등과 달리 민간어린이집에는 보육교직원 인건비를 지원하지 않는 '2020년도 보육사업안내(2020.1.10. 보건복지부지침)'상 조항은 합리적 근거 없이 민간어린이집을 운영하는 청구인을 차별하여 청구인의 평등권을 침해한다. 24 경간

(해설) 평등권 침해 X

643 근로자의 날을 관공서의 공휴일에 포함시키지 않은 '관공서의 공휴일에 관한 규정' 제2조 본문은 **공무원의 평등권을 침해하지 않는다.** [최신판례] 23 법원 9

근로자의 날을 관공서의 공휴일에 포함시키지 않은 「관공서의 공휴일에 관한 규정」은 공무원의 평등권을 침해한다. 23 소간

(해설) 평등권 침해 X

644 「근로자퇴직급여 보장법」 제3조 단서가 **가사사용인**을 일반 근로자와 달리 「근로자퇴직급여 보장법」의 적용범위에서 배제하고 있다 하더라도 합리적 이유가 있는 차별로서 **평등원칙에 위배되지 아니한다.** [최신판례] 23 소간

645 '직계혈족, 배우자, 동거친족, 동거가족 또는 그 배우자' 이외의 **친족 사이의 재산범죄를 친고죄로 규정**한 「형법」 제328조 제2항은 일정한 친족 사이에서 발생한 재산범죄의 경우 **피해자의 고소를 소추조건으로 정하여 피해자의 의사에 따라 국가형벌권 행사가 가능하도록 한 것으로서 합리적 이유가 있다.** [최신판례] 25 경간

646 공무원이 지위를 이용하여 범한 **공직선거법위반죄**에 대하여 일반인이 범한 공직선거법위반죄와 달리 해당 선거일 후 **10년으로 공소시효를 정한 공직선거법 규정은 합리적인 이유 있는 차별로서 평등원칙에 위반되지 않는다.** [최신판례] 23 법무사

647 대립 당사자 간에 발생한 법률적 분쟁에 관하여 사실관계를 확정한 후 법을 해석·적용함으로써 분쟁을 해결한다는 절차적 측면에서 민사소송과 행정소송은 유사하므로 **재심기간제한조항이 민사소송과 동일하게 재심제기기간을 30일로 정한 것이 행정소송 당사자의 평등권을 침해하지 않는다.** [최신판례]

확정판결의 기초가 된 민사나 형사의 판결, 그 밖의 재판 또는 행정처분이 다른 재판이나 행정처분에 따라 바뀌어 당사자가 행정소송의 확정판결에 대하여 재심을 제기하는 경우, 재심제기기간을 30일로 정한 「민사소송법」을 준용하는 「행정소송법」 제8조 제2항 중 「민사소송법」 제456조 제1항 가운데 제451조 제1항 제8호에 관한 부분을 준용하는 부분은 행정소송 당사자의 평등권을 침해한다. 24 국회 8

(해설) 평등권 침해 X

648 현역복무를 마친 여성을 예비역 복무의무자의 범위에서 제외한 「군인사법」 조항은 차별취급을 정당화할 합리적 이유가 인정되므로, 청구인의 **평등권을 침해하지 아니한다.**³
(최신판례)

지원에 의하여 현역복무를 마친 여성의 경우 현역복무 과정에서의 훈련과 경험을 통해 예비전력으로서의 자질을 갖추고 있을 것으로 추정할 수 있으므로 지원에 의하여 현역복무를 마친 여성을 예비역 복무의무자의 범위에서 제외한 「군인사법」 조항은 예비역복무의무자인 남성인 청구인의 평등권을 침해한다. 24 경찰 1차
(해설) 평등권 침해 아님

649 사관생도의 사관학교 교육기간을 현역병 등의 복무기간과 달리 연금 산정의 기초가 되는 군 복무기간으로 산입할 수 있도록 규정하지 아니한 구 「군인연금법」상 조항은 현저히 자의적인 **차별이라고 볼 수 없다.**¹ (최신판례) 24 경간

650 현역병 및 사회복무요원과 달리 **공무원의 초임호봉 획정에 인정되는 경력에 산업기능요원의 경력을 제외하도록 한 공무원보수규정은 산업기능요원의 평등권을 침해하지 않는다.**⁴ 23 법원 9

공무원의 초임호봉 획정에 인정되는 경력과 관련하여, 현역병 및 사회복무요원과 달리 산업기능요원의 경력을 제외하도록 한 것은 평등권을 침해한다. 17 지방 7
(해설) 평등권 침해 X

651 보상금의 지급을 신청할 수 있는 자의 범위를 '내부 공익신고자'로 한정함으로써 '외부 공익신고자'를 보상금 지급대상에서 배제하도록 정한 「공익신고자 보호법」 조항 중 '내부 공익신고자' 부분은 **평등원칙에 위배되지 않는다.**⁴ 23 경찰 1차

CHAPTER 04 인신의 보호

| 번호 | 옳은 지문 ○ | 옳지 않은 지문 × |

KEY 098 생명권   A

652 생명에 대한 권리는 비록 헌법에 명문의 규정이 없다 하더라도 인간의 생존본능과 존재목적에 바탕을 둔 **선험적이고 자연법적인 권리**로서 헌법에 규정된 모든 기본권의 전제로서 기능하는 기본권 중의 기본권이다. 25 5급

헌법상 생명권 보장에 관한 명문의 규정이 없으므로 헌법재판소는 생명권을 헌법상의 권리로 인정하지 않는다. 10 국회 9
(해설) 헌법상 기본권으로 인정

653 「민법」 제3조 및 제762조가 권리능력의 존재 여부를 출생 시를 기준으로 확정하고 태아에 대해서는 살아서 출생할 것을 조건으로 손해배상청구권을 인정한다 할지라도, 이는 **국가의 생명권 보호의무를 위반한 것이라 볼 수 없다.** 23 해간, 17 국가 7(추)

사산된 태아에게 불법적인 생명침해로 인한 손해배상청구권을 인정하지 않는 것은 입법형성권의 한계를 명백히 일탈한 것으로서 국가의 기본권보호의무를 위반한 것이다. 22 경정
(해설) 기본권보호의무 위반 ×

654 헌법은 절대적 기본권을 명문으로 인정하고 있지 아니하며, 헌법 제37조 제2항에서는 국민의 모든 자유와 권리는 국가안전보장 · 질서유지 또는 공공복리를 위하여 필요한 경우에 한하여 법률로써 제한할 수 있도록 규정하고 있어, 비록 생명이 이념적으로 절대적 가치를 지닌 것이라 하더라도 **생명에 대한 법적 평가가 예외적으로 허용될 수 있다.** 23 법원 9

생명권은 헌법에 명문으로 규정하고 있지 않지만 다른 어느 기본권보다 우월한 가치를 가지는 절대적 권리로서 헌법 제37조 제2항에 의한 일반적 법률유보의 대상이 될 수 없다. 14 지방 7
(해설) 법률유보의 대상 될 수 있음

655 생명권도 헌법 제37조 제2항에 의한 일반적 법률유보의 대상이 될 수밖에 없으며, 나아가 생명권의 경우, 다른 일반적인 기본권 제한의 생명의 구조와는 달리, 일부 박탈이라는 것을 상정할 수 없기 때문에 **생명권에 대한 제한은 필연적으로 생명권의 완전한 박탈을 의미하게 되는바, 생명권의 제한이 정당화될 수 있는 예외적인 경우에는 생명권의 박탈이 초래된다 하더라도 곧바로 기본권의 본질적인 내용을 침해하는 것이라 볼 수는 없다.** 17 국가 7(추)

생명권의 경우, 다른 일반적인 기본권 제한의 구조와는 달리, 생명의 일부 박탈이라는 것을 상정할 수 없고 생명권에 대한 제한은 필연적으로 생명권의 완전한 박탈을 의미하게 되기 때문에 생명권의 제한이 정당화될 수 있는 예외적인 경우라 하더라도 생명권의 박탈이 초래된다면 곧바로 기본권의 본질적인 내용을 침해하는 것이라 볼 수 있다. 23 법원 9
(해설) 기본권의 본질적 내용 침해 ×

KEY 099 신체의 자유 · 죄형법정주의

헌법 제12조 ① 【신체의 자유】 모든 국민은 **신체의 자유**를 가진다. 【**죄형법정주의, 적법절차**】 누구든지 **법률**(대통령령 ×, 적법절차 ×)에 의하지 아니하고는 **체포 · 구속 · 압수 · 수색 또는 심문을 받지 아니하며, 법률과(또는 ×) 적법한 절차에 의하지 아니하고는 처벌 · 보안처분 또는 강제노역**(심문 ×)**을 받지 아니한다.**

656 신체의 자유는 신체의 안전성이 외부로부터의 물리적인 힘이나 정신적인 위험으로부터 침해당하지 아니할 자유와 신체활동을 임의적이고 자율적으로 할 수 있는 자유를 말한다. 21 소간

657 디엔에이감식시료 **채취**의 구체적인 방법은 구강점막 또는 모근을 포함한 **모발**을 **채취**하는 방법으로 하고, 위 방법들에 의한 채취가 불가능하거나 현저히 곤란한 경우에는 **분비물, 체액을 채취하는 방법**으로 한다. 그렇다면 디엔에이감식시료의 **채취행위**는 신체의 안정성을 해한다고 볼 수 있으므로 **신체의 자유를 제한**한다. O   18 입시

특정범죄에 대하여 형의 선고를 받아 확정된 사람으로부터 디엔에이감식시료를 채취할 수 있도록 한 디엔에이신원확인정보의 이용 및 보호에 관한 법률 조항은 과잉금지의 원칙을 위반하여 신체의 자유를 침해한다.   20 법무사

(해설) 신체의 자유 침해 X

658 징역형의 집행유예를 선고하면서 부과된 **사회봉사명령**은 대상자에게 근로의무를 부과함에 그치고 공권력이 신체를 구금하는 등의 방법으로 근로를 강제하는 것이 아니므로 **신체의 자유를 제한한다고 볼 수 없다.** 3   22 입시

신체의 자유는 신체의 안정성이 외부의 물리적인 힘이나 정신적인 위험으로부터 침해당하지 아니할 자유와 신체활동을 임의적이고 자율적으로 할 수 있는 자유를 의미하므로,「형법」조항에 의해 형의 집행유예와 동시에 사회봉사명령을 선고받은 경우, 자신의 의사와 무관하게 사회봉사를 하지 않을 수 없게 되어 신체의 자유를 제한받는다.   23 경정

(해설) 신체의 자유 제한 X, 일반적 행동의 자유 제한 O

659 과태료는 행정상의 질서유지를 위한 **행정질서벌**에 해당할 뿐 형벌이라고 할 수 없어 죄형법정주의의 규율대상에 해당하지 아니한다. O   18 입시, 13 서울 7

과태료는 형벌이 아니고 행정상의 질서유지를 위한 행정질서벌에 해당되지만, 국민의 재산상 제약에 해당되어 죄형법정주의의 규율대상에 해당된다.   22 경정

(해설) 죄형법정주의 규율대상 X

660 처벌법규의 위임은 특히 **긴급한 필요**가 있거나 미리 법률로써 자세히 정할 수 없는 **부득이한 사정**이 있는 경우에 한정하여야 하고, 법률에서 범죄의 **구성요건**은 처벌대상인 행위가 어떠한 것일 것이라고 이를 **예측할 수 있을 정도로 구체적**으로 정하고 형벌의 종류 및 그 상한과 폭을 명백히 규정하여야 한다. 4   23 국회 8

범죄와 형벌에 관한 사항에 관해서는 위임입법의 근거와 한계에 관한 헌법 제75조가 적용될 수 없다.   15 지방 7

(해설) 적용됨

KEY 100 형벌불소급원칙   B

> **헌법 제13조** ①【**형벌불소급원칙**】모든 국민은 **행위시의 법률**에 의하여 **범죄를 구성하지 아니하는 행위**로 소추되지 아니하며, 동일한 범죄에 대하여 거듭 처벌받지 아니한다.1
> ②【**소급입법금지**】모든 국민은 **소급입법**에 의하여 **참정권**의 **제한**을 받거나 **재산권**을 **박탈**당하지 아니한다.6

661 **노역장유치**는 그 실질이 **신체의 자유**를 **박탈**하는 것으로서 징역형과 유사한 형벌적 성격을 가지고 있으므로 **형벌불소급원칙의 적용대상**이 된다. 5   23 입시, 21 국회 9

노역장유치란 벌금납입의 대체수단이자 납입강제기능을 갖는 벌금형의 집행방법이며, 벌금형에 대한 환형처분이라는 점에서 형벌과 구별된다. 따라서 노역장유치기간의 하한을 정한 것은 벌금형을 대체하는 집행방법을 강화한 것에 불과하며, 이를 소급적용한다고 하여 형벌불소급의 문제가 발생한다고 보기 어렵다.   20 법원 9

(해설) 노역장유치 : 형벌의 성격 가짐 → 형벌불소급원칙 적용대상

662 1억 원 이상의 벌금형을 선고받는 자에 대하여 **노역장유치기간의 하한을 중하게 변경**한「형법」조항을 시행일 이후 최초로 공소제기되는 경우부터 적용하여 범죄행위 당시보다 불이익하게 소급 적용한 동법 부칙조항은 **형벌불소급원칙에 위배**된다.3   24 변호사

1억원 이상의 벌금형을 선고하는 경우 노역장유치기간의 하한을 정한「형법」조항을 시행일 이후 최초로 공소제기되는 경우부터 적용하도록 한「형법」부칙조항은 형벌불소급원칙에 위배되지 않는다.   24 경찰 1차

(해설) 형벌불소급원칙에 위배

663 보안처분이라 하더라도 형벌적 성격이 강하여 신체의 자유를 박탈하거나 박탈에 준하는 정도로 신체의 자유를 제한하는 경우에는 **소급입법금지원칙을 적용**하는 것이 법치주의 및 죄형법정주의에 부합한다.⁶
20 법원 9, 20 소간.

보안처분은 형벌과는 달리 행위자의 장래 재범위험성에 근거하는 것으로서 행위시가 아닌 재판시의 재범위험성 여부에 대한 판단에 따라 보안처분의 선고 여부가 결정되므로, 어떤 보안처분이 형벌적 성격이 강하여 신체의 자유 박탈에 준하는 정도로 신체의 자유를 제한한다 하더라도 형벌불소급원칙이 적용되지 않는다.
24 변호사

(해설) 형벌적 보안처분 : 형벌불소급 원칙 적용

664 **전자장치 부착명령**은 전통적 의미의 형벌이 아닐 뿐 아니라 처벌적인 효과를 나타낸다고 보기도 어려우므로, **전자장치 부착명령**은 범죄행위를 한 사람에 대한 응보를 주된 목적으로 그 책임을 추궁하는 사후적 처분인 형벌과 구별되는 **비형벌적 보안처분으로서 소급효금지원칙이 적용되지 아니한다.**⁵
19 법무사

위치추적 전자장치 부착의 목적과 의도는 단순히 재범의 방지뿐만 아니라 중대한 범죄를 저지른 자에 대하여 그 책임에 상응하는 강력한 처벌을 가하고 일반 국민에 대하여 일반예방적 효과를 위한 강력한 경고를 하려는 것이므로, 구「특정 범죄자에 대한 위치추적 전자장치 부착 등에 관한 법률」시행 이전에 범죄를 저지른 자에 대해서도 소급하여 전자장치 부착을 명할 수 있도록 하는 동법 부칙조항은 헌법 제13조 제1항의 형벌불소급의 원칙에 위배된다.
18 변호사

(해설) 비형벌적 보안처분 : 형벌불소급 원칙 적용 X

665 디엔에이신원확인정보의 수집·이용은 수형인 등에게 심리적 압박으로 인한 **범죄예방효과**를 가진다는 점에서 **보안처분의 성격을 지니지만, 처벌적인 효과가 없는 비형벌적 보안처분으로서 소급입법금지원칙이 적용되지 않는다.**⁵
21 국가 7, 19 5급

666 우리 헌법이 규정한 **형벌불소급의 원칙**은 '행위의 가벌성'에 관한 것이기 때문에 소추가능성에만 연관된 뿐이고 가벌성에는 영향을 미치지 않는 **공소시효에 관한 규정은 원칙적으로 그 효력범위에 포함되지 않는다.**⁶
23 입시

형벌불소급의 원칙은 행위의 가벌성에 관한 것이 아니고 형사소추가 얼마 동안 가능한가의 문제에 관한 것이다.
18 서울 7(추)

(해설) 행위의 가벌성 O, 얼마동안 가능 X

667 **행위 당시의 판례**에 의하면 처벌대상이 되지 아니하는 것으로 해석되었던 행위를 판례의 변경에 따라 확인된 내용의 형법 조항에 근거하여 **처벌**한다고 하여 그것이 **형벌불소급원칙에 위반된다고 할 수 없다.**⁴
22 경정, 17 법원 9

대법원은 행위 당시의 판례에 의하면 처벌대상이 되지 아니하는 것으로 해석되었던 행위를 판례의 변경에 따라 처벌하는 것은 형벌불소급원칙에 반한다고 판시하였다.
21 국회 9

(해설) 형벌불소급원칙 위반 X

KEY 101 죄형법정주의의 명확성원칙

668 집시법 제14조 제1항 중 '타인에게 심각한 피해를 주는 소음' 부분의 죄형법정주의 명확성원칙 위반 여부는 **포괄위임금지원칙 위반 여부에 대한 심사로써 충족**된다 할 것이므로 **죄형법정주의 명확성원칙 위반 여부에 대하여는 별도로 판단하지 아니한다.**¹ (최신판례)

대통령령에 정하여질 구체적인 소음 기준의 내용으로 규정한 '타인에게 심각한 피해를 주는 소음'의 의미가 명확하지 않으므로「집회 및 시위에 관한 법률」제14조 제1항은 죄형법정주의의 명확성원칙에 위배된다.
25 경찰 1차

(해설) 죄형법정주의 명확성원칙 판단 안 함

669 범죄의 성립과 처벌은 법률에 의하여야 한다는 **죄형법정주의** 본래의 취지에 비추어 볼 때 **정당방위와 같은 위법성 조각사유 규정에도 죄형법정주의의 명확성원칙은 적용된다.**⁵
21 변호사

정당방위와 같은 위법성 조각사유 규정은 구성요건 조항에 대한 소극적 한계를 정하고 있는 규정이므로 명확성원칙이 적용되기는 하나, 적극적으로 범죄 성립을 정하는 구성요건 규정은 아니므로 죄형법정주의가 요구하는 정도의 명확성원칙이 적용된다고는 할 수 없다.
25 변호사

(해설) 명확성원칙 적용

670 처벌을 규정하고 있는 법률조항이 구성요건이 되는 행위를 같은 법률조항에서 직접 규정하지 않고 **다른 법률조항에서 이미 규정한 내용을 원용**하였다거나 그 내용 중 일부를 괄호 안에 규정하였다는 사실만으로 명확성 원칙에 위반된다고 할 수는 없다. 17 법무사, 13 국회 8

처벌을 규정하고 있는 법률조항이 구성요건이 되는 행위를 같은 법률조항에서 직접 규정하지 않고 다른 법률조항에서 이미 규정한 내용을 원용하였다거나 그 내용 중 일부를 괄호 안에 규정한 경우 그 사실만으로 명확성 원칙에 위반된다. 22 경정
(해설) 명확성원칙 위반 X

KEY 102 명확성원칙 관련판례

671 '여러 사람의 눈에 뜨이는 곳에서 공공연하게 알몸을 지나치게 내놓거나 가려야 할 곳을 내놓아 다른 사람에게 부끄러운 느낌이나 불쾌감을 준 사람'을 처벌하는 구「경범죄 처벌법」조항은 무엇이 지나친 알몸노출행위인지 판단하기 쉽지 않고, '가려야 할 곳'의 의미도 알기 어려우며, '부끄러운 느낌이나 불쾌감'을 통하여 '지나치게'와 '가려야 할 곳' 의미를 확정하기도 곤란하여 죄형법정주의의 명확성원칙에 위배된다. 23 경찰 1차

'여러 사람의 눈에 뜨이는 곳에서 공공연하게 알몸을 지나치게 내놓거나 가려야 할 곳을 내놓아 다른 사람에게 부끄러운 느낌이나 불쾌감을 준 사람'을 처벌하는 「경범죄처벌법」조항은 죄형법정주의의 명확성 원칙에 위반되지 않는다. 22 입시
(해설) 명확성원칙 위반

672 공중도덕상 유해한 업무에 취업시킬 목적으로 근로자를 파견한 사람을 형사처벌하도록 규정한 구「파견근로자보호 등에 관한 법률」조항은 그 조항의 입법목적, 위 법률의 체계, 관련 조항 등을 모두 종합하여 보더라도 '**공중도덕상 유해한 업무**'의 내용을 명확히 알 수 없고, 위 조항에 관한 이해관계기관의 확립된 해석기준이 마련되어 있다거나, 법관의 보충적 가치판단을 통한 법문 해석으로 그 의미내용을 확인하기도 어려우므로 **명확성원칙에 위배된다**. 20 변호사

공중도덕상 유해한 업무에 취업시킬 목적으로 근로자를 파견한 사람을 형사처벌하도록 규정한 구「파견근로자보호 등에 관한 법률」조항 중 '공중도덕상 유해한 업무' 부분은 그 행위의 의미가 문언상 불분명하다고 할 수 없으므로 죄형법정주의의 명확성원칙에 위배되지 않는다. 22 지방 7
(해설) 명확성원칙 위배

673 「도로교통법」조항 중 '자동차의 운전자는 고속도로 등에서 자동차의 고장 등 부득이한 사정이 있는 경우를 제외하고는 갓길로 통행하여서는 아니된다.' 부분 중 '**부득이한 사정**' 부분은 죄형법정주의의 명확성 원칙에 위반되지 않는다. 22 입시

자동차의 운전자는 고속도로 등에서 자동차의 고장 등 부득이한 사정이 있는 경우를 제외하고는 갓길(「도로법」에 따른 길어깨를 말한다)로 통행하여서는 아니 된다고 규정하고 이를 위반한 사람은 20만원 이하의 벌금이나 구류 또는 과료에 처한다고 규정한 구「도로교통법」조항은 책임과 형벌 사이의 비례원칙에 위배된다. 23 국회 8
(해설) 책임과 형벌 간 비례원칙 위배 아님

674 위계공무집행방해를 처벌하는 「형법」조항의 '**위계**', '**직무집행**', '**방해**'는 사전적 의미, 판례, 법원의 일관된 해석을 통해서 금지되는 행위가 무엇인지 **충분히 예측**할 수 있으므로 **죄형법정주의의 명확성원칙에 위반되지 아니한다**. 최신판례

위계공무집행방해를 처벌하는 「형법」조항의 '위계', '직무집행', '방해'는 모두 불확실성을 지닌 용어이고, 특히 '위계'는 의미가 모호하여 일관된 해석기준이 확립되어 있지 않으므로 죄형법정주의에서 파생되는 명확성원칙에 위반된다. 24 국회 9
(해설) 명확성원칙 위반 X

675 의약외품이 아닌 것을 용기·포장 또는 첨부 문서에 의학적 효능·효과 등이 있는 것으로 오인될 우려가 있는 표시를 하거나, 이와 같은 의약품과 유사하게 표시된 것을 판매하는 것을 금지하는 구「약사법」조항 가운데 '**표시**' 및 '**표시된 것의 판매**'에 관한 부분을 준용하는 부분의 '**의학적 효능·효과 등**'이라는 표현은 **명확성원칙에 위반되지 않는다**. 최신판례

의약외품이 아닌 것을 용기·포장 또는 첨부 문서에 의학적 효능·효과 등이 있는 것으로 오인될 우려가 있는 표시를 하거나, 이와 같은 의약품과 유사하게 표시된 것을 판매하는 것을 금지하는 구「약사법」조항 가운데 '표시' 및 '표시된 것의 판매'에 관한 부분을 준용하는 부분의 '의학적 효능·효과 등'이라는 표현은 명확성원칙에 위배된다. 25 경간
(해설) 명확성원칙 위배 X

676 법률사건의 수임에 관하여 알선의 대가로 금품을 제공하거나 이를 약속한 변호사를 형사처벌하는 구 「변호사법」 조항 중 '법률사건'과 '알선'의 의미가 불분명하다고 할 수 없으므로 위 조항은 **죄형법정주의 명확성원칙에 위배되지 않는다.**
24 해경

법률사건의 수임에 관하여 알선의 대가로 금품을 제공하거나 이를 약속한 변호사를 형사처벌하는 (구)「변호사법」 조항 중 '법률사건'과 '알선'은 처벌법규의 구성요건으로 그 의미가 불분명하기에 명확성원칙에 위배된다.
15 국가 7
(해설) 명확성원칙 위배 X

677 '그 밖에 국가의 회계사무를 처리하는 사람'이란 회계직원책임법 제2조 제1호 가목부터 차목까지에 열거된 직명을 갖지 않는 사람이라도 실질적으로 그와 유사한 회계관계업무를 처리하는 사람으로, 그 업무를 전담하는지 여부나 직위의 높고 낮음은 불문함을 예측할 수 있어 **명확성원칙에 위배되지 아니한다.** (최신판례)

「회계관계직원 등의 책임에 관한 법률」 제2조 제1호 카목의 '그밖에 국가의 회계사무를 처리하는 사람'은 그 의미가 불명확하므로 명확성원칙에 위배된다.
25 경간
(해설) 명확성원칙 위배 X

678 자산유동화계획에 의하지 아니하고 여유자금을 투자한 자를 처벌하는 「자산유동화에 관한 법률」 제40조 제2호 중 '제22조의 규정에 위반하여 **자산유동화계획에 의하지 아니하고 여유자금을 투자한 자**' 부분은 죄형법정주의 **명확성원칙에 위배되지 않는다.** (최신판례)
24 국회 8

679 납세의무자가 체납처분의 집행을 면탈할 목적으로 그 재산을 은닉·탈루하거나 거짓 계약을 하였을 때 형사처벌하는 「조세범 처벌법」 제7조 제1항 중 '납세의무자가 **체납처분의 집행을 면탈할 목적**'은 적어도 체납처분의 집행을 받을 우려가 있는 시점에서야 인정될 수 있고, 이 규정은 '**체납처분의 집행을 받을 우려가 있는 객관적인 상태가 발생한 이후**'의 시기에 행해진 행위만을 처벌하는 것임이 명백하므로 **명확성원칙에 위배되지 않는다.** (최신판례)
25 국회 8

680 '선박의 감항성의 결함'이란 '선박안전법에서 규정하고 있는 각종 검사 기준에 부합하지 아니하는 상태로서, 선박이 안전하게 항해할 수 있는 성능인 감항성과 직접적인 관련이 있는 흠결'이라는 의미로 **명확하게 해석할 수 있으므로, 신고의무 조항은 죄형법정주의의 명확성원칙에 위배되지 않는다.** (최신판례)

누구든지 선박의 감항성의 결함을 발견한 때에는 해양수산부령이 정하는 바에 따라 그 내용을 해양수산부장관에게 신고하여야 한다고 규정한 구 「선박안전법」 조항 중 '선박의 감항성의 결함'에 관한 부분은 명확성원칙에 위배된다.
25 경간
(해설) 명확성원칙 위배 X

681 구 「소방시설공사업법」 제39조 중 '제36조 제3호에 해당하는 위반행위를 하면 그 행위자를 벌한다'에 관한 부분이 '**처벌대상으로 규정하고 있는 행위자**'에는 감리업자 이외에 실제 감리업무를 수행한 감리원도 포함된다는 점을 충분히 알 수 있으므로 죄형법정주의 **명확성원칙에 위배되지 않는다.** (최신판례)

구 「소방시설공사업법」 제39조 중 '제36조 제3호에 해당하는 위반행위를 하면 그 행위자를 벌한다'에 관한 부분이 '처벌대상으로 규정하고 있는 행위자'에는 감리업자 이외에 실제 감리업무를 수행한 감리원도 포함되는지 여부가 불명확하므로 죄형법정주의의 명확성원칙에 위배된다.
24 국회 8
(해설) 명확성원칙 위배 X

682 공익을 해할 목적으로 전기통신설비에 의하여 공연히 **허위의 통신**을 한 자를 형사 처벌하는 구 「전기통신사업법」 조항은, 수범자인 국민에 대하여 일반적으로 허용되는 '허위의 통신' 가운데 어떤 목적의 통신이 금지되는 것인지 고지하여 주지 못하므로 표현의 자유에서 요구하는 **명확성원칙에 위배된다.**
23 경찰 1차

683 전시·사변 등 국가비상사태에 있어서 전투에 종사하는 자에 대하여 각령(閣令)이 정하는 바에 의하여 전투근무수당을 지급하도록 한 구「군인보수법」제17조 중 '**전시·사변 등 국가비상사태**' 부분은 전시·사변과 같이 전투가 발생하였거나 발생할 수 있는 수준의 대한민국의 국가적인 비상사태를 의미함을 쉽게 알 수 있으므로 이는 **명확성원칙에 위반되지 않는다.** (최신판례)　25 국회 8

684 어린이집이 시·도지사가 정한 **수납한도액을 초과하여 보호자로부터 필요경비를 수납한 경우**, 해당 시·도지사는「영유아보육법」에 근거하여 시정 또는 변경 명령을 발할 수 있는데, 이 시정 또는 변경 명령 조항의 내용으로 환불명령을 명시적으로 규정하지 않았다고 하여 **명확성원칙에 위배된다고 볼 수 없다.** (최신판례)　20 국가 7

685 「방문판매 등에 관한 법률」의 대상조항 및 관련조항의 문언을 통하여 수범자는 '다단계판매'의 각 요건을 어렵지 않게 이해할 수 있고, '판매원', '하위 판매원', '후원수당'의 의미가 불문명하지도 않아 **명확성원칙에 위배되지 않는다.** (최신판례)

상조업은 물품 사재기 및 하위 판매원의 무한 확장에 의한 폐해가 없거나 미미하고, 「할부거래에 관한 법률」상 선불식 할부거래에 관한 규정을 통하여 소비자 피해를 충분히 예방할 수 있음에도 불구하고,「방문판매 등에 관한 법률」제2조 제5호가 다단계판매의 성립요건을 모호하게 규정하여 상조업체도 다단계판매에 관한 규제를 받게 되는 것은 명확성원칙에 반하는 것으로 영업의 자유가 침해된다.　25 국회 8
(해설) 명확성원칙 위배 X, 영업의 자유 판단 안 함

686 「개발제한구역의 지정 및 관리에 관한 특별조치법」위반으로 인해 시정명령을 받고도 이를 이행하지 아니한 위반행위자 등에 대해, 이를 상당한 기간까지 이행하지 않으면 **이행강제금을 부과 징수한다는 뜻을 토지소유자에게 미리 문서로 계고**하도록 하는 규정에서 '**상당한 기간**' 부분은 **명확성원칙에 위배되지 않는다.** (최신판례)　24 경정

687 환매권의 요건에 관하여 규정한 구「공익사업을 위한 토지 등의 취득 및 보상에 관한 법률」제91조 제1항 중 '**필요 없게 된 경우**'는 토지의 협의취득 또는 수용의 목적이 된 **구체적인 특정 공익사업**이 폐지되거나 변경되는 등의 사유로 인하여 해당 토지가 더 이상 그 공익사업에 직접 이용될 필요가 없어졌다고 볼 만한 객관적인 사정이 발생한 경우를 의미하여 문언상 그 의미가 비교적 **명백하다.** (최신판례)　25 국회 8

688 취소소송 등의 제기 시 '**회복하기 어려운 손해**'를 집행정지의 요건으로 규정한 「행정소송법」조항은 **명확성원칙에 위배되지 않는다.**　22 해간, 22 해경

'취소소송 등의 제기 시「행정소송법」조항의 집행정지의 요건으로 규정한 '회복하기 어려운 손해'는 건전한 상식과 통상적인 법감정을 가진 사람이 심판대상조항의 의미내용을 파악하기 어려우므로 명확성원칙에 위배된다.　20 국가 7
(해설) 명확성원칙 위배 X

689 「청원경찰법」상 **품위손상행위**란 '청원경찰이 경찰관에 준하여 경비 및 공안업무를 하는 주체로서 직책을 맡아 수행해 나가기에 손색이 없는 인품에 어울리지 않는 행위를 함으로써 **국민이 가지는 청원경찰에 대한 정직성, 공정성, 도덕성에 대한 믿음을 떨어뜨릴 우려가 있는 행위**'라고 해석할 수 있으므로 **명확성원칙에 위배되지 않는다.** (최신판례)　23 경찰 1차

공무원에게 직무의 내외를 불문하고 품위유지의무를 부과하고 품위손상행위를 공무원에 대한 징계사유로 규정한 법률조항은 '품위가 손상되는 행위'라는 가치개념을 사용하여 어떠한 행위가 여기에 해당하는지 객관적으로 특정하거나 예측할 수 없게 하고, 공무원에 대한 징계사유를 지나치게 광범위하게 규정하여 직무와 관련 없는 사적 영역에서의 행위도 징계사유로 삼을 수 있도록 하고 있으므로, 명확성원칙 및 과잉금지원칙에 위배된다.　17 국가 7(추)
(해설) 모두 위배 X

690 법관에 대한 징계사유로 '법관이 그 품위를 손상하거나 법원의 위신을 실추시킨 경우'를 규정한 (구) 「법관징계법」은 명확성원칙에 위배되지 않는다. ✓ 최신판례

(구) 「법관징계법」 제2조 제2호는 '품위손상', '위신실추'와 같은 추상적인 용어를 사용하여 수범자인 법관이 구체적으로 어떠한 행위가 이에 해당하는지를 충분히 예측할 수 없을 정도로 그 적용범위가 모호하거나 불분명하다고 할 수 있다. 13 서울 7
해설 모호하거나 불분명 X

KEY 103 책임과 형벌의 비례원칙 [A]

691 법정형의 종류와 범위의 선택은 그 범죄의 죄질과 보호법익에 대한 고려뿐만 아니라 우리의 역사와 문화, 입법 당시의 시대적 상황, 국민 일반의 가치관 내지 법 감정 그리고 범죄예방을 위한 형사정책적 측면 등 여러 가지 요소를 종합적으로 고려하여 입법자가 결정할 사항으로서 광범위한 재량이 인정되어야 할 분야이다. 6   13 법원 9

범죄의 설정과 법정형의 종류 및 범위의 선택은 입법자가 결정할 사항으로서 광범위한 입법재량이 인정될 수 없는 분야이므로 어느 행위를 범죄로 규정하고 그 법정형을 정한 법률이 헌법상의 평등원칙 및 비례원칙에 위반되는지 여부는 엄격한 심사척도에 의해 심사되어야 한다. 11 법원 9
해설 광범위한 입법재량 인정, 엄격한 심사척도 X

692 상관을 살해한 경우 사형만을 유일한 법정형으로 규정하고 있는 「군형법」 조항은 책임과 형벌 사이의 비례원칙에 위배된다. ✓   23 경정

상관을 살해한 경우 사형만을 유일한 법정형으로 규정한 「군형법」은 군대 내 명령·지휘체계를 유지하고 유사시 군의 전투력을 확보할 필요성에 비추어 볼 때 헌법에 위반되지 않는다. 20 입시
해설 책임과 형벌 비례원칙 + 형벌체계상 정당성 위배 헌법에 위반

693 음주운전 금지규정을 2회 이상 위반한 사람을 2년 이상 5년 이하의 징역이나 1천만원 이상 2천만원 이하의 벌금에 처하도록 한 구 도로교통법 조항은 보호법익에 미치는 위험 정도가 비교적 낮은 유형의 재범 음주운전행위도 일률적으로 그 법정형의 하한인 2년 이상의 징역 또는 1천만원 이상의 벌금을 기준으로 처벌하도록 하고 있어 책임과 형벌 간의 비례원칙에 위반된다. ✓   22 국가 7

「도로교통법」상 위험운전치사상죄 벌칙조항에 규정된 '제44조 제1항을 2회 이상 위반한 사람'은 명확성 원칙에 위배된다. 23 경간
해설 명확성원칙 위배 X

694 주거침입강제추행죄 및 주거침입준강제추행죄에 대하여 무기징역 또는 7년 이상의 징역에 처하도록 한 「성폭력범죄의 처벌 등에 관한 특례법」상 조항은 책임과 형벌의 비례원칙에 위배된다. ! 최신판례

주거침입강제추행죄 및 주거침입준강제추행죄에 대하여 무기징역 또는 7년 이상의 징역에 처하도록 한 「성폭력범죄의 처벌 등에 관한 특례법」상 조항은 책임과 형벌의 비례원칙에 위반되지 않는다. 24 경간
해설 위반됨

695 예비군대원 본인의 부재시 예비군훈련 소집통지서를 수령한 같은 세대 내의 가족 중 성년자가 정당한 사유없이 소집통지서를 본인에게 전달하지 아니한 경우 형사처벌을 하는 「예비군법」 조항은 과태료 등의 행정적 제재만으로도 목적 달성이 충분히 가능하므로 형벌의 보충성에 반하고, 책임과 형벌의 비례원칙에 위반된다. 3 최신판례

예비군대원의 부재시 예비군훈련 소집통지서를 수령한 같은 세대 내의 가족 중 성년자가 정당한 사유 없이 소집통지서를 본인에게 전달하지 아니한 경우 6개월 이하의 징역 또는 500만 원 이하의 벌금에 처하도록 규정한 「예비군법」상 조항은 책임과 형벌의 비례원칙에 위반되지 않는다. 24 경간
해설 위반됨

696 허위재무제표작성 및 허위감사보고서작성을 처벌하는 「주식회사 등의 외부감사에 관한 법률」 조항 중 '그 위반행위로 얻은 이익 또는 회피한 손실액의 2배 이상 5배 이하의 벌금'은 명확성원칙에 위배되지 않는다. ✓ 최신판례   25 경간

허위재무제표작성죄와 허위감사보고서작성죄에 대하여 배수벌금을 규정하면서도, '그 위반행위로 얻은 이익 또는 회피한 손실액이 없거나 산정하기 곤란한 경우'에 관한 벌금 상한액을 규정하지 아니한 「주식회사 등의 외부감사에 관한 법률」 제39조 제1항 중 '그 위반행위로 얻은 이익 또는 회피한 손실액의 2배 이상 5배 이하의 벌금'에 관한 부분은 죄형법정주의의 명확성원칙에 위배된다. 25 경찰 1차
해설 책임과 형벌의 비례원칙 위배

697 정신적인 장애로 항거불능 또는 항거곤란 상태에 있음을 이용하여 사람을 간음한 사람을 무기징역 또는 7년 이상의 징역에 처하도록 규정한 성폭력범죄의 처벌 등에 관한 특례법조항은 별도의 법률상 감경사유가 없는 한 법관이 작량감경을 하더라도 집행유예를 선고할 수 없게 되어 있지만 범죄의 죄질 및 행위자의 책임에 비하여 지나치게 가혹하다고 할 수 없어 책임과 형벌의 비례원칙에 반하지 않는다. 22 국가 7

「성폭력범죄의 처벌 등에 관한 특례법」상 정신적인 장애로 항거불능 또는 항거곤란 상태에 있음을 이용하여 사람을 간음한 사람을 무기징역 또는 7년 이상의 징역에 처하도록 규정한 것은 정신적 장애인의 성적 자기결정권을 침해한다. 22 5급
(해설) 성적 자기결정권 침해 X

698 군조직의 특성상 상관을 모욕하는 행위는 개인의 인격적 법익에 대한 침해를 넘어 군기를 문란하게 하는 행위로서 군조직의 위계질서를 파괴할 위험성이 크므로, 죄질과 책임이 가볍지 않아 책임과 형벌 간의 비례원칙에 위반된다고 볼 수 없다. 최신판례

공연한 방법으로 상관을 모욕한 사람을 처벌하는 「군형법」 조항은 법관이 징역형이나 금고형 외에 벌금형을 선택할 수 없도록 하여 형벌의 개별화원칙에 부응하지 못하고 있으므로 형벌과 책임 간의 비례원칙에 위배된다. 25 입시
(해설) 형벌과 책임간 비례원칙 위배 아님

699 「형법」 조항과 똑같은 구성요건을 규정하면서 법정형만 상향 조정한 「특정범죄 가중처벌 등에 관한 법률」 조항은 인간의 존엄성과 가치를 보장하는 헌법의 기본원리에 위배될 뿐만 아니라 그 내용에 있어서도 평등원칙에 위반된다. 15 국가 7

별도의 가중적 구성요건표지를 규정하지 않은 채 형법 조항과 똑같은 구성요건을 규정하면서 법정형만 상향 조정한 특별법 조항이라 하더라도 헌법의 기본원리에 위배된다거나 평등원칙에 위반된다고 볼 수 없다. 24 법원 9
(해설) 헌법의 기본원리에 위배되고 평등원칙 위반

700 반복적으로 범행을 저지르는 절도 사범에 관한 가중처벌 규정인 특정범죄가중처벌 등에 관한 법률 제5조의4 제5항 제1호는 형법상 절도죄, 야간주거침입 절도죄, 특수절도죄와 가중적 구성요건 표지를 별도로 규정하고 있으므로 검사의 자의적 법집행을 허용하고 있다고 보기 어려워 평등원칙에 위반되지 않는다. 최신판례

반복적으로 범행을 저지르는 절도 사범에 관한 가중처벌 규정인 특정범죄가중처벌 등에 관한 법률 제5조의4 제5항 제1호는 불법성의 정도가 같다고 보기 어려운 형법상 절도죄, 야간주거침입 절도죄, 특수절도죄를 동등하게 취급하는 것으로 평등원칙에 위반된다. 23 법무사
(해설) 평등원칙에 위반되지 않음

KEY 104 이중처벌금지 B

헌법 제13조 ① 【형벌불소급원칙】 모든 국민은 행위시의 법률에 의하여 범죄를 구성하지 아니하는 행위로 소추되지 아니하며, 【이중처벌금지】 동일한 범죄에 대하여 거듭 처벌받지 아니한다.

---

701 헌법 제13조 제1항 후문의 일사부재리의 원칙에서 처벌이라 함은 원칙적으로 범죄에 대한 국가의 형벌권 실행으로서의 과벌을 의미하는 것이고, 국가가 행하는 일체의 제재나 불이익처분이 모두 그에 포함된다고 할 수 없다. 17 입시

「헌법」 제13조 제1항이 정한 이중처벌금지의 원칙은 동일한 범죄행위에 대하여 국가가 형벌권을 거듭 행사할 수 없도록 함으로써 국민의 신체의 자유를 보장하기 위한 것이므로, 국가가 행하는 일체의 제재나 불이익처분은 모두 그 처벌에 포함된다. 23 경간
(해설) 모두 포함 X

702 이중처벌금지의 원칙은 처벌 또는 제재가 '동일한 행위'를 대상으로 행해질 때에 적용될 수 있는 것이고, 그 대상이 동일한 행위인지의 여부는 기본적 사실관계가 동일한지 여부에 의하여 가려야 할 것이다. 17 경정

703 무허가 건축행위에 대한 형사처벌 외에 위법건축물에 대한 시정명령의 이행을 강제하기 위하여 과태료나 이행강제금을 부과하는 것은 이중처벌에 해당하지 않는다. 18 입시

무허가 건축행위에 대한 형사처벌 외에 위법건축물에 대한 시정명령의 이행을 강제하기 위하여 과태료나 이행강제금을 부과하는 것은 이중처벌에 해당한다. 22 경채
(해설) 이중처벌에 해당하지 않음

704	집행유예의 취소 시 부활되는 본형은 집행유예의 선고와 함께 선고되었던 것으로 판결이 확정된 동일한 사건에 대하여 다시 심판한 결과 부과되는 것이 아니므로 **일사부재리의 원칙과 무관하다.** 23 경간, 14 국가 7	보호관찰이나 사회봉사 또는 수강명령의 준수사항이나 명령을 위반하고 그 정도가 무거운 때 집행유예가 취소되어 본형이 부활되는 것은 동일한 사건에 대한 심판의 결과가 아니므로 일사부재리원칙과는 무관하나 이미 수행된 의무이행부분이 부활되는 형기에 반영되지 않는 것은 적법절차에 위배된다. 15 국가 7 해설 적법절차 위배도 X
705	일정한 성폭력범죄를 범한 사람에 대하여 **유죄 판결을 선고**하면서 **성폭력 치료프로그램의 이수명령을 병과하도록** 한 「성폭력범죄의 처벌 등에 관한 특례법」 조항에 대하여, 이 조항에 의한 **이수명령은 보안처분에 해당하므로 이중처벌금지 원칙에 위반되지 않는다.** 23 경정	일정한 성폭력범죄를 범한 사람에게 유죄판결을 선고하는 경우 성폭력치료프로그램 이수명령을 병과하도록 한 것은 그 목적이 과거의 범죄행위에 대한 제재로서 대상자의 건전한 사회복귀 및 범죄예방과 사회보호에 있어 형벌과 본질적 차이가 나지 않는 보안처분에 해당하므로, 동일한 범죄행위에 대하여 형벌과 병과될 경우 이중처벌금지원칙에 위배된다. 24 해간, 22 경정 해설 형벌과 본질적 차이 有 / 이중처벌금지원칙 위배 X
706	**형사범죄를 일으킨 공무원**에 대하여 **공무원연금법상 급여를 제한**하더라도 **이중적인 처벌에 해당하는 것은 아니다.** 18 법무사	공무원의 범죄행위로 인해 형사처벌이 부과된 경우에 그로 인하여 공직을 상실하게 되므로, 이에 더하여 공무원의 퇴직급여청구권까지 제한하는 것은 이중처벌금지의 원칙에 위배된다. 21 국회 8 해설 이중처벌금지원칙 위배 X

KEY 105 연좌제금지 — B

> **헌법 제13조** ③ 【연좌제금지】 모든 국민은 자기의 행위가 아닌 **친족의 행위로 인하여 불이익한 처우**를 받지 아니한다.

707	**자기책임의 원리**는 인간의 자유와 유책성, 그리고 인간의 존엄성을 진지하게 반영한 원리로서 그것이 비단 민사법이나 형사법에 국한된 원리가 아니라 **근대법의 기본이념으로서 법치주의에 당연히 내재하는 원리**이며, 이에 **반하는 제재는 그 자체로 헌법위반**을 구성한다. 18 법원 9, 17 법무사	자기책임의 원리는 인간의 자유와 유책성, 그리고 인간의 존엄성을 진지하게 반영한 원리로서 헌법 제10조의 취지로부터 도출되는 것이지, 법치주의에 내재하는 원리는 아니다. 22 변호사 해설 법치주의에 당연히 내재하는 원리임
708	형벌에 관한 **책임주의**는 형사법의 기본원리로서, 헌법상 법치국가의 원리에 내재하는 원리인 동시에, 국민 누구나 인간으로서의 존엄과 가치를 가지고 **스스로의 책임에 따라 자신의 행동을 결정할 것을 보장하고 있는 헌법 제10조의 취지로부터 도출되는 원리**이다. 25 5급	'책임 없는 자에게 형벌을 부과할 수 없다.'라는 책임주의는 형사법의 기본원리로서 헌법상 자기책임의 원칙으로부터 도출되는 원리이지 헌법상 법치국가원리로부터 도출되는 것은 아니다. 22 소간 해설 법치국가원리에 내재, 도출 가능
709	'자동차운전전문학원을 졸업하고 운전면허를 받은 사람 중 교통사고를 일으킨 비율이 대통령령이 정하는 비율을 초과하는 때'에는 운전전문학원의 등록을 취소하거나 1년 이내의 운영정지를 명할 수 있도록 한 「도로교통법」 조항은, 운전전문학원의 **귀책사유를 불문하고** 수료생이 일으킨 교통사고를 자동적으로 운전전문학원의 법적 책임으로 연관시키는 것으로, 운전전문학원이 주체적으로 행해야 하는 **자기책임의 범위를 벗어난 것이다.** 25 경찰 1차	'자동차운전전문학원을 졸업하고 운전면허를 받은 사람 중 교통사고를 일으킨 비율이 대통령령이 정하는 비율을 초과하는 때'에는 학원의 등록을 취소하거나 1년 이내의 운영정지를 명할 수 있도록 하는 것은 운전전문학원이 조성하는 사회적 위험을 관리하기 위한 것이므로 운전전문학원 운영자의 직업의 자유를 침해한다고 볼 수 없다. 16 법무사 해설 직업의 자유 침해

710 '책임 없는 자에게 형벌을 부과할 수 없다'는 형벌에 관한 책임주의는 형사법의 기본원리로서, 헌법상 법치국가의 원리에 내재하는 원리인 동시에, 헌법 제10조의 취지로부터 도출되는 원리이고, 법인의 경우도 자연인과 마찬가지로 책임주의원칙이 적용된다.ㅇ
20 국가 7, 17 경정

'책임 없는 자에게 형벌을 부과할 수 없다'는 형벌에 관한 책임주의는 형사법의 기본원리로서, 헌법상 법치국가의 원리에 내재하는 원리인 동시에 헌법 제10조의 취지로부터 도출되는 원리이므로 법인에게는 적용되지 않는다.
24 경찰 1차
(해설) 법인에게도 적용

711 종업원 등이 저지른 행위의 결과에 대한 법인의 독자적인 책임에 관하여 전혀 규정하지 않은 채, 단순히 법인이 고용한 종업원 등이 업무에 관하여 범죄행위를 하였다는 이유만으로 법인에 대하여 형사처벌하는 것은 법치국가원리에 위배된다.ㅇ
20 입시

영업주가 고용한 종업원이 그 업무와 관련하여 무면허의료행위를 한 경우에, 그와 같은 종업원의 범죄행위에 대해 영업주가 비난받을 만한 행위가 있었는지 여부, 가령 종업원의 범죄행위에 실질적으로 가담하였거나 지시 또는 도움을 주었는지, 아니면 영업주의 업무와 관련한 종업원의 행위를 지도하고 감독하는 노력을 게을리 하였는지 여부와는 관계없이 종업원의 범죄행위가 있으면 자동적으로 영업주도 처벌하는 것은 무면허의료행위의 근절을 위해 불가피한 수단으로서 형벌에 관한 책임주의에 반하지 않는다.
10 국회 8
(해설) 책임주의에 반함

712 선박소유자가 고용한 선장이 선박소유자의 업무에 관하여 범죄행위를 하면 그 선박소유자에게도 동일한 벌금형을 과하도록 규정하고 있는 구「선박안전법」조항은 선장이 저지른 행위의 결과에 대해 선박소유자의 독자적인 책임에 관하여 전혀 규정하지 않은 채, 단순히 선박소유자가 고용한 선장이 업무에 관하여 범죄행위를 하였다는 이유만으로 선박소유자에 대하여 형사처벌을 과하고 있으므로 책임주의원칙에 위배된다.ㅇ
24 변호사

선박소유자가 고용한 선장이 선박소유자의 업무에 관하여 범죄행위를 하면 그 선박소유자에게도 동일한 벌금형을 과하도록 한 것은 책임주의에 위배되지 않는다.
20 입시
(해설) 책임주의 위배

KEY 106 신체의 자유 관련판례 A

713 금치의 징벌을 받은 수용자에 대해 금치기간 중 실외운동을 원칙적으로 제한하고 예외적으로 실외운동을 허용하는 경우에도 실외운동의 기회가 부여되어야 하는 최저기준을 명시하지 않고 있는 규정은, 실외운동은 구금되어 있는 수용자의 신체적·정신적 건강을 유지하기 위한 최소한의 기본적 요청이고, 수용자의 건강 유지는 교정교화와 건전한 사회복귀라는 형 집행의 근본적 목표를 달성하는 데 필수적이므로 침해의 최소성 원칙에 위배되어 신체의 자유를 침해한다.ㅇ
17 5급

714 교도소 내 엄중격리대상자에 대하여 이동시 계구를 사용하고 교도관이 동행계호하는 행위 및 1인 운동장을 사용하게 하는 처우가 필요한 경우에 한하여 부득이한 범위 내에서 실시되고 있으므로 신체의 자유를 과도하게 제한하여 헌법을 위반한 것이라고 볼 수 없다.ㅇ
22 경정

법무부 예규인「특별관리대상자 관리지침」에 의한 수용자의 동행계호행위는 신체의 자유를 침해한다.
13 국회 8
(해설) 신체의 자유 침해 X

715 수형자가 민사재판에 출정하여 법정 대기실 내 쇠창살 격리시설 안에 유치되어 있는 동안 교도소장이 출정계호교도관을 통해 수형자에게 양손수갑 1개를 앞으로 사용한 행위는 수형자의 신체의 자유를 침해하지 않는다.ㅇ (최신판례) 24 법무사

수형자가 민사재판에 출정하여 법정 대기실 내 쇠창살 격리시설 안에 유치되어 있는 동안 교도소장이 출정계호 교도관을 통해 수형자에게 양손수갑 1개를 앞으로 사용한 행위는 신체의 자유를 침해한 것이다.
24 경정
(해설) 신체의 자유 침해 X

716 외국에서 형의 전부 또는 일부의 집행을 받은 자에 대하여 형을 감경 또는 면제할 수 있도록 규정한 법률조항은 형의 감면 여부를 법관의 재량에 전적으로 위임하고 있어 외국에서 받은 형의 집행을 전혀 반영하지 아니할 수도 있도록 한 것이어서 **과잉금지원칙에 위반되어 신체의 자유를 침해한다**.⁹　　　18 국회 8

범죄에 대한 형벌권은 대한민국에 있기 때문에 범죄를 저지르고 외국에서 형의 전부 혹은 일부의 집행을 받은 경우에 형을 감경 혹은 면제할 것인가의 여부를 법원이 임의로 판단할 수 있도록 한 것은 헌법에 위반되지 않는다.　　16 국회 9
(해설) 헌법에 위반됨

717 성폭력범죄를 저지른 성도착증 환자로서 재범의 위험성이 인정되는 19세 이상의 사람에 대해 **법원이 15년의 범위에서 치료명령을 선고할 수 있도록 한 법률조항은** 장기형이 선고되는 경우 치료명령의 선고시점과 집행시점 사이에 상당한 시간적 간극이 있어서, 집행시점에서 발생할 수 있는 불필요한 치료와 관련한 부분에 대하여는 침해의 최소성과 법익균형성을 인정하기 어려우므로 **피치료자의 신체의 자유를 침해한다**.³　　　18 국회 8, 17 5급

718 강제퇴거명령을 받은 사람을 보호할 수 있도록 하면서 **보호기간의 상한을 마련하지 아니한「출입국관리법」조항은 과잉금지원칙 및 적법절차원칙에 위배되어 피보호자의 신체의 자유를 침해한다**.⁸　　　24 경찰 1차

719 보호의무자 2인의 동의와 정신건강의학과 전문의 1인의 진단으로 정신질환자에 대한 보호입원이 가능하도록 한 법률조항은 **침해의 최소성 원칙에 위반되어 신체의 자유를 침해한다**.⁸　　　18 국회 8

보호의무자 2인의 동의와 정신건강의학과 전문의 1인의 진단으로 정신질환자에 대한 보호입원이 가능하도록 한「정신보건법」조항은 보호입원이 정신질환자 본인에 대한 치료와 사회의 안전 도모라는 측면에서 긍정적인 효과가 있으므로 정신질환자의 신체의 자유를 침해하지 아니한다.　　17 국가 7
(해설) 신체의 자유 침해함

KEY 107 적법절차원칙

헌법 제12조 ① 【**신체의 자유**】 모든 국민은 **신체의 자유**를 가진다. 【**적법절차**】 누구든지 **법률**에 의하지 아니하고는 **체포·구속·압수·수색 또는 심문**을 받지 아니하며, **법률과**(또는 ×) **적법한 절차**에 의하지 아니하고는 **처벌·보안처분 또는 강제노역**을 받지 아니한다.⁷
③【**영장주의**】 **체포·구속·압수 또는 수색**을 할 때에는 **적법한 절차**에 따라 **검사의 신청에 의하여 법관이 발부한 영장**을 제시하여야 한다. 다만, **현행범인인 경우**와 **장기 3년 이상의 형**에 해당하는 죄를 범하고 **도피 또는 증거인멸의 염려가 있을 때**에는 **사후에 영장**을 청구할 수 있다."

720 헌법 제12조 제1항은 적법절차원칙의 일반조항이고 제12조 제3항의 적법절차원칙은 기본권 제한 정도가 가장 심한 형사상 강제처분의 영역에서 기본권을 더욱 강하게 보장하려는 의지를 담아 **중복 규정**된 것이다.⁴　　　25 경정, 15 국회 9

721 적법절차의 원칙은 법률이 정한 형식적 절차와 실체적 내용이 모두 합리성과 정당성을 갖춘 적정한 것이어야 한다는 실질적 의미를 지니고 있다.⁴　　　23 경간

722 헌법 제12조 제1항의 처벌, 보안처분, 강제노역 등 및 제12조 제3항의 영장주의와 관련하여 각각 **적법절차의 원칙을 규정**하고 있지만 이는 그 대상을 한정적으로 **열거하고 있는 것이 아니라 그 적용대상을 예시한 것에 불과하다.** 19 국회 8

「헌법」제12조 제1항의 처벌, 보안처분, 강제노역 및 제12조 제3항의 영장주의와 관련하여 각각 적법절차의 원칙을 규정하고 있지만, 이는 그 대상을 한정적으로 열거하고 있는 것으로 해석하는 것이 우리나라의 통설적 견해이다. 23 경간

(해설) 한정적 열거 X, 예시적 규정 O

723 적법절차의 원칙은 「헌법」 조항에 규정된 **형사절차상의 제한된 범위 내에서만 적용되는 것이 아니라 국가작용으로서 기본권 제한과 관련되든 관련되지 않든 모든 입법작용 및 행정작용에도 광범위하게 적용된다.** 23 입시, 23 경간

적법절차의 원칙은 형사절차상의 제한된 범위 내에서만 적용되는 것이 아니라 국가작용으로서 기본권 제한과 관련되는 경우에 한해 모든 입법작용 및 행정작용에도 광범위하게 적용된다고 해석하여야 한다. 23 경채

(해설) 기본권 제한과 관련되든 아니든 광범위하게 적용됨

724 **국회의 탄핵소추절차**는 국회와 대통령이라는 헌법기관 사이의 문제이고, 국회의 탄핵소추의결에 의하여 **사인으로서의 대통령의 기본권이 침해되는 것이 아니라, 국가기관으로서의 대통령의 권한행사가 정지되는 것이므로**, 국가기관이 국민과의 관계에서 공권력을 행사함에 있어서 준수해야 할 법 원칙으로서 형성된 **적법절차의 원칙을 국가기관에 대하여 헌법을 수호하고자 하는 탄핵소추절차에는 직접 적용할 수 없다.** 23 국가 7

탄핵심판절차는 개인을 대상으로 한 것이 아니라 국가기관을 대상으로 한 것이므로 적법절차원리가 적용되지 않는다. 17 국회 8

(해설) 탄핵'심판'절차에는 적법절차원리 적용

KEY 108 적법절차원칙 관련판례 A

725 수사기관 등이 전기통신사업자에게 이용자의 성명 등 통신자료의 열람이나 제출을 요청할 수 있도록 한 「전기통신사업법」 조항은 효율적인 수사의 필요성을 고려하여 사전에 정보주체인 이용자에게 그 내역을 통지하지 않았는데 수사기관 등이 **통신자료를 취득한 이후에도 수사 등 정보수집의 목적에 방해가 되지 않는 범위 내에서 통신자료의 취득사실을 이용자에게 통지하지 않았다면 적법절차원칙에 위배되어 개인정보자기결정권을 침해한다.** 23 국회 8

효율적인 수사와 정보수집의 신속, 밀행성 등을 고려하여 사전에 정보주체인 이용자에게 그 내역을 통지하는 것이 적절하지 않기 때문에, 수사기관 등이 통신자료를 취득한 이후에도 수사 등 정보수집의 목적에 방해가 되지 않도록 「전기통신사업법」 조항이 통신자료 취득에 대한 사후 통지절차를 두지 않은 것은 적법절차원칙에 위배되지 아니한다. 23 국가 7

(해설) 적법절차원칙에 위배됨

726 강제퇴거명령을 받은 사람을 보호할 수 있도록 하면서 **보호기간의 상한을 마련하지 아니한 「출입국관리법」 조항은 과잉금지원칙 및 적법절차원칙에 위배되어 피보호자의 신체의 자유를 침해한다.** (최신판례) 24 경찰 1차

727 강제퇴거명령을 받은 사람을 보호할 수 있도록 하면서 보호기간의 상한을 마련하지 아니한 「출입국관리법」 조항에 의한 **보호는 형사절차상 '체포 또는 구속'에 준하는 것으로 볼 수 있는 점을 고려하면, 보호의 개시 또는 연장 단계에서 그 집행기관인 출입국관리공무원으로부터 독립되고 중립적인 지위에 있는 기관이 보호의 타당성을 심사하여 이를 통제할 수 있어야 한다.** (최신판례) 24. 해경, 23 국가 7

「출입국관리법」상의 외국인 강제퇴거명령 및 보호는 형사절차상 '체포 또는 구속'에 준하는 것으로서 외국인의 신체의 자유를 박탈하는 것이므로 검사의 신청, 판사의 발부를 거치지 않은 외국인 보호는 영장주의에 위배된다. 22 국회 8

(해설) 영장주의 입장 無

728 사법경찰관이 위험발생의 염려가 없음에도 불구하고 **사건종결 전에 압수물을 폐기한 행위는 적법절차의 원칙에 반한다.** 15 법무사

압수물은 공소사실을 입증하고자 하는 검사의 이익을 위해 존재하는 것이므로, 수사기관이 현행범 체포과정에서 압수하였지만 피고인의 소유권 포기가 없는 압수물을 임의로 폐기한 행위가 피고인의 공정한 재판을 받을 권리를 침해한다고 볼 수 없다. 24 변호사

(해설) 공정한 재판을 받을 권리 침해

729 범칙금 통고처분을 받고도 납부기간 이내에 범칙금을 납부하지 아니한 사람에 대하여 행정청에 대한 이의제기나 의견진술 등의 기회를 주지 않고 **경찰서장이 곧바로 즉결심판을 청구**하도록 한 구 「도로교통법」 조항은, 이에 불복하여 범칙금을 납부하지 아니한 자에게는 **재판절차라는 완비된 절차적 보장이** 주어지므로 **적법절차원칙에 위배되지 않는다**.5   23 경찰 1차

범칙금 통고처분을 받고도 납부기간 이내에 범칙금을 납부하지 아니한 사람에 대하여 행정청에 대한 이의제기나 의견진술 등의 기회를 주지 않고 경찰서장이 곧바로 즉결심판을 청구하도록 한 (구)「도로교통법」 조항은 적법절차원칙에 위배된다.   23 경정

(해설) 위배되지 않음

730 **법원에 의한 범죄인인도심사**는 형사절차와 같은 **전형적인 사법절차의 대상에 해당되지 않으며 법률에 의하여 인정된 특별한 절차**이므로, 「범죄인인도법」이 범죄인인도심사를 서울고등법원의 전속관할인 단심제로 정하고 있더라도, **적법절차원칙에서 요구되는 합리성과 정당성을 결여한 것은 아니다**.8   24 경정

범죄인인도절차는 본질적으로 형사소송절차적 성격을 갖는 것이고 재판절차로서의 형사소송절차는 당연히 상급심에의 불복절차를 포함하는 것이므로, 범죄인인도심사를 서울고등법원의 전속관할로 하고 그 결정에 대하여 대법원에의 불복절차를 인정하지 않는 법률조항은 범죄인의 재판청구권을 침해한다.   24 변호사

(해설) 재판청구권 침해 아님

731 치료감호 가종료 시 3년의 보호관찰이 시작되도록 한 「치료감호 등에 관한 법률」 조항은 3년의 보호관찰기간 종료 전이라도 **6개월마다 치료감호의 종료 여부 심사를 치료감호심의위원회에 신청**할 수 있고, 그 신청에 관한 치료감호심의위원회의 **기각결정에 불복**하는 경우 **행정소송**을 제기하여 법관에 의한 재판을 받을 수 있다는 점 등을 고려하면 **적법절차원칙에 반하지 않는다**.1   (최신판례)   24 국가 7

732 구 「도시 및 주거환경정비법」 조항이 정비예정구역 내 토지 등 소유자의 100분의 30 이상의 해제 요청이라는 **비교적 완화된 요건만으로 정비예정구역 해제 절차에 나아갈 수 있도록** 하였다고 하여 **적법절차원칙에 위반된다고 보기는 어렵다**.   (최신판례)   24 경간

토지 등 소유자의 100분의 30이상이 정비예정구역의 해제를 요청하는 경우 특별시장 등 해제권자로 하여금 지방도시계획위원회의 심의를 거쳐 정비예정구역의 지정을 해제할 수 있도록 한 구 「도시 및 주거환경정비법」 조항 중 '정비예정구역'에 관한 부분은 토지등 소유자에게는 정비계획의 입안을 제안할 수 있는 방법이 없는 점 등을 종합적으로 고려하면 적법절차원칙에 위반된다.   24 국가 7

(해설) 적법절차원칙 위반 X

KEY 109 영장주의 S

헌법 제12조 ③ **【영장주의】** 체포·구속·압수 또는 수색을 할 때에는 **적법한 절차**에 따라 **검사의 신청**에 의하여 **법관이 발부한 영장**을 제시하여야 한다. **【예외 : 현행범 or 장기 3년 도피·증거인멸 염려】** 다만, **현행범인 경우**와 **장기 3년**(5년 ×, 2년 ×, 1년 ×) 이상의 형에 해당하는 죄를 범하고 **도피 또는 증거인멸의 염려가 있을 때**(도피 또는 증거인멸의 염려가 없더라도 ×)에는 **사후에 영장을 청구**할 수 있다.19

733 **구속집행정지결정에 대한 검사의 즉시항고를 인정**하는 경우에는 **검사의 불복을 그 피고인에 대한 구속집행을 정지할 필요가 있다는 법원의 판단보다 우선시킬 뿐만 아니라 사실상 법원의 구속집행정지결정을 무의미하게 할 수 있는 권한을** 검사에게 부여하게 되는 점에서 헌법 제12조 제3항의 **영장주의원칙에 위배된다**.6   23 해간, 19 법원 9

법원의 구속집행정지결정에 대하여 검사가 즉시항고할 수 있도록 한 「형사소송법」 조항은 헌법 제12조 제3항의 영장주의 원칙에 위배되지만, 헌법 제12조 제1항의 적법절차원칙에는 위배되지 않는다.   25 국회 8

(해설) 영장주의에 위배되면 적법절차원칙에도 위배

734 압수·수색의 사전통지나 집행 당시의 참여권의 보장은 압수·수색에 있어 국민의 기본권을 보장하고 헌법상의 적법절차원칙의 실현을 위한 구체적인 방법의 하나일 뿐 **헌법상 명문으로 규정된 권리는 아니다**.4   23 해간, 16 경정

735 헌법 제12조 제3항이 영장의 발부에 관하여 "검사의 신청"에 의할 것을 규정한 취지는 모든 영장의 발부에 검사의 신청이 필요하다는 데에 있는 것이 아니라 수사단계에서 영장의 발부를 신청할 수 있는 자를 검사로 한정함으로써 검사 아닌 다른 수사기관의 영장신청에서 오는 **인권유린의 폐해를 방지**하고자 함에 있다.⁴
22 지방 7, 19 서울 7

헌법이 '검사의 신청'에 의할 것을 규정한 취지는 모든 영장의 발부에 검사의 신청이 필요하다는 데에 있는 것이므로, 공판단계에서 법원이 직권에 의하여 구속영장을 발부할 수 있도록 하는 것은 영장주의에 위배된다.
15 국회 8

해설 모든 영장발부에 검사신청 필요 X, 영장주의 위배 X

736 수사단계가 아닌 **공판단계**에서 법관이 직권으로 영장을 발부하여 구속하는 경우에는 검사의 영장신청이 불필요하다.³
08 국가 7

공판단계에서 피고인에 대하여 법관이 영장을 발부하는 경우에도 형식상 검사의 신청이 필요하며, 그렇지 아니한 경우에는 적법절차의 원칙에 위배된다.
16 서울 7

해설 공판단계 : 영장 검사 신청 불필요, 적법절차 위배 X

737 각급선거관리위원회 위원·직원의 **선거범죄 조사**에 있어서 피조사자에게 **자료제출의무**를 부과한「공직선거법」조항에 따른 **자료제출요구**는, 행정조사의 성격을 가지는 것으로 수사기관의 수사와 근본적으로 그 성격을 달리하며, 그 상대방에 대하여 직접적으로 어떠한 물리적 강제력을 행사하는 강제처분을 수반하는 것이 아니므로 **영장주의의 적용대상이 아니다**.⁶
22 변호사

각급선거관리위원회 위원·직원의 선거범죄 조사에 있어서 피조사자에게 자료제출의무를 부과하는 공직선거법 조항은 이 규정에 위반하여 허위의 자료를 제출한 경우 형사처벌을 규정하고 있는바, 이는 형벌에 의한 불이익이라는 심리적, 간접적 강제수단을 통하여 진실한 자료를 제출하도록 하는 강제처분을 수반하는 것으로 영장주의의 적용대상이다.
22 국가 7

해설 강제처분수반 X, 영장주의 적용대상 X

738 행정상 즉시강제는 상대방의 임의이행을 기다릴 시간적 여유가 없을 때 하명 없이 바로 실력을 행사하는 것으로서, 그 본질상 **급박성**을 요건으로 하고 있어 법관의 영장을 기다려서는 그 목적을 달성할 수 없다고 할 것이므로, **원칙적으로 영장주의가 적용되지 않는다.**⁸
25 경정, 15 국회 8

헌법재판소에 따르면 행정상 즉시강제는 급박한 행정상 장해를 제거하기 위한 목적에 의한 것이지만, 국가가 개인에게 직접 신체나 재산에 실력을 행사하는 것이므로 원칙적으로 영장주의가 적용된다.
16 서울 7

해설 원칙적으로 영장주의 적용되지 않음

739 관계행정청이 **등급분류를 받지 아니하거나 등급분류를 받은 게임물과 다른 내용의 게임물**을 발견한 경우 관계공무원으로 하여금 이를 수거·폐기하게 할 수 있도록 한 법률조항은 **급박한 상황**에 대처하기 위한 것으로서 그 불가피성과 정당성이 충분히 인정되는 경우이므로, **영장 없는 수거를 인정하더라도 영장주의에 위배되는 것으로 볼 수 없다.**⁶
24 변호사, 24 해간

관계행정청이 등급분류를 받지 아니하거나 등급분류를 받은 게임물과 다른 내용의 게임물을 발견한 경우 관계공무원으로 하여금 이를 수거·폐기하게 할 수 있도록 하는 경우, 수거·폐기에 앞서 청문이나 의견제출 등 절차보장에 관한 규정을 두고 있지 않으면, 적법절차의 원칙에 위반된다.
10 국회 8

해설 적법절차원칙 위배 X

740 **형사재판에 계속 중인 사람**에 대하여 출국을 금지할 수 있다고 규정한「출입국관리법」조항에 대하여 법무부장관의 출국금지결정은 형사재판에 계속 중인 국민의 출국의 자유를 제한하는 행정처분일 뿐이고, **영장주의가 적용되는 신체에 대하여 직접적으로 물리적 강제력을 수반하는 강제처분이라고 할 수는 없다.**⁸
23 법원 9, 22 경찰 2차

형사재판이 계속 중인 국민의 출국을 금지하는 법무부장관의 출국금지결정은 영장주의가 적용되는 신체에 대하여 직접적으로 물리적 강제력을 수반하는 강제처분에 해당한다.
24 변호사

해설 강제처분 아님

741 형사재판에 계속 중인 사람에 대하여 출국을 금지할 수 있다고 규정한「출입국관리법」에 따른 법무부장관의 출국금지결정은 성질상 신속성과 밀행성을 요하므로, 출국금지 대상자에게 **사전통지**를 하거나 **청문**을 실시하도록 한다면 국가 형벌권 확보라는 출국금지제도의 목적을 달성하는 데 지장을 초래할 우려가 있으며, **출국금지 후 즉시 서면으로 통지**하도록 하고 있고, 이의신청이나 행정소송을 통하여 **출국금지결정에 대해 사후적으로 다툴 수 있는 기회를 제공**하여 절차적 참여를 보장해 주고 있으므로 **적법절차원칙에 위배된다고 보기 어렵다.**⁵
23 국가 7

742 헌법 제12조 제3항의 영장주의는 법관이 발부한 영장에 의하지 아니하고는 수사에 필요한 강제처분을 하지 못한다는 원칙으로, **교도소장이 마약류 관련 수형자에게 소변을 받아 제출하도록 한 것은** 교도소의 안전과 질서유지를 위한 것으로 수사에 필요한 처분이 아닐 뿐만 아니라 검사대상자들의 협력이 필수적이어서 강제처분이라고 할 수도 없어 **영장주의의 원칙이 적용되지 않는다.** 9   22 지방 7

마약류 관련 수형자에 대하여 마약류반응검사를 위하여 소변을 받아 제출하게 한 것은 강제처분이라고 볼 수 있으므로 영장주의가 적용된다.   19 서울 7
(해설) 강제처분 X, 영장주의 적용 X

743 범죄의 피의자로 입건된 사람들이 경찰공무원이나 검사의 신문을 받으면서 **자신의 신원을 밝히지 않고 지문채취에 불응하는 경우 형사처벌을 통하여 지문채취를 강제하는 법률조항**은, 형벌에 의한 불이익을 부과함으로써 **심리적·간접적으로 지문채취를 강요하고 있을 뿐이므로, 영장주의에 의하여야 할 강제처분이라 할 수 없다.** 7   19 서울 7

범죄의 피의자로 입건된 사람이 경찰공무원이나 검사의 신문을 받으면서 자신의 신원을 밝히지 않고 지문채취에 불응하는 경우 형사처벌을 부과하는 것은, 수사기관이 직접 물리적 강제력을 행사하여 피의자에게 강제로 지문을 찍도록 하는 것을 허용하는 것과 질적인 차이가 없으므로 영장주의에 위배된다.   17 경정, 15 국회 8
(해설) 영장주의 위배 X

744 숨을 호흡측정기에 한 두번 불어 넣는 방식으로 행하여지는 **음주측정**은 그 성질상 강제될 수 있는 것이 아니라 **당사자의 자발적 협조가 필수적인 것이므로 영장을 필요로 하는 강제처분이라 할 수 없다.** 4   23 경정

745 특별검사가 참고인에게 지정된 장소까지 동행할 것을 명령할 수 있게 하고 참고인이 정당한 이유 없이 위 동행명령을 거부한 경우 천만원 이하의 벌금형에 처하도록 규정한 **동행명령조항은 영장주의 또는 과잉금지원칙에 위배하여 참고인의 신체의 자유를 침해하는 것이다.** 4   20 경정

특별검사가 참고인에게 지정된 장소까지 동행할 것을 명령할 수 있게 하고 참고인이 정당한 이유 없이 위 동행명령을 거부한 경우 천만원 이하의 벌금형에 처하도록 규정한 동행명령조항은 참고인의 신체의 자유를 침해하지 않는다.   17 경정
(해설) 신체의 자유 침해

746 **병(兵)에 대한 징계처분으로 병을 부대나 함정 내의 영창, 그 밖의 구금장소에 감금하는 것을 규정한 구 「군인사법」에 의한 영창처분은** 신체의 자유를 제한하는 구금에 해당하고, 이로 인해 헌법 제12조가 보호하려는 **신체의 자유가 제한된다.** 4   23 경정

병(兵)에 대한 징계처분으로 일정기간 부대나 함정(艦艇) 내의 영창, 그 밖의 구금장소에 감금하는 영창처분이 가능하도록 규정한 조항은 병(兵)의 신체의 자유를 침해하지 않는다.   22 법원 9
(해설) 신체의 자유 침해

747 긴급체포한 피의자를 구속하고자 할 때에는 48시간 이내에 구속영장을 청구하되, 그렇지 않은 경우 **사후 영장청구 없이 피의자를 즉시 석방하도록 한** 「형사소송법」 제200조의4 제1항 및 제2항은 헌법상 **영장주의에 위반되지 아니한다.** 4   24 국가 7

피의자를 긴급체포하여 조사한 결과 구금을 계속할 필요가 없다고 판단하여 48시간 이내에 석방하는 경우까지도 수사기관이 반드시 체포영장발부절차를 밟게 하는 것은 인권침해적 상황을 예방하는 적절한 방법이다.   22 지방 7
(해설) 인권침해적 상황 발생 우려가 있음

KEY 110 진술거부권   C

헌법 제12조 ②【고문금지, 진술거부권】모든 국민은 **고문**을 받지 아니하며, **형사상 자기에게 불리한 진술을 강요**당하지 아니한다. 7

748 진술거부권은 형사절차뿐만 아니라 행정절차나 국회에서의 조사절차 등에서도 보장되고, 현재 피의자나 피고인으로서 수사 또는 공판절차에 계속 중인 사람뿐만 아니라 장차 피의자나 피고인이 될 사람에-1게도 보장되며, 고문 등 폭행에 의한 강요는 물론 법률로써도 진술을 강요당하지 아니함을 의미한다. 6   25 경간

KEY 111 　변호인의 조력을 받을 권리　

> 헌법 제12조 ④ 【변호인의 조력을 받을 권리】 누구든지 체포 또는 구속을 당한 때에는 즉시(48시간 이내 ×) 변호인의 조력을 받을 권리를 가진다. 다만, 형사피고인(형사 피의자 ×)이 스스로 변호인을 구할 수 없을 때에는 법률이 정하는 바에 의하여 국가가 변호인을 붙인다."

749 변호인의 조력을 받을 권리에 대한 헌법과 법률의 규정 및 취지에 비추어 보면 형사절차가 종료되어 교정시설에 수용중인 수형자는 원칙적으로 변호인의 조력을 받을 권리의 주체가 될 수 없다.⁶　　　　　　　　　　22 국가 7

형사절차가 종료되어 교정시설에 수용 중인 수형자는 원칙적으로 변호인의 조력을 받을 권리의 주체가 된다.　23 5급
(해설) 형사절차 종료된 수형자 : 부정

750 변호인의 조력을 받을 권리는 '형사사건에서 변호인의 조력을 받을 권리'를 의미한다고 보아야 할 것이므로 형사절차가 종료되어 교정시설에 수용 중인 수형자나 미결수용자가 형사사건의 변호인이 아닌 민사재판, 행정재판, 헌법재판 등에서 변호사와 접견할 경우에는 원칙적으로 헌법상 변호인의 조력을 받을 권리의 주체가 될 수 없다.⁹　22 경정

751 헌법 제12조 제4항의 변호인의 조력을 받을 권리는 신체의 자유에 관한 영역으로서 가사소송에서 당사자가 변호사를 대리인으로 선임하여 그 조력을 받는 것은 그 보호영역에 포함된다고 보기 어렵다.⁴　　　　　　　　16 국회 8

가사소송에서 당사자가 변호사를 대리인으로 선임하여 그 조력을 받는 것은 변호인의 조력을 받을 권리의 보호영역에 포함된다.　23 해경
(해설) 보호영역에 포함되지 않음

752 제헌헌법 이래 신체의 자유 보장규정에서 "구금"이라는 용어를 사용해 오다가 현행헌법 개정 시에 이를 "구속"으로 바꾸었는데, '국민의 신체와 생명에 대한 보호를 강화'하는 것이 현행헌법의 주요 개정이유임을 고려하면, "구금"을 "구속"으로 바꾼 것은 헌법에 규정된 신체의 자유의 보장 범위를 구금된 사람뿐 아니라 구인된 사람에게까지 넓히기 위한 것으로 해석하는 것이 타당하다.⁵　19 변호사

헌법 제12조 제4항 본문에 규정된 "구속"을 형사절차상 구속뿐 아니라 행정절차상 구속까지 의미하는 것으로 해석하는 것은 문언해석의 한계를 넘는 것이다.　23 소간
(해설) 행정절차상 '구속'도 포함

753 헌법 제12조 제4항 본문에 규정된 '구속'은 사법절차에서 이루어진 구속뿐 아니라, 행정절차에서 이루어진 구속까지 포함하는 개념이므로 헌법 제12조 제4항 본문에 규정된 변호인의 조력을 받을 권리는 행정절차에서 구속을 당한 사람에게도 즉시 보장된다.⁸　23 경찰 1차

헌법 제12조 제4항 본문에 규정된 구속은 사법절차에서 이루어진 구속만을 의미하므로, 헌법 제12조 제4항 본문에 규정된 변호인의 조력을 받을 권리는 행정절차에서 구속을 당한 사람에게는 보장되지 않는다.　24 입시
(해설) 행정절차에서 구속된 자에게도 보장

754 헌법 제12조 제4항 본문에 규정된 변호인의 조력을 받을 권리는 형사절차에서 피의자 또는 피고인의 방어권을 보장하기 위한 것으로서 「출입국관리법」상 보호 또는 강제퇴거의 절차에도 적용된다.⁴　23 경정

헌법 제12조 제4항 본문에 규정된 변호인의 조력을 받을 권리는 형사절차에서 피의자 또는 피고인의 방어권을 보장하기 위한 것으로서 「출입국관리법」상 보호 또는 강제퇴거의 절차에는 적용되지 않는다.　21 국가 7
(해설) 적용됨

755 난민인정심사불회부결정을 받은 후 인천국제공항 송환대기실에 행정절차상 구속된 외국인의 변호인 접견신청을 인천공항출입국·외국인청장이 거부한 행위는 변호인의 조력을 받을 권리를 침해한 것이다.⁸　23 경정

인천공항출입국·외국인청장이 입국불허되어 송환대기실 내에 수용된 외국인에게 변호인의 접견신청을 거부한 것은, 청구인이 자진출국으로 송환대기실을 벗어날 수 있는 점을 고려할 때 '구금' 상태에 놓여 있었다고 볼 수 없으므로, 헌법상 변호인의 조력을 받을 권리를 침해하지 않는다.　19 경정
(해설) 구금 상태 ○, 변호인의 조력을 받을 권리 침해

KEY 112 변호인 조력을 받을 권리의 내용

756 변호인과의 자유로운 접견은 신체구속을 당한 사람에게 보장된 변호인의 조력을 받을 권리의 가장 중요한 내용이어서 국가안전보장·질서유지 또는 공공복리 등 **어떠한 명분으로도 제한될 수 있는 성질의 것이 아니라고 할 것이나**, 이는 **구속된 자와 변호인 간의 접견이 실제로 이루어지는 경우에 있어서의 '자유로운 접견'**, 즉 '대화내용에 대하여 **비밀이 완전히 보장되고 어떠한 제한, 영향, 압력 또는 부당한 간섭 없이 자유롭게 대화할 수 있는 접견**'을 제한할 수 없다는 것이지, **변호인과의 접견 자체에 대해 아무런 제한도 가할 수 없다는 것을 의미하는 것은 아니다.** 22 경정

체포 또는 구속된 자와 변호인등 간의 접견이 실제로 이루어지는 경우에 있어서의 '자유로운 접견'은 어떠한 명분으로도 제한될 수 없는 성질의 것이므로 변호인 등과의 접견 자체에 대하여 아무런 제한도 가할 수 없다는 것을 의미한다. 22 국가 7
(해설) 어떤 제한도 불가함을 의미 X

757 미결수용자 또는 변호인이 원하는 특정한 시점에 접견이 이루어지지 못하였더라도 곧바로 **변호인의 조력을 받을 권리가 침해되는 것은 아니다.** 13 국회 9

변호인의 조력을 받을 권리를 보장하는 목적은 피의자 또는 피고인의 방어권 행사를 보장하기 위한 것이므로, 미결수용자 또는 변호인이 원하는 특정한 시점에 접견이 이루어지지 못하였다면 변호인의 조력을 받을 권리가 침해된 것이다. 15 법무사
(해설) 변호인의 조력을 받을 권리 침해 X

758 교도소장이 금지물품 동봉 여부를 확인하기 위하여 미결수용자와 같은 지위에 있는 수형자의 변호인이 위 수형자에게 보낸 **서신을 개봉한 후 교부한 행위는 교정사고를 미연에 방지하고 교정시설의 안전과 질서 유지를 위한 것으로, 금지물품이 들어 있는지를 확인하기 위하여 서신을 개봉하는 것만으로는 미결수용자와 같은 지위에 있는 수형자의 변호인의 조력을 받을 권리를 침해하지 않는다.** 23 국가 7

교도소장이 금지물품 동봉 여부를 확인하기 위하여 미결수용자와 같은 지위에 있는 수형자의 변호인이 위 수형자에게 보낸 서신을 개봉한 후 교부한 행위는 검열금지규정의 실효성을 담보할 수 없기 때문에 수형자의 변호인의 조력을 받을 권리를 침해한다. 24 국회 8, 24 해간
(해설) 변호인의 조력을 받을 권리 침해 X

759 피의자·피고인의 구속 여부를 불문하고 **변호인과 상담하고 조언을 구할 권리는 변호인의 조력을 받을 권리의 내용 중 구체적인 입법형성이 필요한 다른 절차적 권리의 필수적인 전제요건으로서 변호인의 조력을 받을 권리 그 자체에서 막바로 도출되는 것이다.** 22 해경

760 **'변호인이 되려는 자'의 접견교통권**은 피의자 등을 조력하기 위한 핵심적인 부분으로서, 피의자 등이 가지는 헌법상의 기본권인 '변호인이 되려는 자'와의 접견교통권과 표리의 관계에 있으므로 피의자 등이 가지는 '변호인이 되려는 자'의 조력을 받을 권리가 실질적으로 확보되기 위해서는 **'변호인이 되려는 자'의 접견교통권 역시 헌법상 기본권으로서 보장되어야 한다.** 22 경찰 2차

761 **변호인의 수사서류 열람·등사권은 피고인의 신속·공정한 재판을 받을 권리 및 변호인의 조력을 받을 권리라는 헌법상 기본권의 중요한 내용이자 구성요소**이며 이를 실현하는 구체적인 수단이 된다. 21 국가 7

762 검사가 보관하고 있는 서류에 대하여 **법원의 열람·등사 허용 결정이 있었음에도 검사가 청구인에 대한 형사사건과의 관련성을 부정하면서 해당 서류의 열람·등사를 허용하지 아니한 행위는 신속하고 공정한 재판을 받을 권리를 침해한다.** (최신판례) 24 경간

법원이 검사의 열람·등사 거부처분에 정당한 사유가 없다고 판단하고 그러한 거부처분이 피고인의 헌법상 기본권을 침해한다는 취지에서 수사서류의 열람·등사를 허용하도록 명한 이상 검사로서는 당연히 법원의 그러한 결정에 지체 없이 따라야 하지만, 별건으로 공소제기되어 확정된 관련 형사사건 기록에 관한 경우에는 이를 따르지 않을 수 있다. 23 경찰 1차
(해설) 별건 사건 기록도 법원의 결정을 따라야 함

763 변호인이 피의자신문에 자유롭게 참여할 수 있는 권리는 피의자가 가지는 변호인의 조력을 받을 권리를 실현하는 수단이므로 헌법상 기본권인 변호인의 변호권으로서 보호되어야 한다. O
24 입시

764 변호인이 피의자신문에 자유롭게 참여할 수 있는 권리는 피의자가 가지는 변호인의 조력을 받을 권리를 실현하는 수단이라고 할 수 있어 헌법상 기본권인 변호인의 변호권으로 보호되어야 하므로, 피의자신문 시 변호인에 대한 수사기관의 후방착석요구행위는 헌법상 기본권인 변호인의 변호권을 침해한다. O
21 국가 7, 19 변호사

'변호인의 피의자신문 참여 운영 지침'상 피의자신문에 참여한 변호인이 피의자 옆에 앉는 경우 피의자 뒤에 앉는 경우보다 수사를 방해할 가능성이나 수사기밀을 유출할 가능성이 높아진다고 볼 수 있으므로, 후방착석요구행위의 목적의 정당성과 수단의 적절성이 인정된다. X
23 경간
(해설) 목적의 정당성과 수단의 적절성이 부정

KEY 113 기타 형사절차상 적법절차   C

헌법 제12조 ⑤【고지·통지제도】누구든지 체포 또는 구속의 이유와 변호인의 조력을 받을 권리가 있음을 고지받지 아니하고는 체포 또는 구속을 당하지 아니한다. 체포 또는 구속을 당한 자의 가족등 법률이 정하는 자에게는 그 이유와 일시·장소가 지체없이 통지되어야 한다. O

헌법 제12조 ⑥【체포·구속적부심사】누구든지 체포 또는 구속을 당한 때에는 적부의 심사를 법원(검찰 ×)에 청구할 권리를 가진다. O

765 피고인의 자백이 고문·폭행·협박·구속의 부당한 장기화 또는 기망 기타의 방법에 의하여 자의로 진술된 것이 아니라고 인정될 때 또는 정식재판에 있어서 피고인의 자백이 그에게 불리한 유일한 증거일 때에는 이를 유죄의 증거로 삼거나 이를 이유로 처벌할 수 없다. O
22 경찰 1차

KEY 114 무죄추정원칙   A

헌법 제27조 ④【무죄측정원칙】형사피고인은 유죄의 판결이 확정(선고 ×)될 때까지는 무죄로 추정된다. O

766 헌법 제27조 제4항의 무죄추정의 원칙이라 함은, 아직 공소제기가 없는 피의자는 물론 공소가 제기된 피고인이라도 유죄의 확정판결이 있기까지는 원칙적으로 죄가 없는 자에 준하여 취급하여야 하고 불이익을 입혀서는 안 되며 가사 그 불이익을 입힌다 하여도 필요한 최소한도에 그쳐야 한다는 원칙을 말한다. O
14 법원 9

767 무죄추정의 원칙은 피고인이나 피의자를 유죄의 판결이 확정되기 전에 죄 있는 자에 준하여 취급함으로써 법률적·사실적 측면에서 유형·무형의 차별취급을 가하는 유죄인정의 효과로서의 불이익을 주어서는 안 된다는 것을 뜻하고, 이는 비단 형사절차 내에서의 불이익뿐만 아니라 기타 일반 법 생활 영역에서의 기본권 제한과 같은 경우에도 적용된다. O
21 입시

무죄추정의 원칙은 형사절차 내에서만 적용되고 형사절차 이외의 기타 일반 법생활 영역에서의 기본권 제한과 같은 경우에는 적용되지 않는다.
15 경정
(해설) 형사절차 이외 영역에도 적용

768 법관으로 하여금 미결구금일수를 형기에 산입하되, 그 산입 범위는 재량에 의하여 결정하도록 한 형법 조항은 헌법상 무죄추정의 원칙 및 적법절차의 원칙을 위배하여 신체의 자유를 침해한다. 〇
20 법무사

769 상소제기 후의 미결구금일수 산입을 규정하면서 **상소제기 후 상소취하시까지의 구금일수 통산에 관하여는 규정하지 아니함으로써** 이를 **본형 산입의 대상에서 제외되도록 한 법률규정**은 미결구금이 신체의 자유를 침해받는 피의자 또는 피고인의 입장에서 보면 실질적으로 자유형의 집행과 다를 바 없고, 상소제기 후 상소취하시까지의 구금 역시 미결구금에 해당하는 이상 그 **구금일수도 형기에 전부 산입되어야 한다**는 것에 비추어 볼 때, **신체의 자유를 침해한다.** 〇
14 변호사

상소제기 후 상소취하시까지의 미결구금일수를 본형 형기 산입의 대상에서 제외되도록 한 것은 무죄추정의 원칙에 반하지 않는다.
18 법원 9
(해설) 무죄추정의 원칙에 반함

770 사업자단체의 「독점규제 및 공정거래에 관한 법률」 위반행위가 있을 때 공정거래위원회가 당해 사업자단체에 대하여 법 위반사실의 공표를 명할 수 있도록 한 것은 **무죄추정의 원칙에 반한다.** 〇
14 법원 9

헌법상 무죄추정의 원칙은 형사절차와 관련하여 공소가 제기되지 아니한 피의자는 물론 공소가 제기된 피고인이라 할지라도 유죄판결 확정 때까지는 죄가 없는 자로 다루어져야 한다는 원칙을 말하는 바, 이 사건 공표명령은 행정처분의 하나로서 형사절차 내에서 행하여진 처분은 아니므로 관련 행위자를 유죄로 추정하는 불이익한 처분이라고 할 수는 없다.
21 국회 8
(해설) 유죄로 추정하는 불이익한 처분임

771 형사사건으로 기소된 국가공무원을 직위해제할 수 있도록 규정한 구 「국가공무원법」의 규정에 의한 공무담임권의 제한은 잠정적이고 그 경우에도 공무원의 신분은 유지되고 있다는 점에서 공무원에게 가해지는 신분상 불이익과 보호하려는 공익을 비교할 때 공무집행의 공정성과 그에 대한 국민의 신뢰를 유지하고자 하는 공익이 더욱 크므로 이 사건 법률조항은 **공무담임권을 침해하지 않는다.** 〇
12 국회 9

임용권자로 하여금 형사사건으로 기소된 공무원을 직위해제할 수 있도록 규정한 것은 그러한 공무원을 직무담당으로부터 배제함으로써 공직 및 직무수행의 공정성과 그에 대한 국민의 신뢰를 유지하기 위한 것으로서 입법목적이 정당하지만, 직무와 전혀 관련이 없는 범죄나 지극히 경미한 범죄로 기소된 경우까지 임용권자의 임의적인 판단에 따라 직위해제를 할 수 있게 허용하므로 공무담임권을 침해한다.
14 변호사
(해설) 공무담임권 침해 X

772 형사재판에 계속 중인 사람에 대하여 출국을 금지할 수 있다고 규정한 「출입국관리법」 제4조 제1항 제1호는 유죄를 근거로 형사재판에 계속 중인 사람에게 사회적 비난 내지 응보적 의미의 제재를 가하려는 것이라고 보기 어려우므로 **무죄추정의 원칙에 위배된다고 볼 수 없다.** 〇
22 경찰 1차

「출입국관리법」 제4조 제1항 제1호에 따른 출국금지결정은 무죄추정의 원칙에서 금지하는 유죄 인정의 효과로서의 불이익 즉, 유죄를 근거로 형사재판에 계속 중인 사람에게 사회적 비난 내지 응보적 의미의 제재를 가하는 것이므로 무죄추정의 원칙에 위배된다.
17 변호사
(해설) 무죄추정원칙 위배 X

CHAPTER 05 사생활영역의 보호

| 번호 | 옳은 지문 O | 옳지 않은 지문 X |

KEY 115 주거의 자유

> 헌법 제12조 ③ 체포·구속·압수 또는 수색을 할 때에는 적법한 절차에 따라 검사의 신청에 의하여 법관이 발부한 영장을 제시하여야 한다. 다만, 현행범인인 경우와 장기 3년 이상의 형에 해당하는 죄를 범하고 도피 또는 증거인멸의 염려가 있을 때에는 사후에 영장을 청구할 수 있다.
>
> 헌법 제16조 모든 국민은 주거의 자유를 침해받지 아니한다. 주거에 대한 압수나 수색을 할 때에는 검사의 신청에 의하여 법관이 발부한 영장을 제시하여야 한다.

773 헌법 제16조 후문은 주거에 대한 압수나 수색을 할 때 영장주의에 대한 예외를 명문화하고 있지 않지만, 신체의 자유와 비교할 때 주거의 자유에 대해서도 일정한 요건하에서는 그 예외를 인정할 필요가 있다는 점 등을 고려하면, 헌법 제16조의 영장주의에 대해서도 그 예외를 인정하되, 그 장소에 범죄혐의 등을 입증할 자료나 피의자가 존재할 개연성이 소명되고, 사전에 영장을 발부받기 어려운 긴급한 사정이 있는 경우에만 제한적으로 허용될 수 있다고 보는 것이 타당하다. 19 변호사

헌법 제12조 제3항과는 달리 헌법 제16조 후문은 "주거에 대한 압수나 수색을 할 때에는 검사의 신청에 의하여 법관이 발부한 영장을 제시하여야 한다"라고 규정하고 있을 뿐 영장주의에 대한 예외를 명문화하고 있지 않으므로 영장주의가 예외 없이 반드시 관철되어야 함을 의미하는 것이다. 19 국가 7

(해설) 예외없이 관철되어야 함을 의미 X

774 체포영장을 발부받아 피의자를 체포하는 경우에 필요한 때에는 영장 없이 타인의 주거 등 내에서 피의자 수사를 할 수 있도록 한 「형사소송법」 조항은 별도로 영장을 발부받기 어려운 긴급한 사정이 있는지 여부를 구별하지 않고 피의자가 소재할 개연성만 소명되면 영장 없이 타인의 주거 등을 수색할 수 있도록 허용하고 있어 헌법 제16조의 영장주의에 위반된다. 23 법원 9, 20 변호사

체포영장을 집행하는 경우 필요한 때에는 타인의 주거 등에서 피의자 수사를 할 수 있도록 한 「형사소송법」 규정의 해당 부분이 체포영장이 발부된 피의자가 타인의 주거 등에 소재할 개연성은 소명되나 수색에 앞서 영장을 발부받기 어려운 긴급한 사정이 인정되지 않더라도 영장 없이 피의자 수색을 할 수 있도록 한 것은 영장주의에 위반되지 않는다. 22 경정

(해설) 영장주의 위반

KEY 116 사생활의 비밀과 자유

775 헌법 제17조는 모든 국민이 사생활의 비밀과 자유를 침해받지 아니할 권리를 규정하고 있는바, 사생활의 비밀은 국가가 사생활영역을 들여다보는 것에 대한 보호를 제공하는 기본권이며, 사생활의 자유는 국가가 사생활의 자유로운 형성을 방해하거나 금지하는 것에 대한 보호를 의미한다. 15 법무사

776 사생활의 비밀과 자유가 보호하는 것은 개인의 내밀한 내용의 비밀을 유지할 권리, 개인이 자신의 사생활의 불가침을 보장받을 수 있는 권리, 개인의 양심영역이나 성적 영역과 같은 내밀한 영역에 대한 보호, 인격적인 감정세계의 존중을 받을 권리와 정신적인 내면생활이 침해받지 아니할 권리 등이다. 21 법원 9

777 사생활의 자유란 사회공동체의 일반적인 생활규범의 범위 내에서 **사생활을 자유롭게 형성**해 나가고 그 설계 및 내용에 대해서 **외부로부터의 간섭을 받지 아니할 권리**를 말한다. 23 해간

778 사생활의 비밀과 자유에 관한 헌법규정은 개인의 사생활이 **함부로 공개되지 아니할 소극적인 권리**는 물론, 오늘날 고도로 정보화된 현대사회에서 **자신에 대한 정보를 자율적으로 통제할 수 있는 적극적인 권리**까지도 **보장**하려는 데에 그 취지가 있다. 23 해간

헌법 제17조는 개인의 사생활 활동이 타인으로부터 침해되거나 사생활이 함부로 공개되지 아니할 소극적인 권리를 보장하는 것에 국한되고, 자신에 대한 정보를 자율적으로 통제할 수 있는 적극적인 권리까지 보장하는 것은 아니다. 15 경정
(해설) 적극적인 권리까지 보장

779 헌법 제17조의 사생활의 자유란 사회공동체의 일반적인 생활규범의 범위 내에서 사생활을 자유롭게 형성해 나가고 그 설계 및 내용에 대해서 외부로부터의 간섭을 받지 아니할 권리를 말하는바 **흡연을 하는 행위**는 이와 같은 **사생활의 영역에 포함**된다. 22 입시

자유롭게 흡연할 권리는 인간의 존엄과 행복추구권을 규정한 헌법 제10조에서 그 근거를 찾을 수 있으나, 흡연하는 행위는 사생활의 영역에서만 발생하지 않으므로 사생활의 비밀과 자유를 보장한 헌법 제17조는 그 헌법적 근거가 될 수 없다. 13 지방 7
(해설) 헌법 제17조도 근거가 됨

780 교도소장이 수용자가 없는 상태에서 실시한 거실 및 작업장 검사행위는 교도소의 안전과 질서를 유지하고, 수형자의 교화·개선에 지장을 초래할 수 있는 물품을 차단하기 위한 것으로서 그 목적이 정당하고, 수단도 적절하며, 검사의 실효성을 확보하기 위한 최소한의 조치로 보이고, 달리 덜 제한적인 대체수단을 찾기 어려운 점 등에 비추어 보면 **사생활의 비밀 및 자유를 침해하였다고 할 수 없다**. 20 국가 7

법무부 훈령인 구「계호업무지침」에 따라 교도소장이 수용자가 없는 상태에서 거실 및 작업장을 검사한 행위는 비록 교도소의 안전과 질서를 유지하고, 수형자의 교화·개선에 지장을 초래 할 수 있는 물품을 차단하기 위한 것이라 하더라도, 보다 덜 제한적인 대체수단을 찾을 수 있으므로 수용자의 사생활의 비밀과 자유를 침해한다. 24 경정
(해설) 사생활의 비밀과 자유 침해 X

781 어린이집에 폐쇄회로 텔레비전(CCTV : Closed Circuit Television)을 **원칙적으로 설치**하도록 정한 「영유아보육법」조항은 CCTV 설치로 보육교사 및 영유아의 신체나 행동이 그대로 CCTV에 촬영·녹화된다는 점에서 **보육교사 및 영유아의 사생활의 비밀과 자유를 제한한다**. 24 경찰 1차, 24 해경

어린이집에 폐쇄회로 텔레비전(CCTV)을 원칙적으로 설치하도록 정한 「영유아보호법」 조항은 보호자 전원이 반대하지 않는 한 어린이집에 의무적으로 CCTV를 설치하도록 정하고 있으므로 어린이집 보육교사(원장 포함) 및 영유아의 사생활의 비밀과 자유를 침해한다. 24 경찰 2차
(해설) 사생활의 비밀과 자유 등 침해 X

782 13세 이상 16세 미만의 사람에 대하여 **간음 또는 추행**을 한 19세 이상의 자를 강간죄, 유사강간죄, 강제추행죄의 예에 따라 **처벌**하도록 한 「형법」조항은 개인의 성생활이라는 내밀한 사적 생활영역에서의 행위를 제한하므로 **사생활의 비밀과 자유를 제한한다**. (최신판례) 25 소간

783 헌법 제17조가 보호하고자 하는 기본권은 '**사생활영역**'의 자유로운 형성과 비밀유지라고 할 것이며, **공적인 영역의 활동**은 다른 기본권에 의한 보호는 별론으로 하고 **사생활의 비밀과 자유가 보호하는 것은 아니라고 할 것이다**. 24 해경, 24 경찰 2차

헌법 제17조가 보호하고자 하는 기본권은 '사생활영역'의 자유로운 형성과 비밀유지라고 할 것이며, 공적인 영역의 활동이라 하더라도 사생활의 비밀과 자유의 보호대상에 포함된다. 25 경찰 1차
(해설) 사생활의 비밀과 자유 보호대상 아님

784 자동차를 도로에서 운전하는 중에 **좌석안전띠를 착용할 것인가 여부의 생활관계**가 개인의 전체적 인격과 생존에 관계되는 '사생활의 기본조건'이라거나 자기결정의 핵심적 영역 또는 인격적 핵심과 관련된다고 보기 어려워, 운전할 때 운전자가 좌석안전띠를 착용할 의무는 운전자의 **사생활의 비밀과 자유를 침해하는 것이라 할 수 없다**. 22 5급

자동차를 도로에서 운전하는 중에 좌석안전띠를 착용할 것인가 여부의 생활관계는 개인의 전체적 인격과 생존에 관계되는 '사생활의 기본조건'이라 할 수 있으므로, 운전할 때 운전자가 좌석안전띠를 착용할 의무는 청구인의 사생활의 비밀과 자유를 침해한다. 21 국가 7
(해설) 사생활의 기본조건 X, 제한도 아님

785 선거운동 과정에서 자신의 인격권이나 명예권을 보호하기 위하여 **대외적으로 해명을 하는 행위**는 표현의 자유에 속하는 것이지 **사생활의 자유에 속하는 것은 아니다**. 19 입시

선거운동 과정에서 자신의 인격권이나 명예권을 보호하기 위하여 대외적으로 해명을 하는 행위도 사생활의 자유에 의하여 보호되는 범주에 속한다. 12 지방 7
(해설) 보호되는 범주 벗어남

786 자신의 인격권이나 명예권을 보호하기 위하여 **대외적으로 해명을 하는 행위**는 표현의 자유에 속하는 영역일 뿐 이미 사생활의 자유에 의하여 보호되는 범주를 벗어난 행위이므로, 그 행위가 선거에 영향을 미치게 하기 위한 것이라는 이유로 이를 하지 못하게 된다 하더라도 **사생활의 자유를 침해하지 아니한다.** ↵
25 경찰 1차

787 인터넷언론사의 공개된 게시판·대화방에서 **스스로의 의사에 의하여 정당·후보자에 대한 지지·반대의 글을 게시하는 행위**는 양심의 자유나 사생활 비밀의 자유에 의하여 보호되는 영역이라고 할 수 없다.⁸
25 입시

인터넷언론사의 공개된 게시판·대화방에서 스스로의 의사에 의하여 정당·후보자에 대한 지지·반대의 글을 게시하는 행위는 양심의 자유나 사생활의 비밀의 자유에 의해 보호되는 영역이다.
18 입시

(해설) 보호되는 영역 X

788 변호사의 업무는 다른 어느 직업적 활동보다도 **강한 공공성**을 내포한다는 점 등을 감안하여 볼 때, **변호사의 업무와 관련된 수임사건의 건수 및 수임액이 변호사의 내밀한 개인적 영역에 속하는 것이라고 보기 어렵다.**⁵
25 국회 8

변호사의 업무와 관련된 수임사건의 건수 및 수임액은 변호사의 내밀한 개인적 영역에 속하는 것이므로 이를 소속 지방변호사회에 보고하도록 한 것은 헌법 제17조의 사생활의 비밀과 자유에 대한 제한에 해당한다.
21 지방 7

(해설) 내밀한 개인적 영역 X, 사생활의 비밀과 자유 제한 X

789 변호사에게 전년도에 처리한 수임사건의 건수 및 수임액을 소속 지방변호사회에 보고하도록 규정하고 있는 「변호사법」 관련 규정은 해당 당사자의 **사생활의 비밀과 자유를 침해한다고 볼 수 없다.** ↵
12 법원 9

변호사에게 전년도에 처리한 수임사건의 건수 및 수임액은 변호사의 영업에 있어서 매우 중요하고 은밀한 것으로 내밀한 개인적 영역에 속하는 것이므로 이를 소속 지방변호사회에 보고하도록 한 것은 변호사의 사생활의 비밀과 자유를 침해한다.
25 경정

(해설) 내밀한 영역 아니므로 사생활 침해 아님

790 공직자의 자질·도덕성·청렴성에 관한 사실은 그 내용이 개인적인 사생활에 관한 것이라 할지라도 **순수한 사생활의 영역에 있다고 보기 어렵다.**⁸
24 입시

공직자의 공무집행과 직접적인 관련이 없는 개인적인 사생활에 관한 사실이라면 공적인 관심 사안에 해당할 수 없고, 비록 공직자의 자질·도덕성·청렴성에 관한 사실이라도 그 내용이 개인적인 사생활에 관한 것이라면 사생활의 영역에 있는 것이므로, 이러한 사실은 공직자 등의 사회적 활동에 대한 비판 내지 평가의 한 자료가 될 수 없다.
25 경찰 1차

(해설) 공적 관심 사안으로 비판·평가 可

791 4급 이상 공무원들의 병역 면제사유인 질병명을 관보와 인터넷을 통해 공개하도록 하는 관련 법률 규정은 공적 관심의 정도가 약한 4급 이상의 공무원들까지 대상으로 삼아 모든 질병명을 아무런 예외 없이 공개토록 한 것으로서 청구인들을 비롯한 해당 공무원들의 **사생활의 비밀과 자유를 침해하는 것이다.**ⁱ⁴
12 법원 9

4급 이상 공무원들의 병역 면제사유인 질병명을 관보와 인터넷을 통해 공개하도록 하는 법률조항은 병무행정에 관한 비리 근절과 병역부담평등에 대한 사회적 요구를 반영한 것으로서, 신고의무자인 공무원의 사생활의 비밀을 침해하는 것은 아니다.
25 경찰 1차

(해설) 사생활의 비밀과 자유 침해

792 미결수용자와 변호인 아닌 자와의 **접견내용을 녹음·녹화**함으로써 증거인멸이나 형사 법령 저촉 행위의 위험을 방지하고 교정시설 내의 안전과 질서유지에 기여하려는 공익은 미결수용자가 받게 되는 사익의 제한보다 훨씬 크고 중요한 것이므로 **법익의 균형성이 인정된다.**⁵
24 경간

교정시설의 장이 수용자가 범죄의 증거를 인멸하거나 형사 법령에 저촉되는 행위를 할 우려가 있는 때에 교도관으로 하여금 수용자의 접견내용을 청취·기록·녹음 또는 녹화하게 하는 것은 미결수용자의 사생활을 침해한다.
17 국회 8

(해설) 미결수용자의 사생활 침해 X

793 징벌대상자로서 조사를 받고 있는 수형자가 변호인 아닌 자와 접견할 때 **교도관이 참여하여 대화내용을 기록하게 한 교도소장의 행위**는 수형자의 **사생활의 비밀과 자유를 침해하지 않는다.** ↵
20 국회 8

징벌혐의로 조사를 받고 있는 수용자라 하더라도 수용자가 변호인이 아닌 자와 접견할 당시 교도관이 참여하여 대화내용을 기록하게 한 행위는 과잉금지원칙을 위반하여 수용자의 사생활의 비밀과 자유를 침해한다.
18 서울 7

(해설) 사생활의 비밀과 자유 침해 아님

794 동행계호행위는 교정사고를 예방하고 수용자 및 진료 담당 의사의 신체 등을 보호하기 위한 것이므로 과잉금지원칙에 반하여 **청구인의 사생활의 비밀과 자유를 침해하지 않는다.**¹
(최신판례)

교도소장이 수형자의 정신과진료 현장과 정신과 화상진료 현장에 각각 간호직교도관을 입회시킨 것은, 수형자에게 사생활 노출 염려로 솔직한 증세를 의사에게 전달하지 못하게 함으로써 해당 수형자의 사생활의 비밀과 자유를 침해한다. 24 경찰 2차
(해설) 사생활의 비밀과 자유 침해 아님

795 구치소장이 수용자의 거실에 폐쇄회로 텔레비전을 설치하여 계호한 행위는 수용자의 **사생활의 비밀 및 자유를 침해하지 않는다.**⁶ 20 국회 8

수용자의 기본권 제한을 최소화하기 위하여 특정부분을 확대하거나 정밀하게 촬영할 수 없는 CCTV를 설치하고, 화장실 문의 창에 불투명재질의 종이를 부착하였으며, 녹화된 영상정보의 무단유출 방지를 위한 시스템을 설치하였더라도 교정시설 내 수용자를 상시적으로 시선계호할 목적으로 CCTV가 설치된 거실에 수용하는 것은 인간으로서의 존엄과 가치 및 사생활의 비밀과 자유를 침해하는 것이다. 17 지방 7
(해설) 침해 X

796 엄중격리대상자의 수용거실에 CCTV를 설치하여 24시간 감시하는 행위는 교도관의 계호활동 중 육안에 의한 시선계호를 CCTV 장비에 의한 시선계호로 대체한 것에 불과하므로, **특별한 법적 근거가 없더라도** 일반적인 계호활동을 허용하는 법률규정에 의하여 허용되고, 엄중격리대상자의 **사생활의 비밀 및 자유를 침해하였다고 볼 수 없다.**⁵ 20 국가 7

교도소 내 엄중격리대상자의 수용거실에 CCTV를 설치하여 24시간 감시하는 행위는 그들에 대한 지속적이고 부단한 감시의 필요성과 그들의 자살·자해나 흉기 제작 등의 위험성 등을 고려하더라도 사생활의 비밀과 자유를 침해하는 것이다. 15 지방 7
(해설) 사생활의 비밀과 자유 침해 X

797 CCTV 촬영행위는 교정시설의 계호, 경비, 보안, 안전, 관리 등을 위한 목적에서 행해지는 것이고, 대체복무 생활관에서 합숙하는 청구인들의 안전한 생활을 보호주는 측면도 있으므로 과잉금지원칙을 위반하여 청구인들의 **사생활의 비밀과 자유를 침해하지 아니한다.**¹ (최신판례)

대체복무요원 생활관 내부의 공용공간에 CCTV를 설치하여 촬영하는 행위는 군부대와 달리 대체복무요원들의 모든 사적 활동의 동선을 촬영하여, 개인의 행동과 심리에 심각한 제약을 느끼게 하므로 대체복무요원들의 사생활의 비밀과 자유를 침해한다. 24 경찰 2차
(해설) 사생활의 비밀과 자유 침해 아님

798 공직선거에 후보자로 등록하고자 하는 자에게 실효된 형을 포함한 금고이상의 형의 범죄경력에 관한 증명서류를 제출하도록 한 구「공직선거법」조항은 청구인의 **사생활의 비밀과 자유를 침해한다고 볼 수 없다.**⁶ 23 경찰 2차

공직선거의 후보자등록 신청을 함에 있어 형의 실효여부와 관계없이 일률적으로 금고 이상의 형의 범죄경력을 제출 공개하도록 한 규정은 사생활의 비밀과 자유를 침해한다. 20 경정
(해설) 사생활의 비밀과 자유 침해 X

799 금융감독원의 4급 이상 직원에 대하여 사유재산에 관한 정보인 **재산사항을 등록하도록 한 「공직자윤리법」의 재산등록 조항은, 그들의 비리유혹을 억제하고 업무집행의 투명성을 확보하여 국민의 신뢰를 제고하며 궁극적으로 금융기관의 검사 및 감독이라는 공적 업무에 종사하는 금융감독원 직원의 책임성을 확보하려는 것으로 그 공익이 중대하므로, 사생활의 비밀과 자유를 침해하지 않는다.**⁶ 24 지방 7

금융감독원의 4급 이상 직원에 대하여 「공직자윤리법」상 재산등록의무를 부과하는 조항은 해당 업무에 대한 권한과 책임이 부여되지 아니한 3급 또는 4급 직원까지 재산등록의무자로 규정하여 재산등록의무자의 범위를 지나치게 확대하고, 등록대상 재산의 범위도 지나치게 광범위하며, 직원 본인뿐 아니라 배우자, 직계존비속의 재산까지 등록하도록 하는 등 이들의 사생활의 비밀과 자유를 침해한다. 20 국가 7
(해설) 사생활의 비밀과 자유 침해 X

800 인체면역결핍 바이러스에 감염된 사람이 혈액 또는 체액을 통하여 다른 사람에게 전파매개행위를 하는 것을 처벌하는 「후천성면역결핍증예방법」 조항은, **감염인의 사생활의 자유 및 일반적 행동자유권이 제약되는 것에 비하여 국민의 건강 보호라는 공익을 달성하는 것은 더욱 중대하므로 과잉금지원칙을 위반하여 감염인의 사생활의 자유 및 일반적 행동자유권을 침해하지 아니한다.**¹ (최신판례)

인체면역결핍 바이러스에 감염된 사람이 혈액 또는 체액을 통하여 다른 사람에게 전파매개행위를 하는 것을 처벌하는 「후천성면역결핍증예방법」 조항은, 감염인 중에서도 의료인의 처방에 따른 치료법을 성실히 이행하는 감염인의 전파매개행위까지도 예외 없이 처벌함으로써 이들의 사생활의 자유를 침해한다. 25 경간
(해설) 사생활의 자유 침해 아님

KEY 117 개인정보자기결정권

801 개인정보자기결정권은 자신에 관한 정보가 언제 누구에게 어느 범위까지 알려지고 또 이용되도록 할 것인지를 그 정보주체가 스스로 결정할 수 있는 권리로서, 인간의 존엄과 가치, 행복추구권을 규정한 헌법 제10조 제1문에서 도출되는 일반적 인격권 및 헌법 제17조의 사생활의 비밀과 자유에 의하여 보장된다. 23 법원 9

802 개인정보자기결정권은 헌법상 사생활의 비밀과 자유, 일반적 인격권, 자유민주적 기본질서규정 또는 국민주권원리와 민주주의원리 등에 근거하고 있지만, 이들 모두를 이념적 기초로 하는 독자적 기본권으로 보아야 한다. 19 서울 7(추)

개인정보자기결정권은 헌법에 명시된 기본권이다. 21 법원 9
(해설) 헌법에 명시되지 아니한 기본권

803 개인정보자기결정권의 보호대상이 되는 개인정보는 개인의 신체, 신념, 사회적 지위, 신분 등과 같이 개인의 인격주체성을 특징짓는 사항으로서 개인의 동일성을 식별할 수 있게 하는 일체의 정보라고 할 수 있고, 반드시 개인의 내밀한 영역에 속하는 정보에 국한되지 않고 공적 생활에서 형성되었거나 이미 공개된 개인정보까지 포함한다. 24 경정, 24 경찰 1차

개인정보자기결정권의 보호대상이 되는 개인정보는 개인의 내밀한 영역이나 사사(私事)의 영역에 속하는 정보에 국한되고 공적 생활에서 형성되었거나 이미 공개된 개인정보는 포함되지 않는다. 25 경정
(해설) 공적정보 or 공개정보 포함

804 야당 소속 후보자 지지 혹은 정부 비판은 정치적 견해로서 개인의 인격주체성을 특징짓는 개인정보에 해당하고, 그것이 지지 선언 등의 형식으로 공개적으로 이루어진 것이라고 하더라도 여전히 개인정보자기결정권의 보호범위 내에 속한다. 24 해경

야당 소속 후보자 지지 혹은 정부 비판은 정치적 견해로서 개인의 인격주체성을 특징짓는 개인정보에 해당하지만, 그것이 지지 선언 등의 형식으로 공개적으로 이루어진 것이라면 개인정보자기결정권의 보호범위 내에 속하지 않는다. 23 경정
(해설) 보호범위 내에 속함

805 보안관찰처분대상자가 교도소 등에서 출소한 후 7일 이내에 출소사실을 신고하도록 정한 구 보안관찰법 제6조 제1항 전문 중 출소 후 신고의무에 관한 부분 및 이를 위반할 경우 처벌하도록 정한 보안관찰법 제27조 제2항 중 구 보안관찰법 제6조 제1항 전문 가운데 출소 후 신고의무에 관한 부분은 과잉금지원칙을 위반하여 사생활의 비밀과 자유 및 개인정보자기결정권을 침해하지 않는다. 23 법원 9

보안관찰처분대상자가 교도소 등에서 출소한 후 7일 이내에 출소사실을 신고하도록 하고 이를 위반할 경우 처벌하도록 정한 법률조항은, 보다 완화된 방법으로도 입법목적을 충분히 달성할 수 있다는 점에서 과잉금지원칙에 반하여 그 대상자의 개인정보자기결정권을 침해하는 것이다. 22 국회 8
(해설) 개인정보자기결정권 침해 X

806 지문은 그 정보주체를 타인으로부터 식별가능하게 하는 개인정보이므로, 시장·군수 또는 구청장이 개인의 지문정보를 수집하고, 경찰청장이 이를 보관·전산화하여 범죄수사목적에 이용하는 것은 모두 개인정보자기결정권을 제한하는 것이라고 할 수 있다. 19 국회 9

지문은 그 정보주체를 타인으로부터 식별가능하게 하는 개인정보가 아니므로, 경찰청장이 이를 보관·전산화하여 범죄수사목적에 이용하는 것은 정보주체의 개인정보자기결정권을 제한하는 것이 아니다. 24 해경
(해설) 지문도 개인정보, 개인정보자기결정권 제한

807 시장, 군수 또는 구청장이 개인의 지문정보를 수집하고, 경찰청장이 이를 보관·전산화하여 범죄수사목적에 이용하는 지문날인제도가 과잉금지의 원칙에 위배하여 청구인들의 개인정보자기결정권을 침해하였다고 볼 수 없다. 15 경정

시장·군수 또는 구청장이 개인의 지문정보를 수집하고 경찰청장이 이를 보관·전산화하여 범죄수사목적에 이용하는 것은, 국가가 국민의 지문을 수집하는 본래 목적에 어긋나므로 개인정보자기결정권을 침해하는 것이다. 19 서울 7
(해설) 개인정보자기결정권 침해 X

808 주민등록증에 지문을 수록하도록 한 구「주민등록법」제24조 제2항 본문 중 '지문(指紋)'에 관한 부분은, 주민등록증의 수록사항의 하나로 지문을 규정하고 있을 뿐 "오른손 엄지손가락 지문"이라고 특정한 바가 없으므로, 과잉금지원칙을 위반하여 개인정보자기결정권을 침해하지 않는다. [최신판례]

주민등록증에 지문을 수록하도록 한 구「주민등록법」제24조 제2항 본문 중 '지문(指紋)'에 관한 부분은, 주민등록증의 수록사항의 하나로 지문을 규정하고 있을 뿐 "오른손 엄지손가락 지문"이라고 특정한 바가 없으므로, 과잉금지원칙을 위반하여 개인정보자기결정권을 침해한다. 24 국가 7
(해설) 개인정보자기결정권 침해 X

809 통계청장이 인구주택총조사의 방문 면접조사를 실시하면서, 담당 조사원을 통해 조사대상자에게 통계청장이 작성한 인구주택총조사 조사표의 **조사항목들에 응답할 것을 요구한 행위**는 조사대상자의 개인정보자기결정권을 침해하지 않는다.[5]
18 지방 7

통계청장이 인구주택총조사의 방문 면접조사를 실시하면서, 담당 조사원을 통해 청구인에게 인구주택총조사 조사표의 조사항목들에 응답할 것을 요구한 행위는 청구인의 개인정보자기결정권을 침해한다.
20 경정
(해설) 개인정보자기결정권 침해 X

810 게임물 관련 사업자에게 게임물 이용자의 회원가입 시 본인인증을 할 수 있는 절차를 마련하고 있는 「게임산업진흥에 관한 법률」의 조항은 개인정보자기결정권을 침해하지 아니한다.[4]
25 5급

811 감염병 전파 차단을 위한 개인정보 수집의 수권조항인 구 「감염병의 예방 및 관리에 관한 법률」 해당 조항은 정보수집의 **목적 및 대상이 제한**되어 있고, 관련 규정에서 **절차적 통제장치**를 마련하여 **정보의 남용 가능성을 통제**하고 있어 정보주체의 개인정보자기결정권을 침해하지 않는다.[o] (최신판례)

감염병 전파 차단을 위한 개인정보 수집의 수권조항인 구 「감염병의 예방 및 관리에 관한 법률」 해당 조항은 정보수집의 목적 및 대상이 제한되어 있으나, 관련 규정에서 절차적 통제장치를 마련하지 못하여 정보의 남용 가능성이 있어 정보주체의 개인정보자기결정권을 침해한다.
24 국가 7
(해설) 개인정보자기결정권 침해 아님

812 **주민등록번호**는 모든 국민에게 일련의 숫자 형태로 부여되는 고유한 번호로서 당해 **개인을 식별할 수 있는 정보**에 해당하는 **개인정보인바, 주민등록번호 변경에 관한 규정을 두지 않는 「주민등록법」** 관련 조항은 주민등록번호 불법 유출 등을 원인으로 자신의 주민등록번호를 변경하고자 하는 사람들의 **개인정보자기결정권을 침해하고 있다**.[10]
16 국회 8

개인별로 주민등록번호를 부여하면서 주민등록번호 변경에 관한 규정을 두고 있지 않은 「주민등록법」 조항은 주민등록번호 불법 유출 등을 원인으로 자신의 주민등록번호를 변경하고자 하는 사람들의 개인정보자기결정권을 침해하는 것은 아니다.
25 경정
(해설) 개인정보자기결정권 침해

813 구 「형의 실효 등에 관한 법률」의 해당 조항이 법원에서 **불처분결정된 소년부송치** 사건에 대한 **수사경력자료의 삭제 및 보존기간**에 대하여 규정하지 아니하여 수사경력자료에 기록된 개인정보가 당사자의 사망 시까지 보존되면서 이용되는 것은 당사자의 개인정보자기결정권에 대한 제한에 해당한다.[7]
21 국가 7

소년에 대한 수사경력자료의 삭제와 보존기간에 대하여 규정하면서 법원에서 불처분결정된 소년부송치 사건에 대하여 규정하지 않은 구 「형의 실효등에 관한 법률」 해당 조항은 개인정보자기결정권을 침해하지 않는다.
23 소간
(해설) 개인정보자기결정권을 침해함

814 디엔에이감식시료의 채취대상자가 사망할 때까지 디엔에이신원확인정보를 데이터베이스에 수록, 관리할 수 있도록 규정한 「디엔에이신원확인정보의 이용 및 보호에 관한 법률」 조항은 범죄수사 등에 이용함으로써 달성할 수 있는 **공익의 중요성**에 비하여 청구인의 불이익이 크다고 보기 어려워 과잉금지원칙에 위배되어 디엔에이신원확인정보 수록 대상자인 청구인의 개인정보자기결정권을 침해한다고 볼 수 없다.[5]

디엔에이감식시료의 채취대상자가 사망할 때까지 디엔에이신원확인정보를 데이터베이스에 수록, 관리할 수 있도록 규정한 「디엔에이신원확인정보의 이용 및 보호에 관한 법률」 조항은 대상자의 재범위험성을 고려하지 않고 일률적으로 대상자가 사망할 때까지 디엔에이신원확인정보를 보관한다는 점에서 과잉금지원칙에 위배되어 디엔에이신원확인정보 수록 대상자인 청구인의 개인정보자기결정권을 침해한다. 24 경찰 1차
(해설) 개인정보자기결정권 침해 X

815 '혐의없음' 불기소처분에 관한 사건의 개인정보를 보관하는 것은 재수사에 대비한 기초자료를 보존하여 형사사법의 실체적 진실을 구현하는 한편, 수사력의 낭비를 막고 피의자의 인권을 보호하기 위한 것으로 개인정보자기결정권을 침해한다고 볼 수 없다.[4]
18 변호사

816 무효인 혼인의 기록사항 전체에 하나의 선을 긋고, 말소 내용과 사유를 각 해당 사항란에 기재하는 방식의 **정정 표시**는 청구인의 인격주체성을 식별할 수 있게 하는 **개인정보에 해당**하고, 이와 같은 정보를 보존하는 「가족관계등록부의 재작성에 관한 사무처리지침」 조항 중 해당 부분은 청구인의 **개인정보자기결정권을 제한**한다.[3] (최신판례)
24 국가 7

혼인의사의 합의가 없음을 원인으로 혼인무효판결을 받았으나 혼인 무효사유가 한쪽 당사자나 제3자의 범죄행위로 인한 경우에 해당하지 않는 사람에 대해서는 가족관계등록부 재작성 신청권이 인정되지 않고, 정정된 가족관계등록부가 보존되도록 한 '가족관계등록부의 재작성에 관한 사무처리지침' 조항 중 '혼인무효'에 관한 부분은 혼인과 가족생활을 스스로 결정하고 형성할 수 있는 자유를 제한한다.
25 경간
(해설) 혼인과 가족생활을 스스로 결정하고 형성할 수 있는 자유 제한 아님

817 형제자매는 언제나 본인과 이해관계를 같이 하는 것은 아닌데도 **형제자매가 본인에 대한 친족·상속 등과 관련된 증명서를 편리하게 발급받을 수 있도록 규정한 법률조항은 개인정보자기결정권을 제한하고, 그 제한은 입법목적 달성을 위해 필요한 범위를 넘어선 것으로 개인정보자기결정권을 침해한다.** ¹⁰ 　23 법무사

형제자매에게 가족관계등록부 등의 기록사항에 관한 증명서 교부청구권을 부여하는 「가족관계의 등록 등에 관한 법률」 제14조 제1항 본문 중 '형제자매' 부분은 본인의 권리보호를 위해 형제자매를 교부청구권자로 규정할 필요가 있으므로 개인정보자기결정권을 침해하지 않는다.　21 소간
(해설) 개인정보자기결정권 침해

818 가정폭력 가해자에 대하여 별도의 제한 없이 **직계혈족이기만 하면 사실상 자유롭게 그 자녀의 가족관계증명서와 기본증명서를 발급받을 수 있도록 함으로써**, 가정폭력 피해자의 개인정보가 자녀의 가족관계증명서 등을 통하여 가정폭력 가해자인 전 배우자에게 무단으로 유출될 수 있는 가능성을 열어 놓고 있는 「가족관계의 등록 등에 관한 법률」 조항은 **과잉금지원칙을 위반하여 가정폭력 피해자의 개인정보자기결정권을 침해한다.** ⁶　21 입시

'가족관계의 등록 등에 관한 법률' 제14조 제1항 본문 중 '직계혈족이 제15조에 규정된 증명서 가운데 가족관계증명서 및 기본증명서의 교부를 청구'하는 부분이 가정폭력 피해자의 개인정보를 보호하기 위한 구체적 방안을 마련하지 아니하였다고 하더라도 가정폭력 피해자인 청구인의 개인정보자기결정권을 침해하는 것은 아니다.　23 법원 9
(해설) 개인정보자기결정권 침해

819 **정보주체의 배우자나 직계혈족이 정보주체의 위임 없이도 정보주체의 가족관계 상세증명서의 교부 청구를 할 수 있도록 하는 「가족관계의 등록 등에 관한 법률」의 해당 조항은 개인정보자기결정권을 침해하지 않는다.** ⁺ (최신판례)　23 소간

정보주체의 배우자나 직계혈족이 정보주체의 위임 없이도 정보주체의 가족관계 상세증명서의 교부 청구를 할 수 있도록 한 것은 현재의 혼인 외에서 얻은 자녀 등에 관한 내밀한 개인정보를 정보주체의 의사에 반하여 배우자나 직계혈족에게 공개 당하게 되므로 개인정보자기결정권을 침해한다.　23 국회 8
(해설) 개인정보자기결정권 침해 X

820 구치소장이 검사의 요청에 따라 미결수용자와 그 배우자의 **접견녹음파일을 미결수용자의 동의 없이 제공하더라도, 이러한 제공행위는 형사사법의 실체적 진실을 발견하고 이를 통해 형사사법의 적정한 수행을 도모하기 위한 것으로 미결수용자의 개인정보자기결정권을 침해하는 것은 아니다.** ⁺　23 경정

821 미결수용자인 청구인에게 징벌을 부과한 뒤 그 **규율위반 내용 및 징벌처분 결과 등을 법원에 양형 참고자료로 통보한 행위**는 제공되는 정보의 성격이나 제공 상대의 한정된 범위를 고려할 때 그로 인한 기본권 제한의 정도가 크지 않은 데 비해, 이로 인하여 달성하고자 하는 적정한 양형의 실현 및 형사재판절차의 원활한 진행과 같은 공익은 훨씬 중대하므로 **개인정보자기결정권을 침해하지 않는다.** ⁺ (최신판례)

미결수용자인 청구인에게 징벌을 부과한 뒤 그 규율위반 내용 및 징벌처분 결과 등을 법원에 양형 참고자료로 통보한 행위는 개인정보자기결정권을 침해한다.　25 입시
(해설) 개인정보자기결정권 침해 아님

822 거짓이나 그 밖의 부정한 방법으로 보조금을 교부받거나 보조금을 유용한 어린이집에 대하여 그 어린이집 대표자 또는 원장의 의사와 관계없이 **어린이집의 명칭, 종류, 주소, 대표자 또는 어린이집 원장의 성명 등을 불특정 다수인이 알 수 있도록 공표하는 것은 공표대상자의 개인정보자기결정권을 제한한다.** ⁶ (최신판례)　23 국회 8

거짓이나 그 밖의 부정한 방법으로 보조금을 교부받거나 보조금을 유용하여 어린이집 운영정지, 폐쇄명령 또는 과징금 처분을 받은 어린이집에 대하여 그 위반사실을 공표하도록 한 구 「영유아보육법」 조항은 개인정보자기결정권을 침해한다.　24 경정, 24 해경
(해설) 개인정보자기결정권 침해 아님

823 법무부장관은 **변호사시험 합격자가 결정되면 즉시 명단을 공고하여야 한다고 규정한 법률조항은 공공성을 지닌 전문직인 변호사에 관한 정보를 널리 공개하여 법률서비스 수요자가 필요한 정보를 얻는 데 도움을 주기 위한 것으로 응시자들의 개인정보자기결정권을 침해한다고 볼 수 없다.** ⁶　23 법무사

법무부장관은 변호사시험 합격자가 결정되면 즉시 명단을 공고하여야 한다고 규정한 「변호사시험법」 제11조 중 '명단공고' 부분은 합격자 공고 후에 누구나 언제든지 이를 검색, 확인할 수 있고, 합격자 명단이 언론 기사나 인터넷 게시물 등에 인용되어 널리 전파될 수도 있어서 이러한 사익침해 상황은 시간이 흘러도 해소되지 않으므로 과잉금지원칙에 위배되어 청구인들의 개인정보자기결정권을 침해한다.　24 국가 7
(해설) 개인정보자기결정권 침해 X

824 서울용산경찰서장이 전기통신사업자로부터 위치추적자료를 제공받아 청구인들의 위치를 확인하였거나 확인할 수 있었음에도 불구하고 청구인들의 검거를 위하여 **국민건강보험공단으로부터 2년 내지 3년 동안의 요양급여정보를 제공받은 것**은 청구인들의 **개인정보자기결정권에 대한 중대한 침해**에 해당한다. ○
21 국가 7

국민건강보험공단이 서울용산경찰서장에게 청구인들의 요양급여내역을 제공한 행위는 검거목적에 필요한 최소한의 정보에 해당하는 '급여일자와 요양기관명'만을 제공하였기 때문에, 과잉금지원칙에 위배되지 않아 청구인들의 개인정보자기결정권을 침해하지 않는다.
19 경정

(해설) 개인정보자기결정권 침해

825 수사기관이 공사단체 등에 **범죄수사에 관련된 사실을 조회**하는 행위는 **강제력이 개입되지 아니한 임의수사**에 해당하므로, 이에 응하여 이루어진 국민건강보험공단의 개인정보제공행위에는 **영장주의가 적용되지 않는다**. ×
23 해간

서울용산경찰서장이 국민건강보험공단에 청구인들의 요양급여내역의 제공을 요청한 사실조회행위는 임의수사에 해당하나 이에 응해 이루어진 정보제공행위에 대해서는 헌법상 영장주의가 적용된다.
24 경간

(해설) 영장주의가 적용되지 않음

826 전기통신사업자가 수사기관 등의 통신자료 제공요청에 따라 수사기관 등에 제공하는 **이용자의 성명, 주민등록번호, 주소, 전화번호, 아이디, 가입일 또는 해지일**은 청구인들의 동일성을 식별할 수 있게 해주는 **개인정보에 해당한다**. ○ 최신판례
24 법무사

827 헌법상 **영장주의**는 체포·구속·압수·수색 등 기본권을 제한하는 **강제처분**에 적용되므로, 강제력이 개입되지 않은 임의수사에 해당하는 **수사기관 등의 통신자료 취득에는 영장주의가 적용되지 않는다**. ○ 최신판례
24 법무사

수사기관 등이 전기통신사업자에게 이용자의 성명 등 통신자료의 열람이나 제출을 요청할 수 있도록 한 「전기통신사업법」 조항 중 해당 부분은 영장주의에 위배된다.
25 경간

(해설) 영장주의 적용 안 됨

828 수사기관 등이 전기통신 사업자에게 통신자료 제공을 요청하면 전기통신사업자가 그 요청에 따를 수 있다고 정한 「전기통신사업법」 조항 중 '**국가안전보장에 대한 위해를 방지하기 위한 정보수집**'은 국가의 존립이나 헌법의 기본질서에 대한 위험을 방지하기 위한 목적을 달성함에 있어 요구되는 최소한의 범위 내에서의 정보수집을 의미하는 것으로 해석되므로 **명확성원칙에 위배되지 않는다**. ○ 최신판례
23 경찰 1차

829 수사기관 등이 전기통신사업자에게 이용자의 성명 등 통신자료의 열람이나 제출을 요청할 수 있도록 한 전기통신사업법 조항은 정보의 범위를 피의자나 피해자를 특정하기 위한 불가피한 최소한의 기초정보로 한정하고, 민감정보를 포함하고 있지 않으며, 그 사유 또한 '수사, 형의 집행 또는 국가안전보장에 대한 위해를 방지하기 위한 정보수집'으로 한정하고 있으므로 과잉금지원칙을 위반하여 **개인정보 자기결정권을 침해하지 않는다**. ○ 최신판례

수사기관 등이 전기통신사업자에게 이용자의 성명 등 통신자료의 열람이나 제출을 요청할 수 있도록 한 전기통신사업법 조항은 통신자료를 요청할 수 있는 사유를 지나치게 광범위하고 포괄적으로 규정하고 있으므로 과잉금지원칙을 위반하여 개인정보자기결정권을 침해한다.
24 법무사

(해설) 과잉금지원칙 위배 아님

830 수사기관 등이 전기통신사업자에게 이용자의 성명 등 통신자료의 열람이나 제출을 요청할 수 있도록 한 「전기통신사업법」 제83조 제3항 중 '검사 또는 수사관서의 장(군수사기관의 장을 포함한다), 정보수사기관의 장의 수사, 형의 집행 또는 국가안전보장에 대한 위해방지를 위한 정보수집을 위한 통신자료 제공요청'에 관한 부분은 통신자료 취득에 대한 **사후통지절차를 두지 않아 적법절차원칙에 위배된다**. ○ 최신판례
24 국가 7

효율적인 수사와 정보수집의 신속성, 밀행성 등의 필요성을 고려하여 통신자료 제공 내역을 통지하도록 하는 것이 적절하지 않기 때문에, 수사기관 등이 전기통신 사업자에게 통신자료 제공을 요청하면 전기통신사업자가 그 요청에 따를 수 있다고 정한 「전기통신사업법」 조항이 통신자료 취득에 대한 사후통지절차를 두지 않은 것은 적법절차원칙에 위배되지 않는다.
23 경찰 1차

(해설) 적법절차원칙 위배

831 통신매체이용음란죄로 유죄판결이 확정된 자는 신상정보 등록대상자가 된다고 규정한 「성폭력범죄의 처벌 등에 관한 특례법」 조항은 과잉금지원칙에 위배되어 해당 범죄자의 **개인정보자기결정권을 침해한다**. ×
21 입시

통신매체이용음란죄로 유죄판결이 확정된 자를 신상정보 등록대상자로 규정한 조항은 청구인의 개인정보자기결정권을 침해하지 않는다.
24 경간

(해설) 개인정보자기결정권 침해

832 성범죄의 재범을 억제하고 수사의 효율성을 제고하기 위하여, 법무부장관이 **등록대상자의 재범 위험성이 상존하는 20년 동안 신상정보를 등록**하게 하고 위 기간 동안 각종 의무를 부과하는 「성폭력범죄의 처벌 등에 관한 특례법」 관련 조항은 비교적 경미한 등록대상 성범죄를 저지르고 재범의 위험성도 인정되지 않는 자들에 대해서는 달성되는 공익과 침해되는 사익 사이의 **법익의 균형성이 인정되지 않으므로** 등록대상자의 **개인정보자기결정권을 침해**한다. O 16 국회 8

법무부장관이 등록대상 성범죄자의 재범 위험성이 상존하는 20년 동안 그의 신상정보를 보존·관리하는 것은 정당한 목적을 위한 적합한 수단이므로, 모든 등록대상 성범죄자에 대하여 일률적으로 20년의 등록기간을 적용하고 있더라도 개인정보자기결정권을 침해한다고 볼 수 없다. 23 해간
(해설) 개인정보자기결정권 침해

833 성적목적공공장소침입죄로 유죄판결이 확정된 자는 신상정보 등록대상자가 되도록 규정한 법률조항은 등록대상자 선정에 있어 재범의 위험성을 전혀 요구하지 않고 있다 하더라도 위 범죄가 **공공화장실 등 일정한 장소를 침입**하는 경우에 한하여 **성립**하고 위 조항에 따른 등록대상자의 범위는 이에 따라 제한되므로, **개인정보자기결정권을 침해한다고 볼 수 없다**. X 23 법무사

성적목적공공장소침입죄는 침입대상을 공공화장실 등 공공장소로 하여 사실상 장소를 정하지 아니하고 있으며 그에 따라 신상정보 등록대상의 범위도 제한되지 않는바, 위 범죄에 의한 신상정보 등록조항은 개인정보자기결정권을 침해한다. 18 변호사
(해설) 개인정보자기결정권 침해 X

834 「개인정보 보호법」 제2조 제1호는 이 법률의 보호대상인 개인정보의 개념을 살아 있는 개인에 관한 정보에 한정하고 있다. O 18 입시

「개인정보 보호법」상 개인정보란 살아 있는 개인 또는 사자(死者)에 관한 정보로서 성명, 주민등록번호 및 영상 등을 통하여 개인을 알아볼 수 있는 정보를 말한다. 18 지방 7
(해설) 사자(死者)에 관한 정보 X

835 **가명정보**는 원래의 상태로 복원하기 위한 추가 정보의 사용·결합을 통해서 특정 개인을 알아볼 수 있는 정보이므로 **개인정보자기결정권의 보호대상이 되는 개인정보에 해당**한다. O
(최신판례)

가명정보는 원래의 상태로 복원하기 위한 추가 정보의 사용·결합 없이 그 자체만으로는 특정 개인을 알아볼 수 없고 극히 예외적인 경우에만 정보주체의 식별이 이루어지므로 개인정보자기결정권의 보호대상이 되는 개인정보에 해당하지 아니한다. 25 소간
(해설) 가명정보도 개인정보

836 국회의원이 '**각급학교 교원의 교원단체 및 교원노조 가입현황 실명자료**'를 인터넷을 통하여 공개하였다면, 이는 개인정보자기결정권의 **보호대상이 되는 개인정보**를 일반 대중에게 공개함으로써 해당 교원들의 **개인정보자기결정권을 침해**하는 것이다. O 20 법원 9

'각급학교 교원의 교원단체 및 교원노조 가입현황 실명자료'는 개인정보자기결정권의 보호대상이 되나 이를 공개한 표현행위로 인하여 얻을 수 있는 법적 이익이 이를 공개하지 않음으로써 보호받을 수 있는 해당 교원 등의 법적 이익에 비하여 우월하다고 할 수 있으므로 해당 정보공개행위가 위법하다고 볼 수 없다. 20 국회 8
(해설) 비공개 이익이 더 우월 → 정보공개행위는 위법함

KEY 118 통신의 비밀

> **헌법 제18조** 모든 국민은 **통신의 비밀**(자유 ×)을 침해받지 아니한다.

837 **자유로운 의사소통**은 통신내용의 비밀을 보장하는 것만으로는 충분하지 아니하고 구체적인 통신으로 발생하는 **외형적인 사실관계**, 특히 통신관여자의 인적 동일성·통신시간·통신장소·통신횟수 등 통신의 외형을 구성하는 통신이용의 전반적 상황의 비밀까지도 보장해야 한다. O 24 5급

헌법 제18조는 통신의 비밀보호를 그 핵심내용으로 하는 통신의 자유를 기본권으로 보장하고 있는데, 자유로운 의사소통은 통신내용의 비밀을 보장하는 것만으로 충분하고 구체적인 통신으로 발생하는 외형적인 사실관계, 특히 통신관여자의 인적 동일성·통신시간·통신장소·통신횟수 등 통신의 외형을 구성하는 통신이용의 전반적 상황의 비밀까지도 보장해야 하는 것은 아니다. 25 경정
(해설) 통신 이용의 전반적 상황의 비밀까지 보장해야 함

838	통신의 자유란 통신수단을 자유로이 이용하여 의사소통할 권리이고, 이러한 '통신수단의 자유로운 이용'에는 자신의 인적사항을 누구에게도 밝히지 않는 상태로 통신수단을 이용할 자유, 즉 **통신수단의 익명성 보장**도 포함된다.¹⁰　　25 경간	헌법 제18조로 보장되는 기본권인 통신의 자유란 통신수단을 자유로이 이용하여 의사소통할 권리이다. '통신수단의 자유로운 이용'이라 하더라도 자신의 인적 사항을 누구에게도 밝히지 않는 상태로 통신수단을 이용할 자유, 즉 통신수단의 익명성 보장은 포함된다고 볼 수 없다.　　23 법원 9 (해설) 통신수단의 익명성 보장도 포함
839	방송통신심의위원회가 2019. 2. 11. 주식회사 ○○ 외 9개 정보통신서비스제공자 등에 대하여 895개 **웹사이트에 대한 접속차단의 시정을 요구한 행위**는, 그 차단 과정에서 정보통신서비스이용자들이 접속하고자 하는 웹사이트를 알 수 있는 SNI 등의 접속정보가 정보통신서비스제공자에게 공개되어, 정보통신서비스이용자들의 **통신의 비밀과 자유를 제한**한다.⁴ (최신판례)　　25 경찰 1차	방송통신심의위원회가 주식회사 OO 외 9개 정보통신서비스제공자 등에게 불법정보 및 청소년에게 유해한 정보 등 심의가 필요하다고 인정되는 정보에 해당하는 895개 웹사이트에 대한 접속차단의 시정을 요구한 행위는 정보통신서비스이용자의 통신의 비밀을 침해한다.　　24 해간 (해설) 통신의 비밀 침해 아님
840	전기통신역무제공에 관한 계약을 체결하는 경우 전기통신사업자로 하여금 가입자에게 본인임을 확인할 수 있는 증서 등을 제시하도록 요구하고 부정가입방지시스템 등을 이용하여 본인인지 여부를 확인하도록 한 「전기통신사업법」 조항은, 가입자의 인적사항이라는 정보는 통신의 내용·상황과 관계없는 '비 내용적 정보'이며 휴대전화 통신계약 체결 단계에서는 아직 통신수단을 통하여 어떠한 의사소통이 이루어지는 것이 아니므로 통신의 비밀에 대한 제한이라 할 수는 없다.⁵　　23 국회 8	전기통신역무제공에 관한 계약을 체결하는 경우 전기통신사업자로 하여금 가입자에게 본인임을 확인할 수 있는 증서 등을 제시하도록 요구하고 부정가입방지시스템 등을 이용하여 본인인지 여부를 확인하도록 한 「전기통신사업법」 조항 및 「전기통신사업법 시행령」 조항은 이동통신서비스에 가입하려는 청구인들의 통신의 비밀을 제한한다.　　22 경찰 1차 (해설) 통신의 비밀 제한 X → 통신의 자유 제한 O
841	전기통신역무제공에 관한 계약을 체결하는 경우 전기통신사업자로 하여금 가입자에게 본인임을 확인할 수 있는 증서 등을 제시하도록 요구하고 부정가입방지시스템 등을 이용하여 **본인인지 여부를 확인**하도록 하였더라도 잠재적 범죄 피해 방지 및 통신망 질서 유지라는 더욱 중대한 공익의 달성 효과가 있으므로 **개인정보자기결정권을 침해하지 않는다.**⁸　　23 국회 8	전기통신역무제공에 관한 계약을 체결하는 경우, 전기통신사업자로 하여금 가입자에게 본인임을 확인할 수 있는 증서 등을 제시하도록 요구하고 부정가입방지시스템 등을 이용하여 본인인지 여부를 확인하도록 한 「전기통신사업법」 조항은 익명으로 이동통신서비스에 가입하여 자신들의 인적사항을 밝히지 않은 채 통신하고자 하는 자들의 개인정보자기결정권을 침해한다.　　25 국회 8 (해설) 개인정보자기결정권 침해 아님
842	신병교육기간 동안 신병들의 **전화사용을 통제**하는 것은 헌법 제18조가 보장하는 **통신의 자유를 제한**한다.⁶　　19 국회 9	신병훈련소에서 교육훈련을 받는 동안 신병의 전화사용을 통제하는 육군 신병교육지침은 통신의 자유를 과도하게 제한하여 통신의 자유를 침해한다.　　23 해간 (해설) 통신의 자유 침해 X
843	교도소장이 수용자에게 온 **서신을 개봉한 행위**는 구 「형의 집행 및 수용자의 처우에 관한 법률」 및 구 「형의 집행 및 수용자의 처우에 관한 법률 시행령」 조항에 근거하여 수용자에게 온 서신의 봉투를 개봉하여 내용물을 확인한 행위로서 수용자의 **통신의 자유를 침해하지 아니한다.**⁵　　23 국회 8	교도소장이 수용자에게 온 서신을 개봉한 행위는 수용자의 통신의 자유를 침해하는 것이지만 법원, 검찰청 등이 수용자에게 보낸 문서를 열람한 행위는 수용자의 통신의 자유를 침해한다고 볼 수 없다.　　25 경정 (해설) 서신개봉·문서열람 모두 침해 아님
844	미결수용자가 교정시설 내에서 **규율위반행위 등을 이유로 금치처분을 받은 경우** 금치기간 중 서신수수, 접견, 전화통화를 제한하는 「형의 집행 및 수용자의 처우에 관한 법률」 조항 중 미결수용자에게 적용되는 부분은 미결수용자인 청구인의 **통신의 자유를 침해하지 않는다.**⁵　　22 경찰 1차	미결수용자가 교정시설 내에서 규율위반행위 등을 이유로 금치처분을 받은 경우 금치기간 중 서신수수, 접견, 전화통화를 제한하는 「형의 집행 및 수용자의 처우에 관한 법률」 조항은 미결수용자의 통신의 자유를 침해한다.　　24 국회 9 (해설) 통신의 자유 침해 아님

845 수용자가 밖으로 내보내는 서신을 봉함하지 않은 상태로 교정시설에 제출하도록 규정하고 있는 관련 규정의 본래의 목적은, 교도관이 수용자의 면전에서 서신에 금지물품이 들어 있는지를 확인하고 수용자로 하여금 서신을 봉함하게 하는 방법, 봉함된 상태로 제출된 서신을 X-ray 검색기 등으로 확인한 후 의심이 있는 경우에만 개봉하여 확인하는 방법, 서신에 대한 검열이 허용되는 경우에만 개봉하여 확인하는 방법, 서신에 대한 검열이 허용되는 경우에만 무봉함 상태로 제출하도록 하는 방법 등으로도 얼마든지 달성할 수 있다고 할 것이므로, 수용자인 청구인의 **통신비밀의 자유를 침해**하는 것이다.⁵　　　17 지방 7

교도소장은 구 「형의 집행 및 수용자의 처우에 관한 법률 시행령」 제65조 제1항("수용자는 보내려는 서신을 봉함하지 않은 상태로 교정시설에 제출하여야 한다.")에 따라 수용자의 서신을 봉함하지 않은 상태로 제출하게 하였는바, 위 시행령 조항은 수용자의 도주를 예방하고 교도소 내의 규율과 질서를 유지하기 위한 불가피한 것으로서 비례의 원칙에 위반되지 아니하여 수용자의 통신비밀의 자유를 침해하지 아니한다.　　14 변호사

(해설) 통신비밀의 자유 침해

846 「통신비밀보호법」 제3조의 규정에 위반하여, **불법검열**에 의하여 취득한 우편물이나 그 내용 및 **불법감청**에 의하여 지득 또는 채록된 전기통신의 내용은 **재판 또는 징계절차에서 증거로 사용할 수 없다**.✓　　22 경정

불법감청에 의하여 지득 또는 채록된 전기통신의 내용은 재판절차에서 증거로 사용될 수 없으나 징계절차에서는 증거로 사용할 수 있다.　　22 입시

(해설) 재판·징계절차에서 증거로 사용 不可

847 「통신비밀보호법」이 '공개되지 아니한 타인간의 대화를 녹음 또는 청취하지 못한다'라고 정한 것은, 대화에 원래부터 참여하지 않는 제3자가 그 대화를 하는 타인들 간의 발언을 녹음해서는 아니 된다는 취지이다.✓　　24 경정

3인 간의 대화에 있어서 그 중 한 사람이 그 대화를 녹음하는 경우에 다른 두 사람의 발언은 그 녹음자에 대한 관계에서 '타인 간의 대화'라고 할 수 있으므로 이를 녹음한 행위는 "공개되지 아니한 타인 간의 대화를 녹음 또는 청취하지 못한다"고 규정한 「통신비밀보호법」 제3조 제1항에 위배된다.　　22 경채

(해설) 타인 간의 대화 X, 통신비밀보호법에 위배 X

848 통신제한조치 기간의 연장을 허가함에 있어 **총연장기간 내지 총연장횟수의 제한을 두지 아니하고 무제한 연장을 허가**할 수 있도록 규정한 「통신비밀보호법」 중 전기통신에 관한 '통신제한조치 기간의 연장'에 관한 부분은 **과잉금지원칙을 위반하여 통신의 비밀**을 침해한다.⁶　　22 경정

통신제한조치기간의 연장을 허가함에 있어 총연장기간 또는 총연장횟수의 제한을 두지 않은 것은, 주요 범죄 내지 국가 안위를 위협하는 음모나 조직화된 집단범죄의 음모가 있는 경우 장기간에 걸친 지속적인 수사가 필요하고 그 증거수집을 위하여 지속적인 통신제한조치가 허용될 필요가 있기 때문이므로, 통신의 자유를 침해하지 않는다.　　23 변호사

(해설) 통신의 자유·비밀 침해

849 헌법 제12조 제3항이 정한 영장주의는 **수사기관이 강제처분**을 함에 있어 중립적 기관인 법원의 허가를 얻어야 함을 의미하는 것 외에 **법원에 의한 사후 통제까지 마련되어야 함을 의미한다고 보기 어렵다**.✓

헌법 제12조 제3항이 정한 영장주의는 수사기관이 강제처분을 함에 있어 중립적 기관인 법원의 허가를 얻어야 함을 의미하는 것 외에 법원에 의한 사후 통제까지 마련되어야 함을 의미한다.✓　　23 해간

(해설) 사후통제 마련 의미 X

850 '패킷감청'의 방식으로 이루어지는 인터넷회선 감청은 현대사회에 가장 널리 이용되는 의사소통 수단인 인터넷 통신망을 통해 송·수신하는 전기통신에 대한 감청을 범죄수사를 위한 통신제한조치의 하나로 정하고 있으므로, 일차적으로 **헌법 제18조가 보장하는 통신의 비밀과 자유를 제한**한다.⁶　　25 경찰 1차

인터넷회선을 통하여 흐르는 전기신호 형태의 '패킷'을 중간에 확보한 다음 재조합 기술을 거쳐 그 내용을 파악하는 이른바 '패킷감청'의 방식으로 이루어지는 인터넷회선감청은 개인의 통신의 자유를 침해하지만, 사생활의 비밀과 자유와는 직접적인 관련성이 없다.　　24 국회 9

(해설) 사생활의 비밀과 자유도 제한 → 침해

851 「통신비밀보호법」 조항 중 '인터넷회선을 통하여 송·수신하는 전기통신'에 관한 부분은 인터넷회선 감청의 특성을 고려하여 그 집행 단계나 집행 이후에 **수사기관의 권한 남용을 통제하고 관련 기본권의 침해를 최소화하기 위한 제도적 조치가 제대로 마련되어 있지 않은 상태**에서, 범죄수사 목적을 이유로 인터넷회선 감청을 통신제한조치 허가 대상 중 하나로 정하고 있으므로 청구인의 **기본권을 침해**한다.✓　　22 경찰 1차

패킷감청의 방식으로 이루어지는 인터넷회선 감청은 관련 공무원 등에 대한 비밀준수의무 부과, 통신제한조치로 취득한 자료의 사용제한을 통해 충분한 오·남용 방지대책이 마련되어 있는 이상, 수사기관이 감청 집행으로 취득하는 정보의 처리절차에 관하여 아무런 규정을 두고 있지 않더라도 통신의 자유에 대한 침해는 아니다.　　23 변호사

(해설) 통신의 자유를 침해함

852 검사 또는 사법경찰관이 수사를 위하여 필요한 경우 전기통신사업자에게 정보통신망에 접속된 **정보통신기기의 위치를 확인할 수 있는 발신기지국의 위치추적자료** 및 컴퓨터통신 또는 인터넷의 사용자가 정보통신망에 접속하기 위하여 사용하는 **정보통신기기의 위치를 확인할 수 있는 접속지의 추적자료의 열람이나 제출을 요청할 수 있도록 규정**하고 있는 「통신비밀보호법」 조항은 해당 정보주체의 **개인정보자기결정권과 통신의 자유를 침해한다.** ㅇ
24 국회 9

853 헌법상 영장주의의 본질은 강제처분을 함에 있어 중립적인 법관이 구체적 판단을 거쳐야 한다는 점에 있는바, 수사기관이 전기통신사업자에게 **통신사실 확인자료 제공을** 요청함에 있어 **관할 지방법원 또는 지원의 허가**를 받도록 한 「통신비밀보호법」상 조항은 **헌법상 영장주의에 위배되지 아니한다.** ㅇ
25 경찰 1차

854 수사를 위하여 필요한 경우 수사기관으로 하여금 법원의 허가를 얻어 전기통신사업자에게 특정 시간대 특정 **기지국에서 발신된 모든 전화번호의 제공을 요청**할 수 있도록 하는 것은 그 통신서비스이용자의 **개인정보자기결정권과 통신의 자유를 침해한다.** ?
19 지방 7

855 기지국 수사를 허용하는 **통신사실 확인자료 제공요청**의 경우 관할 **지방법원 또는 지원의 허가**를 받도록 규정한 「통신비밀보호법」상 조항은 **헌법상 영장주의에 위배되지 않는다.** ㅇ
24 경간

수사기관의 위치정보추적자료 제공요청은 「통신비밀보호법」이 정한 강제처분에 해당하므로, 법관이 발부하는 영장에 의하지 않고 관할 지방법원 또는 지원의 허가만 받으면 이를 가능하게 한 것은 영장주의에 위배된다.
22 국회 8
(해설) 영장주의 위배 아님

「통신비밀보호법」 제13조 제1항 중 '검사 또는 사법경찰관은 수사를 위하여 필요한 경우 「전기통신사업법」에 의한 전기통신사업자에게 제2조 제11호 가목 내지 라목의 통신사실 확인자료의 열람이나 제출을 요청할 수 있다' 부분은 전기통신가입자의 통신의 자유를 침해하지 않는다.
24 국회 8
(해설) 통신의 자유 침해

기지국 수사를 허용하는 통신사실 확인자료 제공요청은 법원의 허가에 의해 해당 가입자의 동의나 승낙을 얻지 아니하고도 제3자인 전기통신사업자에게 해당 가입자에 관한 통신사실 확인자료의 제공을 요청할 수 있도록 하는 수사방법이므로 헌법상 영장주의가 적용되지 않는다.
23 법원 9
(해설) 기지국 수사 : 영장주의 적용

CHAPTER 06 정신적 자유권

| 번호 | 옳은 지문 O | 옳지 않은 지문 X |

KEY 119 양심의 자유　S

> 헌법 제19조 【양심의 자유】 모든 국민은 양심의 자유를 가진다.

856　헌법이 보호하고자 하는 양심은 어떤 일의 옳고 그름을 판단함에 있어서 그렇게 행동하지 않고는 자신의 인격적 존재가치가 파멸되고 말 것이라는 **강력하고 진지한 마음의 소리로서**의 **절박하고 구체적인 양심**을 말한다.⁹　　20 소간

　　헌법상 보호되는 양심은 어떤 일의 옳고 그름을 판단할 때 그렇게 행동하지 아니하고는 자신의 인격적인 존재가치가 허물어지고 말 것이라는 강력하고 진지한 마음의 소리로서 절박하고 추상적인 양심을 말한다.　　24 경찰 2차
　　[해설] 추상적 양심 X → 구체적 양심 O

857　양심의 자유가 보장하고자 하는 '양심'은 민주적 다수의 사고나 가치관과 일치하는 것이 아니라, 개인적 현상으로서 지극히 주관적인 것이고, 그 **대상이나 내용 또는 동기에 의하여 판단될 수 없으며**, 양심상의 결정이 이성적 · 합리적인지, 타당한지 또는 법질서나 사회규범, 도덕률과 일치하는지 여부는 양심의 존재를 판단하는 기준이 될 수 없다.¹⁶　　17 경정

　　양심은 그 대상이나 내용 또는 동기에 따라서 판단될 수 있고, 특히 양심상 결정이 이성적 · 합리적인가, 타당한가 또는 법질서나 사회규범 · 도덕률과 일치하는가 하는 관점은 양심의 존재를 판단하는 기준이 될 수 있다.　　24 경찰 2차
　　[해설] 대상 · 내용 · 동기로 판단 불가 / 판단기준이 될 수 없음

858　양심상 결정이 어떠한 종교관 · 세계관 또는 그 밖의 가치체계에 기초하고 있는지와 **관계없이, 모든 내용의 양심상 결정이 양심의 자유에 의하여 보장되어야 한다**.⁵　　20 소간

　　양심상의 결정이 양심의 자유에 의하여 보장되기 위해서는 어떠한 종교관 · 세계관 또는 그 외의 가치체계에 기초하고 있어야 한다.　　14 법원 9
　　[해설] 종교관 · 세계관 · 가치체계 무관

859　내심적 자유, 즉 **양심형성의 자유와 양심적 결정의 자유는 내심에 머무르는 한 절대적 자유**라고 할 수 있지만, **양심실현의 자유**는 타인의 기본권이나 다른 헌법적 질서와 저촉되는 경우 **헌법 제37조 제2항**에 따라 국가안전보장, 질서유지 또는 공공복리를 위하여 **법률에 의하여 제한될 수 있는 상대적 자유**라고 할 수 있다.¹⁶　　22 법원 9

　　양심형성의 자유는 내심에 머무르는 한 타인의 기본권이나 다른 헌법적 질서와 저촉되는 경우 헌법 제37조 제2항에 따라 국가안전보장 · 질서유지 또는 공공복리를 위하여 법률에 의하여 제한될 수 있는 상대적 자유라고 할 수 있다.　　22 경정
　　[해설] 제한될 수 없는 절대적 자유임

860　법원의 판결에 의한 **사죄광고의 강제**는 양심도 아닌 것이 양심인 것처럼 표현할 것의 강제로 인간양심의 왜곡 · 굴절이고 겉과 속이 다른 이중 인격형성의 강요인 것으로서 **침묵의 자유의 파생인 양심에 반하는 행위의 강제금지에 저촉되는 것**이다.⁵　　25 경간

　　양심의 자유의 주체는 자연인이므로, 법인에 대한 사죄광고제도는 양심의 자유의 제약에 해당하지 않는다.　　18 법원 9
　　[해설] 법인대표의 양심의 자유 침해

861　양심의 자유에는 널리 사물의 시시비비나 선악과 같은 **윤리적 판단에 국가가 개입해서는 안 되는 내심적 자유**는 물론, 이와 같은 **윤리적 판단을 국가권력에 의하여 외부에 표명하도록 강제받지 아니할 자유**까지 포괄한다.⁴　　23 국회 8

　　양심의 자유는 윤리적 판단을 국가권력에 의하여 외부에 표명하도록 강제받지 아니할 자유를 포함하지 않는다.　　15 경정
　　[해설] 윤리적 판단사항에 관한 침묵의 자유 포함

862 사업자단체의 「독점규제 및 공정거래에 관한 법률」 위반행위가 있을 때 공정거래위원회가 해당 사업자단체에 대하여 '법위반사실의 공표'를 명할 수 있도록 한 조항은 위반행위자의 **양심의 자유를 침해한다고 볼 수 없다.** 25 국회 8

누구라도 자신이 비행을 저질렀다고 믿지 않는 자에게 본심에 반하여 사죄 내지 사과를 강요한다면 이는 윤리적·도의적 판단을 강요하는 것으로서 양심의 자유를 침해하는 행위에 해당하므로, 사업자단체의 독점규제 및 공정거래에 관한 법률 위반행위가 있을 때 공정거래위원회가 당해 사업자단체에 대하여 '법위반사실의 공표'를 명할 수 있도록 하는 법률조항은 양심의 자유를 침해한다. 22 법원 9
(해설) 양심의 자유의 보호영역 아님

863 음주측정요구에 응하여야 할 것인지에 대한 고민은 선과 악의 범주에 관한 진지한 윤리적 결정을 위한 고민이라 할 수 없고, 그 고민 끝에 어쩔 수 없이 음주측정요구에 응하였다 하여 내면적으로 구축된 인간양심이 왜곡·굴절된다고 할 수 없으므로 **음주측정요구가 양심의 자유를 침해하는 것이라고 할 수 없다.** 24 경정

음주운전을 방지하기 위하여 경찰이 강제로 음주여부를 측정하는 것은 선악에 대한 윤리적 결정을 강제하는 것이어서 양심의 자유를 침해한다. 16 경정
(해설) 양심의 자유 침해 X

864 열 손가락 지문날인의 의무를 부과하는 「주민등록법 시행령」 조항은 국가가 개인의 윤리적 판단에 개입한다거나 그 윤리적 판단을 표명하도록 강제하는 것이라고 할 수 없으므로 **양심의 자유를 침해하는 것이 아니다.** 22 소간

열 손가락 지문날인의 의무를 부과하는 「주민등록법 시행령」 조항은, 국가가 개인의 윤리적 판단에 개입한다거나 그 윤리적 판단을 표명하도록 강제하는 것으로 볼 여지가 있으므로 양심의 자유의 침해 가능성이 있다. 23 해간
(해설) 양심의 자유 침해 가능성 X

865 「민사집행법」상 재산명시의무를 위반한 채무자에 대하여 **법원이 결정으로 20일 이내의 감치에 처하도록 규정한** 같은 법 제68조 제1항은 형사상 불이익한 진술을 강요하는 것이라고 할 수 없으므로 **진술거부권을 침해하지 아니한다.** 25 경간

채무자에게 강제집행의 재산관계를 명시한 재산목록을 제출하게 한 후 선서 의무를 부과한 것은 양심의 자유에 대한 침해이다. 23 경간
(해설) 양심의 자유 침해 X (보호영역 X)

866 의사가 환자의 신병(身病)에 관한 사실을 자신의 의사에 반하여 외부에 알려야 한다면, 이는 의사로서의 윤리적·도덕적 가치에 반하는 것으로서 심한 양심적 갈등을 겪을 수밖에 없을 것이므로, 연말정산 간소화를 위하여 의료기관에게 환자들의 의료비 내역에 관한 정보를 국세청에 제출하도록 의무를 부과하는 「소득세법」 조항은 의사의 **양심의 자유를 제한한다.** 15 서울 7

연말정산 간소화를 위하여 의료기관에게 환자들의 의료비 내역에 관한 정보를 국세청에 제출하도록 한 「소득세법」 조항은 환자들의 개인정보자기결정권을 침해한다. 25 입시
(해설) 개인정보자기결정권 침해 아님

867 학교폭력의 가해학생에 대한 조치로 피해학생에 대한 서면사과를 규정한 것은 가해학생에게 반성과 성찰의 기회를 제공하고 피해학생의 피해 회복과 정상적인 학교생활로의 복귀를 돕기 위한 교육적 조치로 볼 수 있으므로 가해학생의 **양심의 자유를 침해한다고 보기 어렵다.** (최신판례) 23 국회 8

가해학생에 대한 조치로 피해학생에 대한 서면사과를 규정한 구 「학교폭력예방 및 대책에 관한 법률」 조항은 가해학생의 양심의 자유를 침해한다. 25 국회 8
(해설) 양심의 자유 침해 아님

868 「보안관찰법」상의 보안관찰처분은 보안관찰처분대상자의 **내심의 작용을 문제 삼는 것이 아니라,** 보안관찰처분대상자가 보안관찰해당범죄를 다시 저지를 위험성이 내심의 영역을 벗어나 외부에 표출되는 경우에 재범의 방지를 위하여 내려지는 **특별예방적 목적의 처분이므로,** 보안관찰처분 근거 규정에 의한 보안관찰처분이 **양심의 자유를 침해한다고 할 수 없다.** 19 국가 7

피보안관찰자에게 자신의 주거지 등 현황을 신고하게 하고 정당한 이유없이 신고를 하지 아니할 경우 처벌하는 것은 사생활의 비밀과 자유에 대한 침해이다. 23 해간
(해설) 사생활의 비밀과 자유 침해 아님

869 헌법상 양심의 자유에 의해 보호받는 '양심'으로 인정할 것인지의 판단은 그것이 **깊고, 확고하며, 진실된 것인지 여부에** 따르게 되므로, 양심적 병역거부를 주장하는 사람은 자신의 **'양심'을 외부로 표명하여 증명할 최소한의 의무를 진다.** 24 해간

국가는 국민의 기본권을 확인하고 보장할 의무가 있으므로, 어떤 사람이 양심적 병역거부를 주장하면 그 사람이 자신의 '양심'을 외부로 표명하여 증명하여야 하는 것이 아니라, 국가가 그 사람의 병역거부가 양심에 따른 것인지를 확인하여야 한다. 24 경찰 2차
(해설) 양심을 외부로 표명하여 증명할 최소한의 의무 있음

870 '양심적' 병역거부는 실상 당사자의 '양심에 따른' 혹은 '양심을 이유로 한' 병역거부를 가리키는 것일 뿐이지 **병역거부가 '도덕적이고 정당하다'는 의미는 아니다.** 19 입시

양심적 병역거부는 실상 당사자의 양심에 따른 혹은 양심을 이유로 한 병역거부를 가리키는 것이며 병역거부가 도덕적이고 정당하다는 의미도 갖는다. 24 경간, 24 해간

(해설) 도덕적이고 정당하다는 의미 아님

871 병역종류조항에 대체복무제가 마련되지 아니한 상황에서, 양심상의 결정에 따라 **입영을 거부하거나 소집에 불응하는** 국민이 기존 대법원 판례에 따라 처벌조항에 의하여 **형벌을 부과받음으로써 양심에 반하는 행동을 강요받게 되는 것은** '양심에 반하는 행동을 강요당하지 아니할 자유', 즉 **'부작위에 의한 양심실현의 자유'를 제한하는 것이다.** 19 입시

입영기피자에 대한 형사처벌은 '양심에 따른 행동을 할 자유', 즉 '작위에 의한 양심실현의 자유'를 제한하는 것이다. 24 해간

(해설) 작위 X → 부작위 O

872 양심적 병역거부의 바탕이 되는 양심상의 결정은 종교적 동기뿐만 아니라 윤리적·철학적 또는 이와 유사한 동기로부터도 형성될 수 있는 것이므로 **양심적 병역거부자의 기본권 침해 여부는 양심의 자유를 중심으로 판단한다.** 21 경정

양심적 병역거부는 인류의 평화적 공존에 대한 간절한 희망과 결단을 기반으로 하고 있다는 점에서, 특별히 병역을 면제받지 않은 양심적 병역거부자에게 병역이행을 강제하는 「병역법」 조항은 설령 종교적 신앙에 따라 병역을 거부하는 자에게 적용되는 경우에도 해당 종교인의 종교의 자유를 제한하지 않는다. 24 변호사

(해설) 종교인의 종교의 자유를 제한함

873 양심적 병역거부자에 대한 **대체복무제를 규정하지 아니한 병역종류조항은 과잉금지원칙에 위배하여 양심적 병역거부자의 양심의 자유를 침해한다.** 23 경간

874 현역입영 또는 소집통지서를 받은 사람이 **정당한 사유 없이** 입영일이나 소집일부터 3일이 지나도 **입영하지 아니하거나 소집에 응하지 아니한 경우를 처벌하는 「병역법」 처벌조항은 과잉금지원칙을 위반하여 양심적 병역거부자의 양심의 자유를 침해한다고 볼 수 없다.**

현역입영 또는 소집통지서를 받은 사람이 정당한 사유 없이 입영일이나 소집일부터 3일이 지나도 입영하지 아니하거나 소집에 응하지 아니한 경우를 처벌하는 「병역법」 처벌조항은 과잉금지원칙을 위반하여 양심적 병역거부자의 양심의 자유를 침해한다. 23 경찰 1차

(해설) 양심의 자유 침해 X

875 대체복무요원의 복무기간을 '36개월'로 한 「대체역법」 제18조 제1항, 대체복무기관을 '교정시설'로 한정한 「대체역의 편입 및 복무 등에 관한 법률 시행령」 제18조, 대체복무요원으로 하여금 '합숙'하여 복무하도록 한 「대체역법」 제21조 제2항은 청구인들의 **양심의 자유를 침해하지 않는다.** 24 해간 (최신판례)

대체복무요원의 복무기간을 '36개월'로 정한 「대체역의 편입 및 복무 등에 관한 법률」 조항은, 대체복무요원의 복무강도가 통상의 현역병과 큰 차이가 나지 않도록 정해졌음에도 대체복무기간을 육군 현역병의 실제 복무기간인 18개월의 2배로 정한 것으로 과잉금지원칙을 위반하여 대체복무요원의 양심의 자유를 침해한다. 25 경찰 1차

(해설) 양심의 자유 침해 아님

876 현 상황에서 **민간 사회봉사제도를 통해 병역자원을 효율적으로 관리하고 병역의무의 형평성을 유지하는 것을 기대하기는 어려우므로, 민간 사회봉사제도를 대체복무의 형태로 인정하지 아니한 입법자의 판단은 수긍할 만하다.** (최신판례)

현 상황에서 순수 민간단체가 주관하는 사회봉사를 수행하고자 하는 자를 위한 적절한 대체복무제도를 통해 병역자원을 효율적으로 관리하고 병역의무의 형평성을 유지하는 것이 가능하므로, 이러한 제도를 대체복무의 형태로 인정하지 아니한 입법자의 판단은 수긍할 수 없다. 25 경찰 1차

(해설) 입법자 판단 수긍할 만함

KEY 120 종교의 자유

877 신앙의 자유는 그 자체가 내심의 자유의 핵심이므로 법률로써도 이를 침해할 수 없는 반면, 종교적 행위의 자유와 종교적 집회·결사의 자유는 신앙의 자유와는 달리 절대적 자유가 아니므로 질서유지, 공공복리 등을 위하여 제한할 수 있다. [최신판례] 24 국회 8

878 대학 주변의 학교정화구역에서 종교단체에 의한 납골시설의 설치·운영을 절대적으로 금지하고 있는 구「학교보건법」조항은 종교의 자유 등을 과도하게 제한하여 헌법 제37조 제2항에 위반된다고 보기 어렵다. 24 소간

대학 주변의 학교정화구역에서 납골시설의 설치·운영을 금지한 것은 납골시설의 설치·운영을 직업으로서 수행하고자 하는 자의 직업의 자유를 침해한다. 12 국가 7
(해설) 직업의 자유 침해 X

879 종교교육이라 하더라도 그것이 학교나 학원이라는 교육기관의 형태를 취할 경우에는 구「교육법」이나 구「학원의 설립·운영에 관한 법률」상의 규정에 의한 규제를 받게 된다고 보아야 할 것이고, 종교교육이라고 해서 예외가 될 수 없다. 25 경정

종교단체가 운영하는 학교 형태 혹은 학원 형태의 교육기관도 예외 없이 학교설립인가 혹은 학원설립등록을 받도록 규정한 것은 종교의 자유를 침해하여 헌법에 위반된다. 17 경정
(해설) 종교의 자유 침해 X

880 종교전파의 자유는 자신의 종교 또는 종교적 확신을 누구에게나 알리고 선전하는 자유를 말하며 포교행위 또는 선교행위가 이에 해당되나, 국민이 선택한 임의의 장소에서 이를 자유롭게 행사할 수 있는 권리까지 보장하는 것은 아니다. 15 법무사

종교의 자유에는 종교전파의 자유가 포함되며, 종교전파의 자유는 국민에게 그가 선택한 임의의 장소에서 자유롭게 행사할 수 있는 권리까지 보장한다. 18 지방 7
(해설) 임의의 장소에서 행사권까지 보장 X

881 종교단체가 일정규모 이상의 양로시설을 설치하고자 하는 경우 신고하도록 의무를 부담시키는 것은 자유로운 양로시설 운영을 통한 선교의 자유, 즉 종교의 자유 제한의 문제를 불러올 뿐, 거주이전의 자유나 인간다운 생활을 할 권리의 제한을 불러온다고 볼 수 없으므로 이에 대해서는 별도로 판단하지 아니한다.

종교단체가 일정규모 이상의 양로시설을 설치하고자 하는 경우 신고하도록 의무를 부담시키는 것은 종교단체의 종교의 자유와 인간다운 생활을 할 권리를 제한한다. 24 해간
(해설) 인간다운 생활을 할 권리 제한 X

882 종교적인 기관·단체 등의 조직 내에서의 직무상 행위를 이용하여 그 구성원에 대하여 선거운동을 하거나 하게 할 수 없도록 한「공직선거법」조항은 종교적 신념 자체 또는 종교의식, 종교교육, 종교적 집회·결사의 자유 등을 제한하는 것이 아니므로 종교의 자유가 직접적으로 제한된다고 보기 어렵다. [최신판례] 25 경간

"누구든지 종교적인 기관·단체 등의 조직 내에서의 직무상 행위를 이용하여 그 구성원에 대하여 선거운동을 하거나 하게 할 수 없다."고 정하고 이를 위반한 경우 처벌하는「공직선거법」상 직무이용 제한조항은 종교의 자유 및 표현의 자유를 침해한다. 25 입시
(해설) 종교의 자유 제한 아님, 표현의 자유 침해 아님

883 2009. 6. 1.부터 2009. 10. 8.까지 구치소 내에서 실시하는 종교의식 또는 행사에 일률적으로 미결수용자의 참석을 금지한 구치소장의 종교행사 등 참석불허 처우는, 미결수용자의 기본권을 덜 침해하는 수단이 존재함에도 불구하고 이를 전혀 고려하지 아니하였으므로 과잉금지원칙을 위반하여 미결수용자의 종교의 자유를 침해하였다. 24 경찰 2차

구치소장이 수용자 중 미결수용자에 대하여 일률적으로 종교행사 등에의 참석을 불허한 것은 미결수용자의 종교의 자유를 나머지 수용자의 종교의 자유보다 엄격하게 제한한 것이나, 교정시설의 여건 및 수용관리의 적정성을 기하기 위한 것으로서 목적과 수단이 정당하고 일부 수용자에 대한 최소한의 제한에 해당하므로 종교의 자유를 침해한 것으로 볼 수 없다. 21 경정
(해설) 종교의 자유 침해

884 구치소에 종교행사 공간이 1개뿐이고, 종교행사는 종교, 수형자와 미결수용자, 성별, 수용동 별로 진행되며, 미결수용자는 공범이나 동일사건 관련자가 있는 경우 이를 분리하여 참석하게 해야 하는 점을 고려하면 구치소장이 미결수용자 대상 종교행사를 4주에 1회 실시했더라도 종교의 자유를 과도하게 제한하였다고 보기 어렵다. 24 소간

구치소에 종교행사 공간이 1개뿐이고, 종교행사는 종교, 수형자와 미결수용자, 성별, 수용동 별로 진행되며, 미결수용자는 공범이나 동일사건 관련자가 있는 경우 이를 분리하여 참석하게 해야 하는 점을 고려하더라도, 구치소 내 미결수용자를 대상으로 한 개신교 종교행사를 4주에 1회, 일요일이 아닌 요일에 실시한 구치소장의 종교행사 처우는 미결수용자의 종교의 자유를 침해한다. 24 경찰 2차
(해설) 종교의 자유 침해 아님

885 청구인인 금치처분을 받은 사람에게 최장 30일 이내의 기간 동안 공동행사에 참가할 수 없게 하였으나, 서신수수·접견을 통해 외부와 통신할 수 있게 하였고 **종교상담**을 통해 종교활동을 할 수 있도록 한 것은 청구인의 **통신의 자유, 종교의 자유를 침해하지 않는다.** 5   20 국회 8

886 독학학위 취득시험의 시험일을 일요일로 정한 것은 **시험장소의 확보와 시험관리를 용이하게** 하기 위한 것으로 기독교인인 응시자의 **종교의 자유를 침해하지 아니한다.** 1 (최신판례)   25 경간

887 대부분의 지방자치단체에서 시험장소 임차 및 인력동원 등의 이유로 일요일 시험실시가 불가하거나 현실적으로 어려우므로, **연 2회 실시하는 간호조무사 국가시험의 시행일시를 모두 토요일 일몰 전으로 정한** '2021년도 간호조무사 국가시험 시행계획 공고'는 제칠일안식일예수재림교를 믿는 응시자의 **종교의 자유를 침해하지 아니한다.** 4 (최신판례)   25 경간

연 2회 실시하는 **간호조무사** 국가시험의 시행일시를 모두 토요일 일몰 전으로 정하여 특정 종교의 교인들로 하여금 안식일에 관한 교리를 위반하도록 하거나 토요일 응시에 제한을 받도록 하는 것은, 두 번의 시험 중 적어도 한 번은 토요일이 아닌 날 시행할 수 있는 등 다른 방법을 고려할 수 있으므로, 과잉금지원칙에 반하여 종교의 자유를 침해한다.   24 법원 9
 종교의 자유 침해 X

KEY 121 국교부인과 정교분리원칙   C

888 육군훈련소장이 훈련병에게 개신교, 천주교, 불교, 원불교 4개 종교의 종교행사 중 하나에 참석하도록 한 것은 그 자체로 **종교적 행위의 외적 강제**에 해당하고, 국가와 종교의 밀접한 결합을 초래한다는 점에서 **정교분리원칙에 위배된다.** 6 (최신판례)   25 입시

육군훈련소장이 훈련병들로 하여금 개신교, 천주교, 불교, 원불교 4개 종교의 종교행사 중 하나에 참석하도록 한 것은 종교단체가 군대라는 국가권력에 개입하여 선교행위를 하는 등 영향력을 행사할 수 있는 기회를 제공하는 것은 아니므로 정교분리원칙에 위배되는 것은 아니다.   25 경간
(해설) 정교분리원칙에 위배

889 종교시설의 건축행위에 대하여 기반시설부담금 부과를 제외하거나 감경하지 아니하였더라도, **종교의 자유를 침해하는 것이 아니다.** 8   24 소간

종교시설의 건축행위에 대하여 기반시설부담금 부과를 제외하거나 감경하지 아니하였다면 종교의 자유를 침해하는 것이다.   23 경간
 종교의 자유 침해 X

KEY 122 학문과 예술의 자유   C

> **헌법 제22조** ①【학문과 예술의 자유】모든 국민은 **학문과 예술의 자유**를 가진다.
> ②【저작자·발명가·예술가의 권리보호】**저작자·발명가·과학기술자와 예술가의 권리는 법률로써** 보호한다. 1

890 자신의 미적 감상 등을 **문신시술**을 통하여 시각적으로 표현할 수 있다는 측면에서 문신시술이 **예술의 자유 또는 표현의 자유의 영역에 포함될 수 있다.** 1 (최신판례)   22 경찰 2차

891 학교정화구역 내에서의 극장시설 및 영업을 금지하고 있는 구 「학교보건법」조항은 정화구역 내에서 극장업을 하고자 하는 자의 **예술의 자유를 과도하게 침해하여 위헌이다.** 5   23 경찰 2차

대학 부근 학교환경위생정화구역 내에서의 극장 시설 및 영업을 금지하는 것은 유해환경을 방지하고 학생들에게 평온하고 건강한 환경을 마련해 주기 위한 것으로서 대학생의 자유로운 문화향유에 관한 권리 등 행복추구권을 침해한다고 볼 수 없다.   24 해경
(해설) 행복추구권 침해

KEY 123 언론·출판의 자유

> 헌법 제21조 ① 【언론·출판의 자유】 모든 국민은 **언론·출판의 자유**와 **집회·결사의 자유**를 가진다.¹
> ④ 【표현의 자유 제한 요건】 언론·출판은 **타인의 명예나 권리** 또는 **공중도덕이나 사회윤리**를 침해하여서는 아니된다.
> 【피해 배상 청구】 언론·출판이 **타인의 명예나 권리를 침해**한 때에는 **피해자는 이에 대한 피해의 배상을 청구**할 수 있다.³

892 표현의 자유는 국민 개인적인 차원에서는 자유로운 인격발현의 수단임과 동시에 합리적이고 건설적인 의사형성 및 진리발견의 수단이 되며, 국가와 사회적인 차원에서는 민주주의 국가와 사회의 존립과 발전에 필수불가결한 기본권이다.³
(최신판례) 24 경찰 1차

893 **선거운동의 자유**는 널리 선거과정에서 자유로이 의사를 표현할 자유의 일환이므로 **표현의 자유**의 한 태양이기도 한데, 이러한 **정치적 표현의 자유**는 선거과정에서의 **선거운동**을 통하여 국민이 정치적 의견을 자유로이 발표, 교환함으로써 비로소 그 기능을 다하게 된다 할 것이므로 **선거운동의 자유**는 헌법이 정한 **언론·출판·집회·결사의 자유 및 보장규정**에 의한 보호를 받는다.⁴ 23 국가 7

정치적 표현의 자유는 선거과정에서의 선거운동을 통하여 국민이 정치적 의견을 자유로이 발표·교환함으로써 비로소 그 기능을 다하게 된다고 할지라도, 선거운동의 자유는 헌법에 정한 언론·출판·집회·결사의 자유 보장규정에 의한 보호를 받는 것이 아니라 선거원칙을 규정하고 있는 헌법 제41조 제1항 및 제67조 제1항과 헌법 제10조 행복추구권으로부터 유래되는 일반적 행동자유권 등에 의해서 우선적으로 보호된다. 21 소간
(해설) 선거운동의 자유 : 일반적 행동자유권 X → 언출집결 자유 O

894 '일단 표출되면 그 해악이 처음부터 해소될 수 없거나 또는 너무나 심대한 해악을 지닌 **음란표현**'도 헌법 제21조가 규정하는 **언론·출판의 자유의 보호영역에 해당**한다.¹⁵ 17 경정

정보통신망 이용촉진 및 정보보호 등에 관한 법률 해당 벌칙 조항의 "음란"이란 인간존엄 내지 인간성을 왜곡하는 노골적이고 적나라한 성표현으로서 오로지 성적 흥미에만 호소할 뿐 전체적으로 보아 하등의 문학적, 예술적, 과학적 또는 정치적 가치를 지니지 않은 것으로서, 사회의 건전한 성도덕을 크게 해칠 뿐만 아니라 사상의 경쟁메커니즘에 의해서도 그 해악이 해소되기 어려우므로, 음란표현은 헌법 제21조가 규정하는 언론·출판의 자유의 보호영역에 해당하지 아니한다. 24 법원 9
(해설) 보호영역에 해당됨

895 '**음란**'표현은 헌법 제21조가 규정하는 언론·출판의 자유의 **보호영역 내**에 있다고 볼 것이고, '**저속**'도 이러한 정도에 이르지 않는 성표현 등을 의미하는 것으로서 헌법적인 **보호영역 안**에 있다.⁴

'음란'이란 인간존엄 내지 인간성을 왜곡하는 노골적이고 적나라한 성표현으로서 오로지 성적 흥미에만 호소할 뿐 전체적으로 보아 하등의 문학적, 예술적, 과학적 또는 정치적 가치를 지니지 않은 것으로서 언론·출판의 자유의 보호영역에 속하지 않는 반면, 저속은 이러한 정도에 이르지 않는 성표현 등을 의미하는 것으로서 헌법적인 보호영역 안에 있다. 15 서울 7
(해설) 음란·저속 모두 보호영역 내

896 광고가 단순히 상업적인 상품이나 서비스에 관한 **사실을 알리는 경우**에도 그 내용이 **공익을 포함**하는 때에는 헌법 제21조의 표현의 자유에 의하여 **보호**된다.⁵ 25 경정

광고가 단순히 상업적인 상품이나 서비스에 관한 사실을 알리는 경우에는 그 내용이 공익을 포함하고 있더라도 헌법 제21조의 표현의 자유에 의하여 보호되는 것은 아니다. 22 경정
(해설) 표현의 자유에 의하여 보호됨

897 **광고물**도 사상·지식·정보 등을 불특정다수인에게 전파하는 것으로서 **언론·출판의 자유에 의한 보호를 받는 대상**이 될 수 있다.⁵ 23 입시

우리 헌법은 제21조 제1항에서 "모든 국민은 언론·출판의 자유 …… 를 가진다."라고 규정하여 현대 자유민주주의의 존립과 발전에 필수불가결한 기본권으로 언론·출판의 자유를 강력하게 보장하고 있으나, 광고물은 상업적 목적으로 제작된 것으로서 언론·출판의 자유에 의한 보호를 받는 대상이 된다고 볼 수 없다. 23 법무사
(해설) 광고물도 언론·출판의 자유에 의한 보호를 받음

898 상업광고는 표현의 자유의 보호영역에 속하지만 사상이나 지식에 관한 정치적·시민적 표현행위와는 차이가 있으므로, 그 상업광고 규제에 관한 **비례의 원칙 심사**에 있어서 침해의 최소성 원칙은 같은 목적을 달성하기 위하여 달리 덜 제약적인 수단이 없을 것인지 혹은 입법목적을 달성하기 위하여 필요한 최소한의 제한인지를 심사하기보다는 **입법목적을 달성하기 위하여 필요한 범위 내의 것인지**를 심사하는 정도로 완화되는 것이 상당하다.

상업광고는 표현의 자유의 보호영역에 속하지만 사상이나 지식에 관한 정치적·시민적 표현행위와는 차이가 있으므로, 그 규제의 위헌여부는 비례성원칙이 아닌 자의금지원칙에 따라 심사한다. 25 입시
(해설) 완화된 비례심사

899 세종특별자치시의 특정구역 내 건물에 입주한 업소에 대해 업소별로 표시할 수 있는 **광고물의 총 수량을 원칙적으로 1개로 제한**한 것이 업소 영업자의 표현의 자유 및 직업수행의 자유를 침해하는지 여부는 비례원칙심사를 한다. 20 국가 7

「세종특별자치시 옥외광고물 관리 조례」에서 특정구역 안에서 업소별로 표시할 수 있는 옥외광고물의 총수량을 원칙적으로 1개로 제한한 것은 표현의 자유를 침해한다. 20 국회 8
(해설) 표현의 자유 침해 X

900 헌법 제21조 제1항에서 보장하고 있는 **표현의 자유**는 사상 또는 의견의 자유로운 표명과 그것을 전파할 자유를 의미하는 것으로서, 그러한 의사의 '자유로운' 표명과 전파의 자유에는 자신의 신원을 누구에게도 밝히지 아니한 채 **익명 또는 가명**으로 자신의 사상이나 견해를 표명하고 전파할 **익명표현의 자유도 포함**된다. 17 국가 7(추)

의사의 자유로운 표명과 전파의 자유에는 책임이 따르므로 자신의 신원을 밝히지 아니한 채 익명 또는 가명으로 자신의 사상이나 견해를 표명하고 전파할 익명표현의 자유는 보장되지 않는다. 21 변호사
(해설) 익명표현의 자유 보장됨

KEY 124 사전검열금지 S

헌법 제21조 ② 【사전검열금지】 언론·출판에 대한 **허가**나 **검열**과 집회·결사에 대한 **허가는 인정되지 아니한다**(집회·결사에 대한 허가는 허용됨 ×).

901 헌법 제21조 제2항의 검열금지조항은 절대적 금지를 의미하므로 국가안전보장·질서유지·공공복리를 위하여 필요한 경우라도 **사전검열이 허용되지 않는다**. 17 경정

헌법 제21조 제1항과 제2항은 모든 국민은 언론·출판의 자유를 가지며, 언론·출판에 대한 허가나 검열은 인정되지 아니한다고 규정하고 있으므로, 검열을 수단으로 한 제한은 국가안전보장·질서유지 또는 공공복리를 위하여 필요한 경우에 한하여 법률로써 하는 경우에만 허용될 수 있다. 20 법원 9
(해설) 법률로써도 절대 불허

902 사전검열은 절대적으로 금지되는데, 여기에서 절대적이라 함은 언론·출판의 자유의 보호를 받는 표현에 대해서는 **사전검열금지원칙이 예외 없이 적용**된다는 의미이다. 25 경정

헌법상 사전검열은 표현의 자유의 보호대상이더라도 예외 없이 금지되지는 않는다. 23 경간
(해설) 예외없이 금지됨

903 검열금지의 원칙은 모든 형태의 사전적인 규제를 금지하는 것이 아니고, **의사표현의 발표여부가 오로지 행정권의 허가에 달려있는 사전심사만을 금지**하는 것을 뜻한다. 20 법원 9

사전검열금지원칙은 의사표현의 발표 여부가 오로지 행정권의 허가에 달려있는 사전심사만을 금지하는 것이 아니라 모든 형태의 사전적인 규제를 금지하는 것이다. 21 변호사
(해설) 발표 여부가 오로지 행정권의 허가에 달려있는 사전심사만을 금지

904 검열금지의 원칙은 모든 형태의 사전적인 규제를 금지하는 것이 아니고, 단지 **의사표현의 발표 여부가 오로지 행정권의 허가에 달려 있는 사전심사만을 금지**하는 것을 뜻한다. 그러므로 검열은 일반적으로 허가를 받기 위한 **표현물의 제출의무, 행정권이 주체가 된 사전심사절차, 허가를 받지 아니한 의사표현의 금지 및 심사절차를 관철할 수 있는 강제수단의 존재** 등의 요건을 갖춘 경우에만 이에 해당하는 것이다. 14 국회 8

905 검열을 행정기관이 아닌 독립적인 위원회에서 행한다고 하더라도 행정권이 주체가 되어 검열절차를 형성하고 검열기관의 구성에 지속적인 영향을 미칠 수 있는 경우라면 **실질적으로 검열기관은 행정기관이라고 보아야** 한다.⁵ 23 해경

906 헌법상 사전검열은 표현의 자유 보호대상이면 **예외 없이 금지**되므로, 건강기능식품의 기능성 광고는 인체의 구조 및 기능에 대하여 보건용도에 유용한 효과를 준다는 기능성 등에 관한 정보를 널리 알려 해당 건강기능식품의 소비를 촉진시키기 위한 **상업광고**이지만, 헌법 제21조 제1항의 **표현의 자유의 보호** 대상이 됨과 동시에 같은 조 제2항의 **사전검열금지 대상**도 된다.⁵ 20 지방 7

건강기능식품의 기능성 광고는 인체의 구조 및 기능에 대하여 보건용도에 유용한 효과를 준다는 기능성 등에 관한 정보를 널리 알려 해당 건강기능식품의 소비를 촉진시키기 위한 상업광고에 불과하므로 헌법 제21조 제2항의 사전검열 금지 대상이 아니다. 24 국가 7
(해설) 사전검열금지 대상

907 구 「건강기능식품에 관한 법률」에 따른 심의는 형식적으로 **식품의약품안전처장으로부터 위탁받은 한국건강기능식품협회**에서 수행하고 있지만, 실질적으로 행정기관인 식품의약품안전처장이 자의로 개입할 가능성이 있어, **건강기능식품 기능성 광고 사전심의는 행정권이 주체가 된 사전심사로서 헌법이 금지하는 사전검열에 해당한다.**⁷ 23 경찰 1차

건강기능식품 기능성광고의 사전심의절차를 규정한 「건강기능식품에 관한 법률」 조항은 국민의 건강권을 보호하고 국민의 보건에 관한 국가의 보호의무를 이행하기 위하여 사전심의 절차를 법률로 규정한 것으로서 사전검열금지원칙이 적용되지 않는다. 22 입시
(해설) 사전검열금지원칙 적용됨

908 헌법이 특정한 표현에 대해 예외적으로 검열을 허용하는 규정을 두지 않은 점, 이러한 상황에서 표현의 특성이나 규제의 필요성에 따라 언론·출판의 자유의 보호를 받는 표현 중에서 사전검열금지원칙의 적용이 배제되는 영역을 따로 설정할 경우 그 기준에 대한 객관성을 담보할 수 없다는 점 등을 고려하면, **헌법상 사전검열은 예외 없이 금지되는 것으로 보아야 하므로 의료광고 역시 사전검열금지원칙의 적용대상이 된다.**⁶ 17 국가 7(추)

의료는 국민 건강에 직결되므로 의료광고에 대해서는 합리적인 규제가 필요하고 의료광고는 상업광고로서 정치적·시민적 표현행위 등과 관련이 적으므로 의료광고에 대해서는 사전검열금지원칙이 적용되지 않는다. 21 국회 8
(해설) 사전검열금지원칙 적용

909 의료광고의 심의기관이 행정기관인가 여부는 기관의 형식에 의하기보다는 그 **실질에 따라 판단하여야** 하며, **민간심의기구가 심의를 담당하는 경우에도 행정권의 개입** 때문에 사전심의에 자율성이 보장되지 않는다면, 헌법이 금지하는 **행정기관에 의한 사전검열에 해당**하게 될 것이다.⁶ 20 지방 7

910 방영금지가처분은 비록 제작 또는 방영되기 이전, 즉 사전에 그 내용을 심사하여 금지하는 것이기는 하나, 이는 행정권에 의한 사전심사나 금지처분이 아니라 개별 당사자 간의 분쟁에 관하여 **사법부가 사법절차에 의하여 심리·결정하는 것**이므로, 헌법에서 금지하는 **사전검열에 해당하지 아니한다.**⁷ 19 입시

사전검열금지원칙은 모든 형태의 사전적인 규제를 금지하는 것이므로 법원에 의한 방영금지가처분도 헌법에서 금지하는 사전검열에 해당한다. 13 지방 7
(해설) 사전검열에 해당 X

911 「옥외광고물 등 관리법」상 사전허가제도는 일정한 지역·장소 및 물건에 광고물 또는 게시시설을 표시하거나 설치하는 경우에 그 광고물 등의 종류·모양·크기·색깔, 표시 또는 설치의 방법 및 기간 등을 규제하고 있을 뿐, 광고물 등의 **내용을 심사·선별하여 광고물을 사전에 통제하려는 제도가 아님은 명백**하므로, 헌법 제21조 제2항이 정하는 **사전허가·검열에 해당되지 아니한다.**⁴ 18 변호사

광고물 등의 모양, 크기, 색깔 등을 규제하는 것도 검열에 해당한다. 16 국회 9
(해설) 검열에 해당 X

KEY 125 표현의 자유의 제한

> 헌법 제21조 ④ 【표현의 자유의 제한】 언론·출판은 **타인의 명예나 권리** 또는 **공중도덕이나 사회윤리**를 침해하여서는 아니된다. 언론·출판이 타인의 **명예나 권리를 침해**한 때에는 피해자는 이에 대한 **피해의 배상**을 청구할 수 있다.³

912 헌법 제21조 제4항은 "언론·출판은 타인의 명예나 권리 또는 공중도덕이나 사회윤리를 침해하여서는 아니 된다."고 규정하고 있는 바, 이는 언론·출판의 자유에 따르는 **책임과 의무**를 강조하는 동시에 언론·출판의 자유에 대한 제한의 요건을 명시한 규정으로 볼 것이고, 헌법상 **표현의 자유의 보호영역 한계를 설정한 것이라고는 볼 수 없다**.⁵   23 경찰 1차

"언론·출판은 타인의 명예나 권리 또는 공중도덕이나 사회윤리를 침해하여서는 아니 된다."라고 규정한 헌법 제21조 제4항 전문은 언론·출판의 자유에 대한 제한의 요건을 명시한 것이 아니라 헌법상 표현의 자유의 보호영역에 대한 한계를 설정한 것이다.   24 소간

(해설) 보호영역의 한계 X → 제한의 요건 O

913 민주사회에서 표현의 자유가 수행하는 역할과 기능에 비추어 볼 때 불명확한 규범에 의한 규제는 헌법상 보호받는 표현에 대한 위축적 효과를 수반하므로 표현의 자유를 규제하는 법률은 표현에 위축적 효과가 미치지 않도록 **규제되는 행위의 개념을 세밀하고 명확하게 규정**할 것이 헌법적으로 요구된다.⁵   19 서울 7(추)

914 남북합의서 위반행위로서 전단등 살포를 하여 국민의 생명·신체에 위해를 끼치거나 심각한 위험을 발생시키는 것을 **금지**하고 이를 위반한 경우 **처벌**하는 「남북관계 발전에 관한 법률」 조항은 그 궁극적인 의도가 북한 주민을 상대로 한 북한체제 비판 등의 내용을 담은 표현을 제한하는 데 있다는 점에서 표현의 내용과 무관한 **내용중립적 규제로 보기는 어렵다**.⁴
(최신판례)   24 경찰 1차

전단등을 살포하여 국민의 생명·신체에 위해를 끼치거나 심각한 위험을 발생시키는 것을 금지하고 이를 위반하는 경우 처벌하는 「남북관계 발전에 관한 법률」 조항은 북한 접경지역에서 발생할 수 있는 위험예방을 위한 것으로 북한 접경지역에서 북한으로 전단살포 활동을 하는 사람들의 표현의 자유를 침해하지 아니한다.   25 경간

(해설) 표현의 자유 침해

KEY 126 표현의 자유 관련판례

915 인터넷게시판을 설치·운영하는 정보통신서비스 제공자에게 본인확인조치의무를 부과하여 게시판 이용자로 하여금 본인확인절차를 거쳐야만 게시판을 이용할 수 있도록 하는 이른바 **본인확인제**는 인터넷게시판 이용자의 표현의 자유, 개인정보자기결정권 및 인터넷게시판을 운영하는 **정보통신서비스 제공자의 언론의 자유를 침해**하므로 헌법에 위반된다.¹⁰   18 국회 8

916 인터넷언론사가 선거운동기간 중 해당 홈페이지 게시판 등에 정당·후보자에 대한 지지·반대 등의 정보를 게시하는 경우, **실명을 확인받는 기술적 조치를 하도록 정한** 「공직선거법」 조항은 인터넷언론사 홈페이지 게시판 등 **이용자의 개인정보자기결정권을 침해한다**.⁶   25 국회 8

인터넷언론사가 선거운동기간 중 당해 홈페이지 게시판 등에 정당·후보자에 대한 지지·반대 등의 정보를 게시하는 경우 실명을 확인받도록 정한 「공직선거법」 조항은 인터넷언론사를 통한 정보의 특성과 우리나라 선거문화의 현실 등을 고려하고 선거의 공정성 확보를 위한 것으로, 게시판 이용자의 정치적 익명표현의 자유, 개인정보자기결정권 및 인터넷언론사의 언론의 자유를 침해한다고 볼 수 없다.   23 경찰 1차

(해설) 침해함

917 선거운동기간 중 당해 홈페이지 게시판 등에 정당·후보자에 대한 지지·반대 등의 정보를 게시하는 경우 실명을 확인받는 기술적 조치를 하도록 정한 「공직선거법」 조항 중 '**인터넷언론사**'는 「공직선거법」 및 관련 법령이 구체적으로 '인터넷언론사'의 범위를 정하고 있고, 중앙선거관리위원회가 설치·운영하는 인터넷선거보도심의위원회가 심의대상인 인터넷언론사를 결정하여 공개하는 점 등을 종합하면 **명확성원칙에 반하지 않는다.** 5
23 국가 7

인터넷언론사는 선거운동기간 중 당해 홈페이지 게시판 등에 정당·후보자에 대한 지지 반대의 정보를 게시하는 경우 실명을 확인받는 기술적 조치를 하도록 정한 「공직선거법」 조항 중 "인터넷언론사" 및 "지지·반대" 부분은 명확성원칙에 위배된다.
24 경간
(해설) 명확성원칙에 위배 X

918 공공기관등으로 하여금 정보통신망 상에 게시판을 설치·운영하려면 게시판 이용자의 **본인 확인을 위한 방법 및 절차의 마련** 등 대통령령으로 정하는 필요한 조치를 하도록 규정한 「정보통신망 이용촉진 및 정보보호 등에 관한 법률」 조항은 게시판 이용자의 **익명표현의 자유를 침해하지 않는다.** 최신판례

공공기관등이 게시판을 설치·운영하려면 그 게시판 이용자의 본인 확인을 위한 방법 및 절차의 마련 등 대통령령으로 정하는 필요한 조치를 하도록 정한 「정보통신망 이용촉진 및 정보보호 등에 관한 법률」 제44조의5 제1항 제1호는 게시판 이용자의 익명표현의 자유를 침해한다.
24 국회 8
(해설) 익명표현의 자유 침해 아님

919 정보통신망을 이용하여 공포심이나 불안감을 유발하는 문언을 반복적으로 상대방에게 도달하는 행위를 1년 이하의 징역 또는 1,000만 원 이하의 벌금으로 **처벌하는 것은 표현의 자유를 침해하지 않는다.** 4
17 국회 8

「정보통신망 이용촉진 및 정보보호 등에 관한 법률」 조항 중 '공포심이나 불안감을 유발하는 문언을 반복적으로 상대방에게 도달하게 한 자' 부분은, 정보 수신자가 불안감이나 공포심을 실제로 느꼈는지 여부와 상관없이 정보를 보낸 사람을 처벌 가능한 것으로 해석할 수 있어, 그 처벌 대상이 무한히 확장될 가능성이 있으므로 명확성원칙에 위배되어 표현의 자유를 침해한다.
19 국회 8
(해설) 명확성 원칙 위배 X, 표현의 자유 침해 X

920 방송편성에 관하여 간섭을 금지하고 그 위반 행위자를 처벌하는 규정은 민주주의의 원활한 작동을 위한 기초인 방송의 자유를 보장하기 위한 것으로, 방송법과 다른 법률에 의해 방송 보도에 대한 의견 개진 내지 비판의 통로를 충분히 마련하고 있으므로, **과잉금지원칙에 반하여 표현의 자유를 침해한다고 볼 수 없다.** 5
24 법원 9

방송사 외부에 있는 자가 방송편성에 관계된 자에게 방송편성에 관해 특정한 요구를 하는 등의 방법으로, 방송편성에 관한 자유롭고 독립적인 의사결정에 영향을 미칠 수 있는 행위 일체를 금지하고 이를 위반한 자를 처벌하는 것은 시청자의 건전한 방송 비판 내지 의견제시까지 처벌대상으로 삼는 것으로 시청자들의 표현의 자유를 침해한다.
22 국회 8
(해설) 표현의 자유 침해 X

921 변호사 또는 소비자로부터 대가를 받고 법률상담 또는 사건들을 소개·알선·유인하기 위하여 **변호사등을 광고·홍보·소개하는 행위를 금지**하는 대한변호사협회의 '변호사광고에 관한 규정' 중 대가수수 광고금지규정은 **과잉금지원칙을 위반하여 청구인들의 표현의 자유를 침해한다.** 3 최신판례
24 경간

변호사 또는 소비자로부터 금전·기타 경제적 대가를 받고 법률상담 또는 사건 등을 소개·알선·유인하기 위하여 변호사 등을 광고·홍보·소개하는 행위를 금지하는 변호사 광고에 관한 규정은 변호사법이 금지하는 특정 변호사에 대한 소개·알선·유인행위의 실질을 갖춘 광고행위를 금지하는 것으로 과잉금지원칙에 위배되지 아니한다.
23 법무사
(해설) 과잉금지원칙에 위배됨

922 대한변호사협회의 유권해석에 반하는 내용의 광고를 금지하고, 대한변호사협회의 유권해석에 위반되는 행위를 목적 또는 수단으로 하여 행하는 법률상담과 관련한 광고를 하거나 그러한 사업구조를 갖는 타인에게 하도록 하는 것을 금지하는 변호사 광고에 관한 규정은 **법률유보원칙을 위반하여 변호사들의 표현의 자유, 직업의 자유를 침해한다.** 1 최신판례
23 법무사

923 변호사에 대하여 공정한 수임질서를 저해할 우려가 있는 무료 또는 부당한 염가의 수임료를 표방하거나 **무료 또는 부당한 염가의 법률상담 방식을 내세운 광고를 금지**하는 것은, 무고한 법률 소비자들의 피해를 막고 정당한 수임료나 법률상담료를 제시하는 변호사들을 보호함으로써 공정한 수임질서를 확립하기 위한 것으로 **과잉금지원칙에 위배되지 아니한다.** 1 최신판례
23 법무사

924 변호사 등이 아님에도 변호사 등의 직무와 관련한 서비스의 취급·제공 등을 표시하거나 소비자들이 **변호사 등으로 오인**하게 만들 수 있는 자에게 광고를 의뢰하거나 **참여·협조하**는 행위를 금지하는 변호사 광고에 관한 규정은 변호사 자격 제도를 유지하고 소비자의 피해를 방지하기 위한 **적합한 수단**이다. (최신판례) 23 법무사

925 「국가공무원법」 제65조 제1항 중 '**그 밖의 정치단체**'에 관한 부분은 **명확성원칙에 위배**되어 공무원의 정치적 표현의 자유 및 결사의 자유를 침해한다. 23 경찰 1차

「국가공무원법」 조항 중 초·중등교원인 교육공무원의 가입 등이 금지되는 '그 밖의 정치단체'에 관한 부분은 '특정 정당이나 특정 정치인을 지지·반대하는 단체로서 그 결성에 관여하거나 가입하는 경우 공무원의 정치적 중립성 및 교육의 정치적 중립성을 훼손할 가능성이 높은 단체'로 한정할 수 있어 명확성원칙에 반하지 않는다. 23 국가 7
(해설) 명확성원칙에 반함

926 「국가공무원법」 제66조 제1항 본문 중 '**그 밖에 공무 외의 일을 위한 집단행위**'는 '공익에 반하는 목적을 위하여 **직무전념의무를 해태**하는 등의 영향을 가져오거나, 공무에 대한 국민의 신뢰에 손상을 가져올 수 있는 공무원 **다수의 결집된 행위**'를 말하는 것으로 한정 해석되므로 **명확성원칙에 위반되지 않는다**. 24 해경

공무원의 '공무 외의 일을 위한 집단행위'를 금지하는 「국가공무원법」 규정은 어떤 행위가 허용되고 금지되는지를 예측할 수 없으므로 명확성원칙에 위배된다. 15 국가 7
(해설) 명확성원칙 위배 X

927 공무원에 대하여 국가의 정책에 대한 반대·방해행위를 금지한 구 「국가공무원 복무규정」이 헌법상 과잉금지원칙에 반하여 공무원의 정치적 표현의 자유를 침해한다고 할 수 없다. 15 경정

공무원은 집단·연명으로 또는 단체의 명의를 사용하여 국가의 정책을 반대해서는 아니된다는 국가공무원 복무규정은 그러한 행위의 정치성이나 공정성 등을 불문하는 점, 그 적용대상이 되는 공무원의 범위가 제한적이지 않고 지나치게 광범위한 점, 그 행위가 근무시간 내에 행해지는지 근무시간 외에 행해지는지 여부를 불문하는 점에서 침해의 최소성 원칙에 위배되어, 공무원의 정치적 표현의 자유를 침해한다. 14 변호사
(해설) 정치적 표현의 자유 침해 X

928 「국가공무원 복무규정」 제8조의2 제2항 등은 "공무원이 직무를 수행할 때 **정치적 주장을 표시 또는 상징하는 복장을 하거나 관련 물품을 착용해서는 아니된다.**"라고 규정하고 있는 바, 정치적 주장을 표시·상징하는 복장 등 관련 물품을 착용하는 행위는 복장 등 비언어적인 방법을 통해 정치적 의사표현을 행하는 것이라 할 수 있다. 22 입시

구 「국가공무원 복무규정」 제8조의2 제2항은 "공무원이 직무를 수행할 때 정치적 주장을 표시 또는 상징하는 복장을 하거나 관련 물품을 착용해서는 아니 된다."라고 정하고 있는바, 공무원의 정치적 표현의 자유를 제한하는 규정이라고 볼 수 없다. 25 경정
(해설) 정치적 표현의 자유 제한

KEY 127 언론기관의 자유 [B]

헌법 제21조 ③ 【통신·방송】 통신·방송의 시설기준과 **【신문의 기능 보장】** 신문의 기능을 보장하기 위하여 필요한 사항은 **법률로 정한다.** (신문 기능 보장을 위해 필요한 사항을 법률로 정하면 위헌임 X)

929 인터넷신문사업자에게 취재 인력 3명 이상을 포함하여 취재 및 편집 인력 **5명 이상을 상시적으로 고용할 것을 요구하는** 것은 소규모 인터넷신문이 언론으로서 활동할 수 있는 기회 자체를 원천적으로 봉쇄할 수 있음에 비하여, 인터넷신문의 신뢰도 제고라는 입법목적의 효과는 불확실하다는 점에서 과잉금지원칙에 위배되어 **언론의 자유를 침해한다.** 24 경정

인터넷신문의 언론으로서의 신뢰성을 제고하기 위해 5인 이상의 취재 및 편집 인력을 정식으로 고용하도록 강제하고, 이에 대한 확인을 위하여 국민연금 등 가입사실을 확인하는 것은 언론의 자유를 침해한다고 할 수 없다. 22 국가 7
(해설) 언론의 자유 침해

KEY 128 알 권리

930 자유로운 의사의 형성은 정보에의 접근이 충분히 보장됨으로써 비로소 가능한 것이며, 그러한 의미에서 정보에의 접근·수집·처리의 자유, 즉 '알 권리'는 표현의 자유와 표리일체의 관계에 있으며 **자유권적 성질**과 **청구권적 성질**을 공유하는 것이다. ✓   23 경채

931 국민은 헌법상 보장된 **알 권리**의 한 내용으로서 **국회에 대하여 입법과정의 공개를 요구할 권리**를 가지며, 국회의 의사에 대하여는 **직접적인 이해관계 유무와 상관없이 일반적 정보공개청구권**을 가진다고 할 수 있다. ◯   22 지방 7, 22 국가 7

국민은 헌법상 보장된 알 권리의 한 내용으로서 국회에 대하여 입법과정의 공개를 요구할 권리를 갖지만 국회의 의사에 대하여는 직접적인 이해관계가 있는 경우에만 개별적 정보공개청구권을 가질 수 있다.   14 지방 7

(해설) 직접적 이해관계 유무와 상관없이 행사 可

932 **교원의 개인정보 공개를 금지**하고 있는 「교육관련기관의 정보공개에 관한 특례법」의 조항은 학부모들의 **알 권리를 침해하지 않는다**. ✓   23 5급

공시대상정보로서 교원의 교원단체 및 노동조합 가입현황(인원 수)만을 규정할 뿐 개별 교원의 명단은 규정하고 있지 아니한 구 「교육관련기관의 정보공개에 관한 특례법 시행령」 제3조 제1항 별표1 제15호 아목 중 "교원" 부분은 과잉금지원칙에 반하여 학부모들의 알 권리를 침해한다.   23 지방 7

(해설) 학부모의 알 권리 침해 X

933 「출판사 및 인쇄소의 등록에 관한 법률」 규정 중 '**음란한 간행물**' 부분은 헌법에 위반되지 아니하고, '**저속한 간행물**' 부분은 **명확성의 원칙에 반할 뿐만 아니라 출판의 자유와 성인의 알 권리를 침해**하는 것으로 헌법에 위반된다. ◯ 20 지방 7

저속한 간행물의 출판을 전면 금지시키고 이를 위반하면 출판사의 등록을 취소시킬 수 있도록 한다고 해서 청소년보호를 위해 지나치게 과도한 수단을 선택했다거나 성인의 알 권리를 침해하는 것은 아니다.   24 경정

(해설) 지나치게 과도한 수단 선택 O → 알 권리 침해

934 **변호사시험 성적을 합격자에게 공개하지 않도록 규정**한 「변호사시험법」 조항은 법학전문대학원 간의 과다경쟁 및 서열화를 방지하고, 교육과정이 충실하게 이행될 수 있도록 하여 다양한 분야의 전문성을 갖춘 양질의 변호사를 양성하기 위한 것으로 그 **입법목적은 정당**하나 입법목적을 달성하는 **적절한 수단이라고 볼 수는 없다**. ✗   24 경찰 1차

변호사시험 성적을 합격자에게 공개하지 않도록 규정한 변호사시험법의 규정은 법학전문대학원 간의 과다경쟁 등을 방지하기 위한 것으로 그 수단의 적절성이 인정되어 과잉금지원칙에 반하지 않는다.   16 법원 9

(해설) 수단의 적절성 부정, 과잉금지원칙 위반

935 「정치자금법」에 따라 회계보고된 자료의 **열람기간을 3월간으로 제한**한 동법 상 열람기간제한 조항은 청구인의 **알 권리를 침해**한다. ✓   24 경간

「정치자금법」에 따라 회계보고된 자료의 열람기간을 공고일부터 3월간으로 제한한 「정치자금법」 조항은 정치자금을 둘러싼 분쟁 등의 장기화 방지 및 행정부담의 경감을 위한 것으로서, 열람을 신청한 청구인의 알 권리를 침해하지 않는다.   25 경찰 1차

(해설) 알 권리 침해

936 신문의 편집인 등으로 하여금 **아동보호사건에 관련된 아동학대행위자를 특정하여 파악할 수 있는 인적 사항 등을 신문 등 출판물에 싣거나 방송매체를 통하여 방송할 수 없도록** 하는 「아동학대범죄의 처벌 등에 관한 특례법」 제35조 제2항 중 '아동학대행위자'에 관한 부분은 **언론·출판의 자유와 국민의 알 권리를 침해하지 않는다**. ✓ (최신판례)   23 지방 7

신문의 편집인 등으로 하여금 아동보호사건에 관련된 아동학대행위자를 특정하여 파악할 수 있는 인적 사항 등을 신문 등 출판물에 싣거나 방송매체를 통하여 방송할 수 없도록 하는 「아동학대범죄의 처벌 등에 관한 특례법」 제35조 제2항 중 '아동학대행위자'에 관한 부분은 국민의 알 권리를 침해한다.   24 해간

(해설) 알 권리 침해 아님

KEY 129 집회의 자유 S

> 헌법 제21조 ① 【집회·결사의 자유】 모든 국민은 언론·출판의 자유와 집회·결사의 자유를 가진다.

937 「집회 및 시위에 관한 법률」상의 '시위'는 반드시 '일반인이 자유로이 통행할 수 있는 장소'에서 이루어져야 한다거나 '행진' 등 장소 이동을 동반해야만 성립하는 것은 아니다. 24 경정

「집회 및 시위에 관한 법률」상의 시위는 반드시 '일반인이 자유로이 통행할 수 있는 장소'에서 이루어져야 하며 '행진' 등 장소 이동을 동반해야만 성립한다. 24 경찰 1차
(해설) 장소이동이 동반해야 성립하는 것 아님

938 일반적으로 집회는 일정한 장소를 전제로 하여 특정 목적을 가진 다수인이 일시적으로 회합하는 것을 말하는 것으로 일컬어지고 있고, 그 공동의 목적은 내적인 유대 관계로 족하다. 23 경찰 1차

집회는 일정한 장소를 전제로 하여 특정 목적을 가진 다수인이 일시적으로 회합하는 것을 말하는 것으로, 여기서의 다수인이 가지는 공동의 목적은 '내적인 유대 관계'로 족하지 않고 공통의 의사형성과 의사표현이라는 공동의 목적이 포함되어야 한다. 23 법원 9
(해설) 내적인 유대 관계로 족함

939 헌법이 명시적으로 밝히고 있는 것은 아니지만, 집회의 자유의 보장 대상은 평화적, 비폭력적 집회에 한정된다. 19 경정

집회의 자유는 민주국가에서 사회·정치현상에 대한 불만과 비판을 공개적으로 표출케 함으로써 정치적 불만이 있는 자를 사회에 통합하고 정치적 안정에 기여하는 기능을 하는 중요한 수단이기 때문에, 평화적 수단을 이용한 의견의 표명뿐만 아니라 폭력을 사용한 의견의 강요 역시 헌법적으로 보호된다. 22 5급
(해설) 폭력을 사용한 의견 강요는 보호 X

940 집회의 자유는 집회를 통하여 형성된 의사를 집단적으로 표현하고 이를 통하여 불특정 다수인의 의사에 영향을 줄 자유를 포함하지만, 집회의 자유의 보장 대상은 평화적, 비폭력적 집회에 한정된다. 24 해경, 24 소간

우리 헌법상 집회의 자유에 의하여 오로지 평화적 또는 비폭력적 집회만 보호되는 것은 아니며, 집회에서의 폭력행위나 불법행위도 용인될 수 있다. 14 서울 7
(해설) 평화적·비폭력적 집회만 보호 / 폭력·불법 용인 X

941 집회의 자유는 개인의 인격발현의 요소이자 민주주의를 구성하는 요소라는 이중적 헌법적 기능을 가지고 있다. 뿐만 아니라, 집회를 통하여 국민들이 자신의 의견과 주장을 집단적으로 표명함으로써 여론의 형성에 영향을 미친다는 점에서, 집회의 자유는 표현의 자유와 더불어 민주적 공동체가 기능하기 위하여 불가결한 근본요소에 속한다. 23 법무사

942 집회의 자유에는 집회를 통하여 형성된 의사를 집단적으로 표현하고 이를 통하여 불특정 다수인의 의사에 영향을 줄 자유를 포함한다. 24 국회 9

집회의 자유에는 집회를 통하여 형성된 의사를 집단적으로 표현하는 데 그치고, 이를 통하여 불특정 다수인의 의사에 영향을 줄 자유까지를 포함하지는 않는다. 18 지방 7
(해설) 의사에 영향을 줄 자유 포함

943 집회의 자유는 집회를 통하여 형성된 의사를 집단적으로 표현하고 이를 통하여 불특정 다수인의 의사에 영향을 줄 자유를 포함하므로 이를 내용으로 하는 시위의 자유 또한 집회의 자유를 규정한 헌법 제21조 제1항에 의하여 보호되는 기본권이다. 25 5급

944 집회는 특별한 상징적 의미나 집회와 특별한 연관성을 갖는 장소에서 이루어져야 의견표명이 효과적으로 이루어질 수 있으므로 집회 장소를 선택할 자유는 집회의 자유의 실질적 부분을 형성한다. 22 5급

집회의 자유는 표현의 자유의 일종인 바, 장소선택의 자유는 집회의 자유의 내용에 포함되지 않는다. 14 법원 9
(해설) 장소선택의 자유 포함됨

945 집회의 목적·내용과 집회의 장소는 일반적으로 **밀접한 내적인 연관관계**에 있기 때문에, 집회의 장소에 대한 선택이 집회의 성과를 결정짓는 경우가 적지 않다. 집회장소가 바로 집회의 목적과 효과에 대하여 중요한 의미를 가지기 때문에, **누구나 '어떤 장소에서' 자신이 계획한 집회를 할 것인가를 원칙적으로 자유롭게 결정**할 수 있어야만 집회의 자유가 비로소 효과적으로 보장되는 것이다. 따라서 집회의 자유는 다른 법익의 보호를 위하여 정당화되지 않는 한 **집회장소를 항의의 대상으로부터 분리시키는 것을 금지**한다.6   23 법무사

KEY 130 집회의 제한과 집회허가금지   B

> 헌법 제21조 ②【집회허가금지】언론·출판에 대한 허가나 검열과 집회·결사에 대한 허가는 인정되지 아니한다(집회·결사에 대한 허가는 허용됨 ×).2

946 헌법 제21조 제2항의 '허가'는 '행정청이 주체가 되어 집회의 허용 여부를 사전에 결정하는 것'으로서 행정청에 의한 사전허가는 헌법상 금지되지만, **입법자가 법률로써 일반적으로 집회를 제한하는 것은 헌법상 '사전허가금지'에 해당하지 않는다.**5   24 소간

입법자가 법률로써 일반적으로 집회를 제한하는 것도 원칙적으로 헌법 제21조 제2항에서 금지하는 '사전허가'에 해당한다.   17 법무 9. 17 경정
(해설) 헌법에서 금지하는 사전허가 아님

947 집회의 금지와 해산은 원칙적으로 공공의 안녕질서에 대한 **직접적인 위협이 명백하게 존재**하는 경우에 한하여 허용될 수 있다.5   24 경정

집회의 자유에 대한 제한은 다른 중요한 법익의 보호를 위하여 반드시 필요한 경우에 한하여 정당화되는 것이며, 특히 집회의 금지는 원칙적으로 공공의 안녕질서에 대한 위협이 예상되는 경우에 한하여 허용될 수 있다.   24 경찰 1차
(해설) 위협이 예상 X → 직접적인 위협이 명백하게 존재 O

948 집회의 자유는 개인이 집회에 참가하는 것을 방해하거나 또는 집회에 참가할 것을 강요하는 국가행위를 금지할 뿐만 아니라, 예컨대 **집회장소로의 여행을 방해**하거나, 집회장소로부터 귀가하는 것을 방해하거나, 집회참가자에 대한 **검문의 방법으로 시간을 지연**시킴으로써 집회장소에 접근하는 것을 방해하는 등 집회의 자유행사에 영향을 미치는 모든 조치를 금지한다.4   23 법무사

집회장소로부터 귀가를 방해하거나 참가자에 대한 검문방법으로 시간을 지연하여 집회장소에 접근을 방해하는 등 집회와 관련하여 제3자나 참가자의 행동의 자유를 제한하는 조치는 허용된다.   11 국회 8
(해설) 집회의 자유 행사에 영향 미치는 모든 조치 금지

949 집회나 시위 해산을 위한 살수차 사용은 집회의 자유 및 신체의 자유에 대한 중대한 제한을 초래하므로 살수차 사용요건이나 기준은 **법률에 근거**를 두어야 하고, 살수차와 같은 위해성 경찰장비는 본래의 사용방법에 따라 **지정된 용도로 사용**되어야 하며 다른 용도나 방법으로 사용하기 위해서는 **반드시 법령에 근거**가 있어야 한다.4   23 경간

950 집회 또는 시위를 하기 위하여 **인천애(愛)뜰 중 잔디마당과 그 경계 내 부지에 대한 사용허가 신청을 한 경우 인천광역시장이 이를 허가할 수 없도록 제한하는 '인천애(愛)뜰의 사용 및 관리에 관한 조례'는 잔디마당을 집회 장소로 선택할 자유를 완전히 제한**하는바, 시민들의 **집회의 자유를 침해**한다.5
(최신판례)   25 경간

집회 또는 시위를 하기 위하여 인천애(愛)뜰 중 잔디마당과 그 경계 내 부지에 대한 사용허가 신청을 한 경우 인천광역시장이 이를 허가할 수 없도록 제한하는 「인천애(愛)뜰의 사용 및 관리에 관한 조례」 조항은 헌법 제21조 제2항이 규정하는 집회에 대한 허가제 금지원칙에 위배된다.   24 경찰 1차
(해설) 허가제 금지원칙 위배 X → 과잉금지원칙 위배 O

951 근접촬영과 달리 먼 거리에서 집회·시위 현장을 전체적으로 촬영하는 소위 조망촬영이 기본권을 덜 침해하는 방법이라는 주장도 있으나, 최근 기술의 발달로 조망촬영과 근접촬영 사이에 기본권 침해라는 결과에 있어서 차이가 있다고 보기 어려워, 경찰이 집회·시위에 대해 **조망촬영이 아닌 근접촬영**을 하였다는 이유만으로 헌법에 위반되는 것은 아니다.
23 국가 7

경찰이 신고범위를 벗어난 동안에만 집회참가자들을 촬영한다 할지라도, 집회참가자에 대한 촬영행위는 집회참가자들에게 심리적 부담으로 작용하여 집회의 자유를 전체적으로 위축시키는 결과를 가져올 수 있으므로 집회의 자유를 침해한다.
23 경찰 1차

(해설) 집회의 자유를 침해 X

952 감염병을 예방하기 위하여 집회를 제한하거나 금지하는 구 「감염병의 예방 및 관리에 관한 법률」제49조 제1항 제2호의 규율 대상은 일정한 내용과 형식을 갖춘 '**행사 자체**'가 아니라 '**여러 사람의 집합**'이므로, 동 조항에 의하여 **집회의 내용 자체를 제한한다고 보기 어렵다.** (최신판례)

감염병을 예방하기 위하여 집회를 제한하거나 금지하는 구 「감염병의 예방 및 관리에 관한 법률」제49조 제1항 제2호의 규율 대상은 일정한 내용과 형식을 갖춘 '행사 자체'로서 '여러 사람의 집합'이므로, 동 조항에 의하여 집회의 내용 자체가 제한된다.
25 경찰 1차

(해설) 집회 내용 자체 제한 아님

953 옥외집회에 대한 사전신고는 경찰관청 등 행정관청으로 하여금 **집회의 순조로운 개최**와 **공공의 안전보호**를 위하여 필요한 준비를 할 수 있는 **시간적 여유**를 주기 위한 것으로서, **협력의무로서의 신고**라고 할 것이다.
14 국회 8

「집회 및 시위에 관한 법률」의 옥외집회·시위의 사전신고제도는 헌법 제21조 제2항의 사전허가금지에 위배된다.
15 국가 7

(해설) 사전허가금지 위배 X

954 동시에 접수된 두 개의 옥외집회 신고서에 대하여 관할경찰관서장이 적법한 절차에 따라 접수순위를 확정하려는 노력을 하지 않고, 폭력사태 발생이 우려되고 상호 충돌을 피한다는 이유로 **모두 반려**하는 것은 집회의 자유를 **침해**하는 것이다.
16 국가 7

955 「집회 및 시위에 관한 법률」상 **미신고 옥외집회 또는 시위를 해산명령 대상**으로 하면서 별도의 해산 요건을 정하고 있지 않더라도, 그 옥외집회 또는 시위로 인하여 타인의 법익이나 공공의 안녕질서에 대한 **직접적인 위험이 명백하게 초래된 경우에 한하여 해산**을 명할 수 있다.
22 5급

사전신고를 하지 않은 옥외집회는 불법집회이므로 관할경찰관서장은 언제나 해산명령을 내릴 수 있으며, 이에 불응하는 경우에는 처벌할 수 있다고 보아야 한다.
17 변호사

(해설) 언제나 X

956 「집회 및 시위에 관한 법률」에서 옥외집회나 시위가 **사전신고한 범위를 뚜렷이 벗어나** 신고제도의 목적달성을 심히 곤란하게 하고, 그로 인하여 질서를 유지할 수 없게 된 경우에 공공의 안녕질서 유지 및 회복을 위해 해산명령을 할 수 있도록 규정한 것은 청구인들의 집회의 자유를 침해한다고 볼 수 없다.
23 경간

옥외집회나 시위가 사전신고한 범위를 뚜렷이 벗어나 질서를 유지할 수 없게 된 경우, 이에 대한 해산명령에 불응하는 자를 형사처벌하는 「집회 및 시위에 관한 법률」규정은 집회의 자유를 침해한다.
20 국회 9

(해설) 집회의 자유 침해 X

KEY 131 「집시법」상 제한 A

957 구 집시법의 옥외집회·시위에 관한 일반규정 및 「형법」에 의한 규제 및 처벌에 의하여 사법의 독립성 및 공정성 확보라는 입법 목적을 달성함에 지장이 없음에도 불구하고, **재판에 영향을 미칠 염려가 있거나 미치게 하기 위한 집회·시위를 사전적·전면적으로 금지**하고 이를 위반한 자를 형사처벌하는 구 집시법 조항은 집회의 자유를 실질적으로 박탈하는 결과를 초래하므로 **집회의 자유를 침해**한다.
17 변호사

재판에 영향을 미칠 염려가 있거나 미치게 하기 위한 집회 또는 시위를 금지하고 이를 위반한 자를 형사처벌하는 법률 조항은 법관의 직무상 독립을 보호하여 사법작용의 공정성과 독립성을 확보하기 위한 적합한 수단이다.
25 국회 8

(해설) 적합한 수단 아님

958 일몰시간 후부터 같은 날 24시까지의 시위의 경우, 특별히 공공의 질서 내지 법적 평화를 침해할 위험성이 크다고 할 수 없으므로 그와 같은 시위를 일률적으로 금지하는 것은 **과잉금지원칙에 위반**된다. 18 경정

959 국회의사당의 경계지점으로부터 100미터 이내의 장소에서 **옥외집회 또는 시위**를 할 경우 **형사처벌**한다고 규정한 '집회 및 시위에 관한 법률'은 과잉금지의 원칙을 위반하여 **집회의 자유를 침해**한다. 20 법원 9

국회의 헌법적 기능에 대한 보호의 필요성을 고려한다면 국회의사당의 경계지점으로부터 100 미터 이내의 장소에서 예외 없이 옥외집회를 금지하는 것은 지나친 규제라고 할 수 없다. 20 지방 7

(해설) 지나친 규제에 해당

960 누구든지 각급 **법원의 경계 지점**으로부터 100미터 이내의 장소에서 **옥외집회 또는 시위**를 할 경우 **형사처벌**하는 규정은 **집회의 자유를 침해**한다. 20 입시

각급 법원 인근에 집회·시위금지장소를 설정하는 것은 입법목적 달성을 위한 적합한 수단으로 볼 수 없다. 20 법원 9

(해설) 목적·수단 인정, 침해 최소성 원칙 위배

961 **대통령 관저의 경계 지점**으로부터 100미터 이내의 장소에서는 **옥외집회 또는 시위를 금지**한 구 「집회 및 시위에 관한 법률」 조항은, 대통령 관저 인근 일대를 **광범위하게 집회금지장소로 설정**함으로써 집회가 금지될 필요가 없는 장소까지도 집회금지장소에 포함되게 하므로 **집회의 자유를 침해**한다. (최신판례) 25 경간

대통령 관저의 경계 지점으로부터 100미터 이내의 장소에서는 옥외집회 또는 시위를 금지하고 위반 시 형사처벌한다고 규정한 구 「집회 및 시위에 관한 법률」은 대통령과 그 가족의 신변 안전 및 주거 평온을 확보하고, 대통령의 원활한 직무수행을 보장함으로써, 궁극적으로는 대통령의 헌법적 기능 보호를 목적으로 하므로 헌법에 위반되지 아니한다. 24 국회 9

(해설) 헌법에 위반

962 **국회의장 공관의 경계지점**으로부터 100미터 이내의 장소에서의 **옥외집회 또는 시위를 일률적으로 금지**하고, 이를 위반한 집회·시위의 참가자를 처벌하는 것은 해당 장소에서 옥외집회·시위가 개최되더라도 국회의장에게 물리적 위해를 가하거나 국회의장 공관으로의 출입 내지 안전에 위협을 가할 우려가 없는 장소까지 포함되어 있다는 점에서 입법목적 달성에 필요한 범위를 넘어 집회의 자유를 과도하게 제한하는 것으로 **집회의 자유를 침해**한다. (최신판례) 23 법원 9

국회의장 공관의 경계 지점으로부터 100미터 이내의 장소에서의 옥외집회 또는 시위를 일률적으로 금지하고, 이를 위반한 집회·시위의 참가자를 처벌하는 구 「집회 및 시위에 관한 법률」 조항은 국회의장의 원활한 직무 수행, 공관 거주자 등의 신변 안전, 주거의 평온, 공관으로의 자유로운 출입 등이 저해될 위험이 있음을 고려한 것으로 집회의 자유를 침해하지 않는다. 24 경정

(해설) 집회의 자유 침해

963 **국무총리 공관 경계지점**으로부터 100미터 이내의 장소에서 **옥외집회 또는 시위를 예외 없이 절대적으로 금지**하고 있는 법률조항은 **집회의 자유를 침해**한다. (최신판례) 20 지방 7

국무총리 공관 인근에서 국무총리를 대상으로 하지 아니하는 옥외집회·시위를 금지하고 위반시 처벌하는 것은 집회의 자유를 침해하지 않는다. 23 소간

(해설) 집회의 자유를 침해함

964 **국내 주재 외교기관 인근의 옥외집회 또는 시위를 예외적으로 허용**하는 구 「집회 및 시위에 관한 법률」 제11조 제4호 중 '국내 주재 외국의 외교기관'에 관한 부분은 행정청이 주체가 되어 집회의 허용 여부를 사전에 결정하는 것이 아니므로 헌법 제21조 제2항의 **허가제금지에 위배되지 않는다**. (최신판례)

국내 주재 외교기관 인근의 옥외집회 또는 시위를 예외적으로 허용하는 구 「집회 및 시위에 관한 법률」 제11조 제4호 중 '국내 주재 외국의 외교기관'에 관한 부분은 행정청이 주체가 되어 집회의 허용 여부를 사전에 결정하는 것이므로 헌법 제21조 제2항의 허가제금지에 위배된다. 24 국가 7

(해설) 사전허가제 X

KEY 132 결사의 자유

965 헌법 제21조가 규정하는 결사의 자유라 함은 다수의 자연인 또는 법인이 **공동의 목적을 위하여 단체를 결성**할 수 있는 자유를 말하는 것으로, 결사의 자유에서 말하는 **결사**란 자유의사에 기하여 결합하고 조직화된 의사형성이 가능한 단체를 말하는 것이므로 **공법상의 결사**는 이에 **포함되지 아니한다.**
23 법무사

966 새마을금고의 임원선거와 관련하여 **법률에서 정하고 있는 방법 외의 방법**으로 선거운동을 할 수 없도록 하고 이를 위반한 경우 **형사처벌** 하도록 정하고 있는 「새마을금고법」 조항은 자신이 원하는 방법으로 자신의 선거공약 등을 자유롭게 **표현할 자유**를 제한한다.
22 변호사

새마을금고 임원선거와 관련하여 법률에서 정하고 있는 방법 이외의 방법으로 선거운동을 할 수 없도록 하고 이를 위반한 자에 대한 형사처벌을 규정한 「새마을금고법」상 조항은 결사의 자유를 침해한다.
24 경간

(해설) 결사의 자유 침해 X

967 **지역농협 이사 선거**의 경우 **전화·컴퓨터통신을 이용한 지지·호소**의 선거운동방법을 금지하고, 이를 위반한 자를 처벌하는 것은 해당 선거 후보자의 **결사의 자유와 표현의 자유**를 **침해**한다.
17 국가 7

지역농협 이사 선거의 경우 문자메시지를 포함한 전화 및 전자우편을 포함한 컴퓨터통신을 이용한 지지 호소의 선거운동 방법을 금지하고 이를 위반한 자를 처벌하는 법률조항은, 선거가 과열되는 과정에서 후보자들의 경제력 차이에 따른 불균형한 선거운동 및 흑색선전을 통한 부당한 경쟁이 이루어짐으로써 선거의 공정이 해쳐지는 것을 방지하기 위한 것으로 결사의 자유를 침해하지 아니한다.
17 국가 7(추)

(해설) 결사의 자유 침해

968 **조합장선거**에서 후보자가 아닌 사람의 선거운동을 금지하는 「공공단체등 위탁선거에 관한 법률」 조항은, 조합장선거의 과열과 혼탁을 방지함으로써 선거의 공정성을 담보하고자 하는 것으로서, 조합장선거의 후보자 및 선거인인 조합원의 **결사의 자유** 등 기본권을 **침해하지 아니한다**. (최신판례) 25 경간

969 농업협동조합중앙회(이하 '**농협중앙회**') 회장선거의 관리를 농협중앙회의 자율에 맡기지 않고 「선거관리위원회법」에 따른 **중앙선거관리위원회에 의무적으로 위탁**하도록 한 「농업협동조합법」 조항은 농협중앙회 및 회원조합의 결사의 자유를 **침해한다고 볼 수 없다**. (최신판례) 25 경간

970 운송사업자로 구성된 협회로 하여금 연합회에 강제로 가입하게 하고 임의로 탈퇴할 수 없도록 하는 「화물자동차 운수사업법」의 해당 조항 중 '운송사업자로 구성된 협회'에 관한 부분은 결사의 자유를 침해한다고 볼 수 없다. (최신판례)
23 소간

CHAPTER 07 경제적 기본권

| 번호 | 옳은 지문 O | 옳지 않은 지문 X |

KEY 133 거주·이전의 자유   B

> 헌법 제14조 【거주·이전의 자유】 모든 국민은 거주·이전의 자유를 가진다.

971 거주·이전의 자유는 국가의 간섭 없이 자유롭게 거주와 체류지를 정할 수 있는 자유로서 정치·경제·사회·문화 등 모든 생활영역에서 개성신장을 촉진함으로써 헌법상 보장되고 있는 다른 기본권들의 실효성을 증대시켜 주는 기능을 하며, 국내에서 체류지와 거주지를 자유롭게 정할 수 있는 자유영역뿐 아니라 나아가 국외에서 체류지와 거주지를 자유롭게 정할 수 있는 '해외여행 및 해외이주의 자유'를 포함하고 덧붙여 대한민국의 국적을 이탈할 수 있는 '국적변경의 자유'도 포함한다. O   17 법무사

헌법 제14조가 보장하는 거주·이전의 자유는 대한민국 영토 안에서 국가의 간섭이나 방해를 받지 않고 생활의 근거지와 거주지를 임의로 선택할 수 있는 자유를 뜻하므로, 이로부터 자신이 소속된 국적을 버리거나 변경할 자유가 파생된다고 볼 수는 없다.   18 국회 9
(해설) 국적변경의 자유 파생됨

972 국적을 이탈하거나 변경하는 것은 헌법 제14조가 보장하는 거주·이전의 자유에 포함된다. O   22 변호사

헌법 제14조의 거주·이전의 자유는 대한민국 영토 안에서 국가의 간섭이나 방해를 받지 않고 생활의 근거지와 거주지를 임의로 선택할 수 있는 자유를 뜻하는 것이지, 자신이 소속된 국적을 버리거나 변경할 자유, 즉 국적이탈의 자유가 포함되는 것은 아니다.   25 경찰 1차
(해설) 거주·이전의 자유에 포함

973 법무부령이 정하는 금액 이상의 추징금을 납부하지 아니한 자에게 출국을 금지할 수 있도록 한 「출입국관리법」 조항은 일정한 액수의 추징금 미납사실 외에 '재산의 해외도피 우려'라는 국가형벌권실현의 목적에 부합하는 요건을 추가적으로 요구함으로써 출국과 관련된 기본권의 제한을 최소한에 그치도록 배려하고 있으므로 추징금 미납자의 출국의 자유를 침해하지 않는다. X

법무부령이 정하는 금액 이상의 추징금을 납부하지 아니한 자에게 출국을 금지할 수 있도록 한 「출입국관리법」 조항은 단순히 금액을 기준으로 기본적인 인간의 권리를 제한하는 것으로 추징금 미납자의 출국의 자유를 침해한다.   25 경간
(해설) 출국의 자유 침해 아님

974 법인이 대도시 내에서 하는 부동산등기에 대하여 통상보다 높은 세율의 등록세를 부과하는 것은 해당 법인의 거주·이전의 자유를 침해하지 않는다. X   12 국가 7

거주·이전의 자유는 성질상 법인이 누릴 수 있는 기본권이 아니므로, 법인의 대도시내 부동산 취득에 대하여 통상 보다 높은 세율인 5배의 등록세를 부과함으로써 법인의 대도시내 활동을 간접적으로 억제하는 것은 법인의 직업수행의 자유를 제한할 뿐이다.   20 법원 9
(해설) 거주·이전의 자유: 법인에게 인정됨 / 직업수행의 자유와 거주·이전의 자유 제한함

975 법인이 과밀억제권역 내에 본점의 사업용 부동산으로 건축물을 신축하여 이를 취득하는 경우 취득세를 중과세하는 구「지방세법」 조항은 법인의 거주·이전의 자유와 영업의 자유를 침해하지 않는다. O

법인이 과밀억제권역 내에 본점의 사업용 부동산으로 건축물을 신축하여 이를 취득하는 경우 취득세를 중과세하는 구「지방세법」 조항은 인구유입과 경제력 집중의 효과가 뚜렷한 건물의 신축, 증축 그리고 부속토지의 취득만을 그 적용대상으로 한정하여 부당하게 중과세할 소지를 제거하였다 하더라도 여전히 인구유입 또는 경제력 집중을 유발하는 효과가 없는 경우까지 이 조항을 적용할 수 있으므로 법인의 거주·이전의 자유를 침해한다.   25 경정
(해설) 거주·이전의 자유 침해 아님

976 거주 · 이전의 자유는 국민에게 그가 선택할 직업 내지 그가 취임할 공직을 그가 선택하는 임의의 장소에서 자유롭게 행사할 수 있는 권리까지 보장하는 것은 아니다. 23 경찰 1차

977 누구든지 주민등록 여부와 무관하게 거주지를 자유롭게 이전할 수 있어서, 주민등록 여부가 거주 · 이전의 자유와 직접적인 관계가 있다고 보기도 어렵고, 영내 기거하는 현역병은 「병역법」으로 말미암아 거주 · 이전의 자유를 제한받게 된다. 따라서 군인이 영내에 거주할 때 그가 속한 세대의 거주지에 주민등록을 하게 할지라도 그의 거주 · 이전의 자유는 제한되지 않는다.6 24 경찰 2차

978 병역준비역에 대하여 27세를 초과하지 않는 범위에서 단기 국외여행을 허가하도록 한 구 '병역의무자 국외여행 업무처리 규정'은 27세가 넘은 병역준비역의 거주 · 이전의 자유를 침해하지 않는다.3 (최신판례) 25 경간

지방자치단체의 장 선거에서 선거일 현재 계속하여 90일 이상 당해 지방자치단체의 관할구역 안에 주민등록이 되어 있을 것을 입후보의 요건으로 하는 「공직선거및선거부정방지법」 조항은, 입후보자가 그 체류지와 거주지의 자유로운 결정과 선택에 사실상 제약을 받게 되므로 입후보자의 거주 · 이전의 자유를 침해한다. 25 경찰 1차
(해설) 거주 · 이전의 자유 제한조차 아님

영내에 기거하는 군인은 그가 속한 세대의 거주지에서 등록하여야 한다고 규정하고 있는 「주민등록법」은 영내 기거 현역병의 거주 · 이전의 자유를 제한한다. 23 경정
(해설) 거주 · 이전의 자유 제한조차 아님

지방병무청장으로 하여금 병역준비역에 대하여 27세를 초과하지 않는 범위에서 단기 국외여행을 허가하도록 한 구 「병역의무자 국외여행 업무처리 규정」 해당 조항 중 '병역준비역의 단기 국외여행 허가기간을 27세까지로 정한 부분'은 27세가 넘은 병역준비역인 청구인의 거주 · 이전의 자유를 침해한다. 24 국가 7
(해설) 거주 · 이전의 자유 침해 X

KEY 134 직업선택의 자유 S

헌법 제15조 【직업선택의 자유】 모든 국민은 직업선택의 자유를 가진다.

979 직업선택의 자유는 각자의 생활의 기본적 수요를 충족시키는 방편이 되고 개성신장의 바탕이 된다는 점에서 주관적 공권의 성격을 가지면서도 국민 개개인이 선택한 직업의 수행에 의하여 국가의 사회질서와 경제질서가 형성된다는 점에서 사회적 시장경제질서라고 하는 객관적 법질서의 구성요소이기도 하다.8 22 소간

980 직업의 개념표지 가운데 '계속성'과 관련하여서는 주관적으로 활동의 주체가 어느 정도 계속적으로 해당 소득활동을 영위할 의사가 있고, 객관적으로도 그러한 활동이 계속성을 띨 수 있으면 족한 것으로, 휴가기간 중에 하는 일, 수습직으로서의 활동 등도 포함된다.4 24 법원 9

981 직업의 자유에 의한 보호의 대상이 되는 '직업'은 '생활의 기본적 수요를 충족시키기 위한 계속적 소득활동'을 의미하며 그러한 내용의 활동인 한 그 종류나 성질을 묻지 아니하므로, 대학생이 방학기간을 이용하여 학비 등을 벌기 위하여 학원강사로서 일하는 행위도 직업의 자유의 보호영역에 속한다.6 21 법무사

직업의 자유의 법적 성격 자체가 주관적 공권의 성격이므로, 각자의 생활의 수요를 충족시키는 방편이 되고 또한 개성신장의 바탕이 된다는 점에서 객관적 법질서의 성격을 인정할 수 없는 것이 원칙이다. 14 국회 8
(해설) 객관적 법질서의 성격 인정

직업의 자유에 의한 보호의 대상이 되는 직업은 생활의 기본적 수요를 충족시키기 위한 계속적 소득활동을 의미하며, 그 개념표지가 되는 '계속성'의 해석상 휴가기간 중에 하는 일, 수습직으로서의 활동 등은 이에 포함되지 않는다. 20 변호사
(해설) 휴가 중 업무, 수습직 포함

계속성과 생활수단성을 개념표지로 하는 직업의 개념에 비추어 보면 학업 수행이 본인인 대학생의 경우 방학기간을 이용하여 또는 휴학 중에 학비 등을 벌기 위해 학원강사로서 일하는 행위는 일시적인 소득활동으로서 직업의 자유의 보호영역에 속하지 않는다. 22 해경
(해설) 계속성을 띤 소득활동으로서 직업의 자유 보호영역에 속함

982 게임 결과물의 환전은 게임이용자로부터 게임 결과물을 매수하여 다른 게임이용자에게 이윤을 붙여 되파는 것으로, 이러한 행위를 영업으로 하는 것은 생활의 기본적 수요를 충족시키는 계속적인 소득활동이 될 수 있으므로 게임 결과물의 환전업은 **헌법 제15조가 보장하고 있는 직업에 해당한다.** ○
25 경정

983 헌법 제15조에서 보장하는 '직업'이란 생활의 기본적 수요를 충족시키기 위하여 행하는 계속적인 소득활동을 의미하고, **성매매는 그것이 가지는 사회적 유해성과는 별개로 성판매자의 입장에서 생활의 기본적 수요를 충족하기 위한 소득활동에 해당함을 부인할 수 없다 할 것이므로, 성매매를 한 자를 형사처벌하도록 한 규정은 성판매자의 직업선택의 자유를 제한**하고 있다. ○
24 법원 9

사회적으로 유해한 성매매행위를 처벌하는 조항은 성판매자의 성적자기결정권을 제한하지만, 직업선택의 자유를 제한한다고 할 수는 없다.
25 국회 8
(해설) 직업선택의 자유 제한함

984 헌법 제15조가 규정하는 **직업선택의 자유**는 자신이 원하는 직업을 자유롭게 선택하는 **좁은** 의미의 '**직업선택의 자유**'와 그가 선택한 직업을 자기가 원하는 방식으로 자유롭게 수행할 수 있는 '**직업수행의 자유**'를 **포함**하는 직업의 자유를 의미한다. ○
16 법원 9

985 직업선택의 자유에는 자신이 원하는 직업 내지 직종에 종사하는데 필요한 전문지식을 습득하기 위한 직업교육장을 임의로 선택할 수 있는 '**직업교육장 선택의 자유**'도 포함된다. ○
21 경정

직업선택의 자유에 직업 내지 직종에 종사하는데 필요한 전문지식을 습득하기 위한 직업교육장을 임의로 선택할 수 있는 직업교육장 선택의 자유까지 포함되는 것은 아니다.
20 소간
(해설) 직업교육장 선택의 자유도 포함

986 직업의 자유는 영업의 자유와 기업의 자유를 포함하고, 이러한 영업 및 기업의 자유를 근거로 원칙적으로 **누구나** 자유롭게 경쟁에 참여할 수 있다. ○
23 해경

987 **직장선택의 자유**는 개인이 그 선택한 직업분야에서 **구체적인 취업의 기회**를 가지거나, 이미 형성된 **근로관계를 계속 유지하거나 포기**하는 데 있어 **국가의 방해를 받지 않는 자유로운 선택·결정을 보호**하는 것을 내용으로 한다. ○
25 국회 8

직장선택의 자유는 개인이 선택한 직업분야에서 구체적인 취업의 기회를 가지거나, 이미 형성된 근로관계를 계속 유지하거나 포기하는 데에 있어 국가의 방해를 받지 않는 자유로운 선택·결정을 보호하는 것을 내용으로 하는바, 이 기본권은 원하는 직장을 제공하여 줄 것을 청구하거나 한번 선택한 직장의 존속보호를 청구할 권리를 보장하며, 사용자의 처분에 따른 직장상실로부터 보호하여 줄 것을 청구할 권리도 보장한다.
22 경정
(해설) 직장 제공·직장 존속보호·직장상실 보호 보장 X

988 직업의 자유에 '해당 직업에 합당한 보수를 받을 권리'까지 포함되어 있다고 보기는 어렵다. ○
23 해경

직업의 자유에 '해당 직업에 합당한 보수를 받을 권리'까지 포함되어 있다고 보아야 하므로, 경장의 1호봉 봉급월액을 중사의 1호봉 봉급월액보다 적게 규정한 것은 청구인의 직업수행의 자유를 침해한 것이다.
22 경찰 1차
(해설) 합당한 보수를 받을 권리 포함 X / 직업수행의 자유 침해 X

989 직업의 자유에는 해당 직업에 합당한 보수를 받을 권리까지 포함되어 있다고 보기 어려우므로 자신이 원하는 수준보다 적은 보수를 법령에서 규정하고 있다고 하여 **직업선택이나 직업수행의 자유가 침해된다고 할 수 없다.** ○
21 경정

직업의 자유에는 '해당 직업에 합당한 보수를 받을 권리'까지 포함되어 있어서 노동자는 동일하거나 동급, 동질의 유사 다른 직업군에서 수령하는 보수에 상응하는 보수를 요구할 수 있다.
24 해경
(해설) 합당한 보수를 받을 권리 불포함 / 보수 요구 不可

KEY 135 직업의 자유의 제한

990 직업수행의 자유는 직업결정의 자유에 비하여 상대적으로 그 침해의 정도가 작다고 할 것이므로 이에 대하여는 공공복리 등 공익상의 이유로 비교적 넓은 법률상의 규제가 가능하다. O
24 입시

991 소송사건의 대리인인 변호사가 수형자를 접견하고자 하는 경우 소송계속 사실을 소명할 수 있는 자료를 제출하도록 규정하고 있는 「형의 집행 및 수용자의 처우에 관한 법률 시행규칙」 중 '수형자 접견'에 관한 부분은 소송사건과 무관하게 수형자를 접견하는 소위 '집사 변호사'의 접견권 남용행위를 방지하기 위해 제정되었으므로 입법목적의 정당성은 인정된다. O
23 경간

소송사건의 대리인인 변호사가 수형자를 접견하고자 하는 경우 소송계속 사실을 소명할 수 있는 자료를 제출하도록 규정하고 있는 「형의 집행 및 수용자의 처우에 관한 법률 시행규칙」 중 '수형자 접견'에 관한 부분은 변호사 접견권 남용행위 방지에 실효적인 수단이며 수형자의 재판청구권 행사에 장애를 초래하지 않으므로 수단의 적합성이 인정된다.
23 경간
(해설) 수단의 적합성 부정

992 접촉차단시설이 설치되지 않은 장소에서의 수용자 접견 대상을 소송사건의 대리인인 변호사로 한정하는 법령 조항은 아직 소송대리인으로 선임되지 않은 변호사의 직업수행의 자유를 제한한다. O (최신판례)
25 국회 8

접촉차단시설이 설치되지 않은 장소에서의 수용자 접견 대상을 소송사건의 대리인인 변호사로 한정한 구 「형의 집행 및 수용자의 처우에 관한 법률 시행령」 조항은, 그로 인해 접견의 상대방인 수용자의 재판청구권이 제한되는 효과도 함께 고려하면 수용자의 대리인이 되려는 변호사의 직업수행의 자유와 수용자의 변호인의 조력을 받을 권리를 침해한다.
23 국가 7
(해설) 변호사의 직업수행의 자유를 침해하지 않음

993 의료인이 '치료효과를 보장하는 등 소비자를 현혹할 우려가 있는 내용의 광고'를 한 경우 형사처벌하도록 규정한 「의료법」 조항은 의료인의 표현의 자유뿐만 아니라 직업수행의 자유도 동시에 제한한다. O
17 변호사

994 학원이나 체육시설에서 어린이통학버스를 운영하는 자로 하여금 어린이통학버스에 반드시 보호자를 동승하여 운행하도록 한 「여객자동차 운수사업법」 조항은 어린이 등의 안전을 효과적으로 담보하는 중요한 역할을 하는 점 등에 비추어 보면 학원이나 체육시설에서 어린이통학버스를 운영하는 자의 직업수행의 자유를 침해한다고 볼 수 없다. O
21 입시

어린이통학버스를 운영함에 있어서 반드시 보호자를 동승하도록 하는 조항은 동승보호자의 추가 고용에 따른 비용 지출을 유발할 뿐 학원의 영업방식을 직접 제한하는 것은 아니므로 그로 인해 직업수행의 자유는 제한되지 아니한다.
22 법무사
(해설) 직업수행의 자유 제한

995 최저임금의 적용을 위하여 주(週) 단위로 정해진 비교대상임금을 시간에 대한 임금으로 환산할 때, 1주 동안의 소정근로시간 수와 법정 주휴시간 수를 합산한 시간 수로 해당 임금을 나누도록 하는 규정은 근로자를 고용하여 재화나 용역을 제공하는 사용자의 활동을 제한한다는 측면에서 직업의 자유를 제한한다. O
22 법무사

최저임금의 적용을 위해 주(週) 단위로 정해진 근로자의 임금을 시간에 대한 임금으로 환산할 때, 해당 임금을 1주 동안의 소정근로시간 수와 법정 주휴시간 수를 합산한 시간 수로 나누도록 한 「최저임금법 시행령」 해당 조항은 사용자의 계약의 자유 및 직업의 자유를 침해한다.
24 경간
(해설) 계약의 자유 및 직업의 자유 침해 X

996 「근로기준법」상 근로시간에 대한 주 52시간 상한제 조항은 연장근로 시간에 관한 사용자와 근로자 간의 계약 내용을 제한한다는 측면에서는 사용자와 근로자의 계약의 자유를 제한하고, 근로자를 고용하여 재화나 용역을 제공하는 사용자의 활동을 제한한다는 측면에서는 직업의 자유를 제한한다. O (최신판례)
24 국회 8

997 어떠한 **직업분야에 관한 자격제도를** 만들면서 그 자격요건을 어떻게 설정할 것인가에 관하여는 국가에게 **폭넓은 입법재량권이** 부여되어 있는 것이므로 다른 방법으로 직업선택의 자유를 제한하는 경우에 비하여 보다 **유연하고 탄력적인 심사가 필요**하다 할 것이다. 5   20 법무사

어떠한 직업분야에 관한 자격제도를 만들면서 그 자격요건을 어떻게 설정할 것인가에 관하여는 그 입법재량의 폭이 좁다 할 것이므로, 과잉금지원칙을 적용함에 있어서는 다른 방법으로 직업선택의 자유를 제한하는 경우에 비하여 보다 엄격한 심사가 필요하다.   24 법원 9

(해설) 폭넓은 입법재량 有, 유연한 심사 필요

998 입법자가 정한 전문분야에 관한 자격제도에 대해서는 그 내용이 **불합리하고 불공정하지 않은 한 입법자의 정책판단은 존중**되어야 하며, **자격요건에 관한 법률조항은 합리적인 근거 없이 현저히 자의적인 경우에만 헌법에 위반**된다고 할 수 있다. 8   18 경정

999 성인 대상 성범죄로 형을 선고받아 확정된 자로 하여금 재범의 위험성 여부를 불문하고 그 형의 집행을 종료한 날부터 10년간 일률적으로 취업제한을 부과하는 것은 침해의 최소성과 법익의 균형성 원칙에 위반되어 **직업선택의 자유를 침해**한다. 7   17 지방 7

성인대상 성범죄로 형을 선고받아 확정된 자로 하여금 그 형의 집행을 종료한 날부터 10년 동안 의료기관을 개설하거나 의료기관에 취업할 수 없도록 한 구 「아동·청소년의 성보호에 관한 법률」 조항은 직업선택의 자유를 침해하지 않는다.   25 5급

(해설) 직업선택의 자유 침해

1000 아동학대관련범죄로 형을 선고받아 확정된 자로 하여금 그 형이 확정된 때부터 형의 집행이 종료되거나 집행을 받지 아니하기로 확정된 후 10년까지의 기간 동안 아동관련기관인 체육시설 등을 운영하거나 그에 취업할 수 없게 하는 법률조항은 '**주관적 요건에 의한 좁은 의미의 직업선택의 자유**'에 대한 제한에 해당한다. 4   24 입시

아동학대 관련 범죄로 형을 선고받아 확정된 자로 하여금 그 형이 확정된 때부터 형의 집행이 종료되거나 집행을 받지 아니하기로 확정된 후 10년 동안 아동 관련 기관인 체육시설 등을 운영하거나 학교에 취업할 수 없도록 제한하는 것은 아동학대 관련 범죄전력자의 직업선택의 자유를 침해하지 아니한다.   21 입시

(해설) 직업선택의 자유 침해

1001 당사자의 능력이나 자격과 상관없는 **객관적 사유에 의한 직업선택의 자유에 대한 제한은 월등하게 중요한 공익**을 위하여 명백하고 확실한 위험을 방지하기 위한 경우에만 정당화될 수 있기 때문에 **엄격한 비례의 원칙**이 그 심사척도가 된다. 5   25 입시

KEY 136 직업선택의 자유 관련판례 A

1002 감염병의 유행은 일률적이고 광범위한 기본권 제한을 허용하는 면죄부가 될 수 없고, 감염병의 확산으로 인하여 의료자원이 부족할 수도 있다는 막연한 우려를 이유로 확진환자 등의 **국가시험응시를 일률적으로 금지**하는 것은 **직업선택의 자유를 과도하게 제한**한 것이다. 1 (최신판례)   23 경채

1003 고위험자의 정의나 판단기준을 정하지 않고 시험장 출입 시 또는 시험 중에 37.5도 이상의 발열이나 기침 또는 호흡곤란 등의 호흡기 증상이 있는 응시자 중 **국가시험 주관부서의 판단에 따라 고위험자를 지정하여 의료기관에 일률적으로 이송하도록 하는 것은 피해의 최소성을 충족하지 못하여 직업선택의 자유를 침해**한다. 1 (최신판례)

고위험자의 정의나 판단기준을 정하고 있지 않다고 하더라도, 시험장 출입 시 또는 시험 중에 37.5도 이상의 발열이나 기침 또는 호흡곤란 등의 호흡기 증상이 있는 응시자 중 국가시험 주관부서의 판단에 따른 고위험자를 의료기관에 일률적으로 이송하도록 하는 것은 피해의 최소성을 충족한다.   23 경채

(해설) 고위험자 일률 이송 : 피해의 최소성 충족 X, 직업선택의 자유 침해

1004 복수면허 의료인에게 양방이든 한방이든 하나의 의료기관만을 개설하도록 하는 것은 복수면허 의료인들의 **직업의 자유**를 **침해한다.** 20 5급

1005 변호사의 자격이 있는 자에게 더 이상 세무사 자격을 부여하지 않는 구「세무사법」조항은 같은 법 시행일 이후 변호사 자격을 취득한 변호사들의 **직업선택의 자유를 침해한다고 볼 수 없다.** 25 경간

변호사의 자격이 있는 자에게 더 이상 세무사 자격을 부여하지 않는 구「세무사법」해당 조항은 시행일 이후 변호사 자격을 취득한 사람들의 직업선택의 자유를 침해한다. 23 소간
(해설) 직업선택의 자유를 침해 X

1006 고체 형태의 세안용 비누를 수입·판매하려는 자에게 화장품책임판매업 등록을 하고, **책임판매관리자를 의무적으로 두도록 요구하는**「화장품법」조항은 **직업선택의 자유를 침해하지 않는다.** (최신판례)

고체 형태의 세안용 비누를 수입·판매하려는 자에게 화장품책임판매업 등록을 하고, 책임판매관리자를 의무적으로 두도록 요구하는「화장품법」조항은 직업선택의 자유를 침해한다. 25 입시
(해설) 직업선택의 자유 침해 아님

1007 「마약류 관리에 관한 법률」을 위반하여 금고 이상의 실형을 선고받고 그 집행이 끝나거나 면제된 날부터 20년이 지나지 아니한 것을 택시운송사업의 운전업무 종사자격의 결격사유 및 취소사유로 정한 구「여객자동차운수사업법」조항은 **직업선택의 자유를 침해한다.** 17 국회 8

「마약류 관리에 관한 법률」을 위반하여 금고 이상의 실형을 선고받고 그 집행이 끝나거나 면제된 날부터 20년이 지나지 아니한 것을 택시운송사업의 운전업무 종사자격의 결격사유 및 취소사유로 정한 것은 사익을 제한함으로써 달성할 수 있는 공익이 더욱 중대하므로 법익의 균형성 원칙도 충족하고 있다. 19 국가 7
(해설) 법익의 균형성 원칙에 반함

1008 금고 이상의 형의 집행유예선고를 받고 그 유예기간 중에 있는 자에 대하여 **특수경비원이 될 수 없도록 규정한** 구「경비업법」조항은 특수경비원의 도덕성, 준법의식 등을 확보하고, 성실하고 공정한 직무수행을 위한 자질을 담보하여 국민의 신뢰를 제고하기 위한 것이므로 **직업의 자유를 침해하지 않는다.** (최신판례)

금고 이상의 형의 집행유예선고를 받고 그 유예기간 중에 있는 자에 대하여 특수경비원이 될 수 없도록 규정한 구「경비업법」조항은 민간근로자인 특수경비원에게 공무원과 같은 수준의 준법의무 내지 성실의무를 요구하여 지나치게 공익만을 우선하는 것이므로 직업의 자유를 침해한다. 25 변호사
(해설) 직업의 자유 침해 아님

1009 국민권익위원회 심사보호국 소속 5급 이하 7급이상의 일반직공무원으로 하여금 퇴직일부터 3년간 취업심사대상기관에 취업할 수 없도록 한「공직자윤리법」및 동법 시행령 조항은 과잉금지원칙에 위배되어 **직업선택의 자유를 침해하지 않는다.** (최신판례) 24 해간

1010 사회복무요원은 출·퇴근 근무를 원칙으로 하며 퇴근 이후에는 상대적으로 자유로운 생활관계를 형성하고 있는바, 사회복무요원이 '복무기관의 장의 허가 없이 다른 직무를 겸하는 행위'를 한 경우 경고처분하고, 경고처분 횟수가 더하여질 때마다 5일을 연장하여 복무하도록 하는「병역법」제33조 제2항은 사회복무요원인 청구인의 **직업의 자유 내지 일반적 행동자유권을 침해하지 않는다.** (최신판례)

사회복무요원은 출·퇴근 근무를 원칙으로 하며 퇴근 이후에는 상대적으로 자유로운 생활관계를 형성하고 있는바, 사회복무요원이 '복무기관의 장의 허가 없이 다른 직무를 겸하는 행위'를 한 경우 경고처분하고, 경고처분 횟수가 더하여질 때마다 5일을 연장하여 복무하도록 하는「병역법」제33조 제2항은 사회복무요원인 청구인의 직업의 자유를 침해한다. 23 경찰 2차
(해설) 직업의 자유 침해 X

1011 시설경비업을 허가받은 경비업자로 하여금 허가받은 경비업무 외의 업무에 경비원을 종사하게 하는 것을 금지하고 이를 위반한 경비업자에 대한 허가를 취소하도록 규정한「경비업법」상 조항은 **직업의 자유를 침해한다.** (최신판례) 24 경간

1012 운전면허를 받은 사람이 다른 사람의 자동차등을 훔친 경우에는 **운전면허를 필요적으로 취소**하도록 한 「도로교통법」 조항은 운전면허 소지자의 **직업의 자유를 침해한다.** 22 입시

운전면허를 받은 사람이 다른 사람의 자동차를 훔친 경우 운전면허를 필요적으로 취소하게 하는 것은, 자동차 운행과정에서 야기될 수 있는 교통상 위험과 장해를 방지함으로써 안전하고 원활한 교통을 확보하기 위한 것으로서, 자동차 절도라는 불법의 정도에 상응하는 제재수단에 해당하여 직업의 자유를 침해하지 않는다. 17 국가 7(추)
(해설) 직업의 자유 침해

1013 운전면허를 받은 사람이 자동차를 이용하여 살인 또는 강간 등 행정안전부령이 정하는 범죄행위를 한 때 **필요적으로 운전면허를 취소**하도록 규정한 구 「도로교통법」 조항은 **직업의 자유 및 일반적 행동자유권을 침해한다.** 23 경정

운전면허를 받은 사람이 자동차를 이용하여 살인 또는 강간 등 행정안전부령이 정하는 범죄행위를 한 때 운전면허를 취소하도록 한 구 「도로교통법」 조항은 직업의 자유를 침해하지 않는다. 25 5급
(해설) 직업의 자유 침해

1014 아동학대관련범죄로 처벌받은 어린이집 원장 또는 보육교사의 자격을 행정청으로 하여금 **취소**할 수 있도록 규정한 「영유아보육법」상 조항은 **직업의 자유를 침해하지 않는다.**
(최신판례)

아동학대관련범죄로 처벌받은 어린이집 원장 또는 보육교사의 자격을 행정청으로 하여금 취소할 수 있도록 규정한 「영유아보육법」상 조항은 직업의 자유를 침해한다. 24 경간
(해설) 직업의 자유 침해 아님

1015 중개법인의 임원이 「공인중개사법」을 위반하여 300만 원 이상의 벌금형의 선고를 받고 3년이 지나지 아니한 자에 해당하는 경우 중개법인의 등록을 필요적으로 **취소**하도록 하는 것은 해당 중개법인의 **직업의 자유를 침해하지 않는다.**
(최신판례)

중개법인의 임원이 「공인중개사법」을 위반하여 300만 원 이상의 벌금형의 선고를 받고 3년이 지나지 아니한 자에 해당하는 경우 중개법인의 등록을 필요적으로 취소하도록 하는 것은 해당 중개법인의 직업의 자유를 침해한다. 24 국회 8, 24 해경
(해설) 직업의 자유 침해 아님

1016 청원경찰이 저지른 범죄의 종류나 내용을 불문하고 범죄행위로 금고 이상의 형의 선고유예를 받게 되면 **당연히 퇴직**되도록 규정한 것은 이를 통해 달성하려는 공익의 비중에도 불구하고 청원경찰의 직업의 자유를 과도하게 제한하고 있어 헌법에 위반된다. 18 국가 7

청원경찰이 금고 이상의 형의 선고유예를 받은 경우 당연퇴직되도록 규정한 「청원경찰법」 관련 조항은 청원경찰이 저지른 범죄의 종류나 내용에 따른 적절한 제재로서 청원경찰의 직업의 자유를 침해하는 것이 아니다. 16 법무사
(해설) 직업의 자유 침해

1017 「성폭력범죄의 처벌 등에 관한 특례법」의 **성폭력범죄**에 해당하는 「형법」상 **강제추행죄**를 범하여 금고 이상의 형의 집행유예를 선고받고 그 집행유예기간 중에 있는 사람에 대하여 **택시운전자격을 필요적으로 취소**하도록 하고 있는 「여객자동차 운수사업법」 조항은 **직업의 자유를 침해하지 않는다.** 25 변호사

택시운전자격을 취득한 사람이 강제추행 등 성범죄를 범하여 금고 이상의 형의 집행유예를 선고받은 경우 그 자격을 취소하도록 규정한 「여객자동차 운수사업법」 관련 조항은 과잉금지원칙에 위배되어 직업의 자유를 침해한다. 18 국회 9
(해설) 직업의 자유 침해 아님

KEY 137 직업수행의 자유 관련판례

1018 유치원, 대학교의 학교환경위생정화구역 안에 당구장 설치를 금지하는 것은 **직업의 자유를 침해**하여 헌법에 위반되나, 초·중·고등학교의 학교환경위생정화구역 안에 당구장 설치를 금지하는 것은 **직업의 자유를 침해하지 않는다.**

유치원, 초·중·고등학교, 대학교 학교환경위생정화구역 내에 당구장시설을 하지 못하도록 제한하는 것은 직업행사의 자유를 침해하는 것이라 할 수 없다. 23 경정
(해설) 유치원, 대학교 설치 금지 : 직업의 자유 침해 O / 초·중·고 설치 금지: 합헌

1019 유치원 주변 학교환경위생 정화구역에서 성관련 청소년유해물건을 제작·생산·유통하는 청소년유해업소를 예외 없이 금지하는 구 「학교보건법」 조항은 청구인들의 **직업의 자유를 침해하지 않는다.** 23 경간

유치원 주변 학교환경위생 정화구역에서 성관련 청소년유해물건을 제작·생산·유통하는 청소년 유해업소를 예외 없이 금지하는 구 「학교보건법」 관련조항은 직업의 자유를 침해한 것이다. 20 경정
(해설) 직업의 자유 침해 X

1020 「교육환경 보호에 관한 법률」상의 상대보호구역에서 「게임산업진흥에 관한 법률」상의 '복합유통게임제공업' 시설을 갖추고 영업을 하는 것을 원칙적으로 금지하는 것은 **교육환경보호구역 안의 토지나 건물의 임차인 내지 복합유통게임제공업을 영위하고자 하는 자의 직업수행의 자유를 침해하지 아니한다.** (최신판례) 24 국회 8

1021 '전문과목을 표시한 치과의원은 그 표시한 전문과목에 해당하는 환자만을 진료하여야 한다.'고 규정한 「의료법」 제77조 제3항은 치과전문의들의 **직업수행의 자유와 평등권을 침해**하므로 헌법에 위반된다. 16 국회 8

전문과목을 표시한 치과의원은 그 표시한 전문과목에 해당하는 환자만을 진료하여야 한다고 규정한 것은 치과전문의를 의사전문의와 한의사전문의에 비하여 합리적 이유 없이 차별하는 것이 아니므로 헌법에 위배되지 않는다. 20 입시
(해설) 직업수행의 자유, 평등권 침해

1022 전문과목을 표시한 치과의원은 그 표시한 '전문과목'에 해당하는 환자만을 진료하여야 한다고 규정한 「의료법」 조항은 **명확성원칙에 위배되지 않는다.** 22 해간, 22 해경

전문과목을 표시한 치과의원은 그 표시한 전문과목에 해당하는 환자만을 진료하여야 한다고 규정한 「의료법」 제77조 제3항은 신뢰보호원칙에 위배된다. 17 입시
(해설) 신뢰보호원칙 위배 아님

1023 이미 국내에서 치과의사면허를 취득하고 외국의 의료기관에서 치과전문의 과정을 이수한 사람들에게 국내에서 **전문의 과정을 다시 이수할 것을 요구하는 것은 치과의사의 직업수행의 자유를 침해한다.** 22 소간

1024 "약사 또는 한약사가 아니면 약국을 개설할 수 없다."고 규정한 「약사법」 조항은 법인을 구성하여 약국을 개설·운영하려고 하는 **약사들 및 이들로 구성된 법인의 직업선택(직업수행)의 자유와 결사의 자유를 침해한다.** 22 5급

1025 안경사 면허를 가진 자연인에게만 안경업소의 개설 등을 할 수 있도록 한 것은 **자연인 안경사와 법인의 직업의 자유를 침해하지 아니한다.** 5

안경사 면허를 가진 자연인에게만 안경업소의 개설 등을 할 수 있도록 하고, 이를 위반 시 처벌하도록 규정한 구 「의료기사 등에 관한 법률」 조항은 법인을 설립하여 안경업소를 개설하고자 하는 자연인 안경사와 안경업소를 개설하고자 하는 법인의 직업의 자유를 침해한다. 24 경정
(해설) 직업의 자유 침해 아님

1026 코로나19 팬데믹 사태로 약사가 환자에게 **의약품을 교부함에 있어 그 교부방식을 환자와 약사가 협의하여 결정할 수 있도록 한시적 예외를 인정하였다고 해도 의약품의 판매장소를 약국 내로 제한하는 것은** 국민의 건강과 직접 관련된 보건의료 분야라는 점을 고려할 때, 과잉금지원칙을 위반하여 **약국 개설자의 직업수행의 자유를 침해한다고 볼 수 없다.** (최신판례) 23 경채

1027 헌법재판소는 동물약국 개설자가 수의사 또는 수산질병관리사의 처방전 없이 판매할 수 없는 동물용의약품을 규정한 「처방대상 동물용 의약품 지정에 관한 규정」 제3조가 의약분업이 이루어지지 않은 동물 분야에서 수의사가 동물용의약품에 대한 처방과 판매를 사실상 독점할 수 있도록 하여 **동물약국 개설자의 직업수행의 자유를 침해하는지 여부를 판단하는 이상 평등권 침해 여부에 관하여는 따로 판단하지 아니하였다.** (최신판례) 24 국회 8

1028 법무사 1인이 채용할 수 있는 사무원의 수를 5인을 초과하지 못한다고 규정한 「법무사규칙」 조항은 소속 지방법무사협회가 제반사정을 고려하여 5인을 초과하는 사무원 채용을 승인하는 등의 대안이 있음에도 이를 간과한 것으로 과잉금지의 원칙에 위배되어 법무사인 청구인의 **직업수행의 자유를 침해하지 않는다**. / 최신판례

법무사 1인이 채용할 수 있는 사무원의 수를 5인을 초과하지 못한다고 규정한 「법무사규칙」 조항은 소속 지방법무사협회가 제반사정을 고려하여 5인을 초과하는 사무원 채용을 승인하는 등의 대안이 있음에도 이를 간과한 것으로 과잉금지의 원칙에 위배되어 법무사인 청구인의 직업의 자유를 침해한다. 25 경정

해설 직업수행의 자유 침해 아님

1029 사업주로부터 위임을 받아 고용보험 및 산재보험에 관한 보험사무를 대행할 수 있는 기관의 자격을 일정한 기준을 충족하는 단체 또는 법인, 공인노무사, 세무사로 한정하고 있는 「고용보험 및 산업재해 보상보험의 보험료징수 등에 관한 법률」 조항은 개인 공인회계사의 **직업의 자유를 침해한다고 볼 수 없다**. / 최신판례   24 국회 8

1030 '식품 등의 표시기준'상 식품이나 식품의 용기포장에 음주전후 또는 숙취해소라는 표시를 금지하는 것은 **영업의 자유, 표현의 자유 및 특허권을 침해한다**. ✗   23 경간

식품이나 식품의 용기 · 포장에 '음주전후' 또는 '숙취해소'라는 표시를 금지하는 것은 음주를 조장하는 내용에 대한 정당한 금지로 영업의 자유를 침해하지 아니한다.   15 지방 7

해설 영업의 자유 침해

1031 건설업자가 명의대여행위를 한 경우 그 **건설업 등록을 필요적으로 말소하도록** 규정한 것은 **직업수행의 자유 및 재산권을 침해한다고 할 수 없다**. ✗   15 경정

건설업자가 명의대여행위를 한 경우 그 대여행위의 동기, 과정 및 피해자의 유무 등을 고려하여 그에 상응하는 조치나 영업정지 및 등록말소 등의 행정상 제재를 부과할 수 있음에도 불구하고, 그 건설업의 등록을 필요적으로 말소하도록 하는 것은 과잉금지원칙을 위반하여 건설업자의 직업수행의 자유를 침해하는 것이다.   22 소간

해설 직업수행의 자유 침해 X

1032 건전한 상식과 통상적인 법감정을 가진 사람은 「군복 및 군용장구의 단속에 관한 법률」상 판매목적 소지가 금지되는 '유사군복'에 어떠한 물품이 해당하는지 예측할 수 있고, 유사군복을 정의한 조항에서 법 집행자에게 판단을 위한 합리적 기준이 제시되고 있으므로 '유사군복' 부분은 **명확성원칙에 위반되지 아니한다**. ✗   20 변호사

유사군복을 판매할 목적으로 소지하는 행위를 처벌하는 조항은 오인 가능성이 낮은 유사품이나 단순 밀리터리룩 의복을 취급하는 행위를 제외하고 있다고 하더라도 국가안전보장과 질서를 유지하려는 공익에 비추어 볼 때 직업선택의 자유를 과도하게 제한한다.   20 국회 8

해설 직업의 자유 침해 아님

1033 문화체육관광부장관이 정부광고 업무를 한국언론진흥재단에 위탁하도록 하는 시행령 조항은 정부광고 대행 업무를 직접 수주할 수 없도록 함으로써 광고대행업을 영위하는 법인의 **직업수행의 자유를 제한한다**. / 최신판례   25 국회 8

1034 시내버스운송사업자가 사업계획 가운데 운행대수 또는 운행횟수를 증감하려는 때에는 국토교통부장관 또는 시 · 도지사의 인가를 받거나 신고하도록 하고 이를 위반한 경우 처벌하는 「여객자동차 운수사업법」 조항은 시내버스운송사업자의 **직업수행의 자유를 침해한다고 볼 수 없다**. / 최신판례   24 국회 8

1035 일반게임제공업자 등이 게임물의 버튼 등 입력장치를 자동으로 조작하여 게임을 진행하는 장치 또는 소프트웨어를 제공하거나 게임물 이용자가 이를 이용하게 해서는 안 된다고 하는 것은 일반 게임제공업자의 **직업의 자유를 침해하지 않는다**. / 최신판례   22 국회 9

1036 간행물 판매자에게 정가 판매 의무를 부과하고, 가격할인의 범위를 가격할인과 경제상의 이익을 합하여 정가의 15퍼센트 이하로 제한하는 법률 조항은 과잉금지원칙에 위배되어 직업의 자유를 침해한다고 할 수 없다. (최신판례) 25 국회 8

1037 허가된 어업의 어획효과를 높이기 위하여 다른 어업의 도움을 받아 조업활동을 하는 행위를 금지한 「수산자원관리법」 조항은 직업수행의 자유를 침해하지 않는다. (최신판례) 24 해경

1038 시장·군수·자치구청장이 지방자치단체의 조례로 정하는 바에 따라 일정한 구역을 지정·고시하여 가축의 사육을 제한할 수 있도록 한 「가축분뇨의 관리 및 이용에 관한 법률」 조항은 포괄위임금지원칙에 위배되지 아니한다. (최신판례) 25 국회 8

가축사육의 제한이 필요하다고 인정되는 지역에 대해 해당 지방자치단체의 조례로 정하는 바에 따라 가축사육제한구역을 지정·고시할 수 있도록 규정하고 있는 「가축분뇨의 관리 및 이용에 관한 법률」 조항은 사실상 특정 지역에서 축산업 종사를 금지한 것으로, 직업수행의 자유를 형해화하여 직업의 자유를 침해한다. 25 변호사

(해설) 직업의 자유 침해 아님

KEY 138 재산권   S

> 헌법 제23조 ① 【재산권】 모든 국민의 **재산권**은 보장된다. 【기본권 형성적 법률유보】 그 **내용과 한계는 법률**로 정한다.
> ② 【공공복리 적합의무】 재산권의 행사는 **공공복리에 적합**하도록 하여야 한다.

1039 헌법이 보장하고 있는 재산권은 '경제적 가치가 있는 모든 공법상·사법상의 권리'이고, 이때 재산권 보장에 의하여 보호되는 재산권은 '사적 유용성 및 그에 대한 원칙적 처분권을 내포하는 재산가치가 있는 구체적 권리'를 의미한다. 20 입시

1040 우리 헌법의 재산권 보장은 사유재산의 처분과 그 상속을 포함하는 것인바, 유언자가 **생전에 최종적으로 자신의 재산권에 대하여 처분할 수 있는 법적 가능성을 의미하는 유언의 자유는 생전증여에 의한 처분과 마찬가지로 헌법상 재산권의 보호를 받는다.** 23 법원 9

헌법의 재산권 보장은 사유재산의 사용과 그 처분을 포함하는 것인바, 유언자가 생전에 최종적으로 자신의 재산권에 대하여 처분할 수 있는 법적 가능성을 의미하는 유언의 자유가 생전증여에 의한 처분과 마찬가지로 헌법상 재산권의 보호를 받는 것은 아니다. 23 경찰 2차

(해설) 유언의 자유는 재산권의 보호를 받음

1041 공무원의 보수청구권은, 법률 및 법률의 위임을 받은 하위법령에 의해 그 **구체적 내용이 형성되면 재산적 가치가 있는 공법상의 권리**가 되어 재산권의 내용에 포함되지만, 법령에 의하여 **구체적 내용이 형성되기 전의 권리**, 즉 공무원이 국가 또는 지방자치단체에 대하여 어느 수준의 보수를 청구할 수 있는 권리는 단순한 기대이익에 불과하여 재산권의 내용에 포함된다고 볼 수 없으므로 「공무원보수규정」의 해당 부분은 **재산권을 침해하지 않는다.** 22 경찰 1차

공무원이 국가 또는 지방자치단체에 대하여 어느 수준의 보수를 청구할 수 있는 권리는 헌법상 보장된 공무원의 재산권이다. 18 법무사

(해설) 재산권 X

1042 건강보험수급권은 가입자가 납부한 **보험료에 대한 반대급부**의 성격을 가지며, 보험사고로 초래되는 재산상 부담을 전보하여 주는 **경제적 유용성**을 가지므로, **헌법상 재산권의 보호범위에 속한다.** 23 경간

1043 일본국에 의하여 광범위하게 자행된 반인도적 범죄행위에 대하여 **일본군위안부 피해자들이 일본에 대하여 가지는 배상청구권은 헌법상 보장되는 재산권**에 해당한다. ✗   16 경정

일본국에 의하여 광범위하게 자행된 반인도적 범죄행위에 대하여 일본군위안부 피해자들이 일본에 대하여 가지는 배상청구권은 인간으로서의 존엄과 가치의 침해와 직접 관련이 있을 뿐 이를 헌법상 보장되는 재산권이라고 할 수는 없다.   12 국가 7

해설 헌법상 보장되는 재산권임

1044 「우편법」에 규정된 우편물의 지연배달에 따른 **손해배상청구권은 헌법이 보장하는 재산권의 내용에 포함**되는 권리이다. ✗   22 입시

「우편법」에 의한 우편물의 지연배달에 따른 손해배상청구권은 헌법상 보호되는 재산권이 아니다.   15 법원 9

해설 재산권임

1045 개인택시운송사업자는 장기간의 모범적인 택시운전에 대한 **보상의 차원**에서 개인택시면허를 취득하였거나, **고액의 프리미엄을 지급**하고 개인택시면허를 양수한 사람들이므로 **개인택시면허는 자신의 노력으로 혹은 금전적 대가를 치르고 얻은 재산권**이라고 할 수 있다. ○   20 입시

개인택시면허는 경제적 가치가 있는 사법상의 권리로서 헌법에 의하여 보호되는 재산권에 해당되지는 아니한다.   13 서울 7

해설 재산권에 해당함

1046 수용된 토지가 당해 공익사업에 필요없게 되거나 이용되지 아니하였을 경우에 피수용자가 그 토지소유권을 회복할 수 있는 권리, 즉 **환매권은 헌법이 보장하는 재산권의 내용에 포함되는 권리**이다. ✗   16 경정

1047 「국민건강보험법」상 **의료보험조합의 적립금은 헌법 제23조에 의하여 보장되는 재산권의 보호대상**이라고 볼 수 없다. ✗

「국민건강보험법」상 의료보험조합의 적립금은 헌법상 재산권으로 보장받을 수 있다.   12 국회 9

해설 재산권의 보호대상 X

1048 상공회의소의 **의결권 또는 회원권은 그 회원들의 헌법상 보장되는 재산권이 아니다.** ✗   15 법원 9

상공회의소의 의결권은 헌법상 보장되는 재산권에 해당한다.   23 경간

해설 재산권 아님

1049 사회부조와 같이 **국가의 일방적인 급부에 대한 권리는 재산권의 보호대상에서 제외**되고, 단지 사회법상의 지위가 **자신의 급부에 대한 등가물에 해당**하는 경우에 한하여 **사법상의 재산권과 유사한 정도로 보호받아야 할 공법상의 권리가 인정된다.** ○   23 변호사

공법상의 권리가 헌법상의 재산권보장의 보호를 받기 위해서는 원칙적으로 권리주체의 노동이나 투자, 특별한 희생에 의하여 획득되어 자신이 행한 급부의 등가물에 해당하는 것이어야 하지만, 예외적으로 사회부조와 같은 국가의 일방적인 급부에 대한 권리도 재산권의 보호대상이 될 수 있다.   24 입시

해설 사회부조 재산권의 보호대상 안 됨

1050 의료급여법상 **의료급여수급권은 공공부조의 일종**으로 순수하게 사회정책적 목적에서 주어지는 권리이므로 개인의 노력과 금전적 기여를 통하여 취득되는 **재산권의 보호대상에 포함된다고 보기 어렵다.** ○   14 법무사

의료급여수급권은 저소득 국민에 대한 국가의 지원정책이고 국가에 대한 공법적 청구권이므로 헌법상 재산권에 해당한다.   13 지방 7

해설 재산권 X

1051 「국민연금법」상 연금수급권 내지 연금수급기대권이 재산권의 보호대상인 사회보장적 급여라고 한다면 **사망일시금은 헌법상 재산권에 해당하지 아니한다.** ✗

「국민연금법」상 연금수급권 내지 연금수급기대권이 재산권의 보호대상인 사회보장적 급여라고 한다면 사망일시금은 헌법상 재산권에 해당한다.   22 경정

해설 사망일시금 재산권 X

1052 교원의 정년을 단축하여 계속 재직하면서 **재화를 획득할 수 있는 기회를 박탈하는 것은 재산권보장의 대상이 아니다.** ✗

교원의 정년을 단축하여 계속 재직하면서 재화를 획득할 수 있는 기회를 박탈하는 것은 재산권 침해이다.   16 서울 7

해설 재산권 침해 X

1053 「공무원연금법」에서 19세 미만인 자녀에 대하여 아무런 제한 없이 **퇴직유족연금일시금을 선택할 수 있게 하고**, 또 그 금액도 **다른 유족과 동일한 계산식에 따라 산출**하게 한 것은 다른 유족의 **재산권을 침해하지 않는다.** ○ 최신판례 24 해간

「공무원연금법」에서 19세 미만인 자녀에 대하여 아무런 제한 없이 퇴직유족연금일시금을 선택할 수 있게 하고 또 그 금액도 다른 유족과 동일한 계산식에 따라 산출하게 한 것은 다른 유족의 재산권을 침해한다.   24 국회 8

해설 재산권 제한도 아님

1054 「감염병예방법」에 근거한 집합제한 조치로 인하여 일반음식점 영업이 제한되어 영업이익이 감소되었다고 하더라도, 일반음식점 운영자가 소유하는 영업 시설·장비 등에 대한 구체적인 사용·수익 및 처분권한을 제한받는 것은 아니므로, 보상규정의 부재가 일반음식점 운영자의 **재산권을 제한한다고 볼 수 없다.** (최신판례) 23 경채

「감염병예방법」에 근거한 집합제한 조치로 인하여 일반음식점 영업이 제한되어 영업이익이 감소된 경우, 일반음식점 운영자가 소유하는 영업 시설·장비 등에 대한 구체적인 사용·수익 및 처분권한을 제한받는 것이므로 보상규정의 부재는 일반음식점 운영자의 재산권을 제한한다고 볼 수 있다. 24 해간

(해설) 사용·수익 및 처분권한을 제한받는 것이 아니므로 재산권 제한 아님

1055 구 「감염병의 예방 및 관리에 관한 법률」 제70조 제1항에 감염병환자가 방문한 영업장의 폐쇄 등과 달리, **감염병의 예방을 위하여 집합제한 조치를 받은 영업장의 손실을 보상하는 규정을 입법자가 미리 마련하지 않았다고 하여 곧바로 평등권을 침해하는 것이라고 할 수 없다.** (최신판례)

구 「감염병의 예방 및 관리에 관한 법률」 제70조 제1항에 감염병환자가 방문한 영업장의 폐쇄 등과 달리, 감염병의 예방을 위하여 집합제한 조치를 받은 영업장의 손실을 보상하는 규정을 두고 있지 않은 것은 평등권을 침해한다. 24 국회 8

(해설) 평등권 침해 아님

1056 임대사업자가 종전 규정에 의한 세제혜택에 대한 기대를 가졌거나, 종전과 같은 유형의 임대사업자의 지위를 장래에도 유지할 것을 기대하였다 하더라도 이는 **단순한 기대이익에 불과**하므로, 장기일반민간임대주택 중 아파트를 임대하는 민간매입임대주택과 단기민간임대주택의 **임대의무기간이 종료한 날 그 등록이 말소되도록 하는** 「민간임대주택에 관한 특별법」 해당 조항으로 인해 **재산권이 제한된다고 볼 수는 없다.** (최신판례) 25 경찰 1차

KEY 139 재산권의 내용 형성과 제한　C

1057 재산권의 내용을 새로이 형성하는 법률이 합헌적이기 위해서는 **장래에 적용될 법률이 헌법에 합치**하여야 하고, 나아가 과거의 법적 상태에 의하여 부여된 **구체적 권리에 대한 침해를 정당화하는 이유가 존재**하여야 한다. 17 경정

재산권의 내용을 새로이 형성하는 법률이 합헌적이기 위하여서는 장래에 적용될 법률이 헌법에 합치하면 되는 것이지 과거의 법적 상태에 의하여 부여된 구체적 권리에 대한 침해를 정당화하는 이유가 존재하여야 하는 것은 아니다. 22 해경

(해설) 정당화 이유 존재해야 함

1058 토지는 원칙적으로 **생산이나 대체가 불가능**하여 공급이 제한되어 있고 국민경제의 측면에서 다른 재산권과 같게 다룰 수 있는 성질의 것이 아니어서 **공동체의 이익이 더 강하게 관철될 것이 요구**되므로 헌법은 토지재산권의 제한에 관한 **광범위한 입법형성권**을 부여하고 있다. 25 소간

1059 「주택임대차보호법」상 임차인 보호 규정들이 임대인의 재산권을 침해하는지 여부를 심사함에 있어서는 **비례의 원칙을 기준으로 심사하되, 보다 완화된 심사기준을 적용하여야 할 것이다.** (최신판례)

「주택임대차보호법」상 임차인 보호 규정들이 임대인의 재산권을 침해하는지 여부를 심사함에 있어서는 비례의 원칙을 기준으로 심사하되, 보다 강화된 심사기준을 적용하여야 할 것이다. 24 국회 8, 24 해간

(해설) 보다 완화된 심사기준 적용

1060 공무원연금법상의 각종 급여는 기본적으로 모두 **사회보장적 급여로서의 성격**을 가짐과 동시에 공로보상 내지 후불임금으로서의 성격도 함께 가지며, 특히 공무원연금법상 **퇴직연금수급권**은 경제적 가치 있는 권리로서 헌법 제23조에 의하여 **보장되는 재산권으로서의 성격**을 가진다. 22 법무사

공무원연금법상의 연금수급권은 사회보장수급권의 성격을 가지고 있을 뿐 이를 재산권이라고 볼 수 없으므로 입법자에게 넓은 입법형성권이 인정된다. 21 법원 9

(해설) 사회보장수급권 + 재산권

1061 입법자가 헌법 제23조 제1항 및 제2항에 의하여 재산권의 내용을 구체적으로 형성하고 공익을 위하여 재산권을 제한하는 과정에서 이를 합헌적으로 규율하고자 하는 조정적 보상은 **반드시 금전보상만을 해야 하는 것은 아니고**, 입법자는 **지정의 해제** 또는 **토지매수청구권제도**와 같이 **금전보상에 갈음하거나 기타 손실을 완화할 수 있는 제도**를 보완하는 등 여러 가지 다른 방법을 사용할 수 있다.

입법자가 헌법 제23조 제1항 및 제2항에 의하여 재산권의 내용을 구체적으로 형성하고 공익을 위하여 재산권을 제한하는 과정에서 이를 합헌적으로 규율하고자 하는 조정적 보상은 직접적인 금전적 보상에 의하여야 한다. 25 소간
(해설) 지정해제·매수청구권도 可

1062 공익사업을 위한 토지 등의 취득 및 보상에 관한 법률 제91조 제1항이 환매권의 발생기간을 '**취득일로부터 10년 이내**'로 제한한 것은 환매권의 구체적 행사를 위한 내용을 정한 것이라기보다는 **환매권의 발생 여부 자체를 정하는 것**이어서 사실상 원소유자의 환매권을 배제하는 결과를 초래할 수 있으므로, 침해의 최소성 및 법익의 균형성 등 기본권 제한입법의 한계를 준수하지 못하고 있어 **헌법에 위반**된다. 21 법무사

환매권의 발생기간을 제한하고 있는 「공익사업을 위한 토지 등의 취득 및 보상에 관한 법률」 조항 중 '토지의 협의취득일 또는 수용의 개시일부터 10년 이내에' 부분의 위헌성은 헌법상 재산권인 환매권의 발생기간을 제한한 것 자체에 있다. 24 국회 9
(해설) 환매권의 발생기간을 제한한 것 자체 X → 환매권의 발생기간을 10년 이내로 제한한 것이 재산권 침해

KEY 140 토지재산권

> **헌법 제122조【토지재산권 : 더 강한 제한 可】** 국가는 국민 모두의 생산 및 생활의 기반이 되는 **국토**의 효율적이고 균형있는 이용·개발과 보전을 위하여 **법률이 정하는 바에 의하여** 그에 관한 필요한 제한과 의무를 과할 수 있다.

1063 대지사용권을 가지지 아니한 구분소유자가 있을 때 그 전유부분의 철거청구권자에게 구분소유권의 매도청구권을 부여한 「집합건물의 소유 및 관리에 관한 법률」 제7조는 구분소유자의 **재산권을 침해하지 않는다**. (최신판례)

대지사용권을 가지지 아니한 구분소유자가 있을 때 그 전유부분의 철거청구권자에게 구분소유권의 매도청구권을 부여한 「집합건물의 소유 및 관리에 관한 법률」 제7조는 구분소유자의 재산권을 침해한다. 25 경찰 1차
(해설) 재산권 침해 아님

1064 금융위원회위원장이 2019. 12. 16. 시중 은행을 상대로 **투기지역·투기과열지구** 내 초고가 아파트(시가 15억 원 초과)에 대한 **주택구입용 주택담보대출**을 2019. 12. 17.부터 **금지한 조치**는 과잉금지원칙에 반하여 해당 주택담보대출을 받고자 하는 사람의 **재산권 및 계약의 자유를 침해하지 아니한다**. (최신판례) 24 법무사

금융위원회위원장이 2019. 12. 16. 시중 은행을 상대로 투기지역·투기과열지구 내 초고가 아파트(시가 15억 원 초과)에 대한 주택구입용 주택담보대출을 2019. 12. 17.부터 금지한 조치는 투기적 대출수요뿐 아니라 실수요자의 경우에도 예외 없이 대출을 금지한 점 등을 고려할 때, 해당 주택담보대출을 받고자 하는 청구인의 재산권을 침해한다. 24 경찰 1차
(해설) 재산권 침해 아님

1065 임차인이 계약갱신을 요구할 경우 임대인이 정당한 사유 없이 이를 거절하지 못하도록 한 주택임대차보호법 해당 조항은 **재산권을 침해하지 않는다**. (최신판례) 24 법원 9

1066 임대인이 실제 거주를 이유로 임대차계약의 갱신을 거절한 후 '정당한 사유 없이' 제3자에게 임대한 경우의 손해배상책임을 규정한 주택임대차보호법 해당 조항은, 임대인이 손해배상책임을 면할 수 있는 '정당한 사유'가 임대인이 갱신거절 당시에는 예측할 수 없었던 것으로서 제3자에게 목적 주택을 임대할 수밖에 없었던 불가피한 사정을 의미하는 것으로 해석되는 점 등에 비추어 **명확성원칙에 반하지 아니한다**. (최신판례) 24 법원 9

1067 주택 임대차와 관련한 **임차인의 보호 및 주택의 이용에 관한 정책**은 입법자가 정책적으로 결정하여야 할 사항으로 원칙적으로 광범위한 **입법형성의 자유가** 인정되므로, 특단의 사정이 없는 한 구법상의 기대이익을 존중하여야 할 입법자의 의무가 있는 것은 아니다. 이 경우에도 **신뢰보호원칙에 위배되는지 여부는 여전히 문제된다.** 최신판례

주택 임대차와 관련한 임차인의 보호 및 주택의 이용에 관한 정책은 입법자가 정책적으로 결정하여야 할 사항으로 원칙적으로 광범위한 입법형성의 자유가 인정되므로, 특단의 사정이 없는 한 구법상의 기대이익을 존중하여야 할 입법자의 의무가 있는 것은 아니라고 할 것이어서 신뢰보호원칙에 위배되는지 여부는 문제되지 않는다. 25 경찰 1차
해설 신뢰보호원칙 적용

1068 임차인이 3기의 차임액에 해당하는 금액에 이르도록 차임을 연체한 경우 임대인의 권리금 회수기회 보호의무가 발생하지 않도록 규정한 상가건물 임대차보호법 해당 조항은 **재산권을 침해하지 않는다.** 최신판례 24 법원 9

1069 텔레비전방송수신료는 공영방송사업이라는 특정한 공익사업의 경비조달에 충당하기 위하여 수상기를 소지한 특정집단에 대하여 부과되는 **특별부담금에 해당하여 조세나 수익자부담금과는 구분된다.** 최신판례 24 국가 7

텔레비전방송 수신료는 한국방송공사의 텔레비전방송을 시청하는 대가이므로 특정 이익의 혜택이나 특정 시설의 사용 가능성에 대한 금전적 급부인 수익자부담금에 해당한다. 24 법원 9
해설 수익자부담금 X → 특별부담금 O

1070 「의료사고 피해구제 및 의료분쟁 조정 등에 관한 법률」의 해당 조항이 **보건의료기관개설자에게 부과하도록 하는 대불비용 부담금**은 보건의료기관개설자라는 **특정한 집단이 반대급부 없이 납부하는 공과금의 성격을 가지므로 재정조달목적 부담금에 해당한다.** 최신판례 24 경간

한국의료분쟁조정중재원이 의료사고 피해자에게 대불한 손해배상금 대불비용을 보건의료기관개설자 등이 부담하도록 하면서 그 금액과 납부방법 및 관리 등에 관한 사항을 대통령령에 위임한 법률규정은, 대불 재원의 충당 자체가 변동성을 가지기 때문에 부담금을 추가로 부과 · 징수하기 위한 구체적인 요건과 범위를 미리 확정하는 것은 적절하다고 볼 수 없다는 점을 고려하면, 부담금 부과 · 징수의 구체적 요건이나 산정기준, 부담금액의 한도 등을 법률에서 규정하지 않았다고 하더라도 포괄위임금지원칙이 요구하는 위임입법의 구체성과 명확성의 한계를 벗어났다고 볼 수 없다. 24 법원 9
해설 '그 금액' 부분 포괄위임금지원칙 위배

1071 경유차 소유자로부터 부과 · 징수하도록 한 「환경개선비용 부담법」상 환경개선부담금은 '경유차 소유자'라는 특정 부류의 집단에만 특정한 반대급부 없이 강제적 · 일률적으로 부과되는 **정책실현목적의 유도적 부담금으로 분류될 수 있다.** 최신판례 24 경간

환경개선부담금은 경유에 리터당 부과되는 교통 · 에너지 · 환경세와 달리 개별 경유차의 오염유발 수준을 고려하므로, 경유를 연료로 사용하는 자동차의 소유자로부터 환경개선부담금을 부과 · 징수하도록 정한 「환경개선비용 부담법」 조항이 과잉금지원칙을 위반하여 경유차 소유자의 재산권을 침해한다. 24 해간
해설 재산권 침해 아님

1072 부담금은 조세에 대한 관계에서 어디까지나 **예외적으로만 인정되어야 하며,** 어떤 공적 과제에 관한 재정조달을 **조세로 할 것인지 아니면 부담금으로 할 것인지에 관하여 입법자의 자유로운 선택권을 허용하여서는 안 된다.** 17 국회 9

부담금은 조세에 대한 관계에서 예외적으로 인정되어야 하지만, 어떤 공적 과제에 관한 재정조달을 조세로 할 것인지 아니면 부담금으로 할 것인지에 관한 입법자의 자유로운 선택권은 허용된다. 23 국회 9
해설 입법자의 자유로운 선택권을 허용하여서는 안 됨

1073 명의신탁재산 증여의제로 인한 증여세 납세의무자에게 신고의무 및 납부의무 위반에 대한 제재인 가산세까지 부과하여 납세의무자가 원래 부담하여야 할 세금 이외에 부가적인 금전적 부담을 지도록 하는 것은 과잉금지원칙에 반하여 납세의무자의 **재산권을 침해하지 않는다.** 최신판례

명의신탁재산 증여의제로 인한 증여세 납세의무자에게 신고의무 및 납부의무 위반에 대한 제재인 가산세까지 부과하도록 하면 납세의무자는 원래 부담하여야 할 세금 이외에 부가적인 금전적 부담을 지게 되므로 과잉금지원칙에 반하여 납세의무자의 재산권을 침해한다. 23 국회 8
해설 납세의무자의 재산권 침해 X

1074 거주자가 건물을 신축하고 그 신축한 건물의 취득일부터 5년 이내에 해당 건물을 양도하는 경우로서 환산가액을 그 취득가액으로 하는 경우 양도소득 결정세액에 더하여 **가산세를 부과하도록 하는 구 「소득세법」 조항은 재산권을 침해하지 않는다.** ¹ (최신판례)

거주자가 건물을 신축하고 그 신축한 건물의 취득일부터 5년 이내에 해당 건물을 양도하는 경우로서 환산가액을 그 취득가액으로 하는 경우 양도소득 결정세액에 더하여 가산세를 부과하도록 하는 구 「소득세법」 조항은 재산권을 침해한다.
24 국회 8

(해설) 재산권 침해 아님

1075 **골프장 입장행위**에 대하여 1명 1회 입장마다 1만 2천 원의 **개별소비세**를 골프장 경영자에게 **부과**하는 「개별소비세법」 해당 조항은 과잉금지원칙에 반하여 **재산권을 침해한다고 볼 수 없다.** ² (최신판례)
25 경찰 1차

KEY 141 재산권 관련판례 A

1076 공무원 또는 공무원이었던 자가 재직 중의 사유로 금고 이상의 형을 받은 때 퇴직급여 및 퇴직수당의 일부를 감액하여 지급하도록 한 「공무원연금법」 조항은 공무원의 신분이나 직무상 의무와 관련 없는 범죄인지 여부 등과 관계없이 **일률적·필요적으로 퇴직급여를 감액하는 것으로서 재산권을 침해한다.** ⁶
20 변호사

공무원의 신분이나 직무상 의무와 관련이 없는 범죄의 경우에도 퇴직급여 등을 제한하는 것은, 공무원범죄를 예방하고 공무원이 재직 중 성실히 근무하도록 유도하는 입법목적을 달성하는 데 적합한 수단이다.
17 국회 8

(해설) 수단의 적합성 부정

1077 지방의회의원으로 선출되어 받게 되는 보수가 기존의 연금에 미치지 못하는 경우에도 **연금 전액의 지급을 정지**하도록 정한 구 「공무원연금법」 조항은, 연금을 대체할 만한 적정한 소득이 있다고 할 수 없는 경우에도 일률적으로 연금전액의 지급을 정지하여 지급정지제도의 본질 및 취지에 어긋나 **과잉금지원칙에 위배되어 재산권을 침해한다.** ⁴ (최신판례)
23 국가 7

1078 퇴역연금 수급자가 지방의회의원에 취임한 경우, **퇴역연금 전부의 지급을 정지**하도록 규정한 구 「군인연금법」 제27조 제1항 제2호 중 '지방의회의원'에 관한 부분은 과잉금지원칙에 위배되어 지방의회의원에 취임한 퇴역연금 수급자의 **재산권을 침해한다.** ¹ (최신판례)
25 경정

1079 헌법불합치결정에 따라 실질적인 혼인관계가 존재하지 아니한 기간을 제외하고 분할연금을 산정하도록 개정된 「국민연금법」 조항을 개정법 시행 후 최초로 분할연금 지급사유가 발생한 경우부터 적용하도록 하는 「국민연금법」 부칙 제2조가 분할연금 지급 사유 발생시점이 신법 조항 시행일 전·후인지와 같은 우연한 사정을 기준으로 달리 취급하는 것은 **합리적인 이유를 찾기 어렵다.** ¹ (최신판례)
25 경간

1080 의료급여기관이 「의료법」 제33조 제2항을 위반하였다는 사실을 수사기관의 수사 결과로 확인한 경우 **시장·군수·구청장**으로 하여금 해당 의료급여기관이 청구한 의료급여비용의 **지급을 보류할 수 있도록 규정**한 「의료급여법」 해당 조항 중 '의료법 제33조 제2항'에 관한 부분은 의료기관을 개설하여 의료급여기관으로 운영하는 의료기관 개설자의 **재산권을 제한한다.** ⁴ (최신판례)
25 경찰 1차

시장·군수·구청장은 급여비용의 지급을 청구한 의료급여기관이 「의료법」 또는 「약사법」 해당 조항을 위반하였다는 사실을 수사기관의 수사결과로 확인한 경우에는 해당 의료급여기관이 청구한 급여비용의 지급을 보류할 수 있다고 규정하고 있는 「의료급여법」 해당 조항은 의료급여기관 개설자의 재판청구권을 침해한다.
25 경간

(해설) 재판청구권 침해될 여지 없음

1081 「민법」 조항에 따른 유류분제도는 피상속인의 증여나 유증에 의한 자유로운 재산처분을 제한하고, 피상속인으로부터 증여나 유증을 받았다는 이유로 **유류분반환청구의 상대방**이 되는 자의 재산권을 역시 제한한다.¹ (최신판례) 25 소간

1082 상속개시 후 인지 또는 재판확정에 의하여 공동상속인이 된 자가 다른 공동상속인에 대해 그 상속분에 상당한 가액의 지급에 관한 **상속분가액지급청구권**을 행사하는 경우에도 상속회복청구권에 관한 10년의 제척기간을 적용하도록 한 「민법」 제999조 제2항의 '상속권의 침해행위가 있은 날부터 10년' 중 제1014조에 관한 부분은 제척기간을 통한 법적 안정성만을 지나치게 중시한 나머지 권리구제의 실효성을 외면한 것이므로 상속개시 후 인지에 의하여 공동상속인이 된 청구인의 **재산권을 침해한다**.³ (최신판례) 25 경정

상속개시 후 인지 또는 재판의 확정에 의하여 공동상속인이 된 자의 상속분가액지급청구권의 제척기간을 정하고 있는 「민법」 제999조 제2항의 '상속권의 침해행위가 있은 날부터 10년' 중 「민법」 제1014조에 관한 부분은 재판청구권을 침해하지 않는다. 24 해간
(해설) 재판청구권 침해

1083 경북대학교 총장임용후보자선거의 후보자로 등록하려면 3,000만 원의 기탁금을 납부하고 제1차 투표에서 유효투표수의 100분의 15 이상을 득표한 경우에는 **기탁금 전액**을, 100분의 10 이상 100분의 15 미만을 득표한 경우에는 **기탁금 반액**을 반환하고, 반환되지 않은 기탁금은 경북대학교발전기금에 귀속하도록 정한 「경북대학교 총장임용 후보자 선정 규정」의 해당 조항은 **재산권을 침해하지 않는다**.³ (최신판례) 23 소간

국립대학교 총장임용후보자 선거 시 투표에서 일정 수 이상을 득표한 경우에만 기탁금 전액이나 일부를 후보자에게 반환하고, 반환되지 않은 기탁금은 국립대학교 발전기금에 귀속시키는 기탁금귀속조항에 대해서는 재산권보다 공무담임권을 중심으로 살핀다. 24 경간
(해설) 재산권을 침해하는지 여부로 살핌

1084 건설공사를 위하여 문화재발굴허가를 받아 매장문화재를 발굴하는 경우에 그 **발굴비용**을 **사업시행자가 부담**하도록 하는 것은 **재산권을 침해하지 않는다**.⁶ 15 경정

(구)「문화재보호법」이 건설공사 과정에서 매장문화재의 발굴로 인하여 문화재 훼손 위험을 야기한 사업시행자에게 원칙적으로 발굴경비를 부담시키는 것은 사업시행자의 재산권을 침해한다. 16 경정
(해설) 재산권 침해 X

1085 전기통신금융사기의 피해자가 피해구제 신청을 하는 경우, 피해자의 자금이 송금·이체된 계좌 및 해당 계좌로부터 자금의 이전에 이용된 **계좌를 지급정지**하는 「전기통신금융사기 피해방지 및 피해금 환급에 관한 특별법」 조항은 과잉금지원칙을 위반하여 청구인의 **재산권을 침해하지 않는다**.¹ (최신판례)

전기통신금융사기의 피해자가 피해구제 신청을 하는 경우, 피해자의 자금이 송금·이체된 계좌 및 해당 계좌로부터 자금의 이전에 이용된 계좌를 지급정지하는 「전기통신금융사기 피해방지 및 피해금 환급에 관한 특별법」 조항은 과잉금지원칙을 위반하여 청구인의 재산권을 침해한다. 23 경찰 2차
(해설) 재산권 침해 X

KEY 142 공용침해와 손실보상 B

헌법 제23조 ② 【공공복리 적합의무】 재산권의 행사는 **공공복리에 적합**하도록 하여야 한다.
③ 【공용침해와 손실보상】 공공필요에 의한 **재산권의 수용·사용 또는 제한** 및 그에 대한 보상은 법률로써 하되, **정당한 보상**(상당한 ×, 완전한 ×)을 지급하여야 한다.⁷

1086 초·중·고등학교 및 대학교 경계선으로부터 200미터 내로 설정된 **학교환경위생정화구역** 안에서 여관시설 및 영업행위를 금지하고 있는 「학교보건법」 조항은 재산권 제한의 범위나 정도는 초·중·고등학교 및 대학교의 건전한 교육환경의 조성과 교육의 능률화라는 공익과 비교형량 하여 볼 때, **재산권을 침해하는 것이라고 할 수 없다**.⁴ 23 소간

중학교 학교환경위생정화구역 안에서 여관영업을 금지하는 법률조항은, 구체적·개별적으로 형성된 재산권인 여관영업권을 사회적 수인한도를 넘어 박탈하거나 제한하면서 아무런 보상규정을 두지 아니하여 국민의 재산권을 침해한다. 16 변호사
(해설) 재산권 침해 X

1087 재산권의 사회적 제약을 구체화하는 법률 조항이 수인의 한계를 넘어 가혹한 부담을 주는 경우, 가혹한 부담의 조정이란 '목적'을 달성하기 위하여 어떠한 '방법'으로 보상할 것인가를 선택함에 있어서는 입법자에게 광범위한 형성의 자유가 부여된다.³ (최신판례)   25 국회 8

1088 살처분된 가축의 소유자가 축산계열화사업자인 경우에는 계약사육농가의 수급권 보호를 위하여 보상금을 계약사육농가에 지급한다고 규정한 「가축전염병 예방법」 제48조 제1항 제3호 단서는 축산계열화사업자가 가축의 소유자라 하여 살처분 보상금을 오직 계약사육농가에게만 지급하는 방식으로 축산계열화사업자에 대한 재산권의 과도한 부담을 완화하기에 적절한 보상조치라고 할 수 없으므로 입법형성재량의 한계를 벗어나 가축의 소유자인 축산계열화사업자의 재산권을 침해한다.² (최신판례)   25 경정

살처분된 가축의 소유자가 축산계열화사업자인 경우에는 가축의 살처분으로 인한 보상금을 계약사육농가에만 지급한다고 하여 축산계열화사업자의 재산권을 침해하는 것은 아니다.   25 국회 8

(해설) 재산권 침해

1089 댐사용권을 취소·변경할 수 있도록 규정한 「댐건설 및 주변지역지원 등에 관한 법률」 조항은 이미 형성된 구체적인 재산권을 공익을 위하여 개별적이고 구체적으로 박탈·제한하는 것으로서 보상을 요하는 헌법 제23조 제3항의 수용·사용·제한을 규정한 것이라고 볼 수 없고, 적정한 수자원의 공급 및 수재방지 등 공익적 목적에서 건설되는 다목적댐에 관한 독점적 사용권인 댐사용권의 내용과 한계를 정하는 규정인 동시에 공익적 요청에 따른 재산권의 사회적 제약을 구체화하는 규정이라고 보아야 한다.⁴ (최신판례)   24 변호사

1090 도로 등 영조물 주변 일정 범위에서 광업권자의 채굴행위를 제한하는 구 「광업법」 조항은 헌법 제23조가 정하는 재산권에 대한 사회적 제약의 범위 내에서 광업권을 제한한 것으로 과잉금지원칙에 위배되지 않고 재산권의 본질적 내용도 침해하지 않는 것이어서 광업권자의 재산권을 침해하지 않는다.⁴   24 국회 8

광업권자는 도로 등 일정한 장소에서는 관할 관청의 허가나 소유자 또는 이해관계인의 승낙이 없으면 광물을 채굴할 수 없도록 규정한 구 「광업법」 조항은 이미 형성된 구체적인 재산권을 공익을 위하여 개별적·구체적으로 박탈하거나 제한하는 것으로서 보상을 요하는 헌법 제23조 제3항의 수용·사용 또는 제한을 규정한 것이다.   24 국가 7

(해설) 수용·사용 또는 제한 규정 X → 내용·한계 규정 O

1091 「외교관계에 관한 비엔나협약」상 외교관 등을 파견한 국가는 판결의 집행으로부터의 면제의 특권을 포기할 수 있는 것인 바, 동 협약에 가입하여 외국의 대사관저에 대하여 강제집행을 할 수 없다는 이유로 국가가 손실을 보상하는 법률을 제정하여야 할 헌법상의 명시적인 입법위임이 인정되는 것은 아니다.⁴   25 입시

1092 통일부장관이 2010. 5. 24. 발표한 북한에 대한 신규투자 불허 및 진행 중인 사업의 투자확대 금지 등을 내용으로 하는 대북조치로 인해 개성공단에서 투자하던 사업자의 토지이용권을 사용·수익하지 못하게 되는 제한이 발생하기는 하였으나, 이러한 대북조치는 사업용 재산이 받는 사회적 제약이 구체화된 것일 뿐이므로 헌법 제23조 제3항 소정의 공용제한과는 구별된다.³ (최신판례)

통일부장관이 2010. 5. 24. 발표한 북한에 대한 신규투자 불허 및 진행 중인 사업의 투자확대 금지 등을 내용으로 하는 대북조치로 인해 개성공단에서 투자하던 사업자의 토지이용권을 사용·수익하지 못하게 되는 제한이 발생하였으므로, 이러한 대북조치는 헌법 제23조 제3항 소정의 공용제한에 해당한다.   25 경간

(해설) 공용 제한 X → 사회적 제약 O

1093 개성공단 전면중단 조치가 고도의 정치적 결단을 요하는 문제이기는 하나, 조치 결과 개성공단 투자기업인에게 기본권 제한이 발생하였고, **국민의 기본권 제한과 직접 관련된 공권력의 행사는 고도의 정치적 고려가 필요한 행위라도** 헌법과 법률에 따라 결정하고 집행하도록 견제하는 것이 헌법재판소 본연의 임무이므로, 그 한도에서 **헌법소원심판의 대상이 될 수 있다.**³ 최신판례
24 법무사

대통령이 개성공단의 운영을 즉시 전면 중단하기로 결정하고, 통일부장관은 대통령의 지시에 따라 철수계획을 마련하여 관련 기업인들에게 통보한 다음 개성공단 전면중단 성명을 발표하고, 이에 대응한 북한의 조치에 따라 개성공단에 체류 중인 국민들 전원을 대한민국 영토 내로 귀환하도록 한 일련의 행위로 이루어진 개성공단 전면중단 조치는 고도의 정치적 결단을 요하는 통치행위에 해당하여 헌법소원심판의 대상이 될 수 없다.
23 입시

(해설) 통치행위 but 헌소대상 인정

1094 **개성공단 전면중단 조치**는 국제평화를 위협하는 북한의 핵무기 개발을 경제적 제재조치를 통해 저지하려는 국제적 합의에 이바지하기 위한 조치로서, 통일부장관의 조정명령에 관한 남북교류협력에 관한 법률 제18조 제1항 제2호, 대통령의 국가의 계속성 보장 책무, 행정에 대한 지휘·감독권 등을 규정한 헌법 제66조, 정부조직법 제11조 등이 근거가 될 수 있으므로, **헌법과 법률에 근거한 조치로 보아야 한다.**¹ 최신판례
24 법무사

1095 대통령이 개성공단의 운영중단 결정 과정에서 국무회의 심의를 거치지 않았더라도 그 결정에 헌법과 법률이 정한 절차를 위반한 하자가 있다거나, **적법절차원칙에 따라 필수적으로 요구되는 절차를 거치지 않은 흠결이 있다고 할 수 없다.**² 최신판례
24 변호사

1096 대통령이 개성공단의 운영을 즉시 전면 중단하기로 결정하고, 통일부장관은 대통령의 지시에 따라 철수계획을 마련하여 관련 기업인들에게 통보한 다음 개성공단 전면 중단 성명을 발표하고, 이에 대응한 북한의 조치에 따라 개성공단에 체류 중인 국민들 전원을 대한민국 영토 내로 귀환하도록 한 일련의 행위로 이루어진 **개성공단 전면중단 조치가 적법절차원칙에 위반되어 영업의 자유나 재산권을 침해한 것으로 볼 수 없다.**² 최신판례
25 국회 8

국무회의 심의, 이해관계자에 대한 의견청취절차 등을 거치지 아니한 이상 개성공단 전면중단 조치는 적법절차원칙을 위반하여 개성공단 투자기업인의 영업의 자유와 재산권을 침해한다.
24 법무사

(해설) 적법절차원칙 위반 아님, 영업의 자유와 재산권 침해 아님

1097 '개성공단의 정상화를 위한 합의서'에는 국내법과 동일한 법적 구속력을 인정하기 어렵고, 과거 사례 등에 비추어 **개성공단의 중단 가능성은 충분히 예상할 수 있었으므로, 개성공단 전면중단 조치는 신뢰보호원칙을 위반하여 개성공단 투자기업인 청구인들의 영업의 자유와 재산권을 침해하지 아니한다.**² 최신판례
22 경찰 2차

1098 대통령이 2016. 2. 10.경 개성공단의 운영을 즉시 전면 중단하기로 결정하고, 개성공단에 체류 중인 국민들 전원을 대한민국 영토 내로 귀환하도록 한 **개성공단 전면중단 조치에 의해 발생한 영업상 손실이나 주식 등 권리의 가치하락은 헌법 제23조의 재산권보장의 범위에 속한다고 보기 어렵다.**³ 최신판례

대통령이 2016. 2. 10.경 개성공단의 운영을 즉시 전면 중단하기로 결정하고, 개성공단에 체류 중인 국민들 전원을 대한민국 영토 내로 귀환하도록 한 개성공단 전면중단 조치에 의해 발생한 영업상 손실이나 주식 등 권리의 가치하락은 헌법 제23조의 재산권보장의 범위에 속한다.
25 경간

(해설) 재산권의 보장 범위 아님

1099 **개성공단 전면중단 조치**는 공익 목적을 위하여 개별적, 구체적으로 형성된 구체적인 재산권의 이용을 제한하는 **공용 제한이 아니므로, 이에 대한 정당한 보상이 지급되지 않았다고 하더라도 그 조치가 헌법 제23조 제3항을 위반하여 개성공단 투자기업인의 재산권을 침해한 것으로 볼 수 없다.**³ 최신판례
25 법원 9

개성공단 전면중단 조치는 공익 목적을 위하여 개별적·구체적으로 형성된 구체적인 재산권의 이용을 제한하는 공용 제한이므로, 이에 대한 정당한 보상이 지급되지 않았다면, 그 조치는 헌법 제23조 제3항을 위반하여 개성공단 투자기업인들의 재산권을 침해한 것이다.
24 입시

(해설) 공용 제한 아님, 재산권 침해 아님

1100 공용수용에 관하여 규정하고 있는 헌법 제23조 제3항의 '공공필요'의 의미에 비추어 볼 때, 행정기관이 개발촉진지구 지역개발사업으로 실시계획을 승인하고 이를 고시하기만 하면 고급골프장 사업과 같이 **공익성이 낮은 사업**에 대하여서까지도 시행자인 민간개발자에게 수용권한을 부여하는 **법률조항은 헌법 제23조 제3항에 위반된다.** 23 법무사

민간사업자의 고급골프장, 고급리조트 건설을 위한 토지수용은 국토균형발전, 지역경제활성화 등의 공공 이익이 인정되는 것으로서 법익의 형량에 있어서 사인의 재산권 보호의 이익보다 월등하게 우월한 공익으로 판단되므로 공공필요에 의한 수용에 해당한다. 18 변호사

(해설) 공익 인정 X → 공공필요에 의한 수용 X

1101 **헌법 제23조 제3항은 재산권 수용의 주체를 한정하지 않고 있는바**, 그 수용의 주체가 국가 등에 한정되어야 하는지, 아니면 민간기업에도 허용될 수 있는지 여부에 대하여 헌법이라는 규범적 층위에서는 구체적으로 결정된 내용이 없다는 것을 의미하므로, **수용의 주체를 국가 등 공적 기관에 한정하여 해석할 이유가 없다.** 23 변호사

헌법 제23조 제3항은 재산권 수용의 주체를 한정하지 않고 있지만 정당한 보상을 전제로 하여 재산권의 수용 등에 관한 가능성을 규정하고 있는 점을 고려하면 수용 등의 주체는 국가 등의 공적 기관으로 한정하여 해석하여야 한다. 24 입시

(해설) 국가 등의 공적 기관으로 한정 아님

1102 주택건설사업에서 사업계획승인을 받은 **민간사업주체가 주택건설대지면적의 95퍼센트 이상의 사용권원을 확보한 경우** 그 민간사업자로 하여금 사용권원을 확보하지 못한 대지의 모든 소유자에게 시가(市價)로 매도청구를 할 수 있도록 한 「주택법」 조항은 **재산권을 침해하지 않는다.** (최신판례) 25 변호사

1103 헌법이 규정한 '**정당한 보상**'이란 손실보상의 원인이 되는 재산권의 침해가 기존의 법질서 안에서 **개인의 재산권에 대한 개별적인 침해**인 경우에 원칙적으로 피수용재산의 객관적인 재산가치를 완전하게 보상하는 것을 의미하는 것이고, **개발이익은 그 성질상 완전보상의 범위에 포함되지 아니한다.** 23 법무사

1104 헌법 제23조 제3항이 규정한 '**정당한 보상**'이란 원칙적으로 피수용 재산의 객관적인 재산가치를 완전하게 보상하는 것을 의미하는 바, 공시지가를 기준으로 토지수용으로 인한 손실보상액을 산정하되 **개발이익을 배제**하고 공시기준일부터 재결 시까지의 시점보정을 인근 토지의 가격변동률과 생산자물가상승률에 의하도록 한 것은 **정당보상원칙에 위배되지 않는다.** 25 입시

재산권의 객체가 갖는 객관적 가치란 그 물건의 성질에 정통한 사람들의 자유로운 거래에 의하여 도달할 수 있는 합리적인 매매가능가격 즉 시가에 의하여 산정되는 것이 보통이므로, 수용으로 인한 보상가액은 피수용토지의 수용시점 시가에 의하여야 하고, 공익사업의 시행으로 지가가 상승하여 발생하는 개발이익 역시 해당 토지의 객관적 가치에 포함되므로, 손실보상액에서 그와 같은 개발이익을 배제하는 것은 헌법이 정한 정당보상의 원리에 위배된다. 21 법무사

(해설) 개발이익 : 토지의 객관적 가치에 포함 X → 정당보상 원리에 위배 X

CHAPTER 08 참정권 (정치권)

| 번호 | 옳은 지문 O | 옳지 않은 지문 X |

KEY 143 국민투표제도와 국민투표권   A

> 헌법 제72조 【중요정책 국민투표권】 대통령은 필요하다고 인정할 때(국회의 동의를 얻어야 함 ×)에는 외교·국방·통일 기타 국가안위에 관한 **중요정책을 국민투표에 붙일 수 있다**(붙인다 ×).⁵
>
> 헌법 제130조 ② 【헌법개정 국민투표권】 헌법개정안은 **국회가 의결한 후 30일 이내에 국민투표에 붙여 국회의원선거권자 과반수의 투표와 투표자 과반수의 찬성**을 얻어야 한다.²,³

1105 국민투표권이란 국민이 국가의 특정 사안에 대해 직접 결정권을 행사하는 권리로서, 각종 선거에서의 선거권 및 피선거권과 더불어 **국민의 참정권의 한 내용을 이루는 헌법상 기본권**이다.⁴
25 경간

헌법개정안에 대한 국민투표권은 헌법개정기관인 국민 전체에게 부여된 권한으로서, 국민의 기본권이 아니다. 11 국가 7
(해설) 기본권임

1106 대의기관의 선출주체가 곧 대의기관의 의사결정에 대한 승인주체가 되는 것은 당연한 논리적 귀결이므로, **국민투표권자의 범위는 대통령선거권자·국회의원선거권자와 일치**하여야 한다.⁶
21 변호사

대의기관의 선출주체가 곧 대의기관의 의사결정에 대한 승인 주체가 되는 것이 원칙이나, 국민투표권자의 범위가 대통령선거권자, 국회의원선거권자와 반드시 일치할 필요는 없다.
23 해간
(해설) 반드시 일치해야 함

1107 국민투표는 선거와 달리 국민이 직접 국가의 정치에 참여하는 절차이므로, **국민투표권은 대한민국 국민의 자격이 있는 사람에게 반드시 인정되어야 하는 권리**이다.⁵
23 해간

1108 국민투표는 국가의 중요정책이나 헌법개정안에 대해 주권자로서의 국민이 그 승인 여부를 결정하는 절차인데, 주권자인 국민의 지위에 아무런 영향을 미칠 수 없는 주민등록 여부만을 기준으로 하여, **주민등록을 할 수 없는 재외국민의 국민투표권 행사를 전면적으로 배제**하고 있는 「국민투표법」 조항은 헌법 제37조 제2항의 과잉금지원칙에 위반되어 **국민투표권을 침해**한다.⁴
23 국회 8

1109 헌법 제72조는 국민투표에 부쳐질 중요정책인지 여부를 대통령이 재량에 의하여 결정하도록 명문으로 규정하고 있는바, 중요 정책에 관한 사항이라 하더라도 반드시 국민의 직접적인 의사를 확인하여 결정해야 한다고 보는 것은 전체적인 **헌법체계와 조화를 이룰 수 없다**.⁵
25 경정

대통령이 국가안위에 관한 중요 정책에 대한 국민투표를 실시하지 않은 것은 국민의 국민투표권을 침해한 것이다.
18 국회 9
(해설) 국민투표권 침해 X

1110 대통령이 국민투표를 정치적 무기화하고 **정치적으로 남용**할 수 있는 위험성이 있다는 점을 고려하면, 국민투표부의권의 헌법 제72조는 대통령에 의한 **국민투표의 정치적 남용을 방지할 수 있도록 엄격하고 축소적으로 해석**되어야 한다.⁴
22 해경

1111 대통령이 자신에 대한 재신임을 국민투표의 형태로 묻고자 하는 것은 헌법 제72조에 의하여 부여받은 **국민투표부의권을 위헌적으로 행사**하는 경우에 해당하는 것으로, 국민투표제도를 자신의 정치적 입지를 강화하기 위한 정치적 도구로 남용해서는 안 된다는 **헌법적 의무를 위반**한 것이다. 13 변호사

1112 대통령이 위헌적인 재신임 국민투표를 단지 제안만 하였을 뿐 강행하지는 않았으나, 헌법상 허용되지 않는 **재신임 국민투표를 국민들에게 제안**한 것은 그 자체로서 헌법 제72조에 반하는 것으로 헌법을 실현하고 수호해야 할 **대통령의 의무를 위반**한 것이다. 24 국회 9

대통령이 위헌적인 재신임 국민투표를 단지 제안만 하였을 뿐 국민투표를 시행하지는 않았다면, 대통령의 이러한 제안은 헌법 제72조에 위반되는 것이 아니다. 23 지방 7

(해설) 재신임 국민투표 제안 자체 위헌

1113 대통령은 헌법상 국민에게 **자신에 대한 신임을 국민투표의 형식으로 물을 수 없을 뿐만 아니라**, 특정 정책을 국민투표에 붙이면서 이에 **자신의 신임을 결부시키는 대통령의 행위도 위헌적인 행위로서 헌법적으로 허용되지 않는다**. 25 경정

대통령은 헌법상 국민에게 자신에 대한 신임을 국민투표의 형식으로 물을 수 없지만, 특정 정책을 국민투표에 붙이면서 이에 자신의 신임을 결부시키는 대통령의 행위는 헌법적으로 허용된다. 22 입시

(해설) 신임 결부 국민투표 불허

1114 특정의 국가정책에 대하여 다수의 국민들이 **국민투표를 원하고 있음에도 불구하고 대통령이 이러한 희망과는 달리 국민투표에 회부하지 아니한다고 하여도 이를 헌법에 위반된다고 할 수 없고**, 국민에게 특정의 국가정책에 관하여 **국민투표에 회부할 것을 요구할 권리가 인정된다고 할 수도 없다**. 19 국가 7, 16 지방 7

특정의 국가정책에 대하여 다수의 국민들이 국민투표를 원하고 있음에도 불구하고 대통령이 이러한 희망과는 달리 국민투표에 회부하지 아니하는 것은, 헌법이 보장하는 국민의 국민투표권을 침해한 것으로 헌법에 위반된다. 14 법무사

(해설) 국민투표권 침해 X

CHAPTER 09 사회적 기본권

| 번호 | 옳은 지문 O | 옳지 않은 지문 X |

KEY 144 인간다운 생활을 할 권리   A

> 헌법 제34조 ① 【인간다운 생활을 할 권리】 모든 국민은 **인간다운 생활을 할 권리**를 가진다.

1115 인간다운 생활을 할 권리로부터 인간의 존엄에 상응하는 '**최소한의 물질적인 생활**'의 유지에 필요한 급부를 요구할 수 있는 구체적인 권리가 상황에 따라서는 직접 도출될 수 있다고 할 수는 있어도, **직접 그 이상의 급부**를 내용으로 하는 **구체적인 권리를 발생케 한다고 볼 수는 없다.**⁵   24 해간

1116 모든 국민은 인간다운 생활을 할 권리를 가지며 국가는 **생활능력 없는 국민을 보호할 의무**가 있다는 헌법의 규정은 **모든 국가기관을 기속하지만**, 그 기속의 의미는 적극적·형성적 활동을 하는 입법부 또는 행정부의 경우와 헌법재판에 의한 사법적 통제기능을 하는 헌법재판소에 있어서 **동일하지 아니하다.**⁸   25 경정

| | 모든 국민은 인간다운 생활을 할 권리를 가지며 국가는 생활능력 없는 국민을 보호할 의무가 있다는 헌법의 규정은 모든 국가기관을 기속하므로, 그 기속의 의미는 적극적·형성적 활동을 하는 입법부 또는 행정부의 경우와 헌법재판에의 한 사법적 통제기능을 하는 헌법재판소에 있어서 동일하다.   21 소간
(해설) 동일하지 아니함 |

1117 국가가 인간다운 생활을 보장하기 위한 헌법적 의무를 다하였는지의 여부가 사법적 심사의 대상이 된 경우에는, 국가가 **최저생활보장**에 관한 **입법을 전혀 하지 아니하였다든가** 그 내용이 현저히 불합리하여 헌법상 용인될 수 있는 **재량의 범위를 명백히 일탈**한 경우에 한하여 **헌법에 위반**된다고 할 수 있다.¹¹   22 해간

| | 국가가 인간다운 생활을 보장하기 위한 헌법적 의무를 다하였는지의 여부가 사법심사의 대상이 된 경우, 국가가 최저생활보장에 관한 입법을 전혀 하지 아니한 경우에만 한하여 헌법에 위반된다고 할 수 있다.   22 경정
(해설) 그 내용이 현저히 불합리한 경우에도 위헌 |

1118 인간다운 생활을 보장하기 위한 객관적인 내용의 **최소한을 보장**하고 있는지 여부는 특정한 **법률**에 의한 **생계급여만을 가지고 판단하여서는 안 되고**, **다른 법령에 의거하여 국가가 최저생활보장을 위하여 지급하는 각종 급여나 각종 부담의 감면 등을 총괄한 수준으로 판단**하여야 한다.⁶   19 서울 7(추)

| | 인간다운 생활을 할 권리는 인간의 존엄에 상응하는 최소한의 물질적인 생활의 유지에 필요한 급부를 요구할 수 있는 권리를 의미하는데, 국가가 행하는 최저생활보장수준이 그 재량의 범위를 명백히 일탈하였는지 여부는 특정한 법률에 의한 생계급여만을 가지고 판단하여야 하는 것이지, 다른 법령에서의 각종 급여를 총괄한 수준으로 판단하여야 하는 것은 아니다.   24 경정
(해설) 각종 급여를 총괄한 수준으로 판단해야 함 |

1119 「국민기초생활 보장법 시행령」상 '**대학원에 재학 중인 사람**'과 '**부모에게 버림받아 부모를 알 수 없는 사람**'을 조건 부과 유예의 대상자에 포함시키지 않았다는 사정만으로 국가가 인간다운 생활을 보장하기 위한 조치를 취함에 있어서 실현해야 할 객관적 내용의 최소한도 보장에 이르지 못하였다거나 헌법상 용인될 수 있는 재량의 범위를 명백히 일탈하였다고는 보기 어렵다.⁴   22 5급

| | 생계급여를 지급함에 있어 자활사업 참가조건의 부과를 유예할 수 있는 대상자를 정하면서 입법자가 '대학원에 재학 중인 사람'과 '부모에게 버림받아 부모를 알 수 없는 사람'을 포함시키지 않은 것은 인간다운 생활을 보장하기 위한 조치를 취함에 있어서 국가가 실현해야 할 객관적 내용의 최소한도의 보장에 이르지 못한 것이다.   24 경간
(해설) 최소한의 보장에 이르지 못한 것 아님 |

1120 구치소·치료감호시설에 수용 중인 자에 대하여 「국민기초생활 보장법」에 의한 **중복적인 보장을 피하기 위하여 개별가구에서 제외**하기로 한 입법자의 판단이 헌법상 용인될 수 있는 재량의 범위를 일탈하여 **인간다운 생활을 할 권리와 보건권을 침해한다고 볼 수 없다.** (최신판례) 22 해간

구치소·치료감호시설에 수용 중인 자에 대하여 「국민기초생활 보장법」에 의한 중복적인 보장을 피하기 위하여 기초생활보장제도의 보장단위인 개별가구에서 제외하기로 한 입법자의 판단은 헌법상 용인될 수 있는 재량의 범위를 일탈하여 구치소·치료감호시설에 수용 중인 자인 청구인의 인간다운 생활을 할 권리를 침해한다. 23 경찰 2차
(해설) 인간다운 생활을 할 권리 침해 X

1121 재혼을 유족연금수급권 상실사유로 규정한 구 「공무원연금법」 조항 중 '유족연금'에 관한 부분은 한정된 재원의 범위 내에서 부양의 필요성과 중요성 등을 고려하여 유족들을 보다 효과적으로 보호하기 위한 것이므로, 입법재량의 한계를 벗어나 재혼한 배우자의 **인간다운 생활을 할 권리를 침해하였다고 볼 수 없다.** (최신판례) 25 경정

1122 공무원에게 재해보상을 위하여 실시되는 급여의 종류로 휴업급여 또는 상병보상연금 규정을 두고 있지 않은 「공무원재해보상법」 제8조가 **인간다운 생활을 할 권리를 침해할 정도에 이르렀다고 할 수는 없다.** (최신판례) 25 경간

1123 「공무원연금법」에 따른 퇴직연금일시금을 지급받은 사람 및 그 배우자를 기초연금 수급권자의 범위에서 제외하는 것은 한정된 재원으로 노인의 생활안정과 복리향상이라는 「기초연금법」의 목적을 달성하기 위한 것으로서 합리성이 인정되므로 **인간다운 생활을 할 권리를 침해한다고 볼 수 없다.** 22 경찰 1차

「공무원연금법」에 따른 퇴직연금일시금을 받은 사람에게 기초연금을 지급하지 아니하도록 한 「기초연금법」 및 동법 시행령 조항은 퇴직연금일시금의 액수 및 수령시점, 현존 여부 등을 고려하지 않은 채 퇴직연금 일시금을 받은 사람을 무조건 기초연금 지급대상에서 제외하고 있으므로, 퇴직연금 일시금 수령자의 인간다운 생활을 할 권리를 침해한다. 24 경찰 2차
(해설) 인간다운 생활을 할 권리 침해 아님

1124 재요양을 받는 경우에 재요양 당시의 임금을 기준으로 휴업급여를 산정하도록 한 구 「산업재해보상보험법」 조항은 진폐근로자의 **인간다운 생활을 할 권리를 침해하지 아니한다.** (최신판례) 25 경간

재요양을 받는 경우에 재요양 당시의 임금을 기준으로 휴업급여를 산정하도록 한 구 「산업재해보상보험법」 제56조 제1항과 재요양 당시 임금이 없으면 최저임금액을 기준으로 휴업급여를 지급하도록 한 「산업재해보상보험법」 제56조 제2항은 근로자의 인간다운 생활을 할 권리를 침해한다. 25 경찰 1차
(해설) 인간다운 생활을 할 권리 침해 아님

1125 자동차사고 피해가족 중 유자녀에 대한 대출을 규정한 구 「자동차손해배상 보장법 시행령」 제18조 제1항 제2호 중 '유자녀의 경우에는 생계유지 및 학업을 위한 자금의 대출' 부분은 **유자녀가 자신에 대한 양육비용을 국가에게 상환할 채무를 부담하기로 약속하고 자금을 지원받는 것이므로 유자녀의 아동으로서의 인간다운 생활을 할 권리를 침해하지 않는다.** (최신판례) 25 경찰 1차

자동차사고 피해가족 중 유자녀에 대한 대출을 규정한 구 「자동차손해배상 보장법 시행령」 조항 중 '유자녀의 경우에는 생계유지 및 학업을 위한 자금의 대출' 부분은, 대출을 신청한 법정대리인이 상환의무를 부담하지 않으므로, 유자녀의 아동으로서의 인간다운 생활을 할 권리를 침해한다. 25 경간
(해설) 인간다운 생활을 할 권리 침해 아님

KEY 145 국가의 사회보장·사회복지 의무

> 헌법 제34조 ③【여자】국가는 여자의 복지와 권익의 향상을 위하여 노력하여야 한다.¹
> ④【노인과 청소년】국가는 노인과 청소년의 복지향상을 위한 정책을 실시할 의무를 진다.²
> ⑥【재해예방·위험 보호】국가는 재해를 예방하고 그 위험으로부터 국민을 보호하기 위하여 노력하여야 한다(재해예방 의무 규정 없음 ×).³

1126 국가에게 헌법 제34조에 의하여 **장애인의 복지를 위하여 노력을 해야 할 의무**가 있다는 것은, 장애인도 인간다운 생활을 누릴 수 있는 정의로운 사회질서를 형성해야 할 국가의 **일반적인 의무**를 뜻하는 것이지, **장애인을 위하여 저상버스를 도입해야 한다는 구체적 내용의 의무가 헌법으로부터 나오는 것은 아니다.**⁴
22 해간

헌법 제34조 제5항의 '신체장애자'에 대한 국가보호의무 조항은 사회국가원리를 구체화한 것이므로, 이 조항으로부터 장애인을 위하여 저상버스를 도입해야 한다는 구체적 내용의 의무가 도출된다.
16 변호사
(해설) 저상버스 도입의무 도출 ×

KEY 146 사회보장수급권

> 헌법 제34조 ②【사회보장·사회복지증진 의무】국가는 사회보장·사회복지의 증진에 노력할 의무를 진다(사회보장·사회복지 의무 규정 없음 ×).¹

1127 「공무원연금법」상의 퇴직급여 등 각종 급여를 받을 권리, 즉 **연금수급권은 재산권의 성격과 사회보장수급권의 성격이 불가분적으로 혼재**되어 있는데, **입법자로서는 연금수급권의 구체적 내용을 정함에 있어 어느 한 쪽의 요소에 보다 중점을 둘 수 있다.**⁵
21 입시

「공무원연금법」상의 퇴직급여, 유족급여 등 각종 급여를 받을 권리인 연금수급권은 일부 재산권으로서의 성격과 사회보장수급권의 성격이 불가분적으로 혼재되어 있으므로 입법자로서는 연금수급권의 구체적 내용을 정함에 있어 이를 전체로서 파악하여 어느 한 쪽의 요소에 보다 중점을 두어서는 아니 된다.
25 경정
(해설) 어느 한 쪽의 요소에 중점을 둘 수 있음

1128 **경과실의 범죄로 인한 사고**는 개념상 우연한 사고의 범위를 벗어나지 않으므로 경과실로 인한 범죄행위에 기인하는 보험사고에 대하여 **의료보험급여를 부정**하는 것은 우연한 사고로 인한 위험으로부터 다수의 국민을 보호하고자 하는 사회보장제도로서의 **의료보험의 본질을 침해하여 헌법에 위반된다.**⁴
22 경채

경과실로 인한 범죄행위에 기인하는 보험사고에 대하여 의료보험급여를 부정하는 것이 사회보장제도로서의 의료보험의 본질을 침해하는 것은 아니다.
21 소간
(해설) 의료보험의 본질 침해

1129 **저소득층 지역가입자**에 대하여 국가가 **국고지원을 통하여 보험료를 보조**하는 것은 경제적·사회적 약자에게도 의료보험의 혜택을 제공해야 할 사회국가적 의무를 이행하기 위한 것으로서 **국고지원에 있어서의 지역가입자와 직장가입자의 차별취급은 사회국가원리의 관점에서 합리적인 차별에 해당하여 평등원칙에 위반되지 아니한다.**⁵
22 국가 7

「국민건강보험법」상 보험료의 국고지원에 있어서 지역가입자와 직장가입자의 차별취급은 사회국가원리의 관점에서 합리적인 차별이 아니므로 평등원칙에 위반된다.
17 지방 7
(해설) 합리적인 차별이므로 평등원칙 위반 ×

1130 **업무상 질병으로 인한 업무상 재해**에 있어 업무와 재해 사이의 **상당인과관계에 대한 입증책임**을 이를 주장하는 근로자나 그 유족에게 부담시키는 「산업재해보상보험법」 규정이 근로자나 그 유족의 **사회보장수급권을 침해한다고 볼 수 없다.**⁴
24 해간

「산업재해보상보험법」에서 업무상 질병으로 인한 업무상 재해에 있어 업무와 재해 사이의 상당인과관계에 대한 입증책임을 이를 주장하는 근로자나 그 유족에게 부담시키는 것은 사회보장수급권을 위헌적으로 침해한다.
18 서울 7
(해설) 사회보장수급권 침해 ×

KEY 147 교육을 받을 권리

> 헌법 제31조 ① 【균등하게 교육을 받을 권리】 모든 국민은 능력에 따라 균등하게 교육을 받을 권리를 가진다.

1131 헌법 제31조의 교육을 받을 권리는 국민이 국가에 대하여 특정한 교육제도나 교육과정 또는 학교시설의 제공을 요구할 수 있는 권리를 뜻하는 것은 아니다. 〔22 해간〕

교육을 받을 권리는 국민이 국가에 대하여 직접 특정한 교육제도나 교육과정을 요구할 수 있는 것을 포함한다. 〔22 입시〕
(해설) 특정 교육제도·과정 요구권 포함 X

1132 교육을 받을 권리가 국가에 대하여 특정한 교육제도나 시설의 제공을 요구할 수 있는 권리를 뜻하는 것은 아니므로, 대학 구성원이 아닌 사람이 국·공립대학교의 대학도서관에서 도서를 대출할 수 없다거나 열람실을 이용할 수 없다고 하여 교육을 받을 권리가 침해된다고 볼 수 없다. 〔25 국회 8〕

1133 헌법 제31조의 교육을 받을 권리는 국민이 국가에 대해 직접 특정한 교육제도나 학교시설을 요구할 수 있음을 뜻하지는 않으며, 자신의 교육환경을 최상 혹은 최적으로 만들기 위해 타인의 교육시설 참여 기회를 제한할 것을 청구할 수 있는 기본권도 아니다.

헌법 제31조의 교육을 받을 권리는 국민이 국가에 대해 직접 특정한 교육제도나 학교시설을 요구할 수 있는 기본권이며, 자신의 교육환경을 최상 혹은 최적으로 만들기 위해 타인의 교육시설 참여 기회를 제한할 것을 청구할 수 있는 기본권이기도 하다. 〔21 지방 7〕
(해설) 특정 교육제도·시설 요구권 X / 타인의 기회 제한 청구권 X

1134 헌법 제31조 제1항과 제6항은 변호사시험을 준비하는 법학전문대학원 졸업생에 대해 법학전문대학원에서의 보수교육을 시행하도록 하는 내용의 구체적이고 명시적인 입법의무를 입법자에게 부여하고 있다고 볼 수 없다. 〔최신판례〕 〔25 경간〕

1135 헌법 제31조 제1항에서 보장되는 교육의 기회균등은 모든 국민에게 균등한 교육을 받게 하고 특히 경제적 약자가 실질적인 평등교육을 받을 수 있도록 국가에게 적극적 정책을 실현할 것을 요구하므로, 실질적인 평등교육을 실현해야 할 국가의 적극적인 의무가 인정된다고 하여 이로부터 국민이 직접 실질적 평등교육을 위한 교육비를 청구할 권리가 도출되는 것은 아니다. 〔22 해간〕

헌법 제31조 제1항에서 보장되는 교육의 기회균등권은 모든 국민에게 균등한 교육을 받게 하고 특히 경제적 약자가 실질적인 평등교육을 받을 수 있도록 국가에게 적극적 정책을 실현할 것을 요구하므로, 헌법 제31조 제1항으로부터 국민이 직접 실질적 평등교육을 위한 교육비를 청구할 권리가 도출된다. 〔21 지방 7〕
(해설) 교육비청구권 도출 X

1136 검정고시응시자격을 제한하는 것은 국민의 교육받을 권리 중 그 의사와 능력에 따라 균등하게 교육받을 것을 국가로부터 방해받지 않을 권리를 제한하는 것이므로 그 제한에 대하여는 과잉금지원칙에 따른 심사를 받아야 한다. 〔22 지방 7〕

검정고시응시자격을 제한하는 것은 국민의 교육받을 권리 중 그 의사와 능력에 따라 균등하게 교육을 받을 것을 국가로부터 방해받지 않을 권리를 제한하는 것이므로 과소보호금지의 원칙에 따른 심사를 받아야 할 것이다. 〔24 경간〕
(해설) 과잉금지원칙에 따른 심사

1137 고등학교 퇴학일부터 검정고시 공고일까지의 기간이 6개월 이상이 되지 않은 사람은 고졸검정고시에 응시할 수 없도록 규정한 「초·중등교육법 시행규칙」 제35조 제6항 제2호 본문 중 '고등학교'에 관한 부분은 고등학교를 자진 퇴학한 청구인들의 교육을 받을 권리를 침해한다고 볼 수 없다. 〔25 경찰 1차〕

고시 공고일을 기준으로 고등학교에서 퇴학된 날로부터 6월이 지나지 아니한 자를 고등학교 졸업학력 검정고시를 받을 수 있는 자의 범위에서 제외하고 있는 '고등학교 졸업학력 검정고시 규칙'의 조항은 교육을 받을 권리를 침해한다. 〔24 경간〕
(해설) 교육을 받을 권리 침해 아님

1138 검정고시로 고등학교 졸업학력을 취득한 사람들의 수시모집 지원을 제한하는 국립교육대학교의 '신입생 수시모집 입법고시요강'이, 기초생활수급자 및 차상위계층, 장애인 등을 대상으로 하는 일부 특별전형에만 검정고시 출신자의 지원을 허용하고 있을 뿐 수시모집에서의 검정고시 출신자의 지원을 일률적으로 제한한다면, 검정고시로 고등학교 졸업학력을 취득한 사람들의 균등하게 교육을 받을 권리를 침해한다.¹⁰
21 변호사

헌법 제31조 제4항에서 보장하고 있는 대학의 자율성에 따라 대학은 학생의 선발 및 전형 등 대학입법고시제도를 자율적으로 마련할 수 있으므로, 국립교육대학교 등이 검정고시 출신자의 수시모집 지원을 제한하는 것은 수시모집에 지원하려는 검정고시 출신자의 균등하게 교육을 받을 권리를 침해하는 것이 아니다.
22 해간

(해설) 균등하게 교육을 받을 권리 침해

1139 서울대학교 총장의 '2022학년도 대학 신입학생 정시모집('나'군) 안내' 중 수능 성적에 최대 2점의 교과이수 가산점을 부여하고, 2020년 2월 이전 고등학교 졸업자에게 모집단위별 지원자의 가산점 분포를 고려하여 모집단위 내 수능점수 순위에 상응하는 가산점을 부여하도록 한 부분은 균등하게 교육받을 권리를 침해하는 것이라고 볼 수 없다.¹ (최신판례)
25 경간

1140 서울대학교 2023학년도 저소득학생 특별전형의 모집인원을 모두 수능위주전형으로 선발하도록 정한, '서울대학교 2023학년도 대학 신입학생 입학전형 시행계획' 중 '2023학년도 모집단위와 모집인원' 가운데 해당 부분은 저소득학생 특별전형에 응시하고자 하는 수험생들의 균등하게 교육을 받을 권리를 침해하지 않는다.³ (최신판례)
25 경찰 1차

서울대학교 2023학년도 저소득학생 특별전형의 모집인원을 모두 수능위주전형으로 선발하도록 정한 '서울대학교 2023학년도 대학 신입학생 입학전형 시행계획'은 저소득학생 특별전형에 응시하고자 하는 수험생들의 기회를 불합리하게 박탈하였고, 이는 대학의 자율성의 범위 내에 있는 것으로 볼 수 없다.
24 경찰 2차

(해설) 불합리한 박탈 아님. 대학의 자율성 범위 내임

KEY 148 부모의 자녀교육권 B

1141 부모의 자녀에 대한 교육권은 비록 헌법에 명문으로 규정되어 있지는 않지만, 모든 인간이 누리는 불가침의 인권으로서 혼인과 가족생활을 보장하는 헌법 제36조 제1항, 행복추구권을 보장하는 헌법 제10조 및 "국민의 자유와 권리는 헌법에 열거되지 아니한 이유로 경시되지 아니한다."고 규정하는 헌법 제37조 제1항에서 도출되는 중요한 기본권이다.¹⁰
20 변호사

'부모의 자녀에 대한 교육권'은 비록 헌법에 명문으로 규정되어 있지는 않지만, 혼인과 가족생활을 보장하는 헌법 제36조 제1항, 교육을 받을 권리를 규정한 헌법 제31조 제1항에서 직접 도출되는 권리이다.
19 국회 8

(해설) 제31조 제1항 '교육을 받을 권리'로부터는 도출 X

1142 부모의 자녀교육권은 다른 기본권과는 달리, 기본권의 주체인 부모의 자기결정권이라는 의미에서 보장되는 것이 아니라, 자녀의 보호와 인격발현을 위하여 부여되는 기본권이다.⁶
21 법원 9

부모의 자녀교육권은 기본권의 주체인 부모의 자기결정권이라는 의미에서 보장되는 자유일 뿐만 아니라 자녀의 보호와 인격발현을 위하여 부여되는 기본권이다.
24 경정, 24 해간

(해설) 부모의 자기결정권이라는 의미에서 보장 X

1143 학교교육에 관한 한, 국가는 헌법 제31조에 의하여 부모의 교육권으로부터 원칙적으로 독립된 독자적인 교육권한을 부여받음으로써 부모의 교육권과 함께 자녀의 교육을 담당한다.⁵
23 입시

학교교육에 관한 한, 국가는 헌법 제31조에 의하여 부모의 교육권으로부터 원칙적으로 독립된 독자적인 교육권한을 부여받음으로써 부모의 교육권과 함께 자녀의 교육을 담당하므로 학교 밖의 교육영역에서도 국가의 교육권한은 부모의 교육권보다 언제나 우위를 차지한다.
22 입시

(해설) 학교 밖 : 부모의 교육권이 우위

1144 (구)「지방교육자치에 관한 법률」에서 국·공립 초·중등학교의 경우 학교운영위원회의 설치를 의무화하면서 사립학교의 경우에는 그 설치를 임의적인 것으로 규정한 것은 학부모에게 헌법상 보장된 교육참여권과 평등권을 침해하는 것은 아니다.⁴
14 국회 9

국·공립학교와는 달리 사립학교의 경우에 학교운영위원회의 설치를 임의적인 사항으로 하는 것은 자의금지원칙 위반으로 평등권과 학부모의 교육참여권을 침해하는 것이다.
23 입시

(해설) 평등권과 교육참여권을 침해 X

1145 헌법은 국가의 교육권한과 부모의 교육권의 범주 내에서 학생에게도 **자신의 교육에 관하여 스스로 결정할 권리**, 즉 자유롭게 교육을 받을 권리를 부여하고, 학생은 국가의 간섭을 받지 아니하고 자신의 능력과 개성, 적성에 맞는 **학교를 자유롭게 선택할 권리**를 가진다. 〇
23 경찰 1차

KEY 149 의무교육　B

헌법 제31조 ② 【초등교육 + 법률이 정하는 교육】 모든 국민은 그 보호하는 자녀에게 적어도 초등교육과 법률이 정하는 교육(중등교육 ×, 고등교육 ×)을 받게 할 의무를 진다.
③ 【무상원칙】 의무교육은 무상으로 한다.

1146 헌법상 초등교육에 대한 의무교육과는 달리 **중등교육의 단계**에 있어서는 **어느 범위에서 어떠한 절차를 거쳐 어느 시점**에서 의무교육으로 실시할 것인가는 **입법자의 형성의 자유**에 속하는 사항으로서 국회가 입법정책적으로 판단하여 **법률로 구체적으로 규정할 때에 비로소 헌법상의 권리로서 구체화**되는 것으로 보아야 한다. 〇
24 법원 9

특정지역에 대하여 우선적으로 중학교 의무교육을 실시한 것은 교육을 받을 권리에 대한 침해이다.
18 서울 7
(해설) 교육을 받을 권리 침해 ×

1147 헌법 제31조 제3항에 규정된 **의무교육의 무상원칙**에 있어서 **의무교육 무상의 범위**는 원칙적으로 **헌법상 교육의 기회균등**을 실현하기 위해 필수불가결한 비용, 즉 모든 학생이 의무교육을 받음에 있어서 **경제적인 차별 없이 수학하는 데 반드시 필요한 비용**에 한한다. 〇
14 법무사

1148 **학교운영지원비**를 학교회계 세입항목에 포함시키도록 하는 구 「초·중등교육법」 제30조의2 제2항 제2호 중 중학교 학생으로부터 징수하는 것에 관한 부분은 **의무교육의 무상원칙에 위배되어 헌법에 위반**된다. 〇
24 해경

학교운영지원비는 학부모의 경제적 부담능력, 물가에 미치는 영향 및 수업료 인상률, 학교의 재정수요 등을 고려하여 학교운영위원회의 심의를 거쳐 결정되는 자발적 협찬금의 성격을 지니고 있으므로 이를 중학교 학생으로부터 징수하도록 하는 「초·중등교육법」 규정은 의무교육의 무상원칙에 위배되지 않는다.
22 입시
(해설) 의무교육의 무상원칙 위배

1149 의무교육 대상인 중학생의 학부모에게 **급식 관련 비용 일부를 부담**하도록 규정한 구 「학교급식법」의 조항은 **헌법상 의무교육의 무상원칙에 반하지 않는다**. 〇
22 지방 7

헌법상 의무교육 무상의 범위는 교육의 기회균등을 실현하기 위해 필수불가결한 비용을 말하므로, 단순한 영양공급 차원을 넘어 교육적 성격을 가지는 학교급식은 무상의 의무교육 내용에 포함된다.
19 서울 7(추)
(해설) 학교급식 : 의무교육 무상 범위 포함 ×

1150 의무교육의 무상성에 관한 헌법 규정은 교육을 받을 권리를 보다 실효성 있게 보장하기 위해 의무교육 비용을 학령아동 보호자의 부담으로부터 공동체 전체의 부담으로 이전하라는 명령일 뿐 의무교육의 모든 비용을 조세로 해결해야 함을 의미하는 것은 아니므로, **학교용지부담금의 부과대상을 수분양자가 아닌 개발사업자**로 정하는 것은 **의무교육의 무상원칙에 위배되지 않는다**. 〇
19 서울 7(추)

학교용지부담금의 부과대상을 수분양자가 아닌 개발사업자로 정하고 있는 구 「학교용지 확보 등에 관한 특례법」 조항은 의무교육의 무상원칙에 위배된다.
20 경정
(해설) 의무교육의 무상원칙 위배 ×

KEY 150 교육의 자주성·전문성·정치적 중립성 및 대학의 자율성

헌법 제31조【교육의 자주성·전문성·정치적 중립성】④ 교육의 자주성·전문성·정치적 중립성 및【대학의 자율성】대학의 자율성은 법률이 정하는 바에 의하여 보장된다.

1151 교육의 자주성이나 대학의 자율성은 헌법이 보장하고 있는 학문의 자유의 확실한 보장수단으로 꼭 필요한 것으로서 대학에게 부여된 헌법상 기본권이다. 14 서울 7

헌법 제31조 제4항의 교육의 자주성이나 대학의 자율성은 헌법 제22조 제1항이 보장하고 있는 학문의 자유의 확실한 보장수단으로 꼭 필요하지만 이는 대학에게 부여된 헌법상의 기본권은 아니다. 15 법무사
(해설) 대학에게 부여된 헌법상 기본권임

1152 대학의 자치의 주체를 기본적으로 대학으로 본다고 하더라도 교수나 교수회의 주체성이 부정된다고 볼 수는 없고, 가령 학문의 자유를 침해하는 대학의 장에 대한 관계에서는 교수나 교수회가 주체가 될 수 있고, 또한 국가에 의한 침해에 있어서는 대학 자체 외에도 대학 전구성원이 자율성을 갖는 경우도 있을 것이므로 문제되는 경우에 따라서 대학, 교수, 교수회 모두가 단독, 혹은 중첩적으로 주체가 될 수 있다. 18 법무사

대학의 자율성은 대학에게 부여된 헌법상의 기본권이다. 따라서 대학자치의 주체 역시 대학에 한정되므로 국립대학교수나 교수회는 대학의 자율과 관련한 기본권 주체성이 없으며, 학문의 자유를 침해하는 대학의 장에 대한 관계에서도 국립대학의 교수나 교수회는 기본권의 주체가 될 수 없다. 11 지방 7
(해설) 교수·교수회도 기본권 주체가 될 수 있음

1153 대학의 자율은 대학시설의 관리·운영만이 아니라 전반적인 것이라야 하므로, 연구와 교육의 내용, 그 방법과 대상, 교과과정의 편성, 학생의 선발과 전형뿐만 아니라 교원의 임면에 관한 사항도 자율의 범위에 속한다. 15 경정

대학의 자율은 연구와 교육의 내용, 그 방법과 대상, 교과과정의 편성, 학생의 선발과 전형 및 교원의 임면에 관한 사항을 포함하는 것으로 대학시설의 관리·운영은 대학의 자율에 포함되지 않는다. 14 지방 7
(해설) 대학의 자율에 포함됨

1154 대학의 학문과 연구활동에서 중요한 역할을 담당하는 교원에게 그와 관련된 영역에서 주도적인 역할을 인정하는 것은 대학의 자율성의 본질에 부합하고 필요하나, 이것이 교육과 연구에 관한 사항은 모두 교원이 전적으로 결정할 수 있어야 한다는 의미는 아니다. (최신판례)

대학의 학문과 연구활동에서 중요한 역할을 담당하는 교원에게 그와 관련된 영역에서 주도적인 역할을 인정하는 것은 대학의 자율성의 본질에 부합하고 필요하며, 그것은 교육과 연구에 관한 사항은 모두 교원이 전적으로 결정할 수 있어야 한다는 의미이다. 24 경찰 2차
(해설) 모두 교원이 전적으로 결정 아님

1155 학칙의 제정 또는 개정에 관한 사항 등 대학평의원회의 심의사항을 규정한「고등교육법」조항은 연구와 교육 등 대학의 중심적 기능에 관한 자율적 의사결정을 방해한다고 볼 수 없으며, 학교운영이 민주적 절차에 따라 공정하고 투명하게 이루어질 수 있도록 하기 위한 것으로서 합리적 이유가 인정되므로 국·공립대학 교수회 및 교수들의 대학의 자율권을 침해하지 않는다. (최신판례)

학칙의 제정 또는 개정에 관한 사항 등 대학평의원회의 심의사항을 규정한「고등교육법」조항은 연구와 교육 등 대학의 중심적 기능에 관한 자율적 의사결정을 방해한다고 볼 수 있어, 국·공립대학 교수회 및 교수들의 대학의 자율권을 침해한다. 24 경찰 2차
(해설) 방해한다고 볼 수 없음, 대학의 자율권 침해 아님

1156 대학의 자율권은 헌법상의 기본권이므로 기본권제한의 일반적 법률유보의 원칙을 규정한 헌법 제37조 제2항에 따라 제한될 수 있고, 대학의 자율의 구체적인 내용은 법률이 정하는 바에 의하여 보장된다. 23 경찰 2차

KEY 151 교육제도 · 교원지위 법정주의

헌법 제31조 ⑥ 【교육제도 법정주의】 학교교육 및 평생교육을 포함한 교육제도와 그 운영, 【교원지위 법정주의】 교육재정 및 교원의 지위에 관한 기본적인 사항은 법률로 정한다.

KEY 152 근로의 권리

헌법 제32조 ① 【근로의 권리】 모든 국민은 근로의 권리를 가진다. 【고용증진 · 적정임금보장】 국가는 사회적 · 경제적 방법으로 근로자의 고용의 증진과 적정임금의 보장에 노력하여야 하며, 【최저임금제】 법률이 정하는 바에 의하여 최저임금제를 시행(최저임금제를 시행할 헌법상 의무 없음 ×)하여야 한다.
② 【근로의 의무】 모든 국민은 근로의 의무를 진다. 국가는 근로의 의무의 내용과 조건을 민주주의원칙에 따라 법률로 정한다.
③ 【근로조건 기준 법정주의】 근로조건의 기준은 인간의 존엄성을 보장하도록 법률로 정한다.
④ 【여자】 여자의 근로는 특별한 보호를 받으며, 고용 · 임금 및 근로조건에 있어서 부당한 차별을 받지 아니한다.
⑤ 【연소자】 연소자의 근로(장애인의 근로 ×)는 특별한 보호를 받는다.
⑥ 【국가유공자 + 상이군경 + 전몰군경의 유가족】 국가유공자 · 상이군경 및 전몰군경의 유가족(국가유공자의 유가족 ×, 상이군경의 유가족 ×)은 법률이 정하는 바에 의하여 우선적으로 근로의 기회를 부여받는다.

1157 근로의 권리는 사회적 기본권으로서, 국가에 대하여 직접 일자리를 청구하거나 일자리에 갈음하는 생계비의 지급청구권을 의미하는 것이 아니라, 고용증진을 위한 사회적 · 경제적 정책을 요구할 수 있는 권리에 그치는 것이다. 20 경정

근로의 권리는 사회적 기본권으로서, 고용증진을 위한 사회적 · 경제적 정책을 요구할 수 있는 권리뿐만 아니라, 국가에 대하여 직접 일자리(직장)를 청구하거나 일자리에 갈음하는 생계비의 지급청구권을 의미한다. 22 5급
(해설) 일자리청구권 및 생계비지급청구권 의미 X

1158 근로의 권리와 관련하여 현행 헌법은 국가유공자 등에 대한 근로기회 우선보장을 명문으로 규정하고 있다. 18 법원 9

헌법에서는 국가유공자의 유가족, 상이군경의 유가족 및 전몰군경의 유가족은 법률이 정하는 바에 의하여 우선적으로 근로의 기회를 부여받는다고 규정하고 있다. 20 5급
(해설) 국가유공자의 유가족 및 상이군경의 유가족 제외

1159 헌법 제32조 제6항의 "국가유공자 · 상이군경 및 전몰군경의 유가족은 법률이 정하는 바에 의하여 우선적으로 근로의 기회를 부여받는다."라는 규정은 엄격하게 해석할 필요가 있고, 이러한 관점에서 위 조항의 대상자는 조문의 문리해석대로 "국가유공자", "상이군경", 그리고 "전몰군경의 유가족"이라고 봄이 상당하다. 19 변호사

헌법 제32조 제6항의 '법률이 정하는 바에 의하여 우선적으로 근로의 기회가 부여되는 대상'이 누구인가에 대하여 국가유공자, 상이군경, 전몰군경의 유가족, 국가유공자의 유가족, 상이군경의 유가족이 포함된다. 19 서울 7(추)
(해설) 국가유공자의 유가족 및 상이군경의 유가족 제외

1160 근로자가 최저임금을 청구할 수 있는 권리는 헌법상 바로 도출되는 것이 아니라 「최저임금법」 등 관련 법률이 구체적으로 정하는 바에 따라 비로소 인정될 수 있다. 21 경정

근로자가 최저임금을 청구할 수 있는 권리는 헌법에서 직접 도출된다. 15 법원 9
(해설) 헌법에서 직접 도출 X

1161 근로자가 퇴직급여를 청구할 수 있는 권리는 헌법상 바로 도출되는 것이 아니라 「근로자퇴직급여 보장법」 등 관련 법률이 구체적으로 정하는 바에 따라 비로소 인정될 수 있는 것이므로 계속근로기간 1년 미만인 근로자가 퇴직급여를 청구할 수 있는 권리는 헌법 제32조 제1항에 의하여 보장된다고 보기 어렵다. 22 입시

근로자가 퇴직급여를 청구할 수 있는 권리는 헌법 제32조 제1항의 근로의 권리의 본질적인 내용에 해당하므로, 모든 근로자는 헌법상 권리로서 퇴직급여 청구권을 갖는다. 21 법무사
(해설) 헌법상 권리 X → 법률상 권리 O

1162 근로의 권리가 '일할 자리에 관한 권리'만이 아니라 '일할 환경에 관한 권리'도 내포하고 있는바, 후자는 건강한 작업환경, 일에 대한 정당한 보수, 합리적인 근로조건의 보장을 요구할 수 있는 권리를 포함한다. ✔ 15 국가 7

근로의 권리는 일할 자리에 관한 권리일 뿐 일할 환경에 관한 권리는 내포하고 있지 않다. 23 해간
(해설) 일할 환경에 관한 권리도 내포함

1163 근로관계 종료 전 사용자로 하여금 근로자에게 해고예고를 하도록 하는 것은 개별 근로자의 인간 존엄성을 보장하기 위한 최소한 근로조건 가운데 하나에 해당하므로, 해고예고에 관한 권리는 근로의 권리의 내용에 포함된다. ✔ 22 해간

해고예고제도는 근로자의 인간 존엄성을 보장하기 위한 합리적 근로조건에 해당한다고 보기 힘들므로, 해고예고에 관한 권리는 근로자가 향유하는 근로의 권리의 내용에 포함되지 않는다. 17 서울 7
(해설) 합리적인 근로조건에 해당되므로 근로의 권리의 내용에 포함됨

1164 합리적 이유 없이 "월급근로자로서 6개월이 되지 못한 자"를 해고예고제도의 적용대상에서 제외한 것은 근무기간이 6개월 미만인 월급근로자의 근로의 권리를 침해하고, 평등원칙에도 위배된다. ✔ 18 5급

월급근로자로서 6개월이 되지 못한 자를 해고예고제도의 적용 예외 사유로 규정하고 있는 「근로기준법」 조항은 근로자보호와 사용자의 효율적인 기업경영 및 기업의 생산성이라는 측면의 조화를 고려한 합리적 규정이므로 헌법에 위배되지 않는다. 22 입시
(해설) 합리적인 규정이 아니므로 헌법에 위배됨

1165 연차유급휴가는 근로자의 건강하고 문화적인 생활의 실현에 이바지할 수 있도록 여가를 부여하는 데 그 목적이 있는 것으로, 인간의 존엄성을 보장하기 위한 합리적인 근로조건에 해당하므로 연차유급휴가에 관한 권리는 근로의 권리의 내용에 포함된다. ✔ 23 입시

연차유급휴가에 관한 권리는 인간의 존엄성을 보장받기 위한 최소한의 근로조건을 요구할 수 있는 권리가 아니므로 근로의 권리의 내용에 포함되지 않는다. 23 경정
(해설) 최소한의 근로조건을 요구할 수 있는 권리이므로 근로의 권리의 내용에 포함

1166 매월 1회 이상 정기적으로 지급하는 상여금 등 및 복리후생비의 일부를 최저임금에 산입하도록 규정한 「최저임금법」 제6조 제4항 제2호, 제3호 나목 및 「최저임금법」 부칙 제2조는 근로자의 근로의 권리를 침해한다고 볼 수 없다. ✔ 24 국회 8

1167 헌법 제32조 제1항이 규정하는 근로의 권리는 사회적 기본권으로서 국가에 대하여 직접 일자리를 청구하거나 일자리에 갈음하는 생계비의 지급청구권을 의미하는 것이 아니라 고용증진을 위한 사회적·경제적 정책을 요구할 수 있는 권리에 그치며, 근로의 권리로부터 국가에 대한 직접적인 직장존속청구권이 도출되는 것도 아니다. ✔ 19 서울 7

1168 '일할 환경에 관한 권리'는 인간의 존엄성에 대한 침해를 방어하기 위한 권리로서 외국인 근로자에게도 인정되며, 건강한 작업환경, 일에 대한 정당한 보수, 합리적인 근로조건의 보장 등을 요구할 수 있는 권리 등을 포함한다. 여기서의 근로조건은 임금과 그 지불방법, 취업시간과 휴식시간 등 근로계약에 의하여 근로자가 근로를 제공하고 임금을 수령하는 데 관한 조건들이고, 출국만기보험금은 퇴직금의 성질을 가지고 있어서 그 지급시기에 관한 것은 근로조건의 문제이므로 외국인 근로자에게도 기본권 주체성이 인정된다. ✔ 22 경채

출국만기보험금의 지급시기에 관한 것은 근로조건의 문제이고 생존권적 성격을 가지므로 외국인에게는 기본권 주체성이 인정되지 않는다. 22 소간
(해설) 기본권 주체성 인정

1169 고용허가를 받아 국내에 입국한 외국인근로자의 출국만기보험금을 출국 후 14일 이내에 지급하도록 한 「외국인근로자의 고용 등에 관한 법률」 조항은 외국인근로자의 근로의 권리를 침해한다고 보기 어렵다. ✔ 23 국회 8

출국만기보험금의 지급시기를 출국한 때부터 14일 이내로 정하여 외국인 근로자에게 퇴직금으로서의 기능을 전혀 하지 못하게 하는 것은 외국인 근로자와 내국인 근로자를 불합리하게 차별하는 것으로서 외국인 근로자의 평등권을 침해한다. 22 경채
(해설) 불합리하게 차별하는 것 아님, 평등권 침해 X

1170 근로의 권리는 국가의 개입·간섭을 받지 않고 자유로이 근로를 할 자유와, 국가에 대하여 근로의 기회를 제공하는 정책을 수립해 줄 것을 요구할 수 있는 권리 등을 기본적인 내용으로 하고 있고, 이 때 **근로의 권리는 근로자를 개인의 차원에서 보호하기 위한 권리**로서 개인인 근로자가 근로의 권리의 주체가 되는 것이고, **노동조합은 그 주체가 될 수 없다.**[16] 22 경찰 1차

근로의 권리는 국가의 개입·간섭을 받지 않고 자유로이 근로를 할 자유와 국가에 대하여 근로의 기회를 제공하는 정책을 수립해 줄 것을 요구할 수 있는 권리 등을 기본적인 내용으로 하므로 개인인 근로자는 물론 노동조합도 그 주체가 될 수 있다. 23 입시

(해설) 노동조합은 근로의 권리 주체 X

KEY 153 근로3권 C

> 헌법 제33조 ① 【단결권 + 단체교섭권 + 단체행동권】 **근로자**는 근로조건의 향상을 위하여 **자주적인 단결권·단체교섭권 및 단체행동권**을 가진다.[3]

1171 근로3권은 자유권적 성격과 사회권적 성격을 함께 갖고 있으며, 근로3권이 **자유권적 성격**을 가진다는 것은 **국가가 근로자의 단결권을 존중하고 부당하게 침해해서는 안 된다**는 것을 의미한다.[4] 19 국회 9

1172 타인과의 **사용종속관계 하에서 근로를 제공하고 그 대가로 임금 등을 받아 생활하는 사람**은 노동조합 및 노동관계조정법상 **근로자**에 해당하고, 노동조합법상의 근로자성이 인정되는 한, 그러한 근로자가 **외국인인지 여부나 취업자격의 유무**에 따라 노동조합법상 근로자의 범위에 **포함되지 아니한다고 볼 수는 없다.**[6] 23 법원 9

출입국관리법령에서 외국인고용제한규정을 두고 있으므로 취업자격 없는 외국인은 「노동조합 및 노동관계조정법」상의 근로자의 범위에 포함되지 아니한다. 24 경간

(해설) 근로자의 범위에 포함됨

KEY 154 단결권·단체교섭권 및 단체행동권 A

1173 소극적 단결권은 헌법 제33조 제1항의 단결권에 포함되지 않는다.[9] 14 서울 7

근로자에게 보장된 단결권의 내용에는 단결할 자유뿐만 아니라 노동조합을 결성하지 아니할 자유나 노동조합에 가입을 강제당하지 아니할 자유, 그리고 가입한 노동조합을 탈퇴할 자유도 포함된다. 20 경정

(해설) 소극적 단결권 포함 X

1174 하나의 사업 또는 사업장에 복수 노동조합이 존재하는 경우 '교섭대표노동조합'을 정하여 교섭을 요구하도록 하는 「노동조합법」 조항과, 자율적으로 교섭창구를 단일화하지 못하거나 사용자가 단일화 절차를 거치지 아니하기로 동의하지 않은 경우 과반수 노동조합이 '교섭대표노동조합'이 되도록 하는 「노동조합법」 조항은 단체교섭권을 침해하지 아니한다.
(최신판례) 24 해간

하나의 사업 또는 사업장에 복수 노동조합이 존재하는 경우 '교섭대표노동조합'을 정하여 교섭을 요구하도록 하는 「노동조합 및 노동관계조정법」 제29조 제2항은 과잉금지원칙을 위반하여 단체교섭권을 침해한다. 25 경간

(해설) 단체교섭권 침해 X

1175 **교섭창구단일화제도**는 근로조건의 결정권이 있는 사업 또는 사업장 단위에서 복수 노동조합과 사용자 사이의 **교섭절차를 일원화**하고, 소속 노동조합과 관계없이 조합원들의 근로조건을 통일하기 위한 것이므로 교섭대표노동조합이 되지 못한 소수 노동조합의 단체교섭권을 침해하는 것은 아니다.[5] 14 지방 7

하나의 사업 또는 사업장에 두 개 이상의 노동조합이 있는 경우 단체교섭에 있어 그 창구를 단일화하도록 하고 교섭대표가 된 노동조합에게만 단체교섭권을 부여하고 있는 교섭창구단일화제도는 노사의 자율성을 부정하는 것이므로 단체교섭권을 침해하는 것이다. 17 서울 7

(해설) 노사의 자율성을 부정하는 것이 아니므로 단체교섭권 침해 X

1176 사인간 기본권 충돌의 경우 **입법자에 의한 규제와 개입**은 개별 기본권 주체에 대한 **기본권 제한의 방식**으로 흔하게 나타나며, 노사관계의 경우에도 국가의 개입이 기본권을 침해하는지 여부가 문제될 수는 있으나, **사적 계약관계**라는 이유로 **국가가 개입할 수 없다고 볼 것은 아니다.** (최신판례) 23 소간

1177 근로자들의 단체행동권은 집단적 실력행사로서 위력의 요소를 가지고 있으므로, 사용자의 재산권이나 직업의 자유, 경제활동의 자유를 현저히 침해하고, 거래질서나 국가 경제에 중대한 영향을 미치는 **일정한 단체행동권의 행사에 대하여는 제한이 가능하다.** (최신판례) 23 경찰 2차

KEY 155 공무원 등의 근로3권 [B]

헌법 제33조 ② 【**공무원인 근로자**】 공무원인 근로자는 **법률이 정하는 자**에 한하여 **단결권·단체교섭권 및 단체행동권**을 가진다.
③ 【**주요방위산업체 근로자**】 **법률이 정하는 주요방위산업체**에 종사하는 근로자의 **단체행동권**(근로3권 ×, 단결권 ×, 단체교섭권 ×)은 법률이 정하는 바에 의하여 이를 **제한하거나 인정하지 아니할 수 있다.**

1178 사실상 노무에 종사하는 공무원 중 대통령령 등이 정하는 자에 한하여 근로3권을 인정하는 국가공무원법 조항은, **근로3권이 보장되는 공무원의 범위를 사실상 노무에 종사하는 공무원으로 한정**하고 있으나, 이는 헌법 제33조 제2항에 근거한 것으로, 전체국민의 공공복리와 사실상 노무에 종사하는 공무원의 직무의 내용, 노동조건 등을 고려해 보았을 때 입법자에게 허용된 **입법재량권의 범위를 벗어난 것이라 할 수 없다.** 23 법원 9

국제노동기구의 '결사의 자유위원회'나 국제연합의 '경제적·사회적 및 문화적 권리위원회' 및 경제협력개발기구(OECD)의 '노동조합자문위원회'가 우리나라에 대하여 가능한 한 빨리 모든 영역의 공무원들에게 노동3권을 보장할 것을 권고하고 있으므로, 이를 위헌심사 척도로 삼을 수 있다. 25 경찰 1차

(해설) 위헌심사척도 不可

KEY 156 근로3권의 제한 [C]

1179 특수경비원에게 경비업무의 정상적인 운영을 저해하는 쟁의행위를 금지하는 「경비업법」 규정은 단체행동권을 침해하는 것이 아니다. 11 국회 8

업무의 공공성과 특수성을 이유로, 공항·항만 등 국가중요시설의 경비업무를 담당하는 특수경비원에게 경비업무의 정상적인 운영을 저해하는 일체의 쟁의행위를 금지하는 것은, 단체행동권을 전면 박탈하는 것으로 과잉금지원칙에 위배된다. 24 해간

(해설) 과잉금지원칙에 위배되지 않음

1180 청원경찰의 복무에 관하여 「국가공무원법」 제66조 제1항을 준용함으로써 **노동운동을 금지**하는 「청원경찰법」 제5조 제4항 중 「국가공무원법」 제66조 제1항 가운데 '노동운동' 부분을 준용하는 부분은 **국가기관이나 지방자치단체 이외의 곳에서 근무하는 청원경찰의 근로3권을 침해한다.** 19 지방 7

1181 교원노조를 설립하거나 가입하여 활동할 수 있는 자격을 초·중등교원으로 한정함으로써 '교육공무원이 아닌 대학 교원'에 대하여 근로기본권의 핵심인 **단결권조차 전면적으로 부정**한 「교원의 노동조합 설립 및 운영 등에 관한 법률」 조항에 대하여는 **입법목적의 정당성과 수단의 적합성을 인정할 수 없다.** 5 24 해간

1182 「교원의 노동조합 설립 및 운영 등에 관한 법률」의 적용을 받는 교원의 범위를 초·중등학교에 재직 중인 교원으로 한정하고 해직교원을 제외하는 것은 전국교직원노동조합 및 해직교원들의 단결권을 침해하지 않는다. 5 16 지방 7

KEY 157 환경권 B

헌법 제35조 ① 【환경권】 모든 국민은 **건강하고 쾌적한 환경**에서 생활할 권리를 가지며, 【환경보전의무】 국가와 국민은 환경보전을 위하여 **노력**하여야 한다. 3
② 【법률유보】 환경권의 내용과 행사에 관하여는 **법률**로 정한다. 2
③ 【쾌적한 주거생활】 국가는 **주택개발정책등**을 통하여 모든 국민이 **쾌적한 주거생활**을 할 수 있도록 **노력**하여야 한다. 2

1183 환경권을 행사함에 있어 국민은 국가로부터 건강하고 쾌적한 환경을 향유할 수 있는 자유를 침해당하지 않을 권리를 행사할 수 있고, 일정한 경우 국가에 대하여 건강하고 쾌적한 환경에서 생활할 수 있도록 요구할 수 있는 권리가 인정되기도 하는 바, 환경권은 그 자체 종합적 기본권으로서의 성격을 지닌다. 8 24 경간

1184 '건강하고 쾌적한 환경에서 생활할 권리'를 보장하는 헌법 제35조 제1항의 **환경권 보호대상이 되는 환경**에는 **자연환경**뿐만 아니라 **인공적 환경과 같은 생활환경도 포함**된다. 4 24 국회 8

'건강하고 쾌적한 환경에서 생활할 권리'를 보장하는 환경권의 보호대상이 되는 환경에는 자연환경만 포함될 뿐 인공적 환경과 같은 생활환경은 포함되지 않는다. 23 해간
(해설) 인공적 환경과 같은 생활환경도 포함

1185 일상생활에서 접하게 되는 **토양에서 유해중금속 등의 화학물질을 제거·방지**하여 건강한 환경에서 생활할 권리는 **환경권의 한 내용을 구성**한다. 1 (최신판례) 25 경찰 1차

1186 교정시설 내 자살사고는 이를 방지할 필요성이 매우 크고, 그에 비해 수용자에게 가해지는 불이익은 채광·통풍이 다소 제한되는 정도에 불과하므로 교도소장이 **교도소 독거실 내 화장실 창문과 철격자 사이에 안전철망을 설치한 행위는 수용자의 환경권을 침해하지 않는다.** 4 23 소간

'교도소 독거실 내 화장실 창문과 철격자 사이에 안전철망을 설치한 행위'는 수용자의 햇빛과 통풍 등과 관련한 환경권을 침해한다. 24 입시
(해설) 환경권 침해 아님

1187 비사업용자동차의 타인광고를 제한하는 것은, 자동차 이용 광고물의 난립을 방지하여 도시미관과 도로안전 등을 확보함으로써 국민이 안전하고 쾌적한 환경에서 생활할 수 있도록 하기 위한 것이다. 2 (최신판례) 24 해간

1188 학교시설에서의 유해중금속 등 유해물질의 예방 및 관리 기준을 규정하는「학교보건법 시행규칙」조항에 마사토 운동장에 대한 규정을 두지 아니한 것이 당시 마사토 운동장이 설치된 고등학교에 재학 중이던 학생의 환경권을 침해하지 아니한다. (최신판례) 24 해간

학교시설에서의 유해중금속 등 유해물질의 예방 및 관리 기준을 규정한「학교보건법 시행규칙」해당 조항에 마사토 운동장에 대한 규정을 두지 아니한 것은 과잉금지원칙에 위반하여 마사토 운동장이 설치된 고등학교에 재학 중이던 학생인 청구인의 환경권을 침해하지 아니한다. 25 경간
(해설) 과잉금지원칙 X → 과소보호금지원칙 O

KEY 158 혼인과 가족에 관한 권리

> 헌법 제36조 ①【혼인과 가족생활】혼인과 가족생활은 개인의 존엄과 양성의 평등을 기초로 성립되고 유지되어야 하며, **국가는 이를 보장한다.**

1189 헌법 제36조 제1항은 혼인과 가족생활을 스스로 결정하고 형성할 수 있는 자유를 기본권으로 보장하고, 혼인과 가족에 대한 제도를 보장하며, 혼인과 가족에 관련되는 공법 및 사법의 모든 영역에 영향을 미치는 헌법원리 내지 원칙규범으로서의 성격도 가진다. 25 소간

헌법 제36조 제1항은 혼인과 가족생활을 스스로 결정하고 형성할 수 있는 자유를 기본권으로서 보장하는 것일 뿐, 혼인과 가족에 대한 제도를 보장하는 것은 아니다. 24 입시
(해설) 혼인과 가족에 대한 제도도 보장

1190 헌법 제36조 제1항은 혼인과 가족에 관련되는 **공법 및 사법**의 **모든 영역**에 영향을 미치는 헌법원리 내지 원칙규범으로서의 성격도 가지는데, 이는 **적극적**으로는 적절한 조치를 통해서 혼인과 가족을 지원하고 제삼자에 의한 침해 앞에서 혼인과 가족을 보호해야 할 국가의 과제를 포함하며, **소극적**으로는 불이익을 야기하는 제한조치를 통해서 혼인과 가족을 차별하는 것을 금지해야 할 국가의 의무를 포함한다. 24 법무사

헌법 제36조 제1항은 혼인과 가족에 관련되는 공법의 영역에 영향을 미치는 헌법원리 내지 원칙규범으로서의 성격을 가지는 것으로 사법의 영역에는 적용되기 어렵다. 24 국회 9
(해설) 사법 영역에도 적용

1191 헌법 제36조 제1항에서 규정하는 '혼인'이란 양성이 평등하고 존엄한 개인으로서 자유로운 의사의 합치에 의하여 생활공동체를 이루는 것으로서 **법적으로 승인받은 것**을 말하므로, 법적으로 승인되지 아니한 사실혼은 헌법 제36조 제1항의 보호범위에 포함된다고 보기 어렵다. 22 법원 9

헌법 제36조 제1항에서 규정하는 '혼인'이란 양성이 평등하고 존엄한 개인으로서 자유로운 의사의 합치에 의하여 생활공동체를 이루는 것을 말하므로, 법적으로 승인되지 아니한 사실혼도 헌법 제36조 제1항의 보호범위에 포함된다. 17 변호사
(해설) 사실혼은 제외됨

1192 8촌 이내의 혈족 사이에서는 혼인할 수 없도록 하는「민법」상 '**금혼조항**'은 혼인의 자유를 침해하지 않으나, 금혼조항을 위반한 혼인을 무효로 하는「민법」상 '**무효조항**'은 혼인의 자유를 침해한다. (최신판례) 24 국회 9

8촌 이내의 혈족 사이에서는 혼인할 수 없도록 하는「민법」조항 및 이를 위반한 혼인을 무효로 하는「민법」조항은 가족질서를 보호하고 유지한다는 공익이 매우 중요하기 때문에 과잉금지원칙에 위배되지 않으므로 혼인의 자유를 침해하지 않는다. 25 5급
(해설) 금혼조항 합헌, 무효조항 위헌

1193 부부의 자산소득을 합산하여 과세하도록 규정하고 있는「소득세법」제61조 제1항이 자산소득합산과세의 대상이 되는 혼인한 부부를 혼인하지 않은 부부나 독신자에 비하여 차별취급하는 것은 헌법상 정당화되지 아니하기 때문에 헌법 제36조 제1항에 위반된다. 25 경간

1194 태어난 즉시 '출생등록될 권리'는 '출생 후 아동이 보호를 받을 수 있을 최대한 빠른 시점'에 아동의 출생과 관련된 기본적인 정보를 국가가 관리할 수 있도록 등록할 권리로서, 자유로운 인격실현을 보장하는 자유권적 성격과 아동의 **건강한 성장과 발달을 보장하는 사회적 기본권**의 성격을 함께 지닌 헌법에 명시되지 아니한 독자적 기본권이다.[9] (최신판례) 25 변호사

1195 태어난 즉시 '출생등록될 권리'는 입법자가 출생등록제도를 통하여 **형성하고 구체화하여야 할 권리**이다. 입법자는 출생등록제도를 형성함에 있어 단지 출생등록의 이론적 가능성을 허용하는 것에 그쳐서는 아니되며, **실효적으로 출생등록될 권리가 보장되도록 하여야 한다.**[2] (최신판례) 24 법무사

1196 혼인 중인 여자와 남편 아닌 남자 사이에서 출생한 자녀에 대한 생부의 출생신고를 허용하도록 규정하지 않은 가족관계의 등록 등에 관한 법률 해당 조항은 혼인 외 출생자들의 태어난 즉시 '출생등록될 권리'를 침해한다.[3] (최신판례) 24 법원 9

태어난 즉시 '출생등록 될 권리'는 헌법상의 기본권이 아니라 법률상의 권리이므로 '혼인 중 여자와 남편 아닌 남자 사이에서 출생한 자녀에 대한 생부의 출생신고'를 허용하도록 규정하지 아니한 「가족관계의 등록 등에 관한 법률」 조항이 혼인외 출생자인 청구인들의 태어난 즉시 '출생등록 될 권리'를 침해하는 것은 아니다. 23 경찰 2차
(해설) 헌법상의 권리, 출생등록 될 권리를 침해함

1197 혼인 중인 여자와 남편 아닌 남자 사이에서 출생한 자녀의 경우에 모와 생부를 차별하여 혼인 외 출생자의 신고의무를 모에게만 부과하고, 남편 아닌 남자인 생부에게 자신의 혼인 외 자녀에 대해서 출생신고를 하도록 규정하지 아니한 것은 합리적인 이유가 있어 **생부의 평등권을 침해하지 않는다.**[3] (최신판례)

혼인 중인 여자와 남편 아닌 남자 사이에서 출생한 자녀의 경우에 모와 생부를 차별하여 혼인 외 출생자의 신고의무를 모에게만 부과하고, 남편 아닌 남자인 생부에게 자신의 혼인 외 자녀에 대해서 출생신고를 하도록 규정하지 아니한 것은 합리적인 이유가 없어 생부의 평등권을 침해한다. 23 경채
(해설) 합리적인 이유가 있어 평등권 침해 아님

1198 '혼인 중 여자와 남편 아닌 남자 사이에서 출생한 자녀에 대한 생부의 출생신고'를 허용하도록 규정하지 아니한 「가족관계의 등록 등에 관한 법률」 조항은 혼인 외 출생자에 대한 **생부의 양육권을 직접 제한하지 않는다.**[2] (최신판례)

'혼인 중 여자와 남편 아닌 남자 사이에서 출생한 자녀에 대한 생부의 출생신고'를 허용하도록 규정하지 아니한 「가족관계의 등록 등에 관한 법률」 조항은 혼인 외 출생자에 대한 생부의 양육권을 직접 제한한다. 25 변호사
(해설) 생부의 양육권 제한 아님

1199 부모가 자녀의 이름을 지어주는 것은 자녀의 양육과 가족생활을 위하여 필수적인 것이고, 가족생활의 핵심적 요소라 할 수 있으므로, '**부모가 자녀의 이름을 지을 자유**'는 혼인과 가족생활을 보장하는 헌법 제36조 제1항과 행복추구권을 보장하는 헌법 제10조에 의하여 보호받는다.[14] 24 5급, 24 해간

이름(성명)은 개인의 정체성과 개별성을 나타내는 인격의 상징으로서 개인이 사회 속에서 자신의 생활영역을 형성하고 발현하는 기초가 되므로, 부모가 자녀의 이름을 지을 자유는 혼인과 가족생활을 보장하는 헌법 제36조 제1항이 아니라 일반적 인격권 및 행복추구권을 보장하는 헌법 제10조에 의하여 보호받는다. 20 변호사
(해설) 헌법 제36조 제1항에 의하여도 보호됨

1200 국가에게 혼인과 가족생활의 보호자로서 **부모의 자녀양육을 지원할 헌법상 과제**가 부여되어 있다 하더라도, 그로부터 곧바로 헌법이 국가에게 **자녀를 양육하는 모든 병역의무 이행자들의 출퇴근 복무를 보장**하여 자녀가 있는 대체복무요원들까지 합숙복무의 예외를 인정하여야 할 명시적인 입법의무를 부여하였다고 할 수는 없다.[1] (최신판례) 24 경찰 2차

1201 헌법 제36조 제1항은 혼인과 가족을 보호해야 한다는 국가의 일반적 과제를 규정하였을 뿐, 청구인들의 주장과 같이 양육비 채권의 집행권원을 얻었음에도 **양육비 채무자가 이를 이행하지 아니하는 경우 그 이행을 용이하게 확보하도록 하는 내용의 구체적이고 명시적인 입법의무를 부여하였다고 볼 수 없다.**[5] 24 경간

헌법 제34조 및 제36조가 가족생활을 보호하고 청소년의 복지향상을 위해 노력할 과제를 국가에 부여하고 있으므로, 이러한 헌법조항의 해석만으로도 양육비 대지급제 등 양육비의 이행을 실효적으로 담보하기 위한 구체적 제도에 대한 입법의무가 도출된다. 25 변호사
(해설) 입법의무 無

1202 육아휴직신청권은 헌법 제36조 제1항 등으로부터 개인에게 직접 주어지는 **헌법적 차원의 권리**라고 볼 수는 없고, 입법자가 입법의 목적, 수혜자의 상황, 국가예산, 전체적인 사회보장 수준, 국민정서 등 여러 요소를 고려하여 제정하는 입법에 적용요건, 적용대상, 기간 등 구체적인 사항이 규정될 때 비로소 형성되는 **법률상의 권리**이다.[10] 24 해간

육아휴직신청권은 비록 헌법에 명문으로 규정되어 있지는 아니하지만, 이는 모든 인간이 누리는 불가침의 인권으로서 혼인과 가족생활을 보장하는 헌법 제36조 제1항, 행복추구권을 보장하는 헌법 제10조 및 '국민의 자유와 권리는 헌법에 열거되지 아니한 이유로 경시되지 아니한다.'고 규정한 헌법 제37조 제1항에서 나오는 중요한 기본권이다. 24 경간

(해설) 헌법적 차원의 권리 X → 법률상 권리 O

1203 입양신고 시 신고사건 본인이 시·읍·면에 **출석하지 아니하는 경우**에는 신고사건 본인의 **신분증명서를 제시**하도록 한 「가족관계등록법」 규정은 입양당사자의 **가족생활의 자유를 침해한다고 보기 어렵다.** (최신판례) 23 경채

입양신고 시 신고사건 본인이 시·읍·면에 출석하지 아니하는 경우에는 신고사건 본인의 신분증명서를 제시하도록 한 「가족관계의 등록 등에 관한 법률」 해당 조항 전문 중 '신고 사건 본인의 주민등록증·운전면허증·여권, 그 밖에 대법원규칙으로 정하는 신분증명서를 제시하거나' 부분은 입양신고서의 기재사항은 일방 당사자의 신분증명서를 가지고 있다면 손쉽게 가족관계증명서를 발급받아 알 수 있어 진정한 입양의 합의가 존재한다는 점을 담보할 수 없으므로 입양당사자의 가족생활의 자유를 침해한다. 24 국가 7

(해설) 침해한다고 보기 어려움

KEY 159 　모성보호 및 보건에 관한 권리　　　　　　　　Ⓒ

헌법 제36조 ③ 【보건권】 모든 국민은 **보건**에 관하여 **국가의 보호**를 받는다.

1204 국민의 생명·신체의 안전이 질병 등으로부터 위협받거나 받게 될 우려가 있는 경우 **국가**로서는 그 위험의 원인과 정도에 따라 사회·경제적인 여건 및 재정사정 등을 감안하여 **국민의 생명·신체의 안전을 보호하기에 필요한 적절하고 효율적인 입법·행정상의 조치**를 취하여 그 침해의 위험을 방지하고 이를 유지할 **포괄적인 의무**를 진다. 22 경찰 2차

국민의 생명·신체의 안전이 질병 등으로부터 위협받거나 받게 될 우려가 있는 경우, 국가는 국민의 생명·신체의 안전을 보호하기 위하여 필요한 적절하고 효율적인 입법·행정상의 조치를 취함으로써 침해의 위험을 방지하고 이를 유지할 구체적이고 직접적인 의무를 진다. 20 국회 8

(해설) 구체적·직접적 의무 X → 포괄적 의무 O

CHAPTER 10 청구권

| 번호 | 옳은 지문 O | 옳지 않은 지문 X |

KEY 160 청원권 `S`

> 헌법 제26조 ① 【청원권】 모든 국민은 법률이 정하는 바에 의하여 **국가기관에 문서로 청원**할 권리를 가진다.⁶
> ② 【청원 심사 의무】 국가는 청원에 대하여 **심사할 의무**를 진다.²
> 헌법 제89조 【국무회의 심의】 다음 사항은 **국무회의 심의**를 거쳐야 한다.
> 15. 【청원의 심사】 정부에 제출 또는 회부된 정부의 정책에 관계되는 **청원의 심사** /³

1205 헌법상 보장된 청원권은 공권력과의 관계에서 일어나는 여러 가지 이해관계, 의견, 희망 등에 관하여 **적법한 청원**을 한 모든 국민에게 **국가기관이 청원을 수리**할 뿐만 아니라 **이를 심사하여 청원자에게 적어도 그 처리결과를 통지**할 것을 요구할 수 있는 권리를 말한다.⁵　　　　　　18 법무사

1206 국민이면 누구든지 널리 제기할 수 있는 **민중적 청원제도**는 **재판청구권 및 기타 준사법적 구제청구**와는 성질을 달리하는 것이기 때문에 당해 국가기관이 「청원법」이 정하는 절차와 범위 내에서 청원사항을 성실·공정·신속히 심사하고 청원인에게 그 청원을 어떻게 처리하였거나 처리하려 하는지를 알 수 있을 정도로 **결과를 통지**함으로써 **충분**하며 청원권의 보호범위에 청원사항의 처리결과에 **심판서나 재결서에 준하여 이유를 명시할 것까지를 요구하는 것은 포함되지 않는다.**//　　　　　　12 국회 8

청원사항의 처리결과에 대하여 재결서에 준하는 이유를 명시할 의무는 있으나, 청원인이 청원한 내용대로의 결과를 통지할 의무는 없다.　　　22 해간, 22 법원 9
(해설) 재결서에 준하는 이유 명시 의무 X

1207 청원사항의 처리내용이 청원인이 기대하는 바에 미치지 않는다고 하더라도 헌법소원의 대상이 되는 **공권력의 행사 내지 불행사라고 볼 수 없으므로 헌법소원의 대상이 되지 않는다.**⁶　　　　　　22 해간

청원소관관서는 청원법이 정하는 절차와 범위 내에서 청원사항을 성실·공정·신속히 심사하고 청원인에게 그 처리결과를 통지할 의무가 있고, 그 처리내용은 공권력의 행사 또는 불행사에 해당하므로 청원인은 그 처리내용이 기대하는 바에 미치지 못하는 경우라면 헌법소원심판을 제기하는 것이 허용된다.　　　18 법무사
(해설) 공권력의 행사·불행사 X → 헌소 제기 불가

1208 「청원법」상 국민은 **공무원의 위법·부당한 행위에 대한 시정이나 징계의 요구**에 대하여 청원기관에 **청원할 수 있다.**⁴　　　　　　23 경채

국민은 공무원의 위법·부당한 행위에 대한 시정이나 징계의 요구를 청원할 수 없다.　　　23 국가 7
(해설) 청원사항에 해당함

1209 **법률·명령·조례·규칙 등의 제정·개정 또는 폐지**에 대하여 청원기관에 **청원할 수 있다.**⁵　　　　　　24 해경

법률·명령·조례·규칙 등의 제정·개정 또는 폐지는 「청원법」상 청원사항에 해당하지 않는다.　　　21 경정
(해설) 청원사항에 해당함

1210 청원기관의 장은 동일인이 같은 내용의 청원서를 같은 청원기관에 2건 이상 제출한 반복청원의 경우에는 **나중에 제출된 청원서를 반려하거나 종결처리할 수 있고, 종결처리하는 경우 이를 청원인에게 알려야 한다.** 25 5급

「청원법」은 국민이 편리하게 청원권을 행사하고 국민이 제출한 청원이 객관적이고 공정하게 처리되도록 함을 그 목적으로 하므로, 동일인이 같은 내용의 청원서를 같은 청원기관에 2건 이상 제출한 반복청원의 경우라도 청원기관의 장은 나중에 제출된 청원서를 반려하거나 종결처리하여서는 아니 된다. 23 경정

(해설) 반려·종결처리 가능

1211 청원기관의 장은 청원을 접수한 때에는 특별한 사유가 없으면 **90일 이내**(제13조 제1항에 따른 공개청원의 공개 여부 결정기간 및 같은 조 제2항에 따른 국민의 의견을 듣는 기간을 제외한다)에 **처리결과를 청원인에게 알려야 한다.** 24 해간

청원기관의 장은 청원을 접수한 때에는 특별한 사유가 없으면 60일 이내에 처리결과를 청원인에게 알려야 한다. 이 경우 공개청원의 처리결과는 온라인청원시스템에 공개하여야 한다. 23 경간

(해설) 60일 X → 90일 O

1212 국회에 청원을 하려는 자는 의원의 소개를 받거나 국회규칙으로 정하는 기간 동안 **국회규칙으로 정하는 일정한 수 이상의 국민의 동의를 받아 청원서를 제출하여야 한다.** 21 소간

국회에 청원을 하려는 자는 반드시 의원의 소개를 받아야 한다. 23 입시

(해설) 국민동의청원도 가능

1213 국회에 청원하는 방법으로 국회의원의 소개를 받도록 정한 구 「국회법」 조항은 무책임한 청원서의 제출을 예방하여 청원 심사의 실효성을 확보하는 것으로서 **청원권을 침해하였다고 볼 수 없다.** 25 경간

국회에 청원을 하려고 하는 자는 국회의원의 소개를 얻도록 한 「국회법」 조항은 행정편의적 목적을 위하여 국민의 청원권 행사를 의원 개인의 판단에 맡겨 놓아 사실상 청원권을 박탈하고 본질적인 내용을 침해하는 것이다. 23 경찰 1차

(해설) 헌법위반 아님

1214 지방의회에 청원을 할 때 지방의회 의원의 소개를 얻도록 한 조항은 **청원권을 침해하지 않는다.** 22 해간

지방의회에 청원할 때에 지방의회의원의 소개를 얻도록 한 것은 헌법위반이다. 12 국회 9

(해설) 청원권 침해 아님

1215 국회에 청원하는 방법을 '국회규칙으로 정하는 기간 동안 국회규칙으로 정하는 일정한 수 이상의 국민의 동의를 받아'라고 규정한 「국회법」 조항은, 국회가 한정된 자원과 심의역량 등을 고려하여 국민 동의 요건을 탄력적으로 정하도록 그 **구체적인 내용을 하위법령에 위임할 필요성이 인정된다.** (최신판례) 25 경간

국회에 청원하는 방법을 정한 「국회법」 조항 중 '국회규칙으로 정하는 기간 동안 국회규칙으로 정하는 일정한 수 이상의 국민의 동의를 받아' 부분은 국회규칙으로 규정될 내용 및 범위의 기본사항을 구체적으로 규정하고 있지 않아 그 대강을 예측할 수 없으므로 포괄위임금지원칙에 위반되어 청원권을 침해한다. 24 경정

(해설) 포괄위임금지원칙 위반 X, 청원권 침해 X

1216 국회 전자청원시스템에 등록된 청원서가 등록일부터 30일 이내에 100명 이상의 찬성을 받아 일반인에게 공개되면, 공개된 날부터 30일 이내에 10만 명 이상의 동의를 받은 경우 국민동의청원으로 접수된 것으로 보는 「국회법」 및 「국회청원심사규칙」 조항은 국회의 한정된 심의 역량과 자원의 효율적 배분을 고려함과 동시에, 일정 수준 이상의 인원에 해당하는 국민 다수가 관심을 갖고 동의하는 의제가 논의 대상이 되도록 하기 위한 것으로 **입법재량을 일탈하여 청원권을 침해하였다고 볼 수 없다.** (최신판례)

국회 전자청원시스템에 등록된 청원서가 등록일부터 30일 이내에 100명 이상의 찬성을 받아 일반인에게 공개되면, 공개된 날부터 30일 이내에 10만 명 이상의 동의를 받은 경우 국민동의청원으로 접수된 것으로 보는 「국회법」 및 「국회청원심사규칙」 조항은 의원소개조항에 더하여 추가적으로 요건과 절차를 규정하고 있는 것으로 입법형성의 한계를 위반한 것이다. 25 경간

(해설) 입법형성의 한계 위반 아님

KEY 161 재판청구권

> 헌법 제27조 ① 【재판을 받을 권리】 모든 국민은 **헌법과 법률이 정한 법관**에 의하여 **법률에 의한 재판을 받을 권리**를 가진다.

1217 재판청구권은 공권력이나 사인에 의해서 기본권이 침해당하거나 침해당할 위험에 처해있을 경우 이에 대한 **구제나 그 예방을 요청할 수 있는 권리**라는 점에서 **다른 기본권의 보장을 위한 기본권**이라는 성격을 가지고 있다. 21 법원 9

1218 재판청구권은 실체적 권리의 구제를 위해 권리구제 절차의 제공을 요구하는 **청구권적 기본권**으로서, 입법자에 의한 **구체적인 제도 형성을 필요로 한다.** (최신판례) 25 국회 8

1219 재판이라 함은 구체적 사건에 관하여 사실의 확정과 그에 대한 **법률의 해석적용**을 그 본질적인 내용으로 하는 일련의 과정이므로, **법관에 의한 재판을 받을 권리**를 보장한다고 함은 **법관이 사실을 확정하고 법률을 해석·적용하는 재판을 받을 권리를 보장한다는 뜻이다.** 18 경정

1220 대한변호사협회징계위원회에서 **징계를 받은 변호사**는 법무부변호사징계위원회에서의 이의절차를 밟은 후 곧바로 대법원에 즉시항고 하도록 한 법률조항은 **법무부변호사징계위원회를 사실확정에 관한 한 사실상 최종심으로 기능하게 하므로 헌법에 위반된다.** 16 변호사

1221 법관에 대한 대법원장의 징계처분 취소청구소송을 대법원에 의한 단심재판에 의하도록 규정하고 있는 구 「법관징계법」 조항은 독립적으로 사법권을 행사하는 **법관이라는 지위의 특수성**과 법관에 대한 징계절차의 특수성을 감안하여 재판의 신속을 도모하기 위한 것으로 그 합리성을 인정할 수 있고, **사실확정도 대법원의 권한에 속하여 법관에 의한 사실확정의 기회가 박탈되었다고 볼 수 없으므로**, 헌법 제27조 제1항의 **재판청구권을 침해하지 아니한다.** 21 지방 7

법관에 대한 징계처분 취소청구사건을 대법원의 단심 재판에 의하도록 한 법관징계법 해당 규정은 재판청구권 및 평등권을 침해한다. 25 법원 9
(해설) 재판청구권·평등권 침해 아님

1222 「조세범 처벌절차법」에 따른 **통고처분**을 행정쟁송의 대상에서 제외시킨 「국세기본법」 제55조 제1항 단서 제1호는 **재판청구권을 침해한다고 할 수 없다.** (최신판례) 25 경간

1223 법관이 아닌 **사법보좌관**이 소송비용액 확정결정절차를 처리하도록 한 법률조항은, 동일 심급 내에서 **법관으로부터 다시 재판받을 수 있는 권리가 보장되고 있으므로**, 헌법 제27조 제1항의 **재판청구권을 침해하지 않는다.** 16 변호사

법관의 자격이 없는 법원공무원으로 하여금 소송비용액 확정결정절차 등 재판의 부수적 업무를 처리하게 하는 사법보좌관 제도는 법관에 의한 재판을 받을 권리를 침해한다. 18 변호사
(해설) 법관에 의한 재판을 받을 권리 침해 X

1224 헌법 제27조의 '재판을 받을 권리'는 적어도 한번의 재판을 받을 권리, 적어도 하나의 심급을 요구할 권리이고, 심급제도가 몇 개의 심급으로 형성되어야 하는가에 관하여는 헌법이 전혀 규정하고 있지 않으므로, 이는 **입법자의 광범위한 형성권에 맡겨져 있는 것이다.** 25 경정

1225 공정한 재판을 받을 권리는 헌법 제27조의 재판청구권에 의하여 함께 보장되고, 재판청구권에는 **민사재판, 형사재판, 행정재판뿐만 아니라 헌법재판을 받을 권리도 포함**되므로, 헌법상 보장되는 기본권인 '공정한 재판을 받을 권리'에는 '공정한 헌법재판을 받을 권리'도 포함된다. 24 경정

재판청구권은 민사재판·형사재판·행정재판을 받을 권리를 의미하므로, 헌법상 보장되는 기본권인 '공정한 재판을 받을 권리'에는 '공정한 헌법재판을 받을 권리'는 포함되지 아니한다. 22 입시

(해설) 공정한 헌법재판을 받을 권리 포함

1226 사법기관이 그 기능을 발휘하기 위해 투입되는 인적·물적 자원 등을 의미하는 **사법자원은 한정**되어 있기에, 재판절차를 형성할 때에는 사법자원이 합리적으로 분배되도록 하는 것을 중요하게 고려할 수밖에 없고, **재판의 적정과 신속이라는 상반되는 요청을 조화시켜야 한다**. (최신판례) 25 국회 8

1227 헌법 제27조 제1항에서 말하는 '**헌법과 법률이 정한 법관에 의한 법률에 의한 재판을 받을 권리**'가 사건의 경중을 가리지 않고 모든 사건에 대하여 **대법원을 구성하는 법관에 의한 균등한 재판을 받을 권리를 의미한다거나 또는 상고심재판을 받을 권리를 의미하는 것은 아니다**. 15 법무사

헌법이 대법원을 최고법원으로 규정하고 있다는 점과 함께 절차법이 정한 절차에 따라 실체법이 정한 내용대로 재판을 받을 권리를 보장하고자 하는 헌법 제27조의 취지에서 본다면, 재판청구권에는 대법원이 모든 사건을 상고심으로서 관할하여야 한다는 결론을 당연히 도출할 수 있다. 24 경정

(해설) 대법원이 모든 사건을 상고심으로서 관할 도출 X

1228 **심리불속행 상고기각판결의 경우 판결이유를 생략**할 수 있도록 규정한 「상고심절차에 관한 특례법」 조항은 헌법 제27조 제1항에서 보장하는 **재판청구권 등을 침해하지 않는다**. 19 경정

심리불속행 상고기각판결의 경우 판결이유를 생략할 수 있도록 규정한 상고심절차에 관한 특례법 조항은 재판의 본질에 반하여 당사자의 재판청구권을 침해한다. 22 국가 7

(해설) 재판청구권 침해 X

1229 재심은 확정판결에 대한 **특별한 불복방법**이고 확정판결에 대한 법적 안정성의 요청은 미확정판결에 대한 그것보다 훨씬 크다고 할 것이므로, **재심을 청구할 권리가 헌법 제27조에서 규정한 재판을 받을 권리에 당연히 포함된다고 볼 수는 없다**. 20 법원 9

재심도 재판절차 중의 하나이므로 재심청구권은 헌법 제27조에서 규정한 재판을 받을 권리에 당연히 포함된다. 23 입시

(해설) 재심청구권 포함 X

1230 재심은 판결에 대한 불복방법의 하나인 점에서는 **상소와 마찬가지**라고 할 수 있지만, **확정판결에 대한 불복방법**인 점에서 상소와 다르고, 확정판결에 대한 법적 안정성의 요청은 미확정판결에 대한 그것보다 훨씬 크기 때문에, **상소보다 더 예외적으로 인정되어야 한다**는 점에서 본질적인 차이가 있다. (최신판례) 23 법무사

1231 재판청구권에 '피고인 스스로 치료감호를 청구할 수 있는 권리'가 포함된다고 보기 어렵고, 피고인에게까지 치료감호청구권을 주어야만 절차의 적법성이 담보되는 것은 아니므로 **치료감호청구권자를 검사로 한정하는 법률규정은 재판청구권을 침해하지 않는다**. 17 경정

피고인에게 치료감호에 대한 재판절차에의 접근권을 부여하는 것이 피고인의 권리를 보다 효율적으로 보장하기 위하여 필요하다고 인정되므로 '피고인 스스로 치료감호를 청구할 수 있는 권리' 역시 재판청구권의 보호범위에 포함된다. 24 변호사

(해설) 재판청구권의 보호범위 아님

1232 검사의 불기소처분에 대한 항고권자를 고소인·고발인으로 한정한 「검찰청법」 제10조 제1항 전문은 **재판청구권을 제한한다고 보기 어렵다**. (최신판례)

검사의 불기소처분에 대한 항고권자를 고소인·고발인으로 한정한 「검찰청법」 제10조 제1항 전문은 고소하지 않은 범죄피해자가 검찰항고를 하지 못하게 하므로 재판청구권을 제한한다. 25 경찰 1차

(해설) 재판청구권 제한 아님

KEY 162 신속 · 공개재판을 받을 권리

> 헌법 제27조 ③ 【신속한 재판을 받을 권리】 모든 국민은 **신속한 재판을 받을 권리**를 가진다(신속한 재판 명문 규정 없음 ×).[3]
> 【공개재판】 형사피고인은 **상당한 이유**(정당한 이유 ×)가 없는 한 지체없이 **공개재판**(공정한 재판 ×)을 받을 권리를 가진다.[3]

1233 신속한 재판을 받을 권리의 실현을 위해서는 구체적인 입법 형성이 필요하며, 다른 사법절차적 기본권에 비하여 폭넓은 입법재량이 허용되므로, 법률에 의한 구체적 형성 없이는 신속한 재판을 위한 어떤 직접적이고 구체적인 청구권이 발생하지 아니한다.[O] 24 경정

헌법 제27조 제3항은 '모든 국민은 신속한 재판을 받을 권리를 가진다'고 규정하고 있으므로 모든 국민은 법률에 의한 구체적 형성이 없어도 직접 신속한 재판을 청구할 수 있는 권리를 가진다. 15 경정
(해설) 법률로 구체화 필요

KEY 163 재판청구권 관련판례

1234 디엔에이감식시료채취영장 발부 과정에서 채취대상자에게 자신의 의견을 밝히거나 영장 발부 후 불복할 수 있는 절차 등에 관하여 규정하지 아니한 「디엔에이신원확인정보의 이용 및 보호에 관한 법률」의 규정은 과잉금지원칙을 위반하여 채취대상자의 재판청구권을 침해한다.[O] 22 경정

디엔에이감식시료채취영장 발부 과정에서 채취대상자에게 자신의 의견을 밝히거나 영장 발부 후 불복할 수 있는 절차 등에 관하여 규정하지 아니한 「디엔에이신원확인정보의 이용 및 보호에 관한 법률」 조항은 청구인들의 재판청구권을 침해하지 않는다. 19 경정
(해설) 재판청구권 침해

1235 「형사소송법」상 즉시항고 제기기간을 3일로 제한하고 있는 것은 헌법상 재판청구권을 공허하게 하므로 **입법재량의 한계**를 일탈하여 **재판청구권을 침해**한다.[O] 21 국회 8

재판에 대한 불복기간의 제한은 입법자가 상소심의 구조와 성격 등을 고려하여 결정할 입법재량의 문제이므로, 즉시항고 제기기간에 관하여 민사소송법은 1주로 규정하고 있음에도 형사소송법이 그 절반 가량인 3일로 규정한 것은 상대적으로 신속한 확정이 필요한 형사재판의 특성을 반영한 것으로서 그 차별취급에 합리적 이유가 있다. 22 법무사
(해설) 합리적 이유 × → 재판청구권 침해

1236 변호사와 접견하는 경우에도 수용자의 접견은 원칙적으로 접촉차단시설이 설치된 장소에서 하도록 규정하고 있는 형의 집행 및 수용자의 처우에 관한 법률 시행령 조항은 과잉금지원칙에 위배하여 청구인의 재판청구권을 지나치게 제한하고 있으므로, 헌법에 위반된다.[O] 19 소간

변호사 접견권을 악용하는 수형자들로 인한 부작용을 배제하기 위하여, 수용자 일반을 접촉차단시설이 설치된 장소에서 변호인을 접견하게 하는 행위는 정당화된다. 14 국회 8
(해설) 재판청구권 침해

1237 수형자인 청구인이 헌법소원 사건의 국선대리인인 변호사를 접견함에 있어서 그 접견내용을 녹음, 기록한 피청구인의 행위는 청구인의 **재판을 받을 권리를 침해**한다.[O] 16 법무사

수형자가 국선대리인인 변호사를 접견하는데 교도소장이 그 접견내용을 녹음 기록하였다고 해도 재판을 받을 권리를 침해하는 것은 아니다. 20 경정
(해설) 재판을 받을 권리 침해

1238 전자문서 등재사실을 통지한 날부터 1주 이내에 확인하지 아니하는 때에는 통지한 날부터 1주가 지난 날에 송달된 것으로 보는 「민사소송 등에서의 전자문서 이용 등에 관한 법률」 제11조 제4항 단서는 **재판청구권을 침해한 것이라 할 수 없다.**[O] (최신판례) 25 경찰 1차

KEY 164 공정한 재판을 받을 권리   B

1239 헌법에 '공정한 재판'에 관한 명문의 규정은 없지만 재판청구권이 국민에게 효율적인 권리보호를 제공하기 위해서는, 법원에 의한 재판이 공정하여야 할 것은 당연한 전제이므로 '공정한 재판을 받을 권리'는 재판청구권에 포함된다.   25 국회 8

1240 피고인이 정식재판을 청구한 사건에 대하여는 약식명령의 형보다 중한 다른 종류의 형을 선고하지 못하도록 하는 「형사소송법」 제457조의2 제1항은 공정한 재판을 받을 권리를 침해하지 아니한다. (최신판례)   25 경찰 1차

피고인이 정식재판을 청구한 사건에 대하여는 약식명령의 형보다 중한 종류의 형을 선고하지 못하도록 하는 「형사소송법」 조항은 불이익변경금지원칙을 적용하지 않아 과잉금지원칙에 위반되어 피고인의 공정한 재판을 받을 권리를 침해한다.   24 경찰 2차

(해설) 공정한 재판을 받을 권리 침해 아님

1241 간이기각제도는 형사소송절차의 신속성이라는 공익을 달성하는 데 필요하고 적절한 방법으로써 즉시항고에 의한 불복도 가능하므로, 소송의 지연을 목적으로 함이 명백한 기피신청의 경우 그 신청을 받은 법원 또는 법관이 결정으로 기각할 수 있도록 한 형사소송법 제20조 제1항은 공정한 재판을 받을 권리를 침해하지 아니한다.   24 해간

1242 기피신청에 대한 결정이 확정되기 전에 기피신청을 당한 법관으로 하여금 소송절차를 정지하지 않고 종국판결을 선고할 수 있도록 하는 「민사소송법」 제48조 단서 중 '종국판결을 선고하거나'에 관한 부분은 공정한 재판을 받을 권리를 침해하지 않는다. (최신판례)   25 경찰 1차

기피신청에 대한 결정이 확정되기 전에 기피신청을 당한 법관이 소송절차를 정지하지 않고 종국판결을 선고할 수 있도록 규정한 「민사소송법」 제48조는 기피신청이 갖는 소송절차의 정지효를 제한하고, 불공정한 재판을 받을 우려가 있다고 생각되는 법관을 배제하고 다른 법관으로부터 재판을 받고자 하는 기피신청인의 공정한 재판을 받을 권리를 침해한다.   25 국회 8

(해설) 공정한 재판을 받을 권리 침해 아님

KEY 165 재판절차진술권   C

> 헌법 제27조 ⑤ 【재판절차진술권】 형사피해자는 법률이 정하는 바에 의하여 당해 사건의 재판절차에서 진술할 수 있다.

1243 재판절차진술권에 관한 헌법 제27조 제5항이 정한 법률유보는 법률에 의한 기본권의 제한을 목적으로 하는 자유권적 기본권에 대한 법률유보의 경우와는 달리, 기본권으로서의 재판절차진술권을 보장하고 있는 헌법규범의 의미와 내용을 법률로써 구체화하기 위한 이른바 기본권 형성적 법률유보에 해당한다.   25 변호사

재판절차진술권에 관한 헌법 제27조 제5항이 정한 법률유보는 법률에 의한 기본권의 제한을 목적으로 하는 자유권적 기본권에 대한 법률유보의 경우와 달리 기본권으로서의 재판절차진술권을 보장하고 있는 헌법규범의 의미와 내용을 법률로써 구체화하기 위한 이른바 기본권 형성적 법률유보에 해당하지 않는다.   14 국회 8

(해설) 기본권 형성적 법률유보에 해당함

1244 직계혈족, 배우자, 동거친족, 동거가족 또는 그 배우자간의 권리행사방해죄에 대해 법관으로 하여금 여러 사정을 전혀 고려할 수 없도록 하고 획일적으로 형면제 판결을 선고하도록 하는 「형법」 조항은 형사피해자가 법관에게 적절한 형벌권을 행사하여 줄 것을 청구할 수 없도록 하는 것으로서 입법재량을 일탈하여 현저히 불합리하거나 불공정하므로 형사피해자의 재판절차진술권을 침해한다. (최신판례)   25 변호사

KEY 166 군사재판 B

> 헌법 제27조 ② 【군사재판을 받지 않을 권리】 군인 또는 군무원이 아닌 국민은 대한민국의 영역안에서는 중대한 군사상 기밀·초병·초소·유독음식물공급·포로·군용물에 관한 죄중 법률이 정한 경우와 비상계엄(계엄 ×, 긴급명령 ×)이 선포된 경우를 제외하고는 군사법원의 재판을 받지 아니한다.

1245 군사시설 중 전투용에 공하는 시설을 손괴한 일반 국민이 항상 군사법원에서 재판받도록 하는 군사법원법 조항은 헌법과 법률이 정한 법관에 의한 재판을 받을 권리를 침해한다. 19 법원 9

'군사시설' 중 '전투용에 공하는 시설'을 손괴한 일반국민(군인 또는 군무원이 아닌 국민)이 군사법원에서 재판받도록 하는 것은 헌법과 법률이 정한 법관에 의한 재판을 받을 권리를 침해하지 아니한다. 22 경채

(해설) 법관에 의한 재판을 받을 권리를 침해

1246 현역병의 군대 입대 전 범죄에 대한 군사법원의 재판권을 규정하고 있는 「군사법원법」의 관련규정은 현역 복무 중인 군인의 재판청구권을 침해하지 아니한다. 16 경정

현역병의 군대 입대 전 범죄에 대한 군사법원의 재판권을 규정하고 있는 「군사법원법」 조항은 일반법원에서 재판받을 권리를 봉쇄하므로, 재판청구권을 침해하여 헌법에 위반된다. 19 경정

(해설) 재판청구권 침해 ×

KEY 167 국민참여재판 C

1247 헌법과 법률이 정한 법관에 의한 재판을 받을 권리는 직업법관에 의한 재판을 주된 내용으로 하는 것이므로, 국민참여재판을 받을 권리가 헌법 제27조 제1항에서 규정한 재판을 받을 권리의 보호범위에 속한다고 볼 수 없다. 25 국회 8

우리 헌법상 헌법과 법률이 정한 직업법관에 의한 재판을 받을 권리는 법관에 의한 재판을 주된 내용으로 하는 것이므로, 국민참여재판을 받을 권리는 헌법 제27조 제1항에서 규정한 재판을 받을 권리의 보호범위에 속한다. 19 소간

(해설) 국민참여재판을 받을 권리 포함 ×

1248 형사소송절차에서 국민참여재판제도는 사법의 민주적 정당성과 신뢰를 높이기 위하여 배심원이 사실심 법관의 판단을 돕기 위한 권고적 효력을 가지는 의견을 제시하는 제한적 역할을 수행하게 되고, 따라서 헌법상 재판을 받을 권리의 보호범위에 국민참여재판을 받을 권리가 포함되는 것은 아니다. 15 법원 9

1249 「국민의 형사재판 참여에 관한 법률」에서 국민참여재판 배심원의 자격을 만 20세 이상으로 규정한 것은 국민참여제도의 취지와 배심원의 권한 및 의무 등 여러 사정을 종합적으로 고려하여 만 20세에 이르기까지 교육 및 경험을 쌓은 자로 하여금 배심원의 책무를 담당하도록 한 것이므로 만 20세 미만의 자를 자의적으로 차별한 것은 아니다. 24 경정

국민참여재판 배심원의 자격을 만 20세 이상으로 정한 것은 민법상 성년연령이 만 19세로 개정된 점이나 선거권 연령이 만 18세로 개정된 점을 고려해 볼 때, 만 19세 및 만 18세의 국민을 합리적인 이유 없이 차별취급하는 것이다. 23 해간

(해설) 합리적 이유 없는 차별 ×

KEY 168 행정심판 C

> 헌법 제107조 ③ 【재판의 전심절차】 재판의 전심절차로서 행정심판을 할 수 있다(행정심판 명문 규정 없음 ×). 행정심판의 절차는 법률로 정하되, 사법절차가 준용되어야 한다.

1250 행정심판이 필요적 전심절차로 규정되어 있는 경우에는 반드시 사법절차가 준용되어야 하지만, 임의적 전심절차로 규정되어 있는 경우에는 당사자의 선택권이 보장되어 있으므로 그러하지 아니하다. ✗ `15 법무사`

행정심판절차의 구체적 형성에 관한 입법자의 입법형성의 한계를 고려할 때, 필요적 전심절차로 규정되어 있는 경우뿐만 아니라 임의적 전심절차로 규정되어 있는 경우에도 반드시 사법절차가 준용되어야 한다. `17 서울 7`
(해설) 임의적 전심절차 : 반드시 사법절차 준용 X

1251 교원의 신분과 관련되는 징계처분의 적법성 판단에 있어서는 교육의 자주성·전문성이 요구되는바, 교원징계처분에 관하여 교원징계재심위원회의 재심을 거치지 않으면 행정소송을 제기할 수 없도록 한 법률조항은 헌법 제27조의 재판청구권을 침해하지 않는다. ✗ `16 변호사`

교원징계에 대한 항고소송을 제기하기 전에 소청위원회 소청절차를 거치도록 한 것은 재판청구권을 침해하는 것이다. `17 국회 9`
(해설) 재판청구권 침해 X

KEY 169 형사보상청구권 A

> 헌법 제28조 【형사보상청구권】 형사피의자 또는 형사피고인으로서 구금되었던 자가 법률이 정하는 불기소처분을 받거나 무죄판결을 받은 때에는 【정당한 보상】 법률이 정하는 바에 의하여 국가에 정당한 보상을 청구할 수 있다.

1252 헌법상 형사보상청구권은 국가의 형사사법절차에 내재하는 불가피한 위험에 의하여 국민의 신체의 자유에 관하여 피해가 발생한 경우 형사사법기관의 귀책사유를 따지지 않고 국가에 대하여 정당한 보상을 청구할 수 있는 권리로서, 실질적으로 국민의 신체의 자유와 밀접하게 관련된 중대한 기본권이다. ∧ (최신판례)

헌법상 형사보상청구권은 국가의 형사사법절차에 내재하는 불가피한 위험에 의하여 국민의 신체의 자유에 관하여 형사사법기관의 귀책사유로 인해 피해가 발생한 경우 국가에 대하여 정당한 보상을 청구할 수 있는 권리로서, 실질적으로 국민의 재판청구권과 밀접하게 관련된 중대한 기본권이다. `25 경간`
(해설) 귀책사유 불문 / 재판청구권 X → 신체의 자유 O

1253 비용보상청구권의 제척기간을 무죄판결이 확정된 날부터 6개월 이내로 규정한 구 군사법원법 해당 조항은 헌법에 위반된다. ○ (최신판례) `24 법원 9`

1254 형사피고인으로서 구금되었던 자의 형사보상청구는 무죄재판이 확정된 사실을 안 날부터 3년, 무죄재판이 확정된 때부터 5년 이내에 하여야 한다. ○ `22 법무사`

형사보상의 청구는 무죄재판이 확정된 때로부터 3년 이내에 하여야 한다. `18 경정`
(해설) 3년 X → 5년 O

1255 헌법 제28조는 '불기소처분을 받거나 무죄판결을 받은 때' 구금에 대한 형사보상을 청구할 수 있는 권리를 헌법상 기본권으로 명시하고 있으므로, 외형상·형식상으로 무죄재판이 없었다고 하더라도 형사사법절차에 내재하는 불가피한 위험으로 인하여 국민의 신체의 자유에 관한 피해가 발생하였다면 형사보상청구권을 인정하는 것이 타당하다. ∧ (최신판례)

헌법 제28조는 '불기소처분을 받거나 무죄판결을 받은 때' 구금에 대한 형사보상을 청구할 수 있는 권리를 헌법상 기본권으로 명시하고 있으므로, 외형상·형식상으로 무죄재판이 없었다면 형사사법절차에 내재하는 불가피한 위험으로 인하여 국민의 신체의 자유에 관한 피해가 발생하였다 하더라도 형사보상청구권을 인정할 수 없다. `23 경정`
(해설) 형사보상청구권 인정

1256 원판결의 근거가 된 가중처벌규정에 대하여 **헌법재판소의 위헌결정**이 있었음을 이유로 개시된 재심절차에서, 공소장의 교환적 변경을 통해 위헌결정된 가중처벌규정보다 **법정형이 가벼운 처벌규정으로** 적용 법조가 변경되어 피고인이 무죄판결을 받지는 않았으나 **원판결보다 가벼운 형으로 유죄판결이 확정**됨에 따라 원판결에 따른 구금형 집행이 재심판결에서 **선고된 형을 초과**하게 된 경우, 재심판결에서 선고된 형을 초과하여 집행된 구금에 대하여 보상요건을 규정하지 아니한 「형사보상및명예회복에관한법률」 제26조 제1항은 **평등권을 침해한다.**ⁱ (최신판례) 25 경간

1257 형사보상의 청구를 무죄재판이 확정된 때로부터 1년 이내에 하도록 규정하고 있는 「형사보상법」 조항은 **입법재량의 한계를 일탈**하여 청구인의 **형사보상청구권을 침해한다.**⁶ 22 경찰 1차

권리의 행사가 용이하고 일상 빈번히 발생하는 것이거나 권리의 행사로 인하여 상대방의 지위가 불안정해지는 경우 또는 법률관계를 보다 신속히 확정하여 분쟁을 방지할 필요가 있는 경우에는 특별히 짧은 소멸시효나 제척기간을 인정할 필요가 있기에 형사보상의 청구를 무죄재판이 확정된 때로부터 1년 이내에 하도록 하는 것은 헌법 제28조를 침해하지 않는다. 22 소간

(해설) 헌법 제28조 (형사보상청구권) 침해 O

1258 형사보상의 청구에 대하여 한 보상의 결정에 대하여는 불복을 신청할 수 없도록 하여 형사보상의 결정을 단심재판으로 규정한 형사보상법 조항은 **형사보상청구권 및 재판청구권을 침해한다.**¹³ 18 경정

형사보상청구에 대하여 한 보상의 결정에 대하여는 불복을 신청할 수 없도록 하여 형사보상의 결정을 단심재판으로 규정한 형사보상법 조항은 형사보상청구권 및 재판청구권을 침해한다고 볼 수 없다. 21 법원 9

(해설) 모두 침해

KEY 170 국가배상청구권 **B**

헌법 제29조 ① 【국가배상청구권】 공무원의 직무상 불법행위로 손해를 받은 국민은 법률이 정하는 바에 의하여 **국가 또는 공공단체**에 **정당한 배상**을 청구할 수 있다. 이 경우 **공무원 자신의 책임은 면제되지 아니**(공무원 자신의 책임 면제됨 ×)**한다.**ⁱ
② 【이중배상금지】 군인 · 군무원 · 경찰공무원 기타 **법률이 정하는 자**가 전투 · 훈련등 **직무집행과 관련**하여 받은 손해에 대하여는 법률이 정하는 보상외에 국가 또는 공공단체에 공무원의 직무상 불법행위로 인한 **배상은 청구할 수 없다**(법률이 정하는 보상 외에 배상 청구 가능 ×).ⁱ

1259 국가배상법 제2조 소정의 "공무원"이라 함은 **국가공무원법**이나 **지방공무원법**에 의하여 공무원으로서의 신분을 가진 자에 국한하지 않고, **널리 공무를 위탁받아 실질적으로 공무에 종사하고 있는 일체의 자**를 가리키는 것이라고 봄이 상당하다.⁵ 24 법원 9

국가배상청구권의 성립요건으로서 '공무원의 불법행위'에서 말하는 공무원에는 국가공무원과 지방공무원이 모두 포함되나, 공무를 위탁받아 실질적으로 공무를 수행하는 자는 포함되지 아니한다. 14 국회 9

(해설) 공무수탁사인도 포함

1260 국가배상청구권의 성립요건으로서 공무원의 고의 또는 과실을 규정한 국가배상법 조항은, 법률로 이미 형성된 국가배상청구권의 행사 및 존속을 '**제한**'하는 것이라기보다는 국가배상청구권의 내용을 '**형성**'하는 것이므로, 헌법상 국가배상제도의 정신에 부합하게 국가배상청구권을 형성하였는지의 관점에서 심사하여야 한다.⁵ 21 법원 9

국가배상청구권의 성립요건으로서 공무원의 고의 또는 과실을 규정한 것은 원활한 공무집행을 위한 입법정책적 고려에 따라 법률로 이미 형성된 국가배상청구권의 행사 및 존속을 제한한 것이다. 24 경정

(해설) 국가배상청구권의 행사 및 존속을 제한 X → 내용을 형성 O

1261 일반적으로 **법률**이 **헌법**에 위반된다는 사정은 **헌법재판소**의 **위헌결정**이 있기 전에는 객관적으로 명백한 것이라고 할 수 없어, 법률이 헌법에 위반되는지 여부를 심사할 권한이 없는 **공무원**으로서는 **행위 당시의 법률에 따를 수밖에 없으므로**, 행위의 근거가 된 법률조항에 대하여 위헌결정이 선고되더라도 위 법률조항에 따라 행위한 당해 **공무원**에게는 **고의 또는 과실**이 있다 할 수 없어 국가배상책임은 성립되지 아니한다. 21 법원 9

행위의 근거가 된 법률조항에 대하여 위헌결정이 선고된 경우에는 위 법률조항에 따라 행위한 당해 공무원에게 고의 또는 과실이 있는 것이므로 국가배상책임이 성립한다. 24 경간

(해설) 고의 또는 과실 X, 국가배상책임 성립 X

1262 '민주화운동 관련자 명예회복 및 보상 심의위원회'의 보상금 등 지급결정에 동의한 때 재판상 화해의 성립을 간주함으로써 법관에 의하여 법률에 의한 재판을 받을 권리를 제한하는 법규정은 재판청구권을 침해하지 않는다. 19 서울 9

「민주화운동 관련자 명예회복 및 보상 등에 관한법률」상 위원회의 보상금 등 지급결정에 동의한 때 '민주화운동과 관련하여 입은 피해'에 대해 재판상 화해의 성립을 간주하여 정신적 손해에 대한 국가배상청구를 금지하더라도 적극적·소극적 손해에 상응하는 배상이 이루어졌으므로 민주화운동 관련자와 유족의 국가배상청구권이 침해되었다고 볼 수 없다. 22 경채

(해설) 정신적 손해에 대한 국가배상청구권 침해함 (적극적·소극적 손해 국가배상청구권 침해 X, 재판청구권 침해 X)

1263 현행「국가배상법」에서는 당사자가 배상심의회에 배상신청을 하여 그 결과에 불복할 경우 소송을 제기할 수도 있고, 배상심의회를 거치지 아니하고 바로 법원에 소송을 제기할 수도 있다. 14 국회 9

「국가배상법」에 따른 손해배상의 소송은 배상심의회에 배상신청을 하여야만 제기할 수 있다. 23 해간

(해설) 배상심의회에 배상신청 없이 소송 可

KEY 171 범죄피해자구조청구권 **B**

헌법 제30조 【**타인의 범죄행위 + 생명·신체 피해**】 **타인의 범죄행위**로 인하여 **생명·신체에 대한 피해**를 받은 국민은 법률이 정하는 바에 의하여 **국가로부터 구조**를 받을 수 있다.

1264 타인의 범죄행위로 **피해를 당한 사람과 그 배우자, 직계친족** 뿐만 아니라 범죄피해 방지 및 **범죄피해자 구조** 활동으로 피해를 당한 사람도 범죄피해자로 본다. 22 해간, 22 법원 9

「범죄피해자 보호법」에 따르면 "범죄피해자"란 타인의 범죄행위로 피해를 당한 사람과 그 배우자(사실상의 혼인관계를 제외한다), 4촌 이내의 직계혈족 및 형제자매를 말한다. 25 경간

(해설) 사실혼 관계 포함 / 4촌 이내 직계혈족 X → 직계친족 O

1265 외국인이 구조피해자이거나 유족인 경우에는 해당 국가의 **상호보증**이 있는 경우나, 해당 외국인이 구조대상 범죄피해 발생 당시 대한민국 국민의 배우자이거나 대한민국 국민과 혼인관계(사실상의 혼인관계를 포함한다)에서 출생한 자녀를 양육하고 있는 자로서 출입국관리법상 일정한 체류자격을 가지고 있는 경우에 **범죄피해자구청구권**을 행사할 수 있다.

외국인이 구조피해자이거나 유족인 경우에는 해당 국가의 상호보증이 있는 경우에 한하여 범죄피해자구조청구권을 행사할 수 있다. 23 해간

(해설) 상호보증이 있는 경우 or 일정요건 충족 시 可

1266 구조대상 범죄피해란 대한민국의 영역 안에서 또는 대한민국의 영역 밖에 있는 대한민국의 선박이나 항공기 안에서 행하여진 사람의 생명 또는 신체를 해치는 죄에 해당하는 행위로 인하여 **사망하거나 장해 또는 중상해를 입은 것**을 말한다. 15 경정

1267 범죄피해자구조청구권의 대상이 되는 **범죄피해에 해외에서 발생한 범죄피해의 경우를 포함**하고 있지 아니한 것이 현저하게 불합리한 자의적인 차별이라고 볼 수 없어 **평등원칙에 위배되지 아니한다.**[9]　　　　　　　　　　23 해간

국가의 주권이 미치지 못하고 국가의 경찰력 등을 행사할 수 없거나 행사하기 어려운 해외에서 발생한 범죄에 대하여 국가에 그 방지책임이 없다고 보기는 어렵다.　　24 경간

(해설) 있다고 보기 어려움

1268 「범죄피해자 보호법」에 따르면 **구조금의 지급신청**은 해당 구조대상 **범죄피해의 발생**을 안 날부터 3년이 지나거나 해당 구조대상 범죄피해가 **발생한 날부터 10년이** 지나면 할 수 없다.　　　　　　　　　　　　　　　22 경정

「범죄피해자 보호법」에 따르면 구조금의 지급신청은 해당 구조대상 범죄피해의 발생을 안 날부터 3년이 지나거나 해당 구조대상 범죄피해가 발생한 날부터 5년이 지나면 할 수 없다.　　22 해간

(해설) 발생한 날부터 5년 X → 발생한 날부터 10년 O

1269 구 「범죄피해자구조법」 조항에서 **범죄피해가 발생한 날부터 5년이 경과한 경우에는 구조금의 지급신청을 할 수 없다고 규정**한 것은 오늘날 여러 정보에 대한 접근이 용이해진 점 등에 비추어 보면 합리적인 이유가 있다고 할 것이어서 **평등원칙에 위반되지 아니한다.**　　　　　　　　25 경간

1270 범죄피해자구조금을 받을 권리는 그 구조결정이 해당 신청인에게 송달된 날로부터 2년간 행사하지 않으면 시효로 인하여 소멸된다.　　　　　　　　　　　　　　18 경정

범죄피해구조금을 받을 권리는 해당 구조대상 범죄피해의 발생을 안 날부터 2년간 행사하지 아니하면 시효로 인하여 소멸된다.　　24 경간

(해설) 범죄피해 발생을 안 날 X → 구조결정이 신청인에게 송달된 날 O

CHAPTER 11 국민의 기본의무

| 번호 | 옳은 지문 O | 옳지 않은 지문 X |

KEY 172 국민의 기본의무

> 헌법 제38조【납세의 의무】모든 국민은 법률이 정하는 바에 의하여 **납세의 의무**를 진다.
> 헌법 제39조 ①【국방의 의무】모든 국민은 **법률이 정하는 바에** 의하여 **국방의 의무**를 진다.
> ②【불이익 처우 금지】누구든지 병역의무의 이행으로 인하여 **불이익한 처우**를 받지 아니한다.

1271 세금의 사용에 대해 이의를 제기하거나 잘못된 사용의 중지를 요구하는 내용의 기본권은 인정되지 않는다. 24 해간

납세의무자인 국민은 자신이 납부한 세금을 국가가 효율적으로 사용하는지 여부를 감시하고 이에 대하여 이의를 제기하거나 잘못 사용되는 세금에 대하여 그 사용을 중지할 것을 요구할 수 있는 헌법상의 권리를 가진다. 24 경찰 1차, 24 해경

(해설) 헌법상 권리 인정되지 않음

1272 헌법 제39조 제2항이 금지하는 '**불이익한 처우**'라 함은 단순한 사실상, 경제상의 불이익을 모두 포함하는 것이 **아니라 법적인 불이익**을 의미하는 것으로 보아야 한다. 16 법무사

헌법은 국방의 의무를 국민에게 부과하면서 병역의무의 이행을 이유로 불이익한 처우를 하는 것을 금지하고 있는데, 여기서 '불이익한 처우'라 함은 법적인 불이익뿐만이 아니라 사실상, 경제상의 불이익을 모두 포함하는 것으로 이해해야 한다. 24 경찰 1차

(해설) 사실상·경제상의 불이익 불포함

MEMO

PART III

정치제도

- CH 01 정치제도 일반이론
- CH 02 국회
- CH 03 정부
- CH 04 법원

CHAPTER 01 정치제도 일반이론

| 번호 | 옳은 지문 ○ | 옳지 않은 지문 ✕ |

KEY 173 권력분립원칙 B

1273 권력분립의 원칙이란 국가권력의 기계적 분립과 엄격한 절연을 의미하는 것이 아니라, **권력 상호 간의 견제와 균형을 통한 국가권력의 통제**를 의미하는 것이며, 특정한 국가기관을 구성함에 있어서 **입법부, 행정부, 사법부가 그 권한을 나누어 가지거나 기능적인 분담을 하는 것은 권력분립의 원칙에 반하는 것이 아니다.**¹¹   13 변호사

특정한 국가기관을 구성함에 있어 입법부, 행정부, 사법부가 그 권한을 나누어 가지거나 기능적인 분담을 하는 것은 권력분립의 원칙에 반한다.   17 경정

(해설) 권력분립 원칙에 반하지 않음

1274 특별검사제도의 도입 여부를 입법부가 독자적으로 결정하고, 특별검사의 임명과정에서 대법원장이 추천한 자 중 1인을 대통령이 임명할 수밖에 없도록 하여 **특별검사 임명에 관한 권한을 헌법기관 간에 분산시키는 것은 권력분립원칙에 반하지 않는다.**⁹   24 경정

본질적으로 권력통제의 기능을 가진 특별검사제도의 취지와 기능에 비추어 볼 때 특별검사제도의 도입 여부를 입법부가 독자적으로 결정하고 특별검사 임명에 관한 권한을 헌법기관 간에 분산시키는 것이 권력분립의 원칙에 반한다고 볼 수 없으나, 정치적 사건을 담당하게 될 특별검사의 임명에 정치적 중립성을 엄격하게 지켜야 할 대법원장을 관여시키는 것에 대한 국회의 정치적·정책적 판단은 헌법상 권력분립의 원칙에 어긋난다.   22 입시

(해설) 권력분립원칙에 어긋나지 않음

KEY 174 권력분립원칙 관련판례 B

1275 특정 사안에 있어 법관으로 하여금 증거조사에 의한 사실판단도 하지 말고, 최초의 공판기일에 **공소사실과 검사의 의견만을 듣고 결심하여 형을 선고하도록** 규정한 「반국가행위자의처벌에관한특별조치법」 조항은 입법에 의해서 사법의 본질적인 중요부분을 대체시켜 버리는 것에 다름 아니어서 **헌법상 권력분립의 원칙에 반한다.**⁶   23 경정

특정 사안에 한하여 입법자가 법관으로 하여금 최초의 공판기일에 공소사실과 검사의 의견만 듣고 결심하여 형을 선고하도록 법률을 제정하더라도 그 자체로 위헌인 것은 아니다.   10 국회 8

(해설) 권력분립원칙에 어긋나 위헌임

1276 「보안관찰법」 제6조 제1항 전문 후단은 보안관찰처분대상자 중에서 일부 특정 대상자에게만 적용되는 것이 아니라 **모두에게 적용되는 일반적이고 추상적인 법률규정**이므로 법률이 직접 출소 후 신고의무를 부과하고 있다고 하더라도 처분적 법률 내지 개인적 법률에 해당된다고 볼 수 없으므로 **권력분립원칙에 위반되지 아니한다.**³

보안관찰처분대상자에게 출소 후 신고의무를 법 집행기관의 구체적 처분이 아닌 법률로 직접 부과하고 있는 「보안관찰법」 제6조 제1항 전문 후단은 권력분립의 원칙에 위반된다.   20 경정

(해설) 권력분립의 원칙 위반 아님

CHAPTER 02 국회

번호	옳은 지문 ○	옳지 않은 지문 ✗

KEY 175 국회의장·부의장   A

> 헌법 제48조 【의장 1인, 부의장 2인】 국회는 **의장 1인**과 **부의장 2인**을 **선출**한다.

1277 국회의 기관인 의장·부의장 선거와 사임처리, 교섭단체와 위원회 구성 등은 모두 자율적인 국회 내부의 조직구성행위이지만, **국회 부의장을 3인으로 하기 위해서는 헌법을 개정하여야 한다.** 　21 변호사

국회의장은 헌법에 규정되어 있는 헌법기관이지만, 부의장은 헌법에 규정되어 있지 않은 법률상 기관에 불과하여 국회부의장을 3인으로 하기 위해서는 헌법개정 없이 「국회법」을 개정하는 것으로 족하다. 　23 변호사
(해설) 헌법개정 필요

1278 국회의장과 부의장은 국회에서 **무기명투표**로 선거하되 **재적의원 과반수의 득표**로 당선된다. 　16 경정, 24 입시

국회의장과 부의장은 국회에서 무기명투표로 선거하고, 재적의원 과반수의 투표와 투표자 과반수의 득표로 당선된다. 　20 지방 7
(해설) 재적의원 과반수의 득표로 당선

1279 국회의원 총선거 후 **처음 선출된** 의장과 부의장의 임기는 그 **선출된 날부터 개시**하여 의원의 **임기 개시 후 2년이 되는 날까지**로 한다. 　24 국회 9, 22 5급

국회의장의 임기는 4년으로 하고 보궐선거로 당선된 임기는 전임자 임기의 남은 기간으로 한다. 　10 국회 9(변형)
(해설) 국회의장의 임기는 2년

1280 국회의장은 원내 각 위원회에 출석하여 발언할 수 있으나 **표결에는 참가할 수 없다.** 　24 입시

의장은 국회를 대표하고 의사를 정리하며, 질서를 유지하고 사무를 감독한다. 의장은 위원회에 출석하여 발언할 수 있고, 표결에 참가할 수 있다. 　20 입시
(해설) 표결에 참가할 수 없음

1281 의장이 토론에 참가할 때에는 의장석에서 물러나야 하며, 그 안건에 대한 표결이 끝날 때까지 의장석으로 돌아갈 수 없다. 　20 국가 7

의장은 국회의 운영의 책임자이기에 의원들 간의 토론을 진행시킬 수는 있으나 본인이 직접 토론에 참가할 수는 없다. 　12 지방 7
(해설) 의장도 토론 참가 가능

1282 국회의장이 사고가 있을 때에는 **국회의장이 지정하는 부의장**이 그 **직무를 대리**하며, 국회의장이 심신상실 등 부득이한 사유로 의사표시를 할 수 없어 직무대리자를 지정할 수 없는 때에는 **소속의원 수가 많은 교섭단체 소속인 부의장**의 순으로 의장의 직무를 대행한다. 　17 경정

국회의장이 사고(事故)가 있을 때에는 원칙적으로 소속 의원 수가 많은 교섭단체 소속 부의장이 의장의 직무를 대행한다. 　25 국회 8
(해설) 소속 의원 수가 많은 교섭단체 소속 부의장 X, 의장이 지정하는 부의장 O

1283 의장과 부의장이 모두 사고가 있을 때에는 **임시의장을 선출**하여 의장의 직무를 대행하게 한다. 　22 소간

1284 국회의장과 부의장은 **국회의 동의**를 받아 그 직을 사임할 수 있다. 　24 입시

의장은 국회의 동의를 얻어 그 직을 사임할 수 있으나, 부의장은 사임의 경우 국회의 동의를 얻을 필요가 없다. 　11 국회 9
(해설) 의장·부의장 모두 동의 필요

1285 국회의장과 부의장은 특별히 법률로 정한 경우를 제외하고는 **국회의원 외의 직을 겸할 수 없다.** 　20 5급

국회부의장은 국무위원의 직을 겸할 수 있다. 　18 서울 7
(해설) 겸할 수 없음

1286 의원이 의장으로 당선된 때에는 당선된 다음 날부터 의장으로 재직하는 동안은 당적을 가질 수 없다. 다만, 국회의원 총선거에서 「공직선거법」 제47조에 따른 **정당추천후보자로 추천**을 받으려는 경우에는 의원 임기만료일 90일 전부터 당적을 가질 수 있다. ○   21 입시

1287 의원은 둘 이상의 **상임위원회** 위원이 될 수 있으며, 국회의장은 **상임위원**이 될 수 없지만 **국회부의장**은 상임위원이 될 수 있다. ✗   13 국회 8

1288 국회는 의안 심의에 관한 국회운영의 원리로 '위원회 중심주의'를 채택하고 있으므로, 소관 위원회는 「국회법」 제58조에 따라 **법률안에 대한 심사권**을 가진다. ○ 최신판례 25 경정

국회의원이 국회의장 또는 부의장으로 당선된 때에는 당선된 다음 날부터 국회의장 또는 부의장으로 재직하는 동안 당적을 가질 수 없다. ✗   23 변호사
해설 부의장은 당적을 가질 수 있음

의원은 둘 이상의 상임위원회 위원이 될 수 있다. 다만, 의장 및 부의장은 상임위원이 될 수 없다. ✗   22 입시
해설 부의장은 상임위원이 될 수 있음

KEY 176 상임위원회 A

1289 **감사원** 소관에 속하는 사항은 **법제사법위원회** 소관사항이다. ○   21 법원 9

1290 **기획재정부와 한국은행** 소관에 속하는 사항은 기획재정위원회의 소관 사항이고, **금융위원회** 소관에 속하는 사항은 **정무위원회**의 소관 사항이다. ○   24 소간

1291 **국민권익위원회** 소관에 속하는 사항은 **정무위원회** 소관사항이다. ○   14 국회 9

1292 국회의장은 어느 상임위원회에도 속하지 아니하는 사항은 **국회운영위원회**와 **협의**하여 소관 상임위원회를 정한다. ○   24 국회 9

1293 상임위원회의 위원 정수(定數)는 **국회규칙**으로 정한다. 다만, **정보위원회**의 위원 정수는 **12명**으로 한다. ○   22 국가 7

1294 국회의원은 둘 이상의 **상임위원**이 될 수 있고, 각 **교섭단체** 대표의원은 국회운영위원회의 위원이 된다. 다만, **국회의장**은 **상임위원**이 될 수 없다. ○   24 변호사

1295 **국무위원**의 직을 겸한 국회의원은 국회 **상임위원회**의 위원을 **사임할 수 있다**. ✗   18 5급

1296 상임위원은 **교섭단체** 소속 의원 수의 비율에 따라 각 **교섭단체 대표의원**의 요청으로 의장이 선임하거나 개선하고, 어느 교섭단체에도 속하지 아니하는 의원의 상임위원 선임은 **의장이 한다**. ✗   18 국가 7

금융위원회 소관에 속하는 사항은 기획재정위원회 소관 사항이다. ✗   19 서울 7
해설 정무위원회 소관사항

어느 상임위원회에도 속하지 아니하는 사항은 국회의장이 국회운영위원회와 협의하여 소관상임위원회를 정하며, 국민권익위원회에 관한 사항은 국회운영위원회의 소관사무에 속한다. ✗   17 지방 7
해설 국민권익위원회에 관한 사항은 정무위원회 소관사무

국회의장은 어느 상임위원회에도 속하지 아니하는 사항은 각 교섭단체 대표의원과 협의하여 소관 상임위원회를 정한다. ✗   19 국회 8
해설 국회운영위원회와 협의하여 정함

상임위원회의 위원정수는 「국회법」으로 정한다. 다만, 정보위원회의 위원정수는 12명으로 한다. ✗   11 지방 7
해설 상임위원회 위원정수는 국회규칙으로 정함

국회의원은 둘 이상의 상임위원회의 위원이 될 수 없다. ✗   18 법무사
해설 둘 이상 상임위원 될 수 있음

의원은 둘 이상의 상임위원이 될 수 있으나 의장은 상임위원이 될 수 없으며, 국무총리 또는 국무위원의 직을 겸한 의원은 상임위원을 사임하여야 한다. ✗   24 소간
해설 사임하여야 함 ✗ → 사임할 수 있음 ○

상임위원회 위원은 교섭단체 소속의원 수의 비율에 의하여 각 의원의 요청으로 국회의장이 선임 및 개선한다. ✗   18 서울 7
해설 각 의원의 요청 ✗, 교섭단체 대표의원의 요청 ○

1297 국회의장은 어느 교섭단체에도 속하지 아니하는 의원을 각 교섭단체 대표의원의 요청이 없음에도 단독으로 특정 **상임위원으로 선임할 수 있다.** 5   19 입시

1298 교섭단체소속 국회의원만 국회 정보위원회 위원이 될 수 있도록 한 「국회법」 조항에 대한 **무소속 국회의원의 헌법소원심판청구는 부적법**하다. 3   19 입시

교섭단체소속 국회의원만 국회 정보위원회 위원이 될 수 있도록 한 「국회법」 조항은 교섭단체소속이 아닌 국회의원의 평등권을 제한한다.   15 변호사
(해설) 국회 상임위에 소속하여 활동할 권리 : 기본권 아님, 평등권 제한 아님

1299 **상임위원장**은 해당 상임위원 중에서 **임시의장 선거의 예에 준하여 본회의에서 선거한다.** 5

상임위원회의 위원장은 당해 상임위원 중에서 임시의장 선거의 예에 준하여 상임위원회에서 선거한다.   11 지방 7
(해설) 상임위원회 회의에서 X, 본회의에서 O

KEY 177 특별위원회　　A

1300 **예산결산특별위원회**는 국가의 예산·결산심사를 더욱 충실하게 하고 정부예산에 대한 연중 통제를 위한 **상설위원회**이다. 4   18 법무사

「국회법」상 상설특별위원회로는 예산결산특별위원회와 국정조사특별위원회가 있고, 윤리특별위원회와 인사청문특별위원회는 한시적 특별위원회에 속한다.   15 변호사
(해설) 국회법상 예산결산특별위원회만 상설특별위원회

1301 **예산결산특별위원회의 위원수는 50인**으로 하며, 예산결산특별위원회의 위원의 **임기는 1년**이나 보임 또는 개선된 위원의 임기는 전임자의 잔임기간으로 한다. 6   17 변호사

예산결산특별위원회의 위원 수는 50명으로 하며, 위원의 임기는 2년으로 한다.   21 국회 9
(해설) 임기는 1년

KEY 178 국회위원회 운영　　A

1302 「국회법」 제54조는 위원회는 **재적위원 5분의 1 이상의 출석으로 개회**하고, 재적위원 과반수의 출석과 출석위원 과반수의 찬성으로 의결한다고 규정하고 있다. 6   24 국회 8

위원회는 재적위원 4분의 1 이상의 출석으로 개회하고, 재적위원 과반수의 출석과 출석위원 과반수의 찬성으로 의결한다.   23 국회 8
(해설) 재적위원 4분의 1 이상 X → 재적위원 5분의 1 이상 O

1303 소관 위원회는 다른 위원회와 협의하여 **연석회의**를 열고 의견을 교환할 수 있으나 **표결은 할 수 없다.** 8   18 입시

소관 위원회는 다른 위원회와 협의하여 연석회의를 열고 의견을 교환하거나 표결을 할 수 있으며, 세입예산안과 관련 있는 법안을 회부받은 위원회는 예산결산특별위원회 위원장의 요청이 있을 경우에는 연석회의를 열어야 한다.   23 국회 8
(해설) 연석회의 : 표결 不可

1304 **전원위원회**는 의안에 대한 **수정안을 제출할 수 있다.** 이 경우 해당 수정안은 **전원위원장이 제안자**가 된다. 4   20 국회 8

국회는 위원회의 심사를 거치거나 위원회가 제안한 의안 중 정부조직에 관한 법률안, 조세 또는 국민에게 부담을 주는 법률안 등 주요 의안의 본회의 상정 전이나 본회의 상정 후에 재적의원 4분의 1 이상이 요구할 때 전원위원회를 개회할 수 있으며, 전원위원회는 의안에 대한 수정안을 제출할 수 없다.   23 국회 8
(해설) 전원위원회 수정안 제출 가능

1305 국회에 **20인 이상의 소속의원을 가진 정당은 하나의 교섭단체**가 된다. 그러나 **다른 교섭단체에 속하지 아니하는 20인 이상의 의원으로 따로 교섭단체를 구성할 수 있다.** 7   24 입시

국회에 10인 이상의 소속의원을 가진 정당은 하나의 교섭단체가 된다.   11 국회 9
(해설) 10인 X, 20인 O

1306 각 소속의원 20인 미만인 2개 이상의 정당이 연합하여 따로 교섭단체를 구성하는 것은 허용된다. 18 입시

교섭단체는 반드시 동일한 정당의 20인 이상의 의원으로만 구성될 수 있다. 10 국회 9
(해설) 반드시 동일하지 않아도 됨

1307 교섭단체 대표의원은 국회운영위원회의 위원이며 동시에 정보위원회의 위원이 된다. 21 변호사

KEY 179 국회의 운영   A

> 헌법 제47조 ① 【정기회 : 매년 1회】 국회의 정기회는 법률이 정하는 바에 의하여 **매년 1회** 집회되며, 【임시회 : 대통령 or 재적의원 1/4 요구】 국회의 임시회는 **대통령 또는 국회재적의원 4분의 1 이상의 요구**에 의하여 집회된다.
> ② 【정기회 100일, 임시회 30일】 정기회의 회기는 **100일**을, 임시회의 회기는 **30일**을 초과할 수 없다.
> ③ 【기간·이유 명시】 대통령이 임시회의 집회를 요구할 때에는 **기간과 집회요구의 이유를 명시**(명시할 필요 없음 ×)하여야 한다.

1308 의장은 임시회의 집회 요구가 있을 때에는 **집회기일 3일 전**에 공고한다. 이 경우 둘 이상의 집회 요구가 있을 때에는 집회일이 빠른 것을 공고하되, 집회일이 같은 때에는 그 요구서가 먼저 제출된 것을 공고한다.

의장은 임시회의 집회 요구가 있는 경우 집회기일 2일 전에 공고하며, 이 경우 둘 이상의 집회 요구가 있을 때에는 그 요구서가 먼저 제출된 것을 공고한다. 22 5급
(해설) 집회기일 3일 전 공고 / 요구서가 먼저 제출된 것 X, 집회일이 빠른 것 O

1309 국회는 의결로 기간을 정하여 휴회할 수 있으나, 휴회 중이라도 **대통령의 요구**가 있을 때, 의장이 긴급한 필요가 있다고 인정할 때 또는 **재적의원 4분의 1 이상의 요구**가 있을 때에는 회의를 재개한다. 17 국가 7

국회는 휴회 중이라도 대통령의 요구가 있을 때, 의장이 긴급한 필요가 있다고 인정할 때 또는 재적의원 3분의 1 이상의 요구가 있을 때에는 본회의를 재개한다. 24 법무사
(해설) 재적의원 3분의 1 이상 X → 재적의원 4분의 1 이상 O

KEY 180 의사공개원칙

> 헌법 제50조 ① 【의사공개원칙】 국회의 **회의는 공개**한다. 【예외적 비공개】 다만, **출석의원 과반수의 찬성**이 있거나 **의장이 국가의 안전보장**을 위하여 필요하다고 인정할 때에는 **공개하지 아니할 수 있다**.
> ② 【비공개 회의 공표 법률유보】 공개하지 아니한 회의내용의 공표에 관하여는 **법률이 정하는 바에 의한다**.

1310 헌법 제50조 제1항의 **의사공개의 원칙**은 단순한 행정적 회의를 제외한 국회의 헌법적 기능과 관련한 **모든 회의가 원칙적으로 국민에게 공개되어야 함**을 천명한 것으로 국회 본회의뿐만 아니라 **위원회의 회의에도 적용**된다. 22 법원 9

헌법이 요구하는 의사공개의 원칙은 본회의에 적용되는 것이며 위원회와 소위원회에는 원칙적으로 적용되지 않는다. 21 국회 8
(해설) 본회의·위원회·소위원회 모두 적용됨

1311 의사공개의 원칙 및 알 권리는 절대적인 것이 아니므로 **헌법유보 조항인 헌법 제21조 제4항**과 **일반적 법률유보 조항인 헌법 제37조 제2항**에 의하여 **제한될 수 있고**, 헌법 제50조 제1항 단서에 의해 **출석의원 과반수의 찬성**이 있거나 **의장이 국가의 안전보장을 위하여 필요하다고 인정할 때**에는 회의를 공개하지 아니할 수 있다. 14 법원 9

국회의 회의는 알 권리를 위하여 언제나 국민에게 공개되어야 한다. 19 법원 9
(해설) 비공개 가능

1312 본회의는 공개하며, 의장의 제의 또는 의원 10명 이상의 연서에 의한 동의(動議)로 본회의 의결이 있거나 의장이 각 교섭단체 대표의원과 협의하여 **국가의 안전보장을 위하여 필요하다고 인정할 때에는 공개하지 아니할 수 있다.**³   22 지방 7

국회 본회의는 공개하나, 의장의 제의 또는 의원 10명 이상의 연서에 의한 동의(動議)로 본회의 의결이 있는 경우 공개하지 아니할 수 있으며 그 제의나 동의에 대하여 토론을 거쳐 표결한다.   18 국가 7

(해설) 토론을 거치지 않고 표결

1313 헌법 제50조 제1항의 **의사공개원칙**은 모든 국회의 회의를 항상 공개하여야 하는 것은 아니나 이를 **공개하지 아니할 경우**에는 헌법에서 정하고 있는 **일정한 요건을 갖추어야 함을** 의미하는 것이며, 헌법 제50조 제1항 단서가 정하고 있는 회의의 비공개를 위한 절차나 사유는 그 문언이 매우 구체적이므로 **예외적인 비공개 사유는 문언에 따라 엄격하게 해석되어야 한다.**³ (최신판례)   22 5급

1314 특정한 내용의 국회 회의나 특정 위원회의 회의를 일률적으로 **비공개한다고 정하여 공개의 여지를 차단하는 것은 헌법에 부합하지 않는다.**¹ (최신판례)   24 입시

1315 헌법은 출석의원 과반수의 찬성으로 국회의 회의를 공개하지 않을 수 있음을 명시하고 있는데, 이때 **'출석의원 과반수의 찬성'은 각 회의마다 충족되어야 하는 요건으로 이를 달리 해석할 여지는 없다.**¹ (최신판례)   25 국회 8

1316 국회 회의의 비공개 사유는 회의마다 충족되어야 하므로, **국회 정보위원회의 비공개특례를 규정한 「국회법」 조항이 입법과정에서 재적의원 과반수의 출석과 출석의원 과반수의 찬성으로 의결되었다는 사실만으로 헌법 제50조 제1항 단서의 '출석의원 과반수의 찬성'이라는 요건을 충족하는 것으로 해석할 수 없다.**¹ (최신판례)   24 입시

1317 **정보위원회의 회의 일체를 비공개** 하도록 정한 국회법 조항은 정보위원회 활동에 대한 국민의 감시와 견제를 사실상 불가능하게 하므로 **국민의 알 권리를 침해한다.**² (최신판례)

국회 정보위원회 회의는 국가기밀에 관한 사항과 직·간접적으로 관련되어 있으므로 이를 공개하지 않도록 하고 있는 국회법 조항은 의사공개의 원칙에 반하지 않는다.   22 법원 9

(해설) 의사공개원칙 위반 O

1318 위원회에서 의원 아닌 사람의 방청허가에 관한 「국회법」 규정은 **위원회의 공개원칙을 전제로 한 것이지, 비공개를 원칙으로 하여 위원장의 자의에 따라 공개여부를 결정케 한 것이 아닌바, 회의의 질서유지를 위하여 필요한 경우에 한하여 방청을 불허할 수 있는 것으로 제한적으로 풀이하여야 한다.**⁵   19 지방 7

'위원회에서 의원이 아닌 자는 위원장의 허가를 받아 방청할 수 있다.'는 「국회법」 제55조 제1항은 위원회의 비공개원칙을 전제로 한 것이므로, 위원회의 위원장은 그 재량으로 방청불허 결정을 할 수 있다.   17 입시

(해설) 비공개원칙 전제 X, 공개원칙 전제 O

1319 국회의원들의 국정감사활동에 대한 평가 및 그 결과공표의 부적절함을 이유로 **국정감사에 대한 시민단체의 방청을 불허한 것은 명백히 이유 없는 자의적인 것으로 보기 어려우므로 이를 위헌적인 공권력의 행사라고 볼 수 없다.**⁴

국회의원들의 국정감사활동에 대한 평가 및 그 결과공표의 부적절함을 이유로 국정감사에 대한 시민단체의 방청을 불허한 것은 방청허가권의 재량범위를 일탈하여 방청의 자유 내지 국민의 알 권리를 침해한 것이다.   17 입시

(해설) 방청의 자유·알 권리 침해 X

1320 국회예산결산특별위원회 계수조정소위원회의 성격, 국회관행 등을 이유로 동 위원회 회의에 대한 **시민단체의 방청을 불허한 것은 알 권리를 침해한 것이 아니다.**³   15 법무사

국회예산결산특별위원회 계수조정소위원회를 비공개로 하는 것은 국회의 확립된 관행이라고 하더라도 국민의 헌법상 보장된 알 권리인 국회방청권을 침해한다.   10 국회 8

(해설) 국회방청권 침해 X

KEY 181 회기계속원칙　　B

헌법 제51조【회기계속원칙】 국회에 제출된 법률안 기타의 의안은 **회기중에 의결되지 못한 이유로 폐기되지 아니한다.**
【임기만료 시 회기불계속】 다만, **국회의원의 임기가 만료된** 때에는 그러하지 **아니하다.**

KEY 182 다수결원칙　　S

헌법 제49조【일반정족수】 국회는 헌법 또는 법률에 특별한 규정이 없는 한 **재적의원 과반수의 출석과 출석의원 과반수의 찬성으로** 의결한다. **【가부동수는 부결】** 가부동수인 때에는 **부결**된 것으로 본다.

(1) 절대 정족수

정족수	내 용
10인 이상	① 회의의 비공개발의(국회법 제75조 제1항) ② **일반의안의 발의**(국회법 제79조 제1항)
20인 이상	① **교섭단체의 성립요건**(국회법 제33조) ② 의사일정변경발의(국회법 제77조) ③ 국무총리·국무위원·정부위원 출석요구발의(국회법 제121조 제1항) ④ 긴급현안질문(국회법 제122조의3) ⑤ 징계요구발의(국회법 제156조)
30인 이상	① 위원회에서 폐기한 의안의 본회의 부의요건(국회법 제87조 제1항) ② **일반의안의 수정동의**(국회법 제95조 제1항) ③ 의원의 자격심사청구(국회법 제138조)
50인 이상	① **예산안에 대한 수정동의**(국회법 제95조 제1항 단서)

(2) 상대 정족수

정족수	내 용
재적 1/5 이상	① **본회의·상임위 의사정족수**(국회법 제54조, 제73조 제1항) ② 기명·무기명·호명 투표요구(국회법 제112조 제2항)
재적 1/4 이상	① **임시회소집 요구**(헌법 제47조 제1항) ② 휴회중 회의재개요구(국회법 제8조 제2항) ③ 체포·구속의원 석방요구발의(국회법 제28조) ④ 전원위원회 소집요구(국회법 제63조의2) ⑤ 국정조사요구(국감법 제3조 제1항)
재적 1/3 이상	① **국무총리·국무위원 해임건의안발의**(헌법 제63조 제2항) ② 대통령 이외의 자 탄핵소추안발의(헌법 제65조 제2항) ③ 무제한토론 실시·종결요구(국회법 제106조의2) ④ 위원회의 공청회 요구(국회법 제64조 제1항)
재적 1/4, 출석과반수	① 전원위원회에서 의안 의결(국회법 제63조의2 제4항)
출석과반수	① **국회회의의 비공개**(헌법 제50조)

재적과반수, 출석과반수	① **법률안의결, 예산안의결, 조약동의, 일반사면동의, 예비비승인 등** ② **국회의원 체포동의**(의결정족수에 대한 특별한 규정 ×)
재적과반수, 출석다수표	① **대통령선거시 최다득표자 2인 이상시 대통령 선출**(헌법 제67조 제2항) ② **임시의장·상임위원장 선출**(국회법 제17조, 제41조 제2항) ③ **예결위원장 선출**(국회법 제45조 제4항)
재적과반수	① **국무총리·국무위원 해임건의의결**(헌법 제63조 제2항) ② **대통령을 제외한 일반 탄핵소추의결**(헌법 제65조 제2항) ③ **대통령 탄핵소추안발의**(헌법 제65조 제2항 단서) ④ **계엄해제요구**(헌법 제77조 제5항) ⑤ **헌법개정안발의**(헌법 제128조 제1항) ⑥ **국회의장·부의장 선출**(국회법 제15조 제1항) ⑦ **신속처리안건 지정동의요구**(국회법 제85조의2)
재적 3/5 찬성	① **신속처리안건 지정동의의결**(국회법 제82조의2) ② **무제한토론 종결동의**(국회법 제106조의2)
재적과반수, 출석 2/3 찬성	① **대통령 거부권행사 법률안 재의결**(헌법 제53조 제4항) ② **번안동의의 의결**(국회법 제91조)
재적 2/3 찬성	① **국회의원 제명의결**(헌법 제64조 제3항) ② **대통령 탄핵소추의결**(헌법 제65조 제2항) ③ **헌법개정안의결**(헌법 제130조 제1항) ④ **국회의원자격상실 결정**(국회법 제142조 제3항)

1321 헌법상 다수결원칙은 다수에 의한 의사결정 이전에 합리적인 토론과 상호 설득의 과정에서 의사의 내용이 변동되거나 조정될 수 있음을 전제로 한다. (최신판례)   25 소간

KEY 183 일사부재의   B

1322 「국회법」은 소수파에 의한 의사방해를 배제하기 위하여 부결된 안건은 같은 회기 중에 다시 발의 또는 제출하지 못한다고 하는 **일사부재의(一事不再議)의 원칙**을 명문화하고 있다.   20 입시

「국회법」은 국회에서 부결된 안건은 같은 회기 중에 다시 발의하거나 제출할 수 있도록 규정하고 있다.   10 국회 9
(해설) 발의하거나 제출할 수 없음

1323 회기계속의 원칙은 헌법에 명시되어 있으나 **일사부재의의 원칙은 「국회법」에 명시되어 있다.**   18 국회 8

국회의 일사부재의의 원칙은 의회의 원활한 운영을 도모하고 소수파에 의한 의사진행 방해를 배제하기 위한 헌법상의 원칙으로서 「국회법」 개정만으로 폐기될 수는 없다.   14 지방 7
(해설) 헌법상 원칙 X → 국회법 개정으로 폐기 可

1324 본회의에서 **부결된 안건은 같은 회기 중에 다시 발의하거나 제출할 수 없으나, 회기를 달리하여 이를 제출하는 것은 허용된다.**   18 국가 7

국회에서 한 번 부결된 법률안은 같은 입법기에 다시 발의 또는 제출하지 못한다.   20 국회 9
(해설) 같은 입법기에 제출 가능

KEY 184 법률안 제출   B

> 헌법 제52조【국회의원 or 정부의 법률안 제출】국회의원과 정부는 법률안을 제출할 수 있다. ○

1325 국회의원 10인 이상, 정부 또는 국회 상임위원회는 법률안을 제출할 수 있다. ○
18 5급

국회의원은 법률안제출권을 가지고 있지만 정부는 법률안제출권을 갖지 않는다.
20 국회 9
해설 정부 : 법률안 제출권 O

1326 정부는 부득이한 경우를 제외하고는 매년 1월 31일까지 해당 연도에 제출할 법률안에 관한 계획을 통지하여야 하며, 계획이 변경된 경우에는 분기별로 주요 사항을 국회에 통지하여야 한다. ○
16 국회 8

「국회법」제5조의3 제1항은 정부는 매년 2월 말일까지 해당 연도에 제출할 법률안에 관한 계획을 국회에 통지하여야 한다고 규정하고 있다.
24 국회 8
해설 2월 말일 X, 1월 31일 O

1327 국회의원이 예산상 또는 기금상의 조치를 수반하는 의안을 발의하는 경우에는 그 의안의 시행에 수반될 것으로 예상되는 비용에 관한 국회예산정책처의 추계서 또는 국회예산정책처에 대한 추계요구서를 함께 제출하여야 한다. ○
23 소간

1328 정부가 예산상 또는 기금상의 조치를 수반하는 의안을 제출하는 경우에는 그 법률안의 시행에 수반될 것으로 예상되는 비용에 관한 추계서와 이에 상응하는 재원조달방안에 관한 자료를 의안에 첨부하여야 한다. ○
17 변호사

정부가 예산상 또는 기금상의 조치가 수반되는 법률안을 제출하는 경우에는 재원조달방안을 비용추계서로 갈음하여 제출할 수 있다.
18 국회 9
해설 갈음하여 제출 X

KEY 185 위원회 심사   A

1329 국회의장은 안건이 어느 상임위원회의 소관에 속하는지 명백하지 아니할 때에는 국회운영위원회와 협의하여 상임위원회에 회부하되, 협의가 이루어지지 아니할 때에는 국회의장이 소관 상임위원회를 결정한다. ○
25 국회 8

의장은 안건이 어느 상임위원회의 소관에 속하는지 명백하지 아니할 때에는 각 교섭단체대표의원과 협의하여 상임위원회에 회부하되, 협의가 이루어지지 아니할 때에는 의장이 소관 상임위원회를 결정한다.
22 국회 9
해설 국회운영위원회와 협의하여 결정

1330 국회의장의 직권상정권한은 국회의 수장이 국회의 비상적인 헌법적 장애상태를 회복하기 위하여 가지는 권한으로 국회의장의 의사정리권에 속하고, 의안 심사에 관하여 위원회 중심주의를 채택하고 있는 우리 국회에서는 비상적·예외적 의사절차에 해당한다. ○
21 지방 7

1331 위원회에 회부된 안건을 신속처리대상안건으로 지정하려는 경우, 안건의 소관 위원회 소속 위원은 소관 위원회 재적위원 과반수가 서명한 신속처리안건 지정동의를 소관 위원회 위원장에게 제출해야 하고, 위원장은 신속처리안건 지정동의를 무기명투표로 표결하되 안건의 소관 위원회 재적위원 5분의 3 이상의 찬성으로 의결한다. ○
17 국가 7(추)

위원회에 회부된 안건을 신속처리대상안건으로 지정하려는 경우 의원은 재적의원 과반수가 서명한 신속처리안건지정동의를 의장에게 제출하여야 하고 의장은 지체없이 신속처리안건 지정동의를 기명투표로 표결하되 재적의원 5분의 3 이상의 찬성으로 의결한다.
20 국가 7
해설 무기명투표

1332 위원회(법제사법위원회는 제외한다)가 신속처리대상안건에 대한 심사를 그 지정일부터 180일 이내에 마치지 아니하였을 때에는 그 기간이 끝난 다음 날에 소관 위원회에서 심사를 마치고 체계·자구 심사를 위하여 법제사법위원회로 회부된 것으로 본다. ○
19 국회 8

위원회는 신속처리대상안건에 대한 심사를 그 지정일부터 120일 이내에 마쳐야 한다.
14 국회 8
해설 180일

1333 위원회는 긴급하고 불가피한 사유로 위원회의 의결이 있는 경우를 제외하고는 의안이 그 위원회에 회부된 날부터 **일부개정법률안은 15일, 제정법률안·전부개정법률안 및 폐지법률안은 20일, 체계자구심사를 위하여 법제사법위원회에 회부된 법률안은 5일**의 기간이 경과하지 않으면 **의안을 상정할 수 없다.** ✓ 15 국회 9

위원회는 일부개정법률안의 경우 의안이 그 위원회에 회부된 날부터 20일이 경과되지 아니한 때는 이를 상정할 수 없다. 20 국가 7
(해설) 15일

1334 위원회는 제정법률안과 **전부개정법률안**에 대하여는 **공청회 또는 청문회를 개최**하여야 한다. 다만, 위원회의 **의결로 이를 생략할 수 있다.** ✓ 07 국가 7

제정법률안과 전부개정법률안에 대해서 위원회 의결로 축조심사를 생략할 수 있으나, 공청회 또는 청문회는 생략할 수 없다. 20 국가 7
(해설) 축조심사 생략 X, 공청회·청문회 생략 O

1335 위원회에서 **본회의에 부의할 필요가 없다고 결정된 의안**은 본회의에 부의하지 아니한다. 다만, 위원회의 결정이 본회의에 보고된 날부터 폐회 또는 휴회 중의 기간을 제외한 **7일 이내에 의원 30명 이상의 요구가 있을 때에는 그 의안을 본회의에 부의하여야 한다.** ✗ 22 국회 8

위원회에서 심사를 마치고 진행된 표결에서 본회의에 부의할 필요가 없다고 결정한 의안은 그대로 폐기된다. 15 국회 9
(해설) 그대로 폐기 X (본회의 부의 가능성 有)

KEY 186 본회의 심사·의결 A

1336 의안을 발의한 의원은 의안이 본회의에서 의제가 되기 전까지는 **철회의 요구만으로 이를 철회할 수 있으나**, 의안이 본회의에 상정되어 의제로 성립된 이후에는 이를 일방적으로 철회할 수 없고, 재적의원 과반수의 출석과 출석의원 과반수의 찬성에 의한 **본회의의 동의를 받아야 한다.** ! (최신판례)

의안이 본회의에 보고되었다면 의제가 되기 전이라도 의안을 발의한 국회의원이 이를 일방적으로 철회할 수 없고, 재적의원 과반수의 출석과 출석의원 과반수의 찬성에 의한 본회의의 동의를 받아야 한다. 25 국회 8
(해설) 의제되기 전 철회요구로 철회 可 / 의제성립 후 본회의 동의로 철회

1337 본회의는 안건을 심의할 때 그 안건을 심사한 위원장의 심사보고를 듣고 질의·토론을 거쳐 표결하나, 다만 **위원회의 심사를 거치지 아니한 안건에 대해서는 제안자가 그 취지를 설명하여야 하고, 위원회의 심사를 거친 안건에 대해서는 의결로 질의와 토론을 모두 생략하거나 그 중 하나를 생략할 수 있다.** ✓ 21 지방 7

본회의의 안건심의에 있어서 위원회의 심사를 거치지 아니한 안건은 제안자가 취지 설명을 하고 의결로써 질의와 토론을 모두 생략하거나 그 중의 하나를 생략할 수 있다. 14 국회 9
(해설) 심사를 거치지 아니한 안건 : 질의응답 및 토론 생략 不可

1338 의원이 본회의에 부의된 안건에 대하여 「국회법」의 다른 규정에도 불구하고 시간의 제한을 받지 아니하는 토론을 하려는 경우 **재적의원 3분의 1 이상**이 서명한 요구서를 의장에게 제출하여야 한다. 이 경우 의장은 해당 안건에 대하여 **무제한토론을 실시하여야 한다.** ✓ 14 국회 8

의원이 본회의에 부의된 안건에 대하여 「국회법」의 다른 규정에도 불구하고 시간의 제한을 받지 아니하는 토론을 하려는 경우 재적의원 4분의 1 이상이 서명한 요구서를 의장에게 제출하여야 한다. 14 국가 7
(해설) 재적 3분의 1 이상

1339 의원은 무제한토론을 실시하는 안건에 대하여 **재적의원 3분의 1 이상의 서명**으로 **무제한토론의 종결동의(終結動議)**를 의장에게 제출할 수 있다. ✗ 20 국가 7

무제한토론을 하려는 경우에는 재적의원 3분의 1 이상이 서명한 요구서를 의장에게 제출하여야 하고, 무제한토론의 종결동의는 동의가 제출된 때부터 24시간이 지난 후에 재적의원 과반수의 찬성으로 의결한다. 19 경정
(해설) 재적 5분의 3 이상 의결

1340 '**회기결정의 건**'에 대하여 **무제한토론**이 실시되면, 무제한토론이 '회기결정의 건'의 **처리 자체를 봉쇄**하는 결과가 초래되며, 이는 당초 특정 안건에 대한 처리 자체를 불가능하게 하는 것이 아니라 **처리를 지연시키는 수단으로 도입된 무제한토론의 취지에 반할 뿐만 아니라**, 「국회법」 제7조에도 **정면으로 위반된다.** ✗ 24 국가 7

'회기결정의 건'을 무제한토론에서 배제하는 법률조항과 관행이 존재하지 않고 '회기결정의 건'의 성격도 무제한토론에 부적합하다고 볼 수 없으므로, '회기결정의 건'은 무제한토론의 대상이 된다. 23 변호사
(해설) 무제한토론의 대상이 되지 않음

1341 의안에 대한 수정동의는 그 안을 갖추고 이유를 붙여 국회의원 30명 이상의 찬성 의원과 연서하여 미리 국회의장에게 제출하여야 하나, 예산에 대한 수정동의는 국회의원 50명 이상의 찬성이 있어야 한다.⁷　　　　　　　　　18 5급

법률안과 예산안에 대한 수정동의는 그 안을 갖추고 이유를 붙여 30명 이상의 찬성 의원과 연서하여 미리 국회의장에게 제출하여야 한다.　　20 국회 9

(해설) 법률안 수정 : 30명 이상, 예산안 수정 : 50명 이상

1342 어떠한 의안으로 인하여 원안이 본래의 취지를 잃고 전혀 다른 의미로 변경되는 정도에까지 이르지 않는다면 이를 「국회법」상의 수정안에 해당하는 것으로 보아 의안을 처리할 수 있다는 해석이 가능하므로, 헌법상 보장된 국회의 자율권을 근거로 개별적인 수정안에 대한 평가와 그 처리에 대한 국회의장의 판단은 명백히 법에 위반되지 않는 한 **존중되어야** 한다.⁶
18 변호사

1343 법률안에 대한 표결은 전자투표에 의한 **기록표결**로 하되, 대통령으로부터 환부된 법률안은 **무기명투표**로 표결한다.³
18 지방 7

중요한 안건으로서 재적의원 5분의 1 이상의 요구가 있는 때에는 기명·호명 또는 무기명투표로 표결하지만, 대통령으로부터 환부된 법률안은 기명투표로 표결한다.　16 국회 8

(해설) 대통령으로부터 환부된 법률안 : 무기명 투표로 표결

1344 국회의 위임 의결이 없더라도 **국회의장**은 국회에서 의결된 법률안의 조문이나 자구·숫자, 법률안의 체계나 형식 등의 정비가 필요한 경우 **의결된 내용이나 취지를 변경하지 않는 범위 안에서 이를 정리할 수 있다**고 봄이 상당하고, 이렇듯 국회의장이 국회의 위임 없이 법률안을 정리하더라도 그러한 정리가 국회에서 의결된 법률안의 실질적 내용에 변경을 초래하는 것이 아닌 한 헌법이나 「국회법」상의 **입법절차에 위반된다고 볼 수 없다**.⁷　　　21 국가 7

국회의장이 본회의의 위임 없이 법률안을 정리한 경우, 그러한 정리가 본회의에서 의결된 법률안의 실질적 내용에 변경을 초래하지 아니하였더라도, 본회의의 명시적인 위임이 없는 것이므로 헌법이나 「국회법」상의 입법절차에 위반된다.
20 변호사

(해설) 입법절차 위반 ✕

KEY 187 정부이송　　　S

헌법 제53조 ① 【**15일 이내 공포**】 국회에서 의결된 법률안은 정부에 이송되어 **15일 이내**에 **대통령이 공포**한다.⁵
② 【**15일 이내 이의서 붙여 국회 환부 → 재의요구**】 법률안에 이의가 있을 때에는 **대통령은 제1항의 기간내**(10일 이내 ✕, 20일 이내 ✕)에 이의서를 붙여 ⁵ **국회로 환부**하고, 그 **재의**를 요구할 수 있다. ⁸ 【**폐회중 거부 가**】 **국회**의 **폐회중**에도 또한 같다(폐회중에는 거부할 수 없음 ✕, 임시국회의 소집을 요구하여야 함 ✕, 폐회 중이면 국회에 환부하는 기간인 15일은 차기 국회 개회일까지 정지됨 ✕).¹³
③ 【**일부·수정재의 불가**】 대통령은 법률안의 **일부**에 대하여 또는 법률안을 **수정하여 재의를 요구할 수 없다**(법률안의 일부에 대하여 또는 법률안을 수정하여 재의를 요구할 수 있음 ✕).²³
④ 【**재적과반출석 + 2/3 찬성 → 법률로서 확정**】 재의의 요구가 있을 때에는 국회는 재의에 붙이고, **재적의원과반수의 출석과 출석의원 3분의 2 이상의 찬성**(재적의원 3분의 2이상의 찬성 ✕, 재적과반수의 찬성 ✕)으로 **전과 같은 의결**을 하면 그 법률안은 **법률로서 확정된다**(대통령이 공포함으로써 법률안은 법률로서 확정 ✕).¹⁹
⑤ 【**15일 이내 공포·재의요구 미실시 → 법률로서 확정**】 대통령이 제1항의 기간내에 공포나 재의의 요구를 하지 아니한 때에도 그 법률안은 **법률로서 확정된다**.⁵
⑥ 【**대통령 공포**】 대통령은 제4항과 제5항의 규정에 의하여 **확정된 법률을 지체없이 공포**하여야 한다. 【**법률 확정 or 정부이송 5일 내 대통령 미공포 → 국회의장 공포**】 제5항에 의하여 법률이 확정된 후 또는 제4항에 의한 확정법률이 정부에 이송된 후 5일 이내에 대통령이 공포하지 아니할 때에는 국회의장이 이를 공포한다. ⁸
⑦ 【**공포한 날부터 20일 경과 → 효력 발생**】 법률은 특별한 규정이 없는 한 공포한 날로부터 **20일을 경과함으로써 효력을 발생**한다. ⁸

KEY 188 조세법률주의 B

> 헌법 제38조【납세의 의무】 모든 국민은 **법률이 정하는 바**에 의하여 **납세의 의무**를 진다.
>
> 헌법 제59조【조세법률주의】 조세의 **종목**과 **세율**은 **법률**로 정한다.³

1345 헌법 제38조, 제59조가 선언하는 조세법률주의는 실질적 적법절차가 지배하는 법치주의를 뜻하므로, 비록 **과세요건이 법률로 명확히 정해진 것일지라도 그것만으로 충분한 것은 아니고 조세법의 목적이나 내용이 기본권 보장의 헌법이념과 이를 뒷받침하는 헌법상 요구되는 제 원칙에 합치되어야 한다**.³
22 해간

1346 관련 당사자가 공평에 반하는 이익을 얻을 가능성이 있다 하여 이미 **실효된 법률조항을 유효한 것으로 의제하여 과세의 근거로 삼는 것은 과세근거의 창설을 국회가 제정하는 법률에 맡기고 있는 헌법상의 권력분립원칙과 조세법률주의의 원칙에 근본적으로 반하는 것**이다.⁴

관련 당사자가 공평에 반하는 이익을 얻을 가능성이 있어 세무서장이 이미 실효된 법률조항을 유효한 것으로 해석하여 과세의 근거로 삼는 것은 헌법상 권력분립원칙과 조세법률주의의 원칙에 반하지 않는다. 21 경정
(해설) 위반됨

1347 조세에 관한 법규의 해석에 있어서는 **유추해석은 물론이고 확장해석도 허용되지 아니한다**.³
17 국회 9

조세법률주의의 핵심은 과세요건의 법정주의와 명확주의이다. 조세법률주의의 요청에 따라 조세법규의 해석에 있어서는 유추해석은 허용되지 않지만 확장해석은 가능하다. 12 국회 9
(해설) 유추·확장해석 X

1348 조세법률주의는 납세의무를 성립시키는 **납세의무자, 과세물건, 과세표준, 과세기간, 세율 등의 모든 과세요건과 조세의 부과·징수 절차는 모두 국민의 대표기관인 국회가 제정한 법률로 이를 규정하여야 한다는 과세요건 법정주의를 내용으로 한다**.⁵
23 입시

과세요건, 즉 납세의무자, 과세물건, 과세표준, 과세기간, 세율 등은 법률로 규정해야 하지만 조세의 부과나 징수절차까지 법률로 규정할 필요는 없다. 12 국회 8
(해설) 조세 부과나 징수절차도 법률로 규정

1349 특정인이나 특정계층에 대하여 정당한 이유없이 조세감면의 우대조치를 하는 것은 특정한 납세자군이 조세의 부담을 다른 납세자군의 부담으로 떠맡기는 것에 다름아니므로 **조세감면의 근거 역시 법률로 정하여야만 하는 것이 국민주권주의나 법치주의의 원리에 부응하는 것**이다.³
20 국가 7

조세법률주의는 국가기관의 자의적 과세를 방지하여 국민을 보호하려는 의도에서 성립한 것이므로, 조세의 감면에는 법률주의가 적용될 필요가 없다. 16 서울 7
(해설) 조세감면에도 법률주의 적용

1350 조세법률주의에서도 조세부과와 관련되는 모든 법규를 예외 없이 형식적인 법률에 의할 것을 요구하는 것은 아니며 경제현실의 변화나 전문기술의 발달에 즉시 대응하여야 할 필요 등 부득이한 사정이 있는 경우 **행정입법에 위임하는 것도 가능하다**.⁶
18 국회 8

1351 조세행정에 있어서의 **법치주의 적용**은 조세징수로부터 국민의 재산권을 보호하고 법적 생활의 안전을 도모하려는 데 그 목적이 있는 것으로서, 과세요건이 법률로 규정되어야 함은 물론 그 규정내용이 지나치게 추상적이고 불명확하면 과세관청의 자의적인 해석과 집행을 초래할 염려가 있으므로 그 **규정내용이 명확하고 일의적이어야 한다**.⁴
25 입시

1352 28년 간의 혼인생활 끝에 **협의이혼**하면서 재산분할을 청구하여 받은 재산액 중 **상속세의 배우자 인적공제액을 초과하는 부분에 대하여 증여세를 부과하는 것은**, 증여세제의 본질에 반하여 증여라는 과세원인이 없음에도 불구하고 증여세를 부과하는 것이어서 **실질적 조세법률주의에 위배된다**.³
14 변호사

이혼을 사유로 한 재산분할에 대하여 증여로 의제하여 그 재산에 증여세를 부과하는 것은 실질적 조세법률주의에 위배되지 않는다. 12 국회 8
(해설) 조세법률주의에 위배됨

KEY 189 부담금

1353 재정조달목적 부담금의 경우에는 공적 과제가 부담금 수입의 **지출 단계에서 비로소 실현되나**, 정책실현목적 부담금의 경우에는 공적 과제의 전부 혹은 일부가 **부담금의 부과 단계에서 이미 실현된다**. 21 변호사

정책실현목적 부담금의 경우에는 공적 과제가 부담금 수입의 지출 단계에서 비로소 실현되나, 재정조달목적 부담금의 경우에는 공적 과제의 전부 혹은 일부가 부담금의 부과 단계에서 이미 실현된다. 24 입시
(해설) 정책실현목적 부담금 ↔ 재정조달목적 부담금 바뀜

KEY 190 예산심의·확정권

> 헌법 제54조 ① 【국회 : 예산안 심의·확정권】 국회는 국가의 **예산안을 심의·확정**한다.
> ② 【정부 : 90일 전 편성·제출권】 정부는 회계연도마다 예산안을 편성하여 회계연도 개시 **90일전**(60일전 ×)까지 국회에 **제출**하고, 【국회 : 30일 전 의결권】 국회는 회계연도 개시 **30일전**(60일전 ×, 회계연도 개시일 ×)까지 이를 **의결하여야** 한다.
> 헌법 제57조 【정부 동의없이 증액·새 비목 설치 금지】 국회는 **정부의 동의없이** 정부가 제출한 지출예산 각항의 **금액을 증가하거나 새 비목을 설치할 수 없다**(지출예산 각 항의 금액을 증가하거나 새 비목을 설치할 수 있음 ×).

1354 국가의 예산안을 편성·제출하는 권한은 정부가 가지고 **국회는 예산편성권을 가지지 못한다**. 17 법원 9

국회의원과 정부가 국회에 예산안을 제출할 수 있으며, 정부가 제출하는 예산안은 국무회의의 심의사항이다. 18 5급
(해설) 국회의원 예산안 제출 불가

1355 정부는 예산안을 국회에 제출한 후 부득이한 사유로 인하여 그 내용의 일부를 수정하고자 하는 때에는 **국무회의의 심의를 거쳐 대통령의 승인을 얻은 수정예산안을 국회에 제출할 수 있다**. 24 지방 7

정부는 예산안을 국회에 제출한 후 부득이한 사유로 인하여 그 내용의 일부를 수정하고자 하는 때에는 국무회의의 심의를 거쳐 국무총리의 승인을 얻은 수정예산안을 국회에 제출할 수 있다. 22 지방 7
(해설) 국무총리 X, 대통령 승인 O

1356 위원회는 예산안의 심사를 매년 **11월 30일까지 마쳐야 하며**, 위원회가 이때까지 심사를 마치지 아니하였을 때에는 그 다음날에 위원회에서 심사를 마치고 바로 **본회의에 부의된 것으로 본다**. 다만, 의장이 각 교섭단체 대표의원과 합의한 경우에는 그러하지 아니하다. 25 입시

위원회는 예산안, 기금운용계획안, 임대형 민자사업 한도액안과 세입예산안 부수 법률안의 심사를 매년 10월 30일까지 마쳐야 한다. 14 국회 8
(해설) 11월 30일

1357 국회는 예산심의를 전면 거부할 수 없으며, 대통령도 법률안 거부권 행사와 같이 국회에서 통과된 **예산안을 국회에 환송하여 재심의를 요구하는 거부권을 행사할 수 없다**. 17 입시

대통령은 예산안과 법률안에 대하여 모두 거부권을 행사할 수 있다. 10 국회 9
(해설) 예산안 거부 X

1358 예산은 관보로써 공고하도록 되어있을 뿐, **공포가 그 효력발생요건은 아니다**. 20 국회 9

법률의 효력발생요건은 공포이지만 예산안의 효력발생요건은 관보의 공고이다. 11 국회 8
(해설) 예산안은 공고가 효력발생요건은 아님

1359 예산도 일종의 법규범이고 법률과 마찬가지로 국회의 의결을 거쳐 제정되나, 법률과 달리 **국가기관만을 구속할 뿐 일반국민을 구속하지 않는다**. 21 입시

예산 역시 일종의 법규범이고 법률과 마찬가지로 국회의 의결을 거쳐 제정되므로 국가기관과 국민을 모두 구속한다. 22 지방 7
(해설) 예산 : 국가기관만 구속

1360 예산은 법률과 달리 국가기관만을 구속할 뿐 일반 국민을 구속하지 않으므로 **국회가 의결한 예산 또는 국회의 예산안 의결은 「헌법재판소법」 제68조 제1항에 따른 헌법소원의 대상이 되지 않는다**. 25 국회 8

국회가 의결한 예산 또는 국회의 예산안 의결은 「헌법재판소법」 제68조 제1항 소정의 공권력의 행사에 해당하므로 헌법소원의 대상이 된다. 24 지방 7
(해설) 공권력 행사 해당 안함, 헌법소원 대상 아님

KEY 191 계속비와 예비비

헌법 제55조 ① 【계속비 : 한 회계연도 넘어 지출】 한 회계연도를 넘어 계속하여 지출할 필요가 있을 때에는 **정부는 연한을 정하여 계속비로서 국회의 의결**을 얻어야 한다.
② 【예비비 : 총액 의결】 예비비는 **총액으로 국회의 의결**을 얻어야 한다. 【차기국회 승인】 예비비의 지출은 **차기국회**(차년도 국회 ×)**의 승인**을 얻어야 한다(차기국회의 승인을 얻을 필요 없음 ×, 예비비의 지출은 사전에 국회의 동의 ×).

1361 정부는 예측할 수 없는 예산 외 지출 또는 예산초과지출에 충당하기 위하여 일반회계 예산총액의 100분의 1 이내의 금액을 예비비로 계상할 수 있는데, 공무원의 보수 인상을 위한 인건비 충당을 위하여는 예비비 사용목적을 지정할 수 없다.
17 국가 7

정부는 예측할 수 없는 예산 외의 지출 또는 예산초과지출에 충당하기 위하여 일반회계 예산총액의 100분의 1 이내의 금액을 예비비로 계상할 수 있고, 공무원의 보수 인상을 위한 인건비 충당을 위하여 예비비의 사용목적을 지정할 수 있다.
19 경정

해설 공무원의 보수 인상을 위한 인건비 충당을 위하여 예비비 사용목적 지정 불가

KEY 192 예산의 불성립 · 변경 등

헌법 제54조 ③ 【준예산 : 예산 미의결 시】 새로운 회계연도가 개시될 때까지 예산안이 **의결되지 못한** 때에는 정부는 국회에서 예산안이 의결될 때까지 다음의 목적을 위한 경비는 **전년도 예산에 준하여** 집행할 수 있다(아직 의결되지 못한 예산안에 따라 집행 ×).
1. 【기관 · 시설 유지 · 운영】 헌법이나 법률에 의하여 설치된 기관 또는 시설의 유지 · 운영
2. 【법률상 지출의무】 법률상 지출의무의 이행
3. 【계속비】 이미 예산으로 승인된 사업의 계속
헌법 제56조 【추가경정예산 : 예산 변경 시】 정부는 **예산에 변경**을 가할 필요가 있을 때에는 **추가경정예산안**을 편성하여 국회에 제출할 수 있다.

1362 정부는 법령에 따라 국가가 지급하여야 하는 지출이 발생하거나 증가하여 이미 확정된 예산에 변경을 가할 필요가 있는 경우에는 추가경정예산안을 편성할 수 있으며, 국회에서 추가경정예산안이 확정되기 전에 이를 미리 배정하거나 집행할 수 없다.
19 경정

정부는 대내 · 외 여건에 중대한 변화가 발생할 우려가 있는 긴급한 경우에는 국회에서 추가경정예산안이 확정되기 전이라도 이를 배정하거나 집행할 수 있다.
14 국회 9

해설 확정 전 배정 및 집행 불가

KEY 193 기채 & 국고부담계약 사전동의권

헌법 제58조 【국회 사전 의결】 국채를 모집하거나 예산외에 국가의 부담이 될 계약을 체결하려 할 때에는 정부는 **미리 국회의 의결**을 얻어야 한다(국회에 보고하고 그 승인을 얻어야 함 ×).

KEY 194 국정감사·조사권

> **헌법 제61조** ① 【**국정감사·조사권**】 국회는 국정을 **감사**하거나 **특정한 국정사안**에 대하여 **조사**할 수 있으며, 【**서류제출·증인출석·증언·의견진술 요구**】 이에 필요한 **서류의 제출** 또는 증인의 **출석과 증언이나 의견의 진술**(압수·수색 ×)을 요구할 수 있다.⁵

1363 국정감사 및 조사는 개인의 사생활을 침해하거나 계속 중인 재판 또는 수사 중인 사건의 소추에 관여할 목적으로 행사되어서는 아니 된다.¹¹
24 지방 7

1364 국정감사는 1948년 제헌헌법에 규정된 후 1972년 개정헌법에서 폐지되었다가 현행헌법에서 부활하였으며, 국정조사는 1980년 개정헌법에 신설되었다.⁵
18 서울 7(추)

국정감사제도는 제헌헌법에 규정되었다가 1972년 헌법(제7차 개정헌법)에서 폐지되었으나 1980년 헌법(제8차 개정헌법)에서 다시 도입되었다.
17 지방 7

해설 제7차에서 폐지, 현행(제9차 개정헌법) 부활

1365 국정감사는 매년 정기적으로 시행하나, 국정조사는 재적의원 4분의 1 이상의 요구가 있는 때에 시행한다.⁶
18 법원 9

국정감사는 부정기적으로 특정 사안에 대한 것이고, 국정조사는 정기적으로 국정 전반을 대상으로 하는 점에서 구별된다.
19 소간

해설 국정조사 ↔ 국정감사 설명 바뀜

1366 국회는 국정전반에 관하여 소관 상임위원회별로 매년 정기회 집회일 이전에 국정감사 시작일부터 30일 이내의 기간을 정하여 감사를 실시하나, 본회의 의결로 정기회 기간 중에 감사를 실시할 수 있다.¹⁰
24 지방 7

국회는 국정전반에 관하여 소관 상임위원회별로 매년 정기회 집회일 이전에 국정감사 시작일부터 30일 이내의 기간을 정하여 감사를 실시하므로, 정기회 기간 중에는 국정조사만 인정된다.
21 국회 8

해설 본회의 의결로 정기회 기간 중 국정감사 가능

1367 국정감사는 상임위원장이 국회운영위원회와 협의하여 작성한 감사계획서에 의하여 행한다.³
14 국회 8

국회는 국정전반에 대하여 소관 상임위원회별로 매년 정기회 집회일 이전에 국정감사 시작일부터 30일 이내의 기간을 정하여 감사를 실시하며, 이때 감사는 상임위원장이 각 교섭단체 대표의원과 협의하여 작성한 감사계획서에 따라 한다.
20 경정

해설 국회운영위원회와 협의

1368 지방자치단체 중 특별시·광역시·도에 대한 국정감사의 범위는 국가위임사무와 국가가 보조금 등 예산을 지원하는 사업으로 한정된다.⁸
22 지방 7

지방자치단체에 대한 국정감사는 특별시·광역시·도의 국가위임사무에 한정된다.
24 지방 7

해설 국가가 보조금 등 예산을 지원하는 사업도 포함 + 본회의가 특히 필요하다고 의결한 경우 기초지자체 가능

1369 국회는 재적의원 4분의 1 이상의 요구가 있는 때에는 특별위원회 또는 상임위원회로 하여금 국정의 특정사안에 관하여 조사를 하게 하는바, 이 경우 국정조사를 위한 특별위원회는 교섭단체의원 수의 비율에 따라 구성하여야 하나, 조사에 참여하기를 거부하는 교섭단체의 의원은 제외할 수 있다.⁵
21 경정

국정조사는 국회 재적의원 3분의 1 이상이 조사요구서를 국회의장에게 제출하여야 시행될 수 있다.
14 국회 8

해설 재적 4분의 1 이상

1370 조사위원회의 위원장이 사고가 있거나 그 직무를 수행하기를 거부 또는 기피하여 조사위원회가 활동하기 어려운 때에는 위원장이 소속하지 아니하는 교섭단체 소속의 간사 중에서 소속 의원 수가 많은 교섭단체 소속인 간사의 순으로 위원장의 직무를 대행한다.⁶
20 지방 7

조사위원회의 위원장이 사고가 있거나 그 직무를 수행하기를 거부 또는 기피하여 조사위원회가 활동하기 어려운 때에는 위원장이 소속한 교섭단체 소속의 간사가 위원장의 직무를 대행한다.
21 경정

해설 위원장이 소속하지 않는 교섭단체 소속 간사 중에서 소속 의원 수가 많은 교섭단체 소속의 간사

1371 본회의는 **조사위원회의 중간보고**를 받고 조사를 장기간 계속할 필요가 없다고 인정되는 경우에는 **의결로 조사위원회의 활동기간을 단축**할 수 있다. 23 소간

「국정감사 및 조사에 관한 법률」에 따르면 본회의는 조사위원회의 중간보고를 받고 조사를 장기간 계속할 필요가 없다고 인정되는 경우에는 의결 없이 조사위원회의 활동기간을 단축할 수 있다. 20 지방 7
(해설) 의결 거쳐야 함

KEY 195 국정감사 · 조사권의 행사 — A

1372 **국정감사 · 조사권**은 행정부와 아울러 **사법부**에 대해서도 행사할 수 있다. 10 지방 7

국회의 국정조사는 입법 · 행정 · 재정에 관한 사항에 대하여 할 수 있을 뿐, 사법에 관한 사항에 대해서는 할 수 없다. 13 서울 7
(해설) 사법도 가능함

1373 **국정감사 및 국정조사는 공개**로 한다. 다만, **위원회의 의결**로 달리 정할 수 있다. 19 소간

국정감사는 원칙적으로 공개하나, 국정조사는 원칙적으로 비공개하며, 위원회의 의결로 달리 정할 수 있다. 18 법원 9
(해설) 국정조사도 공개가 원칙

1374 국회는 감사 또는 조사 결과 **위법하거나 부당한 사항**이 있을 때에는 그 정도에 따라 **정부 또는 해당 기관**에 변상, 징계조치, 제도개선, 예산조정 등 **시정을 요구**하고, 정부 또는 해당 기관에서 처리함이 타당하다고 인정되는 사항은 정부 또는 해당 기관에 **이송**한다. 24 지방 7

KEY 196 헌법기관 구성권 (인사권) — B

1375 **헌법재판소장은 국회의 동의**를 얻어 재판관 중에서 **대통령이 임명**하며, **인사청문특별위원회에서 인사청문회를 실시**한다. 14 서울 7

대법원장 · 헌법재판소장 · 국무총리 · 국무위원 · 감사원장 및 대법관 후보자에 대한 인사청문 요청이 있는 경우 실시하는 인사청문회는 국회 인사청문특별위원회에서 실시한다. 24 지방 7
(해설) 국무위원은 상임위원회에서 실시함

1376 국회가 선출하여 임명된 **헌법재판소 재판관** 중 공석이 발생한 경우, 국회는 공정한 헌법재판을 받을 권리의 보장을 위하여 **공석인 재판관의 후임자를 선출**하여야 할 **구체적 작위의무**를 부담한다. 24 지방 7

헌법 해석상 국회가 선출하여 임명된 헌법재판소의 재판관 중 공석이 발생한 경우에 국회가 공정한 헌법재판을 받을 권리의 보장을 위하여 공석인 재판관의 후임자를 선출하여야 할 구체적 작위의무를 부담한다고 볼 수는 없다. 21 지방 7
(해설) 작위의무 부담함

1377 헌법재판관 공석에 대한 **직무대행제도가 존재하지 않으므로**, 재판관이 **임기만료로 퇴직**하여 **재판관의 공석 상태**가 된 경우에는 「헌법재판소법」 제23조 제1항 중 재판관이 임기 만료로 퇴직하여 재판관의 공석 상태가 된 경우에 적용되는 부분에 한하여 그 효력을 본안 사건의 종국결정 선고 시까지 **정지**함이 상당하다. (최신판례)

국회가 선출하여 임명된 재판관 중 공석이 발생한 경우, 국회가 상당한 기간 내에 공석이 된 재판관의 후임자를 선출하여야 할 헌법상 작위의무가 존재하고 재판관 직무대행제도와 같은 제도적 보완 장치가 마련되어 있지만, 재판관이 임기만료로 퇴직하여 재판관의 공석 상태가 된 경우에는 「헌법재판소법」 제23조 제1항 중 재판관이 임기 만료로 퇴직하여 재판관의 공석 상태가 된 경우에 적용되는 부분에 한하여 그 효력을 본안 사건의 종국결정 선고 시까지 정지함이 상당하다. 25 국회 8
(해설) 제도적 보완 장치 無

1378 대통령이 관련 법률에 따라 **국가정보원장·경찰청장·합동참모의장**의 후보자에 대한 인사청문을 요청한 경우에는 각각 **소관 상임위원회별로 인사청문회를 연다.**³ 19 입시

대통령이 임명하는 국민권익위원회 위원장 후보자, 한국은행 총재 후보자 등에 대한 인사청문 요청이 있는 경우 각 소관 상임위원회의 인사청문을 거쳐야 한다. 19 서울 7
해설 권익위원장 후보자 인사청문 대상 아님

KEY 197 탄핵소추 (국회) S

> **헌법 제65조** ① 【**고위공직자·법관 등의 직무집행이 위헌·위법**】대통령·국무총리·국무위원·행정각부의 장·헌법재판소 재판관·법관·중앙선거관리위원회 위원·감사원장·감사위원 기타 법률이 정한 공무원이 그 **직무집행**에 있어서 **헌법**이나 **법률을 위배**한 때에는 국회는 탄핵의 소추를 의결할 수 있다.¹⁸
> ② 【**재적 1/3 이상 발의 + 재적과반수 찬성**】제1항의 탄핵소추는 **국회재적의원 3분의 1 이상의 발의**가 있어야 하며, 그 **의결**은 국회 재적의원 과반수의 찬성(3분의 1 이상 ×)이 있어야 한다. ⁶ 【**대통령 : 재적과반수 발의 + 재적 2/3 이상 찬성**】다만, 대통령에 대한 탄핵소추는 국회재적의원 **과반수의 발의**(3분의 1의 발의 ×)와 **국회재적의원 3분의 2 이상의 찬성**이 있어야 한다.¹²
> ③ 【**권한행사 정지**】탄핵소추의 **의결을 받은 자**(탄핵소추가 발의된 자 ×)는 **탄핵심판이 있을 때까지 그 권한행사가 정지된다**(권한행사 정지 여부에 대해 헌법상 명문으로 규정하고 있지 않음 ×).⁷
> ④ 【**파면**】탄핵결정은 **공직으로부터 파면**함에 그친다. 【**민·형사책임 면제 아님**】그러나, 이에 의하여 **민사상이나 형사상의 책임이 면제되지는 아니한다**(민사상이나 형사상의 책임은 면제됨 ×).¹⁰
>
> **헌법 제111조** ① 【**헌법재판소 관장**】헌법재판소는 다음 사항을 관장한다.
> 2. 【**탄핵심판**】탄핵의 심판

1379 탄핵심판은 고위공직자가 권한을 남용하여 헌법이나 법률을 위반하는 경우 그 권한을 박탈함으로써 헌법질서를 지키는 헌법재판이고, 탄핵결정은 대상자를 공직으로부터 파면함에 그치고 형사상 책임을 면제하지 아니한다는 점에서 탄핵심판 절차는 형사절차나 일반 징계절차와는 성격을 달리한다.⁵ 24 법원 9

탄핵제도라 함은 일반사법절차에 따라 소추하거나 징계절차로써 징계하기가 곤란한 일반직 행정공무원이 직무상 비위를 범한 경우에 파면하는 제도를 말한다. 19 서울 7
해설 일반직 행정공무원 X, 고위공직자 O

1380 국회의 탄핵소추의 대상이 되는 **고위직 공무원의 범위에 대한 헌법규정은 예시규정**이며 검사는 헌법에 명시되어 있지 않지만 **탄핵소추의 대상이 된다.**⁶ 15 국가 7

검사와 검찰총장은 헌법상 탄핵의 대상으로 명시되어 있는 공무원이다. 19 소간
해설 헌법에 명시 X

1381 헌법 제65조는 행정각부의 장이 '그 직무집행에 있어서 헌법이나 법률을 위배한 때'를 탄핵소추사유로 규정하고 있는데, 여기에서 '**직무**'란 법제상 소관 직무에 속하는 고유업무와 사회통념상 이와 관련된 업무를 말하고, 법령에 근거한 행위뿐만 아니라 행정각부의 장의 지위에서 국정수행과 관련하여 행하는 모든 행위를 포괄하는 개념이다.¹ 최신판례 24 법무사

1382 헌법 제65조 제1항은 '직무집행에 있어서'라고 하여, **탄핵사유의 요건을 '직무' 집행으로 한정**하고 있으므로, **대통령의 직위를 보유하고 있는 상태에서 범한 법위반행위만 소추사유가 될 수 있다.**³ 23 국가 7

대통령으로 당선된 후 취임 전에 대통령당선인의 직무수행으로 한 위헌·위법행위는 대통령 취임 후 그에 대한 탄핵의 사유가 된다. 14 국가 7
해설 취임 전 행위는 탄핵사유 안 됨

1383 탄핵소추사유인 헌법과 법률 위반과 관련하여, 헌법 제65조에서 말하는 '헌법'에는 명문의 헌법규정뿐만 아니라 헌법재판소의 결정에 따라 형성되어 확립된 불문헌법도 포함되고, '법률'에는 형식적 의미의 법률과 이와 동등한 효력을 가지는 국제조약 및 일반적으로 승인된 국제법규 등이 포함된다.¹⁰
24 법무사

헌법 제65조 제1항은 탄핵사유를 '헌법이나 법률을 위배한 때'로 규정하고 있는데, '헌법'에는 명문의 헌법규정만이 포함되고, 헌법재판소의 결정에 의하여 형성되어 확립된 불문헌법은 포함되지 않는다.
23 국가 7
(해설) 불문헌법 포함됨

1384 대통령의 '직책을 성실히 수행할 의무'는 헌법적 의무에 해당하지만, '헌법을 수호해야 할 의무'와는 달리 규범적으로 그 이행이 관철될 수 있는 성격의 의무가 아니므로 원칙적으로 사법적 판단의 대상이 되기 어렵다.¹⁹
22 국가 7

대통령의 '헌법을 수호해야 할 책무'는 그 이행이 관철될 수 있는 성격의 의무가 아니므로, 원칙적으로 사법적 판단의 대상이 될 수 없다.
21 국회 9
(해설) 성실한 직책수행의무와는 달리 헌법을 수호해야 할 책무는 사법적 판단 대상이 됨

1385 헌법 제65조 제1항은 탄핵사유를 "헌법이나 법률을 위배한 때"로 제한하고 있고, 헌법재판소의 탄핵심판절차는 법적인 관점에서 단지 탄핵사유의 존부만을 판단하는 것이므로 정치적 무능력이나 정책결정상의 잘못 등 직책수행의 성실 여부는 그 자체로서 소추사유가 될 수 없다.⁹
16 국회 8

대통령의 직무집행상 헌법 위반뿐만 아니라 정치적 무능력이나 정책결정상의 잘못 등 직책수행의 불성실성 역시 탄핵소추사유가 될 수 있다.
13 변호사
(해설) 탄핵소추사유 안 됨

1386 정치적 또는 정책적인 기준에 따른 탄핵소추는 허용되지 않는다. 다만 탄핵소추의 사유가 존재하는 경우에도 탄핵소추의 발의 및 의결을 할 것인가의 여부는 전적으로 국회의 자율적인 판단의 대상이다.³
12 국회 9

탄핵소추의 사유가 존재하는 경우에는 국회는 탄핵소추를 발의하고 의결하여야 한다.
20 국회 9
(해설) 의결할 수 있음(재량)

1387 국회의 의사절차에 헌법이나 법률을 명백히 위반한 흠이 있는 경우가 아니면 국회 의사절차의 자율권은 권력분립의 원칙상 존중되어야 하고, 국회법 제130조 제1항은 탄핵소추의 발의가 있을 때 그 사유 등에 대한 조사 여부를 국회의 재량으로 규정하고 있으므로, 국회가 탄핵소추사유에 대하여 별도의 조사를 하지 않았다거나 국정조사결과나 특별검사의 수사결과를 기다리지 않고 탄핵소추안을 의결하였다고 하여 그 의결이 헌법이나 법률을 위반한 것이라고 볼 수 없다.¹⁰
23 법무사

「국회법」 제130조 제1항이 탄핵소추의 발의가 있을 때 그 사유 등에 대한 조사 여부를 국회의 재량으로 규정하고 있더라도, 국회가 탄핵소추사유에 대하여 별도의 조사를 하지 않았다거나 국정조사결과나 특별검사의 수사결과를 기다리지 않고 탄핵소추안을 의결하였다면 헌법이나 법률을 위반한 것이다.
20 국가 7
(해설) 위반 아님

1388 소추의결서가 송달되었을 때에는 소추된 사람의 권한 행사는 정지되며, 임명권자는 소추된 사람의 사직원을 접수하거나 소추된 사람을 해임할 수 없다.⁴
17 국회 8

탄핵소추의결서가 송달되었을 때에도 임명권자는 소추된 사람의 사직원을 접수하거나 소추된 사람을 해임할 수 있다.
14 국회 9
(해설) 사직원을 접수하거나 해임할 수 없음

KEY 198 탄핵심판 (헌법재판소) Ⓢ

1389 탄핵심판에서는 국회 법제사법위원회 위원장이 소추위원이 되고, 소추위원은 헌법재판소에 소추의결서 정본을 제출하여 탄핵심판을 청구하며, 심판의 변론에서 피청구인을 신문할 수 있다.¹²
23 입시

탄핵심판에서는 국회의장이 소추위원이 된다.
18 경정
(해설) 법제사법위원장

1390 탄핵심판 대상자에 대한 **탄핵심판 청구와 동일한 사유로** 형사소송이 진행되고 있는 경우 헌법재판소는 **탄핵심판절차를 정지할 수 있다.** ⓧ 19 입시

탄핵심판은 서면으로 심리하며, 동일한 사유로 형사소송이 진행되고 있는 경우 재판부는 심판 청구를 각하해야 한다. 20 국회 9
(해설) 구두변론 / 정지할 수 있음

1391 당사자가 탄핵심판 변론기일에 출석하지 아니하면 **다시 기일을 정하여야** 하고 다시 정한 기일에도 당사자가 출석하지 아니하면 그의 **출석 없이 심리할 수 있다.** ○ 17 법원 9

탄핵심판절차는 형사소송법이 준용되므로 당사자의 출석 없이는 변론을 진행할 수 없다. 20 법원 9
(해설) 다시 기일 정하고도 출석하지 않으면 可

1392 헌법재판소는 원칙적으로 국회의 소추의결서에 기재된 **소추사유에 의하여 구속을 받고, 소추의결서에 기재되지 아니한 소추사유를 판단의 대상으로 삼을 수 없다.** ⓧ 24 국회 8

헌법재판소는 원칙적으로 국회의 소추의결서에 기재된 소추사유에 의하여 구속을 받지 아니하고, 소추의결서에 기재되지 아니한 소추사유를 판단의 대상으로 삼을 수 있다. 17 서울 7
(해설) 소추사유에 구속됨 / 삼을 수 없음

1393 탄핵소추의 의결을 받은 자는 헌법재판소의 탄핵심판이 있을 때까지 그 권한행사가 정지되고, 3명 이상의 재판관이 임기 만료로 퇴직하여 재판관의 공석 상태가 된 경우에도 「헌법재판소법」제23조 제1항에 따라 사건을 심리조차 할 수 없다면 이는 사실상 재판 외의 사유로 재판절차를 정지시키는 것으로 탄핵심판사건 피청구인의 신속한 재판을 받을 권리에 대한 **과도한 제한이 된다.** ○ (최신판례) 25 국회 8

1394 헌법재판은 9인의 재판관으로 구성된 재판부에 의하여 이루어지는 것이 원칙이나, **헌법재판관 1인이 결원되어 8인의 재판관으로 재판부가 구성되더라도 탄핵심판을 심리 · 결정하는 데 헌법과 법률상 아무런 문제가 없다.** ○ 18 입시

탄핵의 결정을 하기 위해서는 재판관 6인 이상의 찬성이 있어야 하는데, 헌법재판관 1인이 결원이 되어 8인의 재판관으로 재판부가 구성되면 결원 상태인 1인의 재판관은 사실상 탄핵에 찬성하지 않는 의견을 표명한 것과 같은 결과를 가져오므로, 8인의 재판관으로 구성된 재판부는 탄핵심판을 심리하고 결정할 수 없다. 20 지방 7
(해설) 결정할 수 있음

1395 탄핵의 결정은 **법률의 위헌결정, 정당해산의 결정 또는 헌법소원에 관한 인용결정과 마찬가지로 재판관 6명 이상의 찬성**이 있어야 한다. ○ 24 법원 9

탄핵결정은 헌법재판소 재판관 과반수의 찬성으로 한다. 14 국회 8
(해설) 6명 이상의 찬성

1396 대통령을 탄핵하기 위해서는 대통령의 법 위배 행위가 헌법질서에 미치는 부정적 영향과 해악이 중대하여 대통령을 파면함으로써 얻는 헌법 수호의 이익이 대통령 파면에 따르는 국가적 손실을 압도할 정도로 커야 한다. 즉, '**탄핵심판청구가 이유 있는 경우**'란 대통령의 파면을 정당화할 수 있을 정도로 **중대한 헌법이나 법률 위배가 있는 때를 말한다.** ○ 19 법원 9

대통령이라고 하더라도 직무행위로 인한 모든 사소한 법 위반의 경우 탄핵심판청구가 이유 있는 것으로 보는 것이 원칙이다. 14 국회 8
(해설) 사소한 법 위반 X, 중대한 헌법이나 법률 위반 필요

1397 '탄핵심판 청구가 이유 있는 경우'란 피청구인의 파면을 정당화할 수 있을 정도로 중대한 헌법이나 법률 위반이 있는 경우를 말하는데, 국가 원수이자 행정부의 수반으로서 국민의 선거에 의하여 선출되어 직접적인 민주적 정당성을 부여받은 **대통령과 행정각부의 장은 정치적 기능이나 비중에서 본질적 차이가 있고,** 양자 사이의 직무계속성의 공익이 다름에 따라 **파면의 효과 역시 근본적인 차이가 있으므로,** '법 위반행위의 중대성'과 '파면 결정으로 인한 효과' 사이의 법익형량을 함에 있어 이와 같은 점이 **고려되어야 한다.** ○ (최신판례) 24 법무사

1398 행정각부의 장은 정부 권한에 속하는 중요정책을 심의하는 국무회의의 구성원이자 행정부의 소관 사무를 통할하고 소속공무원을 지휘·감독하는 기관으로서 행정부 내에서 통치기구와 집행기구를 연결하는 가교 역할을 하므로, 그에 대한 **파면결정이 가져올 수 있는 국정공백과 정치적 혼란 등 국가적 손실이 경미하다고 평가하기 어렵다.** (최신판례) 24 법무사

1399 탄핵심판에서 피청구인이 **결정 선고 전에 해당 공직에서 파면**되었을 때에는 헌법재판소는 심판청구를 **기각**하여야 한다. 23 입시

피청구인이 결정 선고 전에 해당 공직에서 파면되었을 때에는 헌법재판소는 심판청구를 각하하여야 한다. 20 국가 7
(해설) 기각해야 함

1400 탄핵이 의결된 법관이 임기만료 퇴직으로 이미 법관직을 상실했기 때문에 본안심리를 마친다 해도 공직을 박탈하는 **파면결정 자체가 불가능한 상태**가 되었으므로 탄핵심판절차의 헌법수호기능으로서 손상된 헌법질서의 회복 수단인 '공직 박탈'의 관점에서 볼 때 **임기만료로 퇴직한 법관의 탄핵심판의 이익을 인정할 수 없다.**

헌법 제65조의 탄핵제도는 고위공직자가 그 지위에서 국민의 대의기관인 국회로부터 헌법이나 법률 위반의 법적책임을 추궁받는 제도이므로, 탄핵소추를 받은 자가 임기만료로 퇴직하여 더 이상 공직을 보유하지 않게 되었다면 탄핵심판에서의 피청구인자격을 상실하여 심판절차가 종료된 것으로 보아야 한다. 24 법무사
(해설) 심판절차종료 X→ 각하 O

KEY 199 해임건의

> 헌법 제63조 ① 【국회의 해임건의】 국회는 **국무총리 또는 국무위원**(정부위원 ×, 행정각부의 장 ×)**의 해임**을 대통령에게 **건의**할 수 있다.
> ② 【재적 1/3 발의 + 재적과반수 찬성】 제1항의 해임건의는 **국회재적의원 3분의 1 이상의 발의**(재적의원 과반수 발의 ×, 재적의원 4분의 1 발의 ×)에 의하여 **국회재적의원 과반수의 찬성**(재적의원 3분의 1의 찬성 ×, 재적의원 3분의 2의 찬성 ×, 출석의원 과반수의 찬성 ×)이 있어야 한다.

1401 국무총리 또는 국무위원의 **해임건의안**이 발의된 때에는 본회의에 보고된 때로부터 **24시간 이후 72시간 이내에 무기명투표**로 표결하며 이 기간 내에 **표결하지 아니한 때에는** 그 해임건의안은 **폐기**된 것으로 본다. 21 국회 9

국회에서 국무총리의 해임건의안이 발의되었을 때에는 국회의장은 그 해임건의안이 발의된 후 처음 개의하는 본회의에 그 사실을 보고하고, 본회의에 보고된 때부터 24시간 이후 48시간 이내에 기명투표로 표결한다. 19 국가 7
(해설) 24시간 이후 72시간 이내 무기명투표

1402 국회는 국무총리나 국무위원에 대한 해임을 건의할 수 있으나, **국회의 해임건의는 대통령을 기속하는 해임결의권이 아니라, 아무런 법적 구속력이 없는 단순한 해임건의권에 불과하다.** 18 변호사

국무위원에 대한 해임건의안이 국회에서 통과된 경우, 이 해임건의는 법적 구속력이 없는 것으로 볼 수 없으므로 대통령은 특별한 사유가 없는 한 이에 응하여야 한다. 21 국회 9
(해설) 법적 구속력 없음

KEY 200 출석요구권 및 기타 국정통제권

> 헌법 제60조 ① **【조약 체결·비준 사전동의권】** 국회는 **상호원조** 또는 **안전보장**에 관한 조약, **중요한 국제조직**에 관한 조약, **우호통상항해조약**, **주권의 제약**에 관한 조약, **강화조약**, **국가나 국민에게 중대한 재정적 부담**을 지우는 조약 또는 **입법사항**에 관한 **조약의 체결·비준에 대한 동의권**을 가진다.⁶
> ② **【선전포고, 국군의 외국에의 파견, 외국군대의 대한민국 영역안에서의 주류 동의권】** 국회는 **선전포고**, **국군의 외국에의 파견** 또는 **외국군대의 대한민국 영역안에서의 주류**에 대한 **동의권**을 가진다.⁴
>
> 헌법 제62조 ① **【국회 출석·발언권】** **국무총리·국무위원 또는 정부위원**은 국회나 그 위원회에 출석하여 **국정처리상황**을 보고하거나 의견을 진술하고 질문에 응답할 수 있다.
> ② **【국무총리·국무위원·정부위원 : 출석·답변 의무】** 국회나 그 위원회의 요구가 있을 때에는 **국무총리·국무위원 또는 정부위원**(대통령 ×)은 **출석·답변**하여야 하며, **【국무총리 → 국무위원 대참 / 국무위원 → 정부위원 대참】** 국무총리 또는 국무위원이 출석요구를 받은 때에는 **국무위원 또는 정부위원**으로 하여금 **출석·답변**하게 할 수 있다.¹⁰

1403 국회 본회의는 의결로 국무총리의 출석을 요구할 수 있으며, 이 경우 그 발의는 **국회의원 20명 이상**이 이유를 구체적으로 밝힌 **서면**으로 하여야 한다.⁴　　　　19 국가 7

본회의는 의결로 국무총리, 국무위원 또는 정부위원의 출석을 요구할 수 있으며, 이 경우 그 발의는 의원 10명 이상이 이유를 구체적으로 밝힌 서면으로 하여야 한다.　21 국가 7
(해설) 20명 이상

1404 국회의 본회의 또는 위원회는 특정한 사안에 대하여 질문하기 위하여 **대법원장이나 헌법재판소장의 출석을 요구할 수 있다.**³　　　　13 국가 7

본회의는 그 의결로 국무총리, 국무위원, 정부위원, 대법원장, 헌법재판소장, 중앙선거관리위원회 위원장, 감사원장 등의 출석을 요구할 수 있으며, 그 발의는 의원 20인 이상이 이유를 명시한 서면으로 하여야 한다.　20 경정
(해설) 대법원장, 헌재소장, 중선위장, 감사원장 출석요구 발의 정족수 규정 X

1405 국회의원은 **20인 이상의 찬성**으로 회기 중 현안이 되고 있는 중요한 사항을 대상으로 **정부에 대하여 질문을 할 것**을 의장에게 요구할 수 있다.³　　　　13 변호사

국회의원 10인 이상의 찬성으로 회기 중 현안이 되고 있는 중요한 사항을 대상으로 정부에 대하여 질문할 것을 의장에게 요구할 수 있다.　20 경정
(해설) 20인 이상의 찬성

KEY 201 국회의원의 지위

1406 헌법 제7조 제1항(공무원책임조항), 제45조(면책특권조항), 제46조 제2항(국가이익우선의무조항) 등의 규정에 비추어 **국회의원의 지위를 자유위임의 원칙하에 두고 있다고 보는 것이 헌법재판소의 입장**이다.⁴　　　　11 국회 8

국민과 국회의원은 자유위임관계에 있는 것이 아니라 명령적 위임관계에 있다.　21 5급
(해설) 자유위임관계

1407 자유위임은 의회 내에서의 정치의사형성에 **정당의 협력을 배척**하는 것이 아니며, 국회의원이 **정당과 교섭단체의 지시에 기속되는 것을 배제**하는 근거가 되는 것도 **아니다.**⁵　　24 경정

국회의원의 원내활동을 기본적으로 각자에 맡기는 자유위임은 의회내에서의 정치의사형성에 정당의 협력을 배척하는 것이 아니나, 의원이 정당과 교섭단체의 지시에 기속되는 것을 배제하는 근거가 된다.　22 5급
(해설) 배제하는 근거 아님

1408 국회의원의 국민대표성을 중시하는 입장에서도 특정 정당에 소속된 국회의원이 정당기속 내지는 교섭단체의 결정(소위 **'당론'**)에 위반하는 정치활동을 한 이유로 제재를 받는 경우, **국회의원 신분을 상실하게 할 수는 없으나 "정당내부의 사실상의 강제"** 또는 소속 **"정당으로부터의 제명"은 가능**하다고 보고 있다.[6] 24 지방 7

국회의원에게 적용되는 자유위임의 원칙이 국회의원의 정당기속성보다 우위에 있으므로, 특정 정당에 소속된 국회의원이 정당기속 내지는 교섭단체의 결정에 위반하는 정치활동을 한 이유로 제재를 받는 경우, 국회의원 신분을 상실하게 할 수 없을 뿐만 아니라, '정당내부의 사실상의 강제' 또는 '소속 정당으로부터의 제명'도 불가능하다. 10 국회 8
(해설) 사실상 강제 또는 제명 가능

1409 정당이 그 소속 국회의원을 **제명**하기 위해서는 당헌이 정하는 절차를 거치는 외에 그 소속 **국회의원 전원의 2분의 1 이상의 찬성이 있어야 한다.**[7] 21 경정

정당이 그 소속 국회의원을 제명하는 경우 당헌이 정하는 절차 외에도 그 소속 국회의원 전원의 3분의 2 이상의 찬성이 있어야 하며, 무기명투표를 원칙으로 하되 예외적인 경우에는 서면에 의하여 의결할 수 있다. 12 국회 8
(해설) 전원의 2분의 1 이상 찬성 / 서면 의결 불가능

1410 비례대표국회의원 또는 비례대표지방의회의원이 소속정당의 합당·해산 또는 제명 외의 사유로 당적을 이탈·변경하거나 2 이상의 당적을 가지고 있는 때에는 **퇴직**된다. 다만 비례대표국회의원이 **국회의장**으로 당선되어 「국회법」 규정에 의하여 당적을 이탈한 경우에는 그러하지 아니하다.[5] 16 법원 9

국회의원은 정당의 대표가 아니라 국민 전체의 대표이기 때문에 당선 당시의 당적을 이탈·변경하더라도 국회의원의 직을 상실하지 않는다. 16 국회 9
(해설) 비례대표 국회의원은 상실함

KEY 202 국회의원의 권한 (심의·표결권)   A

1411 국회의원은 국민의 선거에 의하여 선출된 **헌법상의 국가기관**으로서 그 개인이 **법률안 제출, 법률안 심의·표결권** 등 여러 가지 독자적인 권한을 부여받고 있다.[3] 16 서울 7

국회의원은 국회의 구성원일 뿐 헌법에 의하여 독자적인 권한을 부여받고 있는 국가기관으로서의 지위를 가진다고 볼 수 없다. 22 입시
(해설) 헌법상 국가기관임

1412 국회의원의 **법률안 심의·표결권**은 비록 헌법에는 이에 관한 명문의 규정이 없지만 의회민주주의의 원리, 헌법 제40조 및 제41조 제1항 등으로부터 **당연히 도출되는 헌법상의 권한**이다.[4] 18 5급

국회의원의 법률안 심의·표결권은 의회민주주의의 원리, 입법권을 국회에 귀속시키고 있는 헌법 제40조, 국민에 의하여 선출되는 국회의원으로 국회를 구성한다고 규정한 헌법 제41조 제1항 및 국회의결에 관하여 규정한 헌법 제49조로부터 도출되는 기본권이다. 25 소간
(해설) 권한이지 기본권 아님

1413 민주주의원칙의 실현을 위해 매우 중요한 **국회의원의 법률안 심의·표결권**은 헌법상 권한으로서 국회 다수파 의원뿐만 아니라 소수파 의원과 특별한 사정이 없는 한 **국회의원 개개인에게 모두 보장**된다.[5] 22 국회 9

1414 **국회의원의 법률안 심의·표결권**은 국민에 의하여 선출된 국가기관으로서 국회의원이 그 본질적 임무인 입법에 관한 직무를 수행하기 위해서 보유하는 권한으로서의 성격을 갖고 있으므로 국회의원의 **개별적인 의사에 따라 포기할 수 있는 것은 아니다.**[9] 20 변호사

국회의원의 법률안 심의·표결권은 헌법기관으로서의 국회의원 각자에게 모두 보장되는 헌법상 권한이므로, 국회의원의 개별적인 의사에 따라 포기할 수 있다. 24 경정
(해설) 포기 不可

1415 국가기관 상호간의 **권한쟁의심판**에 관하여 규정하고 있는 헌법재판소법 제62조 제1항 제1호의 "국회, 정부, 법원 및 중앙선거관리위원회 상호간의 권한쟁의심판"은 **예시적인 조항**으로 해석되므로, **국회의원이 국회의장을 상대로 제기한 권한쟁의심판은 적법**하다.[3] 14 변호사

「헌법재판소법」 제62조 제1항 제1호의 규정은 한정적 열거조항이므로, 국회의원과 국회의장은 권한쟁의심판의 당사자가 될 수 없다. 15 서울 7
(해설) 예시조항 / 권한쟁의 당사자 可

1416 국회의장이 특정 국회의원을 그 의사에 반하여 **국회 보건복지위원회에서 사임시키고 환경노동위원회로 보임한 행위(사·보임행위)는** 권한쟁의심판의 대상이 되는 처분에 해당한다.⁴
22 경정

국회의장이 교섭단체대표의원의 요청에 따라 그 소속국회의원을 국회 보건복지위원회에서 강제로 사임시킨 행위는 국회의 자율권에 속하는 행위로서 사법심사의 대상에서 제외되어야 한다.
12 국가 7
(해설) 사법심사 대상임

1417 소속 정당의 의사를 따르지 않는 국회의원에 대해서 국회의원의 신분에 변동을 가하지 않으면서 **본인의 의사에 반하여 소속 상임위원회를 변경하는 조치는 국회의원의 권한을 침해하는 것은 아니다.**⁵
16 국회 9

당론과 다른 견해를 가진 소속 국회의원을 당해 교섭단체의 필요에 따라 다른 상임위원회로 전임(사·보임)하는 조치는 해당 국회의원의 법률안 심의·표결 권한을 침해한 것이다.
19 경정
(해설) 침해 X

1418 **국회부의장은 국회의장의 직무를 대리**하여 법률안을 가결·선포할 수 있을 뿐 **법률안 가결·선포행위에 따른 법적 책임을 지는 주체가 될 수 없으므로, 국회부의장에 대한 권한쟁의심판청구는 피청구인적격이 인정되지 아니한 자를 상대로 제기된 것이어서 부적법**하다.¹⁴
22 국회 9

국회부의장이 국회의장의 직무를 대리하여 법률안 가결선포행위를 한 경우 심의·표결권 침해를 주장하는 국회의원은 국회부의장을 피청구인으로 하여 권한쟁의심판을 제기하여야 한다.
24 입시
(해설) 청구 불가, 국회의장을 상대로 제기해야 함

1419 국회의 입법과 관련하여 **일부 국회의원들의 권한이 침해되었다 하더라도 그것이 다수결의 원칙(「헌법」 제49조)과 회의공개의 원칙(「헌법」 제50조)과 같은 입법절차에 관한 헌법의 규정을 명백히 위반한 흠에 해당하는 것이 아니라면 그 법률안의 가결선포행위를 곧바로 무효로 볼 것은 아니다.**⁴
21 변호사

국회의장이 적법한 반대토론 신청이 있었음에도 반대토론을 허가하지 않고 토론절차를 생략하기 위한 의결을 거치지도 않은 채 법률안들에 대한 표결절차를 진행한 것은 국회의원의 법률안 심의·표결권을 침해한 것이며, 국회의원의 법률안 심의·표결권 침해가 확인된 이상 그 법률안의 가결선포행위는 무효이다.
20 변호사
(해설) 법률안 심의·표결권 침해 but 가결선포행위 무효 X

1420 국회의장이 **적법한 반대토론 신청이 있었음에도 반대토론을 허가하지 않고 토론절차를 생략하기 위한 의결을 거치지도 않은 채** 법률안들에 대한 표결절차를 진행하여 가결을 선포한 행위는 국회의원의 **법률안 심의·표결권을 침해한 것이다.**⁵
20 소간

국회의장이 적법한 반대토론 신청이 있었음에도 반대토론을 허가하지 않고 토론절차를 생략하기 위한 의결을 거치지도 않은 채 법률안들에 대한 표결절차를 진행하였다고 하더라도 다수결의 원칙과 회의공개의 원칙 등 입법절차에 관한 헌법의 규정을 위반한 것은 아니므로 국회의원의 법률안 심의·표결권을 침해한 것으로는 볼 수 없다.
22 입시
(해설) 침해함

1421 국회 상임위원회 위원장이 위원회를 대표해서 **의안을 심사하는 권한이 국회의장으로부터 위임된 것임을 전제로 하는 국회의장에 대한 권한쟁의 심판청구는 피청구인 적격이 없는 자를 상대로 한 청구로서 부적법**하다.⁷
22 지방 7

국회 상임위원회가 그 소관에 속하는 의안, 청원 등을 심사하는 권한은 국회의장이 안건을 위원회에 회부함으로써 부여된 것이므로, 법률상 부여된 위원회의 고유한 권한으로 볼 수 없다.
24 입시
(해설) 국회의장으로부터 위임 X → 위원회의 고유한 권한 O

1422 **상임위원회 위원장이 질서유지권을 발동**하여 소수당 의원들의 회의장 출입을 봉쇄한 상태에서 상임위원회 전체회의를 개의하여 **의안을 상정**하고 법안심사소위원회에 회부하였다면, 상임위원회 의사절차의 주재자로서 질서유지권과 의사정리권의 귀속주체인 **상임위원회 위원장에게 권한쟁의심판청구의 피청구인적격이 인정된다.**³
22 국회 8

국회 상임위원회 위원장에게는 권한쟁의심판의 피청구인적격이 인정되지 않는다.
12 국회 8
(해설) 피청구인적격 인정됨

1423 국회 환경노동위원회 위원장이 국회의장에게 「노동조합 및 노동관계조정법」 일부개정법률안의 본회의 부의를 요구한 행위는 국회 법제사법위원회 소속 국회의원들의 법률안에 대한 심의·표결권을 침해하지 않는다.¹ 최신판례 24 국회 8

1424 국회의 동의권이 침해되었다고 하여 동시에 국회의원의 심의·표결권이 침해된다고 할 수 없고, 또 국회의원의 심의·표결권은 국회의 대내적인 관계에서 행사되고 침해될 수 있을 뿐 다른 국가기관과의 대외적인 관계에서는 침해될 수 없다.⁸ 23 법원 9

1425 대통령이 국회의 동의 없이 조약을 체결·비준하였다면 국회의 체결·비준 동의권이 침해될 수는 있어도 국회의원인 청구인들의 심의·표결권이 침해될 가능성은 없다고 할 것이므로 국회의원의 심의·표결권 침해를 이유로 권한쟁의심판을 제기할 수 없다.³

대통령이 국회의 동의를 요하는 조약을 그 동의 없이 체결한 경우 국회의원은 대통령을 상대로 조약에 대한 심의·의결권 침해를 이유로 권한쟁의심판을 제기할 수 있다. 17 법무사
(해설) 심의·의결권 침해 X → 권한쟁의 제기 불가

1426 권한쟁의심판에 있어 '제3자 소송담당'을 허용하는 명문의 규정이 없는 현행법 체계 하에서 국회의 구성원인 국회의원이 국회의 권한침해를 이유로 권한쟁의심판을 청구할 수 없다.¹⁰ 19 국회 8

국회의 구성원인 국회의원이 국회를 위하여 국회의 권한침해를 주장하는 권한쟁의심판의 청구는 그 권능이 권력분립원칙과 소수자보호의 이념으로부터 도출될 수 있으므로, 「헌법재판소법」에 명문의 규정이 없더라도 적법하다고 보아야 한다. 23 국가 7
(해설) 부적법함

1427 국가기관의 부분 기관이 자신의 이름으로 소속기관의 권한을 주장할 수 있는 '제3자 소송담당'을 명시적으로 허용하는 법률의 규정이 없는 현행법 체계하에서는 국회의 구성원인 국회의원이 국회의 조약에 대한 체결·비준 동의권의 침해를 주장하는 권한쟁의심판을 청구할 수 없다.¹⁹ 25 소간

현행법은 국가기관의 부분 기관이 자신의 이름으로 소속기관의 권한을 주장할 수 있는 '제3자 소송담당'을 명시적으로 허용하고 있으므로 국회의 구성원인 국회의원이 국회의 조약에 대한 체결·비준 동의권의 침해를 주장하는 권한쟁의심판을 청구할 수 있다. 23 경정
(해설) 명시적 허용 X, 권한쟁의 심판을 청구 불가

1428 권한쟁의심판에서 '제3자 소송담당'을 허용하는 법률의 규정이 없는 현행법 체계에서, '예산 외에 국가의 부담이 될 계약'의 체결에 있어 국회의 동의권이 침해되었다고 주장하는 국회의원들의 권한쟁의심판청구는 청구인적격이 없어 부적법하다.³ 24 변호사

예산 외에 국가의 부담이 될 계약체결에 대한 동의권은 국회에 속하나, 국회의원에게도 국회의 예산 외에 국가의 부담이 될 계약의 체결에 있어 동의권의 침해를 주장하는 권한쟁의심판의 청구인적격이 인정된다. 15 변호사
(해설) 청구인적격 없음

1429 질의권·토론권·표결권 등은 공권력을 행사하는 국가기관인 국회의 구성원의 지위에 있는 국회의원에게 부여된 권한으로 국회의원 개인에게 헌법이 보장하는 권리가 아니므로 질의권·토론권·표결권이 침해된 것을 이유로 하는 헌법소원은 청구할 수 없다.¹⁰ 11 국회 8

국회의장의 불법적인 의안처리로 헌법의 기본원리가 훼손되었다면 그로 인하여 구체적 기본권을 침해당했는지 여부와 상관없이 국회의원의 헌법소원심판청구는 허용된다. 23 5급
(해설) 헌법소원청구 불가

1430 법률의 입법절차가 헌법이나 「국회법」에 위반된다고 하더라도 그러한 사유만으로는 그 법률로 인하여 국민의 기본권이 현재, 직접적으로 침해받는다고 볼 수 없으므로, 법률의 입법절차의 하자로 인하여 기본권을 침해받았음을 전제로 한 헌법소원심판 청구는 적법하지 않다.⁴ 24 입시

이른바 날치기 법률안처리와 같은 입법절차의 하자를 둘러싼 분쟁은 국회의원이 청구한 헌법소원심판을 통하여 해결할 수 있다. 10 지방 7
(해설) 헌법소원심판 X → 권한쟁의심판 O

KEY 203 국회의원의 면책특권

> 헌법 제45조【면책특권】국회의원은 국회에서 **직무상 행한 발언과 표결**에 관하여 **국회 외**(국회 내 ×)에서 **책임**을 지지 **아니한다**.[10]

1431 국회의원은 국회에서 직무상 행한 발언과 표결에 관하여 국회 외에서 책임을 지지 아니 하는데, 그 취지는 국회의원이 국민의 대표자로서 국회 내에서 자유롭게 발언하고 표결할 수 있도록 보장함으로써 **국회가 입법 및 국정통제 등 헌법에 의하여 부여된 권한을 적정하게 행사**하고 그 기능을 원활하게 수행할 수 있도록 보장하는 데에 있다. ✔ 17 법무사

1432 국회의원이 직무상 국회 내에서 행한 발언내용이 **허위라는 점을 인식하지 못했다면** 비록 발언내용에 다소 **근거가 부족**하거나 진위 여부를 확인하기 위한 **조사를 제대로 하지 않았다**고 하더라도, 그것이 **직무수행의 일환**으로 이뤄진 것인 이상 이는 **면책특권의 대상**이 된다.? 21 입시

국회의원 면책특권의 목적 및 취지 등에 비추어 볼 때, 발언 내용이 허위라는 점을 인식하지 못하였더라도 발언 내용에 근거가 부족하거나 진위 여부를 확인하기 위한 조사를 제대로 하지 않았다면 그것이 직무 수행의 일환으로 이루어진 것일지라도 이는 면책특권의 대상이 되지 아니한다. 17 지방 7

(해설) 면책특권의 대상 ○

1433 발언 내용 자체에 의하더라도 **직무와는 아무런 관련이 없음**이 분명하거나, **명백히 허위임을 알면서도** 허위의 사실을 적시하여 타인의 명예를 훼손하는 경우까지 **면책특권의 대상이 될 수는 없다**.? 17 국회 9

1434 국회의원의 **면책특권의 대상**이 되는 행위는 국회의 직무수행에 필수적인 국회의원의 **국회 내에서의 직무상 발언과 표결**이라는 의사표현행위 자체에만 국한되지 아니하고 이에 **통상적으로 부수하여 행하여지는 행위까지 포함**된다.[4] 24 경정

면책특권의 대상이 되는 행위는 국회의 직무수행에 필수적인 국회의원의 국회 내에서의 직무상 발언과 표결이라는 의사표현행위 자체에만 국한되는 것이므로, 이에 통상적으로 부수하여 행하여지는 행위까지 포함하는 것은 아니다. 19 국가 7

(해설) 부수행위까지 포함

1435 국회의원이 국회 법제사법위원회에서 발언할 내용이 담긴 **보도자료**를 국회 법제사법위원회 개의 당일 국회 의원회관에서 **기자들에게 사전에 배포한 행위**는 국회의원 **면책특권의 대상**이 되는 **직무부수행위**에 **해당**한다고 볼 수 있다.? 25 경정

국회의원이 타인들 간의 사적대화를 불법 녹음한 자료를 입수한 후 녹음된 대화내용을 담은 보도자료를 작성하여, 국회상임위원회 개의 당일 상임위원회에서 발언하기 전에 국회의원회관에서 사전에 기자들에게 배포한 행위는 면책특권의 대상이 되는 직무부수행위가 아니다. 11 지방 7

(해설) 직무부수행위에 해당함

1436 면책특권은 **민사책임**만이 아니라 **형사책임**까지 포함하는 것이며 **임기 종료 후에도 책임을 지지 않는다**.? 10 지방 7

국회의원의 면책특권은 자유롭고 원활한 의정활동을 보장하기 위한 것으로서 특별한 사정이 없는 한 임기 중에 그 효력을 발하며 임기가 끝난 후의 민·형사상 책임으로부터 당연히 벗어나는 것은 아니다. 16 지방 7

(해설) 임기 끝나도 영구적으로 민·형사상 책임 면제

1437 국회의원의 발언이 헌법상 **국회의원의 면책특권에 해당된다**는 전제 하에 국회의원의 발언에 대해 공소가 제기되었다면, 이는 공소권이 없음에도 공소가 제기된 것이므로 그 공소는 **기각되어야** 한다. ✔ 16 변호사

국회의원의 면책특권이 적용되는 행위에 대하여 공소가 제기된 경우 형사처벌할 수 없는 행위에 대하여 공소가 제기된 것이므로 무죄를 선고하여야 한다. 22 입시

(해설) 공소기각판결 해야 함

KEY 204 국회의원의 불체포특권

> 헌법 제44조 ① 【불체포특권 (현행범인 제외)】 국회의원은 현행범인인 경우를 제외하고는 회기중 국회의 동의없이 체포 또는 구금되지 아니한다.
> ② 【회기중 석방 요구】 국회의원이 회기전에 체포 또는 구금된 때에는 현행범인이 아닌 한 국회의 요구가 있으면 회기중 석방된다.

1438 헌법상 국회의원의 불체포특권은 불수사특권이나 불기소특권을 의미하는 것은 아니므로, 회기 중에 유죄 판결이 확정되면 그 형을 집행할 수 있다. 〔17 법무사〕

국회의원이 불구속으로 기소되어 징역형이 확정된 경우에도 국회의 회기 중에는 그 형을 집행할 수 없다. 〔22 입시〕
(해설) 집행 가능함

1439 국회의원을 체포 또는 구금하기 위하여 국회의 동의를 얻으려고 할 때에는 관할법원의 판사는 영장을 발부하기 전에 체포동의 요구서를 정부에 제출하여야 하며, 정부는 이를 수리한 후 지체 없이 그 사본을 첨부하여 국회에 체포동의를 요청하여야 한다. 〔24 국회 9〕

국회의원을 체포하거나 구금하기 위하여 국회의 동의를 받으려고 할 때에는 관할법원의 판사는 영장을 발부하기 전에 체포동의 요구서를 국회에 제출하여야 한다. 〔22 국가 7〕
(해설) 정부에 제출

1440 국회의장은 국회의원의 체포동의요청을 받은 후 처음 개의하는 본회의에 이를 보고하고, 본회의에 보고된 때부터 24시간 이후 72시간 이내에 표결한다. 〔21 입시〕

국회의장은 국회의원의 체포동의를 요청받은 후 처음 개의하는 본회의에 이를 보고하고, 본회의에 보고된 때부터 24시간 이후 72시간 이내에 표결하여야 하나, 체포동의안이 72시간 이내에 표결되지 아니하는 경우에는 그 체포동의안은 부결된 것으로 본다. 〔24 지방 7〕
(해설) 표결 안 되면 그 이후 최초 개의하는 본회의에 상정하여 표결

1441 국회가 재적의원 과반수의 출석과 출석의원 과반수의 찬성으로 동의를 하면 회기 중에도 국회의원을 체포 또는 구금할 수 있다. 〔15 서울 7〕

회기 중 국회의원 체포안에 대한 동의에는 국회의원 재적의원 과반수의 찬성이 필요하다. 〔18 경정〕
(해설) 정족수 규정 없으니 → 일반정족수(재과출, 출과찬)

1442 계엄 시행 중 국회의원은 현행범인 경우를 제외하고는 체포 또는 구금되지 아니한다. 〔16 지방 7〕

1443 국회의원이 체포 또는 구금된 의원의 석방요구를 발의할 때에는 재적의원 4분의 1 이상의 연서로 그 이유를 첨부한 요구서를 국회의장에게 제출하여야 한다. 〔24 변호사〕

국회의원이 회기 전에 체포 또는 구금된 때에는 국회의 요구가 있으면 회기 중 석방된다. 이 경우 체포 또는 구금된 의원의 석방요구를 발의할 때에는 재적의원 20인 이상의 연서로 그 이유를 첨부한 요구서를 국회의장에게 제출하여야 한다. 〔13 국가 7〕
(해설) 재적 4분의 1 이상 연서

1444 국회의원이 현행범인인 경우에는 회기 중 국회의 동의없이 체포 또는 구금될 수 있다. 〔24 5급〕

국회의원은 현행범인인 경우라도 국회의 동의가 있어야만 회기 중 체포 또는 구금된다. 〔20 5급〕
(해설) 국회 동의 없이 체포·구금 可

1445 경위나 경찰공무원은 국회 안에 현행범인이 있을 때에는 체포한 후 의장의 지시를 받아야 한다. 다만, 회의장 안에서는 의장의 명령 없이 의원을 체포할 수 없다. 〔23 경정〕

현행범인에게는 불체포특권이 인정되지 않으므로 국회의원이 현행범인으로 회의장 안에 있는 경우에 경위 또는 경찰공무원은 이를 체포한 후 의장의 지시를 받아야 한다. 〔15 서울 7〕
(해설) 회의장 內 의장 명령 없이 의원 체포 불가능

KEY 205 국회의원의 의무

> 헌법 제43조 【겸직금지】 국회의원은 **법률이 정하는 직**을 겸할 수 없다.
>
> 헌법 제46조 ① 【청렴의무】 국회의원은 **청렴의 의무**가 있다.
> ② 【국가이익우선의무 + 양심에 따른 직무수행의무】 국회의원은 **국가이익을 우선**하여 **양심에 따라 직무**를 행한다.
> ③ 【지위남용 금지의무】 국회의원은 그 **지위를 남용**하여 국가·공공단체 또는 기업체와의 계약이나 그 처분에 의하여 **재산상의 권리·이익 또는 직위를 취득**하거나 타인을 위하여 그 **취득을 알선**할 수 없다.

1446 국회의원은 **국무총리 및 국무위원** 이외의 다른 직의 겸직이 금지되지만 공익 목적의 명예직이나 「정당법」에 따른 정당의 직등은 허용된다. _{21 국회 8}

국회의원은 국무위원의 직을 겸직할 수 있으나, 국무총리의 직은 겸직할 수 없다. _{15 법원 9}
(해설) 국무총리 겸직 가능

1447 국회의원의 청렴의 의무, 지위남용의 금지는 헌법상 의무이고, **품위유지의 의무**와 영리 업무종사 금지는 「국회법」상의 의무이다. _{15 지방 7}

국회의원의 청렴의무, 지위남용 금지의무, 품위유지의무, 겸직금지의무는 헌법에 규정되어 있다. _{20 입시}
(해설) 품위유지의무 「국회법」에 규정

KEY 206 국회자율권

> 헌법 제64조 ① 【국회규칙제정권】 국회는 **법률에 저촉되지 아니하는 범위**(법률의 위임범위 ×)에서 **의사와 내부규율에 관한 규칙**을 제정할 수 있다.

1448 국회의 자율권도 헌법이나 법률을 위반하지 않는 범위 내에서 허용되어야 하고, 국회의 의사절차나 입법절차에 **헌법이나 법률의 규정을 명백히 위반한 경우에는 자율권을 가진다고 할 수 없다.** _{21 국회 9}

국회의 의사자율권은 헌법상 국회의 독자적인 자율영역이기 때문에 국회의 의사절차나 입법절차에 헌법이나 법률의 규정을 명백히 위반한 흠이 있는 경우에도 헌법재판소가 이를 이유로 해당 절차에 대해 위헌결정을 할 수 없다. _{18 국가 7}
(해설) 할 수 있음

KEY 207 국회의원 자격심사·징계

> 헌법 제64조 ② 【자격심사·징계】 국회는 의원의 **자격을 심사**하며, 의원을 **징계**할 수 있다.
> ③ 【제명: 재적 2/3 이상 찬성】 의원을 **제명하려면 국회재적의원 3분의 2 이상의 찬성**(재적 과반수 찬성 ×, 국회재적의원 과반수 출석과 출석의원 3분의 2 이상의 찬성 ×)이 있어야 한다.
> ④ 【법원 제소 불가】 제2항과 제3항의 처분에 대하여는 **법원**(헌법재판소 ×)에 제소할 수 없다.

CHAPTER 03 정부

| 번호 | 옳은 지문 O | 옳지 않은 지문 X |

KEY 208 대통령의 지위 B

헌법 제66조 ① 【국가원수】 대통령은 **국가의 원수**이며, 외국에 대하여 **국가를 대표**한다.
④ 【행정부 수반】 행정권은 **대통령을 수반**으로 하는 **정부에 속한다.**

1449 대통령당선인은 대통령직 인수를 위하여 필요한 권한을 가지며, 대통령당선인은 임기 시작 전에 **국무총리 및 국무위원 후보자를 지명**함으로써 국회의 인사청문 절차를 거칠 수 있도록 「대통령직 인수에 관한 법률」에 규정하고 있다. 12 국회 9

1450 대통령직 인수위원회는 대통령당선인을 보좌하여 대통령직 인수와 관련된 업무를 담당하며, **대통령 임기 개시일 이후까지 존속할 수 있고,** 인수위원회 위원장과 부위원장 및 위원은 명예직으로서 **대통령당선인이 임명**한다. 14 국가 7

1451 대통령이 재직 중 **탄핵결정을 받아 퇴임**한 경우 '필요한 기간의 경호 및 경비'를 제외하고는 「전직대통령 예우에 관한 법률」에 따른 전직대통령으로서의 예우를 하지 아니한다. 21 5급 | 전직대통령이 재직 중 탄핵결정을 받아 퇴임한 경우와 금고 이상의 형이 확정된 경우 및 사퇴한 경우에는 필요한 기간의 경호 및 경비를 제외하고는 「전직대통령 예우에 관한 법률」에 따른 전직대통령으로서의 예우를 하지 아니한다. 17 국가 7
(해설) 사퇴한 경우 X

KEY 209 대통령 권한대행 B

헌법 제71조 【대통령권한대행】 대통령이 **궐위**되거나 **사고**로 인하여 **직무를 수행할 수 없을 때에는**(국회의장 ×) **국무총리**, **법률이 정한 국무위원의 순서로 그 권한을 대행**(일정기간 이내에 후임자를 선거 ×)한다.

KEY 210　불소추특권

> 헌법 제84조 【불소추특권】 대통령은 **내란 또는 외환**의 죄를 범한 경우를 **제외**하고는 **재직중 형사상**의 **소추**(민사상·행정적 책임 ×)를 받지 아니한다.⁸

1452 대통령에게 불소추특권이 부여된 것은 대통령이라는 **특수한 직책의 원활한 수행**을 보장하고 그 권위를 확보하여 국가의 체면과 권위를 유지하여야 할 **실제상의 필요** 때문이다.³
　　　　　　　　　　　　　　　　　　　　17 국회 9

대통령의 불소추특권은 대통령이라는 특수한 신분에 따라 일반국민과는 달리 대통령 개인에게 특권을 부여한 것으로 볼 수 있다.　24 경정
（해설） 대통령 개인의 특권 아님 → 재직 중에만 형사상 특권을 부여하는 것

1453 헌법이나 법률에 대통령의 재직중 공소시효의 진행이 정지된다고 명백히 규정되어 있지는 않다고 하더라도, **대통령의 재직 중에는 공소시효의 진행이 당연히 정지**되는 것으로 보아야 한다.³
　　　　　　　　　　　　　　　　　　　　19 서울 7(추)

헌법재판소는 헌법 제84조에 의하여 대통령 재직 중에는 공소시효의 진행이 당연히 정지되지는 않는다고 결정하였다.
　　　　　　　　　　　　　　　　　　　　14 서울 7
（해설） 당연히 정지됨

KEY 211　대통령의 의무

> 헌법 제66조 ② 【헌법 수호 의무】 대통령은 **국가의 독립·영토의 보전·국가의 계속성**과 **헌법을 수호**할 **책무**를 진다.²
> ③ 【평화적 통일을 위한 성실한 의무】 대통령은 **조국의 평화적 통일을 위한 성실한 의무**를 진다.²
> 헌법 제69조 【취임 선서 의무】 대통령은 **취임에 즈음하여 다음의 선서**를 한다.²
> "나는 **헌법을 준수**하고 국가를 보위하며 조국의 평화적 통일과 국민의 자유와 복리의 증진 및 민족문화의 창달에 노력하여 **대통령으로서의 직책을 성실히 수행**할 것을 국민 앞에 엄숙히 선서합니다."
> 헌법 제83조 【겸직금지】 대통령은 **국무총리·국무위원·행정각부의 장** 기타 법률이 정하는 **공사의 직을 겸할 수 없다.**⁴

KEY 212　사면권

> 헌법 제79조 ① 【사면권】 대통령은 **법률**이 정하는 바에 의하여 **사면·감형 또는 복권**을 명할 수 있다.²⁴
> ② 【일반사면 국회동의】 **일반사면**(특별사면 ×, 사면·감형 또는 복권 ×)을 명하려면 **국회의 동의**를 얻어야 한다.²⁴
> 헌법 제89조 【국무회의 심의】 다음 사항은 **국무회의의 심의**를 거쳐야 한다.
> 9. 【사면·감형·복권】 **사면·감형과 복권**⁸

1454 사면은 형의 선고의 효력 또는 공소권을 상실시키거나, 형의 집행을 면제시키는 **국가원수의 고유한 권한**을 의미하며, 사법부의 판단을 변경하는 제도로서 **권력분립의 원리에 대한 예외**가 된다.³
　　　　　　　　　　　　　　　　　　　　23 법무사

1455 행정법규 위반에 대한 범칙(犯則) 또는 과벌(科罰)의 면제와 징계법규에 따른 징계 또는 징벌의 면제에 관하여는 「**사면법**」의 **사면에 관한 규정을 준용**한다.³
　　　　　　　　　　　　　　　　　　　　23 소간

사면은 죄를 범한 자에 대한 것이므로 행정법규 위반에 대한 범칙 또는 과벌의 면제와 징계법규에 따른 징계 또는 징벌의 면제에 관하여는 사면에 관한 규정을 준용하지 않는다.　17 법원 9
（해설） 준용함

1456 형의 선고에 따른 기성(既成)의 효과는 사면, 감형 및 복권으로 인하여 변경되지 아니한다.7 25 입시

형의 선고에 따른 기성의 효과는 사면, 감형 및 복권으로 인하여 변경될 수 있다. 24 법원 9
(해설) 변경될 수 없음

1457 형의 집행유예를 선고받은 자에 대하여는 형 선고의 효력을 상실하게 하는 **특별사면** 또는 **형을 변경하는 감형**을 하거나 그 **유예기간을 단축**할 수 있다.6 23 소간

형의 집행유예를 선고받은 자에 대하여는 형을 변경하는 감형을 하거나 그 유예기간을 단축할 수 없다. 17 경정
(해설) 할 수 있음

1458 타인에 대한 특별사면권 행사에 관하여 일반국민은 기본권 침해의 자기관련성·직접성을 인정받기 어려우므로, 이에 대한 **헌법소원심판청구는 부적법**하다.5 22 법원 9

대통령의 특별사면권의 행사가 그 한계를 현저히 일탈하였다고 판단될 경우에 국민은 이러한 사면권 행사에 대하여 헌법소원심판을 통하여 통제할 수 있다. 10 지방 7
(해설) 자기관련성·직접성 결여 → 헌법소원청구 不可

1459 일반사면은 일정한 종류의 죄를 범한 자를 대상으로, 형의 선고의 효력을 상실케 하거나 형의 선고를 받지 않은 자에 대하여 공소권을 소멸시키는 것으로서, 국회의 동의를 얻어 **대통령령**으로 행한다.13 23 경정

일반사면은 헌법상 국무회의의 필수적 심의를 거친 후에 국회의 동의를 얻어 법률의 형식으로 행한다. 22 법원 9
(해설) 대통령령의 형식

1460 사면에는 일반사면과 특별사면이 있으며, 특별사면은 이미 형의 선고를 받은 특정인에 대하여 형의 집행을 면제하거나, 선고의 효력을 상실케 하는 사면이다.5 23 법무사

특별사면 시 형의 선고를 받지 않은 자에 대하여는 공소권이 상실된다. 10 국회 8
(해설) 특별사면은 형을 선고받은 자의 형 집행을 면제하는 것을 원칙으로 함

1461 특별사면은 원칙적으로 형의 집행을 면제하는 것으로, **법무부장관**이 사면심사위원회의 심사를 거쳐 대통령에 상신하여 국무회의의 심의를 거쳐 대통령이 명한다.4 19 소간

특별사면은 검찰총장의 상신으로 대통령이 행한다. 13 국가 7
(해설) 법무부장관의 상신

1462 헌법은 대통령의 사면권을 규정하고 있는바, 선고된 형의 **전부를 사면할 것인지 또는 일부만을 사면할 것인지**를 결정하는 것은 **사면권자의 전권사항**에 속하는 것이고, 징역형의 집행유예에 대한 사면이 병과된 벌금형에도 미치는 것으로 볼 것인지 여부는 사면의 내용에 대한 해석문제에 불과하다.5 25 5급

사면의 은사적 성격 및 특별사면의 입법취지 등을 종합하면 병과된 형의 일부만을 사면하는 것은 헌법에 위반된다. 23 경정
(해설) 일부 사면 可

1463 특별사면은 형의 집행을 면제하는 것을 말하나, **특별한 사정이 있는 경우에는 이후 형 선고의 효력을 상실**하게 할 수 있다.5 13 국가 7

특별사면의 효과로 형의 집행이 면제되나, 어떠한 경우에도 이후 형 선고의 효력을 상실하게 할 수는 없다. 22 소간
(해설) 특별한 경우 형 선고 효력 상실 可

1464 복권은 형의 집행이 끝나지 아니한 자 또는 집행이 면제되지 아니한 자에 대하여는 하지 아니한다.6 24 변호사

복권은 형의 집행이 끝나지 아니한 자 또는 집행이 면제되지 아니한 자에 대해서도 할 수 있다. 19 소간
(해설) 할 수 없음

1465 유죄판결 확정 후에 형 선고의 효력을 상실케 하는 대통령의 특별사면이 있었다고 하더라도, 형 선고의 법률적 효과만 장래를 향하여 소멸될 뿐이고 확정된 유죄판결에서 이루어진 사실인정과 그에 따른 유죄 판단까지 없어지는 것은 아니다.3 16 지방 7

유죄의 확정판결 후 형 선고의 효력을 상실케 하는 특별사면이 있었다면 이미 재심청구의 대상이 존재하지 아니하므로, 그러한 판결이 여전히 유효하게 존재함을 전제로 하는 재심청구는 부적법하다. 21 지방 7
(해설) 유죄 판단이 없어지지 않으므로 재심청구 대상 ○

1466 「사면법」에 의하면 법무부장관이 특별사면, 특정한 자에 대한 감형 및 복권을 대통령에게 상신할 때에는 **사면심사위원회**의 심사를 거쳐야 하고, 대통령이 특별사면, 특정한 자에 대한 감형 및 복권을 할 때에는 **국회의 동의**를 필요로 하지 않는다.9 24 변호사

사면심사위원회가 대통령에게 특정한 자에 대한 감형 및 복권을 상신할 때에는 법무부장관의 허가를 받아야 한다. 22 소간
(해설) 법무부장관이 사면심사위 심사 거쳐 대통령에게 상신

KEY 213 기타 대통령의 권한

헌법 제73조 【조약 체결·비준】 대통령은 조약을 체결·비준하고, 【외교사절】 외교사절을 신임·접수 또는 파견하며, 【선전포고·강화】 선전포고와 강화를 한다.

헌법 제74조 ① 【국군 통수】 대통령은 헌법과 법률이 정하는 바에 의하여 **국군을 통수**한다.
② 【법률유보】 국군의 **조직과 편성은 법률**(대통령령 ×)로 정한다.

헌법 제80조 【영전수여권】 대통령은 법률이 정하는 바에 의하여 훈장 기타의 **영전을 수여**한다.

헌법 제81조 【국회출석·발언권】 대통령은 **국회에 출석하여 발언**하거나 **서한으로 의견**을 표시할 수 있다(서한으로 의견표시할 수 없음 ×).

KEY 214 대통령권한 통제

헌법 제72조 【중요정책 국민투표권】 대통령은 필요하다고 인정할 때에는 외교·국방·통일 기타 국가안위에 관한 **중요정책을 국민투표에 붙일 수 있다**.

헌법 제82조 【문서주의】 대통령의 **국법상 행위는 문서**로써 하며, 【부서】 이 문서에는 **국무총리와 관계 국무위원**이 부서한다. 군사에 관한 것도 또한 같다(군사에 대한 것은 예외 ×).

헌법 제130조 ② 【헌법개정 국민투표권】 헌법개정안은 국회가 의결한 후 30일 이내에 **국민투표**에 붙여 국회의원선거권자 **과반수의 투표와 투표자 과반수의 찬성**을 얻어야 한다.

KEY 215 자문회의

헌법 제90조 ① 【국가원로자문회의】 국정의 중요한 사항에 관한 대통령의 자문에 응하기 위하여 국가원로로 구성되는 **국가원로자문회의를 둘 수 있다**(둔다 ×).
② 【의장 : 직전대통령】 국가원로자문회의의 **의장은 직전대통령**(전직대통령 ×)이 된다. 다만, **직전대통령이 없을 때에는 대통령이 지명**(국무총리가 대행 ×)한다.

헌법 제91조 ① 【국가안전보장회의 : 필수】 국가안전보장에 관련되는 **대외정책·군사정책과 국내정책의 수립**에 관하여 국무회의의 심의에 앞서 대통령의 자문에 응하기 위하여 **국가안전보장회의를 둔다**(둘 수 있음 ×).
② 【대통령 주재】 국가안전보장회의는 **대통령**(국무총리 ×)이 주재한다.

헌법 제92조 【민주평화통일자문회의】 평화통일정책의 수립에 관한 대통령의 자문에 응하기 위하여 **민주평화통일자문회의를 둘 수 있다**(두어야 한다 ×).

헌법 제93조 ① 【국민경제자문회의】 국민경제의 발전을 위한 중요정책의 수립에 관하여 대통령의 자문에 응하기 위하여 **국민경제자문회의를 둘 수 있다**.

헌법 제127조 ① 【국가과학기술자문회의】 국가는 **과학기술의 혁신과 정보 및 인력의 개발**을 통하여 국민경제의 발전에 노력하여야 한다.
③ 【법률상 임의적 자문회의】 대통령은 제1항의 목적을 달성하기 위하여 **필요한 자문기구를 둘 수 있다**.

KEY 216 국무총리 A

> 헌법 제62조 ① 【국회 출석·발언권】 국무총리·국무위원 또는 정부위원은 **국회나 그 위원회에 출석**하여 국정처리상황을 보고하거나 의견을 진술하고 질문에 응답할 수 있다.
> ② 【출석·답변 의무】 국회나 그 위원회의 요구가 있을 때에는 **국무총리·국무위원 또는 정부위원은 출석·답변**하여야 하며, 【국무총리 → 국무위원 대참 / 국무위원 → 정부위원 대참】 국무총리 또는 국무위원이 출석요구를 받은 때에는 **국무위원 또는 정부위원**으로 하여금 **출석·답변**하게 할 수 있다.
>
> 헌법 제71조 【1순위 대통령 권한대행자】 대통령이 궐위되거나 사고로 인하여 **직무를 수행할 수 없을 때에는 국무총리, 법률이 정한 국무위원의 순서**로 그 권한을 대행한다.
>
> 헌법 제82조 【문서주의】 대통령의 **국법상 행위는 문서로써** 하며, 【부서】 이 문서에는 **국무총리와 관계 국무위원이 부서**한다. **군사에 관한 것도 또한 같다**(군사에 대한 것은 예외 ×).
>
> 헌법 제86조 ① 【국무총리 임명 : 국회 동의 필요】 국무총리는 **국회의 동의**를 얻어 대통령이 임명한다.
> ② 【대통령 보좌, 행정각부 통할】 국무총리는 대통령을 보좌하며, 행정에 관하여 **대통령의 명을 받아 행정각부를 통할**한다.
> ③ 【문민주의】 군인은 현역을 면한 후가 아니면 **국무총리로 임명될 수 없다**.
>
> 헌법 제87조 ① 【국무위원 : 국무총리 제청, 대통령 임명】 국무위원은 **국무총리의 제청**으로 **대통령이 임명**한다.
> ③ 【국무위원 해임건의권】 국무총리는 **국무위원의 해임을 대통령에게 건의**할 수 있다.
>
> 헌법 제88조 ② 【대통령·국무총리 + 국무위원(15~30)】 국무회의는 **대통령·국무총리와**(포함 ×) (20인 이상 ×) **30인 이하**(25인 이하 ×)의 **국무위원**으로 구성한다.
> ③ 【대통령 의장 / 총리 부의장】 대통령은 **국무회의의 의장**이 되고, 국무총리는 **부의장**이 된다.
>
> 헌법 제94조 【행정각부의 장 : 국무위원 中 국무총리 제청, 대통령 임명】 행정각부의 장은 **국무위원 중**에서 **국무총리의 제청**으로 **대통령이 임명**한다.
>
> 헌법 제95조 【부령】 국무총리 또는 행정각부의 장은 소관사무에 관하여 **법률이나 대통령령의 위임**(총리령의 위임 ×) 또는 **직권**으로 **총리령** 또는 **부령**을 발할 수 있다.

1467 국무총리와 장관은 국회의원을 겸직할 수 있다. 18 입시

국무위원은 국회의원의 직을 겸할 수 있는 데 비하여 국무총리는 국회의원의 직을 겸할 수 없다. 18 서울 7

(해설) 국무총리 – 국회의원 겸직 가능

1468 국무총리가 사고로 직무를 수행할 수 없는 경우에는 기획재정부장관이 겸임하는 부총리, 교육부장관이 겸임하는 부총리의 순으로 직무를 대행하고, 국무총리와 부총리가 모두 사고로 직무를 수행할 수 없는 경우에는 대통령의 지명이 있으면 그 지명을 받은 국무위원이, 지명이 없는 경우에는 「정부조직법」 제26조 제1항에 규정된 순서에 따른 국무위원이 그 직무를 대행한다. 15 경정(변형)

국무총리가 사고로 직무를 수행할 수 없는 경우에 대통령의 지명이 있으면 그 지명을 받은 국무위원이, 지명이 없으면 「정부조직법」상의 순서에 따른 국무위원이 그 직무를 대행한다. 20 소간

(해설) (기·교) 부총리 → 지명 받은 국무위원 → 지명 없으면 정부조직법상 국무위원

1469 행정권은 헌법상 대통령에게 귀속되고, 국무총리는 단지 대통령의 첫째 가는 보좌기관으로서 행정에 관하여 독자적인 권한을 가지지 못하고 대통령의 명을 받아 행정각부를 통할하는 기관으로서의 지위만을 가지며, 행정권 행사에 대한 최후의 결정권자는 대통령이라고 해석하는 것이 타당하다. 18 변호사

국무총리는 대통령의 첫째 가는 보좌기관으로서 행정에 관하여 독자적인 권한을 가지고 대통령의 명을 받아 행정각부를 통할하는 기관으로서의 지위를 가진다. 20 지방 7

(해설) 독자적 권한 X

1470 국무총리는 국무회의의 부의장이지만 국무위원이 아니며, 국회의원은 국무총리를 겸할 수 있다. 18 5급

국무총리는 국무회의를 구성하는 국무위원으로서 국무회의 부의장의 지위를 갖는다. 15 지방 7

(해설) 국무위원 X

1471 국무총리는 대통령의 보좌기관으로서 독자적으로 정치적 결정을 하지는 못하지만, **대통령의 궐위 또는 사고 시 제1순위의 권한대행자**로서의 지위를 가진다. 21 국회 9

1472 국무총리는 중앙행정기관의 장의 명령이나 처분이 위법 또는 부당하다고 인정될 경우에는 **대통령의 승인을 받아 이를 중지 또는 취소할 수 있다.** 20 지방 7

국무총리는 대통령의 명을 받아 각 중앙행정기관의 장을 지휘·감독하며, 중앙행정기관의 장의 명령이나 처분이 위법 또는 부당하다고 인정될 경우에는 대통령의 승인없이 이를 중지 또는 취소할 수 있다. 25 5급
(해설) 대통령의 승인을 받아 중지·취소 可

1473 국무총리는 대통령에 대해 **국무위원의 임명에 대한 제청권과 국무위원 해임에 대한 건의권** 모두 행사할 수 있다. 18 서울 7

국무총리가 대통령에게 국무위원의 해임을 건의하는 경우 국회의 동의를 얻어야 한다. 22 5급
(해설) 국무위원의 임명 제청·해임 건의 모두 국회 동의 X

KEY 217 국무위원 B

헌법 제62조 ①【**국회 출석·발언권**】국무총리·국무위원 또는 정부위원은 **국회나 그 위원회에 출석**하여 **국정처리상황을 보고**하거나 **의견**을 **진술**하고 **질문에 응답**할 수 있다.

헌법 제82조【**문서주의**】대통령의 **국법상 행위는 문서로써** 하며,【**부서**】이 문서에는 **국무총리와 관계 국무위원이 부서**한다. **군사에 관한 것도 또한 같다**(군사에 대한 것은 예외 X).

헌법 제87조 ①【**국무위원 : 국무총리 제청, 대통령 임명**】국무위원은 **국무총리의 제청**(국무총리 동의 X, 국회의 동의 X)으로 **대통령이 임명**한다(국무위원은 행정각부의 장 중에서 임명 X).
②【**대통령 보좌, 국무회의 구성원**】국무위원은 국정에 관하여 **대통령**(국무총리 X)을 **보좌**하며, **국무회의의 구성원**으로서 국정을 심의한다.
③【**국무위원 해임건의권**】국무총리는 **국무위원의 해임을 대통령에게 건의**할 수 있다.
④【**문민주의**】군인은 현역을 면한 후가 아니면 **국무위원으로 임명될 수 없다.**

헌법 제94조【**행정각부의 장 : 국무위원 中 국무총리 제청, 대통령 임명**】행정각부의 장은 **국무위원 중에서 국무총리의 제청**으로 **대통령이 임명**한다.

KEY 218 국무회의

헌법 제88조 ①【**중요 정책 심의**】국무회의는 정부의 권한에 속하는 **중요한 정책을 심의**한다.
②【**대통령·국무총리 + 국무위원(15~30)**】국무회의는 **대통령·국무총리와**(포함 X) **15인 이상**(20인 이상 X) **30인 이하**(25인 이하 X)의 **국무위원으로 구성**한다.
③【**대통령 의장 / 총리 부의장**】대통령은 **국무회의의 의장**이 되고, **국무총리는 부의장**이 된다.

1474 대통령은 국무회의의 의장으로서 회의를 소집하고 이를 주재하나, 사고로 직무를 수행할 수 없는 경우에는 부의장인 국무총리가 그 직무를 대행한다. 다만 의장과 부의장이 모두 사고로 직무를 수행할 수 없는 경우에는 기획재정부장관이 겸임하는 부총리, 교육부장관이 겸임하는 부총리 및 「정부조직법」 제26조 제1항에 규정된 순서에 따라 국무위원이 그 직무를 대행한다. 23 국회 8

1475 국무회의는 구성원 과반수의 출석으로 개의하고, 출석구성원 3분의 2 이상의 찬성으로 의결한다.⁶　17 경정

국무회의는 구성원 과반수의 출석으로 개의하고, 출석구성원 과반수의 찬성으로 의결하되, 구성원이 동영상 및 음성이 송수신되는 장치가 갖추어진 서로 다른 장소에 출석하여 진행하는 원격영상회의 방식으로 할 수 있다.　14 국가 7

(해설) 구성원 과반수 출석 개의, 출석 2/3 이상 찬성 의결

KEY 219 국무회의 심의사항　B

헌법 제73조【조약 체결·비준】대통령은 조약을 체결·비준하고,【외교사절】외교사절을 신임·접수 또는 파견하며,【선전포고·강화】선전포고와 강화를 한다.²

헌법 제80조【영전수여권】대통령은 법률이 정하는 바에 의하여 훈장 기타의 **영전을 수여**한다.²

헌법 제89조【국무회의 심의】다음 사항은 **국무회의의 심의**를 거쳐야 한다.
3. **헌법개정안·국민투표안·조약안·법률안**¹ 및 **대통령령안**(총리령 ×, 부령 ×)²
4. **예산안·결산**¹·**국유재산처분의 기본계획**³·국가의 부담이 될 계약 기타 **재정에 관한 중요사항**²
7. **국회의 임시회 집회의 요구**²
8. **영전수여**(외교사절의 신임·접수 ×)³
10. **행정각부간의 권한의 획정**¹
11. **정부 안의 권한의 위임 또는 배정에 관한 기본계획**¹
12. **국정처리상황의 평가·분석**²
14. **정당해산의 제소**²
15. **정부에 제출 또는 회부된 정부의 정책에 관계되는 청원의 심사**⁵
16. **검찰총장**⁴·**합동참모의장**³·**각군참모총장**⁵·**국립대학교총장**⁴·**대사**⁴ 기타 법률이 정한 공무원과 **국영기업체관리자**³의 임명

1476 구체적으로 어떤 정책을 필수적으로 국무회의 심의를 거쳐야 하는 **중요한 정책**으로 보아야 하는지는 국무회의에 의안을 상정할 수 있는 권한자인 **대통령이나 국무위원에게 일정 정도의 판단재량**이 인정되는 것으로 보아야 하고, 그에 관한 대통령이나 국무위원의 일차적 판단이 **명백히 비합리적이거나 자의적인 것이 아닌 한 존중**되어야 한다.¹ (최신판례) 22 법무사

1477 대통령이 개성공단의 운영중단 결정 과정에서 **국무회의 심의를 거치지 않았더라도** 그 결정에 헌법과 법률이 정한 절차를 위반한 하자가 있다거나, **적법절차원칙**에 따라 필수적으로 요구되는 절차를 거치지 않은 **흠결이 있다고 할 수 없다**.　24 변호사

1478 국무회의의 의결은 국가기관의 **내부적 의사결정행위**에 불과하므로 그 자체로 국민에 대한 **직접적인 법률효과를 발생시키지 않는다**.⁷　17 국가 7

대통령이 국회에 파병동의안을 제출하기 전에 대통령을 보좌하기 위하여 파병 정책을 심의, 의결한 국무회의의 의결은 국가기관의 내부적 의사결정행위가 아닌 법적 구속력을 가진 행위이며, 그 자체로 국민에 대하여 직접적인 법률효과를 발생시킨다.　25 경정

(해설) 내부적 의사결정행위로서 직접적인 법률효과 미발생

KEY 220 행정각부

> 헌법 제88조 ② 【대통령·국무총리 + 국무위원(15~30)】 국무회의는 대통령·국무총리와(포함 ×) 15인 이상(20인 이상 ×) 30인 이하(25인 이하 ×)의 국무위원으로 구성한다.
>
> 헌법 제94조 【행정각부의 장 : 국무위원 中 국무총리 제청, 대통령 임명】 행정각부의 장은 국무위원 중에서 국무총리의 제청으로 대통령이 임명한다.
>
> 헌법 제96조 【법정주의】 행정각부의 설치·조직과 직무범위는 법률(법령 ×)로 정한다.

1479 대통령과 행정부, 국무총리에 관한 헌법 규정의 해석상 국무총리는 행정에 관하여 독자적인 권한을 가지지 못하고 대통령의 명을 받아 행정각부를 통할하는 기관으로서의 지위만을 가지며 행정권 행사에 대한 최후의 결정권자는 대통령으로 보아야 할 것이므로, 국무총리의 통할을 받는 '행정각부'에 모든 행정기관이 포함된다고 볼 수 없다. 22 국회 8

1480 국무총리의 통할을 받지 않는 행정기관은 헌법상 예외적으로 열거된 경우 외에도 법률에 의해 이를 설치할 수 있다. 21 5급

1481 성질상 정부의 구성단위인 중앙행정기관이라 할지라도, 법률상 그 기관의 장(長)이 국무위원이 아니라든가 또는 국무위원이라 하더라도 그 소관사무에 관하여 부령을 발할 권한이 없는 경우에는, 그 기관은 우리 헌법이 규정하는 실정법적 의미의 행정각부로는 볼 수 없다. 24 경정

헌법 제86조 제2항 및 제94조에서 말하는 국무총리의 통할을 받는 행정각부는 입법권자가 헌법 제96조의 위임을 받은 「정부조직법」 제26조에 의하여 설치하는 행정각부만을 의미하는 것은 아니다. 16 국가 7
(해설) 「정부조직법」 제26조에 의해 설치하는 행정각부만을 의미함 (= 모든 행정기관 포함 ×)

입법권자는 헌법 제96조에 의하여 법률로써 행정을 담당하는 행정기관을 설치함에 있어, 국무총리가 대통령의 명을 받아 통할하는 기관 외에는 대통령이 직접 통할하는 기관을 설치할 수 없다. 19 국가 7
(해설) 설치 가능함

법률상 그 기관의 장이 국무위원이 아니라든가 또는 국무위원이지만 그 소관사무에 관하여 부령을 발할 권한이 없다 하더라도, 그 기관이 성질상 정부의 구성단위인 중앙행정기관인 경우에는 우리 헌법이 규정하는 실정법적 의미의 행정각부에 해당된다. 17 국가 7
(해설) 부령 권한 없으면 행정각부에 해당 ×

KEY 221 감사원

> 헌법 제97조 【감사원 : 결산, 회계검사, 직무감찰】 국가의 세입·세출의 결산, 국가 및 법률이 정한 단체의 회계검사와 행정기관 및 공무원의 직무에 관한 감찰을 하기 위하여 【대통령 소속】 대통령 소속하(대통령으로부터 독립 ×, 국무총리 소속 ×)에 감사원을 둔다.
>
> 헌법 제98조 ① 【헌법 : 원장 포함 5인~11인】 감사원은 원장을 포함한 5인 이상(7인 이상 ×) 11인 이하의 감사위원으로 구성한다 (감사원장과 5인 이상 11인 이하의 감사위원 ×).
>
> ② 【원장 : 국회 동의, 대통령 임명, 4년 1차 중임】 원장은 국회의 동의를 얻어 대통령이 임명하고, (국회의 동의없이 ×, 감사위원 중에서 ×) 그 임기는 4년(6년 ×)으로 하며, 1차에 한하여 중임할 수 있다(중임할 수 없음 ×).
>
> ③ 【감사위원 : 원장 제청, 대통령 임명, 4년 1차 중임】 감사위원은 원장의 제청으로(국회의 동의 ×, 제청 절차가 필요하지 않음 ×, 국무총리의 제청 ×) 대통령이 임명하고, 그 임기는 4년으로 하며, 1차에 한하여 중임할 수 있다(법률이 정하는 바에 따라 연임 ×).
>
> 헌법 제99조 【결산 검사 → 대통령, 차년도국회 보고】 감사원은 세입·세출의 결산을 매년 검사하여 대통령과 차년도국회(차기국회 ×)에 그 결과를 보고하여야 한다.
>
> 헌법 제100조 【법정주의】 감사원의 조직·직무범위·감사위원의 자격·감사대상공무원의 범위 기타 필요한 사항은 법률로 정한다.

1482 1948년 제헌헌법에서는 **국가의 수입지출의 결산을 검사하는 기관으로 심계원을 두었다.** ³   20 소간

1948년 헌법은 국가의 세입·세출의 결산, 국가 및 법률에 정한 단체의 회계검사와 행정기관 및 공무원의 직무에 관한 감찰을 하기 위하여 대통령 소속 하에 감사원을 두도록 규정하였다.   23 변호사
해설 감사원 : 5차 개정헌법에 처음 규정

1483 **감사원은 대통령에 소속하되, 직무에 관하여는 독립의 지위를 가진다. 감사원 소속 공무원의 임용, 조직 및 예산의 편성에 있어서는 감사원의 독립성이 최대한 존중되어야 한다.**¹⁷   18 변호사

감사원은 국무회의나 국무총리에 대한 종속적 기관이 아니므로 그 권한행사에 있어서는 오직 대통령만이 구체적 지시를 할 수 있다.   18 서울 7(추)
해설 대통령도 지시 불가능

1484 **감사원장이 궐위(闕位)되거나 사고(事故)로 인하여 직무를 수행할 수 없을 때에는 감사위원으로 최장기간 재직한 감사위원이 그 권한을 대행하며**, 재직기간이 같은 감사위원이 2명 이상인 경우에는 **연장자가 그 권한을 대행한다.**¹⁵   22 지방 7

감사원장이 사고로 인하여 직무를 수행할 수 없는 때에는 원장이 지정하는 감사위원이 그 직무를 대행한다.   20 지방 7
해설 최장기간 재직 감사위원이 권한 대행

1485 감사위원회의는 감사원장을 포함한 감사위원 전원으로 구성하며, 감사위원회의는 **재적 감사위원 과반수의 찬성으로 의결한다.**⁵   18 지방 7

감사위원회의는 재적 감사위원 과반수의 참석과 참석 감사위원 과반수의 찬성으로 의결한다.   20 지방 7
해설 재적 과반수 찬성 의결

1486 감사원의 감찰사항 중에는 **「정부조직법」** 및 그 밖의 법률에 따라 설치된 행정기관의 사무와 그에 소속한 공무원의 직무가 포함되며, 여기서 말하는 **공무원에는 국회·법원 및 헌법재판소에 소속한 공무원은 제외**된다.¹⁵   24 국가 7

감사원은 행정기관 및 공무원의 직무에 관한 감찰을 담당하기 때문에 국회·법원·헌법재판소 소속 공무원을 직무감찰할 수 있다.   20 경정
해설 국회·법원·헌법재판소 소속 공무원 직무감찰 불가능

1487 국회는 그 의결로 감사원에 대하여「감사원법」에 정한 감사원의 직무범위에 속하는 사항 중 사안을 특정하여 감사를 요구할 수 있다. 이 경우 감사원은 감사요구를 받은 날부터 3월 이내에 감사결과를 국회에 보고하여야 한다.⁴   17 경정

감사원은 독립기관이므로 국회는 의결로 감사원에 대하여 감사원법에 의한 감사원의 직무범위에 속하는 사항 중 사안을 특정하여 감사를 요구할 수 없다.   18 국회 9
해설 특정 사안 감사 요구 가능

1488 감사원은 스스로 **규칙을 제정**할 수 있는 권한이 있다.⁹   18 법무사

다른 독립기관들의 자율입법권과 마찬가지로 헌법은 감사원의 규칙제정권을 규정하고 있다.   25 국회 8
해설 헌법 X → 감사원법 O

KEY 222 선거관리위원회

헌법 제114조 ① 【선거·국민투표·정당사무】 선거와 국민투표의 공정한 관리 및 정당에 관한 사무를 처리하기 위하여 선거관리위원회를 둔다.
② 【대통령 임명 3, 국회 선출 3, 대법원장 지명 3】 중앙선거관리위원회는 대통령이 임명하는 3인, 국회에서 선출하는 3인과 대법원장이 지명하는 3인의 위원으로 구성한다(국무총리 제청에 따라 대통령이 임명 ×, 대통령이 임명하는 9인의 위원 ×). 【위원장 : 호선】 위원장은 위원중에서 호선한다(중선위원장은 대통령이 임명 ×, 국회의 동의를 얻어 대통령이 임명 ×, 위원중 대통령이 지명 ×, 대법원장이 지명 ×).
③ 【임기 : 6년】 위원의 임기는 6년(4년 ×, 5년 ×)으로 한다.
④ 【정당가입·정치관여 금지】 위원은 정당에 가입하거나 정치에 관여할 수 없다.
⑤ 【탄핵 or 금고 이상의 형 선고 외 파면 제한】 위원은 탄핵 또는 금고 이상의 형의 선고에 의하지 아니하고는 파면되지 아니한다.
⑥ 【중앙선관위규칙 제정권】 중앙선거관리위원회는 법령의 범위안(법률의 범위 ×)에서 선거관리·국민투표관리 또는 정당사무에 관한 규칙을 제정할 수 있으며, 법률에 저촉(법령에 저촉 ×)되지 아니하는 범위안에서 내부규율에 관한 규칙을 제정할 수 있다.

헌법 제115조 ① 【선거·국민투표사무 지시권】 각급 선거관리위원회는 선거인명부의 작성등 선거사무와 국민투표사무에 관하여 관계 행정기관에 필요한 지시를 할 수 있다.
② 【행정청 응할 의무 有】 제1항의 지시를 받은 당해 행정기관은 이에 응하여야 한다(응할의무 인정 안 됨 ×).

1489 중앙선거관리위원회 위원 중 국회에서 선출하는 3인은 인사청문특별위원회의 인사청문을 거치고, 대통령이 임명하는 3인과 대법원장이 지명하는 3인은 소관 상임위원회의 인사청문을 거친다. ○ 18 국가 7

1490 중앙선거관리위원장이 사고가 있을 때에는 상임위원이 그 직무를 대행하며 위원장, 상임위원이 모두 사고가 있을 때에는 위원 중에서 임시위원장을 호선하여 위원장의 직무를 대행하게 한다. ○ 18 법원 9

1491 각급선거관리위원회는 위원과반수의 출석으로 개의하고 출석위원 과반수의 찬성으로 의결한다. 위원장은 표결권을 가지며, 가부동수인 때에는 결정권을 가진다. ○ 23 지방 7

1492 법관과 법원공무원 및 교육공무원 이외의 공무원은 각급선거관리위원회의 위원이 될 수 없다. ○ 23 5급

대법원장이 지명하는 중앙선거관리위원회 위원 3인은 법제사법위원회의 인사청문회를 거쳐야 하며 대통령의 임명에 국회의 동의가 필요하다. 22 지방 7
(해설) 행안위의 인사청문 ○, 대통령 임명 ×, 국회 동의 ×

감사원장이 사고가 있을 때에는 최장기간 재직한 감사위원이, 중앙선거관리위원장이 사고가 있을 때에는 최장기간 재직한 선거관리위원이 그 직무를 대행한다. 16 국회 8
(해설) 중선위원장 사고 → 상임위원이 직무대행

각급선거관리위원회는 위원과반수의 출석으로 개의하고 출석위원 과반수의 찬성으로 의결하며, 가부동수인 때에는 부결된 것으로 본다. 23 소간
(해설) 위원장이 가부동수인 때에는 결정권을 가짐

헌법상 중앙선거관리위원회 위원은 정당에 가입하거나 정치에 관여할 수 없고, 다른 공직을 겸직할 수 없다. 18 법무사
(해설) 겸직 가능한 경우 有

CHAPTER 04 법원

| 번호 | 옳은 지문 O | 옳지 않은 지문 X |

KEY 223 통치행위

1493 대통령이 국군을 이라크에 파견하기로 한 결정은 그 성격상 국방 및 외교에 관련된 **고도의 정치적 결단**을 요하는 문제로서 헌법과 법률이 정한 절차를 지켜 이루어진 것임이 명백하므로, 대통령과 국회의 판단은 존중되어야 하고 **헌법재판소가 사법적 기준만으로 이를 심판하는 것은 자제되어야 한다.** 22 입시

외국에 국군을 파견하는 결정과 같이 성격상 외교 및 국방에 관련된 고도의 정치적 결단이 요구되는 사안에 대한 국민의 대의기관의 결정은, 비록 헌법과 법률이 정한 절차를 지켰음이 명백하더라도, 헌법이 침략적 전쟁을 부인하는 이상 사법심사가 자제되어야 할 대상이 되지 않는다. 16 변호사
(해설) 사법심사 자제되어야 함

1494 대통령의 긴급재정경제명령은 국가긴급권의 일종으로서 **고도의 정치적 결단에 의하여 발동**되는 행위이고 그 결단을 존중하여야 할 필요성이 있는 행위라는 의미에서 **통치행위에 속한다.** 20 5급

1495 모든 국가작용은 국민의 기본권적 가치를 실현하기 위한 수단이라는 한계를 지켜야 하므로 아무리 **고도의 정치적 결단에 의하여 행해지는 국가작용**이라도 그것이 **국민의 기본권침해와 관련되는 경우에는 헌법재판소의 심판대상**이 된다. 14 지방 7

고도의 정치적 행위로서 사법심사가 적절하지 않은 대통령에 의한 통치행위에 대해서는 사법심사가 자제되어야 하기 때문에 관련 통치행위가 국민의 기본권 침해와 관련된다고 볼 수 있는 경우에도 헌법소원의 대상이 될 수는 없다. 17 서울 7
(해설) 기본권 침해 관련되면 헌법소원 가능

1496 개성공단 전면중단 조치가 **고도의 정치적 결단을 요하는 문제**이기는 하나, 조치 결과 개성공단 투자기업인 청구인들에게 기본권 제한이 발생하였고, **국민의 기본권 제한과 직접 관련된 공권력의 행사**는 고도의 정치적 고려가 필요한 행위라도 헌법과 법률에 따라 결정하고 집행하도록 견제하는 것이 헌법재판소 본연의 임무이므로, 그 한도에서 **헌법소원심판의 대상이 될 수 있다.** 24 법무사

대통령이 개성공단의 운영을 즉시 전면 중단하기로 결정하고, 통일부장관은 대통령의 지시에 따라 철수계획을 마련하여 관련 기업인들에게 통보한 다음 개성공단 전면중단 성명을 발표하고, 이에 대응한 북한의 조치에 따라 개성공단에 체류 중인 국민들 전원을 대한민국 영토 내로 귀환하도록 한 일련의 행위로 이루어진 개성공단 전면중단 조치는 고도의 정치적 결단을 요하는 통치행위에 해당하여 헌법소원심판의 대상이 될 수 없다. 23 입시
(해설) 통치행위 O but 헌소대상 O

1497 한미연합사령부의 창설 및 한미연합연습 양해각서의 체결 이후 연례적으로 실시되어 온 **한미연합 군사훈련의 일종인 전시증원연습**을 하기로 한 대통령의 결정은 국방에 관련되는 고도의 정치적 결단을 요하는 **통치행위에 해당된다고 보기 어려워 헌법소원심판의 대상이 될 수 있다.** 23 입시

한미연합 군사훈련을 하기로 한 결정은 대통령의 국군통수권 행사 및 한반도를 둘러싼 국제정치관계 등 관련 제반 상황을 종합적으로 고려한 고도의 정치적 결단의 결과로서 통치행위에 해당하여 사법심사의 대상이 되지 않는다. 16 변호사
(해설) 통치행위 X, 사법심사 대상임

1498 남북정상회담의 개최는 **고도의 정치적 성격을 지니고 있는** 행위이므로 특별한 사정이 없는 한 그 당부를 심판하는 것은 사법권의 내재적, 본질적 한계를 넘어서는 것이지만, 남북정상회담의 개최과정에서 관할 주무관청에 신고하지 아니하거나 관할 주무관청의 협력사업 승인을 얻지 아니한 채 북한 측에 **사업권의 대가 명목으로 송금한 행위 자체**는 헌법상 법치국가원리와 평등원칙에 비추어 볼 때 **사법심사의 대상이 된다.** 23 입시

대법원은 남북정상회담의 개최 및 이 과정에서 정부의 승인을 얻지 아니한 채 북한 측에 사업권의 대가 명목으로 송금한 행위 등은 고도의 정치적 성격을 지니고 있는 행위라 할 것이므로 특별한 사정이 없는 한 그 당부를 심판하는 것은 사법권의 내재적·본질적 한계를 넘어서는 것으로서 사법심사의 대상이 될 수 없다고 보았다. 13 변호사
(해설) 사법심사 대상임

KEY 224 대법원

헌법 제102조 ② 【대법관】 대법원에 대법관을 둔다. 【일반법관】 다만, 법률이 정하는 바에 의하여 대법관이 아닌 법관을 둘 수 있다(대법원에 대법관이 아닌 법관을 두는 것을 법률로 정할 경우 헌법에 위반됨 ×).¹⁰

1499 대법관의 수는 대법원장을 포함하여 14명으로 한다.¹¹
22 입시

대법관의 수는 대법원장을 제외하고 14명으로 한다.
17 법무사
(해설) 대법원장 포함 14인

KEY 225 대법원장·대법관과 일반법관

헌법 제101조 ③ 【법정주의】 법관의 자격은 법률로 정한다.¹

헌법 제104조 ① 【대법원장 : 국회 동의 → 대통령 임명】 대법원장은 국회의 동의를 얻어 대통령이 임명한다(대법관 중에서 ×, 대법원장추천회의의 추천을 거쳐 ×).⁹

② 【대법관 : 대법원장 제청 → 국회 동의 → 대통령 임명】 대법관은 대법원장의 제청(제청절차 필요 없음 ×)으로 국회의 동의(국무회의의 심의 ×, 국회의 동의까지 요구되지는 않음 ×)를 얻어 대통령이 임명한다.¹⁴

③ 【일반법관 : 대법관회의 동의, 대법원장 임명】 대법원장과 대법관이 아닌 법관은 대법관회의의 동의를 얻어 대법원장이 임명한다.¹¹

1500 대법원장이 궐위되거나 부득이한 사유로 직무를 수행할 수 없을 때에는 선임대법관이 그 권한을 대행한다.¹⁰
25 5급

대법원장이 궐위되거나 부득이한 사유로 직무를 수행할 수 없을 때에는 대법관 중 최연장자가 그 권한을 대행한다. 15 국가 7
(해설) 선임대법관이 권한 대행

1501 대법관은 임명에 앞서 국회 인사청문특별위원회에서 인사청문을 실시한다.³
17 국회 8

대법관에 대한 인사청문 요청이 있는 경우 법제사법위원회에서 인사청문회를 연다. 20 국회 8
(해설) 법제사위 ×, 인사특위 ○

KEY 226 임기제와 정년제

헌법 제105조 ① 【대법원장 : 임기 6년, 중임 제한】 대법원장의 임기는 6년¹⁵으로 하며, 중임할 수 없다(법률이 정하는 바에서 연임 ×, 연임은 불가능하나 중임은 가능 ×).¹²

② 【대법관 : 임기 6년, 연임 가능】 대법관의 임기는 6년¹¹으로 하며, 법률이 정하는 바에 의하여 연임할 수 있다(연임할 수 없음 ×).¹³

③ 【일반법관 : 임기 10년, 연임 가능】 대법원장과 대법관이 아닌 법관의 임기는 10년(6년 ×)⁶으로 하며, 법률이 정하는 바에 의하여 연임할 수 있다.⁶

④ 【법관 정년 : 법률 유보】 법관의 정년은 법률로 정한다(헌법은 대법관의 정년을 70세, 판사의 정년을 65세로 규정 ×).⁵

1502 임기가 끝난 판사는 인사위원회의 심의를 거치고 대법관회의의 동의를 받아 대법원장의 연임발령으로 연임한다.³
20 지방 7

임기가 만료된 판사는 대법관회의의 동의 없이 대법원장의 연임발령으로 연임한다. 08 국가 7
(해설) 대법관회의 동의 필요

1503 근무성적이 현저히 불량하여 판사로서 정상적인 직무를 수행할 수 없는 경우에 연임발령을 하지 않도록 규정한 구 「법원조직법」은 사법의 독립을 침해한다고 볼 수 없다.⁶ 20 변호사

근무성적이 현저히 불량하여 판사로서 정상적인 직무를 수행할 수 없는 판사를 연임대상에서 제외하도록 규정한 구 법원조직법 조항은 법관의 신분보장에 미흡하므로 사법권의 독립을 침해한다. 24 경정
(해설) 사법권의 독립 침해 아님

1504 대법원장과 대법관의 임기는 6년, 판사의 임기는 10년으로 하며, 대법원장과 대법관의 정년은 각각 70세, 판사의 정년은 65세로 한다.⁵ 19 국가 7

헌법은 사법권의 독립을 보장하기 위하여 대법원장의 중임 제한, 대법관의 수, 대법관의 정년 및 법관의 임기를 직접 규정하고 있다. 21 소간
(해설) 대법관 수·대법관의 정년 : 법률에 규정

1505 법관정년제 자체의 위헌성 판단은 헌법재판소의 위헌판단의 대상이 되지 않는다.⁵ 20 국회 8

법관정년제 자체의 위헌성 판단은 헌법규정에 대한 위헌주장으로 헌법재판소의 위헌판단의 대상이 되지 아니하며, 법관의 정년연령을 규정한 법률의 구체적인 내용도 헌법재판소의 위헌판단의 대상이 될 수 없다. 18 지방 7
(해설) 법률의 구체적 내용은 위헌판단 대상 可

1506 구 「법원조직법」이 법관의 정년을 직위에 따라 대법원장 70세, 대법관 65세, 그 이외의 법관 63세로 정한 것은 법관 업무의 성격과 특수성, 평균수명, 조직체 내의 질서 등을 고려하여 정한 것으로 그 차별에 합리적인 이유가 있다.³ 15 변호사

KEY 227 대법원의 권한 **B**

1507 대법원의 심판은 대법관 전원의 3분의 2 이상으로 구성되고 대법원장이 재판장이 되는 합의체에서 행한다. 그러나 대법원의 업무 부담으로 인하여 대부분 사건의 경우에는 대법관 3인 이상으로 구성된 부에서 재판한다.³ 12 국회 9

1508 대법원은 명령 또는 규칙이 헌법이나 법률에 위반된다고 인정하는 경우, 대법관 전원의 3분의 2 이상의 합의체에서 재판하여야 한다.⁶ 24 지방 7

대법원의 심판권은 대법관 전원의 3분의 2 이상의 합의체에서 행사하나, 명령 또는 규칙이 법률에 위반된다고 인정하는 경우에 한해 대법관 3명 이상으로 구성된 부에서 먼저 사건을 심리하여 의견이 일치한 경우에 한정하여 그 부에서 재판할 수 있다. 23 지방 7
(해설) 부에서 재판할 수 없음

1509 종전에 대법원에서 판시한 헌법·법률·명령 또는 규칙의 해석적용에 관한 의견을 변경할 필요가 있음을 인정하는 경우에는 대법원 전원합의체에서 재판을 한다.³ 14 서울 7

종전에 대법원에서 판시한 헌법·법률·명령 또는 규칙의 해석 적용에 관한 의견을 변경할 필요가 있음을 인정하는 경우, 대법관 3인 이상으로 구성된 부에서 먼저 사건을 심리하여 의견이 일치한 때에는 그 부에서 재판할 수 있다. 20 국가 7
(해설) 전원합의체 재판

1510 대법원장은 사법행정사무를 총괄하며, 사법행정사무에 관하여 관계공무원을 지휘·감독한다.³ 19 소간

법원행정처장은 사법행정사무를 총괄하며, 사법행정사무에 관하여 관계 공무원을 지휘·감독한다. 22 법원 9
(해설) 대법원장이 담당함

1511 대법원장은 대법관회의의 의장이 되고 의결에 있어서 표결권을 가지며 가부동수인 때에는 결정권을 가진다.⁵ 20 경정

「법원조직법」상 대법관회의의 의장은 의결에서 표결권은 갖지만, 가부동수일 때에 결정권을 갖지 못한다. 24 국회 8
(해설) 결정권 가짐

1512 대법관회의는 대법관 전원의 3분의 2 이상의 출석과 출석인원 과반수 찬성으로 의결한다. 의장은 의결에서 표결권을 가지며, 가부동수일 때에는 결정권을 가진다. `22 국회 9`

대법관회의는 대법관 전원의 과반수 출석과 출석인원의 과반수 찬성으로 의결하고, 의장인 대법원장은 의결에서 표결권을 가지며 가부동수일 때는 결정권을 가진다. `22 입시`

(해설) 대법관 전원 3분의 2 이상 출석, 출석 과반수의 찬성

KEY 228 법원의 독립

> 헌법 제108조【대법원규칙】대법원은 **법률에 저촉되지 아니하는 범위안**(법률에 근거 ×, 법령에 저촉 ×)에서 **소송에 관한 절차**, 법원의 **내부규율과 사무처리**에 관한 **규칙을 제정**할 수 있다.

1513 정부는 법원의 예산을 편성함에 있어서 **사법부의 독립성과 자율성을 존중**하여야 한다. 정부가 대법원의 세출예산요구액을 감액하고자 할 때에는 **국무회의에서 대법원장의 의견을** 구하여야 한다. `12 국회 8`

법원예산편성권은 법원이 가지고 있으며, 법원의 예산을 편성함에 있어서는 사법부의 독립과 자율성을 존중하여야 한다. `17 입시`

(해설) 법원예산편성권은 정부가 가짐

KEY 229 법관의 재판상 독립 (물적독립)

> 헌법 제103조【양심에 따른 독립 심판】법관은 헌법과(또는 ×) 법률에 의하여 그 **양심에 따라** 독립하여 심판한다.

1514 형사재판에 있어서 **사법권의 독립**은 심판기관인 **법원과 소추기관인 검찰청의 분리**를 요구함과 동시에 **법관이 실제 재판에 있어서 소송당사자인 검사와 피고인으로부터 부당한 간섭을 받지 않은 채 독립**하여야 할 것을 요구한다. `23 법무사`

형사재판에 있어서 사법권독립은 법관이 실제 재판에 있어서 소송당사자인 검사와 피고인으로부터 부당한 간섭을 받지 않은 채 독립하여야 할 것을 요구하는 것으로, 심판기관인 법원과 소추기관인 검찰청의 분리까지 요구하는 것은 아니다. `24 5급`

(해설) 법원과 검찰청의 분리까지 요구

1515 하급법원이 상급법원의 지시에 따라 재판을 해야 하는 것은 아니지만, **상급법원 재판에서의 판단은 해당 사건에 관하여 하급심을 기속한다.** `13 지방 7`

상급법원 재판에서의 판단은 해당 사건 및 동종사건에 관하여 하급심을 기속한다. `23 소간`

(해설) 동종사건 ×

1516 상고심으로부터 사건을 **환송**받은 법원은 그 사건을 재판함에 있어서 **상고법원이 파기이유로 한 사실상 및 법률상의 판단**에 대하여 **기속된다.** `17 국회 8`

상고심으로부터 사건을 파기환송받은 법원은 그 사건을 재판함에 있어서 그 상고심판결의 파기이유가 된 법률상의 판단에는 기속되지만, 그 사실상의 판단에는 기속되지 않는다. `20 경정`

(해설) 사실상 판단에도 기속됨

1517 「법원조직법」 제8조는 "상급법원의 재판에 있어서의 판단은 당해 사건에 관하여 하급심을 기속한다"고 규정하지만 이는 심급제의 합리적 유지를 위하여 **당해 사건에 한하여 구속력을 인정**한 것이고 그 후의 **동종의 사건에 대한 선례로서의 구속력에 관한 것은 아니다.** `21 지방 7`

상급법원의 재판에 있어서의 판단은 하급심을 기속하는 것이므로 하급심은 사실판단이나 법률판단에 있어서 상급심의 선례를 존중할 법적 의무가 있다. `18 서울 7(추)`

(해설) 법적 의무 ×

1518 약식절차에서 피고인이 정식재판을 청구한 경우 **약식명령보다 더 중한 형을 선고할 수 없도록** 한 「형사소송법」 조항은 **법관의 양형결정권을 침해하지 않는다.** 20 변호사

약식절차에서 피고인이 정식재판을 청구한 경우 약식명령의 형보다 중한 형을 선고할 수 없도록 한 것은, 피고인이 정식재판을 청구하는 경우 법관에게 부여된 형종에 대한 선택권이 검사의 일반적인 약식명령 청구에 의하여 심각하게 제한되므로 법관의 양형결정권을 침해한다. 21 지방 7

해설 양형결정권 침해 X

1519 금고 이상의 형의 선고를 받아 집행을 종료한 후 또는 집행이 면제된 후로부터 5년을 경과하지 아니한 자에 대해서는 **집행유예를 하지 못하도록** 규정하고 있는 「형법」 제62조 제1항 단서가 **법관의 양심에 따른 재판권을 침해한다고 볼 수는 없다.** 12 국회 8

금고 이상의 형의 선고를 받아 집행을 종료한 후 또는 집행이 면제된 후로부터 5년을 경과하지 아니한 자에 대해서는 집행유예를 하지 못하도록 규정하고 있는 「형법」 제62조 제1항 단서는 정당한 재판을 받을 권리 및 법관의 양심에 따른 재판권을 침해한다. 17 국회 8

해설 침해 X

1520 강도상해죄를 범한 자에 대하여는 법률상의 감경사유가 없는 한 **집행유예의 선고가 불가능하게** 하였다 하더라도, 입법재량의 한계를 명백히 벗어난 것이 아닌 한, **사법권의 독립 및 법관의 양형판단재량권을 침해 내지 박탈하여 헌법에 위반된다고 할 수 없다.** 20 국회 8

강도상해죄를 범한 자에 대하여는 법률상 감경사유가 없는 한 집행유예의 선고가 불가능하도록 한 것은 사법권의 독립 및 법관의 양형판단재량권을 침해하여 위헌이다. 19 서울 7

해설 양형판단재량권 침해 X, 위헌 X

1521 대법원 양형위원회의 **양형기준**은 그 내용의 타당성에 의하여 일반적인 설득력을 가지는 것으로 예정되어 있으므로 **법관의 양형에 있어서 그 존중이 요구되는 것일 뿐 법적 구속력을 가지지 아니한다.** 16 서울 7

「법원조직법」에 따라 마련된 대법원 양형위원회의 양형기준은 법관이 합리적인 양형을 정하는 데 참고할 수 있는 구체적이고 객관적인 기준이므로 법적 구속력을 갖는다. 24 경정

해설 법적 구속력 없음

1522 법원이 **양형기준을 벗어난 판결**을 하는 경우에는 판결서에 **양형의 이유를 적어야 하나, 약식절차 또는 즉결심판절차에 의하여 심판하는 경우에는 그러하지 아니하다.** 17 국가 7(추)

양형위원회의 양형기준은 법적 구속력을 갖지 않음에도 불구하고 법원이 양형기준을 벗어난 판결을 하는 경우에는 판결서에 양형의 이유를 적어야 하는데, 약식절차 또는 즉결심판절차에 따라 심판하는 경우에도 마찬가지이다. 25 변호사

해설 약식 · 즉결심판절차 이유 기재 불요

KEY 230 법관의 신분보장 (인적독립)

헌법 제106조 ① 【탄핵 or 금고 이상의 형 선고 외 파면 제한】 **법관**은 **탄핵** 또는 **금고**(징역 ×, 벌금 ×) **이상의 형의 선고**(징계처분 ×)에 의하지 아니하고는 **파면**되지 아니하며, 【정직 · 감봉 · 기타 불리한 처분】 **징계처분**(탄핵 또는 금고 이상의 형의 선고 ×)에 의하지 아니하고는 **정직 · 감봉 기타 불리한 처분**을 받지 아니한다.

② 【심신장해 시 퇴직 가】 법관이 **중대한 심신상의 장해**로 직무를 수행할 수 없을 때에는 **법률이 정하는 바에 의하여 퇴직**하게 할 수 있다.

1523 **사법권의 독립**은 **재판상의 독립**, 즉 법관이 재판을 함에 있어서 오직 헌법과 법률에 의하여 그 양심에 따라 할 뿐, 어떠한 외부적인 압력이나 간섭도 받지 않는다는 것뿐만 아니라, 재판의 독립을 위해 **법관의 신분보장도 차질 없이 이루어져야 함을 의미한다.** 19 지방 7

사법권의 독립은 재판상의 독립, 즉 법관이 재판을 함에 있어서 오직 헌법과 법률에 의하여 그 양심에 따라 할 뿐, 어떠한 외부적인 압력이나 간섭도 받지 않는다는 것으로, 재판의 독립을 위해 법관의 신분보장도 차질 없이 이루어져야 함을 의미하지 않는다. 24 지방 7

해설 법관의 신분보장도 차질 없이 이루어져야 함을 의미함

1524 법관의 **징계종류**는 일반 공무원과 달리 **견책 · 감봉** 그리고 **정직**의 3가지로 제한된다. 16 법원 9

법관은 탄핵이나 금고 이상의 형을 선고받은 경우를 제외하고는 파면되지 아니하며, 징계처분이나 적격심사에 의하지 아니하고는 해임 · 면직 · 정직 · 감봉 · 견책 또는 퇴직의 처분을 받지 아니한다. 23 소간

해설 적격심사 X, 해임 · 면직 또는 퇴직 X

1525 법관이 법관징계위원회의 **징계처분**에 대하여 **불복**하려는 경우에는 징계등 처분이 있음을 안 날부터 **14일** 이내에 전심 절차를 거치지 아니하고 **대법원에** 징계등 처분의 **취소**를 청구하여야 한다. 24 지방 7

1526 법관이 **중대한 신체상 또는 정신상의 장애**로 **직무를** 수행할 수 없을 때에는, 대법관인 경우에는 대법원장의 제청으로 대통령이 퇴직을 명할 수 있고, 판사인 경우에는 **법관인사위원회**의 심의를 거쳐 **대법원장**이 **퇴직**을 명할 수 있다. 23 변호사

법관이 중대한 신체상 또는 정신상의 장해로 직무를 수행할 수 없을 때에는, 대법관인 경우에는 법원행정처장의 제청으로 대법원장이 퇴직을 명할 수 있고, 판사인 경우에는 인사위원회의 심의를 거쳐 판사가 소속된 법원의 법원장이 퇴직을 명할 수 있다. 22 소간

해설 대법관은 대법원장의 제청으로 대통령이, 판사는 대법원장이 퇴직 명함

1527 법관으로서 **퇴직 후 2년**이 지나지 아니한 사람은 **대통령비서실**의 직위에 임용될 수 없다. 21 국회 8

「법원조직법」상 법관으로서 퇴직 후 2년 6개월이 된 사람은 대통령비서실의 직위에 임용될 자격이 없다. 21 소간

해설 자격 있음

KEY 231 각급법원 B

헌법 제101조 ② 【**대법원 + 각급법원**】법원은 **최고법원**인 **대법원**과 **각급법원**으로 조직된다.

헌법 제110조 ① 【**군사법원 : 특별법원**】군사재판을 관할하기 위하여 **특별법원**으로서 **군사법원**을 둘 수 있다(필수적으로 군사법원을 두도록 하고 있음 ×).

1528 법원의 종류로는 **대법원, 고등법원, 특허법원, 지방법원, 가정법원, 행정법원, 회생법원** 7가지가 존재한다. 16 법원 9

헌법 제101조 제2항의 각급법원에는 고등법원, 특허법원, 지방법원, 가정법원, 행정법원, 회생법원 및 군사법원이 포함된다. 20 국가 7

해설 군사법원 X

KEY 232 군사법원 B

헌법 제110조 ① 【**군사법원 : 특별법원**】군사재판을 관할하기 위하여 **특별법원**으로서 **군사법원**을 둘 수 있다(필수적으로 군사법원을 두도록 하고 있음 ×).
② 【**상고심 대법원**】군사법원의 **상고심**은 **대법원**(고등법원 ×)에서 관할한다.
④ 【**비상계엄 군사재판 : 간 · 초 · 초 · 독 · 포 단심**】**비상계엄**하의 **군사재판**은 **군인 · 군무원의 범죄**나 **군사**에 관한 **간첩죄의 경우**와 **초병 · 초소 · 유독음식물공급 · 포로**에 관한 죄중 **법률**이 정한 경우(군인 · 군무원의 범죄에 한하여 ×)에 한하여 **단심으로** 할 수 있다.
【**사형 제외**】다만, **사형**을 선고한 경우에는 그러하지 아니하다(사형을 선고한 경우에도 단심 ×).

1529 헌법 제110조 제1항에서 "**특별법원으로서 군사법원을 둘 수 있다**"는 의미를 군사법원을 일반법원과 조직·권한 및 재판관의 자격을 달리하여 **특별법원으로** 설치할 수 있다는 뜻으로 해석한다. 23 5급

헌법 제110조 제1항에 따라 특별법원으로서 군사법원을 둘 수 있지만, 법률로 군사법원을 설치함에 있어서 군사재판의 특수성을 고려하여 그 조직·권한 및 재판관의 자격을 일반법원과 달리 정하는 것은 헌법상 허용되지 않는다. 21 국가 7
(해설) 허용됨

KEY 233 법원의 권한 C

헌법 제107조 ① 【위헌법률심판제청권】 **법률**(명령 ×)이 헌법에 위반되는 여부가 **재판의 전제가 된 경우에는 법원은 헌법재판소에 제청**하여 그 심판에 의하여 재판한다.
② 【명령·규칙 심사】 명령·규칙 또는 **처분**(법률 ×)이 헌법이나 법률에 위반되는 여부가 재판의 전제가 된 경우에는 **대법원**(헌법재판소 ×)은 이를 최종적으로 심사할 권한을 가진다.

1530 법원은 대통령령이 헌법이나 법률에 위반되는지의 여부가 재판의 전제가 된 경우에 이를 **심사함으로써** 대통령의 권한행사를 통제한다. 15 지방 7

대통령령이 헌법에 위반되는지 여부가 재판의 전제가 된 경우에는 법원은 헌법재판소에 제청하여 그 심판에 의하여 재판한다. 17 법무사
(해설) 법원이 심사

KEY 234 재판 관련 제도 C

헌법 제109조 【심리·판결 공개 원칙】 재판의 **심리와 판결은 공개**한다. 【안·안·선 → 심리 비공개 可】 다만, **심리**(판결 ×)는 국가의 안전보장 또는 안녕질서를 방해하거나 선량한 풍속을 해할 염려가 있을 때에는 **법원의 결정으로 공개하지 아니할 수 있다.**

1531 심급제도는 하급심에서 잘못된 재판을 하였을 때 상소심으로 하여금 이를 바로잡게 하는 것이 **재판청구권을 실질적으로 보장하는 방법**이 된다는 의미에서 **재판청구권을 보장하기 위한 하나의 수단**이며, 사법에 의한 권리보호에 관하여 한정된 사법자원의 합리적인 분배의 문제인 동시에 재판의 적정과 신속이라는 상반되는 요청을 어떻게 조화시키느냐의 문제에 속한다. 21 변호사

PART IV

헌법재판소

- **CH 01** 헌법재판소 일반이론
- **CH 02** 헌법재판소의 일반심판절차
- **CH 03** 위헌법률심판
- **CH 04** 헌법소원심판
- **CH 05** 권한쟁의심판

CHAPTER 01 헌법재판소 일반이론

| 번호 | 옳은 지문 ○ | 옳지 않은 지문 ✗ |

KEY 235 헌법재판소의 구성과 운영　A

> 헌법 제111조 ② 【법관의 자격, 9인】 헌법재판소는 **법관의 자격**을 가진 **9인의 재판관**으로 구성하며, 재판관은 **대통령이 임명한다**(법관의 자격을 가지지 않은 자도 헌법재판관이 될 수 있음 ×).
> ③ 【국회 선출 3인, 대법원장 지명 3인 → 9인 모두 대통령 임명】 제2항의 재판관중 **3인은 국회에서 선출**하는 자를, **3인은 대법원장이 지명**하는 자를 **임명한다**.
> ④ 【헌법재판소장 : 국회 동의, 재판관 中 대통령 임명】 헌법재판소의 장은 **국회의 동의**를 얻어 **재판관중에서 대통령이 임명한다**.
> 헌법 제112조 ① 【임기 6년】 헌법재판소 재판관의 **임기는 6년**(7년 ×)으로 하며, 【연임 가능】 법률이 정하는 바에 의하여 **연임할 수 있다**.
> ② 【정당가입 · 정치관여 금지】 헌법재판소 재판관은 **정당에 가입하거나 정치에 관여할 수 없다**(국회에서 선출되는 3인은 정당에 가입을 할 수 있음 ×).
> ③ 【탄핵 or 금고 이상의 형 선고 외 파면 제한】 헌법재판소 재판관은 **탄핵 또는 금고 이상의 형의 선고**에 의하지 아니하고는 **파면되지 아니한다**(탄핵에 의해서만 파면될 수 있음 ×, 징계에 의해 파면될 수 있음 ×).
> 헌법 제113조 ② 【헌법재판소규칙 제정권】 헌법재판소는 **법률에 저촉되지 아니하는 범위**안에서 **심판에 관한 절차, 내부규율과 사무처리에 관한 규칙을 제정할 수 있다**.

1532 헌법재판소의 재판관은 대통령이 임명한다. 이 경우 재판관 중 3인은 국회에서 선출하는 자를, 3인은 대법원장이 지명하는 자를 임명하고, 국회의 인사청문을 거쳐 임명 · 선출 또는 지명하여야 한다.　11 법원 9

1533 국회에서 선출하는 헌법재판관 3인은 인사청문특별위원회의 인사청문회를 거쳐야 한다.　22 지방 7

1534 헌법재판소장이 일시적인 사고로 인하여 직무를 수행할 수 없을 때에는 재판관 중 임명일자 순으로 그 권한을 대행한다. 다만, 임명일자가 같을 때에는 연장자 순으로 대행한다. 헌법재판소장이 궐위(闕位)되거나 1개월 이상 사고로 인하여 직무를 수행할 수 없을 때에는 재판관 중 재판관회의에서 선출된 사람이 그 권한을 대행한다.

헌법재판소 재판관이 모두 국회 인사청문회를 거쳐 임명되는 것은 아니다.　24 5급
(해설) 모두 인사청문 거쳐 임명됨

대통령이 임명하는 헌법재판소 재판관은 모두 국회 인사청문특별위원회의 인사청문을 거쳐야 한다.　17 국가 7
(해설) 모두 × → 국회 선출 3인과 헌재소장만 인사특위

헌법재판소장이 궐위되거나 사고로 말미암아 직무를 수행할 수 없을 때에는 다른 재판관이 연장자순으로 대행한다.　18 국가 7
(해설) 궐위되거나 1개월 이상 사고 : 임명일자 순 → 연장자 순 / 일시적인 사고 : 재판관회의 선출

헌법재판소의 일반심판절차

| 번호 | 옳은 지문 ○ | 옳지 않은 지문 X |

KEY 236 일반심판절차

> 헌법 제113조 ① 【헌법상 중요 사건 6인】 헌법재판소에서 **법률의 위헌결정**(법률의 합헌결정 X), **탄핵의 결정, 정당해산의 결정** 또는 **헌법소원에 관한 인용결정**(권한쟁의심판에 관한 인용결정 X)을 할 때에는 **재판관 6인**(5인 X, 3분의 2 X) **이상의 찬성**이 있어야 한다.

1535 헌법재판소 재판관의 수는 9인이며, 전원재판부는 7인 이상의 출석으로 사건을 심리한다. 17 경정

재판부는 재판관 과반수의 출석으로 사건을 심리한다. 24 국회 9
(해설) 과반수 X → 7인 이상 O

1536 헌법재판소 전원재판부는 종국심리에 관여한 **재판관 과반수의 찬성**으로 사건에 관한 결정을 한다. 다만, **법률의 위헌결정, 탄핵의 결정, 정당해산의 결정** 또는 **헌법소원의 인용결정**을 하는 경우와 종전에 헌법재판소가 판시한 헌법 또는 법률의 해석 적용에 관한 **의견을 변경**하는 경우에는 **재판관 6명 이상의 찬성**이 있어야 한다. 23 지방 7

헌법재판소 재판부는 법률의 위헌결정, 탄핵의 결정, 정당해산의 결정 또는 헌법소원에 관한 인용결정을 하는 경우 이외에는 모두 재판관 과반수의 찬성으로 결정한다. 12 지방 7
(해설) 위·탄·정·헌소 인용 및 판례 변경 : 6인 이상 찬성 필요 (예외)

1537 권한쟁의심판에 있어서 재판부는 재판관 7명 이상의 출석으로 사건을 심리하고, 종국심리에 관여한 **재판관 과반수의 찬성**으로 사건에 관한 결정을 한다. 18 5급

권한쟁의심판에서 청구를 인용하는 결정을 하기 위해서는 헌법재판관 6인 이상의 찬성이 있어야 한다. 21 국회 8
(해설) 종국심리에 관여한 재판관 과반수 찬성

1538 재판관에게 공정한 심판을 기대하기 어려운 사정이 있는 경우 당사자는 기피신청을 할 수 있으나, **변론기일에 출석하여 본안에 관한 진술을 한 때에는 기피신청을 할 수 없다.** 20 국가 7

변론기일에 출석하여 본안에 관한 진술을 한 때에도 재판관에게 공정한 심판을 기대하기 어려운 사정이 있는 경우라면 당사자는 기피신청을 할 수 있다. 22 국가 7
(해설) 변론기일 출석 본안 진술시 기피 불가

1539 당사자는 동일한 사건에 대하여 2명 이상의 재판관을 기피할 수 없다. 23 국가 7

재판관에게 공정한 심판을 기대하기 어려운 사정이 있는 경우 당사자는 기피신청을 할 수 있으며 동일한 사건에 대하여 재판관을 2명까지 기피할 수 있다. 18 국회 8
(해설) 기피 : 1명만 가능

1540 각종 심판절차에서 당사자인 사인(私人)은 **변호사를 대리인으로 선임하지 아니하면 심판청구를 하거나 심판 수행을 하지 못한다.** 다만, 그가 **변호사의 자격이 있는 경우에는 그러하지 아니하다.** 22 국회 9

1541 헌법재판소에의 **심판청구**는 심판절차별로 정하여진 **청구서를 헌법재판소에 제출함으로써 한다.** 다만, 위헌법률심판에서는 법원의 제청서, 탄핵심판에서는 **국회의 소추의결서의 정본으로 청구서를 갈음한다.** 24 국회 8

1542 탄핵의 심판, 정당해산의 심판 및 권한쟁의의 심판은 **구두변론**에 의하고, 위헌법률의 심판과 헌법소원에 관한 심판은 **서면심리**에 의한다. 다만, 재판부는 필요하다고 인정하는 경우에는 변론을 열어 당사자, 이해관계인, 그 밖의 참고인의 진술을 들을 수 있다. 24 국회 9

위헌법률의 심판과 헌법소원에 관한 심판은 구두변론에 의하고, 탄핵의 심판, 정당해산의 심판 및 권한쟁의의 심판은 서면심리에 의한다. 25 경정
(해설) 구두변론 ↔ 서면심리 위치 바뀜

1543 위헌법률의 심판과 헌법소원에 관한 심판은 서면심리에 의한다. 다만, 재판부는 필요하다고 인정하는 경우에는 **변론을 열어 당사자, 이해관계인, 그 밖의 참고인의 진술을 들을 수 있다.** 20 국가 7, 20 소간

위헌법률의 심판과 권한쟁의에 관한 심판은 서면심리에 의한다. 다만, 재판부는 필요하다고 인정하는 경우에는 변론을 열어 당사자, 이해관계인, 그 밖의 참고인의 진술을 들을 수 있다. 22 국가 7
(해설) 권한쟁의심판은 구두변론

1544 재판부는 사건의 심리를 위하여 필요하다고 인정하는 경우에는 직권 또는 당사자의 신청에 의하여 **증거조사를 할 수 있다.** 13 법무사

헌법재판소는 당사자의 신청을 기다려 증거조사를 하고, 직권으로 증거조사를 할 수는 없다. 22 국회 9
(해설) 직권 가능

1545 재판부는 결정으로 다른 국가기관 또는 공공단체 기관에 심판에 필요한 사실을 조회하거나, 기록의 송부나 자료의 제출을 요구할 수 있다. 다만, 재판·소추 또는 범죄수사가 진행 중인 사건의 기록에 대하여는 **송부를 요구할 수 없다.** 22 지방 7

재판부는 결정으로 다른 국가기관 또는 공공단체의 기관에 심판에 필요한 사실을 조회하거나, 재판·소추 또는 범죄수사가 진행 중인 사건 기록의 송부를 요구할 수 있다. 24 국회 9
(해설) 재판·소추 또는 범죄수사 진행 중 사건 기록 송부 요구 不可

1546 헌법재판소장이 필요하다고 인정하는 경우에는 **변론 또는 종국결정을 심판정 외의 장소에서 할 수 있다.** 21 국회 8

심판의 변론과 종국결정의 선고는 심판정에서 해야 한다. 다만, 종국결정의 선고와 달리 변론은 헌법재판소장이 필요하다고 인정하는 경우 심판정 외에서 행해질 수 있다. 18 경정
(해설) 종국결정도 심판정 외에서 가능

1547 헌법재판소의 심판의 **변론과 결정의 선고는 공개한다.** 다만, 서면심리와 평의는 공개하지 아니한다. 18 경정

심판의 변론, 서면심리와 결정의 선고는 공개한다. 22 국회 9
(해설) 서면심리 비공개

1548 재판부는 심판사건을 접수한 날부터 180일 이내에 **종국결정의 선고를 하여야 한다.** 다만 재판관의 궐위로 7명의 출석이 불가능한 경우에는 그 궐위된 기간은 심판기간에 산입하지 아니한다. 18 입시

헌법재판소는 심판사건을 접수한 날부터 90일 이내에 종국결정의 선고를 하여야 한다. 24 국회 9
(해설) 180일 이내 선고

KEY 237 가처분 🅱

1549 「헌법재판소법」은 **정당해산심판과 권한쟁의심판에 관해서만 가처분에 관한 규정을 두고 있고,** 다른 헌법재판절차에서도 가처분이 허용되는가에 관하여는 **명문의 규정이 없다.** 12 지방 7

헌법재판소는 위헌정당해산심판의 경우에는 직권으로 종국결정의 선고 시까지 정당의 활동을 정지하는 가처분결정을 할 수 있으나, 권한쟁의심판의 경우에는 직권으로 종국결정의 선고 시까지 심판 대상이 된 처분의 효력을 정지하는 가처분결정을 할 수 없다. 24 국회 9
(해설) 권한쟁의심판도 가처분 인정

1550 재판부는 재판관 7명 이상의 출석으로 사건을 심리한다고 규정한 「헌법재판소법」 제23조 제1항에 대한 효력정지 **가처분을 인용하더라도 이는 의결정족수가 아니라 심리정족수에 대한 것이므로 법률의 위헌결정이나 탄핵결정을 하기 위하여는 여전히 6명 이상의 찬성이 있어야 한다.** (최신판례) 25 국회 8

1551 「헌법재판소법」 제68조 제1항에 의한 **헌법소원심판의 가처분에서는 현상유지로 인한 회복하기 어려운 손해 예방의 필요성, 효력정지의 긴급성 요건이 충족되어야 하며, 가처분을 인용한 뒤 본안심판이 기각되었을 때 발생하게 될 불이익과 가처분을 기각한 뒤 본안심판이 인용되었을 때 발생하게 될 불이익을 비교형량하여 인용 여부를 결정한다.** 18 변호사

1552 법령의 위헌확인을 청구하는 「헌법재판소법」 제68조 제1항에 따른 헌법소원심판에서의 가처분은 위헌이라고 다투어지는 법령의 효력을 그대로 유지시킬 경우 회복하기 어려운 손해가 발생할 우려가 있어 가처분에 의하여 임시로 그 법령의 효력을 정지시키지 아니하면 안될 필요가 있을 때 허용되고, 다만 일반적인 보전의 필요성이 인정된다고 하더라도 공공복리에 중대한 영향을 미칠 우려가 있을 때에는 인용되어서는 안될 것이다. ✓ 24 입시

1553 헌법재판소는 본안심판이 부적법하거나 이유 없음이 명백하지 않고, 헌법소원심판에서 문제된 '공권력 행사 또는 불행사'를 그대로 유지할 경우에 발생할 회복하기 어려운 손해를 예방할 필요와 그 효력을 정지시켜야 할 긴급한 필요가 있으며, 가처분을 인용한 뒤 종국결정에서 청구가 기각되었을 때 발생하게 될 불이익과 가처분을 기각한 뒤 청구가 인용되었을 때 발생하게 될 불이익을 형량하여 후자의 불이익이 전자의 불이익보다 클 경우에 가처분을 인용할 수 있다. ✓ (최신판례)
25 국회 8

KEY 238 종국결정 및 결정의 효력   Ⓑ

1554 헌법소원심판청구가 부적법하다고 하여 각하된 후 그 결정에서 판시한 요건의 흠결을 보완하지 않고 다시 청구한 것은 일사부재리의 원칙상 허용되지 아니한다. ✓ (최신판례) 24 경정

1555 헌법재판소법에 의하면, 위헌법률심판에서의 위헌결정은 법원과 그 밖의 국가기관 및 지방자치단체를 기속하고, 권한쟁의심판의 결정과 헌법소원의 인용결정은 모든 국가기관과 지방자치단체를 기속한다. ✗ 18 경정

1556 법률의 위헌결정은 법원과 그 밖의 국가기관 및 지방자치단체를 기속(羈束)한다. ✓ 22 소간

1557 헌법재판소는 이미 합헌으로 선언된 법률조항에 대한 위헌법률심판제청을 적법한 것으로 받아들임으로써 합헌결정에 대한 기속력을 인정하지 않는다. ✗ 17 국회 8

1558 헌법재판소의 권한쟁의심판의 결정은 모든 국가기관과 지방자치단체를 기속한다. ✓ 23 국가 7

1559 공권력의 작용에 대한 권리구제형 헌법소원심판절차에 있어서 '헌법재판소의 결정에 영향을 미칠 중대한 사항에 관하여 판단을 유탈한 때'를 재심사유로 허용하는 것이 헌법재판의 성질에 반한다고 볼 수 없으므로 「민사소송법」 규정을 준용하여 '판단유탈'도 재심사유로 허용되어야 한다. ✓ 23 국가 7

위헌법률심판의 경우에는 위헌결정에만, 헌법소원심판의 경우에도 인용결정에만, 권한쟁의심판의 경우에도 인용결정에만 기속력이 인정된다. 24 지방 7
(해설) 권한쟁의심판의 기속력은 인용결정에 한하지 않음

헌법재판소법에 의하면, 위헌법률심판에서의 모든 결정은 법원과 그 밖의 국가기관 및 지방자치단체를 기속한다.
13 변호사
(해설) 위헌결정만 기속함

헌법재판소가 특정 법률 조항에 대하여 합헌결정을 한 경우 그 조항에 대하여 재차 위헌제청을 하는 것은 부적법하다.
23 입시
(해설) 합헌결정 기속력 無, 적법함

권한쟁의심판결정은 인용결정의 경우에 한하여 모든 국가기관과 지방자치단체를 기속한다. 10 법원 9
(해설) 인용결정에 한하지 않음

행정작용을 포함한 공권력 작용을 대상으로 한 권리구제형 헌법소원에 있어서 판단유탈은 재심사유가 되지 아니한다.
20 지방 7
(해설) 재심사유가 됨

CHAPTER 03 위헌법률심판

| 번호 | 옳은 지문 O | 옳지 않은 지문 X |

KEY 239 위헌법률심판제청

> **헌법 제107조** ① 【위헌법률심판】 **법률**이 헌법에 위반되는 여부가 **재판의 전제가 된 경우에는 법원은 헌법재판소에 제청**하여 그 심판에 의하여 재판한다.

1560 군사재판을 관할하는 **군사법원**은 헌법에 근거를 둔 특별법원으로 당연히 **위헌법률심판제청권**이 있다. 〈17 국회 8〉

법률이 헌법에 위반되는지 여부가 재판의 전제가 된 경우에는 당해 사건을 담당하는 법원(군사법원은 제외한다)은 직권 또는 당사자의 신청에 의한 결정으로 헌법재판소에 위헌 여부 심판을 제청한다. 〈22 소간〉
(해설) 군사법원 포함

1561 **행정청**이 행정처분 단계에서 당해 처분의 근거가 되는 **법률**이 위헌이라고 판단하여 그 **적용을 거부**하는 것은 **권력분립의 원칙상 허용될 수 없지만**, 행정처분에 대한 **소송절차**에서는 행정청도 당해 **처분의 근거가 되는 법률의 위헌 여부에 대한 심판의 제청을 신청**할 수 있다. 〈17 경정〉

행정청이 행정처분 단계에서 당해 처분의 근거가 되는 법률이 위헌이라고 판단하여 그 적용을 거부하는 것은 권력분립의 원칙상 허용될 수 있지만, 행정처분에 대한 소송절차에서 행정청은 당해 처분의 근거가 되는 법률의 위헌 여부에 대한 심판의 제청을 신청할 수 없다. 〈23 경정〉
(해설) 행정처분 단계에서 적용 거부 불가, 심판 제청 신청 可

1562 위헌법률심판의 제청신청을 한 당사자는 위헌 여부 심판의 **제청에 관한 결정에 대하여는 항고할 수 없다**. 〈18 지방 7〉

위헌법률심판의 제청신청 당사자는 위헌 여부 심판의 제청에 대한 결정에 대하여 항고할 수 있다. 〈20 입시〉
(해설) 항고 不可

1563 **위헌법률심판제청신청이 기각된 경우**, 그 **기각결정에 대하여** 민사소송에 의한 **항고나 재항고를 할 수 없을 뿐만 아니라 특별항고도 할 수 없다**. 〈24 변호사〉

위헌법률심판제청을 신청한 당사자는 당해 법원이 제청신청을 기각한 결정에 대하여 항고할 수 있고, 헌법재판소법 제68조 제2항에 의한 헌법소원심판을 청구할 수 있다. 〈17 경정〉
(해설) 항고 不可

1564 대법원 외의 법원이 헌법재판소에 위헌 여부 심판을 제청할 때에는 대법원을 거쳐야 한다. 〈22 소간〉

대법원 이외의 법원은 대법원을 거칠 필요 없이 직접 헌법재판소에 「헌법재판소법」 제41조 제1항의 위헌법률심판을 제청할 수 있다. 〈22 입시〉
(해설) 대법원 경유 필요

1565 법원이 법률의 위헌 여부 심판을 헌법재판소에 제청한 때에는 당해 소송사건의 재판은 헌법재판소의 위헌 여부의 결정이 있을 때까지 정지된다. 다만, **법원이 긴급하다고 인정하는 경우에는 종국재판 외의 소송절차를 진행할 수 있다**. 〈25 경정〉

법원이 법률의 위헌여부의 심판을 헌법재판소에 제청한 때에는 당해 소송사건의 재판은 헌법재판소의 위헌여부의 결정이 있을 때까지 정지되므로 법원이 긴급하다고 인정하는 경우에도 종국재판 외의 소송절차를 진행할 수 없다. 〈23 국회 8〉
(해설) 긴급 시 종국재판 외 소송절차 진행 가능

1566 위헌법률심판절차에 있어서 **규범의 위헌성**은 제청법원이나 제청신청인이 주장하는 법적 관점에서만이 아니라 심판대상 규범의 법적 효과를 고려한 **모든 헌법적 관점에서 심사된다**. 〈19 서울 7〉

법원이 위헌법률심판을 제청하는 경우에는 제청서에 위헌이라고 해석되는 법률 또는 법률의 조항 및 위헌이라고 해석되는 이유를 기재해야 하는바, 헌법재판소는 제청서에 기재된 심판의 대상과 위헌심사의 기준에 구속된다. 〈19 지방 7〉
(해설) 위헌심사 기준 구속 X

KEY 240 위헌제청의 대상

1567 폐지된 법률에 대한 헌법소원은 원칙적으로 부적법하나, 폐지된 법률의 위헌 여부가 관련 소송사건의 재판의 전제가 되어 있다면 위헌심판의 대상이 된다.5
22 국회 8

1568 폐지되거나 개정된 법률의 경우에도 국민의 **침해된 법익을 보호**하기 위하여 그 위헌 여부를 가려야 할 필요가 있는 때에는 심판의 대상으로 인정된다.6
16 경정

1569 위헌법률심판 제청 당시에 공포는 되었으나 시행되지 않았고, 결정 당시에는 이미 폐지되어 효력이 상실된 법률은 위헌 여부 심판의 대상 법률에서 제외되는 것으로 해석함이 상당하다.4
18 입시

1570 헌법재판소에서 이미 위헌결정이 선고된 법률조항에 대한 **위헌법률심판제청**은 부적법하다.4
22 경정

1571 헌법 및 「헌법재판소법」에 의하면 위헌심판의 대상을 '**법률**'이라고 규정하고 있는데, 여기서 '법률'이라고 함은 국회의 의결을 거친 이른바 형식적 의미의 법률뿐만 아니라 법률과 동일한 효력을 갖는 조약 등도 포함된다.10
22 국회 8

1572 위헌법률심판의 대상이 되는 '**법률**'인지 여부는 그 제정 형식이나 명칭이 아니라 규범의 효력을 기준으로 판단하여야 한다.4
18 입시

1573 위헌법률심판 또는 규범통제형 헌법소원심판의 대상이 되는 '**법률**'인지 여부는 그 제정 형식이나 명칭이 아니라 **규범의 효력**을 기준으로 판단하여야 하고, '법률'에는 국회의 의결을 거친 이른바 형식적 의미의 법률은 물론이고 그 밖에 조약 등 '형식적 의미의 법률과 동일한 효력'을 갖는 규범들도 모두 포함되므로, 최소한 법률과 동일한 효력을 가지는 유신헌법하의 긴급조치들에 대한 위헌 여부 심사권한도 헌법재판소에 전속한다.5
17 국가 7(추)

1574 법원의 판결에 의하여 법률과 같이 재판규범으로 적용되어 온 법률적 효력이 있는 관습법도 위헌법률심판의 대상이 된다.6
17 국회 9

1575 분재청구권에 관한 **관습법**은 「민법」 시행 이전에 상속을 규율하는 법률이 없는 상황에서 재산상속에 관하여 적용된 규범으로서 비록 형식적 의미의 법률은 아니지만 **실질적으로는 법률과 같은 효력**을 가지므로 위헌법률심판의 대상이 된다.7
18 입시

헌법소원심판의 대상인 법률은 현행 법률에 한정되며, 폐지되거나 개정된 법률은 어떠한 경우에도 심판의 대상이 될 수 없다.
19 소간
(해설) 될 수 있음

위헌법률심판 대상 법률이 제청 당시에 공포되었으나 시행되지 않았고, 위헌법률심판 계속 중에 해당 법률이 폐지된 경우에는 그 폐지된 법률도 원칙적으로 위헌법률심판의 대상이 될 수 있다.
21 소간
(해설) 될 수 없음

헌법재판소가 위헌이라고 선고하여 효력을 상실한 법률이라고 하더라도 법원의 제청이 있는 한 원칙적으로 심판의 대상으로 인정된다.
14 국회 8
(해설) 심판 대상 부정

조약은 국회의 동의를 얻어 체결·비준되었더라도 형식적 의미의 법률이 아닌 이상 헌법재판소의 위헌법률심판대상이 될 수 없다.
17 국가 7
(해설) 될 수 있음

위헌법률심판의 대상은 형식적 의미의 법률에 한정되기 때문에 조약과 긴급명령은 포함되지 아니한다.
22 국회 9
(해설) 형식적 법률에 한정 아님. 조약·긴급명령 포함됨

헌법재판소에 의한 위헌심사의 대상이 되는 법률이란 국회의 의결을 거친 이른바 형식적 의미의 법률을 의미하므로, 1972년 유신헌법상 긴급조치의 위헌 여부에 대한 심사권은 최종적으로 대법원에 속한다.
23 변호사
(해설) 헌법재판소에 전속함

위헌법률심판제도는 국회의 입법권을 통제하기 위한 것이므로, 국회가 제정한 형식적 의미의 법률이 아니라 법원 판결에 의하여 법률과 같이 재판규범으로 적용되어 온 관습법은 위헌법률심판의 대상이 되지 않는다.
16 변호사
(해설) 대상이 됨

호주가 사망한 경우 딸에게 분재청구권을 인정하지 아니한 구 관습법은 실질적으로는 법률과 같은 효력을 갖지만 형식적 의미의 법률은 아니기 때문에 위헌법률심판의 대상이 될 수 없다.
17 서울 7
(해설) 위헌법률심판의 대상이 됨

1576 구체적 규범통제절차에서 **제청법원**이나 **헌법소원 청구인**이 심판대상 법률조항의 **특정한 해석**이나 **적용 부분**의 위헌성을 주장하는 **한정위헌청구는 원칙적으로 적법**하다. 10 24 국회 9

제청법원이 법률조항 자체의 위헌판단을 구하는 것이 아니라 심판대상 법률조항의 특정한 해석이나 적용부분의 위헌성을 주장하는 한정위헌청구를 하는 경우에는 원칙적으로 부적법하다고 보아야 한다. 19 지방 7
(해설) 한정위헌청구 원칙적 적법함

1577 구체적 규범통제절차에서 법률조항에 대한 특정한 해석이나 적용부분의 위헌성을 다투는 **한정위헌청구는 원칙적으로 적법**하지만, 재판소원을 금지하는 「헌법재판소법」 제68조 제1항의 취지에 비추어, 당해 사건 재판의 기초가 되는 **사실관계의 인정이나 평가** 또는 개별적·구체적 사건에서 **단순히 법률조항의 포섭이나 적용의 문제를 다투거나, 의미 있는 헌법문제에 대한 주장 없이 단지 재판결과를 다투는 헌법소원 심판청구는 허용되지 않는다**. 6 18 서울 7(추)

개별적, 구체적 사건에서 법률조항의 단순한 포섭, 적용에 관한 문제를 다투는 것도 적법한 헌법소원 심판청구에 해당한다. 21 법무사
(해설) 부적법

1578 헌법재판소법 제68조 제2항에 의한 헌법소원은 '법률'의 위헌성을 적극적으로 다투는 제도이므로 '법률의 부존재' 즉 입법부작위를 다투는 것은 그 자체로 허용되지 아니하지만 법률이 불완전·불충분하게 규정되었음을 근거로 법률 자체의 위헌을 다투는 취지로 이해될 경우에는 그 법률이 당해사건의 재판의 전제가 된다는 것을 요건으로 허용될 수 있다. 10 18 입시

「헌법재판소법」 제68조 제2항에 의한 헌법소원은 어떠한 사항에 대하여 규율하는 법률이 부존재하는 것을 다툴 수 있음은 물론, 어떠한 사항에 대하여 법률이 존재하기는 하나 불완전·불충분하게 규율되고 있음을 이유로 해당 법률조항 자체를 대상으로 하여 다툴 수도 있다. 19 경정
(해설) 법률의 부존재 다툴 수 없음 / 진정입법부작위의 경우 제68조 1항으로

1579 이념적·논리적으로는 헌법규범 상호 간의 우열을 인정할 수 있다 하더라도 그러한 규범 상호 간의 우열이 헌법의 어느 특정규정이 다른 규정의 효력을 전면적으로 부인할 수 있을 정도의 **개별적 헌법규정 상호 간에 효력 상의 차등**을 의미하는 것이라고 볼 수 없으므로, **헌법의 개별규정에 대한 위헌심사는 허용될 수 없다**. 8 17 국가 7

헌법규정도 위헌제청의 적법한 대상이 된다. 22 국회 9
(해설) 헌법 개별 규정 : 위헌 제청 대상 X

KEY 241 재판의 전제성 · A

1580 「헌법재판소법」 제41조 제1항에 규정된 법률의 위헌 여부에 대한 **재판의 전제성**이라 함은 구체적인 사건이 **법원에 현재 계속 중**이어야 하고, 위헌 여부가 문제되는 **법률 또는 법률조항**이 당해 소송사건의 재판과 관련하여 **적용**되는 것이어야 하며, 그 법률이 헌법에 위반되는지 여부에 따라 당해 사건을 담당한 **법원이 다른 내용의 재판**을 하게 되는 경우를 말한다. 7 22 경정

구체적인 사건이 법원에 계속 중이거나 현재 계속 중은 아니라도 계속될 것이 확실해야 재판의 전제성이 인정된다. 15 국회 9(변형)
(해설) 현재 계속 중이어야 함

1581 법률조항이 당해 사건 재판에 **간접 적용**되더라도, 그 위헌여부에 따라 당해 사건의 재판에 **직접 적용**되는 법률조항의 **위헌여부가 결정**되거나, 당해 **재판의 결과가 좌우**되는 경우 등 양 규범 사이에 **내적 관련**이 인정된다면 재판의 전제성을 인정할 수 있다. 6 22 국회 8

제청 또는 심판청구된 법률조항이 법원의 당해사건의 재판에 직접 적용되지 않는 경우, 그 위헌 여부에 따라 당해 사건의 재판에 직접 적용되는 법률조항의 위헌여부가 결정되더라도 간접 적용되는 법률규정에 대하여는 재판의 전제성을 인정할 수 없다. 12 국회 8
(해설) 인정할 수 있음

1582 공소장에 적시된 법률조항이라 하더라도 구체적 소송사건에서 법원이 적용하지 아니한 법률조항은 재판의 전제성이 인정되지 않는다. ✓ 19 경정

형사사건에 있어서 원칙적으로 공소가 제기되지 아니한 법률조항의 위헌 여부는 당해 형사사건의 재판의 전제가 될 수 없으나 공소장에 적용법조로 기재되었다면 재판의 전제성을 인정할 수 있다. 22 국가 7
(해설) 전제성 부정

1583 재판의 전제성과 관련하여 **법원이 다른 내용의 재판을 하게 되는 경우**라 함은 문제된 **법률의 위헌 여부**가 당해 사건의 재판의 결론이나 주문에 영향을 주는 것뿐만 아니라, **재판의 주문에 영향을 미치지 않아도 재판의 내용과 효력에 관한 법률적 의미가 달라지는 경우**도 포함한다. 8 20 경정

재판의 전제성이 인정되기 위한 요건으로서 '법률의 위헌여부에 따라 법원이 다른 내용의 재판을 하게 되는 경우'는 제청법원에 계속 중인 당해사건의 재판의 주문에 영향을 주는 경우에 한정된다. 21 경정
(해설) 이유를 달리하거나 법률적 의미 달라지는 경우도 포함됨

1584 「헌법재판소법」제41조 제1항의 위헌법률심판에서의 재판이라 함은 **판결·결정·명령** 등 그 형식 여부와 본안에 관한 재판이거나 **소송절차에 관한 재판**이거나를 불문하며 심급을 종국적으로 종결시키는 **종국재판**뿐만 아니라 **중간재판**도 이에 포함된다. 9 22 입시

위헌법률심판의 적법요건으로서의 재판의 전제성에서 '재판'이라 함은 판결·결정·명령 등 그 형식 여부와 본안에 관한 재판이거나 소송절차에 관한 재판인지를 불문하나, 심급을 종국적으로 종결시키지 아니하는 중간재판은 이에 포함되지 않는다. 20 경정
(해설) 중간재판도 포함

1585 위헌법률심판이나 위헌심사형 헌법소원심판에 있어서 위헌여부가 문제되는 **법률이 재판의 전제성 요건을 갖추고 있는지의 여부**는 헌법재판소가 별도로 독자적인 심사를 하기보다는 되도록 법원의 이에 관한 **법률적 견해를 존중해야 할 것이며**, 다만 그 전제성에 관한 **법률적 견해가 명백히 유지될 수 없을 때에만 헌법재판소는 이를 직권으로 조사할 수 있다.** 7 23 국회 8

헌법재판소는 법원의 위헌법률심판제청에 있어서 재판의 전제성에 관한 제청법원의 법률적 견해를 존중하여야 하므로, 비록 이러한 제청법원의 견해가 명백히 유지될 수 없더라도 직권으로 조사할 수 없다. 23 변호사
(해설) 직권 조사 可

1586 법원의 위헌법률심판제청에 있어 위헌 여부가 문제되는 법률 또는 법률조항이 **재판의 전제성 요건**을 갖추고 있는지 여부는 되도록 제청법원의 이에 관한 법률적 견해를 존중해야 하는 것이 원칙이나, 그 **전제성에 관한 법률적 견해가 명백히 유지될 수 없을 경우에는 헌법재판소가 이를 부정할 수 있다.** 7 19 입시

법원이 당해 사건에 적용되는 법률에 대하여 헌법재판소에 위헌법률심판을 제청한 경우 헌법재판소는 해당 법률이 재판의 전제성이 있는지 여부에 관하여 당해 법원과 달리 판단할 수 없다. 22 국회 9
(해설) 달리 판단 가능

KEY 242 위헌법률심판의 종국결정 B

1587 헌법재판소는 제청된 법률 또는 법률 조항의 위헌 여부만을 결정한다. 다만, **법률 조항의 위헌결정으로 인하여 해당 법률 전부를 시행할 수 없다고 인정될 때에는 그 전부에 대하여 위헌결정**을 할 수 있다. 6 25 5급

헌법재판소는 입법자가 아니므로 제청된 법률 또는 법률조항의 위헌 여부만을 결정해야지, 해당 법률 전부에 대하여 위헌결정을 할 수 없다. 19 소간
(해설) 전부 위헌결정 가능

1588 심리의 결과 재판관 5인이 위헌, 2인이 헌법불합치, 2인이 합헌의견을 제시한 경우 헌법재판소 위헌결정, 헌법불합치결정, 합헌결정 중 **헌법불합치결정**을 주문으로 채택한다. ✓ 23 경정

헌법재판소는 단순위헌의견이 5인, 헌법불합치의견이 2인인 경우 주문의 표시에 단순위헌결정을 하고 있다. 11 법원 9
(해설) 헌법불합치 결정

KEY 243 위헌결정의 효력 발생시기　　S

1589 위헌으로 결정된 법률 또는 법률의 조항은 그 결정이 있는 날부터 효력을 상실한다. 다만 형벌에 관한 법률 또는 법률의 조항은 소급하여 그 효력을 상실한다. 〇　　13 국가 7

1590 형벌에 관한 법률 또는 법률의 조항이 위헌으로 결정된 경우에는 소급하여 그 효력을 상실하는 것이 원칙이지만, 해당 법률 또는 법률의 조항에 대하여 종전에 합헌으로 결정한 사건이 있는 경우에는 그 결정이 있는 날의 다음 날로 소급하여 효력을 상실한다. 〇　　25 경정

1591 헌법재판소에 의해 위헌으로 결정된 형벌에 관한 법률 또는 법률의 조항에 근거한 유죄의 확정판결을 받았던 자는 재심을 청구할 수 있다. 〇　　19 소간

1592 형사재판 유죄확정판결이 있은 후 당해 처벌 근거조항에 대해 위헌결정이 내려진 경우 유죄판결을 받은 자는 재심청구를 통하여 유죄의 확정판결을 다툴 수 있다. 〇　　23 법무사

1593 불처벌의 특례를 규정한 법률조항은 형벌에 관한 것이기는 하지만 위헌결정의 소급효를 인정할 경우 오히려 형사처벌을 받지 않았던 자들에게 형사상의 불이익이 미치게 되므로 위헌결정의 소급효가 인정되지 않는다. 〇　　15 서울 7

형벌에 관한 법률이 아닌 경우, 위헌으로 결정된 법률 또는 법률의 조항은 그 결정이 있은 다음 날부터 효력을 상실한다.　　24 법원 9
(해설) 다음 날 X → 결정이 있는 날 O

해당 법률 또는 법률의 조항에 대하여 종전에 합헌으로 결정한 사건이 있는 경우에 위헌으로 결정된 형벌에 관한 법률 또는 법률의 조항은 그 위헌 결정이 있는 날의 다음 날로 소급하여 효력을 상실한다.　　24 국회 8
(해설) 그 위헌 결정이 있는 날의 다음 날 X → 그 합헌 결정이 있는 날의 다음 날 O

위헌결정된 법률에 의하여 이미 유죄의 확정판결을 받은 자는 원칙적으로 법원에 재심을 청구할 수 없다.　　25 경정
(해설) 재심 청구 可

불처벌의 특례를 규정한 형벌규정에 대해 위헌결정이 내려지면, 종래 그 특례의 적용을 받았던 사람에 대해 형사처벌을 할 수 있다.　　21 국회 8
(해설) 불처벌 특례 규정 소급효 X → 형사처벌 불가능

KEY 244 변형결정　　B

1594 대법원의 판례에 따르면, 한정위헌 결정에 의하여 법률이나 법률조항이 폐지되는 것이 아니라 그 문언이 전혀 달라지지 않은 채 그대로 존속하고 있는 것이므로 이는 법률 또는 법률조항의 의미, 내용과 그 적용범위를 정하는 **법률해석**이라 할 수 있으며, 헌법재판소의 견해를 일응 표명한 것에 불과하여 법원에 전속되어 있는 법령의 해석·적용 권한에 대하여 어떠한 영향을 미치거나 기속력을 가질 수 없다. 〇　　14 변호사

대법원은 헌법재판소의 한정위헌결정에 대하여 위헌결정으로서의 효력을 인정하고 있다.　　14 법무사
(해설) 기속력 부정

CHAPTER 04 헌법소원심판

| 번호 | 옳은 지문 O | 옳지 않은 지문 X |

KEY 245 위헌심사형 헌법소원

1595 헌법재판소법 제41조 제1항에 따른 법률의 위헌 여부 심판의 제청신청이 기각된 때에는 그 신청을 한 당사자는 헌법재판소에 헌법소원심판을 청구할 수 있다. 23 5급

어떤 법률이 헌법에 위반되는지 여부를 심판해줄 것을 헌법재판소에 일반 국민이 직접 청구하는 것은 허용되지 않는다. 15 서울 7

(해설) 위헌법률심판 제청신청 기각 시 헌소 청구 가능

1596 위헌법률심판의 제청신청이 기각된 때에 그 신청을 한 당사자는 당해 사건의 같은 심급뿐만 아니라 상소심의 소송절차에서도 동일한 사유로 다시 위헌법률심판의 제청신청을 할 수 없다. 25 입시

법률의 위헌여부심판의 제청신청이 기각된 때에는 당사자는 당해 사건의 소송절차에서 동일한 사유를 이유로 다시 위헌여부심판의 제청을 신청할 수 없는데, 이 때 당해 사건의 소송절차란 동일한 심급만을 의미하는 것이고, 당해 사건의 상소심 소송절차를 포함하는 것은 아니다. 17 변호사

(해설) 당해 사건의 상소심 소송절차 포함됨

1597 「헌법재판소법」 제68조 제2항에 따른 헌법소원심판은 위헌 여부 심판의 제청신청을 기각하는 결정을 통지받은 날부터 30일 이내에 청구하여야 한다. 25 입시

「헌법재판소법」 제68조 제2항에 따른 헌법소원심판은 위헌 여부 심판의 제청신청을 기각하는 결정을 통지받은 날부터 60일 이내에 청구하여야 한다. 18 5급

(해설) 30일 이내 청구

1598 헌법소원이 제기되어 헌법재판소로부터 그 통지를 받았다고 하더라도 재판의 진행을 정지하여야 하는 것은 아니다.

법원이 법률의 위헌 여부 심판을 헌법재판소에 제청한 때에는 당해 소송사건의 재판은 헌법재판소의 위헌 여부의 결정이 있을 때까지 정지되고, 이는 「헌법재판소법」 제68조 제2항에 의한 위헌소원의 경우에도 같다. 24 국회 9

(해설) 위헌헌소는 정지 안됨

1599 확정된 유죄판결에서 처벌의 근거가 된 법률 조항은 재심의 개시 여부를 결정하는 재판에서는 재판의 전제성이 인정되지 않고, 재심의 개시 결정 이후의 '본안사건에 대한 심판'에 있어서만 재판의 전제성이 인정된다. 25 국회 8

형사처벌의 근거로 된 법률의 위헌 여부는 확정된 유죄판결에 대한 재심사유의 존부와 재심청구의 당부에 대하여 직접적인 영향을 미치는 것이므로, 당해사건 재심재판에서 재심사유의 존부 및 재심청구의 당부에 대한 재판의 전제가 된다. 17 서울 7

(해설) 재판의 전제성 부정

1600 행정처분의 근거 법률이 헌법에 위반된다는 사정은 헌법재판소의 위헌결정이 있기 전에는 객관적으로 명백한 것이라고 할 수 없으므로 특별한 사정이 없는 한 그러한 하자는 행정처분의 취소사유에 해당할 뿐 당연무효사유는 아니어서, 제소기간이 경과한 뒤에는 행정처분의 근거 법률이 위헌임을 이유로 무효확인소송 등을 제기하더라도 행정처분의 효력에는 영향이 없음이 원칙이다. 따라서 행정처분의 근거가 된 법률 조항은 당해 행정처분의 무효확인을 구하는 당해 사건에서 재판의 전제가 되지 않는다. 20 변호사

행정처분에 대한 무효확인소송이나 그 효력 유무를 선결문제로 하는 민사소송에서 행정처분의 근거 법률이 위헌이 될 경우, 그 행정처분이 무효가 될 가능성이 상존하므로, 그 처분에 대한 취소소송의 제소기간이 지났는지 여부와는 상관없이 행정처분의 근거 법률의 위헌 여부는 재판의 전제가 된다. 25 국회 8

(해설) 재판의 전제성 부정

KEY 246 권리구제형 헌법소원

1601 위헌법률심판제청신청이 기각되어 **헌법소원심판**을 청구하려고 할 때, 변호사를 대리인으로 선임할 **자력이 없는 경우** 헌법재판소에 **국선대리인을 선임**하여 줄 것을 신청할 수 있다. ○
24 변호사

헌법소원심판을 청구하고자 하는 자가 변호사를 대리인으로 선임할 자력이 없는 경우에는 헌법재판소가 국선대리인을 직권으로 선임하여야 한다.
13 국회 8

(해설) 직권 X → 신청 가능 O

1602 헌법재판소장은 헌법재판소에 **재판관 3명으로 구성되는 지정재판부**를 두어 **헌법소원심판의 사전심사**를 담당하게 할 수 있다. ○
18 5급

헌법재판소장은 헌법재판소에 재판관 3명으로 구성되는 지정재판부를 두어 위헌법률심판과 헌법소원심판의 사전심사를 담당하게 할 수 있다.
24 지방 7

(해설) 위헌법률심판 불가

1603 헌법소원심판의 청구 후 **30일이 지날 때까지** 지정재판부의 각하결정이 없는 때에는 **심판에 회부하는 결정이 있는 것으로 본다**. ○
19 국회 8

헌법소원심판에서 대리인의 선임 없이 청구된 경우에 지정재판부는 재판관 전원의 일치된 의견에 의한 결정으로 심판청구를 각하할 수 있으며, 헌법소원심판의 청구 후 30일이 지날 때까지 각하결정이 없는 때에는 청구된 헌법소원은 재판부의 심판에 회부되지 않은 것으로 본다.
23 지방 7

(해설) 않은 것으로 봄 X → 회부 간주 O

KEY 247 헌법소원심판의 대상

1604 변호사 또는 소비자로부터 금전 · 기타 경제적 대가를 받고 법률상담 또는 사건 등을 소개 · 알선 · 유인하기 위하여 **변호사 등을 광고 · 홍보 · 소개하는 행위를 금지**하는 대한변호사협회의 변호사 광고에 관한 규정은 **헌법소원의 대상이 되는 공권력의 행사**에 해당한다. ○ (최신판례)
23 법무사

1605 헌법은 그 전체로서 주권자인 **국민의 결단 내지 국민적 합의의 결과**라고 보아야 할 것으로, 헌법의 개별규정을 「헌법재판소법」 제68조 제1항 소정의 **공권력 행사의 결과라고 볼 수 없다**. ○
24 국회 8

군인 등의 국가배상청구를 제한하고 있는 헌법 제29조 제2항은 헌법소원심판의 대상이 되는 공권력 행사에 해당한다.
19 법무사

(해설) 헌법 개별규정 : 공권력 행사 X

KEY 248 헌법소원심판의 대상 (국회)

1606 **진정입법부작위에 대한 헌법소원심판청구**는 헌법에서 기본권보장을 위하여 **법률에 명시적으로 입법위임**을 하였음에도 입법자가 이를 이행하지 아니한 경우이거나, **헌법해석상 특정인에게 구체적인 기본권**이 생겨 이를 보장하기 위한 **국가의 행위의무 내지 보호의무**가 발생하였음이 명백함에도 불구하고 입법자가 아무런 입법조치를 취하지 아니한 경우에 한하여 허용된다. ○
23 법무사

1607 의료인이 아닌 사람도 문신시술을 업으로 행할 수 있도록 그 자격 및 요건을 법률로 제정하도록 하는 내용의 **명시적인 입법위임**은 헌법에 존재하지 않으며, 문신시술을 위한 별도의 자격제도를 마련할지 여부는 여러 가지 사회적 · 경제적 사정을 참작하여 **입법부가 결정할 사항**으로, 그에 관한 **입법의무가 헌법해석상 도출된다고 보기는 어렵다**. ○ (최신판례)
23 법무사

KEY 249 헌법소원심판의 대상 (행정부) A

1608 헌법 제107조 제2항이 규정한 **명령·규칙에 대한 대법원의 최종심사권**이란 구체적인 소송사건에서 명령·규칙의 위헌 여부가 재판의 전제가 되었을 경우 법률의 경우와는 달리 헌법재판소에 제청할 것 없이 **대법원이 최종적으로 심사**할 수 있다는 의미이며, **명령·규칙 그 자체**에 의하여 **직접 기본권이 침해되었음을 이유로 하여 헌법소원심판을 청구하는 것은** 위 헌법규정과는 아무런 상관이 없는 문제이다. 19 국회 8

헌법 제107조 제2항에 의하면 명령·규칙이 헌법이나 법률에 위반되는 여부가 재판의 전제가 된 경우에는 대법원이 이를 최종적으로 심사할 권한을 가지므로, 명령·규칙에 의하여 직접 기본권을 침해당하는 경우라 하더라도 헌법재판소법 제68조 제1항의 헌법소원심판을 청구할 수 없다. 24 법원 9

(해설) 직접 기본권 침해된 경우 헌소 청구 可

1609 법령의 직접적인 위임에 따라 수임행정기관이 **그 법령을 시행하는데 필요한 구체적 사항을 정한 것**이면, 그 제정형식이 **고시, 훈령, 예규** 등과 같은 행정규칙이더라도 그것이 상위법령의 위임한계를 벗어나지 아니하는 한, **상위법령과 결합하여 대외적인 구속력을 갖는 법규명령**으로서 기능하고 있는 것으로 볼 수 있으므로 「헌법재판소법」 제68조 제1항에 의한 **헌법소원의 대상이 되는 공권력 행사에 해당한다.** 17 변호사

1610 행정규칙은 일반적으로 행정조직 내부에서만 효력을 가지는 것이고 대외적인 구속력을 갖는 것이 아니어서 원칙적으로 헌법소원의 대상이 아니나, **재량권 행사의 준칙인 행정규칙**이 그 정한 바에 따라 되풀이 시행되어 행정관행이 생기면 행정기관은 그 상대방에 대한 관계에서 그 규칙에 따라야 할 **자기구속을 당하게 되어 대외적 구속력**을 가지게 되므로 이러한 경우에는 헌법재판소법 제68조 제1항의 **헌법소원심판의 대상**이 된다. 24 법원 9

1611 비구속적 행정계획안이나 행정지침이라도 국민의 **기본권에 직접적으로 영향**을 끼치고, 앞으로 **법령의 뒷받침**에 의하여 그대로 실시될 것이 틀림없을 것으로 예상될 수 있을 때에는 예외적으로 **헌법소원의 대상**이 된다. 25 국회 8

1612 피청구인 **방송통신심의위원회의 시정요구**는 정보통신서비스제공자에게 조치결과 통지의무 등을 부담하고 있고, 시정요구에 **따르지 않을 경우** 방송통신위원회에 의하여 해당 정보의 취급거부·정지 또는 제한명령이라는 **법적 조치**가 내려질 수 있으며, 이를 따르지 않는 경우에는 **형사처벌까지 예정**하고 있으므로, 이 사건 시정요구는 단순한 행정지도로서의 한계를 넘어 **규제적·구속적 성격**을 갖는 것으로서 **헌법소원심판의 대상이 되는 공권력의 행사**라고 봄이 상당하다. [최신판례]

피청구인 방송통신심의위원회는 공권력행사의 주체인 국가행정기관이고, 정보통신서비스제공자는 조치결과 통지의무 등을 부담하지만, 시정요구에 따르지 않을 경우 제재수단이 없으므로 피청구인이 2019년 2월 11일 주식회사 ○○ 외 9개 정보통신서비스제공자 등에 대하여 895개 웹사이트에 대한 접속차단의 시정을 요구한 행위는 헌법소원심판의 대상이 되는 공권력 행사에 해당하지 않는다. 24 국가 7

(해설) 공권력 행사에 해당

1613 상위 법령에서 하위 행정입법의 제정을 예정하고 있더라도 하위 행정입법의 제정 없이 **상위 법령의 규정만으로도 집행이 이루어질 수 있는 경우**에는 하위 행정입법을 하여야 할 헌법적 작위의무는 인정되지 아니한다. 22 변호사

삼권분립의 원칙, 법치행정의 원칙을 당연한 전제로 하고 있는 우리 헌법 하에서 행정권의 행정입법 등 법집행의무는 헌법적 의무라고 보아야 할 것이므로, 하위 행정입법의 제정 없이 상위 법령의 규정만으로 집행이 이루어질 수 있는 경우라도 하위 행정입법을 하여야 할 헌법적 작위의무는 인정된다. 17 변호사

(해설) 헌법상 작위의무 인정 X

1614 행정권력의 부작위에 대한 헌법소원은 공권력의 주체에게 **헌법에서 유래하는 작위의무**가 특별히 구체적으로 규정되어 이에 의거하여 기본권의 주체가 **행정행위 내지 공권력의 행사를 청구**할 수 있음에도 공권력의 주체가 **그 의무를 해태하는 경우**에 허용된다. 22 법무사, 22 법원 9

1615 헌법 해석상 변호인의 조력을 받을 권리로부터 70세 이상인 불구속 피의자에 대하여 피의자신문을 할 때 법률구조제도에 대한 안내 등을 통해 피의자가 **변호인의 조력을 받을 권리를 행사하도록 조치할 법무부장관의 작위의무가 곧바로 도출된다고 볼 수 없다.** (최신판례) 　24 국회 8

KEY 250 헌법소원심판의 대상 (행정기관의 행위)　A

1616 수사기관 등에 의한 **통신자료 제공요청은 임의수사에 해당하는 것으로, 전기통신사업자가 이에 응하지 아니한 경우에도 어떠한 법적 불이익을 받는다고 볼 수 없으므로, 헌법소원의 대상이 되는 공권력의 행사에 해당하지 않는다.** (최신판례) 　24 법무사

1617 교도소장이 수용자에 대하여 실시한 생활지도 명목의 **이발지도행위는 교도소장이 두발 등을 단정하게 유지할 것을 지도·교육한 것에 불과하고 교도소장의 우월적 지위에서 일방적으로 수용자에게 이발을 강제한 것이 아니므로, 헌법소원심판의 대상인 공권력의 행사라고 보기 어렵다.** 　23 경정

교도소장이 수용자에 대하여 지속적이고 조직적으로 실시한 생활지도 명목의 이발지도행위는, 우월적 지위에 있는 교도소장이 일방적으로 수용자에게 두발 등을 단정하게 유지하도록 강제하는 것으로서 헌법소원심판의 대상인 공권력의 행사에 해당한다. 　16 법원 9
(해설) 공권력 행사 X

1618 관할 경찰서장의 **옥외집회신고서 반려행위는 주무 행정기관에 의한 행위로서 기본권침해 가능성이 있는 공권력의 행사에 해당한다.** 　13 국회 8

옥외집회를 주최하고자 하는 자는 집시법에서 정한 시간 전에 관할 경찰관서장에게 집회신고서를 제출하여 접수시키기만 하면 원칙적으로 옥외집회를 할 수 있으므로, 옥외집회신고서를 반려한 행위가 동일한 경위로 반복적으로 이루어졌다 하더라도 이 반려행위는 헌법소원의 대상이 될 수 없다. 　23 변호사
(해설) 헌소 대상

1619 대통령의 **법률안 제출행위는 국가기관간의 내부적 행위에 불과하고 국민에 대하여 직접적인 법률효과를 발생시키는 행위가 아니므로「헌법재판소법」제68조 제1항의 헌법소원심판의 대상이 되는 공권력의 행사에 해당되지 않는다.** 　17 변호사

대통령이 국회에 법률안을 제출하는 행위는 공권력의 행사에 해당하므로 이를 대상으로 한「헌법재판소법」제68조 제1항에 따른 헌법소원심판은 적법하다. 　21 국회 8
(해설) 공권력 행사 X, 헌소 부적법

1620 대통령으로서 국회 본회의 **시정연설에서 자신에 대한 신임국민투표를 실시하고자 한다고 밝혔다 하더라도, 그것이 단순한 정치적 제안의 피력에 불과하다고 인정되는 이상 이를 두고 헌법소원의 대상이 되는 '공권력의 행사'라고 할 수는 없으므로**, 이에 대한 취소 또는 위헌확인을 구하는 청구인들의 심판청구는 모두 **부적법하다.**

대통령이 국회 본회의에서 행한 시정연설에서 정책과 결부하지 않고 단순히 대통령의 신임 여부만을 묻는 국민투표를 실시하고자 한다고 밝힌 것은 대통령의 권한으로 국민투표를 실시하겠다는 명백한 의사결정을 대외적으로 표시한 것으로 헌법소원의 대상이 되는 공권력의 행사에 해당한다. 　19 서울 7
(해설) 공권력 행사 아님

1621 한국증권거래소의 **상장폐지확정결정은 헌법소원의 대상이 되는 공권력의 행사에 해당하지 않는다.** 　10 국회 8

한국증권거래소의 상장법인인 회사에 대한 상장폐지확정결정은 헌법소원심판의 대상이 되는 공권력의 행사에 해당한다. 　21 지방 7
(해설) 공권력 행사 X

KEY 251 헌법소원심판의 대상(사법작용)과 원행정처분　B

1622 법원의 재판은 헌법소원심판의 대상이 되지 아니함이 원칙이지만, 헌법재판소가 위헌으로 결정한 법령을 적용함으로써 국민의 기본권을 침해한 재판에 대하여는 헌법재판소법 제68조 제1항에 의한 헌법소원심판을 청구할 수 있다.
18 입시

「헌법재판소법」 제68조 제1항은 법원의 재판을 헌법소원심판대상에서 제외하고 있으므로, 헌법재판소가 위헌으로 결정하여 그 효력을 전부 또는 일부 상실한 법률을 적용함으로써 국민의 기본권을 침해한 법원의 재판에 대해서도 「헌법재판소법」 제68조 제1항에 의한 헌법소원이 허용되지 않는다.
17 국가 7

(해설) 헌법소원 허용됨

1623 한정위헌결정의 기속력을 부인하여 청구인들의 재심청구를 기각한 법원의 재판은 '법률에 대한 위헌결정의 기속력에 반하는 재판'으로 이에 대한 헌법소원이 허용될 뿐 아니라 헌법상 보장된 재판청구권을 침해하였으므로 「헌법재판소법」 제75조 제3항에 따라 취소되어야 한다. (최신판례)
23 국가 7

1624 위헌결정이 있기 이전의 단계에서 그 법률을 판사가 적용하는 것은 제도적으로 정당성이 보장되므로 아직 헌법재판소에 의하여 위헌으로 선언된 바가 없는 법률이 적용된 재판을 그 뒤에 위헌결정이 선고되었다는 이유로 위법한 공권력의 행사라고 하여 헌법소원심판의 대상으로 삼을 수는 없는 것이므로 한정위헌결정 이전에 확정된 유죄판결은 위헌결정의 기속력에 반하는 재판으로 볼 수 없다. (최신판례)

법률에 대한 헌법재판소의 한정위헌결정 이전에 그 법률을 적용하여 확정된 유죄판결은 '헌법재판소가 위헌으로 결정한 법령을 적용하여 국민의 기본권을 침해한 재판'에는 해당하지 않지만, '위헌결정의 기속력에 반하는 재판'이므로 그 판결을 대상으로 한 헌법소원 심판청구는 적법하다.
23 국가 7

(해설) 위헌결정의 기속력에 반하는 재판이 아니므로 헌소청구 부적법

1625 「헌법재판소법」 제68조 제1항의 헌법소원은 행정처분에 대하여도 청구할 수 있는 것이나, 그것이 법원의 재판을 거쳐 확정된 행정처분인 경우에는 당해 행정처분을 심판의 대상으로 삼았던 법원의 재판이 예외적으로 헌법소원심판의 대상이 되어 그 재판 자체가 취소되는 경우에 한하여 심판이 가능한 것이고, 이와 달리 법원의 재판이 취소될 수 없는 경우에는 당해 행정처분 역시 헌법소원심판청구의 대상이 되지 아니한다.
23 국가 7

행정처분의 취소를 구하는 행정소송을 제기하였으나 청구기각의 판결이 확정되어 법원의 소송절차에 의하여서는 더 이상 이를 다툴 수 없게 된 경우에, 그 행정처분을 심판대상으로 삼았던 법원의 그 재판 자체가 취소되지 않더라도 당해 행정처분은 헌법재판소법 제68조 제1항의 헌법소원심판의 대상이 된다.
24 법원 9

(해설) 재판 자체가 취소되는 경우만 허용됨

KEY 252 자기관련성　A

1626 공권력의 작용이 단지 간접적, 사실적 또는 경제적 이해관계로만 관련되어 있는 제3자에게는 자기관련성이 인정되지 않는다.
22 국회 8

헌법소원에 있어서는 원칙적으로 공권력의 행사 또는 불행사의 직접적인 상대방이 자기관련성이 인정될 뿐만 아니라, 공권력의 작용에 단지 간접적이거나 사실적 또는 경제적인 이해관계가 있을 뿐인 제3자의 경우에도 자기관련성이 인정된다.
25 5급

(해설) 간접·사실·경제적 이해관계 제3자 부정

1627 수혜적 법령의 경우에는 수혜범위에서 제외된 자가 자신이 평등원칙에 반하여 수혜대상에서 제외되었다는 주장을 하거나, 비교집단에게 혜택을 부여하는 법령이 위헌이라고 선고되어 그러한 혜택이 제거된다면 비교집단과의 관계에서 자신의 법적 지위가 상대적으로 향상된다고 볼 여지가 있을 때에는 그 법령의 직접적인 적용을 받는 자가 아니라고 할지라도 자기관련성을 인정할 수 있다.
21 변호사

1628 「변호사법」 규정의 위임을 받아 변호사 광고에 관한 구체적인 규제사항 등을 정한 대한변호사협회의 「변호사 광고에 관한 규정」에 대하여, 그 규정의 수범자인 변호사를 상대로 **법률서비스 온라인 플랫폼을 운영**하며 변호사 등의 광고·홍보·소개 등에 관한 **영업행위를 하고 있는 업체**가 영업의 자유가 침해된다고 주장하면서 청구한 헌법소원심판은 **자기관련성이 인정된다.** (최신판례) 23 변호사

1629 죽음에 임박한 환자로서 무의미한 연명치료에서 벗어나 자연스럽게 죽음을 맞이할 **연명치료의 중단 등에 관한 법률을 제정하지 아니한 국회의 입법부작위**의 위헌성을 다투는 헌법소원에서, **환자의 자녀들**은 정신적 고통을 감수하고 경제적 부담을 진다는 점에서 이해관계를 가지고 있으나, 이러한 이해관계는 간접적, 사실적 이해관계에 불과하여 위 입법부작위를 다툴 **자기관련성이 인정되지 아니한다.** 14 변호사

연명치료 중인 환자의 자녀들은 연명치료의 중단에 관한 기준, 절차 및 방법 등에 관한 법률의 입법부작위 위헌확인에 관한 기본권침해의 자기관련성이 있다. 15 경정

(해설) 자기관련성 부정됨

1630 언론인을 공직자 등에 포함시켜 이들에 대한 부정청탁을 금지한 것은 언론인 등 자연인을 수범자로 하고 있을 뿐이어서 **사단법인 한국기자협회는 자신의 기본권을 직접 침해당할 가능성이 없다.** 22 국회 8

언론인이 직무관련 여부 및 기부·후원·증여 등 그 명목에 관계없이 동일인으로부터 일정 금액을 초과하는 금품 등을 받거나 요구 또는 약속하는 것을 금지하는 「부정청탁 및 금품등 수수의 금지에 관한 법률」조항은 자연인을 수범자로 하고 있을 뿐이어서, 사단법인 한국기자협회가 위 조항으로 인하여 자기의 기본권을 직접 침해당할 가능성은 없다고 할 것이나, 법인은 그 구성원을 위하여 또는 구성원을 대신하여 헌법소원심판을 청구할 수 있으므로, 사단법인 한국기자협회는 위 조항과 관련하여 기본권침해의 자기관련성이 인정된다. 17 변호사

(해설) 법인이 구성원 대신하여 헌소 청구 불가, 자기관련성 부정됨

1631 심판대상조항의 수범자는 일반게임제공업자인데 청구인 사단법인은 이에 해당하지 않고, 청구인 **사단법인**은 그 구성원과 별개의 독립된 인격체로서 구성원인 일반게임제공업자 **회원들의 기본권 구제를 위하여 이 사건 심판을 청구할 수 없다.** (최신판례)

일반게임제공업자가 게임물의 버튼 등 입력장치를 자동으로 조작하여 게임을 진행하는 장치 또는 소프트웨어를 제공하거나 게임물 이용자로 하여금 이를 이용하게 하는 행위를 금지하는 「게임산업진흥에 관한 법률 시행령」조항에 대하여, 일반게임제공업자를 회원으로 하는 단체인 사단법인이 직업의 자유가 침해된다고 주장하면서 청구한 헌법소원심판은 자기관련성이 인정된다. 23 변호사

(해설) 자기관련성 부정

KEY 253 헌법소원의 현재성과 청구기간 **A**

1632 「헌법재판소법」 제68조 제1항에 따른 헌법소원의 심판은 그 사유가 있음을 안 날부터 90일 이내에, 그 사유가 **있는 날부터 1년 이내**에 청구하여야 한다. 다만 **다른 법률에 따른 구제절차를 거친 헌법소원**의 심판은 그 최종결정을 **통지받은 날부터 30일 이내**에 청구하여야 한다. 24 국회 8

기본권침해를 사유로 하는 헌법소원심판의 청구기간은 원칙적으로 그 사유가 있음을 안 날로부터 60일 이내, 그 사유가 있는 날로부터 180일 이내이고, 「헌법재판소법」제68조 제2항의 헌법소원심판의 청구기간은 위헌법률심판의 제청신청을 기각하는 결정을 통지받은 날부터 30일 이내이다. 19 경정

(해설) 60일 X → 90일 ○ / 180일 X → 1년 ○

1633 공권력의 불행사로 인한 기본권침해는 그 불행사가 계속되는 한 기본권침해의 부작위가 계속된다 할 것이므로, 공권력의 불행사에 대한 헌법소원심판은 **그 불행사가 계속되는 기간의 제약없이 적법하게 청구할 수 있다.** 22 5급

공권력의 불행사로 인한 기본권침해의 경우에도 공권력의 불행사에 대한 헌법재판소법 제68조 제1항에 의한 헌법소원심판은 청구기간의 제한을 받는다. 15 법무사

(해설) 불행사는 기간 제약 X

1634 법령의 시행과 관련된 유예기간이 있는 경우, 해당 법령에 대한 「헌법재판소법」 제68조 제1항에 따른 헌법소원심판의 **청구기간 기산점**은 그 법령 시행일이 아니라 시행 **유예기간 경과일**이다.[6]   23 변호사

어린이통학버스에 보호자의 동승을 강제하도록 규정하면서 그 적용에 유예기간을 두고 있는 「도로교통법」 조항의 경우, 헌법재판소는 '유예기간 경과일'이 아니라 기본권 제한이 발생한 시기인 '법령의 시행일'을 헌법소원심판의 청구기간 기산점으로 본다.   25 변호사

(해설) 유예기간 경과일이 기산점

1635 법률이 헌법소원의 대상이 되려면 현재 시행 중인 유효한 법률이어야 함이 원칙이나, 공포된 **법률**의 경우 효력발생 전이라도 그 시행이 확실시되어 청구인이 불이익을 입게 될 수 있음을 충분히 예측할 수 있는 경우에는 **헌법소원을 청구할 수 있다**.[4]   25 변호사

법률이 일반적 효력을 발생하기 전이라고 한다면 이미 공포되어 있다고 하더라도 현재성 요건으로 인하여 그 법률에 대하여 헌법소원심판을 청구할 수 없다.   15 법무사

(해설) 침해의 현재성 인정, 헌소청구 可

KEY 254 직접성 [B]

1636 부진정 **입법부작위**를 다투는 형태의 **헌법소원심판 청구**의 경우에도 해당 법률 또는 법령 조항 자체를 심판의 대상으로 삼는 것이므로 원칙적으로 법령소원에 있어서 요구되는 **기본권 침해의 직접성 요건을 갖추어야 한다**.[4]   17 서울 7

부진정 입법부작위를 다투는 형태의 헌법소원심판 청구의 경우에는 해당 법률 또는 법령 조항 자체를 심판의 대상으로 삼는 것이므로 법령소원에 있어서 요구되는 기본권침해의 직접성 요건을 갖추지 아니하여도 된다.   23 소간

(해설) 직접성 요건을 갖춰야 함

1637 법률조항 자체가 「헌법재판소법」 제68조 제1항의 헌법소원의 대상이 될 수 있으려면 그 법률조항에 의하여 **구체적인 집행행위를 기다리지 아니하고 직접 자기의 기본권을 침해받아야 하며 집행행위에는 입법행위도 포함**되므로, 법률규정이 그 규정의 구체화를 위하여 **하위규범의 시행을 예정하고 있는 경우**에는 원칙적으로 당해 **법률의 직접성은 부인된다**.[10]   21 지방 7

기본권침해의 직접성에서 말하는 집행행위에는 행정부에 의한 입법작용도 포함되므로 법령이 그 규정의 구체화를 위하여 하위규범의 시행을 예정하고 있는 경우에는 당해 법령의 직접성은 원칙적으로 인정된다.   23 소간

(해설) 직접성 부인

KEY 255 헌법소원심판의 보충성 [S]

1638 **보충성 요건**에서 말하는 사전의 다른 권리구제절차는 공권력의 행사 또는 불행사를 직접 대상으로 하여 그 효력을 다툴 수 있는 권리구제절차를 의미하는 것이지, **사후적, 보충적 구제수단인 손해배상청구나 손실보상청구를 의미하는 것은 아니다**.[5]   15 법무사

다른 구제절차란 공권력의 행사 또는 불행사를 직접 대상으로 하여 그 효력을 다툴 수 있는 권리구제절차 뿐만 아니라 사후적·보충적 구제수단인 손해배상청구나 손실보상청구와 같은 우회적인 구제수단도 포함한다.   09 국가 7

(해설) 손해배상청구나 손실보상청구 포함 X

1639 헌법소원심판청구 시에 **보충성 요건이 흠결**된 경우라도, 헌법재판소의 **종국결정 전에 다른 법률에 규정된 권리구제절차를 거친 경우**에는 보충성 요건의 **흠결이 치유될 수 있다**.[5]   22 국회 8

사전에 권리구제절차를 거쳐야 하므로 헌법소원을 제기한 후에 권리구제절차를 거쳤다고 하여 그 하자가 치유되는 것은 아니다.   13 국회 8

(해설) 하자 치유됨

1640 **국가인권위원회의 진정**에 대한 각하 및 기각결정은 「국가인권위원회법」에 따른 법률상 신청권이 있는 진정인의 권리행사에 중대한 지장을 초래하는 것으로 **항고소송의 대상이 되는 행정처분에 해당**하므로 **헌법소원의 보충성 요건을 충족하지 못한다**.[9]   16 서울 7

진정에 대한 국가인권위원회의 기각결정은 항고소송의 대상이 되는 행정처분에 해당하지 않으므로 「헌법재판소법」 제68조 제1항에 의한 헌법소원의 대상이 된다.   21 경정

(해설) 행정처분이므로 행정소송 可 → 보충성 결여되어 헌소 부적법

1641 사법경찰관인 피청구인이 청구인에 관한 **보도자료를 기자들에게 배포한 행위**는 수사기관이 공소제기 이전에 피의사실을 대외적으로 알리는 것으로서, 이것이 형법 제126조의 **피의사실공표죄에 해당하는 범죄행위**라면 청구인은 이를 수사기관에 고소하고 그 처리결과에 따라 **검찰청법에 따른 항고**를 거쳐 **재정신청**을 할 수 있으므로, 위와 같은 권리구제절차를 거치지 아니한 채 제기한 보도자료 배포행위에 대한 심판청구는 **보충성 요건을 갖추지 못하여 부적법**하다. 16 법무사

KEY 256 보충성의 예외 A

1642 법률에 의하여 직접 기본권이 침해당한 경우 다른 법적 구제절차가 없으므로 바로 헌법소원을 제기할 수 있다. 21 국회

1643 육군훈련소장이 청구인들로 하여금 **육군훈련소 내 종교행사**에 참석하도록 한 종교행사 참석조치는 이미 종료된 행위로 주관적 권리구제를 구할 수는 없으나 **침해행위가 앞으로도 반복될 위험**이 있거나, 분쟁의 해결이 **헌법질서의 수호·유지**를 위하여 헌법적으로 그 해명이 중대한 의미를 지니고 있는 경우에는 **심판청구의 이익**을 인정할 수 있다. 최신판례

청구인들이 육군훈련소에서 기초군사훈련을 마치고 퇴소하여 더 이상 기본권을 제한받고 있지 아니한 이상, 육군훈련소장이 청구인들로 하여금 육군훈련소 내 종교행사에 참석하도록 한 종교행사 참석조치는 이미 종료된 행위로서 심판의 이익이 인정되지 않는다. 25 법원 9

(해설) 심판청구의 이익 인정

KEY 257 헌법소원심판의 대상 (검사의 처분) B

1644 피해자의 고소가 아닌 수사기관의 인지 등에 의하여 수사가 개시된 피의사건에서 **검사의 불기소처분**이 이루어진 경우 그 불기소처분의 취소를 구하기 위해 **별도의 고소 없이 곧바로** 제기된 피해자의 헌법소원은 **보충성 원칙의 예외**로서 **적법**하다. 19 경정

피해자의 고소가 아닌 수사기관의 인지 등에 의하여 수사가 개시된 피의사건에서 검사의 불기소처분이 이루어진 경우, 고소하지 아니한 피해자가 그 불기소처분의 취소를 구하는 헌법소원심판을 곧바로 청구하는 것은 보충성을 결여하여 부적법하다. 18 국회 8

(해설) 보충성 원칙 위반 아님, 고소하지 아니한 피해자는 헌소 청구 가능

1645 형사피의자는 자신에 대한 기소유예처분이 자의적이라고 주장하면서 **기소유예처분에 대한 헌법소원을 제기할 수 있다.** 16 변호사

검사로부터 기소유예처분을 받은 피의자는 「검찰청법」 소정의 항고를 거쳐 그 검사 소속의 지방검찰청 소재지를 관할하는 고등법원에 그 당부에 관한 재정을 신청할 수 있으므로 그와 같은 구제절차를 모두 거치지 않은 채 기소유예처분의 취소를 구하는 헌법소원심판 청구는 부적법하다. 15 변호사

(해설) 기소유예 피의자 : 법원에 재정신청 不可 → 헌소 可 (보충성원칙의 예외)

KEY 258 헌법소원심판의 권리보호이익

1646 헌법소원제도는 개인의 주관적인 권리구제뿐만 아니라 **헌법질서를 보장하는 기능**도 있으므로 주관적 권리보호이익은 소멸하였다고 하더라도, 그러한 **침해행위가 앞으로도 반복될 위험**이 있거나 당해 분쟁의 해결이 **헌법질서의 수호·유지**를 위하여 긴요한 사항이어서 **헌법적으로 그 해명이 중대한 의미를 지니는 경우**에는 심판청구의 이익을 인정할 수 있다.
22 5급

1647 단순히 '행정청의 행위가 법률이 정한 바에 부합하는가'라는 점을 문제 삼는 경우와 같이 **법률의 해석·적용 또는 포섭**을 다투는 경우에는 헌법적 해명의 필요성이 인정되지 아니하고, 설사 유사한 침해행위가 앞으로도 반복될 위험이 있다 하더라도 공권력 행사의 위헌 여부를 확인할 실익이 없어 심판청구의 이익이 부인된다. (최신판례)
23 소간

KEY 259 종국결정

1648 헌법재판소는 헌법재판소법 제68조 제1항에 따른 **헌법소원을 인용할 때**에는 **인용결정서의 주문**에 **침해된 기본권**과 **침해의 원인이 된 공권력의 행사 또는 불행사를 특정**하여야 하며, 그 경우에 **공권력의 행사 또는 불행사가 위헌인 법률 또는 법률의 조항에 기인한 것이라고 인정될 때**에는 인용결정에서 해당 **법률 또는 법률의 조항이 위헌임을 선고할 수 있다**.
22 국가 7

헌법재판소는 공권력의 행사 또는 불행사가 위헌인 법률 또는 법률의 조항에 기인한 것이라고 인정될 경우에도 인용결정에서 해당 법률 또는 법률의 조항에 대해 위헌임을 선고할 수 없다.
11 지방 7

(해설) 선고 가능

CHAPTER 05 권한쟁의심판

| 번호 | 옳은 지문 O | 옳지 않은 지문 X |

KEY 260 권한쟁의심판　B

> 헌법 제111조 ① 헌법재판소는 다음 사항을 관장한다.
> 4. **【권한쟁의심판】** 국가기관 상호간, 국가기관과 지방자치단체간 및 지방자치단체 상호간의 권한쟁의에 관한 심판

1649 국가기관 상호 간, 국가기관과 지방자치단체 간 및 지방자치단체 상호 간에 권한의 존부 또는 범위에 관하여 다툼이 있을 때에는 당해 국가기관 또는 지방자치단체는 헌법재판소에 권한쟁의심판을 청구할 수 있다. 　15 법원 9. 15 경정

1650 국가 또는 공공단체의 기관 상호 간에 있어서의 권한의 존부 또는 그 행사에 관한 다툼이 있을 때에는 기관소송을 제기할 수 있으나, 「헌법재판소법」 제2조의 규정에 의하여 헌법재판소의 관장사항으로 되는 소송은 기관소송의 대상에서 제외된다. 　20 소간

공유수면에 인접한 두 지방자치단체의 어업면허처분과 관련된 권한쟁의심판에서 「행정소송법」 제45조는 법률이 정한 경우에 법률에 정한 자가 기관소송을 제기할 수 있도록 규정하고 있는바, 만약 지방자치단체의 권한쟁의심판청구가 기관소송을 거치지 않고 제기되었다면 권한쟁의심판의 보충성에 위배되어 부적법하다. 　16 변호사
(해설) 헌법재판소 심판대상이면 기관소송 불가 → 권한쟁의심판 적법

1651 심판대상이 되는 권한쟁의는 헌법상의 분쟁만이 아니라 법률상의 분쟁을 포함한다. 　15 국회 8

일반 법원의 기관소송 관할권과 중복을 피하기 위하여 권한쟁의 심판에서는 헌법상의 권한분쟁만을 대상으로 하고 법률상의 권한분쟁은 그 대상이 되지 않는다. 　21 국회 8
(해설) 법률상 권한분쟁 포함

KEY 261 종국결정　

1652 헌법재판소법 제62조 제1항 제1호가 국가기관 상호 간의 권한쟁의심판을 '국회, 정부, 법원 및 중앙선거관리위원회 상호 간의 권한쟁의심판'이라고 규정하고 있더라도 이는 한정적, 열거적인 조항이 아니라 예시적인 조항이라고 해석하는 것이 헌법에 합치된다. 　18 경정

국가기관 상호 간의 권한쟁의심판을 '국회, 정부, 법원 및 중앙선거관리위원회 상호 간의 권한쟁의심판'이라고 규정하고 있는 「헌법재판소법」 제62조 제1항 제1호는 열거조항으로 해석된다. 　22 경정
(해설) 열거 조항 X, 예시 조항 O

1653 입법자인 국회는 권한쟁의심판의 종류나 당사자를 제한할 입법형성의 자유가 있다고 할 수 없고, 권한쟁의심판의 당사자가 될 수 있는 국가기관의 범위는 결국 헌법해석을 통해 확정하여야 한다. 　18 입시

1654 안건조정위원회 위원장은 「국회법」상 소위원회의 위원장으로서 헌법 제111조 제1항 제4호 및 「헌법재판소법」 제62조 제1항 제1호의 '국가기관'에 해당한다고 볼 수 없으므로 권한쟁의심판의 당사자가 될 수 없다. 　24 국가 7

국회 안건조정위원회 위원장은 권한쟁의심판의 당사자가 될 수 있다 　24 국회 9(변형)
(해설) 국가기관 아니므로 당사자능력 부정

1655 국회 교섭단체 대표의원은 헌법 제111조 제1항 제4호 및 「헌법재판소법」 제62조 제1항 제1호의 '**국가기관**'에 해당한다고 볼 수 없으므로, 권한쟁의심판의 당사자능력이 인정되지 아니한다. (최신판례) 25 소간

1656 헌법상 국가에 부여된 임무 또는 의무를 수행하고 그 독립성이 보장된 국가기관이라고 하더라도, **오로지 법률에 설치근거를 둔 국가기관**은 '헌법에 의하여 설치되고 헌법과 법률에 의하여 독자적인 권한을 부여받은 **국가기관**'이라고 할 수 없다. 23 소간

권한쟁의심판을 청구할 수 있는 국가기관인지를 판별함에 있어서 오로지 법률에 설치근거를 둔 국가기관이라고 하더라도 헌법상 국가에게 부여된 임무 또는 의무를 수행하고 그 독립성이 보장된 국가기관이라면 권한쟁의심판의 당사자능력이 인정되는 국가기관이라고 할 수 있다. 16 국회 8
(해설) 국가기관 아님, 당사자능력 부정

1657 국가인권위원회는 헌법에 의하여 설치되고 **헌법과 법률에 의하여 독자적인 권한을 부여받은 국가기관**이라고 할 수 없어 권한쟁의심판의 당사자능력이 인정되지 않는다. 20 경정

법률에 의해 설치된 국가기관이라고 할지라도 헌법적 위상을 가진다고 볼 수 있는 독립적 국가기관으로서 달리 권한침해를 다툴 방법이 없는 경우에는 헌법재판소에 의한 권한쟁의심판이 허용되어야 하며, 국가인권위원회는 바로 이 경우에 해당하므로 권한쟁의심판청구의 당사자능력이 인정된다. 24 국회 8
(해설) 인권위 당사자능력 부정

1658 문화재청장은 '헌법에 의하여 설치되고 헌법과 법률에 의하여 독자적인 권한을 부여받은 국가기관'이라고 할 수 없으므로 법률에 의하여 설치된 피청구인에게는 **권한쟁의심판의 당사자능력이 인정되지 아니한다.** (최신판례)

문화재청 및 문화재청장은 「정부조직법」에 의하여 행정각부장의 하나인 문화체육관광부 장관 소속으로 설치된 기관 및 기관장으로서 권한쟁의심판의 당사자능력이 인정된다. 24 국회 7
(해설) 당사자능력 부정

1659 일반적으로 「정부조직법」상 합의제 행정기관을 포함한 **정부의 부분기관 사이의 권한에 관한 다툼**은 「정부조직법」상의 상하 위계질서 등을 통하여 해결될 수 있으므로 권한쟁의심판이 허용될 수 없다. (최신판례) 25 변호사

1660 권한쟁의심판의 당사자능력은 헌법에 의하여 설치된 국가기관에 한정하여 인정하는 것이 타당하므로, **국가경찰위원회**에게는 권한쟁의심판의 당사자능력이 인정되지 아니한다. 24 국가 7

'행정안전부장관의 소속청장 지휘에 관한 규칙'인 행정안전부령 제348호의 제정행위가 국가경찰위원회의 권한을 침해한다'는 취지의 권한쟁의심판청구에서 국가경찰위원회는 권한쟁의심판을 청구할 당사자능력이 있다. 23 소간
(해설) 당사자능력 부정

1661 정당은 국민의 자발적 조직으로 그 법적 성격은 일반적으로 **사적·정치적 결사** 내지는 **법인격 없는 사단**이기에 공권력의 행사 주체로서 **국가기관**의 지위를 갖는다고 볼 수 없으므로, 정당이 국회 내에서 **교섭단체**를 구성하고 있다고 하더라도 권한쟁의심판의 당사자능력이 인정되지 아니한다. 22 입시

헌법이 특별히 정당설립의 자유와 복수정당제를 보장하고, 정당의 해산을 엄격한 요건 하에서 인정하는 등 정당은 공권력의 행사 주체로서 국가기관의 지위를 가지므로, 정당도 일반적으로 권한쟁의심판절차의 당사자가 될 수 있다. 24 법원 9
(해설) 국가기관 아니므로 당사자능력 부정

1662 국민 개인이 대법원장을 상대로 제기한 국가기관 간의 권한쟁의심판에서 '**국민**'인 청구인은 그 자체로는 **헌법에 의하여 설치되고 헌법과 법률에 의하여 독자적인 권한을 부여받은 기관**이라고 할 수 없으므로, '**국민**'인 청구인은 권한쟁의심판의 당사자가 되는 '**국가기관**'이 아니다. 22 5급

국민은 그 자체로 주권자이자 헌법개정의 주체로서 헌법에 의하여 설치되고 헌법과 법률에 의하여 독자적인 권한을 부여받은 기관이라고 할 수 있으므로 권한쟁의심판의 당사자가 될 수 있다. 25 소간
(해설) 국가기관 아니므로 당사자능력 부정

1663 중앙선거관리위원회와 각급 선거관리위원회는 **권한쟁의심판의 당사자가 될 수 있다.** 18 입시

중앙선거관리위원회 외에 각급 구·시·군 선거관리위원회는 헌법에 의하여 설치된 기관이 아니므로 권한쟁의심판의 당사자능력이 없다. 15 국가 7
(해설) 각급 구·시·군 선거관리위원회 헌법에 의해 설치 → 당사자능력 O

1664 「지방교육자치에 관한 법률」은 교육감을 시·도의 교육·학예에 관한 사무의 '**집행기관**'으로 규정하고 있으므로, **교육감과 해당 지방자치단체** 상호간의 권한쟁의심판은 '**서로 상이한 권리주체 간**'의 권한쟁의심판청구로 볼 수 없다. 9
24 국회 8

교육감과 해당 지방자치단체 사이의 내부적 분쟁과 관련한 권한쟁의심판청구는 '서로 상이한 권리주체 간'의 권한쟁의심판청구로서 헌법재판소가 관장하는 권한쟁의심판에 해당한다.
17 국가 7(추)

(해설) 상이한 권리주체 아님 → 권한쟁의심판 X

1665 지방자치단체의 의결기관인 지방의회를 구성하는 **지방의회의원**과 그 지방의회의 대표인 **지방의회의장 간의 권한쟁의심판**은 헌법 및 「헌법재판소법」에 의하여 헌법재판소가 관장하는 **지방자치단체 상호 간의 권한쟁의심판의 범위에 속한다고 볼 수 없으므로 부적법**하다. 11
11 국가 7

지방자치단체의 의결기관인 지방의회를 구성하는 지방의회의원과 그 지방의회의 대표인 지방의회 의장 간의 권한쟁의심판은 헌법 및 「헌법재판소법」에 의하여 헌법재판소가 관장하는 지방자치단체 상호 간의 권한쟁의심판의 범위에 속한다.
20 변호사

(해설) 지자체 상호 간 권한쟁의심판 범위 X

1666 지방자치단체의 **의결기관과** 지방자치단체의 **집행기관 사이의 내부적 분쟁**과 관련된 심판청구는 헌법재판소가 관장하는 **권한쟁의심판에 속하지 아니하여 부적법**하다. 7
25 소간

지방자치단체의 의결기관인 지방의회와 지방자치단체의 집행기관인 지방자치단체장 간의 내부적 분쟁도 「헌법재판소법」에 의하여 헌법재판소가 관장하는 지방자치단체 상호 간의 권한쟁의심판에 해당한다고 볼 수 있다.
22 5급

(해설) 권한쟁의심판 해당 X

KEY 262 처분 또는 부작위 [B]

1667 권한쟁의심판은 피청구인의 **처분 또는 부작위**가 헌법 또는 법률에 의하여 부여받은 청구인의 권한을 침해하였거나 침해할 현저한 위험이 있는 경우에만 청구할 수 있다.
21 5급

1668 정부가 **법률안을 제출**하는 행위는 입법을 위한 하나의 **사전 준비행위**에 불과하고, 권한쟁의심판의 독자적 대상이 되기 위한 **법적 중요성을 지닌 행위로 볼 수 없으므로**, 정부가 개정법률안을 국회에 제출한 행위를 다투는 **권한쟁의심판 청구는 부적법**하다. 6
15 변호사

권한쟁의심판청구에서의 피청구인의 처분이라 함은 청구인의 권한 침해를 야기할 만한 법적 중요성을 지니는 처분을 의미하는 것으로 정부가 법률안을 제출하는 행위는 권한쟁의심판의 독자적 대상이 되는 법적 중요성을 지닌 행위로 볼 수 있다.
23 국회 8

(해설) 권한쟁의 대상이 되는 법적 중요성을 지닌 행위 아님

1669 권한쟁의심판에서는 처분 또는 부작위를 야기한 기관으로서 법적 책임을 지는 기관만이 피청구인적격을 가지므로 **법률의 제·개정 행위를 다투는 권한쟁의심판의 경우에는 국회가 피청구인적격을 가진다.**
23 변호사

법률의 제·개정 행위를 다투는 권한쟁의심판의 경우 국회의장이 피청구인적격을 가진다.
18 국회 8

(해설) 피청구인은 국회

KEY 263 헌법 또는 법률상 권한의 침해 또는 침해할 현저한 위험 [S]

1670 교원들의 교원단체가입현황과 같은 특정 정보를 인터넷 홈페이지에 게시하거나 언론에 알리는 것과 같은 행위는 헌법과 법률이 특별히 **국회의원에게 부여한 국회의원의 독자적인 권능이라고 할 수 없고** 국회의원 이외의 다른 국가기관은 물론 일반 개인들도 누구든지 할 수 있는 행위로서, 그러한 행위가 제한된다고 해서 **국회의원의 국정감사 또는 조사에 관한 권한이 침해될 가능성은 없다.**
18 국회 8

권한쟁의심판에서 말하는 권한이란 헌법 또는 법률이 특정한 국가기관에 대하여 부여한 독자적인 권능을 의미하므로 특정 정보를 인터넷 홈페이지에 게시하거나 언론에 알리는 것도 국회의원의 독자적인 권능이라 할 수 있다.
16 국회 8

(해설) 독자적 권능 아님

1671 법무부장관은 헌법상 소관 사무에 관하여 부령을 발할 수 있고 「정부조직법」상 법무에 관한 사무를 관장하지만, 「검찰청법」과 「형사소송법」 개정행위에 대해 권한쟁의심판을 청구할 청구인 적격이 인정되지는 않는다. / 〔최신판례〕 24 입시

1672 국가기관의 '헌법상 권한'은 국회의 입법행위를 비롯한 다양한 국가기관의 행위로 침해될 수 있으나, 국가기관의 '법률상 권한'은 다른 국가기관의 행위로 침해될 수 있음은 별론으로 하고 국회의 입법행위로는 침해될 수 없다. 〔최신판례〕 25 소간

1673 지방자치단체는 기관위임사무의 집행에 관한 권한의 존부 및 범위에 관한 권한분쟁을 이유로 기관위임사무를 집행하는 국가기관 또는 다른 지방자치단체의 장을 상대로 권한쟁의심판청구를 할 수 없다. 24 지방 7, 24 입시

지방자치단체는 국가로부터 위임된 기관위임사무에 관한 권한이 침해되거나 침해될 우려가 있는 때에도 권한쟁의심판을 청구할 수 있다. 13 법원 9
〔해설〕 청구 不可

KEY 264 권한쟁의심판의 심리 등 B

1674 권한쟁의 심판청구는 그 사유가 있음을 안 날부터 60일 이내에, 그 사유가 있은 날부터 180일 이내에 청구하여야 하고 이 기간은 불변기간이다. 17 법원 9

권한쟁의심판청구는 그 사유가 있음을 안 날로부터 90일 이내에, 그 사유가 있은 날로부터 180일 이내에 청구하여야 하며, 이 기간은 불변기간으로 한다. 23 국회 8
〔해설〕 안 날 90일 이내 X → 60일 이내 O

1675 피청구인의 장래처분을 대상으로 하는 심판청구는 원칙적으로 허용되지 아니하나, 피청구인의 장래처분이 확실하게 예정되어 있고, 피청구인의 장래처분에 의해서 청구인의 권한이 침해될 위험성이 있어서 청구인의 권한을 사전에 보호해 주어야 할 필요성이 매우 큰 예외적인 경우에는 피청구인의 장래처분에 대해서도 권한쟁의심판을 청구할 수 있다. 17 변호사

권한쟁의심판은 이미 행하여진 처분을 대상으로 하므로, 피청구인의 처분이 확실하게 예정되어 있고 그로 인해서 청구인의 권한 침해의 위험성을 사전에 예방할 필요성이 큰 예외적인 경우라 해도 이러한 장래처분은 권한쟁의심판에서 말하는 피청구인의 '처분'으로 인정되지 않는다. 16 변호사
〔해설〕 처분으로 인정됨

1676 헌법재판소가 권한쟁의심판의 청구를 받았을 때에는 직권 또는 청구인의 신청에 의하여 종국결정의 선고 시까지 심판대상이 된 피청구인의 처분의 효력을 정지하는 결정을 할 수 있다. 25 국회 8

권한쟁의심판절차에서는 종국결정의 선고 시까지 심판대상이 된 피청구인의 처분의 효력을 정지하는 가처분이 인정되지 않는다. 21 국회 8
〔해설〕 가처분 인정됨

1677 헌법재판소가 권한쟁의심판의 청구를 받았을 때에는 직권 또는 청구인의 신청에 의하여 종국결정의 선고 시까지 심판대상이 된 피청구인의 처분의 효력을 정지하는 결정을 할 수 있고, 이 가처분결정을 함에 있어서는 행정소송법과 민사소송법 소정의 가처분 관련 규정이 준용된다. 〔최신판례〕 24 법무사

1678 본안심판이 부적법하거나 이유 없음이 명백하지 않고, 권한쟁의심판에서 문제된 피청구인의 처분 등이나 그 집행 또는 절차의 속행으로 인하여 생길 회복하기 어려운 손해를 예방할 필요와 그 효력을 정지시켜야 할 긴급한 필요가 있으며, 가처분을 인용한 뒤 종국결정에서 청구가 기각되었을 때 발생하게 될 불이익과 가처분을 기각한 뒤 청구가 인용되었을 때 발생하게 될 불이익을 비교형량하여 후자의 불이익이 전자의 불이익보다 클 경우 가처분을 인용할 수 있다. 24 법무사

KEY 265 권한쟁의심판의 결정

1679 헌법재판소는 권한쟁의심판의 대상이 된 국가기관 또는 지방자치단체의 권한의 유무 또는 범위에 관하여 판단한다. **국가기관 또는 지방자치단체의 처분을 취소하는 결정은 그 처분의 상대방에 대하여 이미 생긴 효력에 영향을 미치지 아니한다.** ○

15 국회 8

1680 헌법재판소의 권한쟁의심판의 결정은 모든 **국가기관과 지방자치단체를 기속하지만**, 국가기관 또는 지방자치단체의 처분을 취소하는 **권한쟁의심판결정은 그 처분의 상대방에 대하여 이미 생긴 효력에 영향을 미치지 아니한다.** ○

23 국회 8

권한쟁의심판에서 국가기관 또는 지방자치단체의 처분을 취소하는 결정은 그 처분의 상대방인 제3자에 대하여 이미 생긴 효력에 영향을 미친다.

23 변호사

(해설) 이미 생긴 효력에 영향 無

1681 권한쟁의심판이 공익적 성격을 갖고 있다고 하더라도 **심판청구의 취하는 청구인의 의사에 의하여 자유롭게 할 수 있다.** ○

11 국회 8

국회의원의 법률안에 대한 심의·표결권의 침해 여부를 다투는 권한쟁의심판은 국회의원의 객관적 권한을 보호함으로써 헌법적 가치질서를 수호·유지하기 위한 공익적 성격이 강하므로, 그러한 심판청구의 취하는 허용되지 아니한다.

14 변호사

(해설) 권한쟁의심판청구의 취하 허용 O

1682 국회의원의 심의·표결권은 성질상 **일신전속적인 것으로 당사자가 사망한 경우 승계되거나 상속될 수 없어** 그에 관련된 권한쟁의심판절차 또한 수계될 수 없으므로, 권한쟁의심판청구는 청구인의 사망과 동시에 그 **심판절차가 종료된다.** ○

19 경정

권한쟁의심판 청구인이 법률안 심의·표결권의 주체인 국가기관으로서의 국회의원 자격으로 권한쟁의심판을 청구하였다가 심판절차 계속 중 사망한 경우, 그에 관련된 권한쟁의심판절차는 수계된다.

24 지방 7

(해설) 수계될 수 없으므로 심판절차 종료됨